铁路专业融合教材

CR200J型动力集中动车组运用维修

中国国家铁路集团有限公司 劳动和卫生部 机 辆 部 ◎主编

中国铁道出版社有限公司

2025年·北 京

内 容 简 介

为适应动力集中动车组机辆一体化维修需要、满足动力集中动车组运用维修人员专业融合培训需求，中国国家铁路集团有限公司组织编写了铁路专业融合教材《CR200J 型动力集中动车组运用维修》。

全书共 18 章，内容包括：动力集中动车组概述，车体与车内设备，转向架，通风系统及车内环境控制系统，高压设备及牵引系统，辅助电气系统及设备，制动系统，网络控制系统，安全环路系统及行车安全监控设备，动力集中动车组运用维修标准，车体、转向架及附属装置检修，供风及制动系统检修，牵引系统及高压设备检修，电气装置及控制系统检修，随车机械师乘务一次往返作业，随车机械师出库技术检查试验，动力集中动车组故障应急处置，动力集中动车组重联、救援及解编等。

本书既可作为从事动力集中动车组运用维修的技能人员、专业技术及管理人员岗位培训教材，同时也可作为高等职业学校、普通高校铁道专业教学参考教材。

本书内容如有不符最新规章标准之处，以最新规章标准为准。

图书在版编目(CIP)数据

CR200J 型动力集中动车组运用维修 / 中国国家铁路集团有限公司劳动和卫生部，中国国家铁路集团有限公司机辆部主编. -- 北京 ：中国铁道出版社有限公司，2025. 2. --（铁路专业融合教材）. -- ISBN 978-7-113-32058-4

Ⅰ. U266

中国国家版本馆 CIP 数据核字第 2024X2P608 号

书　　名：CR200J 型动力集中动车组运用维修

作　　者： 中国国家铁路集团有限公司劳动和卫生部
中国国家铁路集团有限公司机辆部

责任编辑： 黎　琳　李润华　王熙文　　**编辑部电话：**（010）51873674
封面设计： 高博越
责任校对： 安海燕
责任印制： 高春晓

出版发行： 中国铁道出版社有限公司（100054，北京市西城区右安门西街 8 号）
网　　址： https://www.tdpress.com
印　　刷： 三河市国英印务有限公司
版　　次： 2025 年 2 月第 1 版　2025 年 2 月第 1 次印刷
开　　本： 787 mm×1 092 mm　1/16　**印张：** 29.75　**字数：** 641 千
书　　号： ISBN 978-7-113-32058-4
定　　价： 75.00 元

前　言

随着铁路现代化的快速发展，全路动力集中动车组保有量不断增加，对动力集中动车组运用维修人员的岗位技术业务和操作技能提出了更高要求。为适应动力集中动车组机辆一体化维修需要、满足动力集中动车组运用维修人员专业融合培训需求，中国国家铁路集团有限公司组织编写了铁路专业融合教材《CR200J 型动力集中动车组运用维修》。

本书的主要特点是专业融合，针对动力集中动车组运用维修机辆一体化作业的特点，书中对动车组各系统的讲解均采用机辆专业同步表述的方式，可以满足动车组运用维修机务、车辆作业人员跨专业相互学习的需要。全书共 18 章，内容包括：动力集中动车组概述，车体与车内设备，转向架，通风系统及车内环境控制系统，高压设备及牵引系统，辅助电气系统及设备，制动系统，网络控制系统，安全环路系统及行车安全监控设备，动力集中动车组运用维修标准，车体、转向架及附属装置检修，供风及制动系统检修，牵引系统及高压设备检修，电气装置及控制系统检修，随车机械师乘务一次往返作业，随车机械师出库技术检查试验，动力集中动车组故障应急处置，动力集中动车组重联、救援及解编等。

需要特别说明的是，今后随着动力集中动车组技术的不断发展和运用维修现场生产组织的变化，动力集中动车组技术参数、系统软件、组成部件及相关规章标准会发生更新和升级，动力集中动车组运用维修相关作业标准或操作程序也会随之发生变化，当与本教材当前表述不一致时，在实际培训教学中，教师编制教学讲义或组织现场教学应以最新规章标准和新版操作手册为准。

本书既可作为从事动力集中动车组运用维修的技能人员、专业技术及管理人员岗位培训教材，同时也可作为高等职业学校、普通高校铁道专业教学参考教材。

本书由中国国家铁路集团有限公司劳动和卫生部、机辆部主编。参加编写人员有：吴建新、叶文华、陆健、杨光、陈红卫、章诚、宋海东、刘威、刘伟、张凯、王力、周博亮、刘盛杰、何森林、车五乙、陈崔。参加审定人员有：戴瑞亮、韩钧、林宙航、郑海峰、张正仕、刘洋、杨学君、浦友尚、秦杨、张文彬、郭德刚、郭德贤、向焓、汪美阳、张彦斌、李科、石林生、兰艳慧、易祖旭、陈钊、黄璐、黎琳。本书在编写过程中得到了有关铁路局集团公司的大力支持，在此一并表示感谢。

由于编者水平有限，书中难免有遗漏和不妥之处，诚请读者批评指正。

编　者

2025 年 1 月

目　录

第一章
动力集中动车组概述

时速160公里动力集中动车组(以下简称动力集中动车组)作为一种新型的铁路运输工具,具有高速、安全、舒适、环保等优点。开行动力集中动车组不仅可以提高运输效率,还能缓解枢纽、客站咽喉及到发线运输压力,是铁路现代化发展的重要成果。

第一节　动力集中动车组的发展

动力集中动车组是普速线路旅客列车的迭代升级产品,是中国推进铁路装备现代化的重要标志。其充分利用了既有线路和机车的检修资源,提高铁路运输服务品质。动力集中动车组通常由一个或多个动力集中单元组成,每个单元包括一个动力车和多辆无动力车厢。动力集中动车组两端为动力车,或一端为动力车、另一端为控制车,中间为拖车的动车组,两端均设有司机室。动力集中动车组具有快速、舒适度高、编组灵活、折返换端时间短等特点,既可用于干线铁路运输,也可用于城市轨道交通和区域铁路运输。

一、立项研制阶段

动力集中动车组的发展初期,充分吸收交流传动快速客运机车和25T型客车技术,外观和内装参考高速动车组技术要求、制动及网络等关键系统,实现机辆一体化设计,实现互联互通,具有快速、舒适度高、双向驾驶,适应现有客车运用维修体制等特点。

2015年8月开始,中国铁路总公司和中国中车多次组织召开"动力集中动车组技术条件及技术方案研讨会",并分别提出了V1.0和V2.0版动力集中动车组基本技术要求。2015年11月,召开了"动力集中动车组技术方案及研制工作方案研讨会",明确了动力集中动车组的各项顶层指标。2016年8月,中车株洲电力机车有限公司与中国铁路总公司签订了科研合同。2016年8月,完成动力集中动车组样机试制。2017完成整列型式试验、动力集中动车组专项试验等各项实验。动力集中动车组完成运用考核后,于2019年1月正式投入运用。

二、优化改善阶段

动力集中动车组技术平台，填补了国内动力集中动车组技术空白。根据中国国家铁路集团有限公司(以下简称国铁集团)对动车组旅客运输服务品质提升的要求，为了进一步提升旅客乘坐舒适性，以及动力集中动车组一体化技术水平，2019 年国铁集团提出将时速 160 公里动力集中动车组由直车体升级为鼓形车体，并列为国铁集团的重大项目。同年短编鼓形动力集中动车组完成样车研制，并在北京环形铁路和正线完成了型式试验。

CR200J-A 型动力集中动车组作为第一代动力集中动车组，其内部设施和功能相比于普通车型具有较大优势，高效灵敏的安全环路系统为动力车的高速运行提供可靠保障，智能化旅客服务设施提升了旅客乘坐服务质量。CR200J-B 型动力集中动车组作为第二代动力集中动车组，其上线运行为旅客出行带来了更多的选择。相比于第一代动力集中动车组，第二代动力集中动车组外观上就有明显的区别：加宽的客室设计，使得车体外形上变得突出，所以形象地称其为鼓形车体；车门在设计理念上也更加简洁，使用方便的同时也减少了日常检修和保养的难度；旅客服务设施在细节上也有很多升级，进一步体现了人性化设计理念。CR200J-C 型动力集中动车组作为第三代动力集中动力组，其增加了更加舒适的商务座椅和卧铺设计，使动力集中动车组运行的区间范围更大，也为旅客的出行提供了更好的舒适性体验和乘车品质，人性化设计理念得到进一步扩展和延伸。

2019 年 1 月 5 日，动力集中动车组开始载客运营。动力集中动车组的运行范围稳定扩大，车型不断迭代升级，已经成为中国铁路客运重要的组成部分。

2019 年—2021 年，第一代短编动力集中动车组(CR200J-A 型)最先在玉河、兰渝等线路投运，后陆续在更多线路开始运行；长编卧铺率先投入京沪线，陆续上线至京九、包西等线路。第一代动力集中动车组为直车体，车体外形与 25T 型客车几乎一致。

2021 年年中，第二代动力集中动车组率先在金台铁路(CR200J-B 型)与川藏铁路拉林段(CR200JS-G 双源高原型)投运。第二代动力集中动车组的车体改为鼓形车体，外观优化明显、车内空间变大，气密性也得到了提升。CR200J-B 型在西安局、成都局、济南局等铁路局集团公司被广泛运用，担当管内既有线城际车。担当中老铁路国际列车的动力集中动车组也为该型号。

2022 年底，第三代动力集中动车组在峨广铁路(CR200J-C 型)和广昆铁路(CR200J-D 高原型)首发上线。第三代动力集中动车组使用了白底绿窗红腰线的新涂装。同时，座椅变更为可旋转，列车整体的智能化程度也进一步提升。

2023 年 12 月 15 日，第三代长编动力集中动车组在济南局集团公司首发上线。2024 年 1 月 10 日，扩大替换干线铁路的长途普客列车。相比于第一代长编动力集中动车组，第三代长编动力集中动车组的乘坐体验大幅提升。

动力集中动车组的主要功能是提升既有普速铁路的客运服务质量，同时具备在客货共线铁路、高速铁路运行的能力，实现相对灵活的运行线路安排。

第二节　动力集中动车组总体

本节着重对直车体、鼓形车体两种主要车型基本结构尺寸进行对比，体现出动力集中动车组的发展变化，增强对动力集中动车组的总体认识。

动力车车体结构示意如图 1-1 所示。

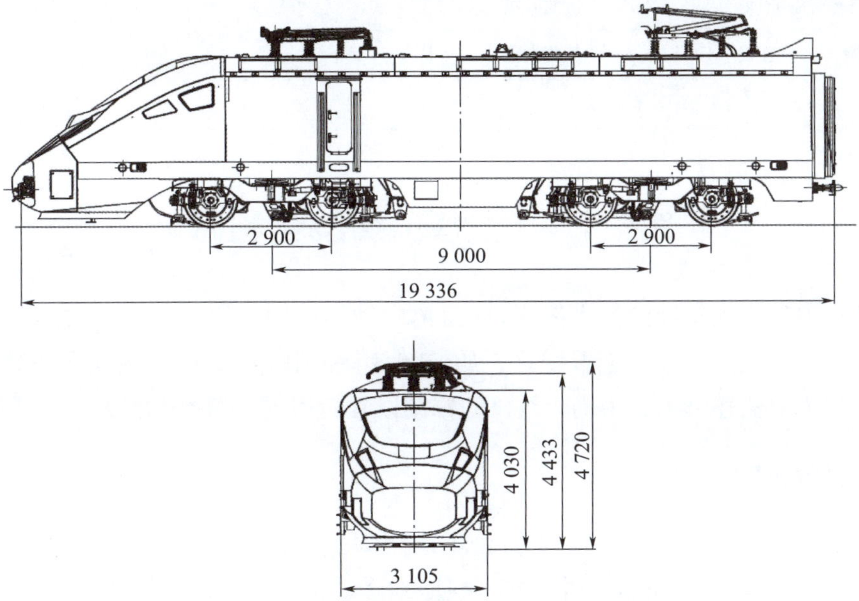

图 1-1　动力车车体结构示意(单位：mm)

车体两端司机室下方装有排障器，小排障器能进行上下调节，以保证其距轨面高度为 100^{+10}_{0} mm。车体前端结构设计能在不拆除排障器的情况下更换车钩及缓冲器。排障器上装有防落保护装置。

为了适应动力车中央布线及布管需要，车体底架中央纵梁上部为内凹结构，在保证结构强度的情况下预留足够的布线空间。

车体侧下设有 4 个架车支承座，在车体支承座架起距轨面高度不超过 2 500 mm 的条件下，转向架和主变压器可从车体下推出。

车体侧梁外侧设有 4 个检修作业用吊车销孔，前后牵引梁两旁分别设有救援用的吊车销孔。

在动力车检修库内，天车吊钩距轨面高度达到 9 000 mm 的条件下，能把动力车车体内各屏柜和部件单独吊入和吊出。

车体与转向架间设有连接装置(需另行安装)，可使车体、转向架一并起吊。

直车体动力集中动车组和鼓形车体动力集中动车组主要结构参数对比详见表 1-1。

表 1-1　直车体与鼓形车体动力车主要结构参数对比　　单位:mm

车　　型	直 车 体	鼓形车体
车钩中心距	19 336	19 198
车体宽度	3 105	3 360
底架上平面距轨面高度	1 530	1 530
车体顶盖蒙皮距轨面的高度	4 030	4 030
前端车钩中心线(105A 型车钩)距轨面高度	880^{+10}_{-25}	880^{+10}_{-25}
后端车钩中心线(MJGH-25T)距轨面高度	$880^{\ 0}_{-30}$	$880^{\ 0}_{-30}$
排障器距轨面高度	$110^{+10}_{\ 0}$	$110^{+10}_{\ 0}$

第三节　动力集中动车组检修

随着动力集中动车组的投入使用,动力集中动车组的维修机制模式,也随着现阶段的既有机车维修模式变革发生着变化。如何有效保障其运营中质量平稳可控变得尤为重要。本节主要论述动力集中动车组修程修制以及运用维修相关内容。

一、修程修制

目前,动力集中动车组实行以走行公里周期为主、时间周期为辅的计划预防修和状态修相结合的维修制度,部分部件可实行视情维修。

动力集中动车组修程分为 D1～D6 修。D1 修是动力集中动车组不解编状态下的日常例行检查整备试验。D2 修是动力集中动车组不解编状态下对关键部件的重点检查维修和周期性保养。D3 修、D4 修是恢复动力集中动车组基本性能的检修,对动力集中动车组拖车及控制车(不含机务设备)转向架、制动阀、钩缓等部件进行检修,其他部件状态检查;D3 修是对动力车及控制车机务设备主要部件状态检查,性能参数测试,修复不良状态部件;D4 修是对动力车及控制车机务设备主要部件分解检修,性能参数测试。D5 修、D6 修是全面分解、检查修理和性能参数检测试验,全面恢复动力集中动车组性能的检修。动力集中动车组检修周期按照表 1-2 执行。

表 1-2　动力集中动车组检修周期表

修　程	走行公里及时间周期
D1 修	每运行不超过(4 000+400)km。铁路局集团公司可结合实际,履行程序后 D1 修周期按(5 000+500)km 执行,并报国铁集团核备
D2 修	动力集中动车组专项检修项目按本书第十章第二节标准执行。其中月度检修项目按时间周期执行;季度检修项目周期为每运行(7±1)万 km 或距上次季度检修 3 个月,半年检修项目周期为每运行(15±1)万 km 或距上次半年检修 6 个月,季度、半年检修项目铁路局集团公司可根据实际选择按时间周期或走行公里执行;年度检修项目周期为(30±3)万 km 或距上次年度检修 1 年(走行公里和时间周期以先到者为准),时间周期计算到日

续上表

修　程	走行公里及时间周期
D3 修	运行(60±6)万 km 或距上次 D3 修以上修程 2.5 年
D4 修	运行(110±10)万 km 或距上次 D3 修 2.5 年
D5 修	运行(220±20)万 km 或距新造或 D6 修 10 年
D6 修	运行(440±40)万 km 或距上次 D5 修 10 年

二、运用维修基本要求

为保障动力集中动车组 D1 修和 D2 修中质量稳定受控，除按照检修周期及标准范围进行检修作业外，还需要对其在相关修程进行相应的制动系统试验。

1. D1 修

D1 修是对动力集中动车组的车顶(动力车)、车下、车体两侧、车内和司机室、电务及通信设备等部位实施快速例行检查、试验和故障处理的检修作业，原则上须在本属动集所库内实施。

D1 修时，动力集中动车组须实施列车制动系统全部试验，列车停放制动缓解、施加试验，试验须在两端司机室分别实施。列车制动系统全部试验，列车停放制动缓解、施加试验按《动力集中动车组运用维修规则》(以下简称《规则》)附件 2-1 中的列车试验部分"1. 全部试验""5.1 列车停放制动缓解、施加试验"执行。

完成 D1 修的动力集中动车组在库内进行短编重联或重联解编后，还须在出发列车操纵端实施列车制动系统简略试验。

2. D2 修

D2 修是对动力集中动车组规定项目实施的周期性检查维护保养、检测、试验等专项检修，原则上须在本属动集所库内实施。D2 修项目及周期按照动力集中动车组专项检修项目、周期及要求进行。铁路局集团公司根据动力集中动车组运用实际，对 D2 修中的专项检修项目和时间周期进行调整时，须报国铁集团机辆部备案。

D2 修时，动力集中动车组须实施列车制动系统专项全部试验，其中主要包含手动试验、自动试验，以达到制动系统性能稳定。

第二章

车体与车内设备

车体是动力集中动车组的重要组成部分，在运行中除传递牵引力和制动力外，还要承受来自运行中的各种复杂作用力。本章主要介绍动力车、控制车、拖车的车体与车内设备结构，重点突出车顶、排障器、车体附件、车端连接装置的结构组成及功能。

第一节　动力车车体结构与车内设备

一、车体结构

动力车车体不仅传递动力车的纵向牵引力和制动力，还承受各种复杂的作用力。车体内除用来安装各种电气、机械设备外，还为动力车乘务人员和检修人员提供良好的工作和维修场所。车体结构主要由车顶盖、端墙、侧墙、底架四部分组成，其具体主要结构如图 2-1 所示。

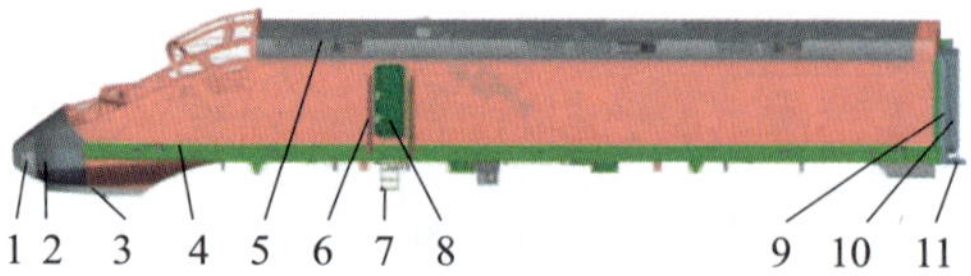

1—Ⅰ端钩缓装置；2—开闭装置；3—排障器；4—车体组焊；5—顶盖安装；6—扶手组装；7—脚踏组装；8—动力车门安装；9—外风挡；10—内风挡；11—Ⅱ端钩缓装置。

图 2-1　车体结构示意

（一）动力车顶盖

1. FXD1-J 型动力车

动力车顶盖由 3 个可拆卸的活动顶盖组成，如图 2-2 所示。顶盖 1 和顶盖 3 设置有绝缘层，在顶盖 2 上设置有登顶门。顶盖与车体骨架、车体门等一起将车体组成一个密封结构，保护动力车上的设备；登顶门是工作人员从机械间进入车顶的通道。顶盖 2 上有登顶门，登顶门上有两把方形锁和一把电气联动锁。

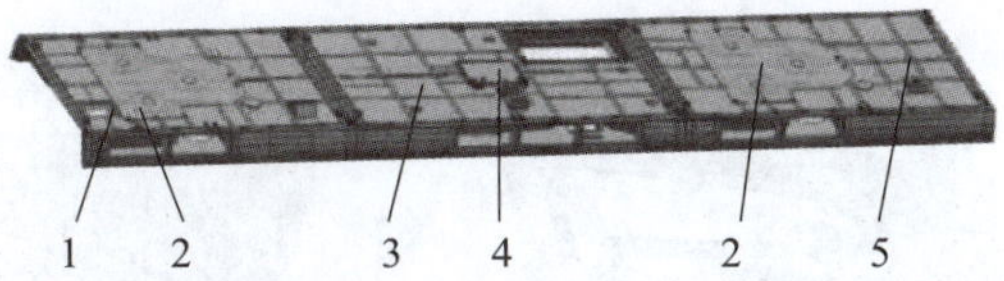

1—顶盖 1;2—顶盖绝缘层;3—顶盖 2;4—登顶门;5—顶盖 3。

图 2-2　FXD1-J 型动力车顶盖

2. FXD3-J 型动力车

每台动力车设有 3 块顶盖,如图 2-3 所示。在第 1 块和第 3 块顶盖上布置有受电弓及支撑绝缘子、避雷器、高压穿墙套管,避雷器底部和高压电缆穿墙套管上部和下部采用绝缘防护,能够有效防止污闪,第 1 块顶盖上还设有天线安装预留座;在第 2 块顶盖上设有受电弓摄像头、列车运行监控记录装置(LKJ)车载三合一天线、北斗天线、3G 天线和登顶门,登顶门用于登上车顶检修作业(为确保安全,天窗设置钥匙联锁装置)。

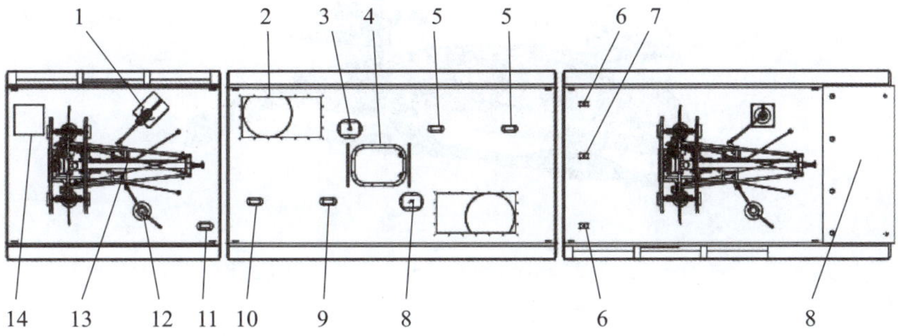

1—高压套管;2—复冷风机通风口;3—受电弓摄像头;4—活动天窗;5—LKJ 车载三合一天线;6—多频天线;7—电台 GPS 天线;8—导流罩;9—北斗天线;10—3G 天线;11—天线安装预留座;12—避雷器;13—受电弓;14—空调风道。

图 2-3　FXD3-J 型动力车车顶设备布置

(二)排障器

排障器通过螺栓连接在前端牵引梁下部,并设有防落保护装置,它主要用于排除动力车运行前方的障碍物,对列车的安全运行起保护作用;小排障器通过齿形安装立柱进行高度调节,小排障器距轨面高度通过调整可保证在 110^{+10}_{0}mm。排障器结构及排障器防脱销轴安装如图 2-4 所示。

检查时,如果小排障器最低点距轨面的距离小于 110 mm,应对排障器高度进行调整。调节时,首先松开小排障器安装螺栓(图 2-5),将小排障器向上抬高到 110^{+10}_{0}mm 的高度,重新紧固螺栓,螺栓紧固扭矩为 400 N·m。

(三)前端设备及连接结构

动力车司机室侧设置有前端车钩缓冲装置和头罩开闭机构,如图 2-6 所示。非司机室端设置中间车钩缓冲装置。车端电气系统主要通过车端连接器进行连接,车端连接器主要包括信号、网络连接器及 DC 600 V 列车供电连接器。车端连接器是车间电气系统连接的主要部件,其主要根据车体车端结构尺寸及内、外风挡的安装结构关系进行布置,如图 2-7 所示。

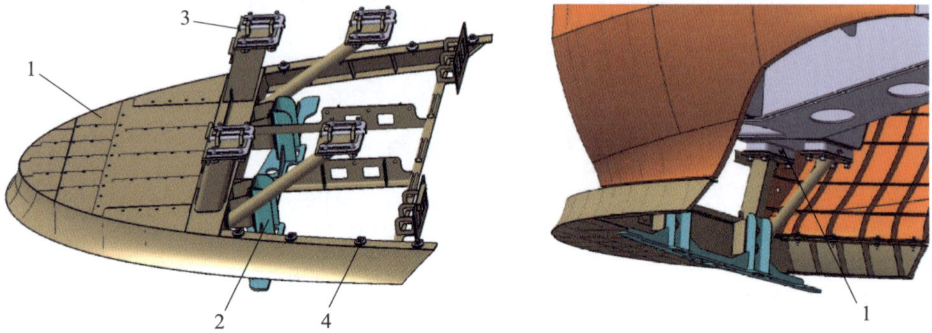

（a）结构　　（b）防脱销轴安装

1—排障器；2—小排障器；3—排障器安装座；4—排障器安装螺栓。

图 2-4　排障器

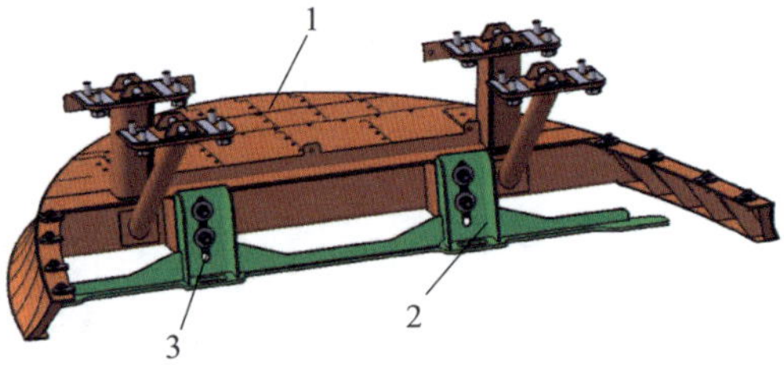

1—排障器；2—小排障器；3—小排障器安装螺栓。

图 2-5　排障器高度调节

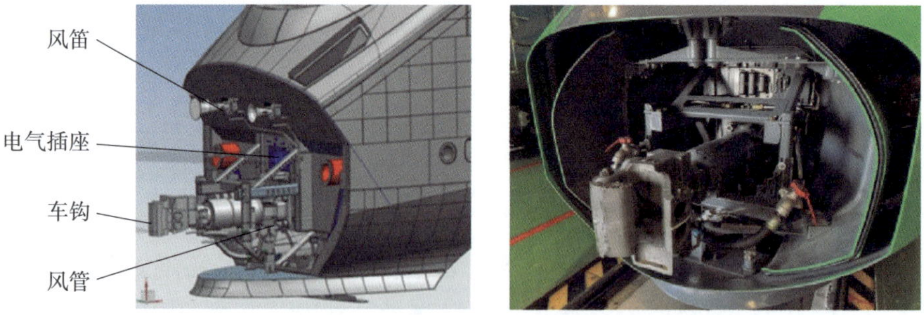

（a）　　（b）

图 2-6　动力车前端设备及连接结构

（四）司机室钢结构

司机室钢结构由司机室钢结构焊接组合和司机室后墙组成，司机室前窗下部和司机室两侧均设置腰梁，在司机室前部还设有防撞柱和角柱，用于突发情况时能够起到保护司机安全的作用，如图 2-8 所示。

（五）侧墙钢结构

侧墙是由上弦梁、蒙皮、盆型梁和角钢组成的网格状框架结构，如图 2-9 所示。入口门设置在侧墙靠近司机室端。上弦梁为 120 mm×120 mm×4 mm 的方管，可以有效提高侧墙和整车刚度。蒙皮为 2 mm 的钢板。

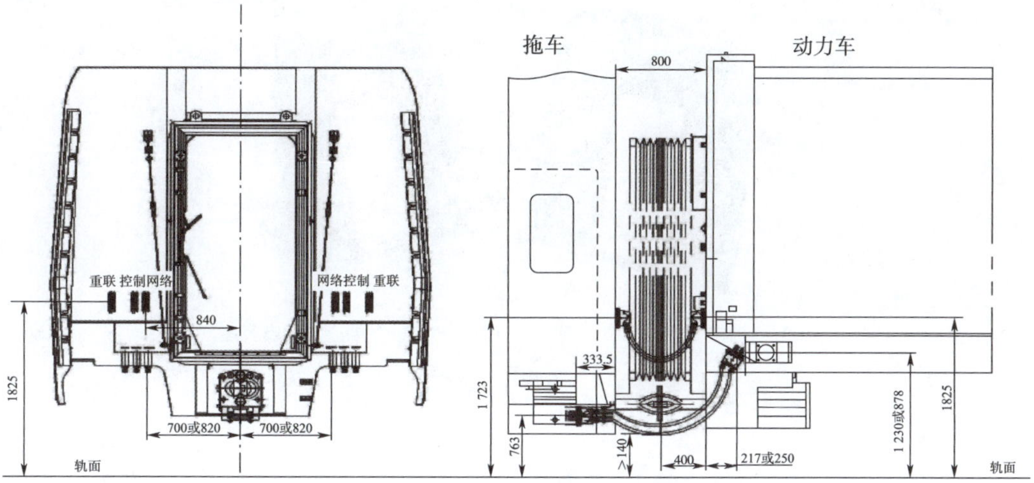

图 2-7　动力车尾端设备及连接结构示意(单位:mm)

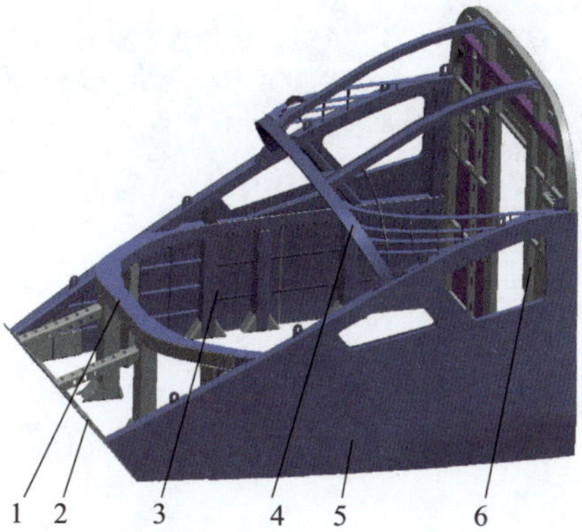

1—前墙组焊;2—前部封板组焊;3—司机室右侧墙组焊;4—司机室顶盖组焊;
5—司机室左侧墙组焊;6—司机室后墙组焊。

图 2-8　司机室钢结构示意

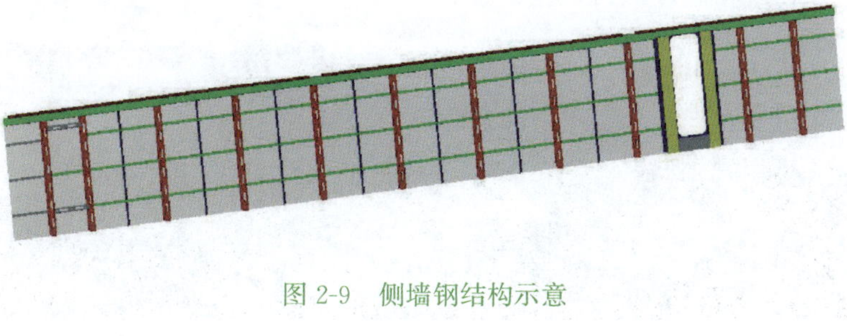

图 2-9　侧墙钢结构示意

(六)端墙钢结构

后端墙由门框、蒙皮、上梁、侧立梁、横梁、加强板及通过台安装座和折棚风挡安装架等组成,如图 2-10 所示。蒙皮是 2 mm 厚的钢板。

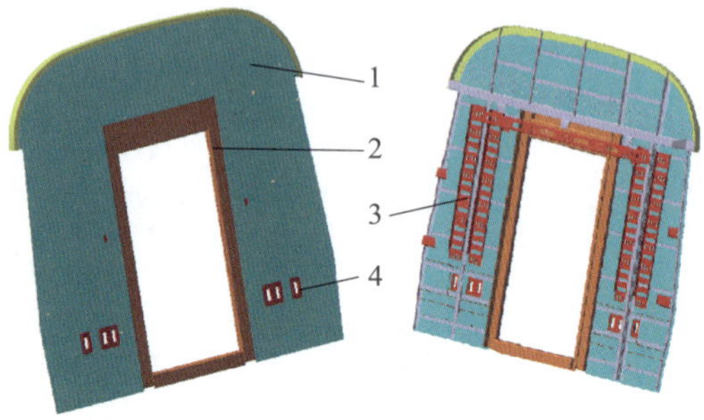

1—端墙板；2—风挡框；3—端墙线槽等配件；4—车端连接器安装座。

图 2-10　端墙钢结构组成示意

(七)车体附件

动力车车体附件主要由挡板、登车脚踏、入口门扶手、砂箱盖等组成，如图 2-11 所示。

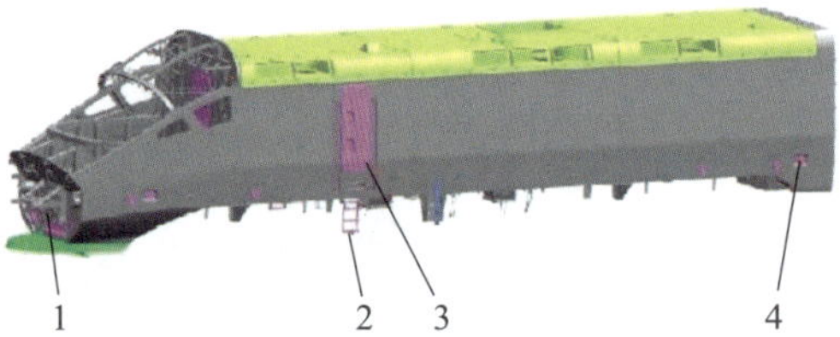

1—挡板；2—登车脚踏；3—入口门扶手；4—砂箱盖。

图 2-11　车体附件布置示意

动力车采用流线型设计，流线型长度提升至 5 m，其流线型长细比接近于现有和谐号动车组水平。

动力车尾部设置过渡罩、外风挡等，实现与拖车的平滑过渡；车体外表面采用内嵌入设计，前端及底架设置导流罩及裙板，有效减小动力车气动阻力。FXD3-J 型动力车前端如图 2-12 所示。

图 2-12　FXD3-J 型动力车前端

(八)底架

底架钢结构作为车辆的主要承载部件，不仅承担全车的主要垂向载荷，而且还传递纵向牵引力及转向架各方向的冲击力，因此底架钢结构必须具有足够的强度和刚度。底架是车体钢结构中关键部件，主要由前后端牵引梁、前后旁承梁、变压器梁、中梁及左右边梁等组成。中间变压器横梁采用鱼腹结构，并安装有牵引拉杆座。其结构如图 2-13 所示。

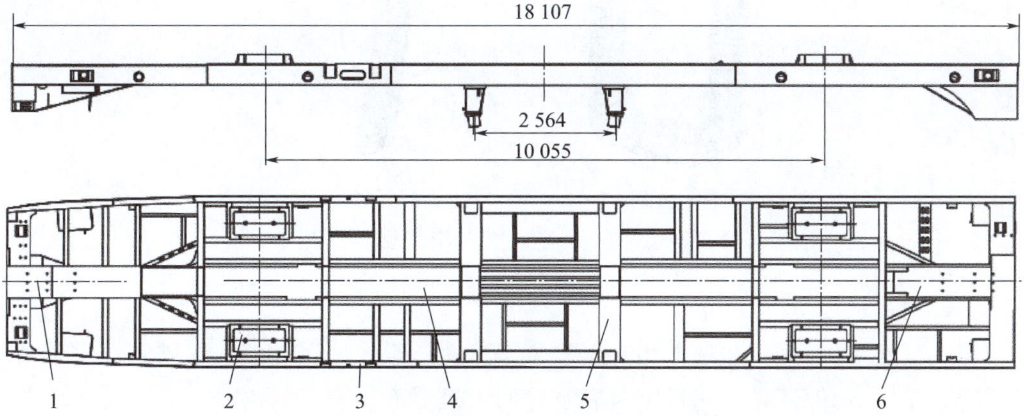

1—前端部牵引梁；2—旁承梁；3—边梁；4—变压器梁；5—中梁；6—后端部牵引梁。

图 2-13　底架结构示意(单位：mm)

前端部牵引梁是由端梁、牵引梁、边梁、砂箱等组成的框架结构，主要承受车钩缓冲器处传递的压缩力和拉伸力。前端牵引梁的结构为牵引缓冲装置提供安装接口。后端部牵引梁是由端梁、牵引梁等组成的框架结构，主要承受车钩缓冲器处传递的压缩力和拉伸力。旁承梁是由旁承座、横梁、纵梁组成的框架结构。旁承座为铸造件，焊接在梁上。变压器梁是由变压器横梁、纵梁、中间梁等组成的框架结构。变压器横梁除了承受由于变压器吊挂在其下产生的垂直载荷，还要承受通过牵引销从转向架传递过来的纵向牵引力。中间走廊两侧设置前后贯通的“乃”字形中梁。

侧(边)梁是由盖板和压型槽钢组成的箱形梁结构，布置有两个供整车起吊用的吊车筒、救援吊座及加砂口结构。端部砂箱半埋藏在底架中，与边梁和前后端部相连。

(九)风挡

动力车和拖车采用统一截面，两者连接处通过导流罩实现高低过渡。两者之间安装有外风挡。因运用需求，动力车直车体改为鼓形车体后，其他截面随着改动，车间距减小为 800 mm。折棚风挡改为接触式后(原两列车之间的橡胶风挡间隙较大)，能够有效减小列车在运用过程中产生的空气扰流现象，有利于提高整车气动舒适性。折棚风挡改为双层有利于减小风挡传热系数，提高列车保温性能，如图 2-14 所示。

二、车内设备

动力车车内设备主要由司机室和机械间设备组成。司机室设备主要用于机车乘务员日常操作使用。机械间设备主要用于保障动力车各系统正常运转。其中主要包含高压电气系统、辅助电气系统、制动系统、冷却供风系统等部件组成。

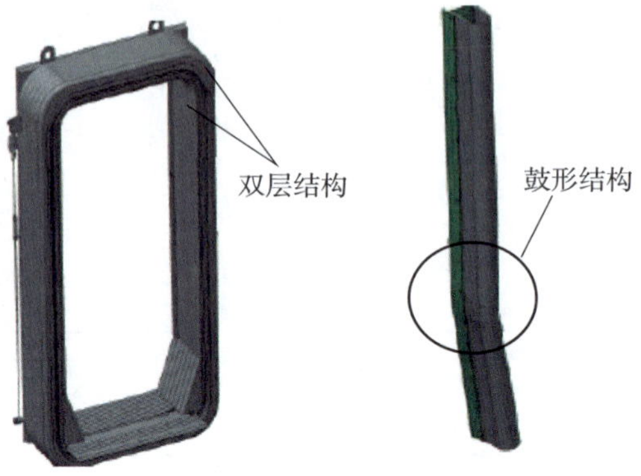

（a）折棚风挡　　（b）橡胶风挡

图 2-14　风挡结构示意

（一）司机室设备

司机室是司机获取信息、做出决策并对有关系统进行指令控制、驾驶列车完成各种任务的工作场所，保证整个司机室具有友好的人机界面、便利的操作空间、充分的瞭望条件。司机室采用双司机设置，并且满足单司机值乘的要求，主司机位设置在司机室的左侧。整个司机室分成操纵台设备布置、前墙设备布置、侧墙设备布置、后墙设备布置、顶面设备布置共五个部分，另外布置有两个司机座椅。

1. 操纵设施

整个操纵台为模块化设计，分成台面板组成、左柜组成、中柜组成、右柜组成和主、副司机脚踏组成。主司机操纵位布置有所有与运行有关的操纵装置、仪表、显示装置、各类开关按钮等，其中主要的功能区有运行区、制动区、牵引区等。以主司机面向前方操作为基准，运行区位于主司机的正前方；制动区位于主司机的左侧；牵引区设置在主司机的右侧的台面板上。副司机操纵位仅布置风笛、五孔插座、平调插座、以太网插座等调试端口。操纵台功能分区如图 2-15 所示，设备布置如图 2-16 所示。

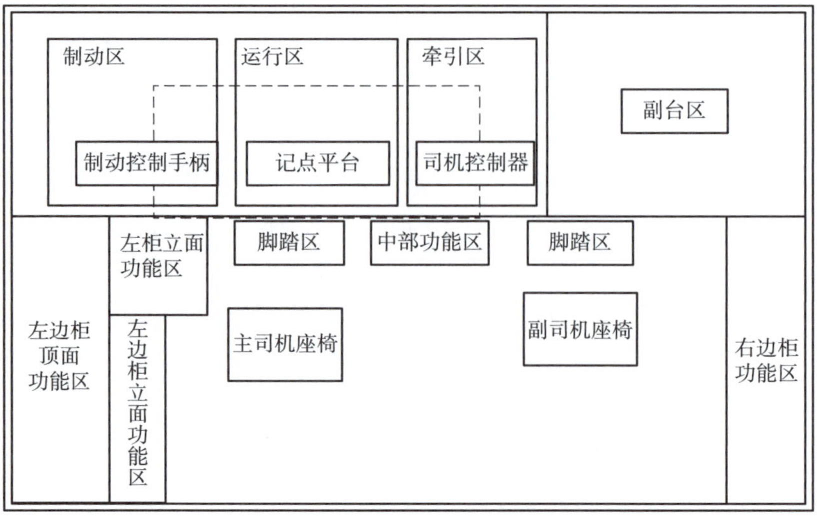

图 2-15　操纵台功能分区

2. 驾驶配套设施

司机室内布置有两个司机室座椅供乘务人员使用。该座椅具有前后、升降、体重、靠背、旋转等调节功能，以及减振效果好、调节灵活、使用方便、舒适性高等特点，如图 2-17 所示。

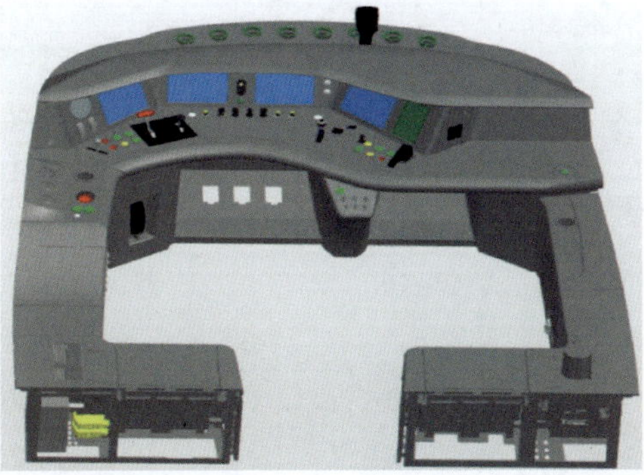

图 2-16　操纵台设备布置

图 2-17　司机室座椅

左右边柜均配置有一具 ABC 干粉灭火器和一具水基型（水雾）灭火器，另外还配置了侧墙加热器、地脚灯、五孔插座，左边柜内还配置有逃生软梯。后墙设置有四个衣帽钩，两个添乘座椅。前墙设置有气动刮雨器和电动遮阳帘。顶部设置有两个 LED 司机室顶灯和两个风扇。操纵台还设置有阅读灯。司机室各部件名称、功能及位置详见表 2-1。

表 2-1　司机室各部件名称、功能及位置

序号	分　类	名　　称	功　　能	位　　置
1	显示设备	显示终端 TPX70	机车车载安全防护系统(6A 系统)	主台仪表座
		显示器 TPX61CM	微机显示屏和制动显示屏，相互冗余	主台仪表座
		显示器 TPX61CM		主台仪表座
		监控显示屏	监控系统	主台仪表座
		MMI[机车综合无线通信设备(CIR)的操作显示终端]	MMI	主台仪表座
2	仪表	速度表	速度和里程指示	主台仪表座
		电压表	控制电压	主台仪表座
		网压表	网压指示	主台仪表座
		后备均衡单针压力表	后备均衡压力指示	左边柜
		制动缸双针压力表	制动缸压力指示	左边柜
		总风/列车管双针压力表	总风/列车管双针压力指示	左边柜
3	声光指示	拾音器	司机室拾音	主台仪表座
		盹睡摄像头	盹睡状态摄像	主台仪表座
		枪式彩色摄像头	路况摄像	操纵台前方
		球形红外彩色摄像头	司机室状态摄像	司机室顶部

续上表

序号	分　类	名　　称	功　　能	位　　置
3	声光指示	感温探头	司机室感温探测	司机室顶部
		感烟粒子探测器	司机室感烟探测	司机室顶部
		黑色过分相蜂鸣器	过分相	主台仪表座
		车门关闭指示灯	车门关闭	主台仪表座
		应急故障指示灯	应急故障	主台仪表座
		闪光蜂鸣器	火灾报警	主台仪表座
		显示器语音箱	显示器语音	中柜
4	开关按钮	紧急制动放风阀	紧急制动放风	左边柜平面
		紧急制动按钮	紧急制动	主台仪表座
		高音风笛按钮	高音风笛	主台面左侧
		高音风笛按钮	高音风笛	主台面右侧
		高音风笛按钮	高音风笛	副台面右侧
		司机警惕按钮	无人警惕	主台面右侧
		左门关按钮	左门关	主台面左侧
		左门释放按钮	左门释放	主台面左侧
		左门开按钮	左门开	主台面左侧
		右门关按钮	右门关	主台面右侧
		右门释放按钮	右门释放	主台面右侧
		右门开按钮	右门开	主台面右侧
		半自动过分相按钮	半自动过分相	主台面正前方
		牵引模式按钮	牵引模式	主台面正前方
		电笛按钮	电笛	主台面右侧
		停放施加按钮	停放施加	主台面左侧
		停放缓解按钮	停放缓解	主台面左侧
		前照灯扳键开关	前照灯	主台面正前方
		司机室灯扳键开关	司机室灯	主台面正前方
		辅照灯扳键开关	辅照灯	主台面正前方
		主断扳键开关	主断路器	主台面正前方
		受电弓扳键开关	受电弓	主台面正前方
		空压机扳键开关	空压机	主台面正前方
		仪表灯扳键开关	仪表灯	主台面正前方
		低音风笛脚踏开关	低音风笛	主司机脚踏板
		无人警惕脚踏开关	无人警惕	主司机脚踏板
		撒砂脚踏开关	撒砂	主司机脚踏板
		喷淋按钮	刮雨器喷淋	中柜
		刮雨器开关	刮雨器	中柜

续上表

序号	分类	名称	功能	位置
4	开关按钮	空调模式开关	空调模式	中柜
		空调风速开关	空调风速	中柜
		遮阳帘开关	遮阳帘	中柜
		窗加热开关	窗加热	中柜
		暖风机开关	暖风机	中柜
		控制电源转换开关	控制电源	左边柜立面
		应急驾驶转换开关	应急驾驶	左边柜立面
		电风扇转换开关	电风扇	左边柜立面
		取暖器转换开关	取暖器	左边柜立面
		底架灯转换开关	底架灯	左边柜立面
		标志灯转换开关	标志灯	左边柜立面
		走廊灯转换开关	走廊灯	左边柜立面
		尾灯转换开关	尾灯	左边柜立面
		地脚灯转换开关	地脚灯	左边柜立面
		监控隔离转换开关	监控隔离	左边柜立面
		车门零速转换开关	车门零速	左边柜立面
		换端按钮	换端	左边柜平面
		电钥匙开关	电钥匙	左边柜平面
		列车供电断电按钮	列车供电断电	左边柜平面
		CIR 电源转换开关	CIR 电源	左边柜立面
5	控制手柄	后备制动阀	后备制动	主台面左侧
		制动控制器 TKS42B(06)	制动控制	主台面左侧
		司机控制器 TKS45	司机牵引/制动控制	主台面右侧
		送(受)话器	MMI	主台面右侧
6	插座	五孔插座	笔记本、手机充电	副台仪表座
		以太网维护接口	以太网维护调试	副台仪表座
		调车灯显插座	调车灯显	副台仪表座
		五孔插座	辅助电源接口	左边柜立面
		五孔插座	辅助电源接口	右边柜立面
		行灯插座	行灯电源接口	右边柜立面

(二)机械间设备

FXD1-J 型动力车和 FXD3-J 型动力车在车内设备设计及布局上有所区别，尤其是在机械间设备布置最为明显。两种车型机械间设备布置分别如图 2-18 和图 2-19 所示。机械间内各设备及功能将在后续章节进行重点介绍。

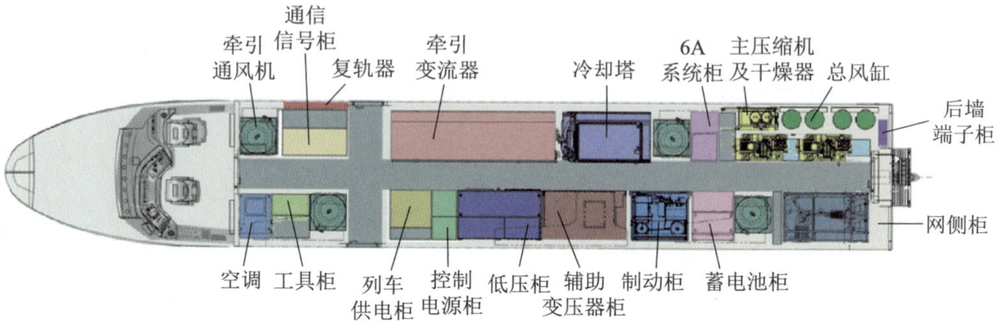

图 2-18　FXD1-J 型动力车机械间设备布置

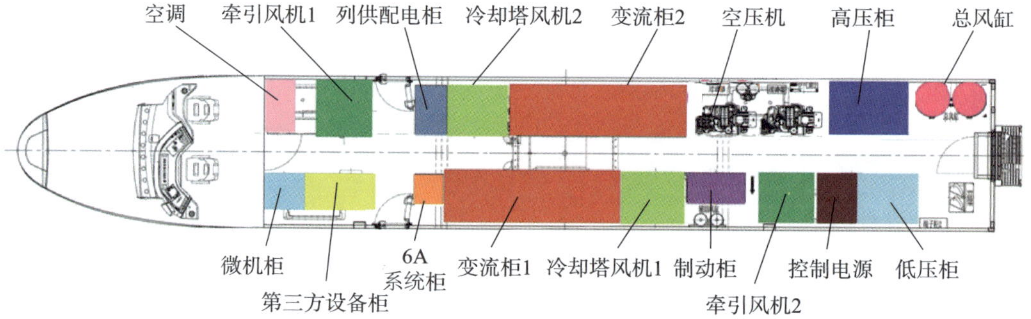

图 2-19　FXD3-J 型动力车机械间设备布置

第二节　控制车车体结构与车内设备

动力集中动车组控制车车体由车体钢结构、裙板、车钩缓冲装置、风挡、开闭机构等结构组成。车体侧墙、端墙主要由梁柱、墙板及附件等组成，梁柱为乙形断面，立面开减重孔。车顶弯梁与侧柱交圈设计，底架钢结构主要由端梁、横梁、侧梁、铁地板等组成，如图 2-20 所示。

图 2-20　控制车车体结构实物

一、控制车内部布局

控制车两端设通过台；一位端设蹲便卫生间、乘务员室、电气控制柜、电热开水器；中部为客室，设置 2＋2 一等座椅；二位端设坐便卫生间、隐藏式垃圾箱、洗面间、机械间、司机室。控制车布置如图 2-21 所示。

(a)

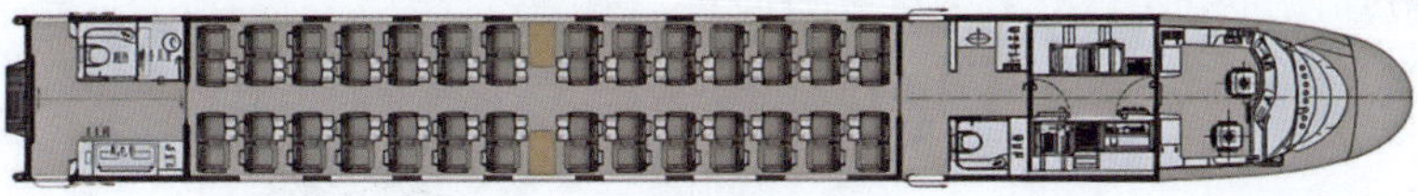

(b)

图 2-21　控制车布置示意

二、控制车车内设备

(1)动力集中动车组控制车车辆部分车内设备比照拖车相关设备进行布局及设计。

(2)控制车机务设备比照动力车相关设备进行布局及设计。

三、自动开闭机构

动力集中动车组控制车司机室端设置自动开闭机构,主要由舱门、环形头罩、运动机构、锁闭机构等部件组成,兼具自动、手动开闭功能,可在司机室内实现开闭机构的开启与关闭。开启时可以实现车钩的连挂,关闭时可以保护前端设备,如图 2-22 所示。

自动开闭机构具有良好的空气动力学外形,结构设计密闭,能防止叶片、灰尘和冰雪等杂物进入。开闭机构在开启和关闭状态时,均具备机械锁定功能。

自动开闭机构根据主要功能要求以及驱动和控制方式,主要由机械系统、电控系统、气动系统、玻璃钢环形头罩等组成,如图 2-23 所示。其中机械系统为电控系统、气动系统的承载安装载体,同时也是环形头罩和开闭装置的安装接口;电控系统的功能主要是传递驱动开闭装置运动的电信号以及对开闭装置的运行状态进行检测;气动系统为整套机构功能实现的执行部件;玻璃钢环形头罩的功能主要是与司机室进行连接,进而形成完整的空气动力学外形,保护内部车钩等部件。

图 2-22　自动开闭机构结构实物

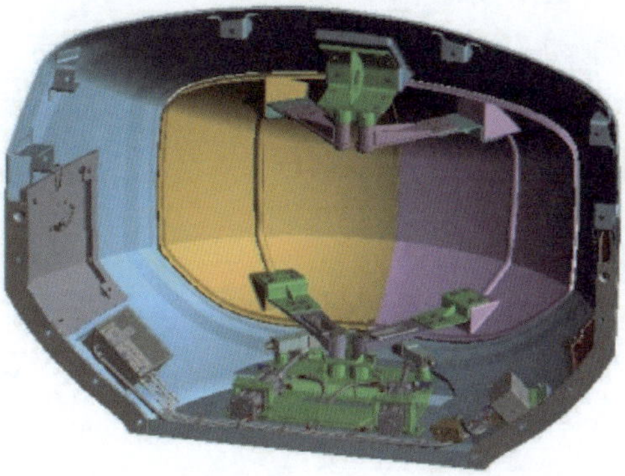

图 2-23　自动开闭机构结构示意

第三节　拖车车体结构与车内设备

动力集中动车组拖车车体钢结构采用整体承载筒形结构。车体结构主要由底架、侧墙、车顶、端墙等四部分组成，各部分之间通过焊接成为一个腔体，如图 2-24 所示。直车体与鼓形车体在车体截断面尺寸上具有显著差异。

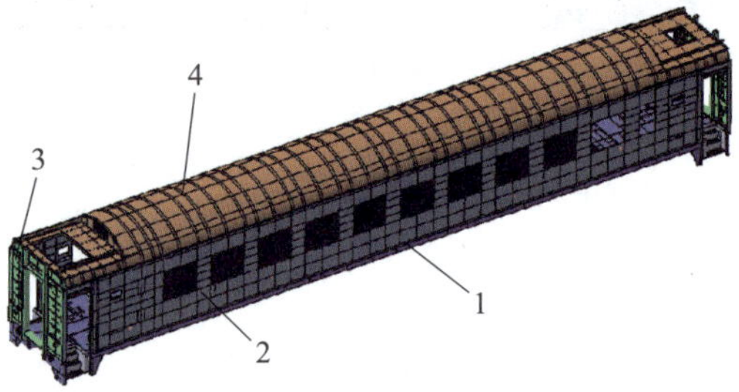

1—底架结构；2—侧墙结构；3—端墙结构；4—车顶结构。

图 2-24　动力集中动车组拖车车体结构

一、车体结构

拖车车体钢结构为薄壁筒形整体承载结构，采用模块化和轻量化设计。

直车体主要材质为普通耐候钢 Q345NQR2、Q310NQL2。鼓形车体主要材质为高强耐候钢 Q350EWR1、Q350EWL1。

鼓形车体在两端铁地板设置集水盒加排水阀，枕内波纹地板设导水槽，在槽体低点加排水阀。直车体地板直接开排水孔。

侧墙及端墙为乙形或角形梁柱断面，车外采用满焊缝保证密封，车内采用满焊或段焊缝加密封胶保证密封，提高防腐密封等级。

鼓形车体侧门下方挡板上设一级脚蹬，控制车二位端侧门下方裙板设二级脚蹬；直车体侧门处采用双层四级固定脚蹬，脚蹬内部填充隔热材。

裙板采用吊装式裙板结构，分活动裙板和固定裙板，形状根据侧墙适应性调整。动力集中动车组拖车车体对比如图 2-25 所示。

动力集中动车组拖车直车体与鼓形车体主要结构尺寸对比详见表 2-2。

表 2-2　动力集中动车组拖车车体主要结构尺寸对比　　单位：mm

主要结构尺寸	直 车 体	鼓形车体
车体长度	25 500	25 500
车体宽度	3 105	3 360
车体高度(轨面至车顶高)	4 433	4 433
车辆定距	18 000	18 000
车钩水平中心线距轨面高度	850～910	850～910
空气弹簧安装面高度(距轨面)	959	959

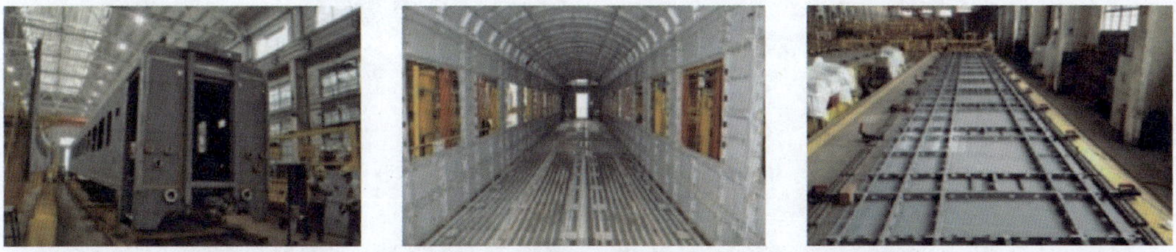

（a）直车体

（b）鼓形车体

图 2-25　动力集中动车组拖车车体对比

(一)底架结构

底架结构由端梁、横梁、侧梁、地板等组成，部件之间主要采用电弧焊连接，波纹地板和横梁采用击穿焊连接，如图 2-26 所示。

图 2-26　底架结构

(二)侧墙结构

侧墙结构采用板梁结构，主要由侧墙板、门框、中部梁柱、端部梁柱等组成。梁柱采用乙形梁，墙板与梁柱间采用塞焊连接。

鼓形车体较直车体侧墙的差异点：鼓形车体为鼓形断面，鼓形位于窗下。直车体侧墙尺寸如图 2-27(a)所示，鼓形车体侧墙尺寸如图 2-27(b)所示。

(三)端墙结构

端墙结构采用板梁结构，主要由端墙板、端墙骨架、风挡框组成。梁柱采用乙形梁，端墙板与梁柱间采用塞焊连接。直车体与鼓形车体端墙如图 2-28 所示。

（a）直车体　　（b）鼓形车体

图 2-27　车体侧墙

（a）直车体　　（b）鼓形车体

图 2-28　车体端墙

（四）车顶结构

车顶结构主要包括平顶、中顶、端顶及侧顶组成。侧顶组成包含车顶边梁、侧顶板、弯梁等。车顶边梁及侧顶板采用辊弯结构，弯梁采用帽型结构，小弯梁与侧顶板采用塞焊连接、大弯梁与中顶板之间采用塞焊连接，如图 2-29 所示。

图 2-29　车顶结构

车体外部，侧墙板与底架侧梁辊弯凹槽处搭接焊后磨平，侧墙板与车顶边梁辊弯处搭接焊后磨平，端墙板与底架端梁采用搭接形式，平顶板与端墙上横梁采用搭接焊。车体内部，侧墙立柱与底架边梁满焊连接，侧墙立柱与车顶边梁满焊连接，端墙立柱与底架端梁满焊连接。

二、风挡

折棚风挡是轨道车辆两车厢间柔性连接的部件，其结构可以满足列车在规定路况下的相对运动，给乘客提供一个安全可靠舒适的通道。风挡分为双层折棚内风挡和胶囊非接触式外风挡。直车体折棚风挡棚布形式采用由外向内开放的单波双层型 U 形折棚结构，鼓形车体内风挡的截面改为对波橄榄型。

(一)内风挡

折棚风挡主要由折棚组成、活动踏板组成、固定踏板组成、对接框架组成、平衡装置以及必要的紧固件、安装工具等组成。

内风挡由框架总成、踏渡板总成、拉杆总成、棚布总成、拉簧组件及挂绳组件等六部分构成，如图 2-30 所示。

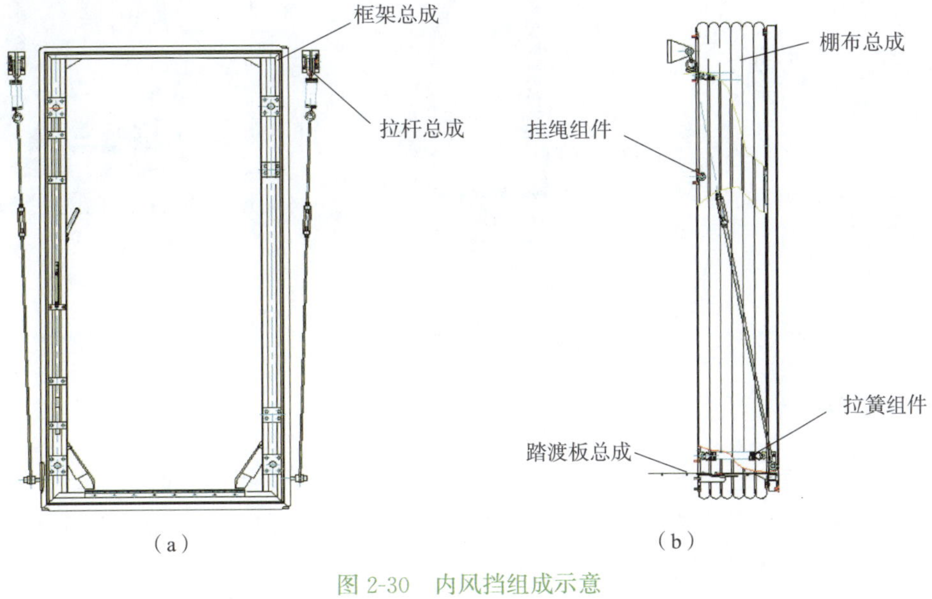

图 2-30　内风挡组成示意

框架总成主要由铝合金型材、锁组件、密封条、定位装置组成。踏渡板总成由不锈钢防滑板、不锈钢磨砂板、渡板、踏板支承座、磨耗条、折页铰链构成。支承座与端墙采用螺栓连接固定，踏板一端与车体地板面用螺钉连接，渡板另一端固定在对接大框下部。鼓形车体取消了内部拉簧。拉杆总成由调节螺母、上下拉杆、拉簧及安装座组成，主要功能是调节对接框高低及运行时平衡折棚位置。棚布总成由铝合金型材与棚布密封夹装组成，与端墙风挡框形成圆周环形封闭结构，棚布采用内侧夹装结构，每圈下部设有排污堵组件，具有良好的伸缩功能、隔热、隔声、防尘及防雨性能。车端阻尼安装在客车的两端，用来衰减车辆之间的相对振动，有利于提高车内乘客的舒适性。

（二）外风挡

车辆间设外风挡，外风挡采用半包非接触式结构，可提高车辆气动性能及美观效果。直车体与鼓形车体外风挡差异对比详见表 2-3，外形对比如图 2-31 所示。

表 2-3　直车体与鼓形车体外风挡差异对比

差 异 点	直 车 体	鼓形车体
车辆连挂后外风挡间隙/mm	566	120
外形	三角形	圆锥形
安装框材质	碳钢	铝型材
是否接触	否	否
外风挡截面尺寸/mm	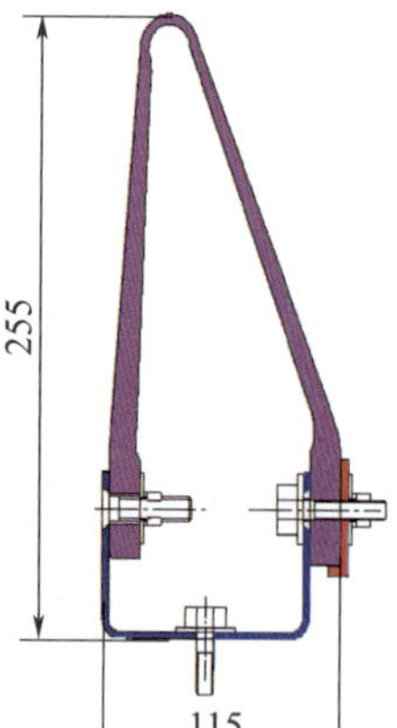	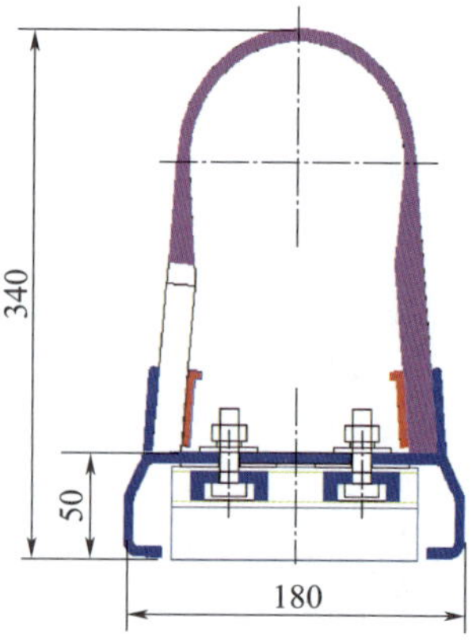

三、车端风挡阻尼

鼓形车体无车端风挡阻尼，直车体车端风挡阻尼安装在拖车的两端（结合 D5 修拆除），用来衰减车辆之间的相对振动，有利于提高车内乘客的舒适性。弹簧固定座与安装梁组成的螺栓采用从内（外端墙）向外的安装方式，便于日常维护时观察螺栓、开口销的

（a）直车体

（b）鼓形车体

图 2-31　外风挡外形

状态。车端风挡阻尼结构示意和实物分别如图 2-32 和图 2-33 所示。

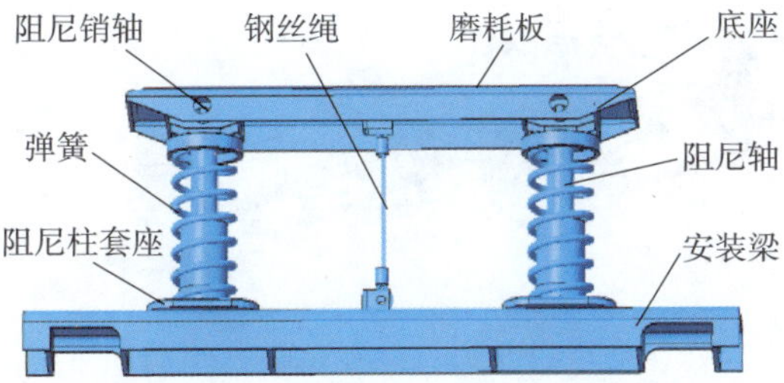

图 2-32　车端风挡阻尼结构示意

图 2-33　车端风挡阻尼实物

四、裙板

裙板设置在车体两侧，采用吊装式结构，分活动裙板和固定裙板，车底设备对应区域裙板为活动式，打开及关闭为手动操作。裙板与车体之间全部采用螺栓连接，方便拆卸，便于检修维护，如图 2-34 所示。

五、脚蹬

鼓形车体无脚蹬。直车体脚蹬在 25T 型客车塞拉门脚蹬装置基础上对结构进行优化，整体采用不锈钢制造，双层结构，中间填充防寒材料，提高隔热、降噪性能，如图 2-35 所示。

(a)

(b)

图 2-34　裙板

六、车钩缓冲装置

动力集中动车组使用的车钩缓冲装置是25T型密接式钩缓装置，分为MJGH-25T型（直车体）和MJGH-25TG型（鼓形车体）密接式钩缓装置。以MJGH-25T型车钩缓冲装置为例，车钩缓冲装置总体结构如图2-36所示。

图 2-35　脚蹬

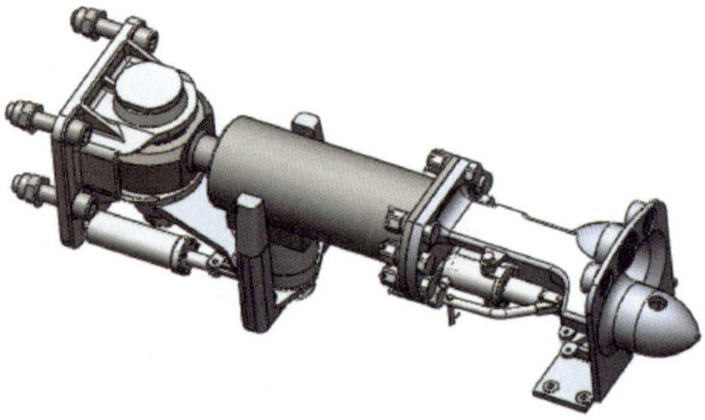

图 2-36　车钩缓冲装置总体结构

密接式钩缓装置由连挂系统、缓冲系统、安装及吊挂系统三部分组成。连挂系统由钩体、钩舌、连接螺栓螺母、解钩手柄、解钩风缸（MJGH-25TG型无此部件）组成；缓冲系统由缓冲器、拉杆、蝶簧筒（有内装蝶簧和弹性体两种结构）、内半筒；安装及吊挂系统由安装座、安装螺栓、安装螺母、钩尾销、钩尾销螺母、复原弹簧盒、支撑弹簧盒（MJGH-25TG型为橡胶堆）、支架组成。

1. 主要技术参数

密接式钩缓装置主要技术参数见表2-4。

2. 主要特性

密接式钩缓装置具有以下特性：可实现列车自动连挂，连挂状态为刚性连接；在使两车可靠连挂的同时，保证列车能顺利通过现有线路及所有平、竖曲线；缓和及吸收列车运行过程中车辆间的冲击能量；解钩采用人工作业；密接式车钩不能直接与普通车钩连挂。需与机车连挂时，可采用过渡钩或托梁式车钩。

表 2-4　密接式钩缓装置主要技术参数

参数名称	技术参数
车钩长度/mm	1 280±5
车钩连挂面与钩尾销之间的距离/mm	1 145±5
拉伸破坏载荷/kN	≥2 000
最大水平摆角	±17°
最大垂直摆角	±4°
安装座孔径/mm	ϕ39
安装座孔距/mm	300×220
胶泥缓冲器行程/mm	73
胶泥缓冲器容量/kJ	≥30
胶泥缓冲器阻抗力/kN	≤800

3. 密接式钩缓装置工作原理

车钩在牵引状态时，其连挂杆分别钩住对方车钩的钩舌板，两钩钩舌板和两个连挂杆形成一个平行四边形。由于该平行四边形两对边力大小相同，产生的转动力矩方向相反，因此该平行四边形机构总能保持平衡。通过这个稳定的四边形结构，两个连挂杆可以将列车间的纵向牵引力传递到车钩的钩舌板，并通过钩舌板的中心轴传递到钩体上。当车钩承受压荷载时，平行四边形结构不受力，车钩间的压荷载通过车钩的连挂面顶靠进行传递。

4. MJGH-25T 型和 MJGH-25TG 型密接式钩缓装置主要差异点

MJGH-25TG 型密接式钩缓装置[图 2-37(a)]与 MJGH-25T 型密接式钩缓装置[图 2-37(b)]可连挂兼容，性能参数、长度尺寸及与车体安装接口完全一致。相比 MJGH-25T 型密接式钩缓装置，MJGH-25TG 型密接式钩缓装置对安装吊挂系统、缓冲系统、连挂系统和连接方式进行局部优化。钩缓装置连挂系统内部结构如图 2-38 所示。

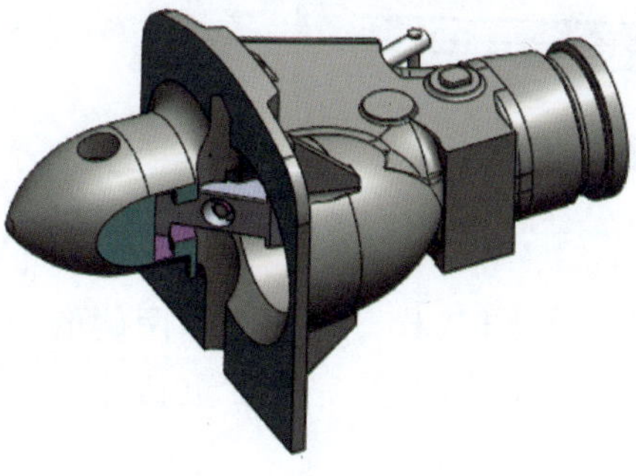

（a）MJGH-25TG型

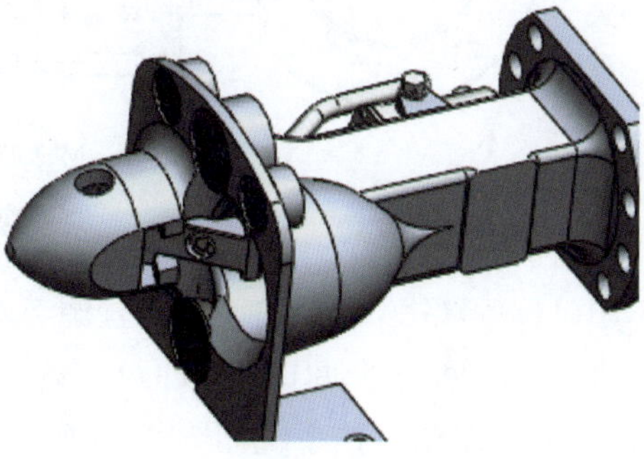

（b）MTGH-25T型

图 2-37　钩缓装置连挂系统结构

MJGH-25TG 型密接式钩缓装置与 MJGH-25T 型密接式钩缓装置缓冲器的作用原理一致，均采用拉压转换的结构。两种缓冲器内部结构及受力原理完全一致，仅缓冲器行程部位的前后位置不同，如图 2-39 所示。

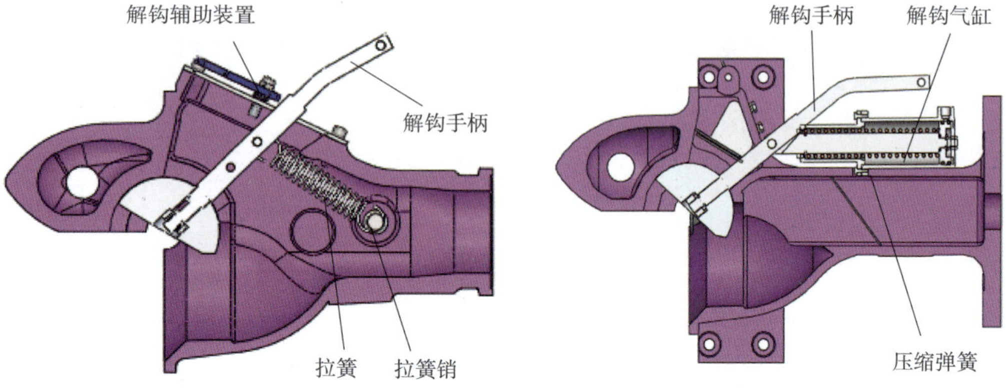

（a）MJGH-25TG型　　（b）MJGH-25T型

图 2-38　钩缓装置连挂系统内部结构

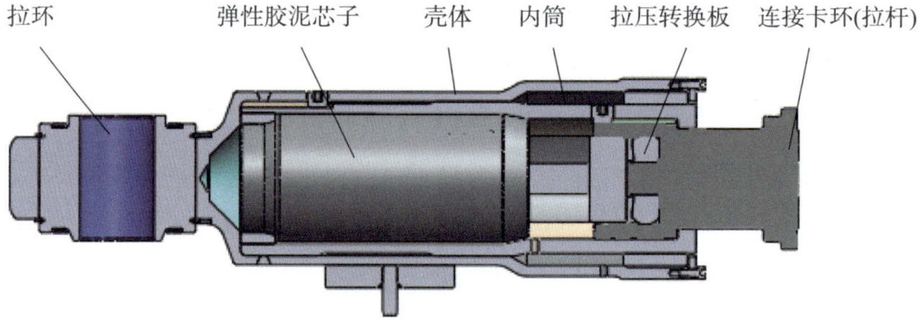

（a）MJGH-25TG型

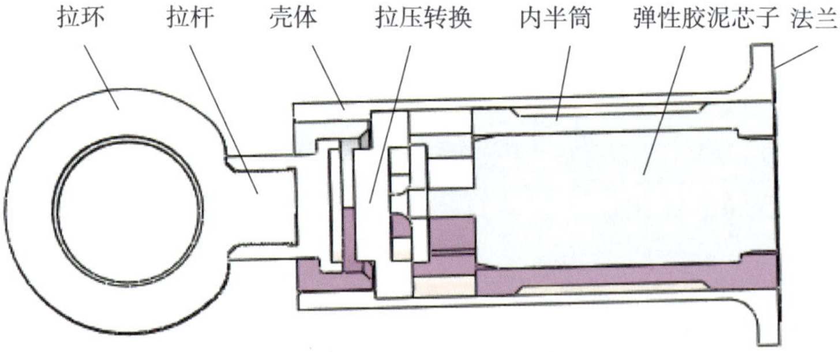

（b）MTGH-25T型

图 2-39　缓冲器内部结构

MJGH-25TG 型密接式钩缓装置调节车钩垂向高度时，松开橡胶支撑两侧的锁定螺母，旋动橡支撑两侧的调节螺栓即可实现车钩高度的调节，调节完毕后重新拧紧上下两个锁定螺母。安装吊挂系统如图 2-40 所示。

MJGH-25T 型密接式钩缓装置的垂向支撑采用支撑弹簧盒结构，调节车钩高度时需要将支撑弹簧盒与支架的安装螺栓组成完全拆下，在两者之间垫一定数量的垫板来实现垂向高度的调节，如图 2-41 所示。

5. 过渡车钩

短编动力集中动车组车内配有一套统型过渡车钩，由模块 1 和模块 4 组成，使用连接销连接，集成风管连接器，如图 2-42 所示。在列车需要回送救援时，通过过渡车钩实现控制车自动车钩和机车车钩的连接。

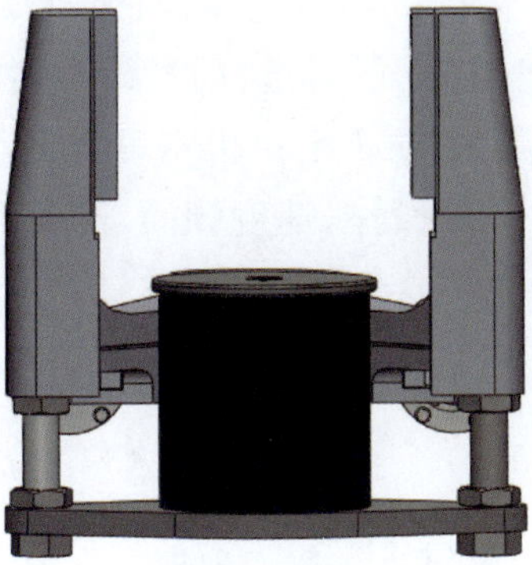

图 2-40　安装吊挂系统

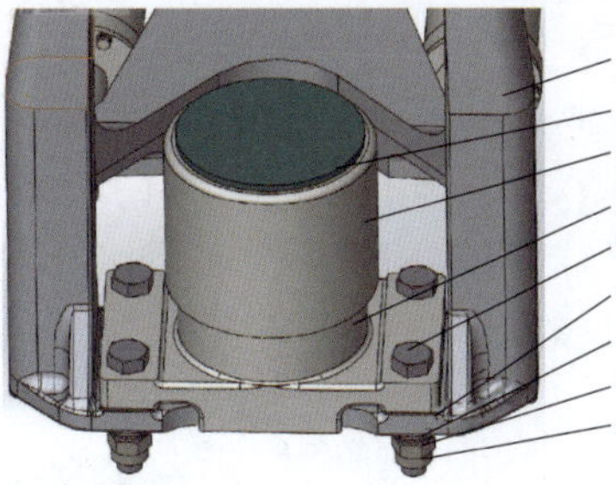

图 2-41　MJGH-25T 型密接式钩缓装置垂向支撑结构

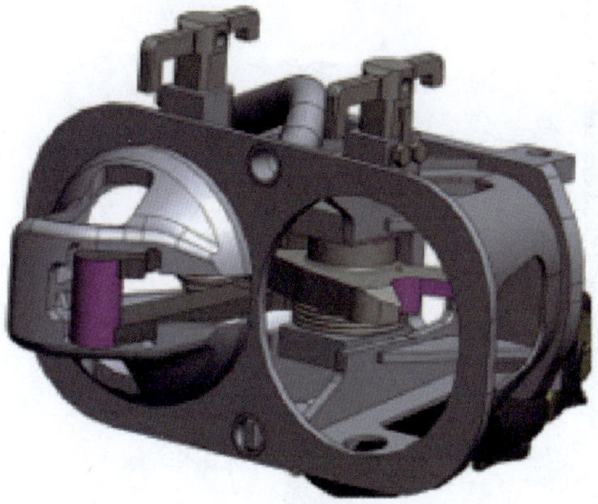

（a）模块1

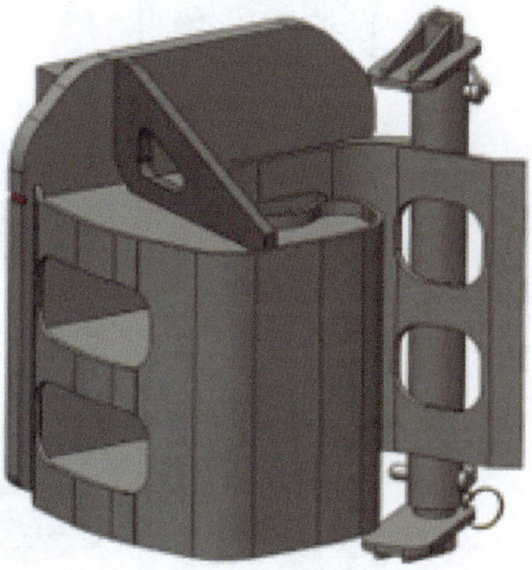

（b）模块4

图 2-42　过渡车钩

过渡车钩模块 1 用来与控制车自动车钩相连挂。前端连挂面板用以承受压力载荷和冲击。牵引载荷则通过连接杆和钩舌传递至过渡车钩的其他部分。过渡车钩模块 1 还带有风管连接器，用于在救援工况时牵引机车对动车集中动车组的制动控制。过渡车钩模块 4 用来与装有 15 号车钩的机车进行连挂。

七、车内设备

车内设备主要包括门窗、客室设备、走廊通过台设备。其中客室设备主要包括座椅、行李架等。走廊通过台设备主要包括垃圾箱及投递口、灭火器箱及灭火器、扶手等。

（一）车门

车门主要包括侧门、端门及内部门。

1. 侧门

动力集中动车组侧门包括铰链门、电控塞拉门，其中二等座车（厨房式）二位端采用铰链门，其余侧门均采用电控塞拉门。电控塞拉门根据驱动方式分为电控气动塞拉门、电控电动塞拉门。

直车体塞拉门采用带集控功能的电控气动塞拉门，由门框压条组件、门扇、承载驱动机构、侧立集成组件、内操作装置、外操作装置、下支架组件、下滑道、防护罩组件、斜楔块、站台间隙补偿器等部件组成，如图 2-43 所示。动力集中动车组司机室可实现对全列塞拉门的集中控制。塞拉门具有本车控制、集中控制、手动操作、速度锁闭、障碍返回等功能，防冻性能满足使用环境要求，车门与站台间隙补偿器实现联控功能。电控气动塞拉门采用无杆气缸驱动。通过无杆气缸带动携门架，同时携门架在上滑道及门板下部支架在下滑道的引导下实现塞拉运动。

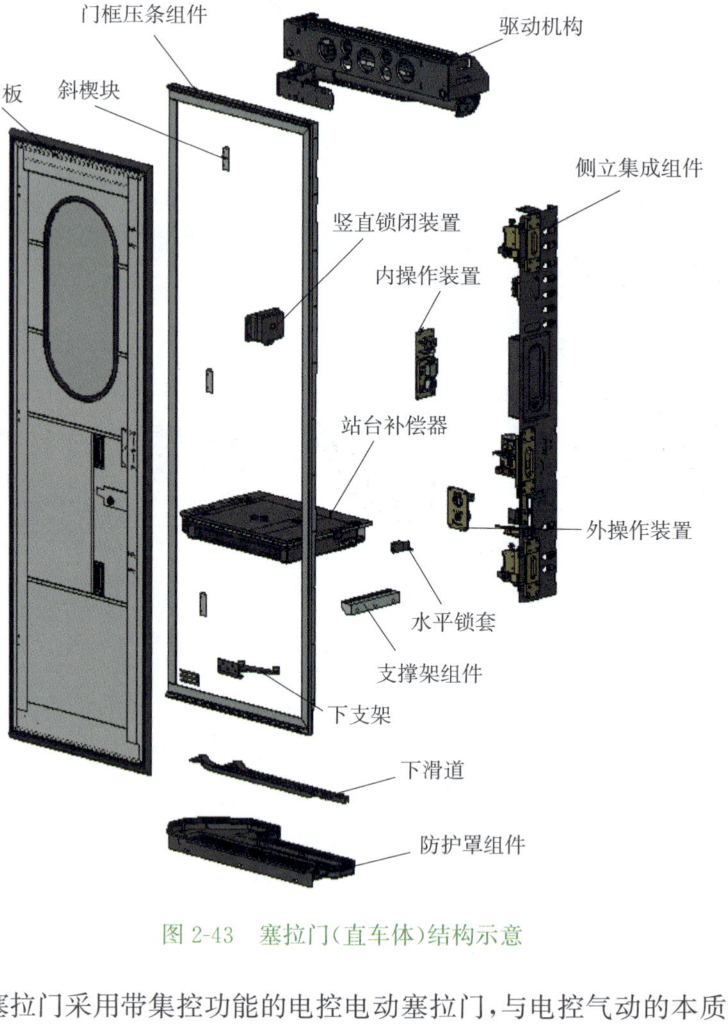

图 2-43　塞拉门(直车体)结构示意

鼓形车体塞拉门采用带集控功能的电控电动塞拉门，与电控气动的本质区别是采用电机驱动、取消了站台间隙补偿器。工作时，门控系统控制电机运转，实行门的开启和关闭。同时为了确保门扇关闭的可靠性，该系统增加了两套除主锁外的辅助锁，可以采用气动方式锁闭。电控电动塞拉门承载驱动机构安装于车门门口上方，主要由机构支架、驱动电机、门控器、主端子排、携门架等部件组成；门系统采用直流无刷电机驱动，通过丝杆螺母副将电机的旋转运动转化为携门架的直线运动，在上滑道以及长短导柱的引导下实现开关门塞拉动作；门控器集成在承载驱动机构上，如图 2-44 所示。

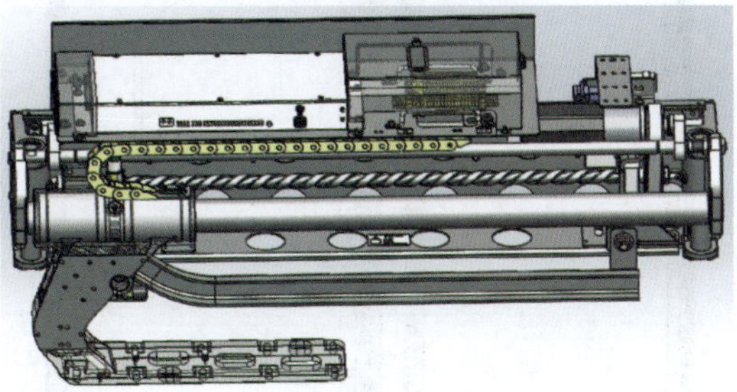

图 2-44　电控电动塞拉门承载驱动机构示意

塞拉门供电电源为 DC 110 V，一门一控，车门系统通过 RS-485 接口与本车车辆控制单元进行通信。

当车速大于 5 km/h 时，塞拉门车门自动关闭。塞拉门须具有自动/手动功能和障碍物检测及防挤压功能；紧急情况下，在车速不大于 5 km/h 时，可通过设置在车内部及外部的开关，打开车门。车门关闭时如检测到障碍物，车门则返回打开状态，防止夹伤旅客或夹坏物品。作用在障碍物上的力不大于 150 N。

侧立集成组件由锁闭机构、气路、线路等组成，电磁阀采用三联组合模块。门到位开关采用机械式开关，如图 2-45 所示。

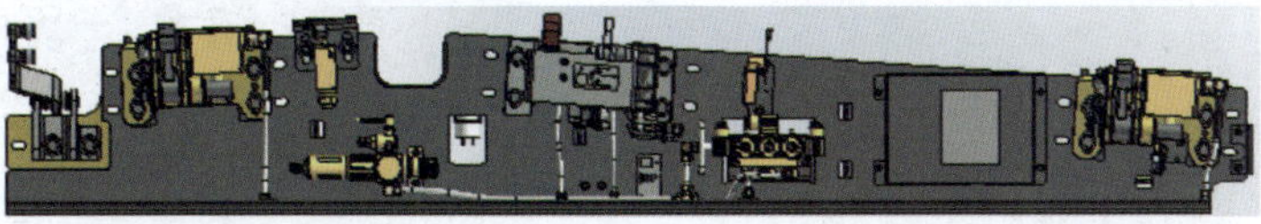

图 2-45　电控电动塞拉门侧立集成组件

门框由铝型材拼焊，为整体门框，门框安装于车体门口处，提供一个密封面。在门框的前部型材上安装有 4 个斜楔，在门关到位后，斜楔承担门扇前部因为受载而产生的力，保证门扇前部密封胶条与门框紧密贴合。

门扇为铝型材框架、铝板蒙皮、填充夹层材料结构，中空钢化玻璃，为半圆形结构，采用粘接胶或胶条固定。四周安装有橡胶密封条，胶条为八字唇边结构，可实现气密性。门扇前部设置护指胶条和敏感胶条。门框和门扇组成如图 2-46 所示。

2. 端门

(1)手动双开外挂外端门

手动双开外挂外端门主要由上导轨组成、左右门板组成、下导轨、调节支架等零部件组成，如图 2-47 所示。

手动双开外端拉门通过门扇上扣手可实现手动开关门动作。车门在全开或全关时，使用钥匙锁闭门锁后，门扇可定位在全开或全关位置。门扇采用铝型材和玻璃拼装结构。

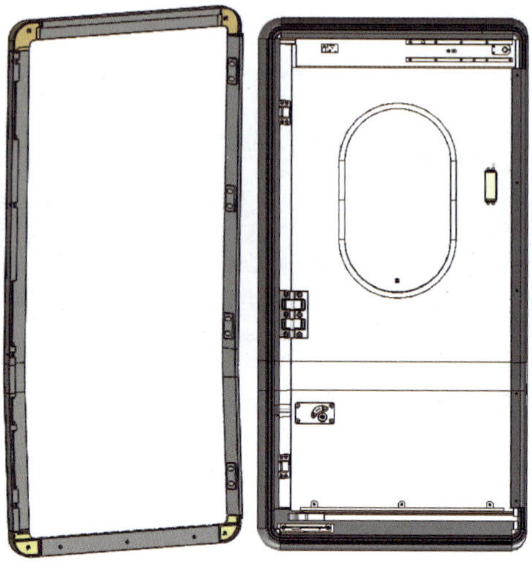

图 2-46　门框和门扇组成

(2)电动内端拉门

电动内端拉门主要由上导轨组成、门板组成、下导轨、前门框组成等零部件组成，如图 2-48 所示。

图 2-47　手动双开外挂外端门实物

图 2-48　电动内端拉门实物

电动内端门通过门扇上开门按钮可实现门自动开关动作。车门在全开或全关时，锁闭门锁后门系统断电，同时实现门的机械隔离。电动内端门具有手动/自动转换功能，操作转换开关给门系统断电后，门系统可手动开关门。紧急时无论电源是否正常，都可操作手动/电动转换开关。门扇采用铝型材和玻璃拼装结构，电动内端门具有在开关门过程中遇到障碍物进行障碍检测及故障自诊断功能。

3. 内部门

(1)转轴小间门

转轴小间门主要包括卫生间门、乘务室门。转轴小间门设门锁、门挡及通风口，乘务员室门设玻璃。门框使用铝型材，门板为蜂窝结构。

卫生间门、乘务室门的通过宽度最小 500 mm，通过高度最小 1 950 mm。卫生间门、乘务室门设门锁和门闩，使用通用三角钥匙从外部锁闭和开启。卫生间门、乘务员室门使用通用三角钥匙锁闭。

卫生间门锁上设机械“有人/无人”显示，红色“有人”表示卫生间占用，绿色“无人”表示卫生间闲置。转轴小间门结构如图 2-49 所示。

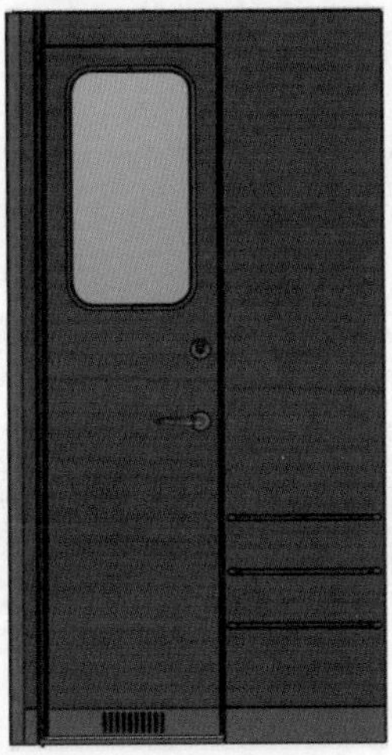
(a)

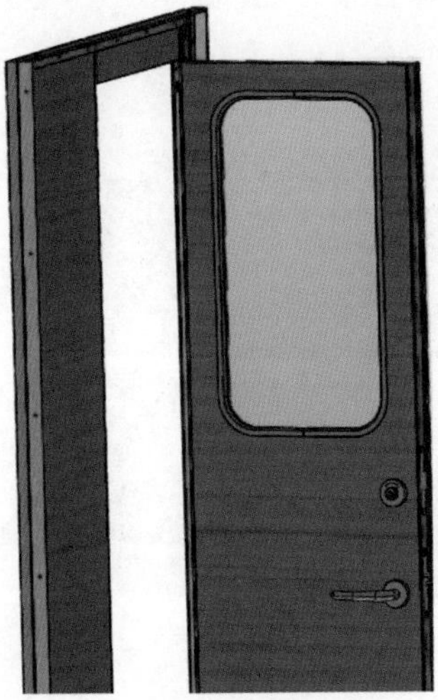
(b)

图 2-49 转轴小间门结构示意

(2)手动拉门

手动拉门主要包括卫生间门和包间拉门，通过门扇上拉手可实现手动开关门动作，如图 2-50 所示。车门在全开或全关时，使用钥匙锁闭门锁后，门扇可定位在全开或全关位置。门扇采用贴面板＋铝合金骨架粘接结构，其优点是强度高、密封性能好，隔音、隔热。

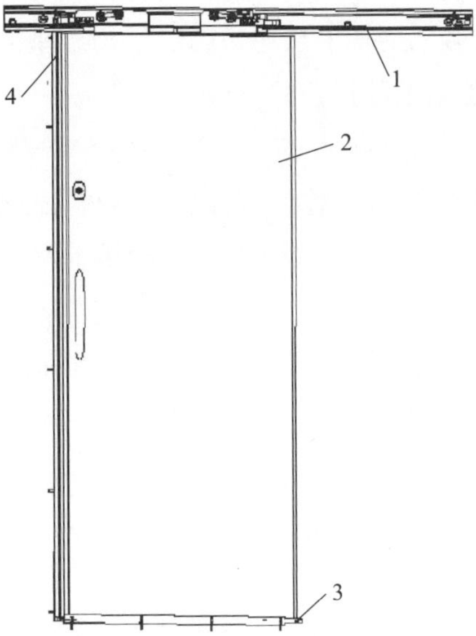

1—上导轨组成；2—门板组成；3—下导轨；4—前门框组成。

图 2-50 手动拉门结构示意

（二）车窗

车窗主要包括活动车窗、固定车窗及应急逃生窗，其中乘务员室和客室内部分为活动车窗，其余为固定车窗。活动车窗分上、下两部分，下窗为固定车窗，上窗为活动车窗，可向内翻转约 30°，在活动车窗上设有三角锁，如图 2-51 所示。

固定车窗由铝合金框、窗玻璃、胶条及拉紧滑块组成，通过转动拉紧滑块上的内六角紧固螺钉将车窗与车体钢结构拉紧，如图 2-52 所示。

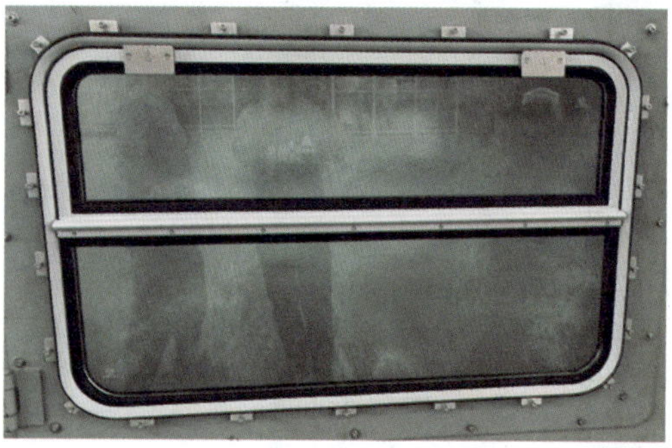

图 2-51　活动车窗

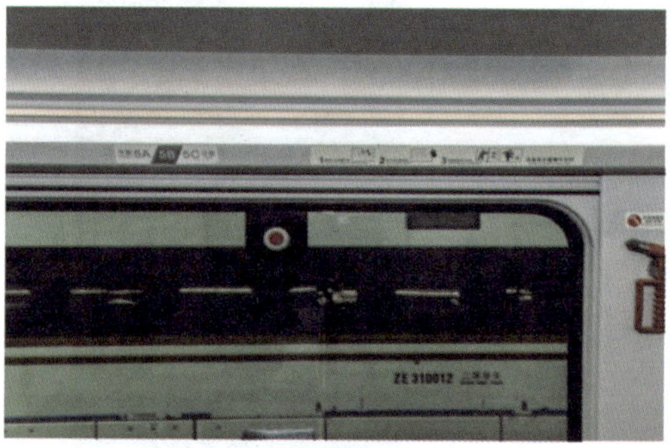

图 2-52　固定车窗

（三）客室设备

1. 座椅

座椅分一等座椅、普通座椅、无障碍座椅和商务座椅。座椅通过 T 形螺栓与地板连接，T 形螺栓安装在地板集成的铝型材滑槽内。安装滑槽为分段式，均在座椅支腿覆盖区域，不外露。

（1）一等座椅

一等座椅为双人座椅，有 3 个扶手且均为固定结构。座椅靠背的角度可自由调节和锁定。双人座椅的两侧扶手内设可折叠的桌板。

在每个座椅的后背部设杂志袋、衣帽钩、翻转脚踏（端部座椅无杂志袋、衣帽钩、脚踏）。头靠处设有上下调整式头枕，头枕可在任意位置可靠定位。座椅设插座，扶手上设复位按钮，如图 2-53 所示。

（2）普通座椅

三人座椅和双人座椅中间扶手为可翻起式，座椅靠背角度可调。

在每个座椅的后背部设书报网袋及翻转式桌板（端部座椅无书报网袋及翻转式桌板），靠背处设有小桌操作标识以及最大承载量标识。靠过道侧座椅靠背上侧设把手，座椅设插座，侧面设复位脚踏，如图 2-54 所示。

（3）无障碍座椅

无障碍座椅靠侧墙处扶手为固定式，靠过道侧扶手为可翻转式，座椅设安全带，如图 2-55 所示。

图 2-53　一等座椅

图 2-54　普通座椅

(4)商务座椅

商务座椅采用单人座椅,可 180°旋转,能实现坐姿、半躺、全躺功能。商务座椅上设有左扶手内可折叠餐桌、阅读灯、电视、书报栏和 AC 220 V 插座、USB 插口、手机无线充电模块以及小物品存放处和小件行李固定装置,具备呼叫功能。商务座椅设有 0°、30°、60°、120°、150°和 180°六种挡位,如图 2-56 所示。

图 2-55　无障碍座椅

图 2-56　商务座椅

2. 卧铺

(1)二等卧铺

二等卧车车体中部设 11 个半封闭式卧铺包间,包间内设卧铺,卧铺主要分上铺、中铺和下铺,中铺、上铺通过卧铺支架与间壁连接。卧铺主要由骨架、垫、蒙面布等部分组成,铺垫采用高回弹聚氨酯泡沫垫材,外侧蒙面布为防火阻燃面料,如图 2-57 所示。

(2)一等卧铺

一等卧车车体中部设 10 个封闭式卧铺包间,包间内设卧铺,卧铺主要分上铺、下铺,如图 2-58 所示。

图 2-57　二等卧铺

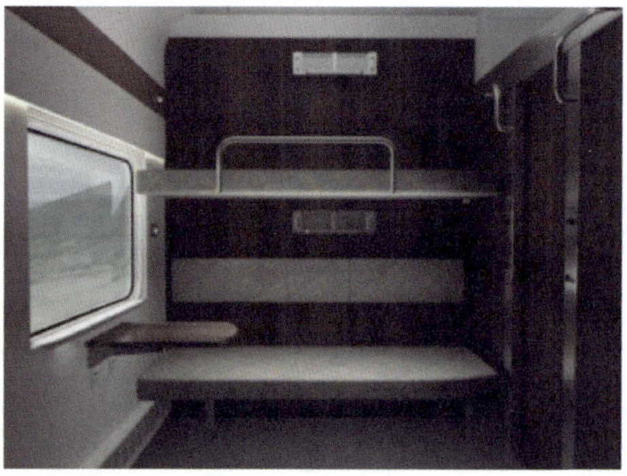

（a）

（b）

图 2-58　一等卧铺

3. 行李架

客室区域设置行李架，如图 2-59 所示。行李架采用板式行李架，隔板为钢化夹胶玻璃，下表面磨砂处理。前型材及前压板为铝型材，表面喷砂氧化处理；后型材及下部灯带型材为铝型材，表面喷砂氧化处理。托架分为中部托架及端部托架，为铸铝材质。

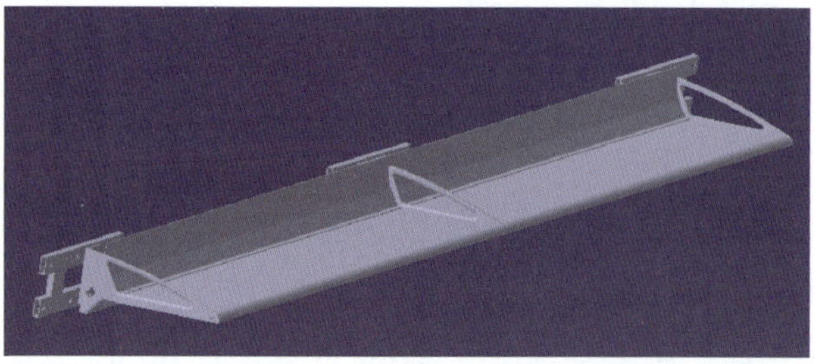

图 2-59　行李架

4. 其他设备

(1)茶桌

茶桌由桌面板及支撑组成。其中桌面板采用抗倍特板，设金属杯托；茶桌支撑采用不锈钢支架及支腿。

(2)衣帽钩

座车客室衣帽钩采用隐藏式衣帽钩,与玻璃钢墙板组成一体,模块化安装。

(3)扶手

扶手主要包括通过台扶手及侧门立罩扶手等。通过台扶手、贯通道及侧门立罩扶手采用不锈钢喷砂表面处理。

(4)灭火器箱

灭火器箱设置在端部,采用不锈钢喷砂表面处理。

(5)垃圾箱及投递口

垃圾箱底部设置滚轮,方便抽拉。投递口采用不锈钢喷砂表面处理。

(6)安全锤

客室安全锤设置在客室四角,设置位置对应应急窗。

(7)电源插座

客室电源插座包括 AC 220 V 插座面板集成模块和 USB 模块,插座面板集成模块输出 AC 220 V/50 Hz,USB 模块输出 DC 5 V/2.1 A。

八、给排水卫生系统

给水卫生系统由卫生间、洗面间、水箱、真空集便装置、排水系统等组成,为保证系统在最低温度环境(−40 ℃)能正常使用,车下污物箱和排水装置上设置电伴热装置。给水卫生系统原理如图 2-60 所示。

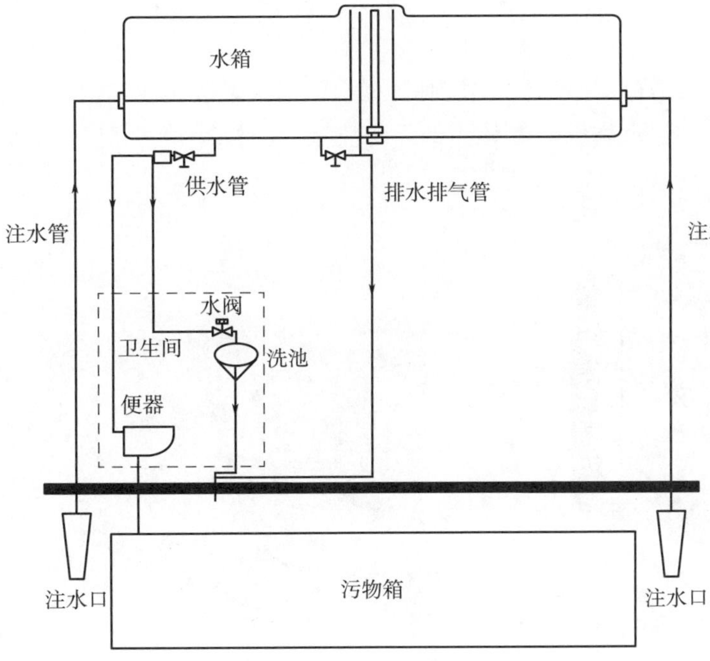

图 2-60　给水卫生系统原理

(一)卫生间

1. 普通卫生间

普通卫生间集成了便器、洗盆、面镜等服务设施,如图 2-61 所示。

2. 无障碍卫生间

无障碍卫生间集成了按压式水龙头、婴儿护理台、倾斜式面镜、扶手等服务设施,如图 2-62 所示。

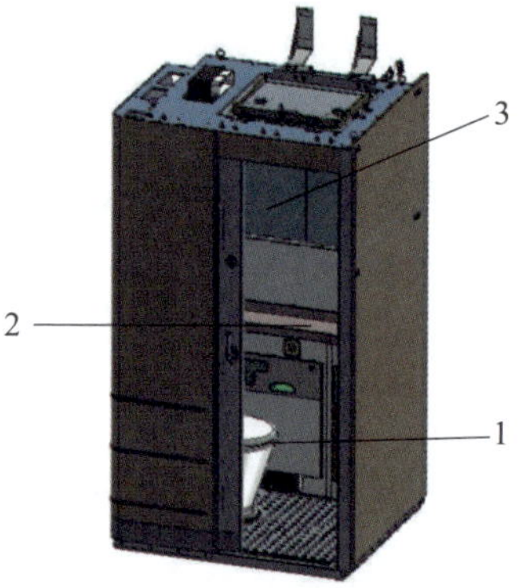

1—便器;2—洗盆;3—面镜。

图 2-61 普通卫生间

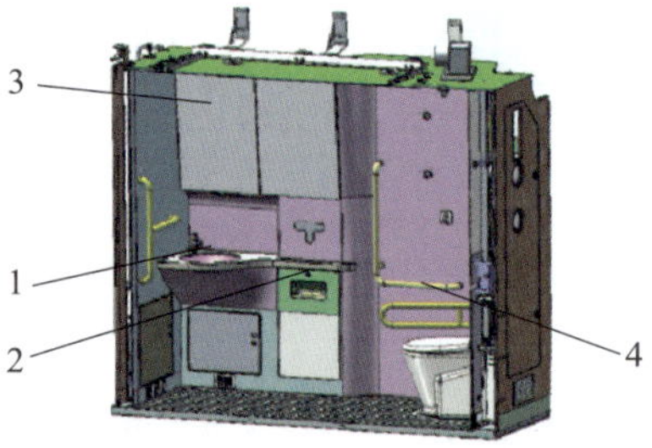

1—按压式水龙头;2—婴儿护理台;
3—倾斜式面镜;4—扶手。

图 2-62 无障碍卫生间

(二)洗面间

洗面间集成了按压式水龙头、插座、面镜、皂液器、抽纸盒、储水式温水器等服务设施,如图 2-63 所示。

(三)净水箱

动力集中动车组净水箱箱体采用 316L 型不锈钢板焊接而成,底板处设供水接口、排水接口和水位传感器安装接口,箱体内部设防波板,同时整个箱体外部粘结防寒材料,如图 2-64 所示。

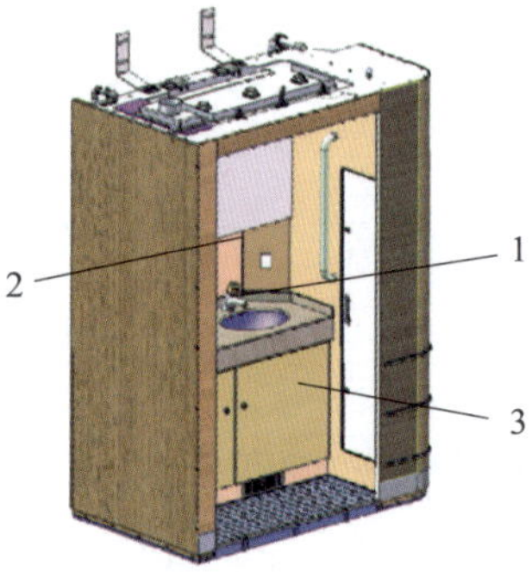

1—按压式水龙头;2—面镜;
3—储水式温水器。

图 2-63 洗面间

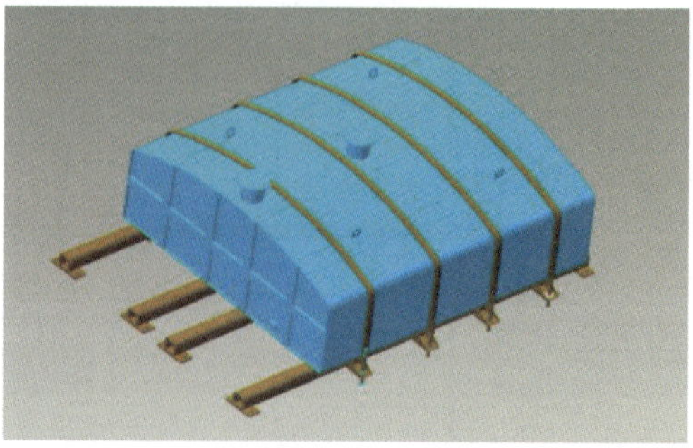

图 2-64 净水箱

(四)真空集便装置

集便装置采用真空保持式,主要由污物箱、电气控制盘、便器组件、气水控制盘、显示模块等部件组成,如图 2-65 所示。

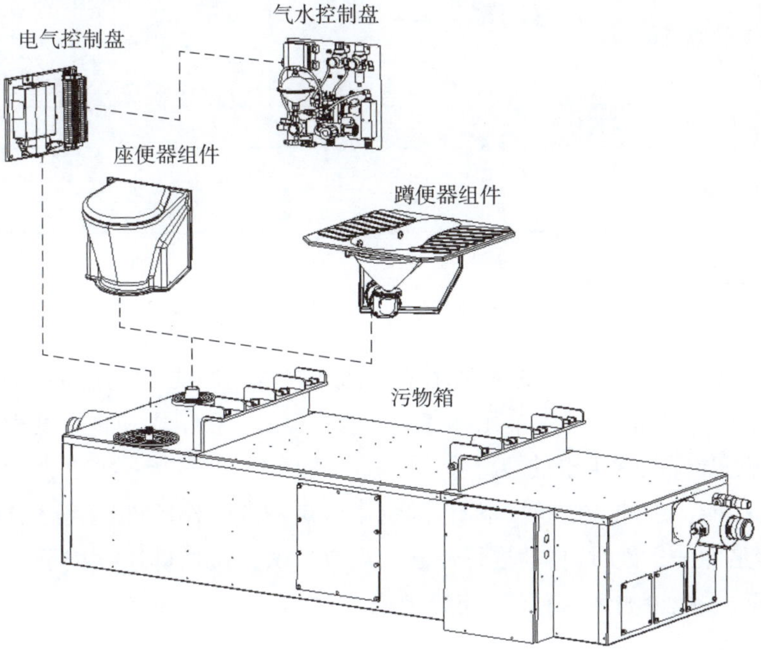

图 2-65　真空集便装置示意

真空集便装置采用加压后的水冲洗便器,用污物箱的真空把污物吸进污物箱。动力车提供的压缩空气首先通过过滤减压阀,把气压值调节到系统工作需要的范围,在污物箱真空度不足的时候,控制器控制抽真空电磁阀打开,把污物箱里的空气抽出,达到设定的真空度;在真空度满足系统设定的情况下,按下冲洗按钮,外界水源在清水过滤器过滤杂质后进入水增加器进行增压,通过压力开关和电磁阀的控制,将增压后的水对便盆进行冲洗,以保证冲洗过程中便器内部无明显盲区,确保将便盆冲洗干净,控制器控制排污阀打开。由于此时的污物箱具有真空度,利用大气压差,把冲洗后的水和污物吸进污物箱,完成整个冲洗吸污流程。

真空集便装置主要技术参数详见表 2-5。

表 2-5　真空集便装置主要技术参数

参数名称		技术参数
伴热工作电路	额定电压	三相四线制 AC 380 V/50 Hz
	电压运行波动范围	AC 323～437 V
控制电路(额定电压)		DC 110 V/DC 24 V
系统气源压力/kPa		450～900
每个冲洗循环过程(从按下冲洗按钮到便器内污物冲洗干净)/s		≤6
冲洗循环周期/s		≤90

续上表

参数名称	技术参数
每个冲洗循环耗水量/L	≤0.45
平均每个冲洗循环耗气量(1个标准大气压)/L	≤140
系统建立真空压力值/kPa	−25～−15
便器排污管路直径/mm	ϕ50
输送污物的水平距离(便器至污物箱)/m	≤10
系统建立一次真空时间/s	≤60
污物箱容积/L	550

真空集便装置主要功能如下：

(1)冲洗功能。当冲洗按键按下时，若满足冲洗工作条件，执行完整的冲洗排污动作；否则进行冲洗记忆，等到满足冲洗条件时，自动进行冲洗。冲洗真空度条件：便器正常冲洗真空值为−25～−15 kPa。冲洗单元具有压力增压功能。在正压和真空度满足条件下，系统上电或系统断电后再次上电的情况下，系统自动抽真空，并执行一次冲洗排污动作。

(2)记忆功能。当冲洗按键按下时，系统不满足冲洗工作条件，系统控制器会有冲洗记忆，等到满足冲洗条件时，自动进行冲洗。当有多次冲洗按键连续按下时，控制器仅执行第一次按下(系统检测到的有效按键)指令；当便器处于冲洗状态或抽真空状态时，按下冲洗按键无效。

(3)水增压功能。车辆上水箱流出的水，将采用水增压器增压后冲向便器，以少量的水达到最佳的冲便效果。

(4)抽真空功能。当真空值高于设定的上限−15 kPa时，控制器发出抽真空开始信号，真空单元动作；当真空值达到设定的下限−25 kPa时，控制器发出抽真空停止信号，真空单元动作停止。

(5)气压不足等待功能。当系统气压上升到大于350 kPa时，系统真空单元开始工作；系统气压下降到低于300 kPa时，系统停止工作，等待系统气压上升到大于350 kPa时，系统真空单元自动开始工作。

(6)抽真空超时报警功能。当系统抽真空时间超过2 min时，真空值未达到−25 kPa，控制器发出报警指令，“低真空”报警指示灯亮，系统停止工作。

(7)抽真空时间过短报警功能。当抽真空时间小于2.5 s，真空值就从不满足冲洗条件达到−25 kPa，控制器发出报警指令，“100%液位”报警指示灯亮，系统停止工作。

(8)便器排泄阀强制打开功能。当系统失效时，便器中污物不能排放，可以通过三位五通阀手动旋钮强制打开夹管阀。排放掉便盆中的污物，然后进行检修。

(9)加热防寒功能。该系统设计有防寒空气断路器，当客车运行环境温度较低时，将防寒空气断路器合闸；当系统检测污物箱箱体内温度小于3 ℃时，系统将自动启动加热装置；当污物箱箱体内温度超过8 ℃时，加热装置停止。排污球阀、真空管、便器排污管自动启动或降低伴热温度功能，使得污物箱及系统在低温状态下还能工作。

(10)加热故障检测功能。污物箱内设置电加热管故障检测装置,具有加热故障指示作用。

(11)显示功能。为装置能显示系统使用状态,将使用系统运行的交流指示灯处于绿色常亮状态;当污物箱加热器或伴热线工作时,污物箱加热或伴热按钮灯处于绿色点亮状态。当污物箱中污物液位到50%或80%时,显示装置50%或80%点亮黄灯;当污物箱中污物液位达到100%时,显示装置100%显示灯点亮红灯,并开始报警,同时禁止系统执行冲洗排污动作。当系统排污时,污物箱内污物液位降到20%以下时,空箱指示灯(绿灯)亮。当污物箱真空值高于−15 kPa或系统抽真空时间超过2 min时,"低真空"报警指示红灯常亮。当3个加热管中任何一个出现故障时,加热器故障检测器灯亮报警。

(12)管路排空功能。设置管路自动排空功能,需要时,按下按钮,系统管路自动实现排空。

(13)复位功能。当系统重启后,控制器复位,控制器中的程序重新启动运行,如果系统中故障没有解除,系统报警依然存在。

(14)排污冲洗功能。当污物箱满后,通过地面排污系统或排污车等接入污物箱排污接口可以实现顺利排污。排污完毕后接入冲洗水可以实现冲洗污物箱,从而实现排污冲洗功能。

(15)防反喷功能。系统真空管路设置防反喷止回阀,当系统真空管路正压超过5 kPa时,防反喷止回阀自动开启。

(五)电热开水器

1. 部件组成

电热开水器由电热开水器装置、供水管路、接水面板等组成,如图2-66所示。

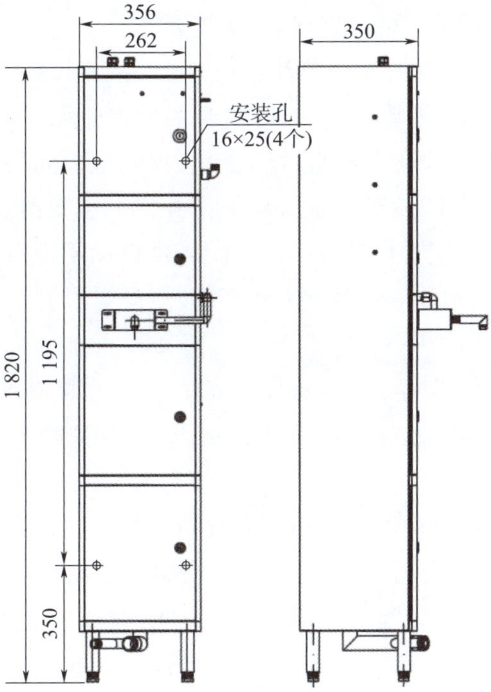

图2-66　电热开水器结构示意(单位:mm)

2. 主要技术参数(表 2-6)

表 2-6　电热开水器主要技术参数

参数名称	技术参数
主电路额定电压	三相三线 AC 380 V(AC 342～418 V)/50 Hz
控制回路电压	DC 110 V(DC 77～137.5 V)
额定功率/kW	4.5
进水水压/kPa	≤120
储水箱容积/L	≥18
降温速率/$(K \cdot h^{-1})$	≤5
出水温度/℃	≥95
产开水量/$(L \cdot h^{-1})$	进水温度≥18 ℃时,≥40
防护等级	IP54
外形尺寸/mm	1 820×356×350
安装尺寸/mm	1 195×262
质量/kg	81

3. 功能原理

(1)电气控制原理

电热开水器电气主回路主要由漏电保护器、滤波器、整流桥、逆变器和感应线圈等部件组成。三相交流电源经断路器进入控制箱,再经三相整流桥变成 530 V 左右直流电,由功率模块组成的全桥逆变器把直流电转变成 25 kHz 左右的高频交流电,供给感应线圈,在产水箱腔体中产生涡流并使之发热,将水烧开。

电热开水器控制电路主要由 8 位单片微处理器及外围数字电路、脉冲驱动电路、水位传感器、温度传感器、稳压电源、指示灯、继电器及控制进水的电磁阀等部分组成,在微处理器程序的作用下,能根据产水箱水位的变化,控制电磁阀的开/关,逆变器的启/停,实现断水保护、缺水自动进水、水位显示等功能。并且当逆变器发生过流、过热等异常情况时自动保护停机,等恢复正常且延时一定时间后再启动逆变器。另外微处理器能根据逆变器输出的电流、电压、相位信号调整工作频率,使逆变器工作在最佳谐振状态。

(2)自动保温原理

电热开水器由单片微处理器设置自动保温程序,在储水箱满水位时能自动进入保温状态:即电热开水器能自动关断 3 min 后,自行开启加热 8 s,保证储水箱中水温达到 95 ℃以上。

(3)水位控制原理

电磁阀通电后,冷水经过滤器、电磁阀、电气箱冷却管注入产水箱。当水位达到产水箱上水位时电磁阀关闭,停止进水并开始加热,水沸腾后从翻水膨胀筒上端跃出,进入储水箱,产水箱水位则下降。当降至产水箱中水位时电磁阀打开补水,至上水位时停止补水。当储水箱内开水水位升至上水位时,停止加热,自动进入保温状态。当取用开水使储水箱内开水水位降至下水位时,再次开始加热,即可连续不断地供应开水。

(4)防干烧保护原理

电热开水器具有一、二、三次缺水保护装置。

①一次保护：当产水箱水位下降至中水位时，电热开水器进入补水程序，停止加热。

②二次保护：电热开水器装置压力温度控制器，在水位传感器失效或发生器件损坏等突发情况下，产水箱内缺水，甚至无水，水位传感器失效等情况下，电热开水器因加热腔迅速升温。这时装在加热腔中的温度控制器(感应温度 210 ℃)能立即动作并进入保护状态，此时控制箱面板上的熔丝熔断，切断电热开水器的控制回路，须人为更换熔丝后电热开水器才能正常工作。

③三次保护：在一次、二次保护失效的情况下，随着加热腔温度的升高，装载在线圈盘中的温度熔丝(205 ℃)熔断，切断电热开水器的控制回路，须人为更换温度熔丝后电热开水器才能正常工作。

(5)低温排水原理

当 DC 110 V 首次上电，储水箱内温度低于 70 ℃时，储水箱排水电磁阀自动打开 8 min，排空储水箱内部存水。

(六)电热温水器

1. 部件组成

电热温水器主要将列车水箱进水经过加热到设定温度供旅客洗漱用，装置于洗面间洗面镜后方，由壳体、储水箱、电热元件、电源控制模块等部件组成，如图 2-67 所示。内部非金属采用新型环保无毒材料，整机采用不锈钢板焊接而成，具有耐压高、防腐蚀的特点，可在环境温度－25～＋45 ℃使用。

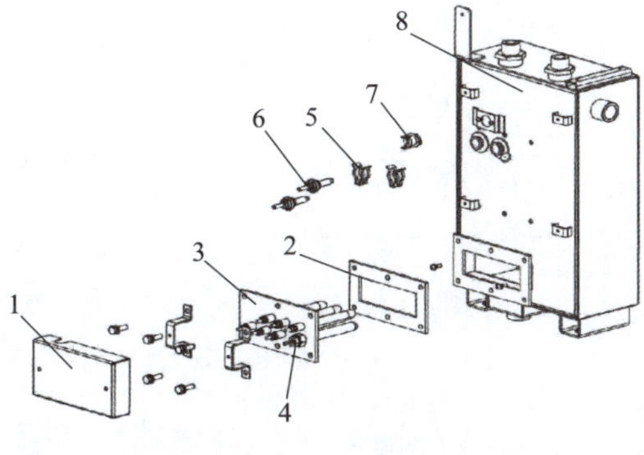

1—电热管护罩；2—电热管密封垫圈；3—干烧保护装置；4—电热管；5—弹簧夹；
6—水位探针；7—突跳式温控器；8—水胆。

图 2-67　电热温水器结构示意

2. 主要技术参数(表 2-7)

表 2-7　电热温水器主要技术参数

参数名称	技术参数
主电路额定电压	三相三线 AC 380 V(AC 342～418 V)/50 Hz
控制回路额定电压	DC 110 V(DC 77～137.5 V)

续上表

参数名称	技术参数
加热功率/kW	1.1
储水容量/L	约6
出水温度/℃	40(可设定范围:30~75 ℃)
超温保护器	手动复位型突跳式温控器,动作:(60±5)℃,自动切断加热电源,并需手动复位
温度调节器	液体膨胀式温控器(动作:30~75 ℃,恢复:≥−4 ℃)
加热能力/(L·h^{-1})	≥6(1.1 kW)

3. 工作原理

电热温水器接通电源后,面板上电源指示灯亮,如果缺水指示灯同时也亮,关闭排水阀,打开进水阀,待水位超过水位探针时,电热温水器正常加热(加热指示灯亮、缺水指示灯灭)。待水温加热到温控器设定温度(40 ℃),温控器触点断开,停止加热(加热指示灯灭)。若电源正常同时1根及以上电热管故障,电热管减载工作同时电热管故障指示灯亮。电热温水器电气原理如图2-68所示。

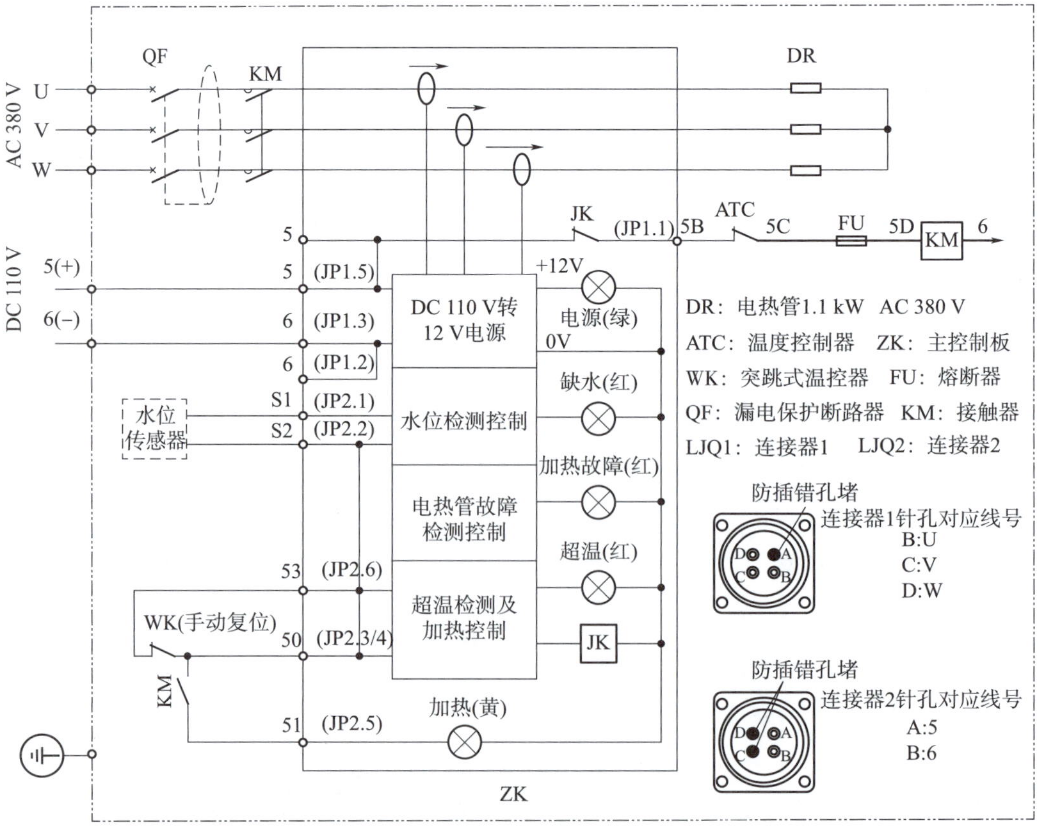

图2-68 电热温水器电气原理

4. 主要功能

(1)加热能力

正常供电(面板上电源指示灯亮),当储水箱(水胆)内水位高于水位探针时,接触器(KM)线圈得电,触点闭合,面板上加热指示灯亮。当水温加热到温控器设定温度(45 ℃)时,温控器触点断开,接触器线圈失电,电热管停止加热,面板上加热指示灯灭。

(2)超温保护

电温开水器正常供电加热,当温控器失效时,电温开水器仍处于加热状态,直至水温温度达到超温保护器温度(80±5)℃时,电温开水器停止加热(加热指示灯灭),超温指示灯亮,待水温降到(65±5)℃时,电温开水器加热(加热指示灯亮)。

(3)缺水保护

正常供电(面板上电源指示灯亮),当储水箱(水胆)内水位高于水位探针时,接触器(KM)线圈得电,触点闭合,电温开水器加热(加热指示灯亮)。当储水箱(水胆)内水位低于水位探针时,水位控制器亮红灯,电温开水器停止加热(面板上加热指示灯灭、缺水指示灯亮)。

(4)干烧保护

当缺水保护装置、温控器、突跳式温控器失效时,且水位低于加热元件(电热管),电温开水器仍处于加热状态,加热元件(电热管),电温开水器内胆外表面温度达到(105±5)℃时,电温开水器防干烧装置在 3 s 内动作切断电源,并不可恢复。

(5)工作原理

电温开水器接通电源后,面板上电源指示灯亮,如果缺水指示灯同时也亮的话,关闭排水阀,打开进水阀门,待水位超过水位探针时,电温开水器正常加热(加热指示灯亮、缺水指示灯灭),待水温加热到温控器设定温度(45 ℃),温控器触点断开,停止加热(加热指示灯灭)。若电源正常同时 1 根及以上电热管故障,电热管减载工作同时电热管故障指示灯亮。

第三章

转 向 架

转向架作为动力集中动车组能量传递的重要组成部分，承受来自车体和踏面的牵引力和制动力。转向架主要由轮对驱动装置、构架、悬挂装置、牵引装置、电机悬挂装置、轮缘润滑装置、基础制动装置、走行部故障检测装置及附属装置等部件组成。本章分两节分别阐述动力车、拖车（控制车）转向架的基本结构性能、原理，以及各型动力集中动车组转向架的性能特点。

第一节　动力车转向架

动力车转向架采用 B_0-B_0 的轴列式。本节主要对 FXD1-J 型和 FXD3-J 型动力车转向架的主要技术参数、结构组成、原理及技术特点进行重点阐述。

一、主要技术参数

1. FXD1-J 型动力车转向架主要技术参数（表 3-1）

表 3-1　FXD1-J 型动力车转向架主要技术参数

参数名称	技术参数
转向架构造速度/(km·h^{-1})	210
轴重/t	19.5
转向架轴列式	B_0-B_0
轴距/mm	2 900
轨距/mm	1 435
轮对内侧距/mm	1 353
车轮滚动圆直径/mm	1 250(新)/1 150(全磨耗)
动力车通过的最小曲线半径/m	125(速度不大于 5 km/h)
驱动系统	弹性架悬式
齿轮传动比	3.09(102/23)
牵引方式	推挽式单杆低位牵引
转向架质量/kg	17 800

续上表

参数名称	技术参数
两转向架中心距/mm	10 055
基础制动方式	轮盘制动

2. FXD3-J 型动力车转向架主要技术参数(表 3-2)

表 3-2　FXD3-J 型动力车转向架主要技术参数

参数名称	技术参数
转向架轴列式	B_0-B_0
最高运行速度/(km·h^{-1})	≥160
最高试验速度/(km·h^{-1})	176
轨距/mm	1 435
轴重/t	19.5
轴距/mm	2 800
两转向架中心距/mm	10 055
动力车全轴距(每节)/mm	12 855
轮径/mm	1 250(新)/1 150(全磨耗)
轮对内侧距/mm	1 353
踏面形状	JM3
牵引电机功率/kW	1 400
传动方式	单侧斜齿轮、双侧六连杆弹性驱动
传动比	3.96(99/25)
启动牵引力(转向架)/kN	120
电机悬挂方式	弹性架悬
轴箱轴承自由横动量/mm	0.3～0.7
一系弹簧静挠度/mm	39.5
二系弹簧静挠度/mm	131.5
一系垂向刚度/(kN·mm^{-1})	2×1.031(每轴箱)
一系横向刚度/(kN·mm^{-1})	2×1.725(每轴箱)
二系垂向刚度/(kN·mm^{-1})	4×0.391
二系横向刚度/(kN·mm^{-1})	4×0.126
牵引点高度/mm	25
基础制动方式	轮盘制动
动力车通过最小曲线半径/m	125(v≤5 km/h)
驱动装置最低点距轨面高度/mm	130(新轮)
转向架总重/t	17.6
簧下质量/kg	2.89
转向架相对车体最大回转角	3.8°
扫石器距轨面高度/mm	30(在踏面允许磨耗范围内可调)

二、动力车转向架结构组成

动力车主要采用两轴转向架，轴列式为 B_0-B_0。动力车转向架主要由构架、轮对驱动装置、一系悬挂装置、二系悬挂装置、牵引装置、电机悬挂装置、基础制动装置、空气管路、附属装置等组成。FXD1-J 型动力车转向架布置如图 3-1 所示。FXD3-J 型动力车转向架布置如图 3-2 所示。

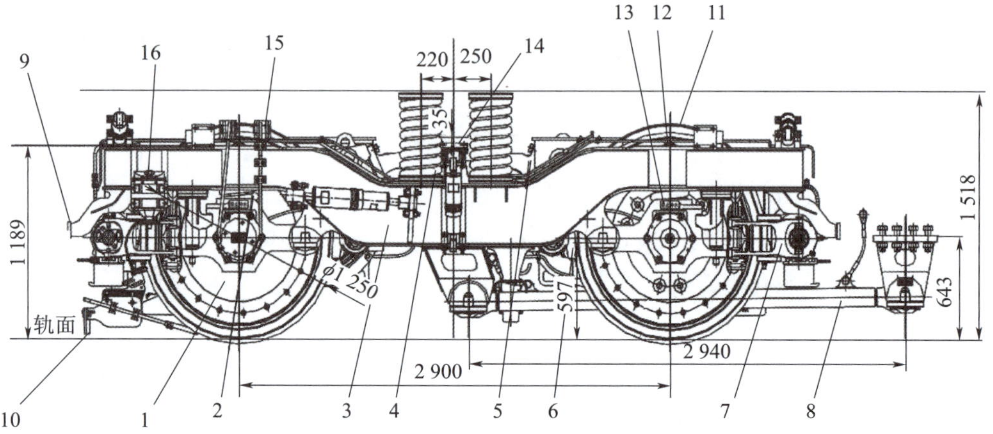

1—一位轮对驱动装置；2—一系悬挂装置；3—构架；4—二系悬挂装置；5—电机悬挂装置；
6—踏面清扫器安装；7—基础制动安装；8—牵引装置；9—自动过分相装置；10—扫石器安装；
11—车轮保护装置；12—转向架空气管路；13—铭牌安装；14—止挡装配；
15—转向架整体起吊；16—轮缘润滑装置。

图 3-1　FXD1-J 型动力车转向架布置(单位：mm)

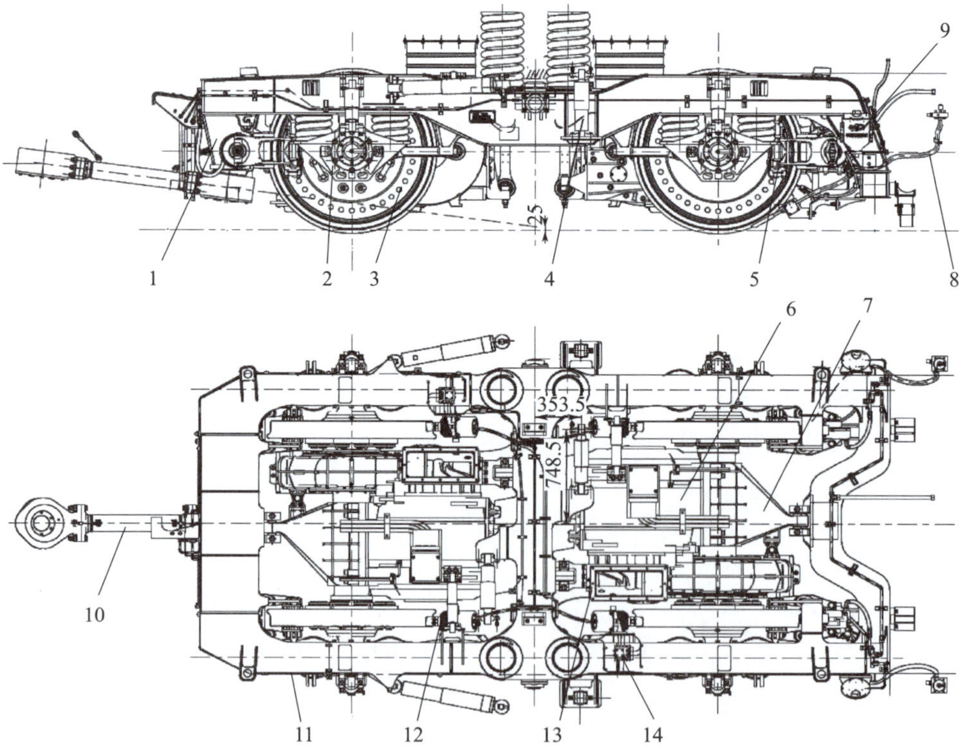

1—构架装配；2—一系悬挂装置；3—轮对装配；4—二系悬挂装置；5—基础制动装置；6—驱动装置；
7—电机悬挂装置；8—附件装配；9—轮缘润滑执行装置；10—牵引杆装配；11—配管装配；
12—踏面清扫装配；13—进风道装配；14—轴温检测装置布线。

图 3-2　FXD3-J 型动力车转向架布置(单位：mm)

(一)构架

构架是转向架各部件的安装基础,承受并传递各种载荷。构架采用两轴转向架构架传统的"日"字形焊接钢结构,由两根侧梁、一根牵引梁、一根横梁和一根前端梁构成,各梁均为薄板焊接成的箱型梁。侧梁采用鱼腹式结构,并设置轴箱拉杆座、各油压减振器座和各止挡座等部件。

1. FXD1-J 型动力车构架(图 3-3)

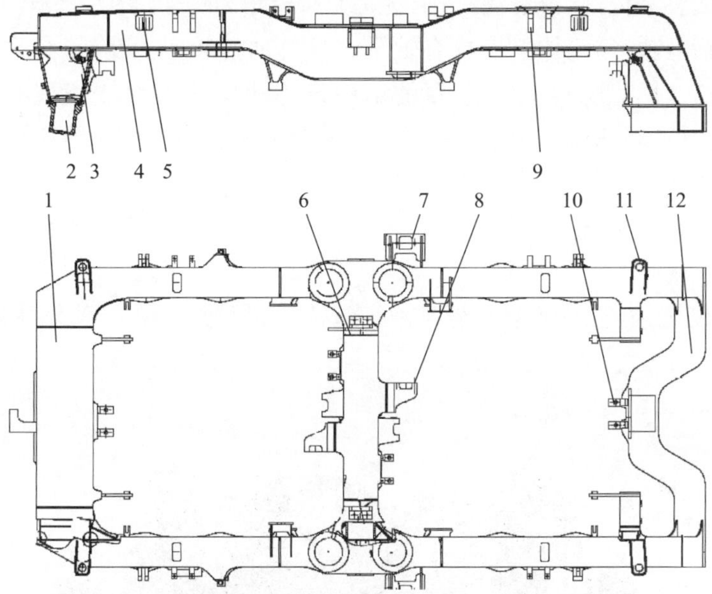

1—牵引梁;2—牵引销;3—牵引销座;4—侧梁(右);5—起吊座;6—横梁;7—二系垂向减振器座;8—二系横向减振器座;9—一系垂向减振器座;10—电机吊座;11—摇头止挡;12—端梁。

图 3-3 FXD1-J 型动力车构架示意

2. FXD3-J 型动力车构架(图 3-4)

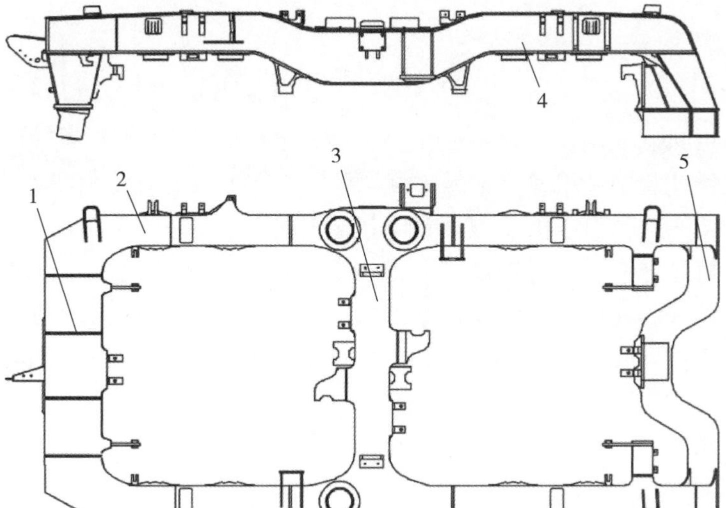

1—牵引梁;2—侧架 1;3—横梁; 4—侧架 2;5—前端梁。

图 3-4 FXD3-J 型动力车构架示意

(二)轮对驱动装置

轮对驱动装置由轮对轴箱、牵引电机、齿轮传动系统、空心轴六连杆装置和电机悬挂横梁等主要零部件组成。

齿轮传动系统由承载式大/小齿轮箱、齿轮、端面齿挠性联轴器和轴承等组成。齿轮采用斜齿轮,齿轮采用润滑油润滑;大齿轮箱轴承为双列圆柱滚子轴承,对称分布,轴承载荷通过轴承座作用在齿轮箱上,轴承采用油润滑,即齿轮转动带来的润滑油通过齿轮箱内集油槽流入轴承内部,给予润滑;承载式大齿轮箱为铸铝结构,承担轴承载荷及驱动装置的结构载荷,齿轮箱箱体上设置有轴承润滑集油槽和回油孔;承载式小齿轮箱为球墨铸铁结构,承担轴承载荷及驱动装置的结构载荷,齿轮箱箱体上设置有轴承润滑集油槽和回油孔;主动齿轮双端支承并通过端面齿挠性联轴器与电机转轴连接。

空心轴为锥形套结构,靠齿轮箱端焊有三爪传动盘,另一端采用可拆连接的三爪传动盘。电机悬挂横梁将电机、齿轮箱的连接进行加固,并实现驱动单元整体吊挂在构架上。

轮对轴箱装置由整体辗钢车轮、空心车轴、铸钢轴箱和双列圆柱滚子轴承单元(160 mm×270 mm)组成。轮对驱动装置实物如图 3-5 所示。

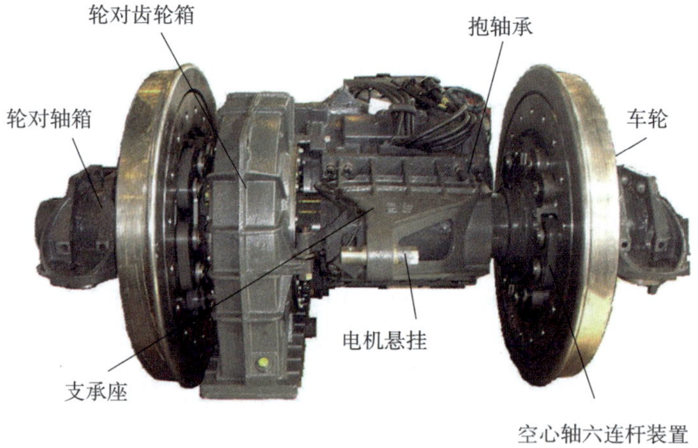

图 3-5 轮对驱动装置实物

(三)牵引电机悬挂装置

牵引电机悬挂装置采用弹性架悬方式,是本转向架的主要技术特点之一,有别于传统的刚性架悬结构。牵引电机一侧设置电机悬挂座,通过橡胶关节安装在构架横梁上;另一侧通过电机悬挂横梁和齿轮箱体上分别安装的带有橡胶关节的长吊杆悬挂于构架端梁。由于长吊杆的存在,整个驱动单元相对于构架可以实现横向运动。为衰减驱动单元相对于构架的横向振动,在悬挂梁和构架间设置耦合减振器。牵引电机悬挂装置如图 3-6 所示。

(四)悬挂装置

1. 一系悬挂装置

一系悬挂装置由两组下端加橡胶垫的螺旋钢弹簧、一系垂向减振器和转臂橡胶关节

(a)

(b)

图 3-6　牵引电机悬挂装置

组成。轴箱弹簧和转臂橡胶关节一起实现轴箱定位，轴箱弹簧主要提供垂向刚度，同时提供部分横向刚度，转臂橡胶关节主要提供纵向刚度和横向刚度。一系悬挂装置如图 3-7 所示。

图 3-7　一系悬挂装置

2. 二系悬挂装置

二系悬挂装置由两端加橡胶垫的高圆弹簧和各向减振器组成。构架每侧设置两组高圆弹簧，垂向减振器、横向减振器和抗蛇行减振器每侧各设一个。但在设计横向减振器位置选择上两种车型有所区别，FXD1-J 型动力车设置在端梁和牵引梁上，而 FXD3-J 型动力车设置在横梁上。两种车型二系悬挂装置布局如图 3-8 所示。

(五)牵引装置

1. FXD1-J 型动力车牵引装置

FXD1-J 型动力车牵引装置采用推挽式低位单牵引杆，安装在转向架构架牵引横梁和车体之间，起到传递牵引力和制动力的作用，如图 3-9(a)所示。

2. FXD3-J 型动力车牵引装置

FXD3-J 型动力车牵引装置采用推挽式低位单牵引杆，安装于构架横梁和车体间。牵引杆两端装有橡胶关节，能适应转向架和车体间的相对运动，有效传递牵引力和制动力，并承受一定的冲击力，如图 3-9(b)所示。

(六)制动器安装

基础制动装置采用轮盘制动方式，制动机构采用单元制动缸和浮动夹钳机构。各轴设有带停放缸的单元制动器，能保证动力车在 30‰的坡道上停车，以实现停放制动，如图 3-10 所示。

（a）FXD1-J型动力车

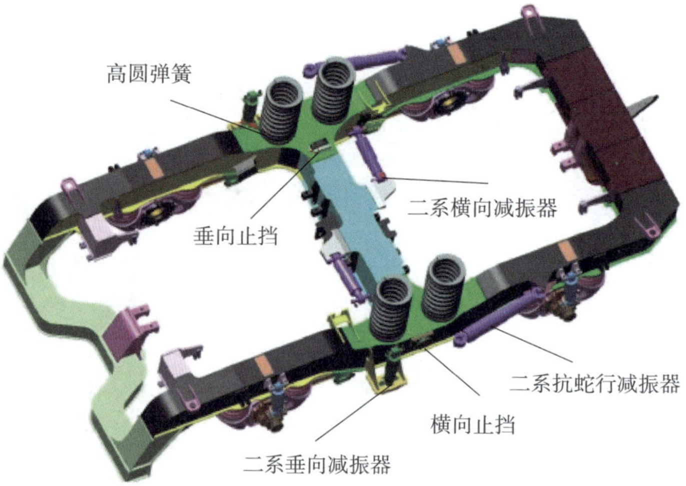

（b）FXD3-J型动力车

图 3-8　二系悬挂装置布局

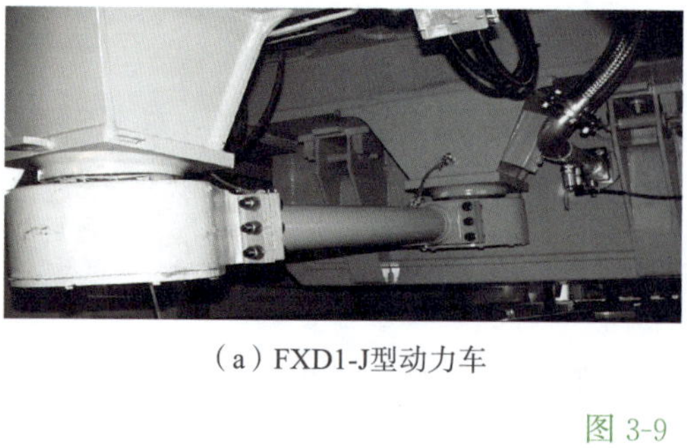

（a）FXD1-J型动力车

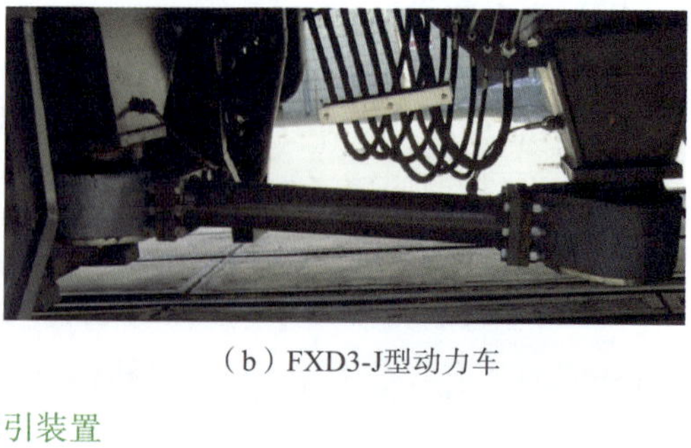

（b）FXD3-J型动力车

图 3-9　牵引装置

（七）附属装置

转向架上还设有速度传感器、接地装置、走行部故障监测子系统及各方向的安全止挡等附件。止挡装置如图 3-11 所示。

在电机悬挂座旁设置防脱落座，预防电机吊挂脱落后落在轨面上。

图 3-10　制动器

（a）垂向止挡　　（b）横向止挡　　（c）摇头止挡

图 3-11　止挡装置

踏面清扫器是转向架关键部件，配合闸瓦直接作用于车轮，起到清除车轮踏面杂物的作用。FXD3-J 型动力车踏面清扫装置外形如图 3-12 所示。

（八）轮缘润滑装置

轮轨润滑装置由气动控制单元、高速喷头和常压储脂罐、风路系统等三部分组成，如图 3-13 所示。

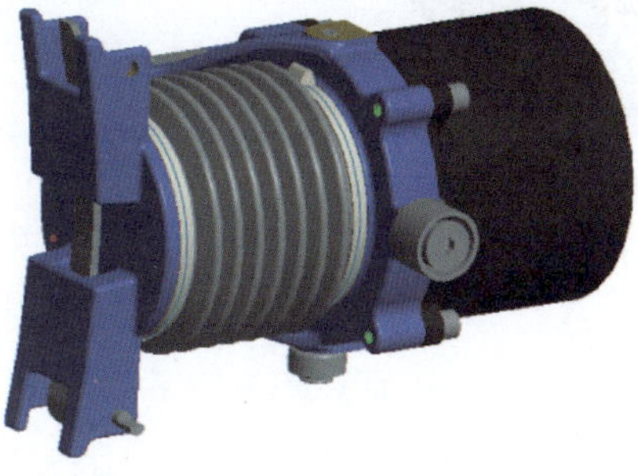

图 3-12　FXD3-J 型动力车踏面清扫装置外形

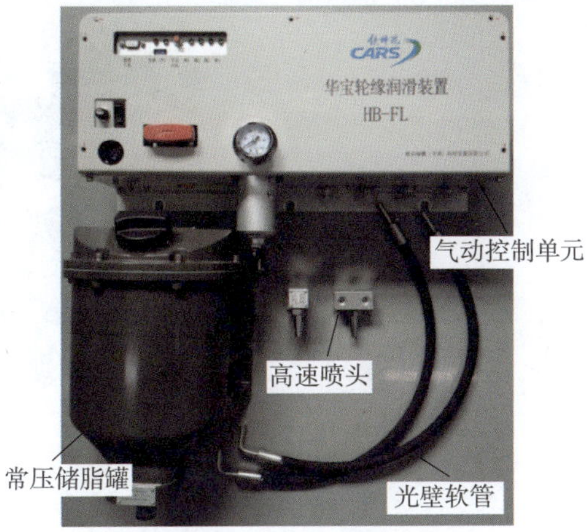

图 3-13　轮缘润滑装置

气动控制单元应能自动识别轮缘磨耗工况，并通过开启不同的电空阀实施相应的润滑策略[含润滑模式(前进端、对角、单侧模式)、喷脂动作时机掌控、持续时间等]。

第二节　拖车(控制车)转向架

转向架是关系车辆运行性能和运输安全的重要部件。正确使用和检修转向架，使转向架在运用中处于正常状态，是车辆安全和平稳运行的重要保障。

一、PW-220K型转向架

(一)主要技术参数(表3-3)

表3-3　PW-220K型转向架主要技术参数

参数名称	技术参数
轨距/mm	1 435
最高运行速度/(km·h^{-1})	160
最高试验速度/(km·h^{-1})	176
车轮形式	KKD
每台转向架质量/t	6.3
固定轴距/mm	2 600
踏面形式	LM

(二)总体结构

PW-220K型转向架主要包括构架系统、轮对轴箱系统、一系悬挂定位系统、二系悬挂系统、中心牵引系统、基础制动系统，如图3-14所示。采用U形焊接构架、转臂式轮对轴箱定位装置，中央悬挂装置采用大挠度的空气弹簧作为主要悬挂部件。基础制动装置为每轴安装有两套的盘形制动单元，加装电子防滑器。控制车转向架与拖车基本一致，增加了扫石器装置和信号轴端。

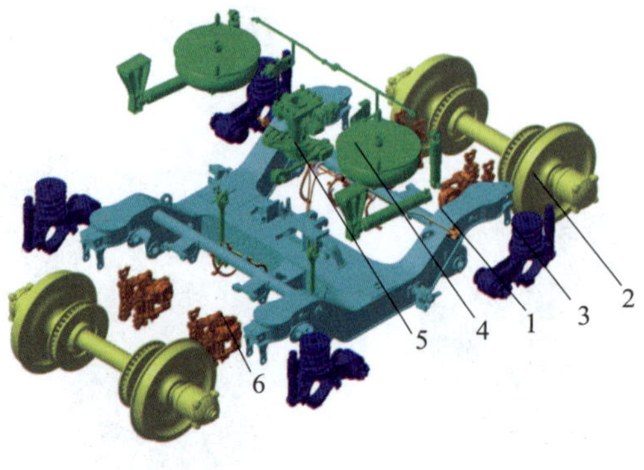

1—构架系统；2—轮对轴箱系统；3—一系悬挂定位系统；4—二系悬挂系统；
5—中心牵引系统；6—基础制动系统。

图3-14　PW-220K型转向架组成

（三）性能特点

（1）构架采用制动横梁结构，使构架所承受的各种载荷能有效地均匀分布，避免局部应力过大的情况。

（2）采用成熟的抗侧滚扭杆技术，扭臂与连杆叉接式连接，扭杆两端采用弹性支承，便于抗侧滚扭杆的安装和维护。

（3）采用无摇枕全空气弹簧承重，简化悬挂结构，减轻重量，减少检修工作量。

（4）采用了Z形双牵引拉杆结构，可靠传递牵引力和制动力，在保证合适的纵向刚度前提下，尽可能地减小垂向和横向刚度，较好地适应车体和转向架间的相对运动。

（5）轮对轴箱系统采用25T型客车统型的结构。轴箱弹簧组成下设置橡胶垫，有效缓解钢弹簧所受的冲击，弹簧上夹板上加装绝缘垫，增加构架与轮对轴箱绝缘性能。

（6）二系悬挂系统上增设二系垂向减振器，有效地抑制垂向振动，提高运行安全性和可靠性。

（7）空气弹簧底座、牵引拉杆节点、牵引节点及中心牵引销等部件上均设有工艺螺纹孔，便于拆卸检修，降低后期的维护拆卸难度。

（四）构架系统结构

构架为U形焊接结构，侧梁为矩形断面，左右两侧梁与横梁焊接为H形框架结构，横梁由一个矩形断面的中间横梁和两根无缝钢管制动横梁组成。两侧侧梁外侧对称布置减振器座（安装二系垂向和抗蛇行减振器），侧梁下部对称地焊接轴箱定位转臂弹性节点座，构架两侧纵横轴线相交处为二系空气弹簧安装座中心，中部横梁焊有横向止挡座、抗侧滚扭杆安装座、横向减振器座和牵引拉杆座等，制动吊座焊接在两根制动横梁上。制动横梁的结构使构架所承受的各种载荷能有效均匀分布，避免出现局部应力过大的情况。构架系统结构如图3-15所示。

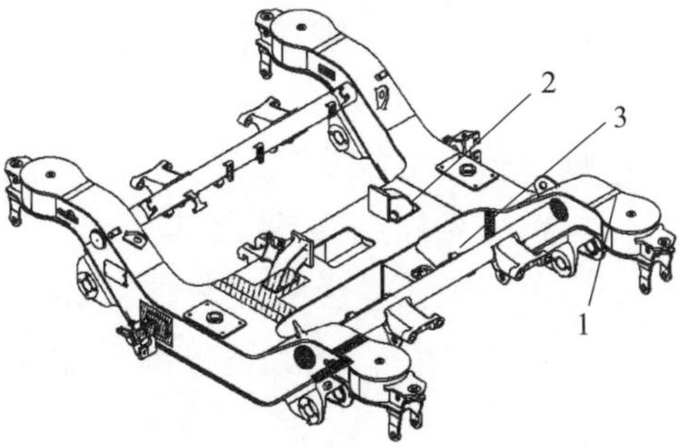

1—侧梁；2—横梁；3—制动横梁。

图3-15　构架系统结构

（五）轮对轴箱系统结构

轮对轴箱系统主要由两种轮对轴箱装置组成，包括普通轴端＋防滑轴端的轮对轴箱装置和接地轴端＋防滑轴端的轮对轴箱装置。

1. 轮对轴箱装置

轮对轴箱装置（图3-16）主要包括轮对组成和轴箱组成。车轴采用统型RD_{3A1}型；车轮采用KKD型全加工车轮，LM型踏面。

车轮与车轴的压装采用突悬结构、冷压装方式；轮箍上设注油孔（用于退卸车轮用）及注油孔螺堵。

采用轴装制动盘，制动盘毂与车轴采用冷压装方式的过盈配合结构。制动盘与盘毂通过螺栓、垫块和弹性套等连接。

轴箱组成由轴承、轴箱体、防尘挡圈、轴箱盖、轴承压板等组成。轴箱盖根据不同轴

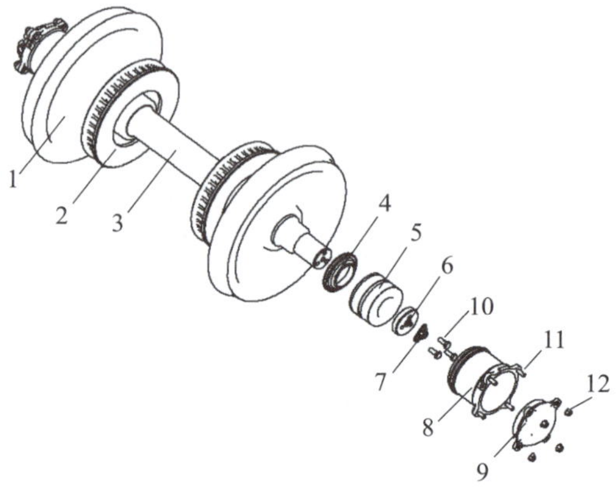

1—车轮；2—制动盘；3—车轴；4—防尘板；5—轴承；6—轴承压板；
7—防松片(普通轴端用弹垫)；8—轴箱体；9—轴箱盖；10—螺栓(轴端 3 孔)；
11—螺栓(轴箱盖)；12—防松螺母。

图 3-16　轮对轴箱装置结构

端布置分为普通轴箱盖、防滑轴箱盖和接地轴箱盖。轴承压板根据不同轴端分为普通压板、测速齿轮和接地端压板。

2. 轴端布置

轮对轴箱系统的轴端布置有三种：接地轴端(3、5 位)、防滑测速轴端(2、4、6、8 位)、普通轴端(1、7 位)。整车的 1、2、4、6、7、8 位轴端转臂处均设有接地电阻线装置。

(六)一系悬挂定位系统结构

一系悬挂定位系统由一系弹性减振装置、一系定位装置和轮对提吊装置等三部分组成，如图 3-17 所示。

图 3-17　一系悬挂定位系统结构

1. 一系弹性减振装置

一系悬挂定位系统的垂向刚度由轴箱弹簧组成提供，轴箱弹簧下设有缓冲橡胶垫，能够有效抑制轮轨冲击对钢簧的影响。一系垂向减振器安装在定位转臂和构架弹簧筒之间，有效防止轮对高频振动的传递和减小构架点头振动，如图 3-18 所示。

2. 一系定位装置

一系定位装置采用无磨耗橡胶节点转臂式定位结构，包括定位转臂、夹紧箍、前(后)定位套组成、橡胶节点、节点连接螺栓等组成。定位转臂和夹紧箍是轮对轴箱与构架的联系纽带，定位转臂采用整体铸造结构。转臂橡胶节点有效地提供了一系定位所需的纵向和横向的刚度，没有滑动和摩擦部分，橡胶件几乎不外露，有效延缓老化；转臂橡胶节点通过前(后)定位套组成来定位，如图 3-19 所示。

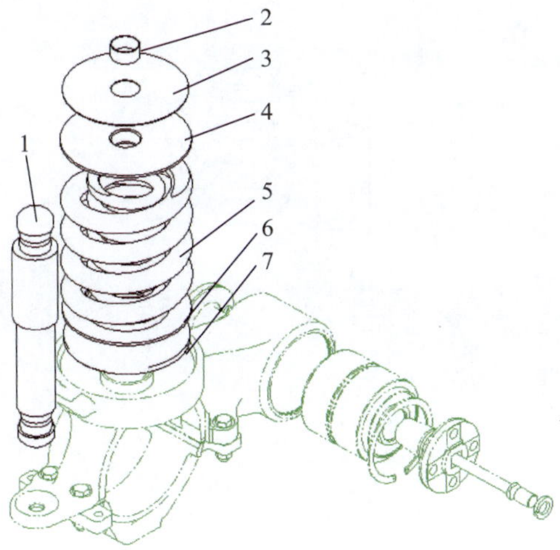

1——一系垂向减振器；2—绝缘套；3—绝缘垫；4—弹簧上夹板；5—轴箱钢弹簧；
6—弹簧下夹板；7—缓冲橡胶垫。

图 3-18　一系弹性减振装置

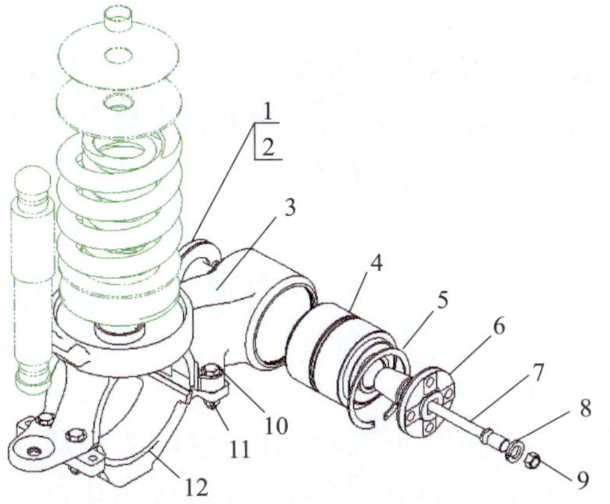

1—定位套(后)组成；2—橡胶密封垫；3—定位转臂；4—转臂节点组；5—挡圈；6—定位套(前)；
7—节点连接螺栓；8—四叠垫圈；9—防松螺母；10—螺栓；11—防松螺母；12—夹紧箍。

图 3-19　一系定位装置

3. 轮对提吊装置

一系弹性减振装置和一系定位装置可通过提吊销结构实现与构架的连接，便于整体起吊轮对或单独更换轮对装置，如图 3-20 所示。

(七)二系悬挂系统结构

二系悬挂系统主要由二系弹性减振装置、空气弹簧控制装置和抗侧滚扭杆装置组成。

1. 二系弹性减振装置

二系弹性减振装置主要由空气弹簧组成、二系横向减振器、二系垂向减振器、抗蛇行减振器、横向止挡等部分组成。

空气弹簧支重的结构简化了悬挂结构、减轻了重量，并减少了运用中的检修工作量；空气弹簧组成采用的是大胶囊结构，提高了乘坐舒适性，锥形应急橡胶堆可以保证当空

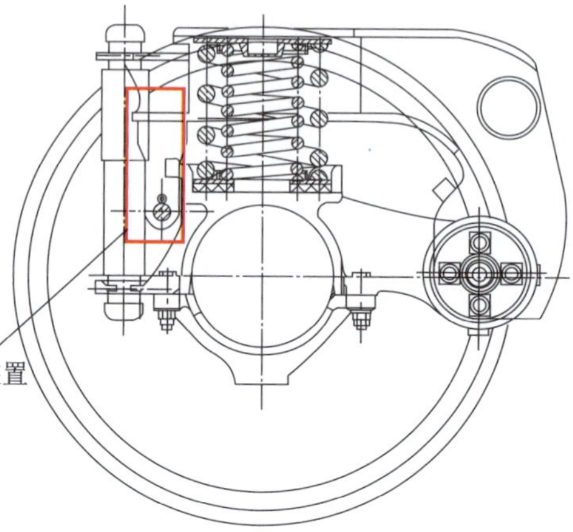

图 3-20　轮对提吊装置

气弹簧胶囊破损时,车辆更为舒适、安全地减速运行到达指定地点,上面还设有高分子磨耗板,使得空气弹簧胶囊破损或空气弹簧无气时,上盖板和橡胶堆接触后产生较小的摩擦阻力。

为了改善二系悬挂的垂向、横向以及抗蛇行振动的性能,提高乘坐舒适性,二系悬挂装置中采用了两个二系垂向减振器、一个二系横向减振器以及两个抗蛇行减振器。

为了抑制车辆横向位移,中部还设有两个橡胶横向止挡。为了避免运行中车体频繁碰撞横向止挡座或者接触后出现硬性冲击,通过优化横向止挡与止挡座之间的间隙,同时横向止挡设计成非线性特性,与空气弹簧的横向刚度共同完成限制车体的横移,且位移较大时,可提供非线性增长的复原力。

2. 空气弹簧控制装置

空气弹簧控制装置主要由高度阀、高度阀调节杆、差压阀等组成。高度阀是根据载荷的变化自动调整空气弹簧内压,使车体保持一定高度的装置。

3. 抗侧滚扭杆装置

抗侧滚扭杆装置由扭杆轴、扭杆臂、连杆组成、摩擦套、弹性节点、扭杆座、退装挡圈等组成。

抗侧滚扭杆装置的连杆装置与扭杆臂的连接方式为叉接式,改善关节轴承的受力状况,同时方便安装和维护;扭杆与扭杆臂之间取消花键连接结构而改用过盈压装配合,不仅简化了结构,还提高了扭杆的疲劳强度。

连杆组成上端通过关节轴承安装到车体枕梁上,下端通过关节轴承安装到扭杆臂上。扭杆座安装在转向架构架横梁上,扭杆轴通过摩擦套和弹性节点装于轴承座内。

(八)中心牵引系统结构

中心牵引系统由牵引中心销、牵引拉杆、牵引拉杆节点、牵引体、牵引节点及紧固板等组成。牵引力依次通过中心销传递至牵引体及牵引拉杆,制动力的传递过程则相反。

牵引中心销通过螺栓安装于车体底架枕梁中心,另一端与牵引节点采用锥面相配合，落车后由下部的紧固板及紧固螺栓连接。两根牵引拉杆和牵引体组成Z形双牵引拉杆结构。牵引体、牵引拉杆上均压装橡胶节点，因此，在载荷的传递过程中可以很好地吸收并衰减冲击。牵引装置内无相对滑动部分，为无磨耗结构。该牵引装置在提供合适的纵向刚度的同时，具有较小的横向和垂向刚度，能可靠地传递纵向力。牵引拉杆节点、牵引体节点及节点压盖上均设有工艺螺纹，方便牵引体节点、牵引销和牵引拉杆的拆卸。

(九)基础制动装置

基础制动装置由制动夹钳单元、制动盘、闸片等装置组成。

1. 制动夹钳单元

制动夹钳单元分左右件，其带有间隙调整器，可自动调整闸片间隙。常用制动的施加和缓解通过制动缸的充排风来实现；鼓形车体每辆车设置一台带停放功能的停放制动夹钳单元。在司机发出停放指令后，夹钳夹紧制动盘实现停放制动，如图3-21所示。

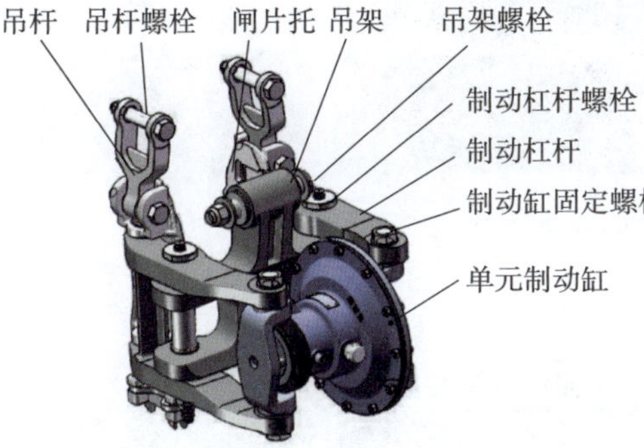

(a) 不带停放制动

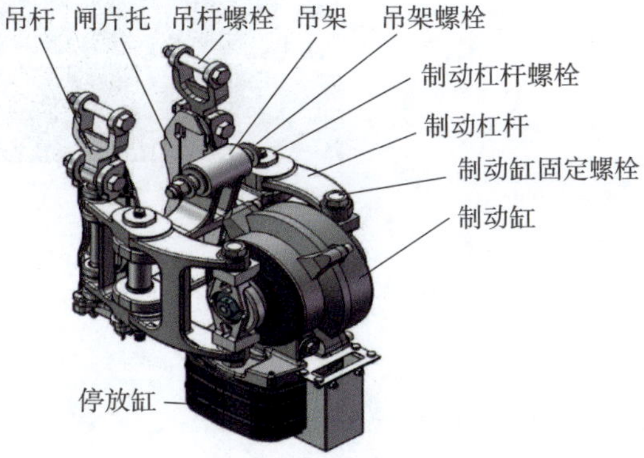

(b) 带停放制动

图3-21 制动夹钳单元示意

2. 制动盘

每轴设两套轴装制动盘，制动盘具有良好的通风散热性能。

3. 闸片

闸片与制动盘组成一对摩擦副，在车辆制动过程中实现车辆的减速和停止，保证车辆安全运行。闸片具有制动平稳、高抗黏着性、高强韧性、高耐磨性等优点。

二、SW-220K型转向架

SW-220K型转向架采用无摇动台、无摇枕、单转臂无磨耗弹性轴箱定位、空气弹簧、盘形制动等技术，由构架组成、轮对轴箱定位装置、中央空气弹簧悬挂系统和盘形制动装置等组成。“SW”代表生产厂家，“220”代表转向架速度系列。SW-220K型转向架可适应各种160 km/h速度等级的客车，如图3-22所示。控制车转向架与拖车转向架基本一致，增加了扫石器装置和信号轴端，如图3-23所示。

图 3-22　SW-220K 型转向架(拖车)

图 3-23　SW-220K 型转向架(控制车)

(一)主要技术参数(表 3-4)

表 3-4　SW-220K 型转向架主要技术参数

参数名称	技术参数
连续运行速度/($km \cdot h^{-1}$)	160
最高试验速度/($km \cdot h^{-1}$)	250
轴距/mm	2 500
适用轨距/mm	1 435
车轮直径/mm	915(新轮)/845(旧轮)
最大轴重/t	15.5
通过最小曲线半径/m	连挂 145/单车调车 100
弹簧形式	一系为钢弹簧/二系为空气弹簧
车轮车轴形式	KKD 车轮、RD_{3A1} 车轴
轴箱轴承	SKF BC1B322880(AB)/BC1B322881(AB) 或 FAG 804468A/804469A
制动形式	轴装盘形制动
制动盘形式	轴装铸铁盘(ϕ640 mm)
制动缸形式	单元制动缸
轮对定位方式	单转臂无磨耗弹性轴箱定位
转向架质量/kg	约 5 800

(二)构架组成

构架组成(图 3-24)为钢板焊接结构,平面呈 H 形,主要由侧梁组成、横梁组成、纵向辅助梁、空气弹簧支撑梁和定位臂等组成。侧梁的中部为凹形,横梁的内腔与空气弹簧支撑梁的内腔组成空气弹簧的附加空气室。

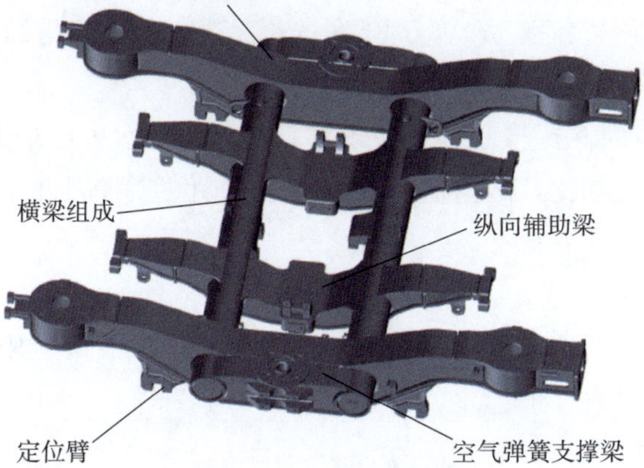

图 3-24 构架组成示意

侧梁采用由四块钢板组成箱形断面的焊接结构,上、下盖板厚度分别为 12 mm、16 mm,腹板厚度为 12 mm,侧梁中部为 U 形,采用 Q345C(或 ST52-3)焊接结构用轧制钢板。与弹性节点连接的定位臂为铸钢件,其与侧梁连接部为圆滑过渡,力求应力缓和。

横梁采用无缝钢管,表面经酸洗磷化处理,其内腔作为空气弹簧的附加空气室。横梁上焊有制动吊座、牵引座及空气弹簧的防过冲座等。

为提高构架刚度,两横梁之间由纵向辅助梁连接,其上安装有横向减振器座和横向缓冲器座等。辅助梁采用箱形断面的焊接结构。

空气弹簧支撑梁位于侧梁外侧的两横梁之间,由三块板组焊而成的槽形结构。它与侧梁外侧腹板组成的密闭腔,与横梁内腔相通,共同组成空气弹簧的附加空气室。

(三)轮对轴箱定位装置

1. 轮对轴箱

轮对轴箱采用 KKD 车轮、RD_{3A1} 车轴、轴装制动盘、804468/804469(FAG)或 BC1B322880/BC1B322881(SKF)轴承。轮对轴箱的轴端有普通轴端、带防滑速度传感器轴端和接地轴端等三种。转向架的 1、2、4、6、7、8 轴端接有接地电阻。各车轴端布置详见表 3-5。

表 3-5 各车轴端布置

名　称	防滑器轴端	接地装置轴端	普通轴端
位　数	2、4、6、8	3、5	1、7

轮对轴箱与定位转臂采用跨接的形式,定位转臂通过 4 个螺栓与压盖连接,定位转臂跨落入轴箱外部的槽内。若需要更换轮对,只需松开 4 个螺栓和接地线等,便可以使轮对轴箱与转向架分离。

2. 轴箱定位装置

轴箱定位装置为单转臂无磨耗弹性定位。定位转臂是该装置中的骨架，是轮对轴箱与构架的联系纽带。为减小定位节点刚度对一系垂向刚度的附加影响，定位转臂选择尽可能长，采用铸造件。轴箱定位装置有如下特点：

①可利用弹性节点自由地选择纵向和横向的刚度。

②垂向采用轴箱顶置钢弹簧，弹簧刚度选择范围大，并且与纵向、横向刚度几乎无关，可以单独设计。

③没有滑动和摩擦部分，橡胶件几乎不外露，延缓老化，可以长期运用免维修。

④与其他定位方式相比，零部件少，不必进行轴距控制，因此组装、分解中均不需特殊工装。

(1)轴箱定位刚度

轴箱定位刚度是保证转向架运行稳定性的关键参数，根据运用实践和计算分析，采用的定位刚度参数详见表 3-6。

表 3-6　定位刚度参数　　单位：MN/m

参数名称	垂向刚度	纵向刚度	横向刚度
技术参数	0.90	11.5	4.5

(2)弹性节点

弹性节点是由橡胶与金属硫化成一体的梯形结构，只有将其安装于定位转臂中后才能体现弹性节点的特性。

(3)钢弹簧组成

钢弹簧组成包括内/外圈钢簧、缓冲垫和上/下弹簧夹板。钢弹簧采用 60Si2CrVA 材质。缓冲胶垫主要作用为消除和衰减部分来自轮轨的高频振动。

上弹簧夹板为铸钢件(ZG25MnNi)，上部加工有安装防尘罩用的凹槽。

下弹簧夹板由铸钢件和圆钢焊接制成，上部有螺纹孔。利用该螺纹通过工艺螺栓和上、下弹簧夹板将钢簧预压在一起，便于轴箱定位装置的组装、拆卸。

(4)一系垂向减振器

在定位转臂和构架弹簧座之间设置了油压减振器，以防止高频的传递和减小转向架点头振动。油压减振器主要技术参数详见表 3-7。

表 3-7　油压减振器主要技术参数

参数名称	技术参数
阻尼系数/($kN\cdot m^{-1}\cdot s$)	15
位移/mm	190
最大最小长度/mm	570(最大)/380(最小)
安装长度/mm	453
节点结构及刚度/($MN\cdot m^{-1}$)	两端球铰，刚度为 10
防尘罩直径/mm	ϕ84

3. 轴端形式

转向架的3、5位轴端装有炭刷式接地装置,2、4、6、8位轴端装有速度传感器的测速齿轮。

4. 轴端接地装置

轴端接地装置为轴承提供防护,防止工作电流或系统故障电流以及雷电电流通过轴承造成的轴承损伤。其主要技术参数详见表3-8。

表3-8 轴端接地装置主要技术参数

参数名称	技术参数
额定电流/A	300
瞬态电流/kA	≥10(RMS)
持续时间/ms	100
峰值电流/kA	≥25
正常工作条件下电刷的更换寿命/km	≥80万
装置对轴承的温升/K	≤3

(四)中央空气弹簧悬挂系统

中央空气弹簧悬挂系统主要由空气弹簧、高度控制阀、差压阀等部件组成,通过充放气控制系统调节空气弹簧的气体压力,从而实现悬挂系统的高度调节,如图3-25所示。

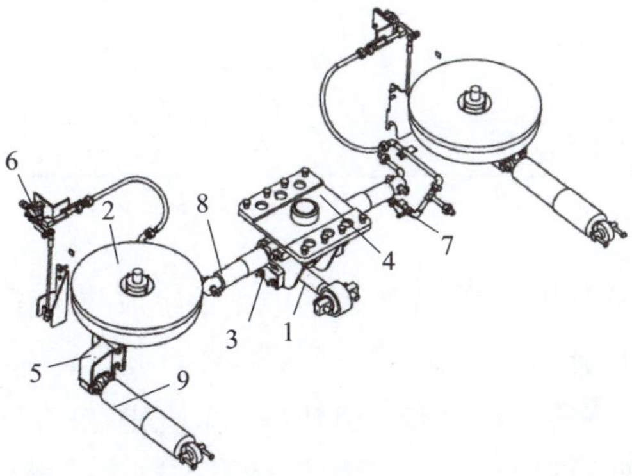

1—牵引拉杆组成;2—空气弹簧组成;3—横向止挡;4—中心销组成;5—减振器座;
6—高度控制阀;7—差压阀;8—横向油压减振器;9—抗蛇行油压减振器。

图3-25 中央空气弹簧悬挂系统

1. 空气弹簧

空气弹簧由气囊和附加的橡胶弹簧组合而成的自由膜形式,适用于水平位移大的无摇枕转向架。空气弹簧的主要技术参数详见表3-9。

气囊的上下支口为自密封结构。上盖板上设有定位柱,与车体相连,下部通气口与构架相连,为圆柱面并用O形密封圈密封。为使空气弹簧无气状态时转向架能够运行,在下支座上面设有特殊的滑板,以提高转向架的曲线通过性能。当空气弹簧破损无气时,附加的橡胶弹簧提供二系垂向刚度,确保车辆运行安全。空气弹簧在附加弹簧内设置了固定阻尼孔，以提供二系垂向阻尼。二系横向油压减振器主要技术参数详见表 3-10。

表 3-9　空气弹簧的主要技术参数

参数名称	技术参数
有效直径(F_z=100 kN)/mm	580
空载载荷(内压 400 kPa)/kN	106
满载载荷(内压 500 kPa)/kN	130
最大垂向位移/mm	±40
最大水平偏移/mm	±120
附加容积室容量/L	80
节流孔当量阻尼系数/($kN \cdot m^{-1} \cdot s$)	60
垂向刚度/($N \cdot mm^{-1}$)	320(空载时)
横向刚度/($N \cdot mm^{-1}$)	180(空载时)/260(满载时)

表 3-10　二系横向油压减振器主要技术参数

参数名称	技术参数
阻尼系数/($kN \cdot m^{-1} \cdot s$)	40
行程/mm	160
长度/mm	510(最大)/350(最小)
安装长度/mm	420
刚度/($MN \cdot m^{-1}$)	10
防尘罩直径/mm	ϕ84

2. 牵引装置

牵引装置采用单拉杆结构，安装在车体的中心销组成与带缓冲的拉杆连接传递牵引力和制动力。牵引装置具有如下特点：

(1)转向架相对于车体的回转依靠牵引杆端部节点中橡胶的弹性变形。

(2)转向架横向(垂向)移动时的回复力，除依靠空气弹簧横向(垂向)刚度外，还依靠两拉杆两端橡胶节点的刚度，但这部分的作用很小。

(3)牵引装置内无相对滑动部分，为无磨耗结构。

(4)转向架和车体的分离应先拆卸牵引杆两端螺栓。

3. 横向缓冲器

横向缓冲器作为限制车体运行中(特别是曲线上)过大的横移而设置的。为了避免运行中车体频繁碰撞缓冲器或者接触后出现硬性冲击，将缓冲器设计成非线性特性，使其与空气弹簧的横向刚度共同限制车体的横移，且位移较大时，可提供非线性增长的复原力。

4. 防过冲座

由于采用无摇枕转向架，为防止车体出现意外过大的上升，转向架在横梁上设有防过冲座，即与牵引拉杆头部之间设置了 70 mm 的间隙。

5. 抗蛇行油压减振器

为了获得稳定的回转阻力，以防止转向架出现剧烈的蛇行运动，采用抗蛇行油压减振器，代替以往转向架使用旁承摩擦副提供阻力的方式。从运行稳定性方面考虑，该减振器的活塞速度较小，不需要更大范围的活塞速度。其主要技术参数详见表 3-11。

表 3-11　抗蛇行油压减振器主要技术参数

参数名称	技术参数
阻尼系数/($kN \cdot m^{-1} \cdot s$)	600
行程/mm	320
长度/mm	880(最大)/560(最小)
安装长度/mm	720
刚度/($MN \cdot m^{-1}$)	25
防尘罩直径/mm	ϕ125

6. 高度控制阀和差压阀

高度控制阀是根据载荷的变化自动调整空气弹簧内压使车体保持一定高度的装置，高度控制阀安装在车体上，并区分左右两侧安装位置。高度控制阀型号为机械式的纯空气阀(SAB)或 LV-3 型。

差压阀是在左右空气弹簧出现超过规定的压力差时，使压力高的一端空气流向压力较低的一端，以防止车体异常倾斜的装置。差压阀设定的压力差为 150 kPa。

(五)盘形制动装置

1. 单元制动缸

单元制动缸主要有活塞式单元制动缸、皮碗式单元制动缸，其内部带有间隙调整器，可自动调整闸片间隙。

2. 制动盘

SW-220K 型转向架采用轴装制动盘，制动盘为整体式铸钢结构的制动盘环和盘毂组成。制动盘与盘毂通过螺栓、垫块和弹性套等连接。制动盘毂与车轴为过盈配合。制动盘主要技术参数详见表 3-12。

表 3-12　制动盘主要技术参数　　单位：mm

参数名称	技术参数
直径	640
摩擦半径	247
允许磨耗量(单面)	7

第四章
通风系统及车内环境控制系统

第一节　动力车通风系统

动力车采用独立通风系统，主要作用是对动力车上需要通风冷却的电气设备进行强迫通风冷却，使其温度不超过允许值，从而保证动力车的可靠工作。此外，通风系统还配有司机室通风和机械间通风等装置，以满足乘务人员舒适的工作环境。本节主要叙述动力车通风系统的主要特点、功能及组成等。

一、动力车通风系统主要特点、功能

(1)动力车通风系统设计采用高度集成化、模块化的设计，根据动力车总体设备斜对称布置的要求，采用独立通风冷却技术，具有结构简单、进风面积大、风阻小、各通风支路风量分配均匀且互不干扰等特点。

(2)对冷却空气进行必要的过滤。如牵引电机通风冷却系统采用顶盖百叶过滤器+旋风式自动排尘过滤器对吸入的空气进行过滤，具有冷却空气清洁度高、进气阻力小、电气部件积灰尘少、工作可靠性高等特点。

(3)牵引变压器油冷却和牵引变流器水冷却使用油水复合冷却器。采用这种“复合冷却”技术，使动力车缩减油水连接管路，减小流阻，提高冷却性能。

二、动力车通风系统组成

(一)通风冷却系统主要设备布置

动力车的通风采用独立通风系统，按动力车纵向中心线斜对称布置在动力车中心线两侧。司机室通风系统布置在司机室内。各通风系统有各自相对独立的通风件和管道，相互不影响，进风量均匀，不需进行风量再分配。通风冷却系统主要包括牵引电机通风、牵引变压器与牵引变流器冷却的复合冷却通风、司机室通风、空气压缩机通风和机械间通风等通风系统。FXD1-J 型动力车只有一个复合冷却器组，每一个牵引电机由一台牵

引风机进行强迫通风冷却。FXD3-J 型动力车有两个复合冷却器组,每两个牵引电机由一台牵引风机进行强迫通风冷却。FXD1-J 型动力车和 FXD3-J 型动力车通风冷却系统的主要设备布置如图 4-1 所示。

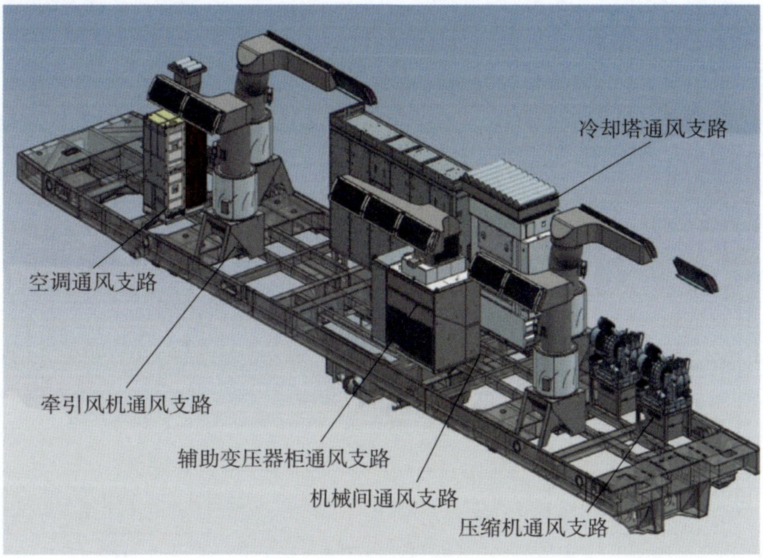

（a）FXD1-J型动力车

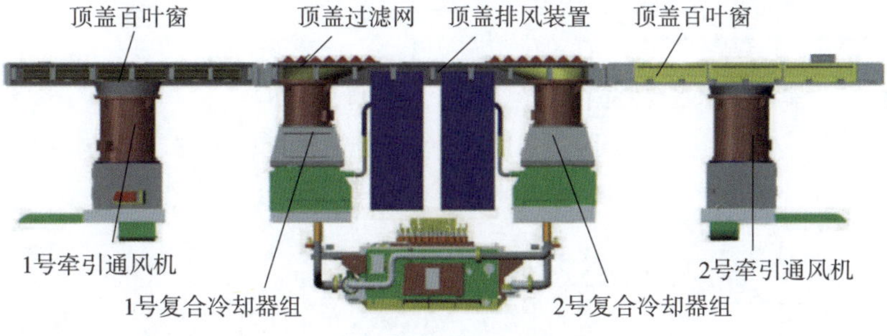

（b）FXD3-J型动力车

图 4-1　通风冷却系统主要设备布置

FXD1-J 型动力车和 FXD3-J 型动力车风量分配如图 4-2 所示。

(二)通风支路

1. 牵引通风冷却支路

(1)FXD1-J 型动力车牵引通风冷却支路

每一个牵引电机由一台牵引风机进行强迫通风冷却。FXD1-J 型动力车牵引通风冷却设备示意如图 4-3 所示。

牵引通风的风路走向:车外大气→顶盖百叶窗→过渡风道→牵引通风机→通风道→旋风过滤器→牵引电机→大气。

└→排尘支路 → 大气。

FXD1-J 型动力车牵引风机主要技术参数详见表 4-1。

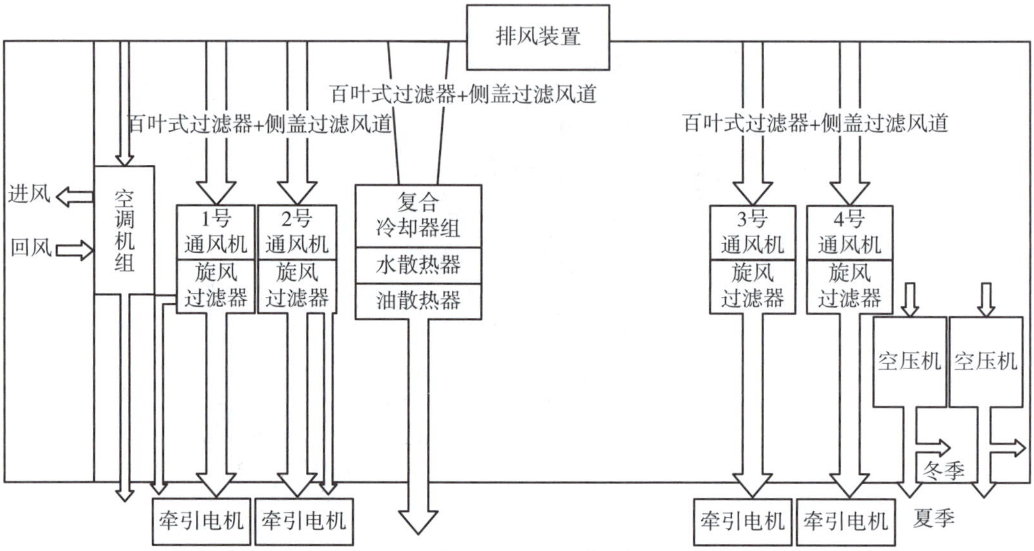

（a）FXD1-J型动力车

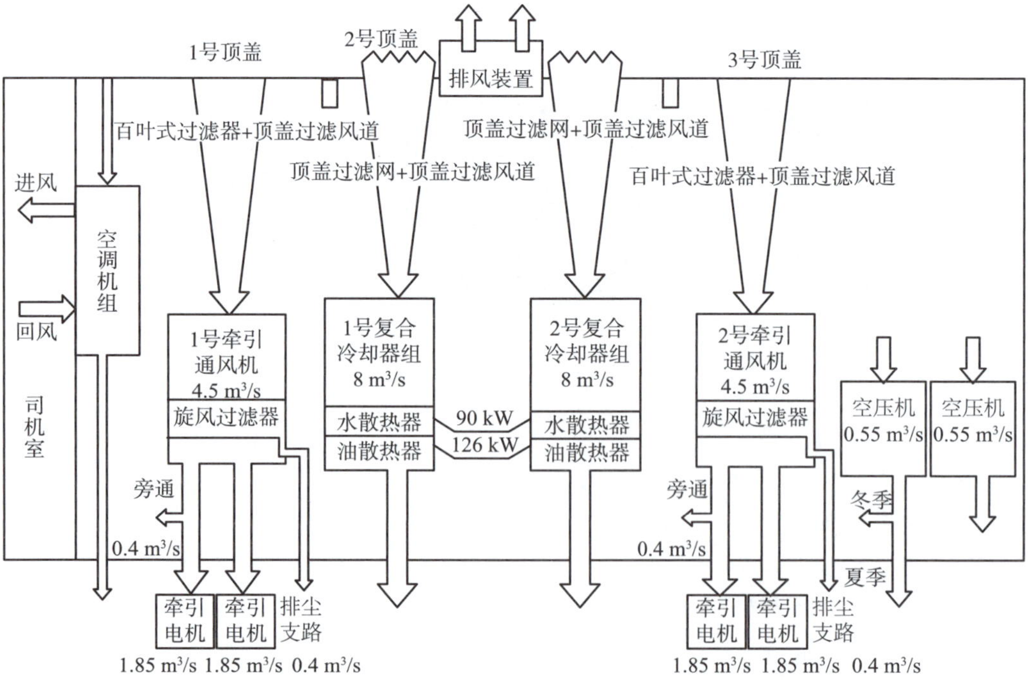

（b）FXD3-J型动力车

图 4-2　动力车风量分配示意

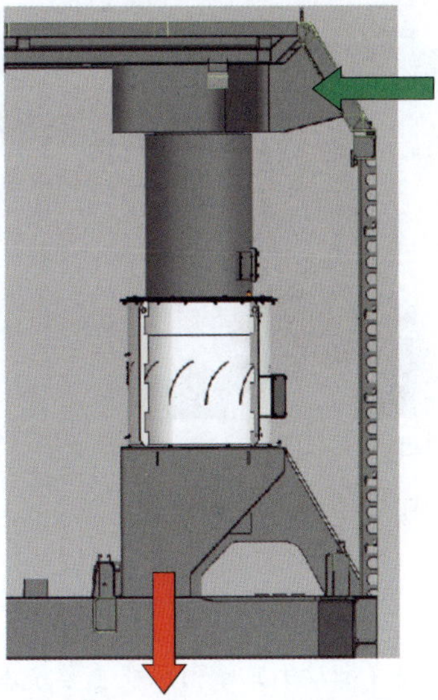

图 4-3　FXD1-J 型动力车牵引通风冷却设备示意

表 4-1　FXD1-J 型动力车牵引风机主要技术参数

参数名称		技术参数
牵引风机型号		THTF5. 5B
风机	风机形式	轴向离心式
风机	风量/($m^3 \cdot s^{-1}$)	1. 8×(1±5%)(标准大气压、15 ℃状态下)
风机	全压/Pa	4 300×(1±5%)(标准大气压、15 ℃状态下)
风机	转速/($r \cdot min^{-1}$)	2 920
电机	电机形式	三相交流异步电机
电机	型号	JD326G 电机(注油)
电机	额度功率/kW	15
电机	极数	2 极
电机	电压	3AC 80～380 V(波动范围－10%～＋10%)
电机	绝缘等级	IP55
振动烈度/($mm \cdot s^{-1}$)		运行过程中≤2. 8,峰值≤ 4. 5
设计质量/kg		160×(1±2%)
噪声/dB(A)		50 Hz 时,103～106

(2)FXD3-J 型动力车牵引通风冷却支路

FXD3-J 型动力车每两台牵引电机由一台牵引风机进行强迫通风冷却,通风冷却设备示意如图 4-4 所示。

牵引通风的风路走向:车外大气→顶盖百叶窗→过渡风道→牵引通风机→通风道→旋风过滤器
- →两条支路风道 → 牵引电机 → 大气。
- →旁路支路 → 机械间。
- →排尘支路 → 大气。

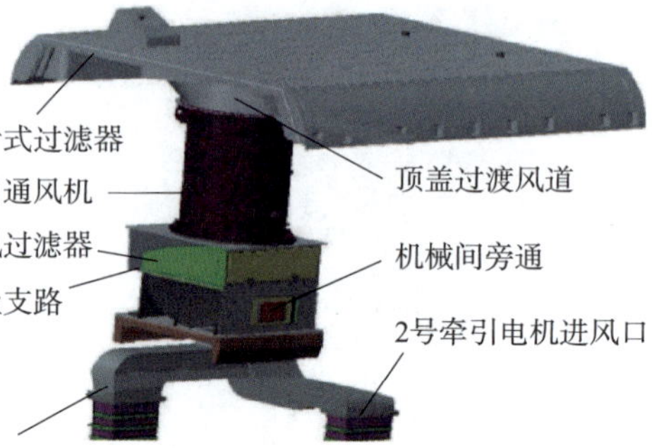

图 4-4　通风冷却设备示意

FXD3-J 型动力车牵引风机主要技术参数详见表 4-2。

表 4-2　FXD3-J 型动力车牵引风机主要技术参数

参数名称		技术参数
牵引风机型号		BAF-8.0D-8UDX、CS4-65
风机	风机形式	轴向离心式
	风量/($m^3 \cdot s^{-1}$)	4.5(20 ℃状态下，空气密度为 1.2 kg/m^3)
	全压/Pa	≥4 000(20 ℃状态下，空气密度为 1.2 kg/m^3)
	转速/($r \cdot min^{-1}$)	2 950
电机	电机形式	三相交流异步电机
	型号	JY8UDX180L-2TH、Y200L-2、LS8UDX180L-2XM
	额度功率/kW	32
	电压	3AC 80～380 V(波动范围－10%～＋10%)
	绝缘等级	现场作业时，PI 正常为 1 min
绝缘强度		导电部位与风机外壳间，工频耐压 1 800 V，1 min 无击穿闪络现象
设计质量/kg		≤330

牵引风机的主要特点是采用离心式叶轮，叶轮修正为两面修正，以提高风机性能和效率。风机机壳及电机机壳均采用高强度铝合金材料，在保证结构强度的同时减轻重量。通风机电机轴承采用注油脂可维护轴承。

2. 辅助变压器柜通风支路(FXD1-J 型)

FXD1-J 型动力车辅助变压器柜通风支路的作用是冷却辅助变压器和提供新风给机械间。动力车有 1 个辅助变压器柜通风支路。夏季冷空气从动力车外部通过百叶窗过滤器由辅变柜风机吸入风道，经过旋风除尘器过滤后进入机械间，少量脏空气经车体底架排灰口排出车外。

冬季一部分冷空气从动力车外部通过百叶窗过滤器，一部分空气从风道旁风口，由辅变柜风机吸入风道，经过旋风除尘器过滤后进入机械间，少量脏空气经车体底架排灰口排出车外。

辅助变压器通风采用机械间内循环，机械间内空气由辅变风机吸入，冷却辅助变压器后排到机械间，如图 4-5 所示。

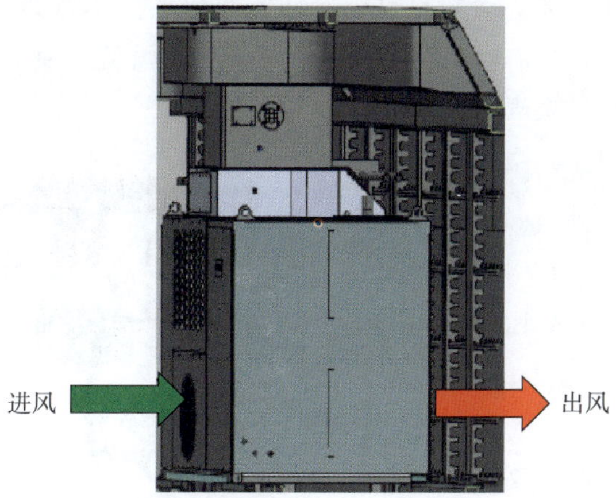

图 4-5　FXD1-J 型动力车辅助变压器柜通风支路示意

3. 冷却塔及通风支路

(1)FXD1-J 型动力车冷却塔及通风支路

FXD1-J 型动力车有 1 个冷却塔，位于机械间内，主要用于牵引变流器和牵引变压器通风散热。

冷却塔有两个独立的冷却回路，用于牵引变流器的水冷却液回路，牵引变压器的油冷却液回路。FXD1-J 型动力车冷却塔冷却系统示意如图 4-6 所示。

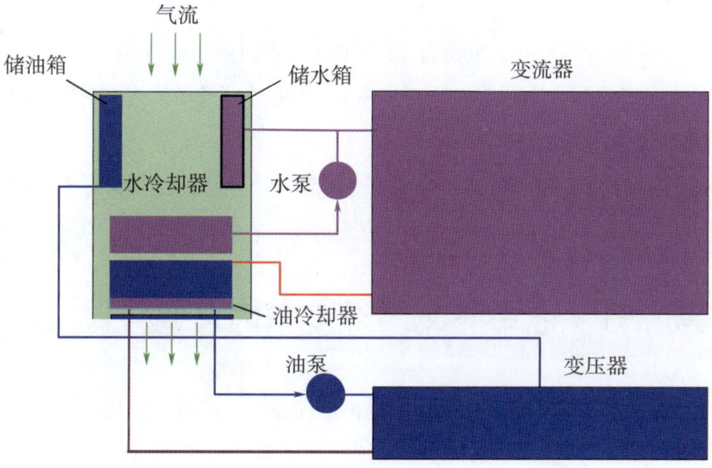

图 4-6　FXD1-J 型动力车冷却塔冷却系统示意

两个冷却回路的冷却液在冷却塔中彼此独立地进行风冷。冷却塔通风支路的作用是冷却油水散热器；油水散热器由主变流器水/防冻液散热器和主变压器油散热器组成。

冷却空气走向：车外空气→车顶过滤网→冷却塔风机→油水散热器→车底大气。

(2)FXD3-J 型动力车冷却塔及通风支路

FXD3-J 型动力车是由两台复合冷却通风机组等部件组成的复合冷却通风系统,分别对两台复合冷却器进行独立冷却。复合冷却器通风系统示意如图 4-7 所示。

冷却空气走向:车外空气→顶盖过滤网→顶盖过渡风道→复合冷却器风机组→过渡风道→复合冷却器→车底大气。

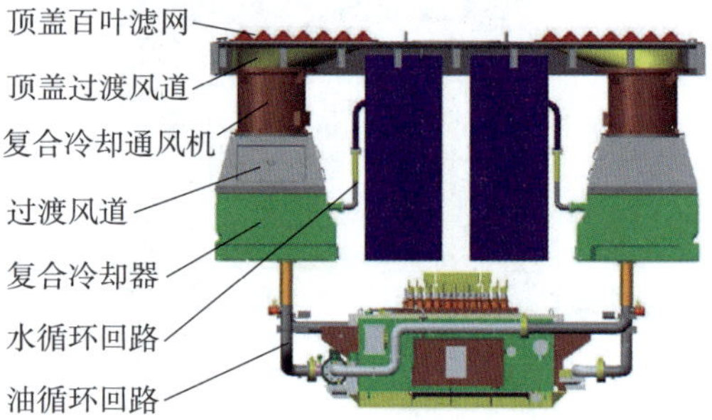

图 4-7　FXD3-J 型动力车复合冷却器通风系统示意

4. 司机室通风系统

司机室通风采用单元式空调机组,安装在动力车司机室前端罩板内。司机室内的循环空气由空调机组内的通风机组经过装有滤尘网的回风道吸入,并与外界的新鲜空气混合,在通过空调机组内的蒸发器后,冷空气经过出风口处的可调出风栅送入司机室内。制冷系统连续工作,使车内温度逐渐降低,从而达到制冷、除湿的目的。车内空气温度由控制器自动进行控制。

5. 压缩机通风支路

压缩机通风支路的作用是冷却压缩机散热器,动力车共有两个压缩机通风支路。夏季机械间内空气经压缩机散热风扇和车体底架风道排出车外,冬季排到机械间内。

6. 机械间通风支路

机械间通风支路采用冬夏季转换模式,其作用是冷却机械间,使机械间温度维持正常水平,同时维持机械间正压。机械间正压可以有效防止车外灰尘、雨雪等杂物进入车内。

第二节　拖车通风系统及车内环境控制系统

动力集中动车组拖车通风系统及车内环境控制系统通过控制车内的温、湿度,为乘客提供一个舒适的乘车环境。该系统主要由空调机组、送风道、送风末端装置、回风装置、废排装置和采暖装置组成。

一、总体结构

送风装置由送风道、送风末端装置组成。回风装置由回风口、回风道组成。废排装置由废排风机、废排风口、连接筒、连接软管组成。采暖装置由电加热器、强制通风电取暖器组成。

二、系统功能

空气经空调机组处理后进入车内主风道，然后通过各支风道或送风软管送到风口，最后分配到各处需空调的区域。一部分空气通过客室大走廊进入通过台走廊平顶上的回风道，回到空调机组内成为循环空气；另一部分空气通过卫生间上方的废排风机排到车外成为废气。

冬季时，车内循环空气和新风口引入的新鲜空气混合后，在通风机的作用下，经机组预热器升温预热，再从出风口向车内送热风，同时客室、卫生间及乘务员室侧墙下方装有电取暖器，通过台处装有暖风机，可补充车体围护结构的失热，使车厢内温度保持在一定范围内。

(一)制冷原理

空调机组制冷系统采用机械制冷方法，由压缩机、冷凝器、节流毛细管、蒸发器等主要部件用管道连接起来形成封闭系统。由压缩机将制冷剂压缩成高温高压的过热蒸汽进入冷凝器，经外界空气的强制冷却，冷凝成高压液体，进入毛细管降压成低温低压的液体，经分流器进入蒸发器，吸收通过蒸发器空气的热量，蒸发成为低压蒸汽，再经过气液分离器被压缩机吸入，完成一个制冷循环。压缩机不断工作，达到连续制冷的效果。

车内循环空气被通风机从回风口吸入与新风混合后进入蒸发器冷却，并由出风口吹出，向车内送出冷风；在制冷系统连续工作下使车内温度逐渐降低，并由温度调节器自动控制车内温度，车内温度可在 22～30 ℃范围内调节。借助于冷凝风机，从机组上方吸进室外空气，通过冷凝器进行强制性热交换，向机组两侧排出热风，从而完成热量的转换。车内的空气通过蒸发器时，空气中的水分冷凝成水滴，被引到车外而起除湿作用。空调机组制冷循环原理如图 4-8 所示。

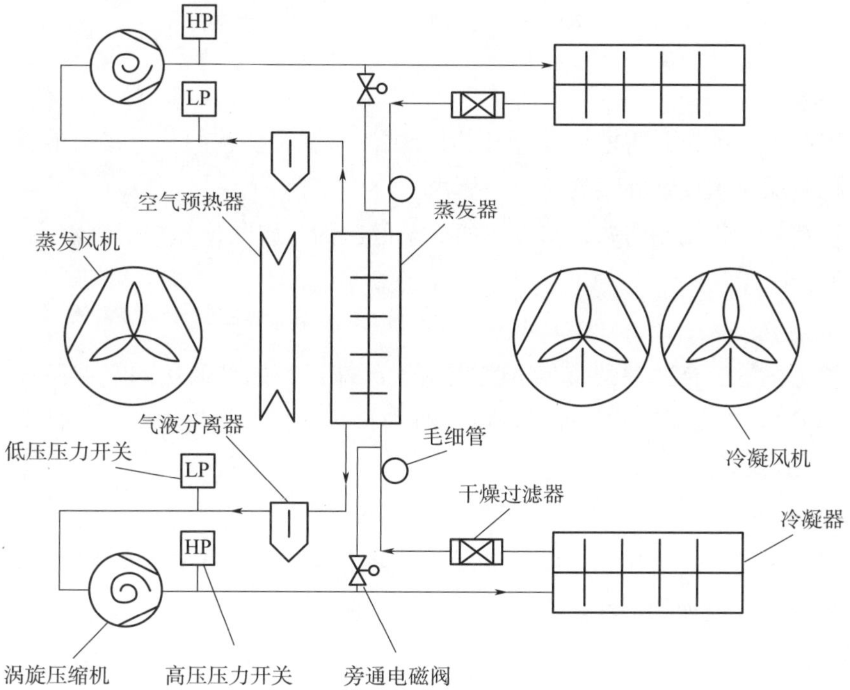

图 4-8　空调机组制冷循环原理

(二)制热原理

在通风机的作用下,车内循环空气及新风口引入的新鲜空气混合后,经电加热器将混合空气升温预热,再从出风口向车内送热风,使车厢内温度保持在一定范围内。

三、重要零部件

(一)空调机组

动力集中动车组采用车顶单元式空调机组,具有制冷、采暖、通风等功能,空调机组均设于平顶上,主要部件为压缩机、蒸发器、冷凝风机、空气预热器、通风机和冷凝器等。具体部件布置以 KLD-53/12DG-E 型空调机组为例,如图 4-9 所示。

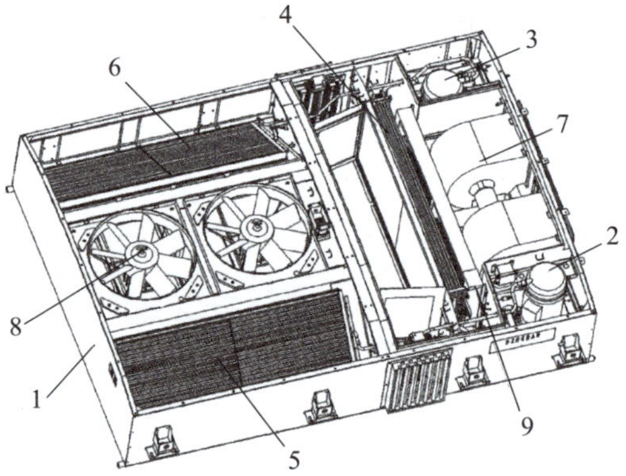

1—机组壳体;2—1 位压缩机;3—2 位压缩机;4—蒸发器;5—1 位冷凝器;
6—2 位冷凝器;7—通风机;8—冷凝风机;9—空气预热器。

图 4-9　KLD-53/12DG-E 型空调机组部件布置

1. 压缩机

全封闭制冷压缩机是将电机、压缩机构及供油系统组装在同一个密封的机壳内。压缩机通过橡胶减振器安装在空调机组箱体内。

制冷压缩机的作用是将来自蒸发器的低温低压的冷媒气体压缩成高温高压气体,并送往冷凝器。

2. 蒸发器

蒸发器为铜管套铝肋片的直接蒸发式空气冷却器。低温低压的气液混合的冷媒在蒸发器内蒸发,当车内循环空气通过蒸发器时进行热交换。空气中的热量被蒸发器内的冷媒吸收,温度降低。

3. 通风机

通风机为多叶片离心风机。通风机可以强化冷媒在蒸发器中的蒸发过程,并将经蒸发器冷却降温或经电加热器加热升温的空气送入客室内。

4. 冷凝器

冷凝器为风冷式,其结构形式与蒸发器相同。高温高压的冷媒气体,通过冷凝器时,在外界空气的强制冷却下，变成常温高压的液态冷媒。外温 40 ℃以上或长时间暴晒情况下，存在热交换不良风险。

冷凝风机为直联轴流式风机，电机采用防淋雨结构，用于强化冷媒在冷凝器中的凝结放热过程。

5. 空气预热器

空气预热器采用管式电热器，并设置温度继电器保护、熔断保护。温度继电器的动作值为(70±5)℃断开，(50±5)℃复位；熔断保护为(139±5)℃熔断。当电加热器周围空气温度异常时，能够断电保护，防止火灾发生。

(二)风道

客室风道是采用铝箔复合板组成的静压风道，根据车型平断面布置，优化风道内部结构、提高送风均匀度，如图 4-10 所示。

图 4-10　客室风道

(三)废排装置

卫生间和餐吧区设置机械排风装置，包括车体侧墙废排格栅(图 4-11)及车内废排风机(图 4-12)。废排风机的作用是将卫生间、厨房的废气排出至车外。

图 4-11　车体侧墙废排格栅

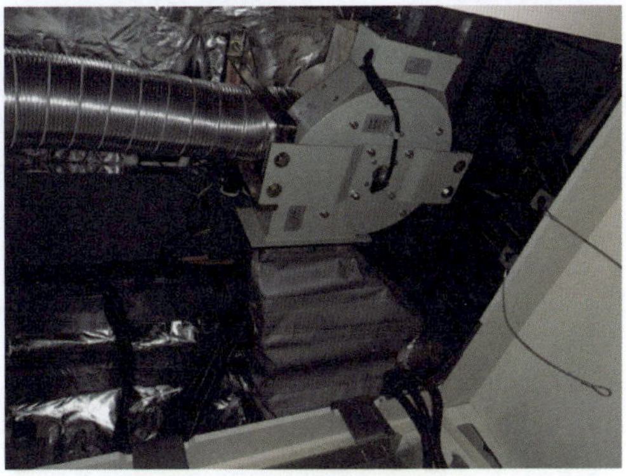

图 4-12　车内废排风机

(四)采暖装置

采暖装置包括客室电取暖器(图 4-13)和强制通风电取暖器(图 4-14)。其中客室电取暖器采用 DC 600 V 板式电热采暖装置。强制通风电取暖器电热暖风机设两级温度保护器,第一级为可自动恢复式温度保护器,第二级为不可自动恢复式超温保护器,同时设有失风、风机延迟断电等功能。

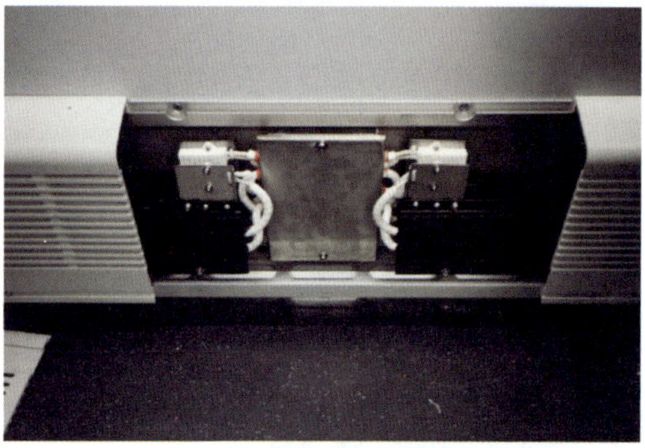

图 4-13　客室电取暖器

图 4-14　强制通风电取暖器

1. 客室电取暖器

(1)结构组成

电取暖器(图 4-15)由电取暖器外壳、发热元件、接线盒及接线端子、保护元件等组成。

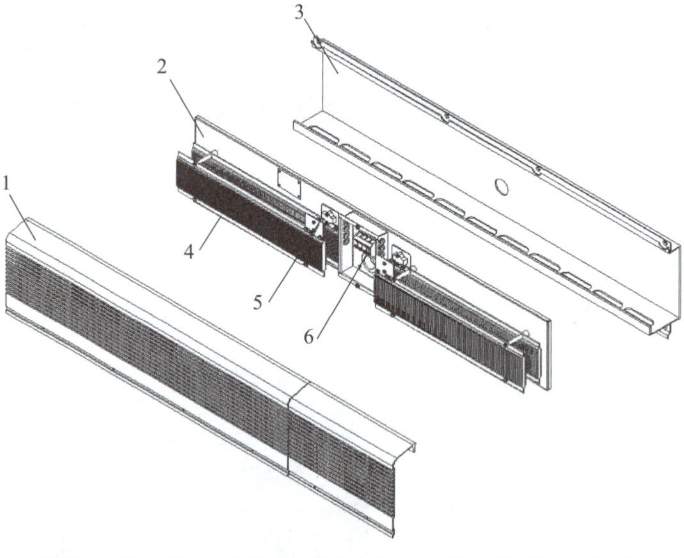

1—罩板;2—安装板;3—底板;4—发热元件;5—超温保护器;6—接线盒组。

图 4-15　电取暖器结构

①电取暖器外壳:包括面罩、底板、电热板安装板,且均为不锈钢板或铝型材制造,表面光洁、美观,耐腐蚀,坚固耐用。

②发热元件:采用电热板制作。发热体是耐高温、性能稳定的镍铬合金;电热板用铝型材散热翅片散热,具有散热快、温度均匀、寿命长的特点。发热元件具有足够的强度,

在车辆振动、冲击情况下，能正常使用。

③接线盒及接线端子：接线盒采用不锈钢制造，防水性能良好。接线端子采用笼式弹簧端子，保证良好导电。

④保护元件：在电取暖器供电回路中加装不可恢复式超温保护器，以确保安全。

(2)工作原理

电取暖器外罩采用铝合金型材制作，发热元件为带散热翅片的电热板。其采用直流 DC 600 V 的电源供电，由电气控制柜中的空气开关控制全暖或半暖工作。当控制客室电热的一个空气开关合上时，每台电取暖器有一半发热元件工作（半暖）；当控制客室电热的另一个空气开关也合上时，电取暖器全部工作（全暖）。同时电取暖器设有熔断式（不可恢复式）超温保护器，以自动对电取暖器进行控制和保护。电取暖器通过自然对流方式，将热量传递至车厢内。其中发热元件内为镍铬合金电阻丝，密封于散热型材腔内。电取暖器接线盒内设笼式弹簧端子。电取暖器工作原理示意如图 4-16 所示。

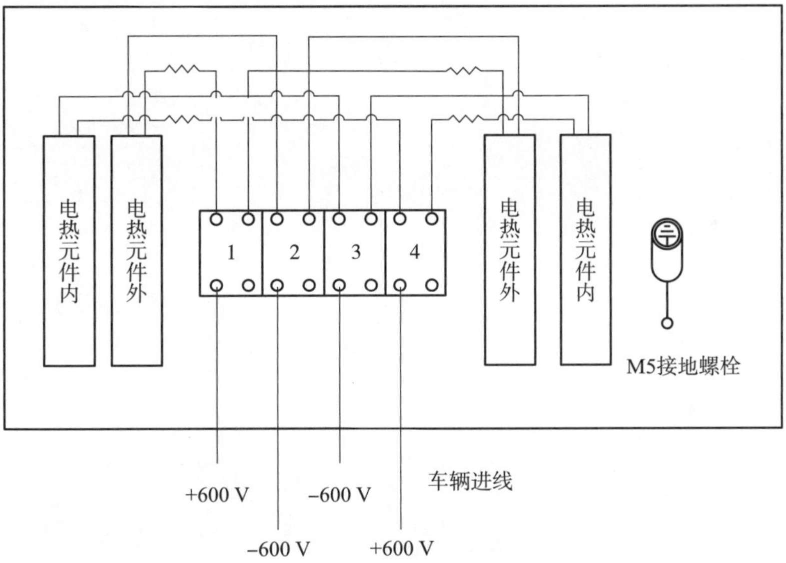

图 4-16　电取暖器工作原理示意

2. 强制通风电取暖器

强制通风电取暖器主要用于洗脸间、卫生间和通过台等空间较小，对取暖要求较高的场所。

(1)结构组成

强制通风电取暖器由电取暖器外壳、电热元件、风机及电器部分、电路控制模块和保护元件组成。

强制通风电热取暖器控制电源设置了输入开路、输出开路或短路、风机堵转或温控失灵不工作和超温的保护功能，在出现此任何一种故障现象时强制通风电热取暖器电源将自动断电，防止发生火灾及漏电情况，确保使用者的人身安全。

(2)工作原理

接通 DC 600 V 工作电压及控制回路 DC 110 V 电压后，风机从下方进风口抽风经由过渡风道从发热体中穿过，发热体的温度从下方出风口吹出。当出风口温度高于 80 ℃时，温度开关断开形成开路，发热体回路整体断开，风机仍进行吹风；当出风口温度低于 60 ℃时，温度开关闭合，整个回路恢复正常工作状态。强制通风电取暖器工作原理示意如图 4-17 所示。

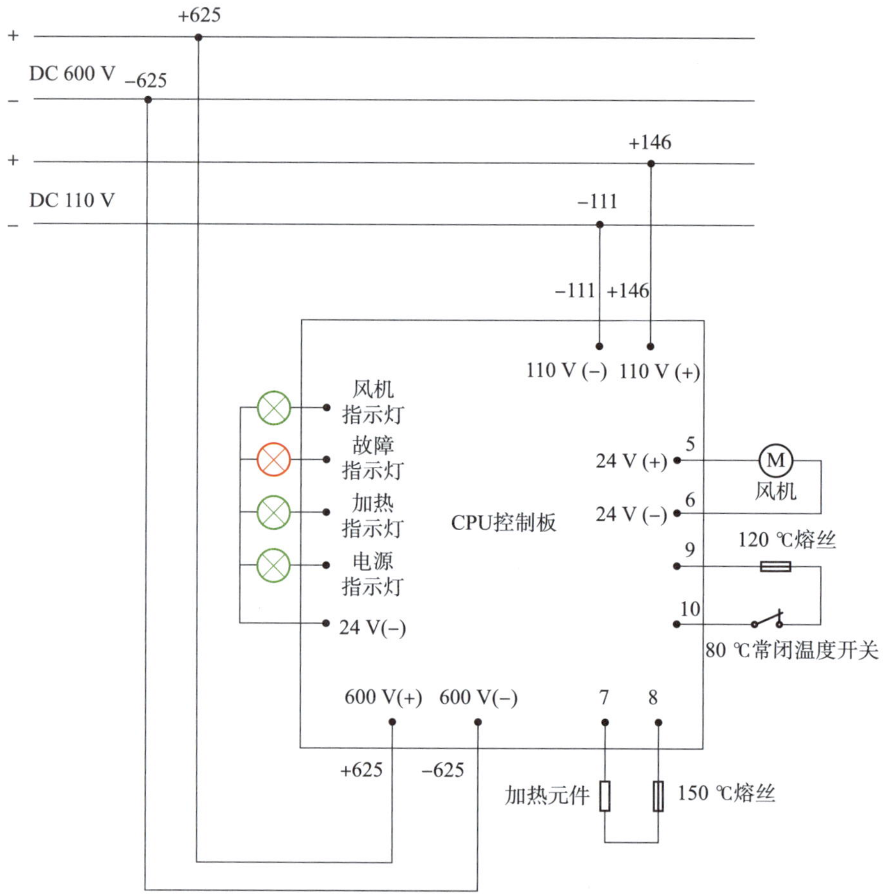

图 4-17　强制通风电取暖器工作原理示意

第五章

高压设备及牵引系统

动力集中动车组动力车高压设备及牵引系统主要由受电弓、主变压器、牵引变流器、列车供电系统、牵引电机及传动装置组成。本章主要介绍了动力车高压设备及牵引系统的电路原理,受电弓、主断路器及车顶高压设备、牵引变流器、主变压器、牵引电机及传动装置的组成结构、工作原理和主要技术参数。

第一节　高压电气系统

动力车高压电气系统主要是由网侧电路等组成的主电路。本节主要介绍了动力车高压电气系统电路工作原理,受电弓、主断路器等高压设备组成结构、工作原理和主要技术参数。

一、高压电气系统电路

(一)组成及原理

动力集中动车组主供电系统均安装在动力车上,由受电弓、真空断路器、接地开关、避雷器、电压互感器、电流互感器、高压电缆、主变压器、牵引变流器、牵引电机、接地电流互感器等组成,受电弓、避雷器安装在车顶,车顶高压电缆采用内绝缘直接电缆跨接,真空断路器、接地开关、电压互感器、电流互感器等设备安装于机械间的网侧柜内。

主变压器原边通过受电弓、主断路器得电,主变压器的次边有 4 个牵引绕组和 2 个列车供电绕组,其中主变压器 4 个独立的次边牵引绕组分别向 4 个四象限整流器供电,每 2 个四象限整流器并联输出,共用一个中间直流回路。这个中间直流回路同时向 3 个电压型 PWM 逆变器(2 个主逆变器和 1 个辅助逆变器,辅助逆变器集成在牵引变流柜中)供电,每个主逆变器向一个转向架的 1 台异步牵引电机供电,实现牵引电机轴控。中间直流回路还连接有二次谐振电路、过压保护电路和接地检测电路等。动力车采用再生制动，再生制动时动力车能量反馈回电网，达到节能的效果。主供电设备原理如图 5-1 所示。

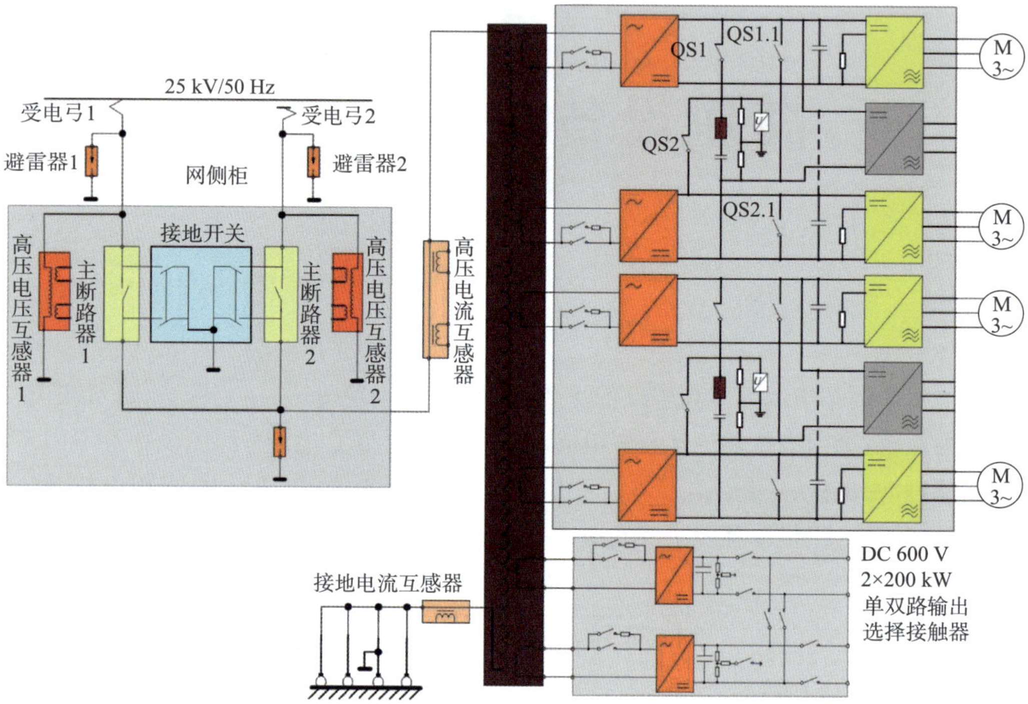

图 5-1　主供电设备原理

(二)网侧电路

网侧电路主要功能是从网侧获取电能，属于 25 kV 电路。动力车网侧电路由 2 台受电弓、2 个主断路器、1 个接地开关、3 个避雷器、2 个高压电压互感器、1 个高压电流互感器、1 个接地回流电流互感器、4 个轴端接地装置以及 25 kV 高压电缆等组成。为了降低雾霾天气对车顶高压部件的影响，避免出现车顶污闪的故障，动力车将主要高压部件安装在机械间网侧柜内，主要包括 2 台高压电压互感器、2 台主断路器、1 个接地开关、1 台避雷器等。车顶安装 2 台受电弓和 2 个避雷器。

二、受电弓

(一)结构组成

受电弓是一种铰接式的机械构件，采用两根碳滑板受流，通过绝缘子安装于动力车车顶。受电弓的集电头升起后与接触网导线接触，从接触网上接取电流，并将其通过车顶母线传送到车内供动力集中动车组使用。

TSG20 型受电弓结构如图 5-2 所示，DSA250 型受电弓结构如图 5-3 所示。

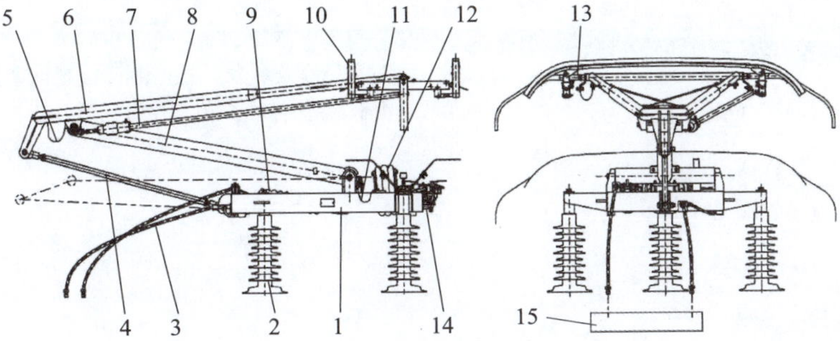

1—底架；2—绝缘子；3—绝缘软管；4—拉杆；5—肘接电流连接；6—平衡杆；7—上框架；8—下臂杆；
9—阻尼器；10—弓头；11—底架电流连接；12—气囊升弓装置；13—弓头电流连接；
14—气路及自动降弓装置(ADD)；15—阀板(装在车内)。

图 5-2　TSG20 型受电弓结构

图 5-3　DSA250 型受电弓结构

(二)主要技术参数

1. TSG20 型受电弓主要技术参数(表 5-1)

表 5-1　TSG20 型受电弓主要技术参数

参数名称	技术参数
标称工作电压/kV	AC 25
电压波动范围/kV	AC 19～31
额定工作电流/A	1 000
额定运行速度/(km・h^{-1})	250
折叠高度/mm	670_{-10}^{+8}(包括支持绝缘子)/278_{-10}^{+8}(从绝缘子顶上受电弓安装平面起)
最小工作高度/mm	300(从落弓位滑板面起)/570(从绝缘子顶上受电弓安装平面起)
最大工作高度/mm	2 400(从落弓位滑板面起)/2 670(从绝缘子顶上受电弓安装平面起)

续上表

参数名称	技术参数
最大升弓高度/mm	≥2 500(从落弓位滑板面起)/≥2 770(从绝缘子顶上受电弓安装平面起)
受电弓集电头长度/mm	1 950±10
受电弓集电头宽度/mm	597±5
受电弓集电头高度/mm	368±10
滑板长度/mm	$1\ 576^{+5}_{-10}$
受电弓集电头轮廓形状	符合 UIC 608—2003 的要求
静态接触压力/N	70±10
环境工作温度/℃	−40～+70
最小升弓气压/kPa	400
动力车风源供风压力/kPa	400～1 000
降弓位置保持力/N	≥150
升弓时间/s	6～10
降弓时间/s	≤6
总质量(不包括支持绝缘子)/kg	≤140
安装尺寸/mm	1 100×(800±1)
电气区域/mm	330±10
电气间隙/mm	≥340(配合 400 mm 高绝缘子)
气路接口尺寸	G1/4′(11.7 mm)

2. DSA250 型受电弓主要技术参数(表 5-2)

表 5-2　DSA250 型受电弓主要技术参数

参数名称	技术参数
设计速度/(km·h^{-1})	250
电力传输(标准)	25 kV/1 000 A
平均静态接触压力	70 N·m 可调
动态接触力调整	风动翼片
升弓机构	气囊驱动
输入气压	400～1 000 kPa(4～10 bar)
弓头自由度/mm	60(垂向位移)
滑板材料	铝托架/硬碳
弓角材料	钛合金
上臂材料	铝合金

续上表

参数名称	技术参数
下臂材料	铝合金
下导杆材料	不锈钢
底架材料	优质碳素钢
质量/kg	约 110（不含绝缘子）
绝缘子安装尺寸/mm	纵向 800±1；横向 1 100±1
折叠长度/mm	2 530
绝缘子高度/mm	400
落弓位高度(包括绝缘子)/mm	≤692
最大升弓高度(包括绝缘子)/mm	$3\ 090^{+100}_{-25}$
最低工作高度(包括绝缘子)/mm	960
最大工作高度(包括绝缘子)/mm	2 890
滑板总长/mm	1 576
弓头长度/mm	1 950
弓头宽度/mm	580±2

(三)工作原理

1. 电气系统

受电弓是车辆的受流部件,受电弓升起后与接触网接触,从接触网上接取电流,并将其传送到车辆电气系统。接触网的电流首先由碳滑板流入受电弓弓头,然后依次经过上框架、下臂杆后流入底架。弓头到上框架、上框架到下臂杆、下臂杆到底架的连接处都由铜绞线短接,最后电流经过底架上的电流连接端子、车顶母线进入车辆电气系统。

2. 气路系统

受电弓的升弓和降弓由气囊装置进行控制,气囊装置由气路控制。该控制气路能够保证受电弓平稳升起,直至最大工作高度。从受电弓弓头开始上升算起,在 6～10 s 内无异常冲击地抵达接触网线上。也能保证受电弓从任意高度,包括工作区内间的快速降弓。同时,受电弓降弓动作不会造成损坏性冲击。气路系统原理如图 5-4 所示。

(1)弓头上升(升弓)

升弓的速度通过进入受电弓气囊的压缩空气的流量进行控制。

电控阀得电,压缩空气依次通过阀板、绝缘软管,进入气囊。气囊充气后,膨胀伸长,通过钢丝绳拉拽下臂杆,使气囊的直线运动转化为下臂杆的转动。受电弓下臂杆转动后,带动整个铰链机构,使弓头先快后慢地上升。

(2)弓头下降(降弓)

降弓的速度通过受电弓气囊释放压缩空气来进行控制。

电控阀失电,阀腔通大气,气囊内的压缩空气依次通过绝缘软管、阀板排出。在受电弓自重的作用下,气囊收缩并实现降弓。

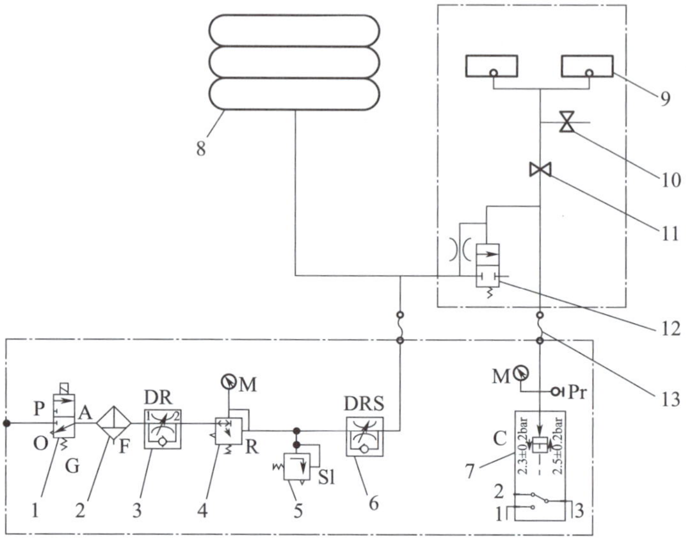

1—电控阀；2—空气过滤阀；3—单向节流阀(升弓)；4—精密调压阀；5—安全阀；6—压力开关；7—单向节流阀(降弓)；8—升弓气囊；9—滑板；10—ADD 试验阀；11—ADD 截止阀；12—快排阀；13—绝缘软管。

图 5-4　气路系统原理

三、网侧柜及主要设备

(一)结构组成

网侧柜主要安装真空断路器、高压电压互感器、接地开关和避雷器等高压电气部件。网侧柜外形如图 5-5 所示。

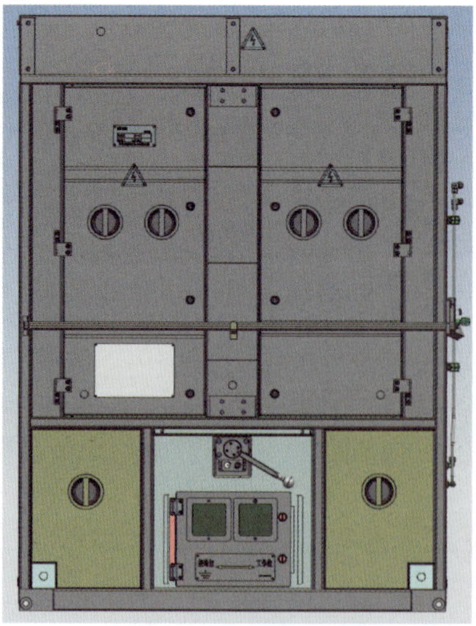

图 5-5　网侧柜外形

每节动力车包括一个网侧柜。网侧柜下部柜中间安装有两个真空断路器，柜前安装有接地开关；柜后上部安装有两个高压互感器；柜右侧外部安装有进气管路；柜内左右上部各安装有一个支撑用的绝缘子，用于连接来自受电弓的高压电缆；高压互感器二次侧保护的微型断路器安装在接地开关下方，微型断路器外设有防护门。网侧柜内部设备布置如图 5-6 所示。

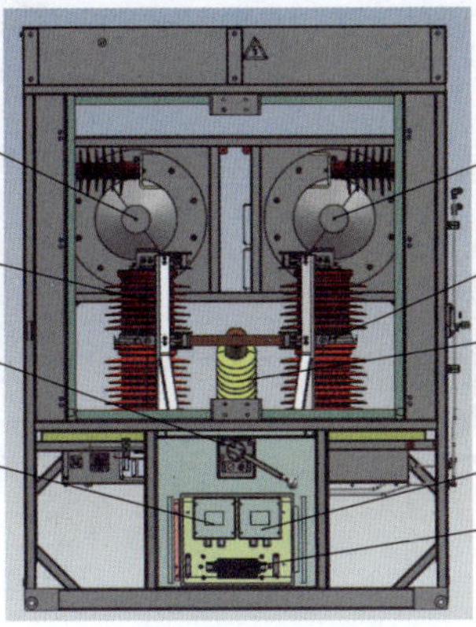

1—高压互感器 2；2—高压互感器 1；3—真空断路器 2；4—真空断路器 1；5—接地开关；6—避雷器；
7—高压互感器开关盒 2；8—高压互感器开关盒 1；9—端子排。

图 5-6　网侧柜内部设备布置（略去门和封板）

(二)真空断路器

真空断路器是为了当主变压器在二次侧以后的电路中发生故障时，以迅速、安全、确实地断开过电流为目的而安装的，同时也是平常开闭主回路的一种开关，兼具断路器和开关两种功能。

真空断路器(VCB)在被封闭的真空容器中配置动静触头，通过动静触头利用真空中高的耐绝缘能力和电弧的扩散作用来断开电流。

1. TDV10(02)型真空断路器

(1)结构组成

TDV10(02)型真空断路器主要用于主电路开断和接通，同时还可以用于过载保护和短路保护，外形如图 5-7 所示。TDV10(02)型真空断路器主要由高压回路、支撑部分、低压部分构成，如图 5-8 所示。

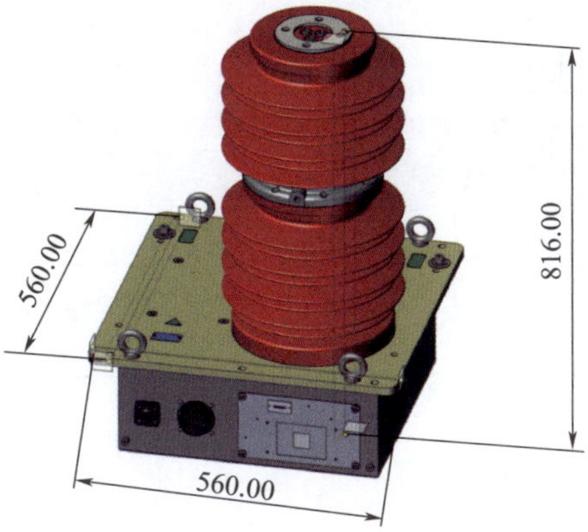

图 5-7　TDV10(02)型真空断路器外形(单位：mm)

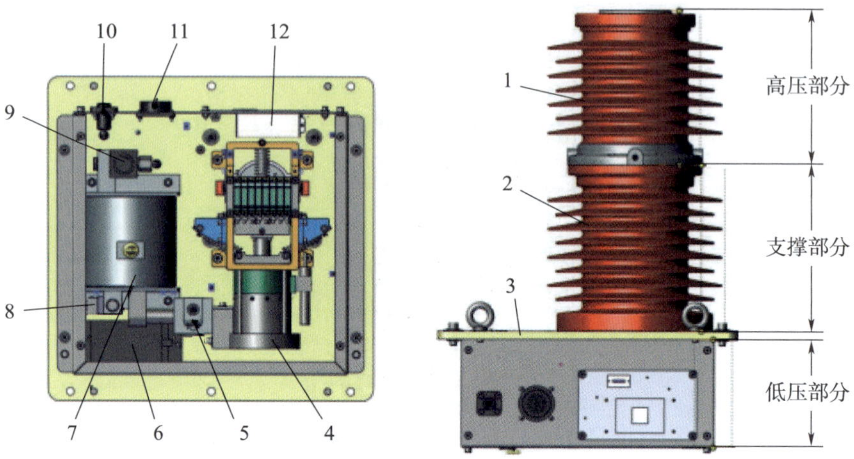

1—上绝缘子；2—下绝缘子；3—底板组装；4—驱动机构组装；5—电磁阀；6—电阻盒；7—气缸组装机构；8—压力开关；9—调压阀；10—气路接口；11—35 芯连接器；12—控制单元。

图 5-8　TDV10(02)型真空断路器部件构成

(2)主要技术参数(表 5-3)

表 5-3　TDV10(02)型真空断路器主要技术参数

参数名称		技术参数
额定电压/kV		30
标称电压/kV		25
额定频率/Hz		50～60
额定工作电流/A		1 000
机械寿命/万次		25
热电流/A		1 000
开断容量/(MV・A)		600
固有分闸时间/ms		20～60
标称控制电压/V		DC 110
额定工作气压/kPa		450～1 000
绝缘子爬电距离	上绝缘子/mm	⩾870
	下绝缘子/mm	⩾1 050
电气间隙/mm		⩾310
质量/kg		108
温度/℃		−40～+70

(3)工作原理

①高压回路

断路器的高压回路装有可以开断交流电弧的真空泡。真空泡灭弧室通过密封来与大气隔离。两个主触头安装在真空泡内部，一个是静触头，另一个是动触头。动触头的动作是由驱动机构来控制，在分合闸过程中，该动作机构保障动作时的方向性和稳定性。

②支撑部分

支撑部分主要包括支撑绝缘子和绝缘操纵杆，其中安装在底板上的下绝缘子提供支持与绝缘，绝缘操纵杆通过下绝缘子中心连接驱动机构和动触头。

③驱动机构

驱动机构通过传动支架安装在真空断路器底板下，用于控制动触头的动作。驱动机构如图 5-9 所示。

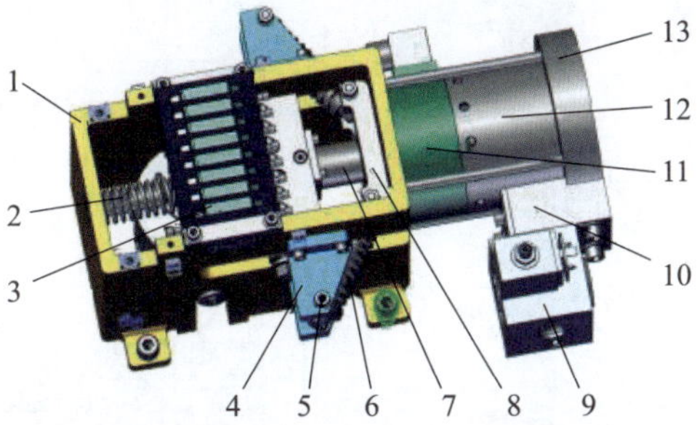

1—传动支架；2—分闸弹簧；3—辅助触头；4—定位板；5—弹簧杆；6—肘节弹簧；7—传动头；8—连接板；9—二位三通电磁阀；10—连接块组装；11—保持线圈；12—压力气缸；13—插头。

图 5-9　驱动机构

2. 22CBDP2 型真空断路器

(1)结构组成

22CBDP2 型真空断路器主要用于主电路的开断和接通，同时还可以用于过载保护和短路保护，外形如图 5-10 所示。

图 5-10　22CBDP2 型真空断路器外形

22CBDP2 型真空断路器两个绝缘子(1 和 2)上下垂直安装在基座上。上绝缘子上法兰与受电弓相连，下法兰与高压电缆连接。作为主电路的真空开关管灌装在上绝缘子(1)中，其静触头与上法兰连接，动触头通过软连线装配(4)与下法兰连接。压缩空气顺序经过进气接头(8)、过滤器(14)、调压阀(10)、储气缸(11)到达气缸(16)，再通过传动杆(5)来带动真空开关管闭合，压缩弹簧(3)在断路器闭合时被压缩，当断路器收到断开命令时，压缩弹簧会恢复，从而将真空开关管主触头断开。电磁阀(12)作为断路器闭合与断开命令的接收器件，用来控制压缩空气进入气缸或从气缸中排出，从而控制断路器的闭合与断开。气缸内装有推杆机构，带动辅助触点(7)动作，反馈断路器的闭合或断开状态。计数器(6)用于指示真空断路器的动作次数。干燥风通过节流阀(15)流通至下绝缘子内部。22CBDP2 型真空断路器部件如图 5-11 所示。

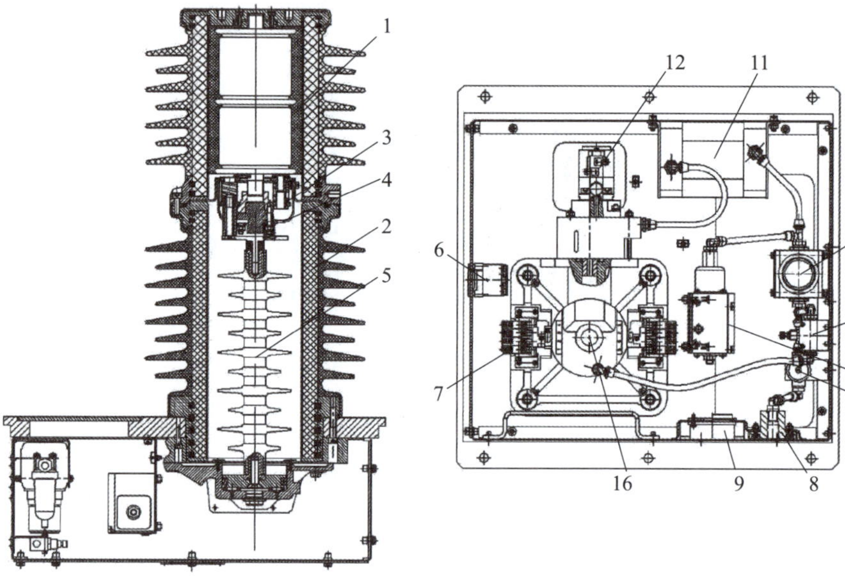

1—上绝缘子单元；2—下绝缘子装配；3—压缩弹簧；4—软连线装配；5—传动杆；6—计数器；7—辅助触点；8—进气接头；9—35 芯插座；10—调压阀；11—储气缸；12—电磁阀；13—压力开关；14—过滤器；15—节流阀；16—气缸。

图 5-11　22CBDP2 型真空断路器部件

(2)主要技术参数(表 5-4)

表 5-4　22CBDP2 型真空断路器主要技术参数

参数名称	技术参数
外形尺寸/mm	560×560×900
温度范围/℃	−40～70
海拔/m	≤2 500
质量/kg	110
防护等级	IP57
额定电压/kV	30
额定频率/Hz	50
额定电流/A	1 000
额定短路开断能力	30 kV,50 Hz/20 kA
额定短路接通能力/kA	50(峰值)
额定短时耐受电流/kA	25(1 s)

续上表

参数名称	技术参数
额定峰值耐受电流/kA	62.5
额定控制电压/V	DC 110
控制电压范围/V	77～137.5
开断时间/ms	<60
闭合时间/ms	<100
弹跳时间/ms	<5
控制回路气压/kPa	450～1 000
辅助触头	8NO+8NC
额定工频耐压	75 kV,1 min
机械寿命/次	250 000

(三)高压电压互感器

电压互感器适用于额定电压为 AC 25 kV/50～60 Hz 的动力车电网中电压测量和继电保护。

1. 结构组成

(1)GSEFB25F 型高压电压互感器结构组成

GSEFB25F 型高压电压互感器采用环氧树脂与硅橡胶复合绝缘支柱式结构。内部采用环氧树脂浇注,外部护套和伞裙采用高温硅橡胶材料,具有良好的憎水性,大大提高了污闪电压,能有效地防止污闪故障的发生;具有抗老化和耐漏电起痕性能,电蚀损性能达到 GB/T 6553—2024 标准,可以连续承受污闪电压;具有耐机械冲击能力强、重量轻、便于安装、不易损坏、维护周期长的特点。

高压电压互感器二次侧采用双熔断器出线,提高了高压电压互感器的自保护能力。

GSEFB25F 型高压电压互感器主要由器身浇注体、硅橡胶伞裙、安装法兰、出线装置等部分组成,外形如图 5-12 所示,结构如图 5-13 所示。

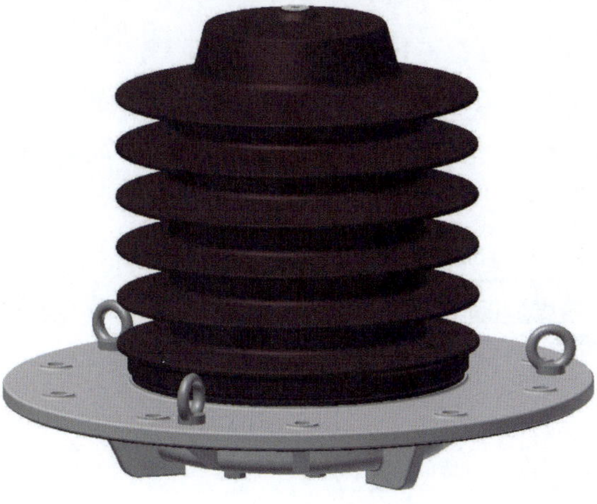

图 5-12　GSEFB25F 型高压电压互感器外形

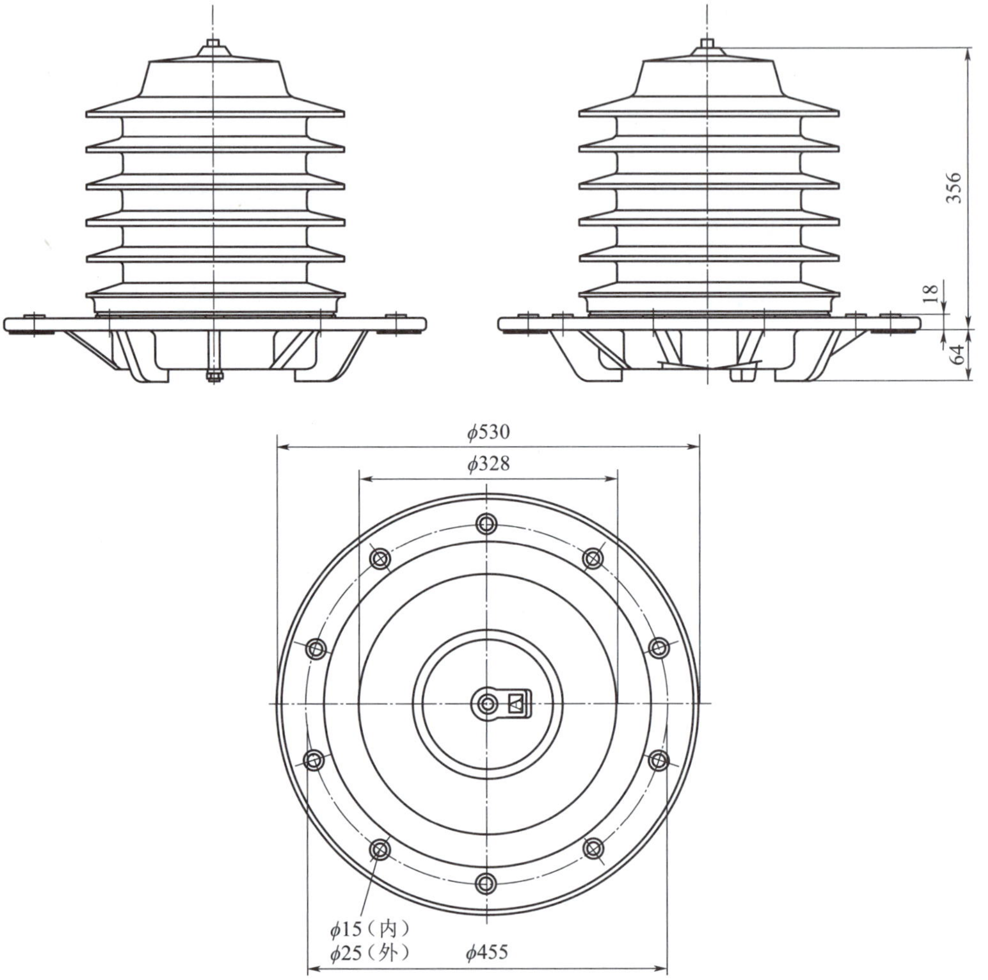

图 5-13　GSEFB25F 型高压电压互感器结构（单位：mm）

（2）JDZX18-25D 型高压电压互感器结构组成

JDZX18-25D 型高压电压互感器内部采用环氧树脂真空浇注固化而成，为户内全封闭支柱式结构，主要由铁芯，一、二次线圈，环氧树脂组成，结构如图 5-14 所示。

2. 主要技术参数

（1）GSEFB25F 型高压电压互感器主要技术参数（表 5-5）

表 5-5　GSEFB25F 型高压电压互感器主要技术参数

参数名称	技术参数
频率/Hz	50
额定电压比	25 000/150/150
二次组合	1 级/1 级
二次额定负荷及准确级	30 V·A　1 级/30 V·A　1 级(cos ϕ=0.8)
二次热极限输出电流/A	1
额定电压因数	1.5(30 s)

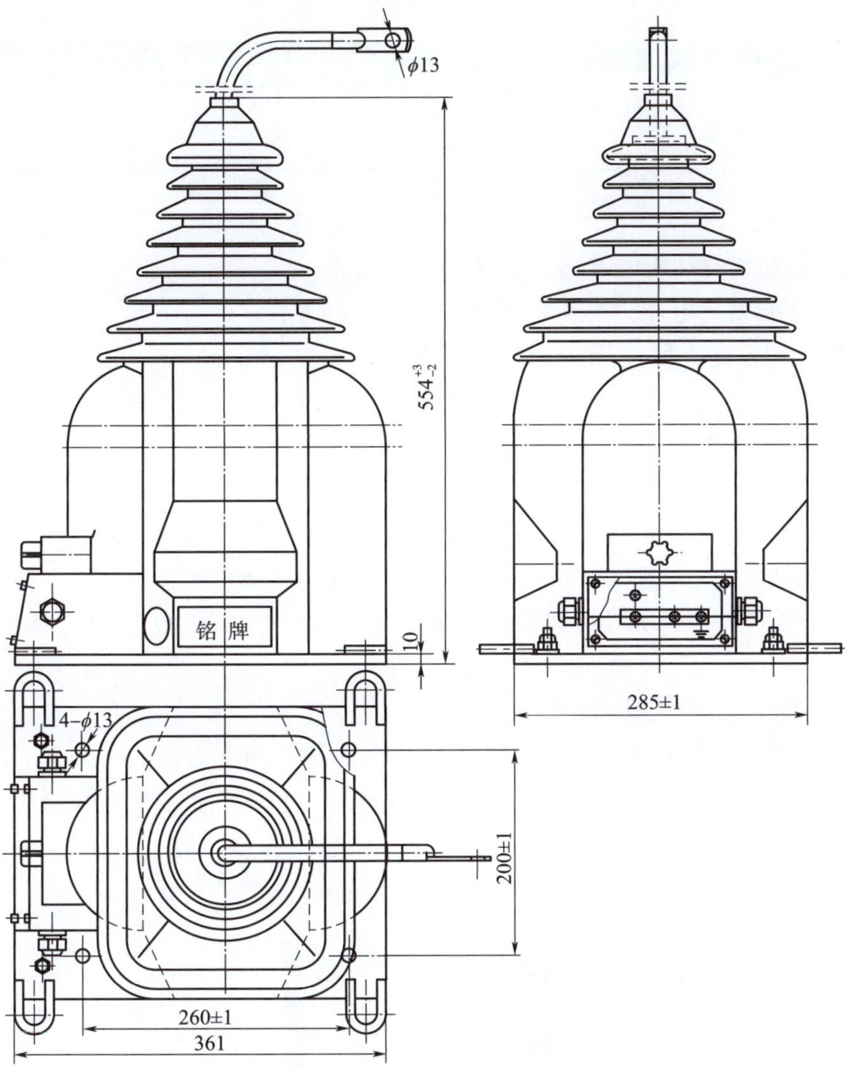

图 5-14　JDZX18-25D 型高压电压互感器结构(单位:mm)

(2)JDZX18-25D 型高压电压互感器主要技术参数(表 5-6)

表 5-6　JDZX18-25D 型高压电压互感器主要技术参数

参数名称	技术参数
一次电压范围/kV	17～31
额定频率/Hz	50
功率因数	cosφ=0.8(滞后)
额定电压因数	1.9(8 h)
额定绝缘水平/kV	31/85/200
额定电压比	25 000/100
额定功率/(V·A)	30
准确级	1 级

续上表

参数名称	技术参数
二次热极限输出/(V・A)	400
部件质量/kg	61

3. 工作原理

高压电压互感器利用电磁感应原理，把一次侧的高电压变换为标准测量电压。高压电压互感器是一种专门用作变换电压的特种变压器，接线原理如图 5-15 所示。

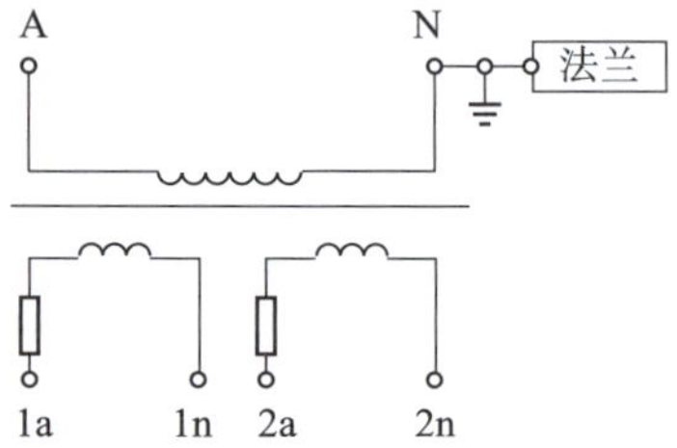

图 5-15　高压电压互感器接线原理

(四)高压接地开关

1. 结构组成

转动手柄，可以带动由转盘、连接杆、转套、转轴组成的传动机构动作，从而带动转臂转动，最后实现接地夹与真空断路器接地触头的连接与分离。手柄组装从一端旋转 120°到另一端时，转臂也相应从“运行”位旋转 100°到“接地”位或者从“接地”位旋转 100°到“运行”位。

(1)TQJ10(03)型高压接地开关结构组成

TQJ10(03)型高压接地开关主要分为壳体上面部分和下面部分。壳体上面部分主要包括转杆组装 1、转杆组装 2、止挡组装、软连线等，壳体下面部分主要包括操纵杆组装、手柄轴、外转盘、内转盘组装、主动轴、连接杆组装(右)、从动轴、从动轴(带联锁)、曲柄组装、锁组装、辅助联锁组装等，结构如图 5-16 所示。

图 5-16　TQJ10(03)型高压接地开关结构

(2)35KSDP2 型高压接地开关结构组成

35KSDP2 型高压接地开关主要部件有接地夹、接地臂、箱体、转轴、锁组装、手柄组装、转盘、连接杆组成、转套、微动开关、AMP 连接器和凸轮组成，结构如图 5-17 所示。

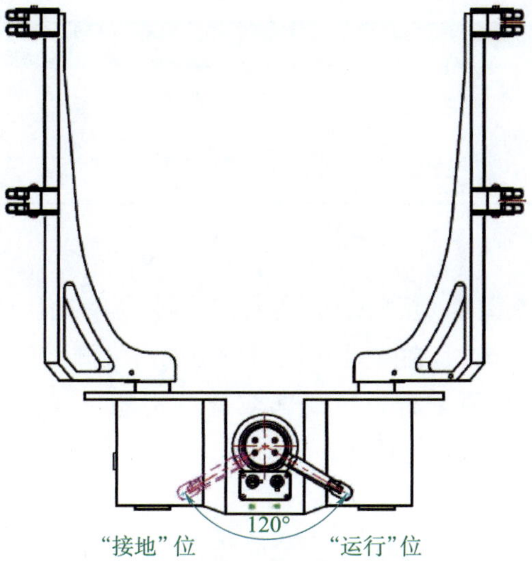

图 5-17　35KSDP2 型高压接地开关结构

2. 主要技术参数

(1)TQJ10(03)型高压接地开关主要技术参数(表 5-7)

表 5-7　TQJ10(03)型高压接地开关主要技术参数

参数名称	技术参数
标称电压/kV	25
额定电压/kV	30
额定电流/A	400
峰值耐受电流/kA	40
短时耐受电流/kA	16
转杆转换角度	100°±1°
机械寿命/次	20 000
质量/kg	34.5
外形尺寸/mm	(870±2)×(285±1)×(867±2)
安装尺寸/mm	560×105

(2)35KSDP2 型高压接地开关主要技术参数(表 5-8)

表 5-8　35KSDP2 型高压接地开关主要技术参数

参数名称	技术参数
标称电压/kV	25
额定电压/kV	30
额定频率/Hz	50～60
额定电流/A	400
峰值耐受电流/kA	40

续上表

参数名称	技术参数
短时耐受电流	16 kA/1 s
机械寿命/次	20 000
质量/kg	约 40

3. 工作原理

高压接地开关与主断路器 QF1、QF2 集成在一起，具有高压电路接地保护功能，并处于动力车高压安全联锁系统中，在降弓并且切断受电弓气源之后才能操作。

操作高压接地开关时，要配合黄色钥匙或蓝色钥匙，从而实现高压接地开关在“工作”位或“接地”位的机械锁闭限位功能。

(1)从“运行”位操作到“接地”位，步骤如下：

①转动蓝色钥匙(钥匙 A)，将 BSV 安全联锁箱转换到降弓位置，取下蓝色钥匙，插入到接地开关锁组装。仅在蓝色锁被蓝色钥匙打开后，操纵杆才能从“运行”位旋转到“接地”位。

②将蓝色钥匙顺时针旋转 90°至竖直位置，此时，蓝色钥匙处于锁闭位无法拔出。拉出操纵杆，旋转 180°到“接地”位。此时，接地开关转杆旋转 90°到“接地”位。

③将黄色钥匙顺时针旋转 90°至水平位置，取出黄色钥匙 B(联锁机构就被带有黄色钥匙的锁锁在此位置)，解除动力车高压部分机械联锁。

(2)从“接地”位操作到“运行”位，步骤如下：

①在黄色钥匙使用的地方转动黄色钥匙，取下黄色钥匙，恢复动力车高压部分机械联锁。将黄色钥匙插入到接地开关锁组装。仅在黄色锁被黄色钥匙打开后，操纵杆才能从“接地”位旋转到“运行”位。

②将黄色钥匙逆时针旋转 90°至竖直位置，拉出操纵杆，旋转 180°到“工作”位。此时，接地开关转杆旋转 90°到“运行”位。

③将蓝色钥匙逆时针旋转 90°至水平位置，取出蓝色钥匙(联锁机构就被带有蓝色钥匙的锁锁在此位置)。将蓝色钥匙插入 BSV 安全联锁箱，转动蓝色钥匙，BSV 安全联锁箱转换到升弓位置。

四、避雷器

避雷器(F1、F2、F3)具有良好的非线性伏安特性，当系统出现过电压时，避雷器呈现低电阻，吸收过电压能量，使被保护电器设备上的过电压限制在允许范围内，从而保护了电器设备绝缘免遭过电压的损坏。在电力系统正常工作电压下，避雷器呈现高电阻，仅有微安级的漏泄电流流过避雷器，确保避雷器长期正常运行。

避雷器 F1、F2 属于车顶避雷器，并联于受电弓和主断路器之间，可以抑制动力车外部的雷击过电压和电网过电压，保护车顶和车内的高压电器。避雷器 F3 属于车内避雷器，并联于主断路器和高压原边电流传感器之间，它主要抑制主断路器开闭时产生的操作过电压，避免对动力车内部的控制电器产生过电压侵害。车顶避雷器 F1、F2 的持续额定工作电压低于车内避雷器 F3 的持续额定工作电压，从而确保动力车外部的雷击过电压和电网过电压在车顶上就被抑制，避免进入车内造成危害。

(一)车顶避雷器

车顶避雷器如图 5-18 所示，主要技术参数见表 5-9。

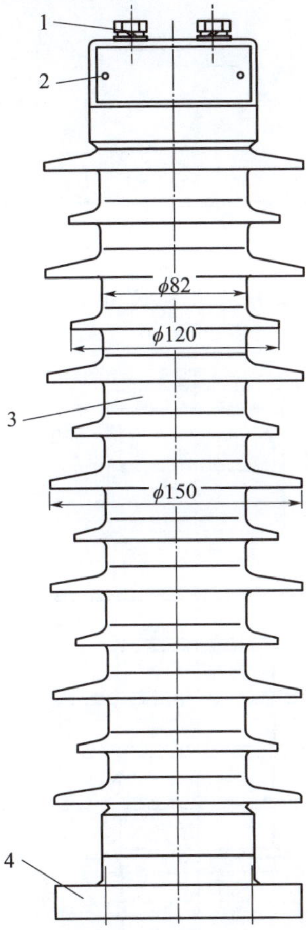

1—高压接线端；2—上法兰；
3—复合外套；4—下法兰。

图 5-18　车顶避雷器(单位：mm)

表 5-9　车顶避雷器主要技术参数

参数名称	技术参数
系统标称电压/kV	27.5
避雷器额定电压/kV	43
持续运行电压/kV	34
标称电流/kA	10

续上表

参数名称	技术参数
残压/kV	≤108
直流参考电压/kV	≥58
工频参考电压/kV	43
爬电距离/mm	980
大电流冲击耐受能力/kA	100
方波通流容量/A	≥400
外套	复合外套

(二)车内避雷器

车内避雷器如图 5-19 所示,主要技术参数见表 5-10。

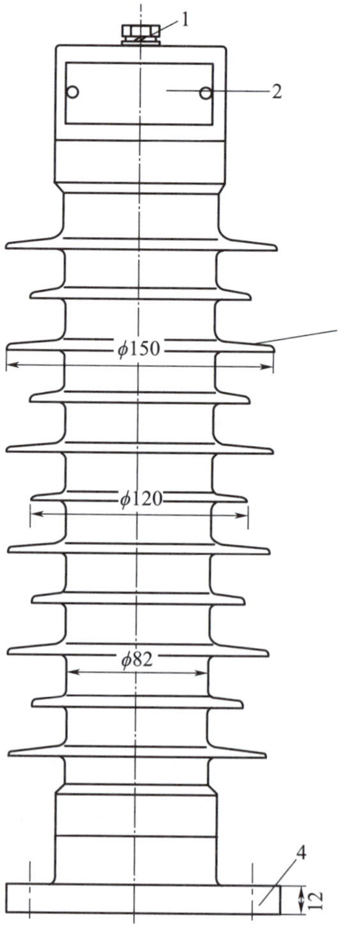

1—高压接线端;2—上法兰;
3—复合外套;4—下法兰。

图 5-19　车内避雷器(单位:mm)

表 5-10 车内避雷器主要技术参数

参数名称	技术参数
系统标称电压/kV	27.5
避雷器额定电压/kV	43
持续运行电压/kV	34
标称电流/kA	10
残压/kV	≤108
直流参考电压/kV	≥58
工频参考电压/kV	43
爬电距离/mm	980
大电流冲击耐受能力/kA	100
方波通流容量/A	≥400
外套	复合外套

五、高压电流互感器

高压电流互感器 TA1 主要用来检测原边电流，是保护用互感器，对其饱和度有较高要求，对其检测精度要求比测量用互感器低。TA1 的输出送入原边过电流继电器 KC1，当原边电流超过 KC1 整定值时，KC1 动作。高压电压互感器主要由互感器浇注体、接线盒、安装板三个部件组成，浇注体内有两个二次绕组，接线盒上装有电缆夹，结构如图 5-20 所示。

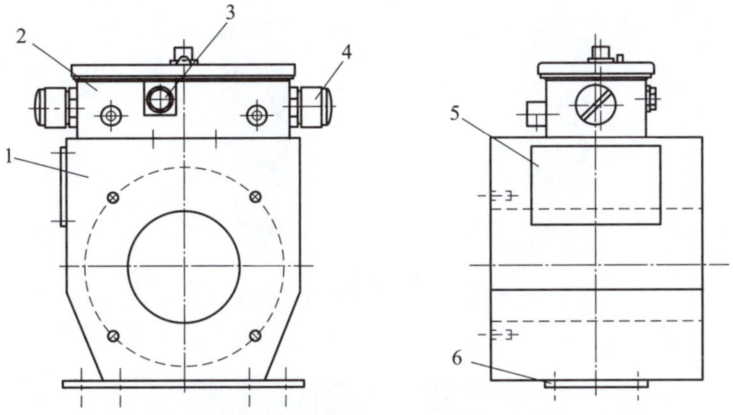

1—浇注体；2—接线盒；3—接地螺栓；4—电缆夹；5—铭牌；6—安装板。

图 5-20 高压电流互感器结构

互感器铁芯型式为卷铁芯，铁芯材料采用晶粒取向优质冷轧低损耗硅钢片，经卷制、退火而成。二次绕组采用漆包铜圆线绕制。

主要技术参数：

频率：50 Hz。

额定电流比：600/1/1 A。

二次组合：1 级/0.5 级。

二次额定负荷及准确级：20 V·A 1 级 FS5/5 V·A 0.5 级 FS10(cos ϕ=0.8)。

绝缘等级：E 级。

二次对地工频耐压：3 kV。

外形尺寸：150 mm×145 mm×215 mm。

质量：6.4 kg。

六、高压电缆

高压电缆总成作为高压系统的一部分，其主要功能是将受电弓处获得的电能传输到动力车主变压器。电缆总成主要由终端、电缆、T 型插拔头等组成。车顶终端装配在高压电缆上，将车顶交流高压电源引入高压设备；T 型插拔头装配在高压电缆上，与变压器相连，将高压交流电源引入变压器。户内终端装配在高压电缆上，与接线柜相连，将高压交流电源引入变压器。25 kV 高压电缆两端分别装配有终端和 T 型插拔头，负责高压电能的传输。

高压电缆总成为 3 套(A、B、C)总成结构，A 总成由高压套管(自带安装法兰)和刚性连接体组成，B 总成由高压套管(自带安装法兰)、高压电缆和柔性接头组成，C 总成由柔性接头、高压电缆和 T 型插拔头组成，配套相应的附件，采用集成供货方式，A、B、C 总成共同使用将车顶的高压交流电源引到安装在车底的主变压器的高压套管上。T 型终端安装如图 5-21 所示。

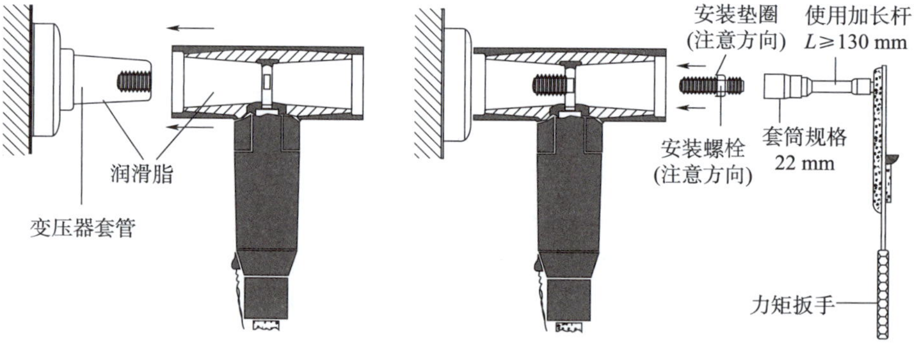

图 5-21 T 型终端安装

第二节 牵引变流器

一、FXD1-J 型动力车牵引变流器

(一)牵引变流器工作原理

动力车安装 2 个牵引变流器，每个牵引变流器中包含 2 个牵引供电单元、1 个辅助供电单元和 1 个列车供电单元。牵引供电单元、辅助供电单元和列车供电单元均由变压器绕组独立供电。牵引变流器安装在动力集中动车组机械间中部，机械间位置如图 5-22 所示，牵引变流器设备布置如图 5-23 所示。

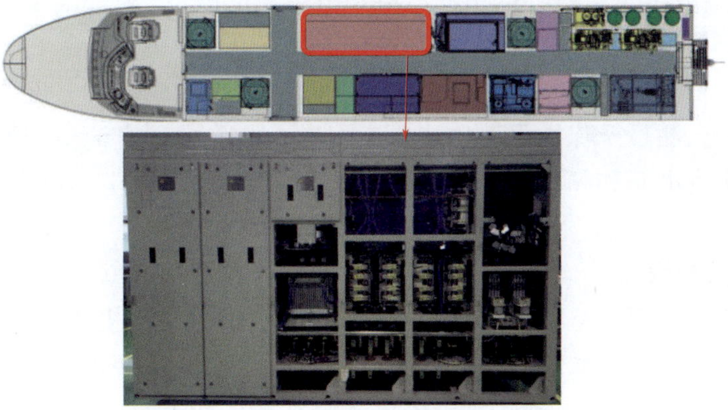

图 5-22　机械间位置

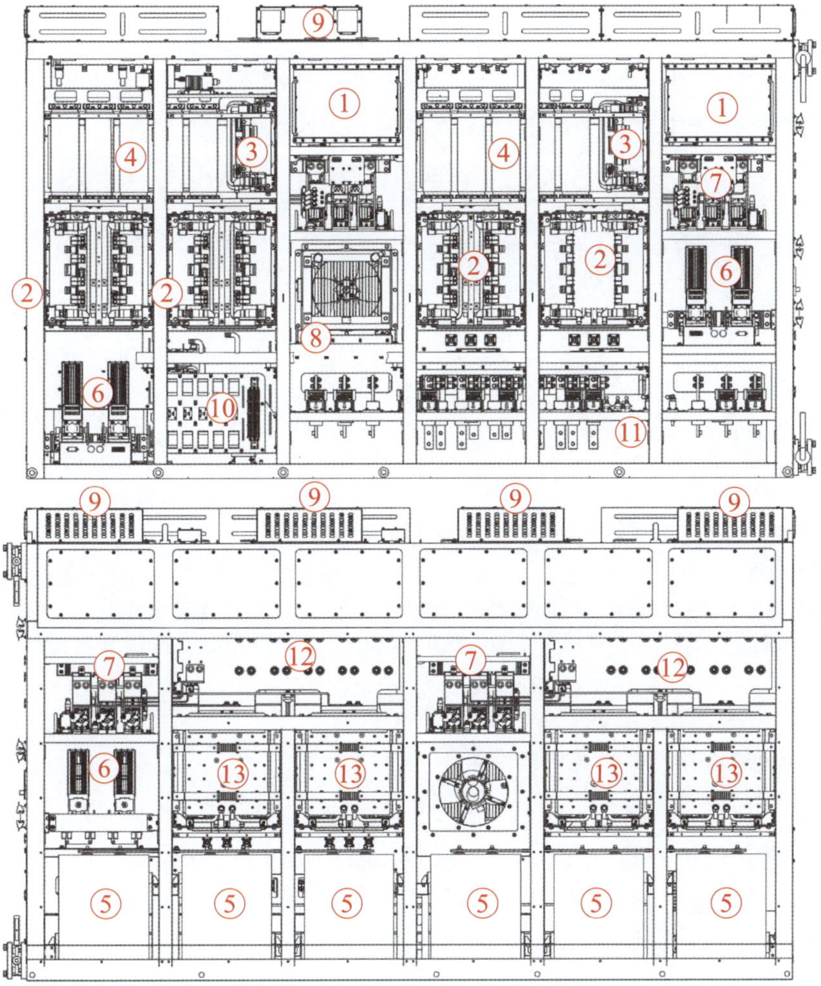

1—传动控制单元；2—主变模块(四象限整流模块和牵引逆变模块)；3—辅助逆变模块；4—支撑电容；
5—二次谐振电容；6—短接接触器；7—电动隔离开关；8—热交换组件(风机)；9—斩波电阻；
10—中间继电器组件；11—主电路对外接线端子；12—支撑电容母排；13—模块母排。

图 5-23　牵引变流器设备布置

牵引变流器通过主接触器从主变压器牵引绕组取电，正常工作时先闭合预充电接触器，通过预充电电阻为中间电路的支撑电容器充电，然后再闭合工作接触器为四象限整流器正常工作提供电源，避免合闸瞬间中间回路所造成的大电流冲击。中间直流电路由储能电路、测量及保护电路构成。三相逆变器将中间直流电压通过 PWM 脉宽调制控制，变换为电压和频率可变的三相交流电源，实现对异步电机牵引、制动特性的控制。

牵引变流器包含 2 个牵引供电单元，分别由主变压器的牵引绕组(2U3-2V3)～(2U4-2V4)、(2U1-2V1)～(2U2-2V2)供电，每个牵引供电单元主要由预充电电路、四象限整流器、中间直流回路和 PWM 牵引逆变器等组成。任何一个四象限整流器或逆变器失效，只损失对应轴的动力。牵引变流器电路如图 5-24 所示。

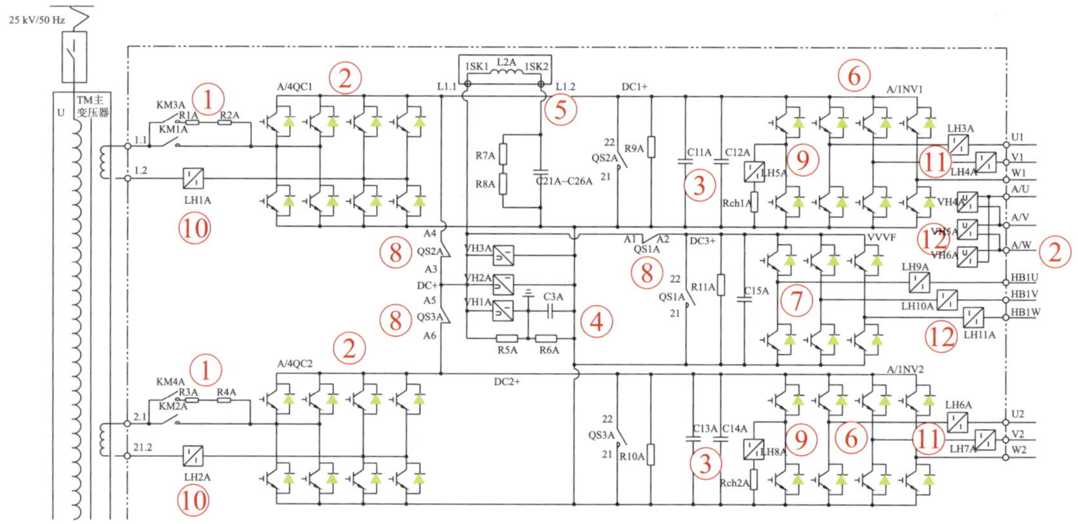

1—短接接触器以及充电接触器、充电电阻组成的预充电电路；2—四象限 PWM 整流器；
3—含支撑电容器等的直流支撑回路；4—接地检测单元；5—含谐振电容器等谐振电路、谐振电抗器外设；
6—PWM 脉宽调制逆变器；7—辅助逆变器；8—电动隔离开关；9—含过压斩波电阻等的保护模块单元；
10—四象限输入电流传感器；11—牵引逆变输出电流传感器；12—辅助逆变输出电压和电流传感器。

图 5-24　牵引变流器电路

牵引变流器可以实现以下主要功能：

(1)自保护功能：过压保护、欠压保护、过流保护、过载保护、接地保护、过热保护等。

(2)外部部件保护：网侧过流、牵引绕组接地、牵引电机过流、牵引电机接地、牵引电机超温等的检测和保护等。

(3)故障策略：对于轻微故障可以自动恢复，对于较严重的故障可以及时保护甚至从软件和硬件上隔离故障单元，同时变流器具备故障记录功能。

1. 四象限整流器

四象限整流器是一个脉宽调制变流器，将电源的交流电压通过脉冲宽度控制，控制中间直流电压的幅值和流入变流器的交流电流相位，使交流电流的波形尽量接近正弦，使得交流侧的基波电压和基波电流的相位差接近于0，这样既限制了谐波电流分量，又提高了动力车功率因数。因此与相控整流器比较，四象限整流器有很高的功率因数，谐波电流含量也小得多。

四象限整流器主要技术参数如下：

额定输入电压：AC 1 950 V/50 Hz。

额定输入电流：939 A。

中间电路标称电压：DC 3 500 V。

2. 中间直流环节

中间直流环节是四象限整流器和PWM逆变器之间的中间环节。中间直流电路主要由中间电压支撑电容、瞬时过电压限制电路和主接地保护电路组成。每个牵引变流器含有两套独立的接地保护电路，采用高阻中点接地方式，分别对两组牵引变流器进行主回路接地监测和保护。接地检测信息送至控制网络系统，实现故障信息的显示。

3. 逆变器

PWM逆变器由中间直流环节供电，输出三相变压变频（VVVF）电源供给牵引电机。根据控制指令，PWM逆变器能够平稳快速地从牵引工况转换到制动工况，反之亦然。制动工况下，再生能量反馈到接触网（再生制动）。这些过程由牵引变流器内部牵引控制单元（TCU）来实现，每节动力车的四个PWM逆变器分别向四台牵引电机供电。PWM逆变器采用最新的控制策略，从而使在整个速度范围内力矩的波动最小，并且在轨面状态不好的情况下获得最大限度的黏着利用。由于整节车采用轴控方式，当整节车的四个轴的轮径差、轴重转移及空转等可能引起的负载分配不均匀时，均可以通过PWM逆变器的控制进行适当的补偿，以实现最大限度地发挥动力车牵引力。

(二)传动控制单元

每台牵引变流器内都有一个专门的传动控制单元（TCU）。变流器柜外面有中央控制单元（CCU）。TCU用于监视和控制、调节牵引变流器。

TCU控制主电路原理如图5-25所示，采用PWM调制实现四象限脉冲整流器控制，采用直接转矩控制完成对异步牵引电机的精确转矩控制，实现完全微机化、数字化的实时控制。TCU具有符合列车通信网络（TCN）IEC 61375标准的MVB通信接口，对外与车辆总线相连，与中央控制单元等形成控制与通信系统。TCU内部则构成并行AMS总线。

TCU的主要功能是完成对动力集中动车组的牵引/制动特性控制、逻辑控制、故障保护，实现对四象限整流器和牵引逆变器及交流异步牵引电机的实时控制、黏着利用控制，以满足车辆动力性能、故障运行、救援能力及实现预期的运行速度等。

TCU具有动力集中动车组级控制和变流器级控制的功能，传动控制单元的车辆级控制功能框图如图5-26所示。

动力集中动车组级的控制功能是根据司机指令完成对动力集中动车组牵引/制动特性控制和逻辑控制，实现对主电路中接触器的通断控制和牵引变流器的启/停控制，计算列车所需的牵引/电制动力等。

TCU除用于控制四象限整流、中间直流和牵引逆变三个环节协调工作，还监测牵引

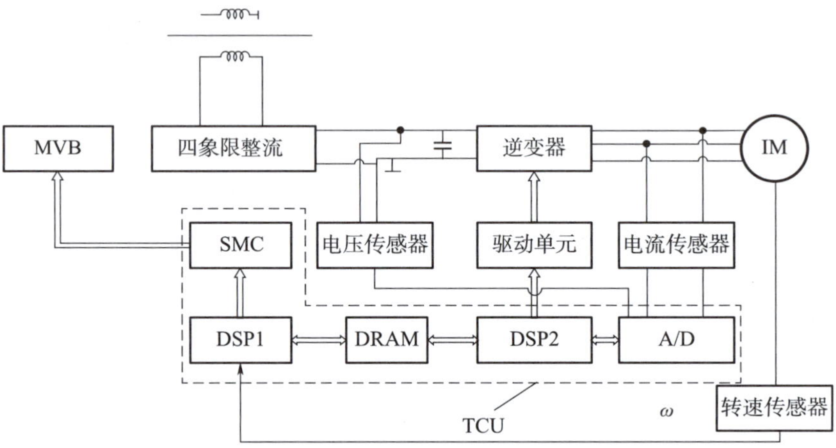

MVB—多功能车辆总线；DRAM—内存条；DSP—数字信号处理器；TCU—传动控制单元；IM—感应电动机；A/D—模拟数字转换器；ω—角速度。

图 5-25　TCU 控制主电路原理

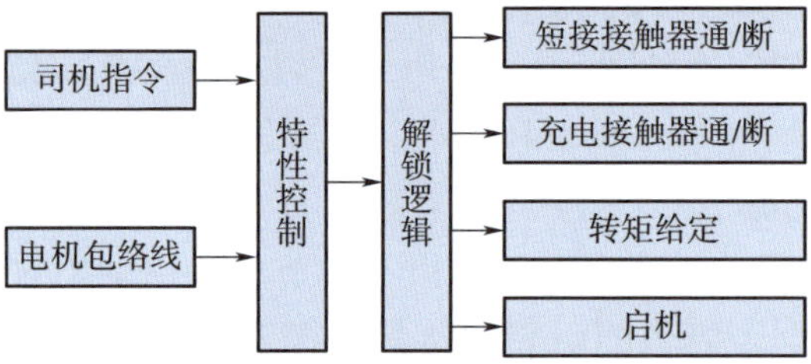

图 5-26　传动控制单元的车辆级控制功能框图

电机、主变压器等的相关状态量用于动力集中动车组的控制和保护，并和动力集中动车组的 CCU 进行通信等。根据司机指令完成对牵引变流器及交流异步牵引电机的实时控制、黏着利用控制，同时具备完整的故障保护功能、模块级的故障自诊断功能和一定程度的故障自复位功能。

1. TCU 主要保护功能

(1)中间直流环节过压保护。

(2)四象限输入过流保护。

(3)IGBT 元件故障保护。

(4)主回路接地保护。

(5)逆变、斩波输出过流保护。

(6)电机缺相、过热保护。

(7)变流器模块过热保护。

(8)变流器水温过高、水压过低保护。

(9)接触器等部件故障保护。

(10)辅变输出过流、过压保护。

(11)辅变输出缺相保护。

2. TCU 主要控制功能

(1)牵引变流系统的逻辑控制。

(2)牵引和制动的特性计算。

(3)四象限 PWM 整流器控制。

(4)异步牵引电机直接转矩控制。

(5)动力集中动车组牵引时空转、制动时滑行保护的控制,动力集中动车组黏着利用控制。

(6)变流系统的保护、故障记录、诊断。

(7)与多功能动力集中动车组车辆总线 MVB 接口及通信。

(8)辅助逆变器的恒频恒压/变频变压控制。

(9)辅助逆变器相互冗余的功能。

TCU 功能及内部功能框架配置如图 5-27 所示。

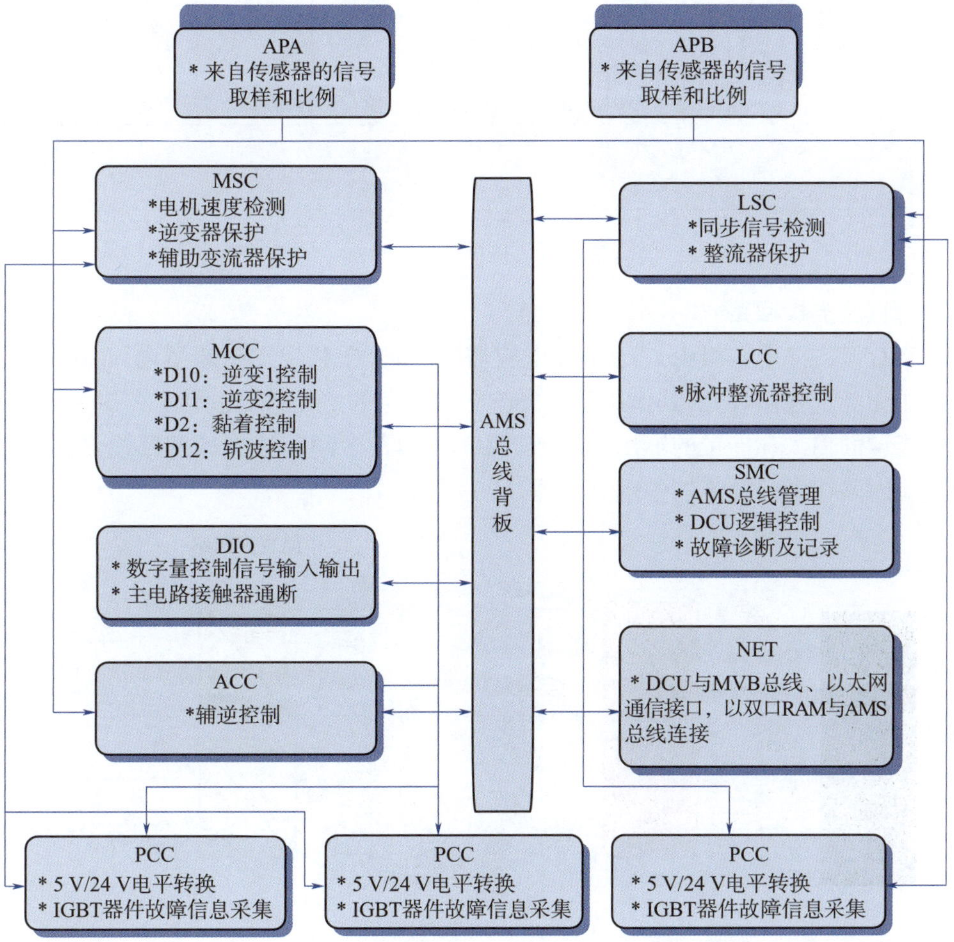

AMS—智能控制总线;APA,APB—模拟量输入;MSC—移动交换中心;LSC—信号处理中心;MCC—电动机控制中心;LCC—脉冲整流控制;DIO—数字入出;SMC—逻辑控制;ACC—辅助逆变控制;NET—网络接口;PCC—脉冲转换。

图 5-27　TCU 功能及内部功能框架配置

TCU 置于牵引变流器中,采用无边插的 84R-7U 标准机箱,从各插件的前面板输入/输出信号。机箱插件及布置如图 5-28 所示。

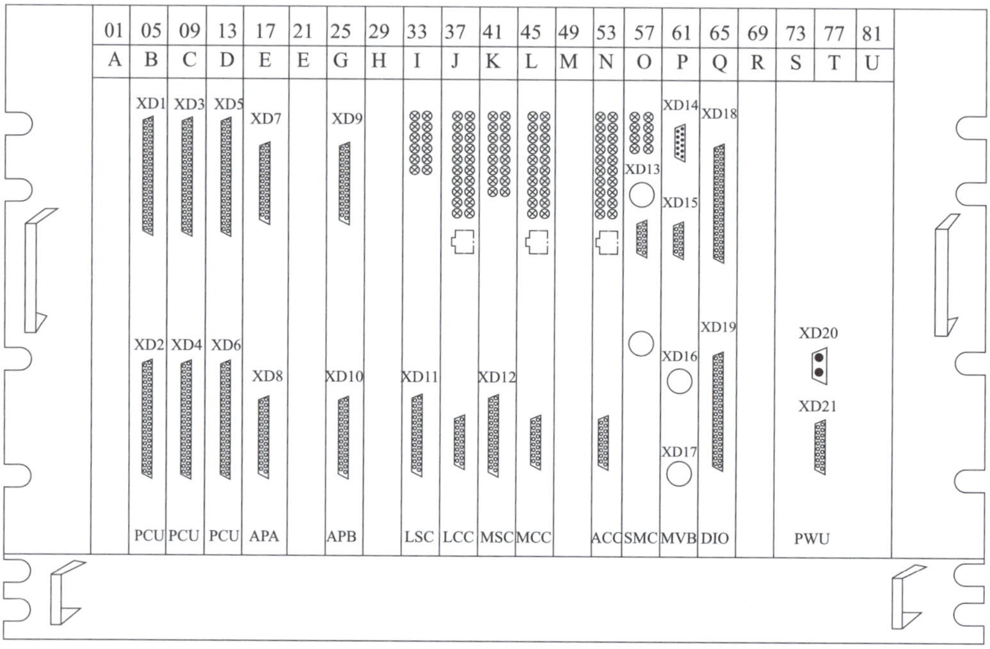

图 5-28　机箱插件及布置

(三)直流支撑回路

每架直流支撑电容组由 5×1 mF 电容器组成,分布装配在变流器内,每个变流器支撑电容作为能量存储单元,其作用是对直流支撑回路的电压进行滤波和缓冲。因为在短时间内能量的输入和能量的输出不对等,因而必须在中间直流支撑回路设置支撑电容。中间直流回路在牵引变流器中示意如图 5-29 所示。

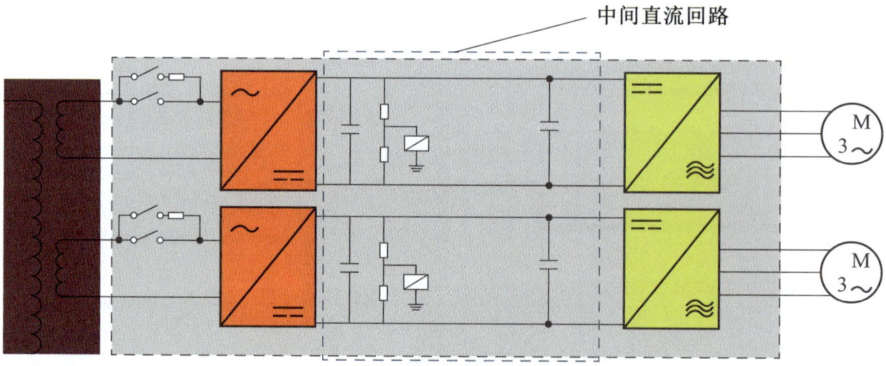

图 5-29　中间直流回路

(四)接地故障检测电路

接地故障检测电路由跨接在中间直流电路的两个串联分压电阻 R5A、R6A 和中点

电压检测的 VH1A 电压传感器组成(R5A、R6A 还起固定放电的作用)。在靠近负端的电阻处接地,中点检测信号送 TCU 内的检测电路(滤波电容器、准电位绝缘的运算放大器和一个比较电路)判断主电路是否接地。在正常工况下,传感器测得的电压值等于直流支撑电压的 1/2,即 DC 1 800 V。当电压出现变动,超过|(全电压/2)－半电压|≥1 260 V 时,接地检测电路动作,主断路器(HVB)断开。接地检测电阻由两个 36 kΩ 的电阻串联。

电压传感器 VH2A、VH3A 用于检测中间支撑直流电压,VH1A 检测的则是半电压。二次谐振电路谐振电容 C21A～C26A 和外部谐振吸收电抗器 L2A(在主变压器内)组成串联谐振电路,通过调整谐振电路的谐振频率到两倍基频,可过滤直流支撑回路中的两倍基频输入电压的波纹分量,实现储存电能、减少二次谐波通过直流支撑回路电容器的作用。电容器连接到直流支撑回路的正、负母排上。电容值共计为 $C_2=1.2\ \mathrm{mF}\times 6=7.2\ \mathrm{mF}$(两架 12 个共计 14.4 mF),电感值为 2×0.35 mH(两架 2 个)。

(五)过压斩波(直流放电)保护电路

RCH1A 为过压斩波电阻,由逆变模块内的一个 IGBT 功率元件控制电阻的投切。另一个 IGBT 仅利用其反向二极管部分参与保护,其 IGBT 部分未用。斩波保护电路用于中间直流过压、短路保护及停机后的快速放电,当中间直流电压过高时,开通斩波电路,将能量通过电阻以热能的方式消耗,抑制过电压。当出现贯穿短路时,主断路器分断网侧电路,TCU 封锁四象限和逆变器的触发脉冲,并触发直流放电保护电路,吸收短路回路释放的能量。一架内的两个逆变器共用一个斩波电阻,阻值为 2×8.5 Ω(两架 2 个)。

二、FXD3-J 型动力车牵引变流器

(一)牵引变流器工作原理

动力车安装有 2 个牵引变流器,每个牵引变流器中包含有 2 个牵引供电单元、1 个辅助供电单元和 1 个列车供电单元。牵引供电单元、辅助供电单元和列车供电单元均由变压器绕组独立供电。

主变流器包含 2 个牵引供电单元,分别由主变压器的牵引绕组(2U3-2V3)～(2U4-2V4)、(2U1-2V1)～(2U2-2V2)供电,每个牵引供电单元主要由预充电电路、四象限整流器、中间直流回路和 PWM 牵引逆变器等组成。

任何一个四象限整流器或逆变器失效,只损失对应轴的动力。牵引供电单元无二次谐振回路,即牵引供电单元中间电路无二次谐振滤波电容,主变压器内无二次谐振电抗器。

动力车 4 组牵引供电单元的主电路和控制电路相对独立,分别为 4 个牵引电机提供交流变频电源。当其中一组或几组发生故障时,可通过 TCMS 微机显示屏,利用触摸开关将故障的单元切除,剩余单元仍可继续工作,实现整车的冗余控制。牵引变流器主电路原理如图 5-30 所示。

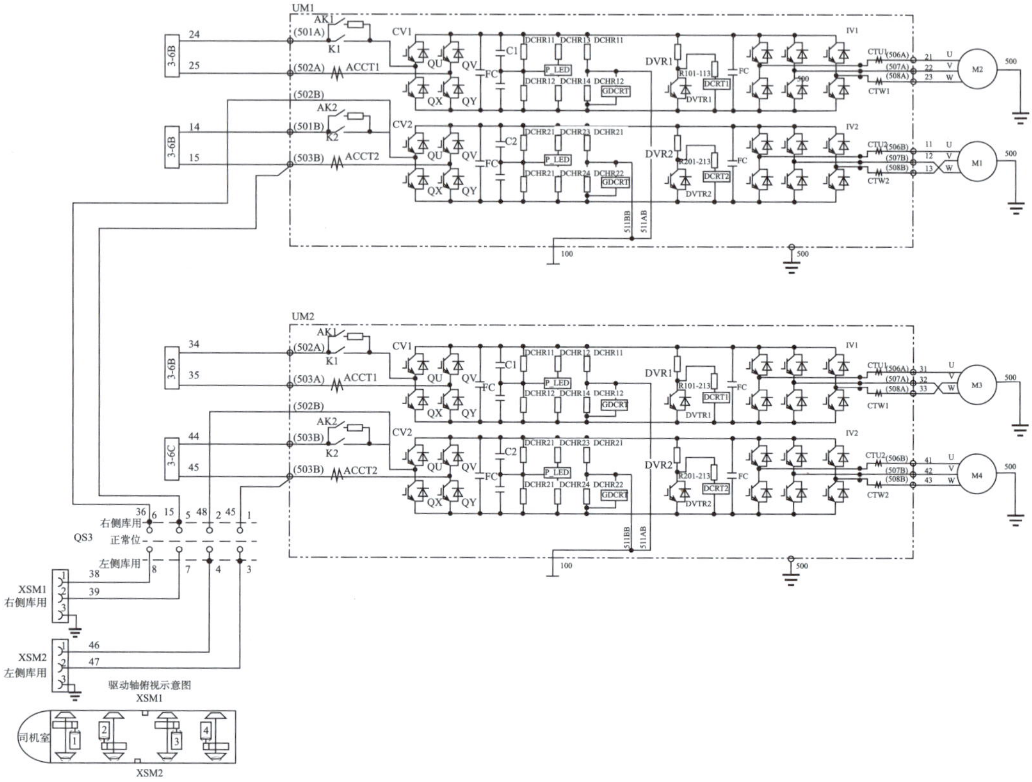

图 5-30　牵引变流器主电路原理

1. 四象限整流器

四象限整流器是一个脉宽调制变流器，将电源的交流电压通过脉冲宽度控制，控制中间直流电压的幅值和流入变流器的交流电流相位，使交流电流的波形尽量接近正弦，使得交流侧的基波电压和基波电流的相位差接近于 0，这样既限制了谐波电流分量，又提高了动力车功率因数。因此与相控整流器比较，四象限整流器有很高的功率因数，谐波电流含量也小得多。

四象限整流器主要技术参数如下：

额定输入电压：AC 1 950 V/50 Hz。

额定输入电流：939 A。

中间电路标称电压：DC 3 500 V。

2. 中间直流环节

中间直流环节是四象限整流器和 PWM 逆变器之间的中间环节。中间直流电路主要由中间电压支撑电容、瞬时过电压限制电路和主接地保护电路组成。

每个主变流器含有两套独立的接地保护电路，采用高阻中点接地方式，分别对 2 组牵引变流器进行主回路接地监测和保护。接地检测信息送至 TCMS，实现故障信息的显示。

3. 逆变器

PWM 逆变器由中间直流环节供电，输出三相变压变频(VVVF)电源供给牵引电机。根据控制指令，PWM 逆变器能够平稳快速地从牵引工况转换到制动工况，反之亦然。制动工况下，再生能量反馈到接触网(再生制动)。这些过程由牵引变流器内部牵引控制单元(TCU)来实现，每节动力车的四个 PWM 逆变器分别向四台牵引电机供电。PWM 逆变器采用最新的控制策略，从而使在整个速度范围内力矩的波动最小，并且在轨面状态不好的情况下获得最大限度的黏着利用。由于整节车采用轴控方式，当整节车的四个轴的轮径差、轴重转移及空转等可能引起的负载分配不均匀时，均可以通过 PWM 逆变器的控制进行适当的补偿，以实现最大限度地发挥动力车牵引力。

(1)PWM 逆变器主要技术参数如下：

额定输入电压：DC 3 500 V。

额定输出电压：AC 2 300 V。

额定输出电流：435 A。

最大输出电流：515 A。

输出频率：0～134.2 Hz。

(2)牵引电机主要技术参数如下：

额定输出功率：1 430 kW。

额定电压：2 300 V。

额定电流：435 A。

极数：4。

额定转速：1 663 r/min。

最高转速：3 654 r/min。

额定效率：95%。

4. 辅助变流器交—直—交变换

变压器辅助绕组 581-582 输入电压首先经由充电接触器 KM6、充电电阻 R7 组成的充电回路对直流回路的支撑电容充电，充电完成后闭合短接接触器 M5，单相工频电网电压经四象限 PWM 整流器整流为 650 V 直流电压，再经逆变器及 LC 滤波输出三相正弦交流电压至辅变负载。KF 和 RF 分别为快速放电接触器和快速放电电阻，用于停机后的快速放电；R8A、R8B 为固定放电电阻，用于快速放电回路故障后将支撑电容上的电压放至安全电压以下；LH13、LH15 为电流传感器，分别用于检测列车供电单元输入、输出电流；VH9～VH14 为电压传感器，分别用于检测辅助变流器直流回路全电压、半电压及逆变输出电压；LF 和 CF 分别为 LC 滤波电抗器及滤波电容；CUF 为滤波电容固定放电电阻；EMIF 为输出滤波器。

5. 列车供电单元交直变换

变压器辅助绕组 151-152 输入电压首先经由充电接触器 KM8、充电电阻 R8 组成的充电回路对直流回路的支撑电容充电，充电完成后闭合短接接触器 KM7，单相工频电网电压经四象限 PWM 整流器整流为 600 V 直流电压，输出至列车供电管理柜。KL 和 RL 分别为快速放电接触器和快速放电电阻，用于停机后的快速放电；R10A、R10B 为固定放电电阻，用于快速放电回路故障后将支撑电容上的电压放至安全电压以下；LH13～LH15 为电流传感器，分别用于检测辅助变流器输入、输出电流；VH15 为电压传感器，分别用于检测列车供电单元直流输出电压。

(二)保护电路

(1)主变压器牵引绕组过流保护

在每组牵引供电单元的输入回路中，设有 1 个输入电流互感器，起控制和监视牵引变流器充电电流及牵引绕组短路电流的作用。保护发生时，四象限脉冲整流器和逆变器的门极均被封锁，输入回路中的工作接触器断开，如果过流继续存在，则跳主断。

(2)主接地保护

主电路接地保护通过设置在牵引变流器中间直流环节的接地检测单元完成。在主回路正常时，电压检测单元检测到的电压应等于中间直流电压的二分之一。当主电路某一点接地时则形成回路时，电压检测单元 GDCPT 检测到的电压将超过保护设定值，使保护装置动作。主变流器应采用中点接地方式(电阻串联分压电路)，当保护发生时，四象限脉冲整流器和逆变门极均被封锁，断主断。

(3)牵引电机过流保护

在每组牵引变流器的输出回路中，设有输出电流互感器 CTU、CTW，对牵引电机过载及牵引电机三相不平衡起控制和监视保护作用。当保护发生时，四象限脉冲整流器和逆变器的门极均被封锁，输入回路中的工作接触器断开，同时主变流器控制单元向微机系统 TCMS 发出过流信息，实施跳主断。

(4)原边电压保护

当原边网压高于 31.5 kV 且持续 40 s 或者是高于 35 kV 时，立即实施保护，四象限脉冲整流器和逆变器的门极均被封锁，输入回路中的工作接触器断开，同时向微机控制系统发出原边过电压信息。

当原边网压低于 16 kV 且持续 1 s 时，实施保护，四象限脉冲整流器和逆变器的门极均被封锁，输入回路中的工作接触器断开，同时向微机控制系统发出原边欠压信息。

(5)瞬时过电压及欠压保护

在动力车出现空转、滑行或者受电弓离线造成的网压中断等情况时，牵引变流器的中间回路上可能出现瞬时过电压，为了防止这种过电压对牵引变流器造成损坏，在中间直流回路设有瞬时过电压限制电路，通过牵引变流器中间直流回路电压传感器监测过电压。当过电压存在时，过压保护电路中的 IGBT 将导通，直流回路能量经限流电阻释放，消除过电压。

当中间回路电压大于一定值时，瞬时过电压保护环节动作，四象限脉冲整流器和逆变器的门极均被封锁,输入回路中的工作接触器断开。

此外,当中间回路电压小于一定值时,中间回路低电压保护环节动作,四象限脉冲整流器和逆变器的门极均被封锁,输入回路中的工作接触器断开(库内动车除外)。

(三)库内动车电路

来自地面的 DC 600 V 直流电源通过库用转换开关加到任一牵引变流器的第二组牵引供电单元的输入端,经过桥臂上的二极管使中间电路得电,库内动车时通过相应的控制使牵引逆变器工作,驱动相应的牵引电机实现动力车的库内移动。

牵引库内动车:

标称输入电压:DC 600 V。

动车功率:不大于 30 kW。

动车速度:5 km/h。

加速时间:<15 s。

动车时间:<60 s。

第三节　主变压器

一、TBQ60-6752/25A 型主变压器

(一)结构及技术说明

TBQ60-6752/25A 型主变压器把接触网上取得的 25 kV 高压电变换为各种类型低压电,以满足动力车上牵引电机和其他辅助电气的工作需要。变压器为卧式安装,吊挂在车体下。主变压器为心式变压器,采用 A 级绝缘和普通矿物油。该主变压器在材料和结构上考虑了−40~40 ℃的工作环境。变压器油箱内设置了 1 个主变压器、2 个谐振电抗器、2 个供电电抗器,实现了一体化安装,具有体积小、重量轻的特点。变压器油箱采用钢焊接结构,冷却介质为 45 号变压器油,采用一个油泵进行油循环冷却。主变压器的设计寿命约为 30 年,达到使用寿命的前提条件是不超过额定功率和最大允许温度,以及遵循规定的维护和使用。TBQ60-6752/25A 型主变压器结构如图 5-31 所示。

TBQ60-6752/25A 型主变压器设有 4 组牵引绕组和 2 组辅助绕组,分别与 2 组变流柜相连,实现对动力车的牵引系统、辅助系统供电。另外主变压器还设有 2 组列车供电绕组,分别与 2 组列车供电配电柜相连,实现对列车供电系统的供电。主变压器还设有温度传感器、压力释放阀、油流继电器和布赫继电器等保护器件,完成对主变压器的温度和压力监测,主变压器采用强迫油循环风冷方式。

(二)主要技术参数

TBQ60-6752/25A 型主变压器主要技术参数见表 5-11。

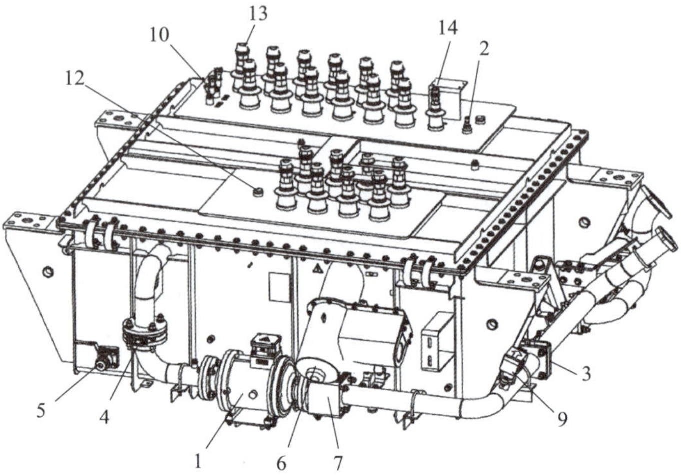

(a)

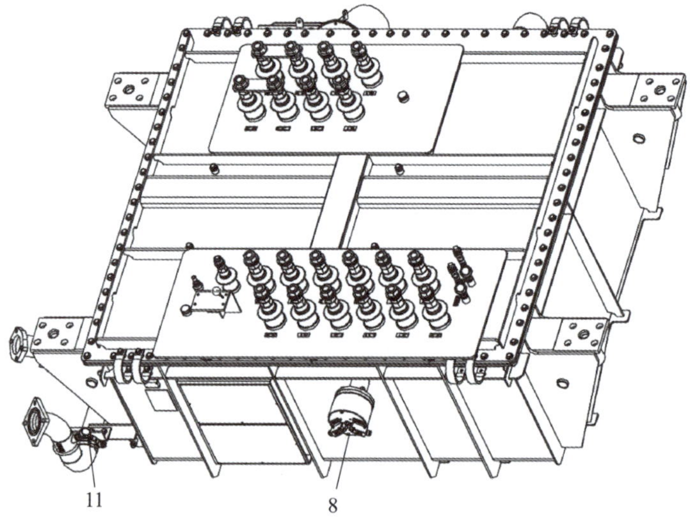

(b)

1—油泵；2—快速接头；3—蝶阀；4—DN80 钢板阀；5—DN32 注油球阀；6—高压端子 630 A、42 kV；7—波纹管；8—压力释放阀；9—油流继电器；10—Pt100；11—Pt100；12—放油塞、放气塞；13—端子(DIN 3/1250、M30 F/-40)；14—端子(DIN DT3/630)。

图 5-31　TBQ60-6752/25A 型主变压器结构

表 5-11　TBQ60-6752/25A 型主变压器主要技术参数

参数名称	技术参数
阻抗电压	38%
变压器结构	芯式变压器
效率	≥96%
绝缘等级	A 级

续上表

参数名称	技术参数
冷却介质	45 号变压器油
冷却方式	强迫导向油循环风冷(ODAF)
安装方式	车体下吊挂

TBQ60-6752/25A 型主变压器绕组参数见表 5-12。

表 5-12 TBQ60-6752/25A 型主变压器绕组参数

主变压器绕组	高压绕组	牵引绕组	辅助绕组	供电绕组
额定容量/(kV·A)	6 777	1 540×4	217×2	200×2
额定电压/V	25 000	1950×4	307×2	307×2
额定电流/A	271	790×4	707×2	651×2

TBQ60-6752/25A 型主变压器基本参数见表 5-13。

表 5-13 TBQ60-6752/25A 型主变压器基本参数

参数名称		技术参数
额定容量/(kV·A)	高压绕组	6 752
	牵引绕组	4×1 588
	供电绕组	2×200
额定电压/V	高压绕组	25 000
	牵引绕组	4×2 011
	供电绕组	2×340
额定频率/Hz		50
变压器总质量/kg		7 200
网压范围/kV		17.5～31
恒功范围/kV		22.5～29

谐振电抗器主要技术参数见表 5-14。

表 5-14 谐振电抗器主要技术参数

参数名称	技术参数
电抗器数量	2
电抗器电感值/mH	0.35
额定电流/A	736
频率/Hz	100
绝缘电压/V	3 700
绝缘等级	A 级
冷却方式	强迫油循环风冷(OFAF)

供电电抗器主要技术参数见表 5-15。

表 5-15　供电电抗器主要技术参数

参数名称	技术参数
电抗器数量	2
电抗器电感值/mH	0.35
额定电流/A	670
频率/Hz	50
绝缘电压/V	3 700
绝缘等级	A 级
冷却方式	强迫油循环风冷(OFAF)

二、JQFP-6770/25 型主变压器

(一)结构及技术说明

JQFP-6770/25 型主变压器是采用下悬式安装方式的一体化多绕组变压器，油箱内部含有 4 台串联电抗器，冷却方式为强迫导向油循环风冷，变压器总质量约 7.3 t，其功能是把网侧 25 kV 交流电转换为 1 950 V 和 307 V 交流电分别提供给动力车牵引回路、辅助回路和供电回路。

在每组牵引供电单元的输入回路中，设有 1 个输入电流互感器，起控制和监视牵引变流器充电电流及牵引绕组短路电流的作用。保护发生时，四象限脉冲整流器和逆变器的门极均被封锁，输入回路中的工作接触器断开，如果过流继续存在，则跳主断。JQFP-6770/25 型主变压器外形如图 5-32 所示，结构如图 5-33 所示。

图 5-32　JQFP-6770/25 型主变压器外形

JQFP-6770/25 型主变压器设有 4 组牵引绕组和 2 组辅助绕组，分别与 2 组变流柜相连，实现对动力车的牵引系统、辅助系统供电。另外主变压器还设有 2 组列车供电绕组，分别与 2 组列车供电柜相连，实现对列车供电系统的供电。主变压器还设有温度传感器、压力释放阀、油流继电器和布赫继电器等保护器件，完成对主变压器的温度、压力监测。

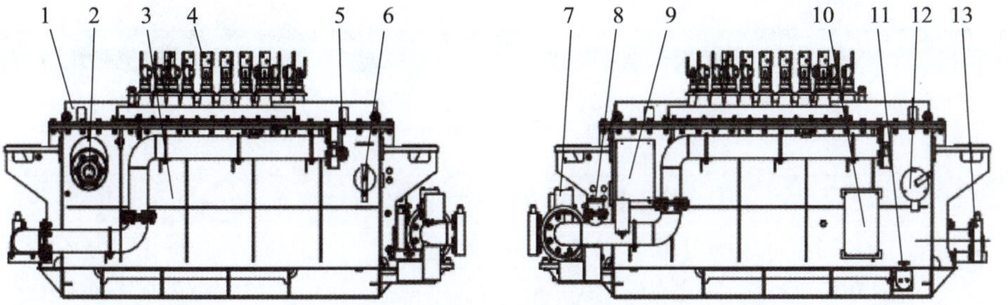

1—箱盖；2—高压端子；3—油箱；4—低压套管；5—温度传感器；6—温度计表；7—油泵；8—油流继电器；9—集线箱；10—铭牌；11—注放油阀；12—压力释放阀；13—蝶阀。

图 5-33　JQFP-6770/25 型主变压器结构

(二)主要技术参数

JQFP-6770/25 型主变压器主要技术参数见表 5-16。

表 5-16　JQFP-6770/25 型主变压器主要技术参数

参数名称		技术参数
频率/Hz		50
相数		单相
结构		芯式
质量/kg		≤7 300
冷却方式		强迫导向油循环风冷(ODAF)
绝缘油种类		矿物油
油流量/($m^3 \cdot h^{-1}$)		60×2
散热功率/kW		126×2
负载损耗(全牵引、工频、正弦)/kW		185×(1+15%)(换算到 85 ℃)
空载损耗/W		1 870×(1+15%)
空载电流/A		0.1×(1+30%)
总损耗/kW		233×(1+10%)
高压绕组	额定容量/(kV·A)	6 777
	额定电压/V	25 000
	额定电流/A	271
牵引绕组	额定容量/(kV·A)	1 540×4
	额定电压/V	1 950
	额定电流/A	790
	阻抗电压百分比(1 600×4 kV·A 时)	37×(1±15%)
	阻抗电压百分比(1 600 kV·A 时)	34.5×(1±15%)

续上表

参数名称		技术参数
辅助绕组	额定容量/(kV·A)	217×2
	额定电压/V	307
	额定电流/A	707
	阻抗电压百分比(217 kV·A 含电抗器)	28×(1±15%)
供电绕组	额定容量/(kV·A)	200×2
	额定电压/V	307
	额定电流/A	651
	阻抗电压百分比(200 kV·A 含电抗器)	26×(1±15%)

第四节　牵引电机及传动装置

牵引电机安装在动力车转向架上，通过传动装置与轮对相连。动力车在牵引状态时，牵引电机将电能转换成机械能，驱动动力车运行。当动力车在电气制动状态时，牵引电机将列车的机械能转化为电能，产生列车的制动力。牵引电机额定功率不小于 1 430 kW，短时功率(30 min)不小于 1 630 kW，绝缘等级 200 级，冷却方式采用强迫风冷。牵引电机如图 5-34、图 5-35 所示。

图 5-34　YQ-1430-1 型牵引电机

图 5-35　YJ277B 型牵引电机

定子通上三相交流电后，在气隙中产生旋转的磁场，该磁场切割转子导条后在转子导条中产生感应电流，带电的转子导条处于气隙旋转磁场中就要产生电动力，使转子朝定子旋转磁场的同一方向旋转。由于转子导条中的电流是因转子导条切割由定子绕组产生的气隙磁场才感应产生的，所以转子的转速只能低于气隙旋转磁场的转速，永远不可能与其同步，否则转子导条与气隙磁场同步旋转，转子导条不再切割磁场产生感应电流和产生电动力，转子也不可能旋转，所以称按这种原理运行的电机为异步电机。

一、牵引电机调速原理

异步牵引电机调速采用变频变压调速技术，异步电机转速、电动势和电磁转矩公式如下。

转速为

$$n=60f/p(1-s)$$

电动势为

$$E_1=4K_1fN_sK_{dp1}\Phi$$

电磁转矩为

$$T_{em}=C\Phi I_r\cos\phi$$

式中，n 为转速；f 为定子频率；s 为转差率；p 为电机极对数；E_1 为电动势；K_1 为波形系数；N_s 为每相串联匝数；K_{dp1} 为绕组系数；Φ 为磁通；T_{em} 为电磁转矩；C 为常数；I_r 为转子电流；$\cos\phi$ 为功率因数。

改变定子频率即可改变电机转速，随着定子频率的增加，电机转速相应增加，如果电压不增加，将导致电机磁场减弱，电机转矩将降低，电机磁场降到很低时，电机不能输出足够的转矩，不能满足负载要求；另一方面，低频启动时，如果电压很高，将导致电机过分饱和。因此异步电机变频时，电压也应在一定范围内保持一定比例的变化，这种调速方式称之为变频变压调速。异步牵引电机变频调速主要采用了恒转矩变频调速(恒磁通变频调速的一个区段，磁通和电流不变)、恒磁通变频调速、恒功率变频调速等调速方式。

二、异步电机牵引与再生制动原理

在 $0<s<1$ 的范围内，电磁转矩与转子转向相同，它拖动转子旋转，电机从逆变器吸收电能转换为机械能，克服动力车阻力驱动动力车运行，处于电机运行状态。$s=1$ 为启动运行状态。在 $s<0$ 的范围内，转子转向与定子旋转磁场一致，转子转速 n 大于电机同步转速 n_1，电磁转矩与转子转向相反，它阻碍转子旋转，电机将动力车机械能转换为电能传送给逆变器，对动力车产生制动转矩，电机处于发电机运行状态，称之为再生制动。YQ-1430-1 型异步牵引电机等效电路如图 5-36 所示。

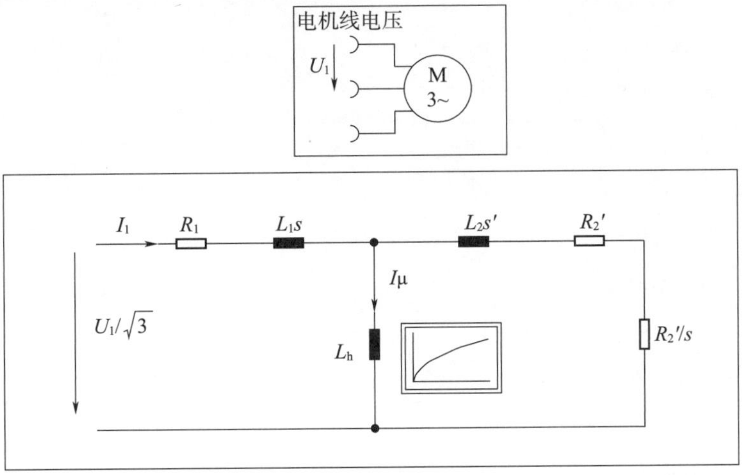

图 5-36　YQ-1430-1 型异步牵引电机等效电路

三、主要技术参数

1. YQ-1430-1 型牵引电机主要技术参数(表 5-17)

表 5-17 4-5YQ-1430-1 型牵引电机主要技术参数

参数名称	技术参数
持续功率/kW	1 430
额定电压(基波)/V	2 550
额定电流(基波)/A	387
额定转速/($r \cdot min^{-1}$)	1 863
最大转速/($r \cdot min^{-1}$)	4 094
额定频率/Hz	62.55
额定转矩/($N \cdot m$)	7 322
启动转矩/($N \cdot m$)	8 283
绝缘等级	200 级
冷却方式	强迫通风
传动方式	弹性联轴节
悬挂方式	架悬
电机总成(含小齿轮箱)质量/kg	2 575

2. YJ277B 型牵引电机主要技术参数(表 5-18)

表 5-18 YJ277B 型牵引电机主要技术参数

参数名称	技术参数
额定功率/kW	1 430
额定电压/V	2 300
额定电流/A	435
额定频率/Hz	56
额定转矩/($N \cdot m$)	8 211
额定转速/($r \cdot min^{-1}$)	1 663
恒功率转速范围/($r \cdot min^{-1}$)	1 663～3 510
启动转矩/($N \cdot m$)	9 277
最大启动电流/A	515
最高转速(全磨耗轮)/($r \cdot min^{-1}$)	3 654
短时功率(30 min)/kW	1 633
极数	4
工作频率范围(0～200 km/h)/Hz	0～118

续上表

参数名称	技术参数
控制方法	矢量控制
绝缘等级	200 级
额定效率(持续点)	95%
功率因数(持续点、半磨耗轮)	0.87
冷却方式	强迫风冷
冷却通风量/($m^3 \cdot s^{-1}$)	1.8(静压:2 500 Pa)
电机质量/kg	2 180

第六章

辅助电气系统及设备

动力集中动车组电气系统按系统分布，主要分为动力车、控制车、拖车三部分；按功能，主要由辅助电气系统、列车供电电路、蓄电池及车下电源等组成。本章介绍了动力车辅助电气系统中辅助供电电路、列车供电电路、控制电源电路组成原理，动力车辅助变流柜、列车供电柜、控制电源柜、蓄电池的组成及主要技术参数。拖车主要针对 TKDD 型铁路客车动车组电气综合控制柜等设备的功能以及主要技术参数进行介绍。

第一节　动力车辅助电气系统及设备

一、辅助供电电路及设备

（一）FXD1-J 型动力车辅助供电电路

1. 辅助供电系统

（1）结构组成

FXD1-J 型动力车辅助供电系统采用主辅一体化结构，由主变流器内的辅助逆变器提供电源，动力车配备了相应的辅助机组以及相关的辅助设施，构成了动力车的辅助电气系统。辅助逆变模块在变流器内部布局如图 6-1 所示。

图 6-1　辅助逆变模块在变流器内部布局

(2)工作原理

主变流器内的辅助逆变器从主电路中间直流环节取电，具有过分相辅机不断电功能。模块 1 通过辅助变压器 1 给变压变频负载提供 3AC 80～380 V/10～50 Hz 电源，主变流器内的辅助逆变器模块 2 通过辅助变压器 2 给定压定频负载提供 3AC 380 V/50 Hz 电源。380 V 供电支路中经小变压器可提供 AC 220 V 电源，经蓄电池充电机可提供 DC 110 V 电源。按每个辅助机组/辅助设施的使用要求，辅助电气系统分成变频变压和恒频恒压两个支路，一个辅助逆变器故障，另一个辅助逆变器给所有负载供电，具有冗余供电功能。辅助供电电路如图 6-2 所示，具体负载组：

①变压变频供电支路，负载包括牵引通风机组和冷却塔通风机组。

②恒压恒频 380 V 供电支路，负载包括压缩机、水泵、油泵、空调、后墙暖风机、蓄电池充电机等。

③220 V/50 Hz 单/三相交流支路，负载包括撒砂加热器、窗加热器、电炉、防寒加热等。

④蓄电池充电机直流负载供电支路，负载包括照明灯、辅助压缩机、冰箱等。

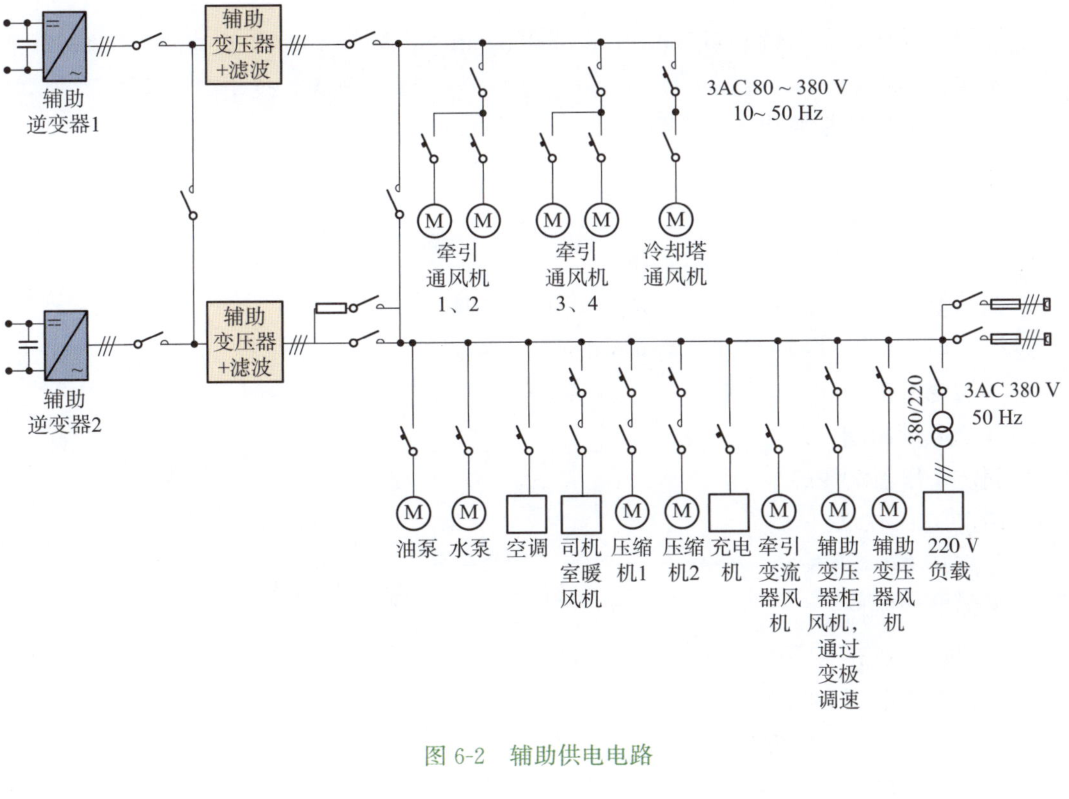

图 6-2　辅助供电电路

2. 辅助变压器柜

(1)结构及技术

辅助变压器柜是一个铝合金薄板柜，每台动力车 1 个。柜体上部装有 1 台辅助变压器柜风机，柜体内部装有 2 台辅助变压器，柜体前部装有 1 个旋风除尘器、1 个辅变风机。

电气部件安装在柜体内部、防护等级 IP54 的端子盒中，包括接地电容 2 个、接触器 3 个。辅助变压器柜的结构如图 6-3 所示。

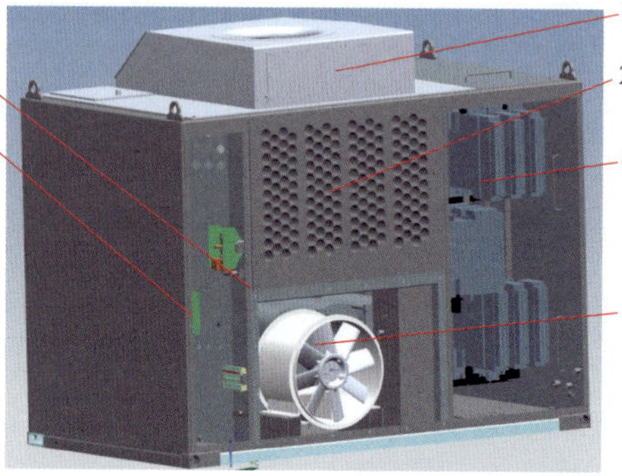

1—辅助变压器柜风机；2—旋风除尘器；3—辅助变压器；4—接触器；5—接地电容；6—辅变风机。

图 6-3 辅助变压器柜结构

(2)主要技术参数

①辅助变压器柜

外形尺寸(长×宽×高)：1 800 mm×1 058 mm×1 530mm。

质量：1 380 kg。

②辅助变压器柜风机

额定风量：2.0 m^3/s。

额定全压：1 000 Pa。

额定功率：6 kW。

设计值(声功率级)：101 dB(A)+3 dB(A)(四极转速)。

设计值(声功率级)：92 dB(A)+3 dB(A)(六极转速)。

③辅变风机

额定风量：0.8 m^3/s。

额定全压：100 Pa。

额定功率：0.75 kW。

A 声功率级噪声：80 dB(A)。

④辅助变压器

额定容量：130 kV·A。

额定输出电压：380 V。

额定输入电流：47.7 A。

额定输出电流：171 A。

额定频率：50 Hz。

变比：3.8。

⑤旋风除尘器

阻力：进风流量 2.0 m^3/s 时为 400 Pa。

⑥电气部件

接地电容：PMB2124100JAP。

温度传感器：Pt100(辅助变压器自带)。

接触器：LTHH 250。

(3)工作原理

辅助变压器由铁芯和三个线圈组成。在额定状态下工作时，原边三相(即 1U、1V、1W)的线电压为 1 672 V，线电流为 44.9 A；次边三相(即 2U、2V、2W)的线电压为 380 V，线电流为 197.5 A。辅助变压器电路原理如图 6-4 所示。

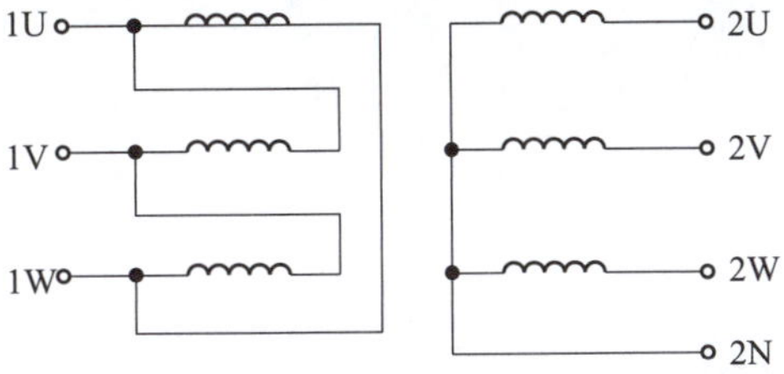

图 6-4 辅助变压器电路原理

(二)FXD3-J 型动力车辅助供电电路

FXD3-J 型动力车辅助供电电路由辅助变流器、电磁接触器、自动开关、辅助电机等组成。

1. 结构组成

动力车设有两组独立的三相辅助电源 UA11 和 UA12。主辅一体化设计，辅助变流器内部结构如图 6-5 所示。

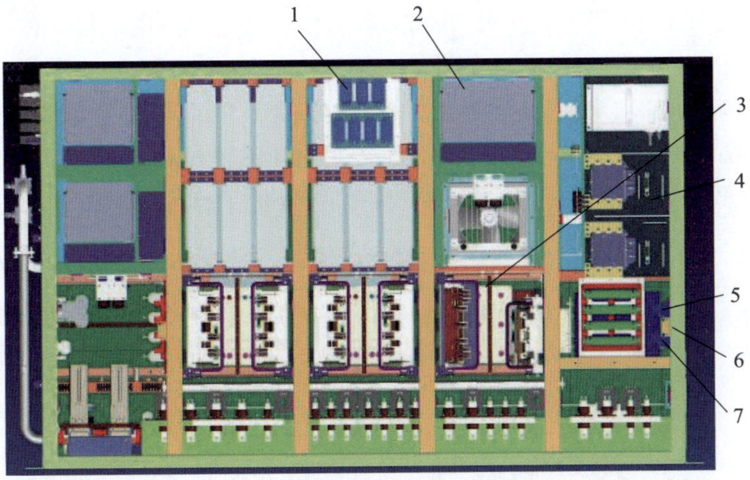

1—辅变电压传感器；2—辅变控制单元；3—辅变模块；4—辅变短接接触器；5—辅变支撑电容；6—辅变充电接触器；7—辅变放电接触器。

图 6-5 辅助变流器内部结构

2. 主要技术参数

辅助变流器的参数如下：

每台动力车数量:2。

额定输入电压:AC 307 V(网压 AC 25 kV)。

输入电压范围:AC 214～381 V(网压 AC 17.5～31 kV)。

额定输入电流:707 A。

额定输入频率:50 Hz。

直流中间回路电压:DC 600～650 V。

调制方式:四象限整流(输入)+PWM(输出)。

冷却方式:强迫水循环风冷。

(1)恒频恒压辅助变流器

输出容量:230 kV·A(240 kV·A,10 min)。

最大输出容量:350 kV·A(10 s)。

输出电压:AC 380 V。

输出频率:50 Hz。

(2)变频变压辅助变流器

输出容量:230 kV·A(240 kV·A,10 min)。

最大输出容量:350 kV·A(10 s)。

电压控制范围: AC 2～380 V。

频率控制范围:0.2～50 Hz。

3. 工作原理

辅助变流器 UA11 和 UA12 分别位于两组主变流柜中,都有变频变压(VVVF)和定频定压(CVCF)两种工作方式。正常状态下,辅助变流器 UA11 工作在 VVVF 方式,辅助变流器 UA12 工作在 CVCF 方式,分别为动力车辅助电机供电。每一台辅助变流器的额定容量是按照独立带整车辅机负载的工况设计的,因此正常情况下,辅助变流器 UA11、UA12 基本上以 50%甚至更低的额定容量工作。辅助变流器 UA12 同时给 DC 110 V 电源装置及空调供电。辅助变流器 UA12 的输出还经隔离变压器,给司机室各加热设备及低温预热回路供电。辅助变流器内部设有元器件过压、过流等保护电路。辅助变流器电路原理如图 6-6 所示。

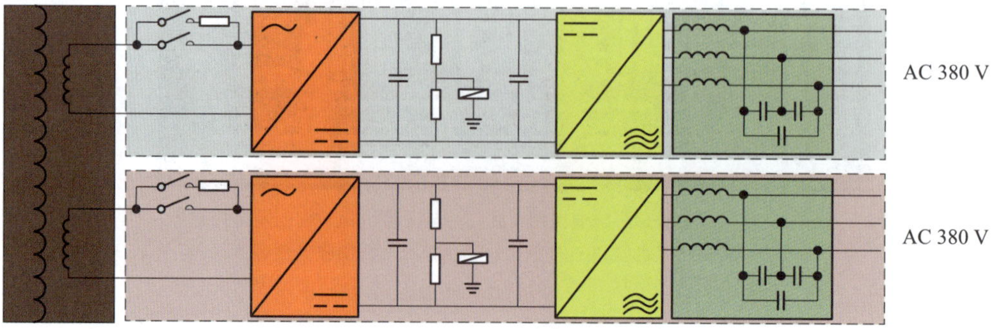

图 6-6　辅助变流器电路原理

(1)辅助供电电路

动力车有两组三相辅助电源,向各类辅助负载供电。考虑动力车牵引力、功率和各个电机的温度等因素的影响,辅助电源 1 的输出电压和频率将根据冷却系统的实际情况进行调整,采用变压变频方式工作;辅助电源 2 主要针对泵类负载供电,因此采用定频定压方式工作。通过这些措施,能够最大限度地减小辅助设备的能量消耗,有效地降低风机噪声,最大限度地延长风机轴承的寿命。

①辅助电源 UA11

正常情况下辅助电源 1 工作在变频变压模式,其输出电压主要技术参数如下:

输出电压(可变):2～380 V。

输出频率(可变):0.2 ～50 Hz。

辅助变流器 UA11 的输出,通过输出接触器 KM11 给牵引风机电机 MA11、MA12 和冷却塔风机电机 MA15、MA16 供电。

②辅助电源 UA12

正常情况下辅助电源 2 工作在定频定压模式,其输出电压主要技术参数如下:

输出电压:380 V。

输出频率:50 Hz。

辅助变流器 UA12 的输出,通过输出接触器 KM12 给空气压缩机电机 MA17、MA18,主变压器油泵 MA19、MA20,主变流器内部的水泵 WP1、WP2,司机室空调 EV11 供电;同时 UA12 还经过隔离变压器 AT1,分别向司机室内的辅助加热设备、多功能柜、压缩机加热回路和低温预热设备提供 AC 220 V 和 AC 110 V 交流电源。

③负载分配

辅助变流器正常时负载分配见表 6-1。

表 6-1　辅助变流器正常时负载分配

负载名称		负载功率/kW	折算系数 $\cos\phi\times\eta$	需要容量/(kV·A)	数　量
变频变压负载	牵引通风机	32	0.81	39.5	2
	冷却塔风机	20	0.81	24.7	2
	合计			128.4	
定频定压负载	空气压缩机	15.5	0.75	20.8	2
	油泵	4.4	0.81	5.4	2
	水泵	3.7	0.925	4.0	2
	空调	2.3	0.79	2.9	1
	充电器	10	0.82	12.2	1
	后墙暖风机	1.5	1	1.5	2
	辅助加热装置	15.31	1	15.31	1
	合计			93.81	

④辅助变流器故障运行模式

当某一组辅助变流器发生故障时,不需要切除任何辅助电机,TCMS 将自动断开其相应的输出接触器 KM11 或 KM12，再闭合故障转换接触器 KM20，把发生故障的辅助变流器所带的负载切换到另一台辅助变流器上，由该辅助变流器对全车的辅助负载供电，不需要切除任何辅助电机。此时，该辅助变流器按照 CVCF 方式工作，辅助电机系统按全功率运行。

(2)库内辅助电源电路

当在库内需要对动力车的辅助电机进行动作及转向确认时，可通过辅助电路库用插座 XSA5 引入 AC 380 V 电源。连接库用电源，将库内电源引入动力车，相序检测正常后 KM10 闭合，进行辅助系统库内 AC 380 V 动作试验。为了确保所有辅机均可工作，应通过微机显示屏将辅助变流器 UA11 隔离。

(3)辅助电机电路

动力车上的各辅助电机均通过各自的自动开关与辅助变流器连接，除空气压缩机外，均不设电磁接触器，使得辅助电机电路更简化、更可靠。当辅助变流器采用软启动方式进行启动，除空气压缩机电机外，其他辅助电机也随之启动。空气压缩机的启动受电磁接触器的控制，电磁接触器受空压机扳键开关和总风缸空气压力继电器的控制。

(4)辅助电机电路的保护系统

①辅助变流器接地保护

辅助变流器 UA11、UA12 内部，分别设有 1 套接地保护装置，进行辅助系统主电路的接地保护。当对应辅助变流器内部发生接地故障时，该辅助变流器实施保护，可将该故障的辅助变流器切除，动力车转由另一组辅助变流器对全部辅机供电。

②辅助变流器过流和过载保护

在每一组辅助变流器的输入回路中，设有输入电流互感器 ACCT，起检测辅助变流器充电电流及辅助绕组短路电流的作用。当电流超过保护值发生保护时，四象限整流器及逆变器的门极均被封锁，工作接触器 K 断开，如果过流继续存在则向微机控制系统发出跳主断的信号。此时必须按复位键或重启辅助变流器的控制电源，才可恢复正常。

在每一组辅助变流器的输出回路中，设有输出电流互感器 CTU 和 CTW，对辅助电机回路过载及短路起保护作用。当电流超过保护值保护发生时，逆变器的门极被封锁。此时必须按复位键或重启辅助变流器的控制电源，才可恢复正常。

③辅助变流器中间直流回路电压保护

辅助变流器中间直流回路设有电压监测环节，当监测到中间回路电压≥700 V 或≤400 V 时，中间回路电压保护环节动作，工作接触器断开，整流器及逆变器门极被封锁，停止输出。

④辅助变流器输入电压保护

当辅助变流器的输入电源低于 208 V 即网压低于 17.5 kV 时，辅助变流器的低压保护环节动作，四象限整流器门极被封锁，工作接触器及充电接触器 K、AK 断开，四象限整流器停止输出。

当辅助变流器的输入电压高于 424 V 即网压高于 31 kV 时，辅助变流器的过压保护环节动作，四象限整流器的门极被封锁，工作接触器 K 及充电接触器 AK 断开，四象限整流器停止输出。

⑤110 V 电源装置的输入电源短路过载保护

每组辅助变流器均可向控制电源装置提供 AC 380 V 电源，输出电源回路通过空气断路器 QA24 进行短路过载保护。

(5)辅变控制单元

每台辅助变流器内有一个专门的辅变控制单元(ACU)，用于控制本柜辅助变流器。变流器柜外面有中央控制单元(CCU)。ACU 用于监视、控制、调节辅助变流器。

ACU 控制单元框图如图 6-7 所示，采用 PWM 调制实现四象限脉冲整流器控制，利用 SVPWM 调制技术，对辅助变流器输出三相电压基波有效值进行闭环控制，接受 SMC 下传网络指令，控制辅助逆变器输出电压的幅值和频率。实现完全微机化、数字化的实时控制。ACU 具有符合列车通信网络(TCN)IEC 61375 标准的 MVB 通信接口和以太网接口，对外与车辆总线相连，与中央控制单元等形成控制与通信系统。ACU 内部则构成并行 AMS 总线。

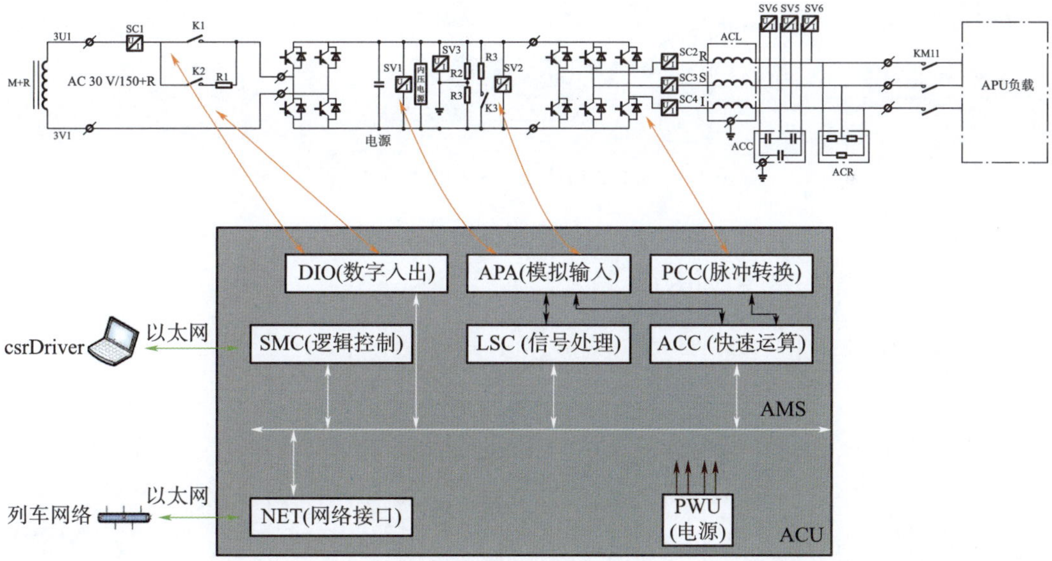

图 6-7　ACU 控制单元框图

ACU 的主要功能是实现辅助变流器的四象限控制、三相逆变控制、逻辑控制和故障保护功能；并通过以太网/MVB 与整车网络进行数据交换，通过以太网进行变流器的数据监视、程序更新和记录数据下载功能。

ACU 具有机车级控制和变流器级控制的功能。机车级的控制功能是根据司机指令完成辅助变流器的隔离和扩展供电功能。

ACU 除用于控制四象限整流、逆变两个环节协调工作，还监测网压、输出电流、电压等状态量用于变流器的控制和保护，并和动力车的 CCU 进行通信等，同时具备完整的故障保护功能、模块级的故障自诊断功能和一定程度的故障自复位功能。

ACU 主要保护功能包括中间直流环节过欠压保护，四象限输入过流保护，IGBT 元件故障保护，主回路接地保护，逆变输出过欠压、过流保护，输出电压、电流（含缺相）不平衡保护，接触器等部件故障保护。

ACU 主要控制功能包括变流器逻辑控制、四象限整流控制、三相逆变器控制、过分相不断电控制、保护功能、故障记录、网络通信、人机交互。

ACU 功能及内部功能框架配置如图 6-8 所示。

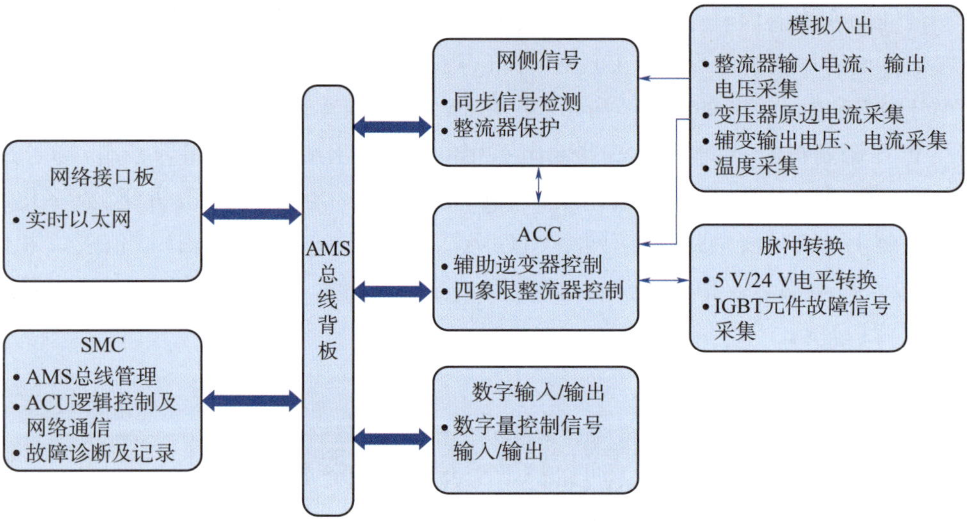

图 6-8　ACU 功能及内部功能框架配置

ACU 置于辅助变流器中，采用无边插的 84R-6U 标准机箱，从各插件的前面板输入/输出信号。机箱插件及布置如图 6-9 所示。

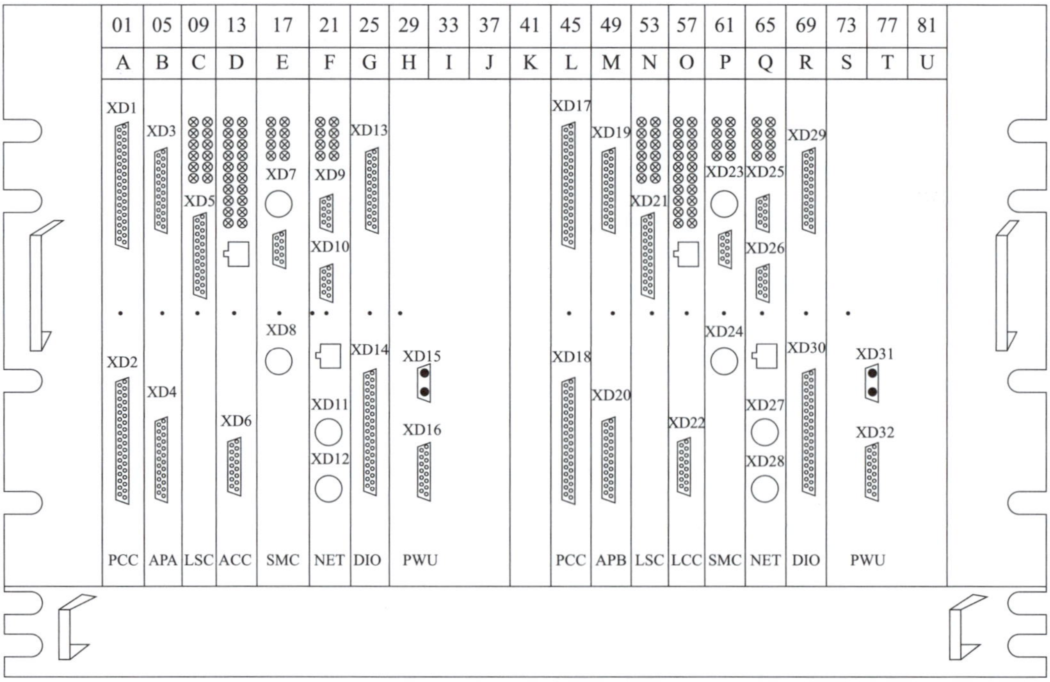

图 6-9　机箱插件及布置

二、控制电源柜

(一)TGY34 型控制电源柜

1. 结构组成

TGY34 型控制电源柜主要对动力集中动车组内部的蓄电池充电，正常运行时为动力车提供 DC 110 V 控制电源，并提供控制电源的配电等功能。

TGY34 型控制电源柜主电路由系统控制电路、4 个 AC/DC 模块、1 个 DC/DC 模块和 1 个监控模块构成。其中系统控制电路负责输入输出的系统配电、辅助信号控制电路的处理等。AC/DC 模块直接将输入的三相 AC 380 V 或 DC 600 V 整流后经过高频开关变换获得 DC 110 V 电压输出，供给蓄电池充电和动力车控制电源。DC/DC 模块将 DC 110 V 经过高频开关变换获得 DC 24 V 电压输出，供动力车 24 V 负载使用。监控模块负责监控 AC/DC 模块的工作状态、输入电压状态、输出总电流、蓄电池充电电流状态等信息并通过显示屏指示相关信息；通过采集状态数据，监控模块将计算输出调压等信号给 AC/DC 模块，实现充电管理和调压功能。

AC/DC 模块设计容量为 4.4 kW，正常时(25 ℃时浮充状态，电池充满时)输出电压 DC 109 V；快充状态时最大输出电压 120 V，最小启动控制电压不小于 77 V。单个模块额定输出电流为 37.5 A，4 个 AC/DC 模块并联工作最大输出电流为 156 A，即使其中一个模块由于故障而退出也能够满足动力车的额定需求电流。AC/DC 模块接口设计满足热插拔的要求，实现带电不停机拔插更换，并且当某个模块内部发生了故障时会自动退出而不影响其他模块的工作。

监控模块作为电源管理的核心部件，通过综合系统的状态信息对 AC/DC 模块的输出进行控制。监控单元检测到蓄电池电压放电低于 96 V，电源柜将工作在快速充电状态，并且限制充电电流为 35 A；随着充电过程的持续，充电电压升高，最大输出电压将稳定在 112.8 V，继续充电过程当充电电流小于 5 A 时，控制电源柜就转为浮充电状态，输出电压为 109 V。AC/DC 模块的调压功能将由监控模块采集外部系统信息经过相关的计算来执行。同时监控模块将对各个模块的工作状态进行实时检测，检测到相关的故障信息后将通过硬线连接通报外部的控制器，监控模块自带的显示屏将显示更加详细的故障信息。同时监控模块还内置了欠压报警的功能，当蓄电池电压低于 88 V 时会往外部发出欠压告警信号。

电源柜的系统配电部分主要由重载断路器实现蓄电池的隔离、开通和电器负载输出控制等功能。所有电路将集中安装在一个独立的柜体中，对外大线连接主要通过魏德米勒的连接端子进行连接，控制线通过永贵矩形连接器连接，整个系统简洁紧凑，安装方便简单，可以满足动力车电器装配的要求。控制电源柜如图 6-10 所示。

2. 主要技术参数

额定输入电压：

电源 1：3AC 380×(1±5%)V/50 Hz。

电源 2：DC 600×(1±10%)V。

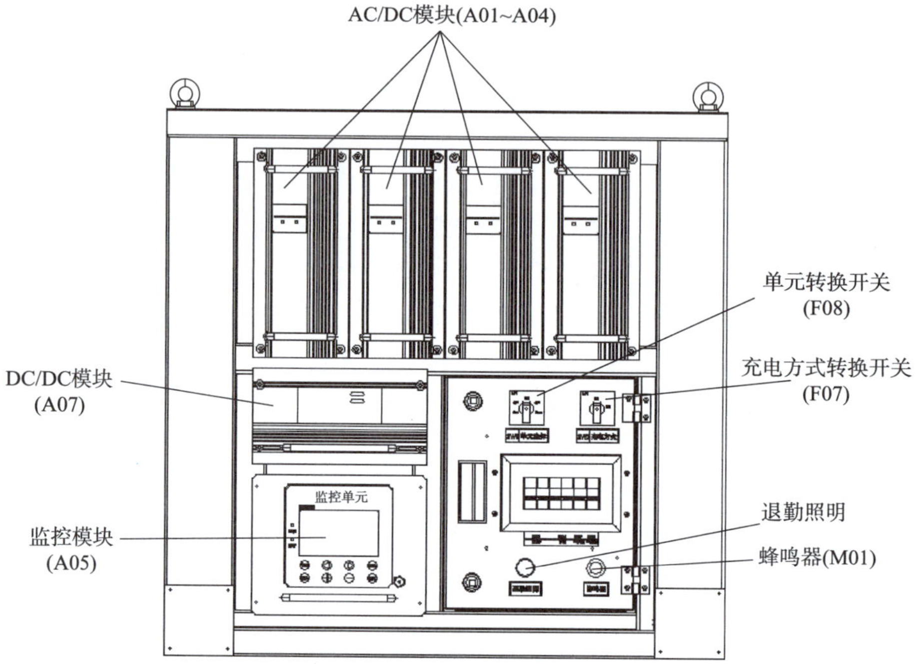

图 6-10　控制电源柜

额定输入控制电压：DC $110\times(1^{+25\%}_{-30\%})$ V。

额定输出电压：

均充电压：DC 112.8 V，允差±1%(环境温度以 25 ℃为基准)。

快充电压：DC 112.8 V，允差±1%(环境温度以 25 ℃为基准)。

浮充电压：DC 109 V，允差±1%(环境温度以 25 ℃为基准)。

直流 24 V：DC 24 V，允差±2%。

额定输出电流：DC 110 V，150 A；DC 24 V，21 A。

蓄电池最大充电电流：35 A。

IP 等级：IP20。

质量：≤180 kg。

3. 工作原理

控制电源柜提供 DC 600 V 供电功能设置，具有良好的工作可靠性且安全可靠。3AC 380 V 和 DC 600 V 供电切换时，可以实现延时(包括两路均有电时的交叉投入切换)保护，避免窜电风险。两种制式的输入电源采用人工切换，但预留自动切换的硬件配置以及软件扩展能力。柜内设置 DC 600 V 转换开关用于进行手动 3AC 380 V 和 DC 600 V 的供电切换，包含 2 个挡位，具体为 AC 380 V(正常)、DC 600 V(应急)。

(1)AC/DC 充电模块

AC/DC 充电模块将三相 AC 380 V 或 DC 600 V 变换为隔离的 DC 110 V/40 A 直流电，并且可以通过多模块的并联以达到增强输出电流和增强系统可靠性的目标。例如，4 个 AC/DC 并联后输出电流最大为 156 A，任意模块故障后会自动退出工作组不影响其他模块的工作，同时任意一个模块发生故障退出后电源柜仍然能够满足输出电路保证全车负载的使用。AC/DC 采用了热插拔技术，减小了平均维护时间，可以在带电的情况下更换有问题的模块。

模块内部有以下保护功能：交流输入过欠压(欠压值 AC 260～280 V，过压值 AC 720～760 V，可恢复)保护；直流输出过压(DC 120 V，可恢复)，短路(可恢复)，限流(41 A，可恢复)，过流保护；模块过温(85 ℃，可恢复)保护；过流保护(可恢复)。

"控制电源"灯：当直流控制电接入时，输入灯(绿)亮。

"工作正常"灯：当交流输入正常，设备运行时，输出灯(绿)亮。

AC/DC 模块主要技术参数见表 6-2。

表 6-2 AC/DC 模块主要技术参数

序号	项目	最小	典型	最大	备注
1	输出电压(DC)/V	77	108	112.8	
2	输出电流(DC)/A			40	
3	输入电压(AC)/V	320		440	
4	控制电压(DC)/V	77	110	137.5	控制电压
5	稳压精度		±1%	±1%	
6	工作温度范围/℃	−40		+70	+55～+70 ℃输出功率线性下降(100%～40%)
7	负载效应超调量			10%	10%～100%负载
8	纹波/mV			200	输入 400 V，输出 110 V/40 A

(2)DC/DC 变换模块

直流变换模块 TGY24-D1 将 110 V 直流电变换为隔离的 24 V/12.5 A 直流电，模块内部有两套相对独立的电源转换系统，每套转换系统均可独立输出 12.5 A 的直流电，内部通过双转换系统的并联以达到热备份、提高可靠性的目标。

模块内部有以下保护功能：输入欠压保护；直流输出过压(DC 30 V，可恢复)，短路(可恢复)，过流保护；模块过温(85 ℃，可恢复)保护；过流保护(可恢复)。

"输入"灯：当输入直流接入时，输入灯(绿)亮。

"输出"灯：当设备正常运行时，输出(绿)亮。内部相对独立的两套转换系统通过"1"和"2"来区分，即面板上具有"输入 1""输出 1""输入 2""输出 2"共 4 个状态指示灯。

DC/DC 模块主要技术参数见表 6-3。

表 6-3 DC/DC 模块主要技术参数

序号	项目	最小	典型	最大	备注
1	输出电压(DC)/V	23.5	24	24.5	
2	输出电流(DC)/A		12.5		
3	输入电压(DC)/V	70		137.5	
4	工作温度范围/℃	−40		+70	+55～+70 ℃输出功率线性下降(100%到 40%)
5	波纹/mV			100	输入 110 V，输出 24 V/21 A

(3)监控模块

监控单元对电源柜进行监控、管理和显示,对蓄电池进行充电管理。电源柜部分的充电方式分为均充电、浮充电和快充电三种模式,DC 110 V 蓄电池电源柜以电压 112.8 V、限流 25 A 进行充电,当充电电流小于 5 A,结束均充充电模式,均充充电模式结束后即进入浮充充电模式,浮充以 109 V 进行充电,限流 25 A;DC 110 V 蓄电池电源柜以电压 112.8 V、限流 35 A 进行充电,当充电电流小于 5 A,结束快充充电模式,快充充电模式结束后即进入浮充充电模式,浮充以 109 V 进行充电,限流 25 A。

限流功能:DC 110 V 总输出电流限流点为 152 A;从+55 ℃开始至+70 ℃,总输出电流限流点由 100%(155 A)线性降至 40%。

(二)TGY37 型控制电源柜

1. 结构组成

TGY37 型控制电源柜主要功能是对动力车内部的蓄电池充电,正常运行时为动力车提供 DC 110 V 直流控制电源,并提供控制电源的配电等功能。

电源柜的系统配电部分主要由重载断路器实现蓄电池的隔离、开通和电器负载输出控制等功能。所有电路将集中安装在一个独立的柜体中,对外大线连接主要通过魏德米勒的连接端子进行连接,控制线通过 WAGO 的通用端子连接。

控制电源柜的外形尺寸(宽×深×高)为 520 mm×600 mm×1 850 mm,底板安装接口尺寸(宽×深)为 520 mm×940 mm,安装孔为 ϕ22 mm。TGY37 型电源柜元器件布置如图 6-11 所示。

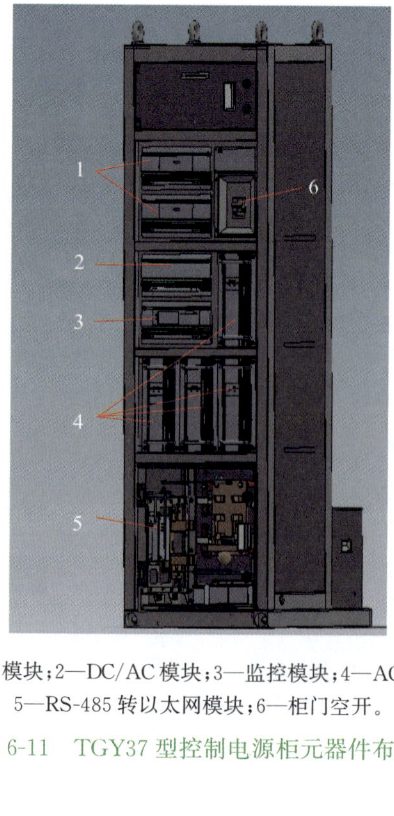

1—DC/DC 模块;2—DC/AC 模块;3—监控模块;4—AC/DC 模块;
5—RS-485 转以太网模块;6—柜门空开。

图 6-11 TGY37 型控制电源柜元器件布置

2. 主要技术参数

额定输入电压:DC 600×(1±10%)V。

额定输入控制电压:DC 110×($1^{+25\%}_{-30\%}$)V。

额定输出电压:

均充电压:DC 110 V,允差±1%(环境温度以 25 ℃为基准)。

快充电压:DC 112.8 V,允差±1%(环境温度以 25 ℃为基准)。

浮充电压:DC 108 V,允差±1%(环境温度以 25 ℃为基准)。

直流 24 V:DC 24 V,允差±2%。

交流 220 V:AC 220 V,允差±2%。

额定输出电流:DC 110 V,150 A;DC 24 V,21 A;AC 220 V,1.4 A。

蓄电池最大充电电流:34 A。

IP 等级:IP20。

质量:≤230 kg。

3. 工作原理

TGY37 型控制电源柜主电路将由系统控制电路、4 个 AC/DC 模块、1 个监控模块、2 个 DC/DC 模块和 1 个 DC/AC 模块构成,如图 6-12 所示。其中系统控制电路负责输入输出的系统配电、辅助信号控制电路的处理等。AC/DC 模块将输入电源经过高频开关变换获得 DC 110 V 电压输出,供给蓄电池充电和动力车控制电源。监控模块负责监控 AC/DC 模块的工作状态、输入电压状态、输出总电流、蓄电池充电电流状态等信息并通过显示屏指示相关信息;通过采集状态数据,监控模块计算输出调压等信号给 AC/DC 模块,实现充电管理和调压功能。

AC/DC 模块设计容量为 4.13 kW,正常时(25 ℃时浮充状态,电池充满时)输出电压 DC 108 V;快充状态时最大输出电压 DC 112.8 V,启动控制电压不小于 DC 77 V。AC/DC 模块的输出采用并联均流输出方式,能够保证模块的可靠均流、调压等功能,同时并联输出电路上通过必要的降噪处理后通过电流传感器来检测总输出电流和蓄电池充电电流并发送给监控模块参与控制。单个模块额定输出电流为 37.5 A,4 个 AC/DC 模块并联工作最大输出电流为 150 A,即使其中一个模块由于故障而退出也能够满足动力车的额定需求电流。AC/DC 模块可实现带电不停机拔插更换,并且当某个模块内部发生了故障时会自动退出而不影响其他模块的工作。

监控模块作为电源管理的核心部件,通过综合系统的状态信息对 AC/DC 模块的输出进行控制。监控单元检测到蓄电池电压放电低于 DC 96 V,电源柜将工作在快速充电状态,并且限制充电电流为 34 A;随着充电过程的持续,充电电压升高,最大输出电压将稳定在 DC 112.8 V,继续充电过程当充电电流小于 7 A 时,控制电源柜就转为浮充电状态,输出电压为 DC 108 V。AC/DC 模块的调压功能将由监控模块采集外部系统信息经过相关的计算来执行。同时监控模块将对各个模块的工作状态进行实时检测,检测到相关的故障信息后将通过硬线连接通报外部的控制器,监控模块自带的显示屏会显示更加

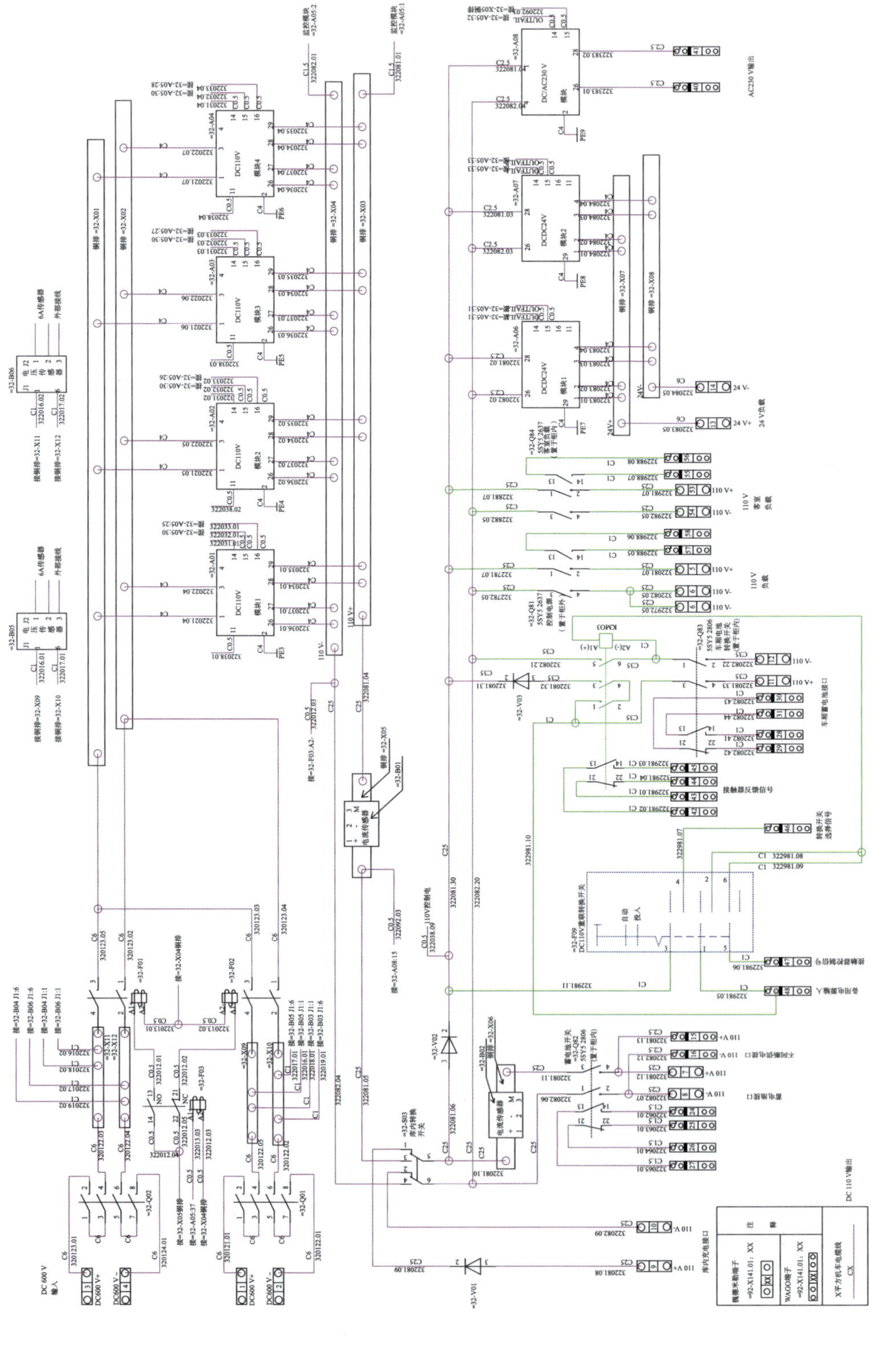

（a）主回路接线

图 6-12

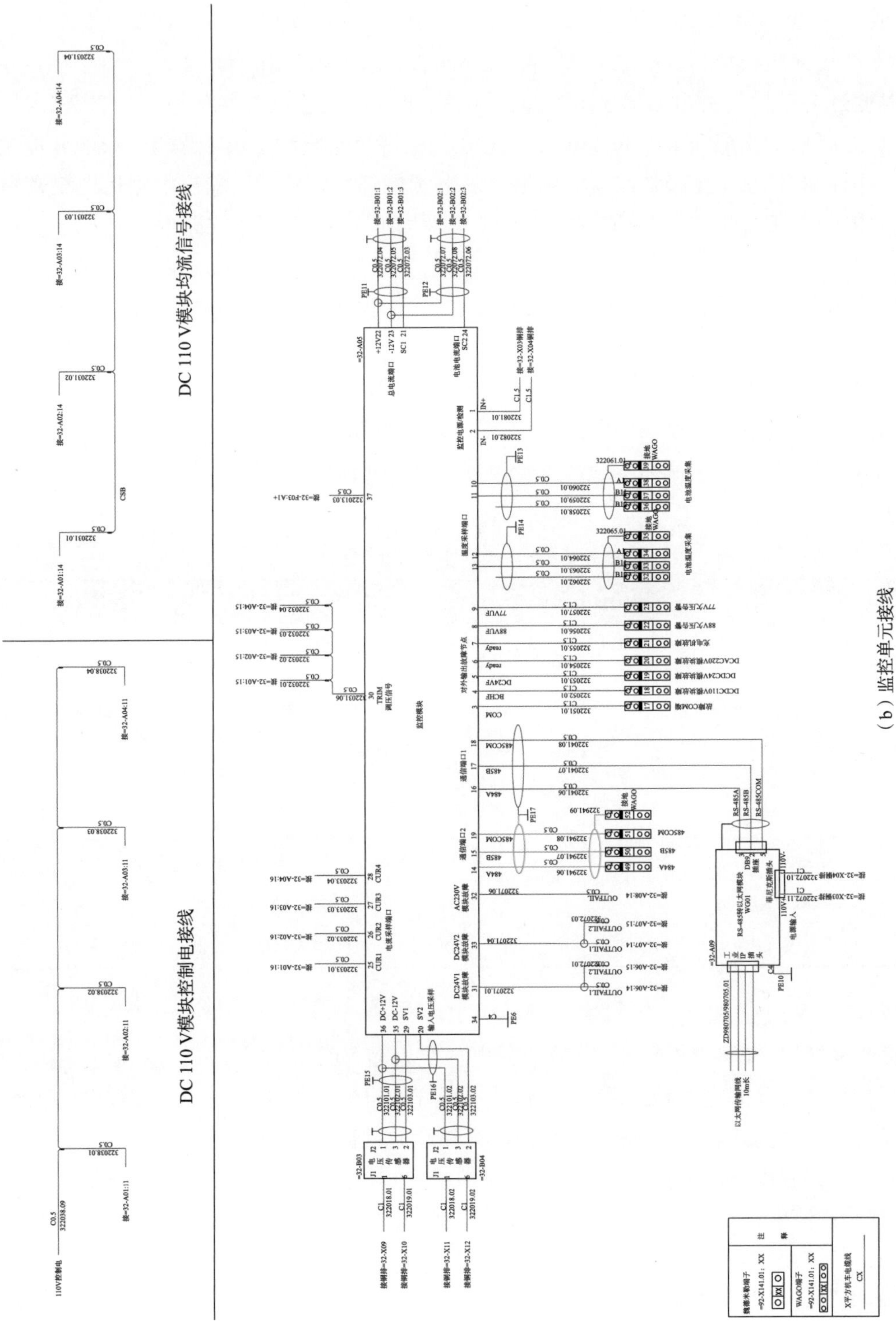

（b）监控单元接线

图 6-12　TGY37 型控制电源柜连接示意

详细的故障信息。同时监控模块还内置了欠压报警的功能，当蓄电池电压低于 88 V 和 77 V 时会往外部发出欠压告警信号。

(1)AC/DC 充电模块

AC/DC 充电模块将 3AC 380 V(或 DC 600 V)变换为隔离的 DC 110 V/37.5 A，并且可以通过多模块的并联以达到增强输出电流和增强系统可靠性的目标。例如，4 个 AC/DC 并联后输出电流最大为 150 A，任意模块故障后会自动退出工作组不影响其他模块的工作，同时任意一个模块发生故障退出后电源柜仍然能够满足输出电路保证全车负载的使用。AC/DC 采用了热插拔技术，减小了平均维护时间，可以在带电的情况下更换故障模块。

模块内部有以下保护功能：交流输入过欠压(欠压值 AC 260～280 V，过压值 AC 520～560 V，可恢复)保护；直流输出过压(DC 120 V，可恢复)，短路(可恢复)，限流(41 A 可恢复)，过流保护；模块过温(85 ℃，可恢复)保护；过流保护(可恢复)。

“控制电源”灯：当直流控制电接入时，输入灯(绿)亮。

“工作正常”灯：当交流输入正常设备运行时，输出灯(绿)亮。

充电模块主要技术参数见表 6-4。

表 6-4　充电模块主要技术参数

序号	项　　目	最　小	典　型	最　大	备　　注
1	输出电压(DC)/V	77	108	112.8	
2	输出电流/A			45	
3	输入电压(AC)/V	361	380	399	
4	控制电压(DC)/V	77	110	137.5	控制电压
5	稳压精度		±1%	±1%	
6	工作温度范围/℃	−40		+70	+55～+70 ℃输出功率线性下降(100%～40%)
7	负载效应超调量			10%	10%～100%负载
8	纹波/mV			200	输入 400 V，输出 110 V/40 A

(2)DC/DC 变换模块

直流变换器 TGY24-D1 将 110 V 直流电变换为隔离的 24 V/12.5 A 直流电，模块内部有两套相对独立的电源转换系统，每套转换系统均可独立输出 12.5 A 的直流电，内部通过双转换系统的并联以达到热备份、提高可靠性的目标。

模块内部有以下保护功能：输入欠压保护；直流输出过压(DC 30 V，可恢复)，短路(可恢复)，过流保护；模块过温(85 ℃，可恢复)保护；过流保护(可恢复)。

“输入”灯：当输入直流接入时，输入灯(绿)亮。

“输出”灯：当设备正常运行时，输出(绿)亮。内部相对独立的两套转换系统通过“1”和“2”来区分，即面板上具有“输入 1”“输出 1”“输入 2”“输出 2”共 4 个状态指示灯。

直流变换器模块主要技术参数见表 6-5。

表 6-5　直流变换器模块主要技术参数

序号	项　目	最　小	典　型	最　大	备　注
1	输出电压(DC)/V	23.5	24	24.5	
2	输出电流(DC)/A		12.5		
3	输入电压(DC)/V	70		137.5	
4	工作温度范围/℃	−40		+70	+55～+70 ℃输出功率线性下降(100%～40%)
5	纹波/mV			100	输入 110 V,输出 24 V/21 A

(3)DC/AC 模块

DC/AC 220 V 模块主要功能:由 AC/DC 模块输出的 110 V 电压变换成 AC 220 V 额定功率 300 W,供动力车室的便携设备充电使用。

基本参数:

额定输入电压:DC 110 V。

输入电压范围:DC 77～137.5 V。

输出电压:AC 220×(1±3%)V。

输出频率:50×(1±0.1%)Hz。

输出功率:300 W。

输出功率因数:0.6。

整机效率:≥85%。

工作温度:−40～70 ℃。

保护功能:输入防反接、输入过压、输入欠压、输出过载、输出短路、高温等保护。

指示功能:LED 指示输入、输出状态。

输出过载:当逆变器输出功率大于 450 W 时,逆变器停止输出,负载恢复正常时,输出正常。

输出短路:当逆变器输出短路时,逆变器停止输出。输出短路解除,逆变器重新复位后,输出正常。

输入指示灯:当逆变器输入正常时,输入指示灯亮,其他情况下输入指示灯灭。

输出指示灯:当逆变器输出正常时,输出指示灯亮,其他情况下输出指示灯灭。

(4)监控模块

监控模块对电源柜进行监控、管理和显示,对蓄电池进行充电管理。电源柜部分的充电方式分为快充电、均充电和浮充电三种模式。

限流功能:DC 110 V 总输出电流限流值为 92×(1±2%)A;从+55 ℃开始至+70 ℃,总输出电流限流值由 100%(90 A)线性降至 40%。

监控模块面板如图 6-13 所示,监控模块指示灯说明见表 6-6。

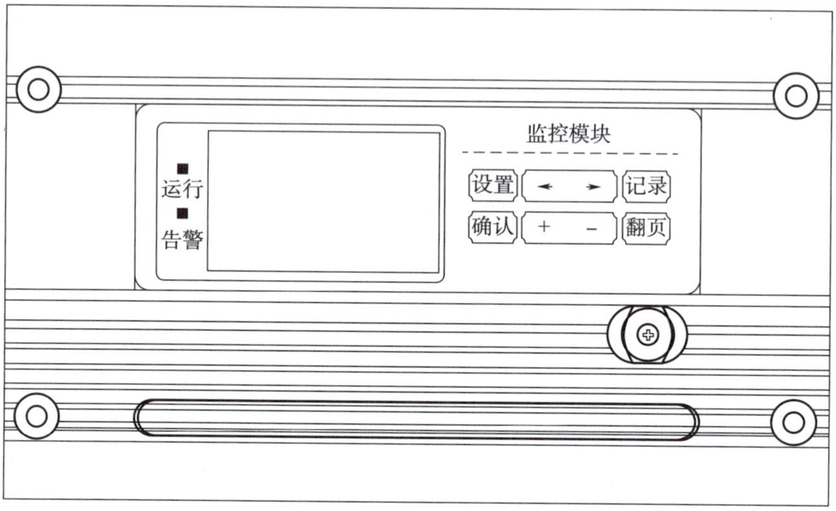

图 6-13　监控模块面板

表 6-6　监控模块指示灯说明

面板指示灯	定义说明
运行灯	绿色，闪亮（亮 1 s、停 1 s）时表示模块运行正常；长亮时表示系统没有故障，但也没有输出，如没有 440 V 的情况等
告警灯	红色，报警发生时由灭转为长亮

第二节　列车供电电路

一、tPower-AS14 型列车供电柜

（一）结构组成

为满足动力车牵引客运车辆的需要，动力车设有列车供电电路，向拖车提供 2×200 kW 的 DC 600 V 电源，每路供电电源具有保护、监视及冗余功能。

每节动力车配置一台列车供电柜，安装在机械间内，靠近司机室。采用水冷散热，每柜由两组独立的四象限供电单元组成。在动力集中动车组短编组模式下两路独立供电，在长编动力集中动车组模式下两路通过接触器并联单路供电。主变压器每个绕组都串联了一个电抗器供输入侧蓄能及滤波，控制箱和显示屏装在供电柜内。列车供电柜用于动力车交流和直流之间的电能变换，为旅客列车辅助设备装置提供电源，如空调装置、车门集中遥控、粪便集存密封处理、电热取暖装置等电气设备。

tPower-AS14 型列车供电柜外形尺寸（长×宽×高）为 750 mm×1 050 mm×2 075 mm，如图 6-14 所示。底部采用 4 个 M20 螺栓固定在车体地板上，柜体顶部使用拉板固定。柜体上部装有 4 个 M20 的吊环螺钉，用于起吊供电柜。控制电路对外接口采用 1 个 42 芯矩形插座和 2 个网络专用插座，设置在柜体后上侧，接线方式采取压接工艺。

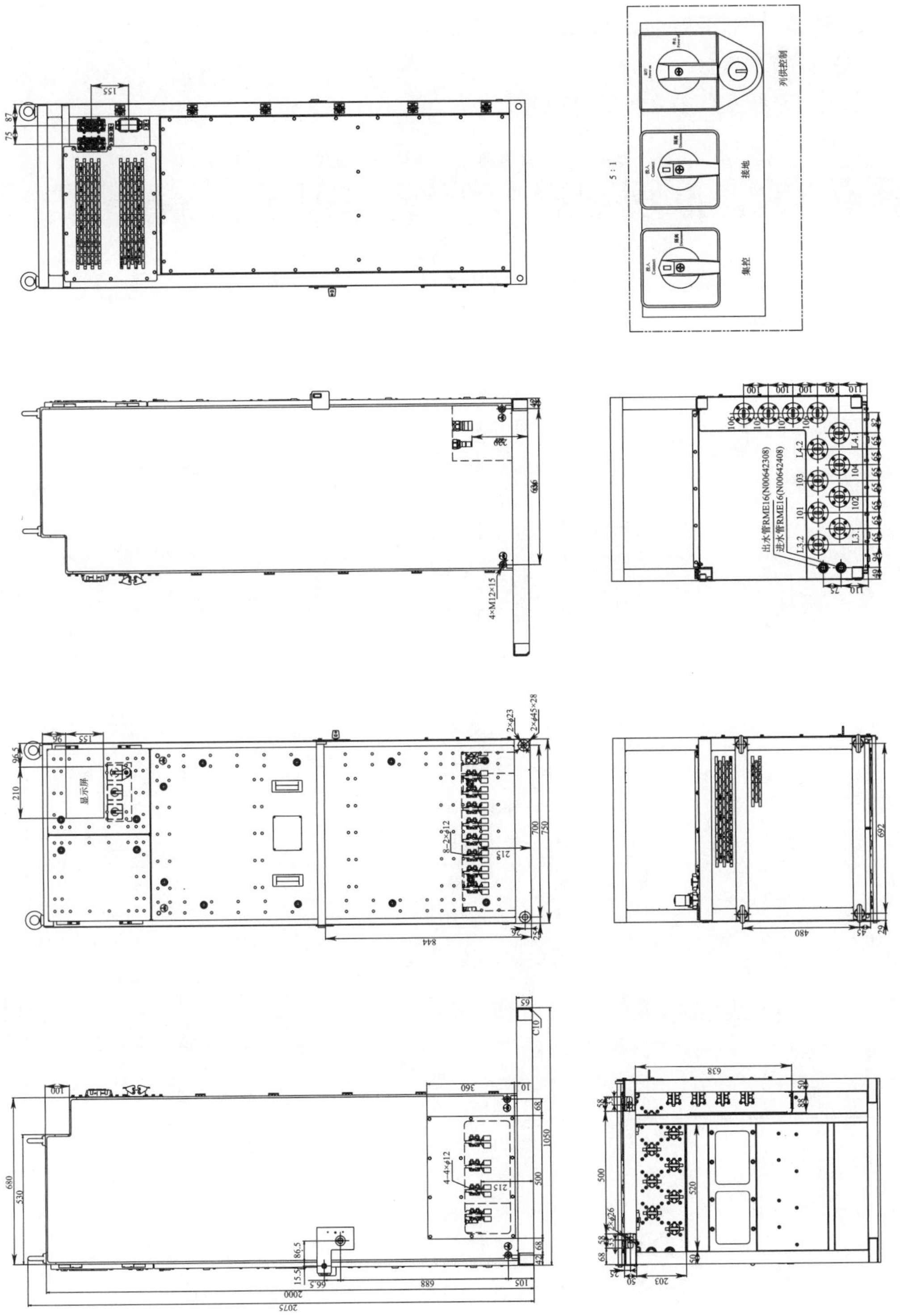

图 6-14　tPower-AS14 型列车供电柜外观结构示意(单位:mm)

列车供电柜的主要功能有四象限整流功能、信号采集功能、逻辑控制功能、网络通信功能、散热功能、电度计量功能、故障显示。设置的保护功能:交流短路保护功能、直流过载保护功能、接地保护功能、直流过压保护功能、隔离功能。

(二)主要技术参数

列车供电系统主要技术参数见表 6-7。

表 6-7　列车供电系统主要技术参数

参数名称		技术参数
主电路参数	额定输入电压/V	AC 340
	输入电压频率/Hz	50
	额定功率/kW	2×200
	最大输出功率/kW	2×300
控制电路输入电源	额定输入电压/V	DC 110
	最大输入电流/A	10
	电压范围/V	DC 77～137.5
列车供电 DC 600 V 模块(单个)	标称输入电压/V	AC 340
	额定输入电流/A	2×600
	最大输入电流/A	2×900
	额定输出电压/V	DC 600
	额定输出电流/A	2×334
	最大输出电流/A	2×500
	开关频率/Hz	1 050
冷却系统	冷却方式	强迫水循环冷却(有添加剂)
	水和添加剂体积比	44%/56%
	散热功率/kW	10
	入水口温度/℃	≤55
	出水口温度/℃	≤61
	冷却水流量/($L \cdot min^{-1}$)	≥60
	压力损失	≤140 kPa(1.4 bar) (在额定水流量 40 L/min 下)
尺寸	长×宽×高/mm	750×1 050×2 075
质量	总重/kg	566

(三)工作原理

1. 主电路工作原理

列车供电柜主电路如图 6-15 所示。当列车供电柜工作在短编模式时,列车供电柜两路 105/106、107/108 为负载供电,主变压器两路列车供电绕组输入电压首先通过预充电回路对直流支撑电容充电,充电完成后闭合短接接触器 1KM1 和 2KM1,再闭合 1KM4 和 2KM4,最后启动四象限 PWM 整流器将输入交流电压整流为 DC 600 V 电压。当列车供电柜工作在长编模式时，列车供电柜单路 105/106 为负载供电，主变压器两路列车供电绕组输入电压首先通过预充电回路对直流支撑电容充电，充电完成后闭合短接接触器 1KM1 和 2KM1，再闭合 1KM4 和 KM4，最后启动四象限 PWM 整流器将输入交流电压整流为 DC 600 V 电压。

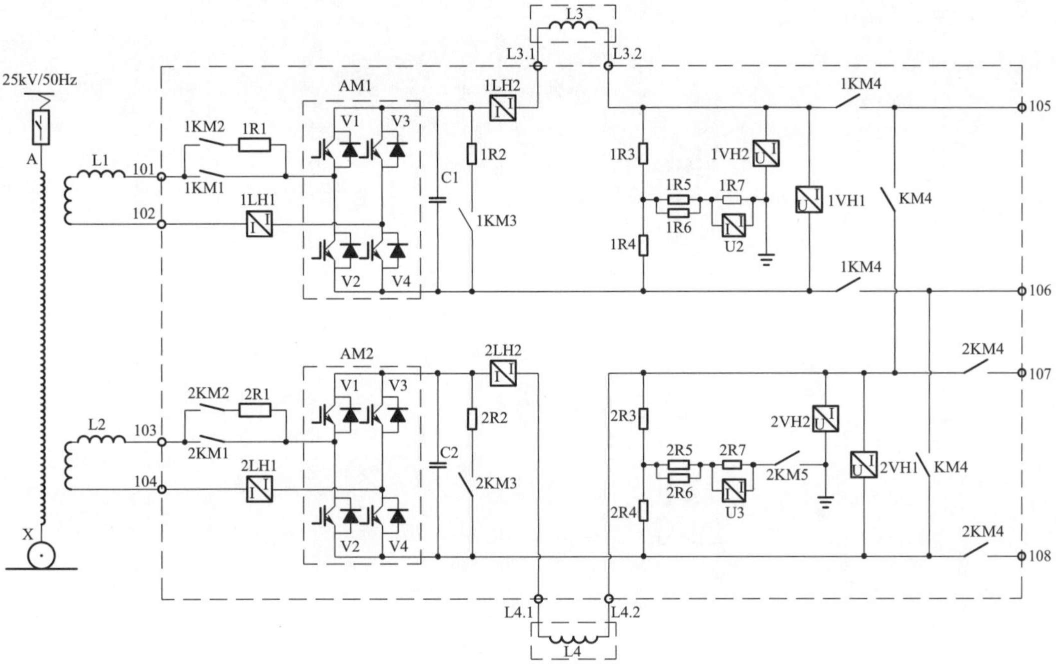

图 6-15　列车供电柜主电路

2. 列车供电控制单元工作原理

列车供电控制单元采用冗余方案，分为 A、B 两组，总共由 7 类插件组成，分别为电源板（PWU）、逻辑控制板（SMCC）、模拟入出板（ASC）、数字入出板（DIO）、脉冲转换板（PSC）、网络接口板（NET）和机箱背板（IBB）。各插件上均有 LED 指示灯及测试孔，可以方便地完成 LGU 运行状态监视和内部变量实时检测的功能。LGU 接收列车网络指令信号，控制主电路中主断路器和各接触器的通断，输出 PWM 控制脉冲。LGU 机箱如图 6-16 所示。

各插件主要功能如下：

（1）电源板（PWU）：外部 DC 110 V（供电范围 77～137.5 V）接入电源板，经变换后为机箱内各插件、风扇层、电流电压传感器、变流器模块脉冲分配板等提供直流电源，种类包括＋5 V、＋15 V、－15 V、＋24 V、－24 V。

（2）逻辑控制板（SMCC）：机箱 AMS 总线管理；数字信号管理及逻辑控制；实现与网络接口板的通信；通过以太网实现实时监控和程序下载；实现系统故障的软件保护；系统逻辑控制；系统故障记录。

（3）脉冲转换板（PSC）：通过 DSP 计算，生成各个变流器模块控制所需的 PWM 信号，DSP 控制插件发出的脉冲信号、使能信号和复位信号进行电平转换（5 V 到 24 V）后

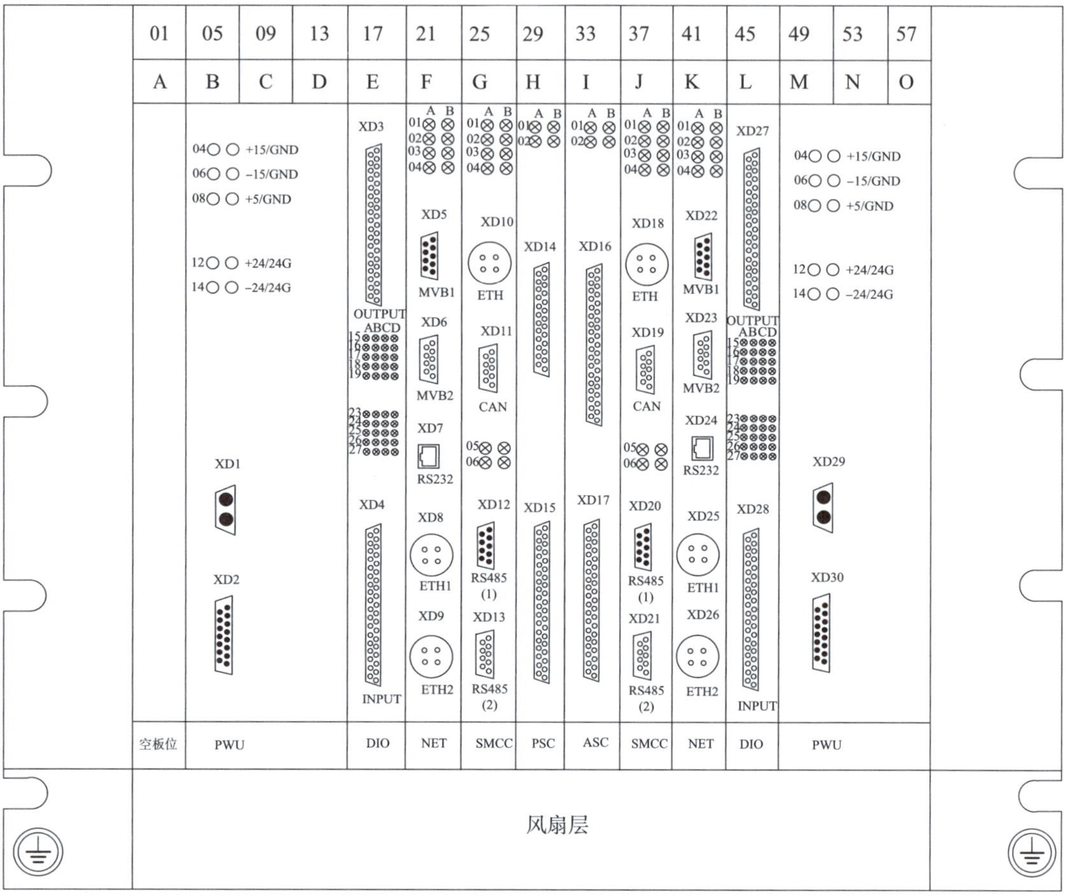

图 6-16　LGU 机箱

送往模块的脉冲分配板；接收模块元件故障状态反馈信号，实现 IGBT 故障保护。

（4）模拟入出板（ASC）：采集电流、电压、温度等传感器输出的电流或电压模拟信号，进行转换、隔离、滤波、放大等处理，对电网电压信号进行滤波、放大等处理以形成网压瞬时值、有效值、网压同步信号；四象限输入电流信号进行滤波、放大等处理以形成电流瞬时值、过流信号；中间直流电压信号进行放大等处理以形成电压瞬时值、过压信号；对中间直流半电压信号进行滤波、放大等处理并与中间电压信号合成，形成主回路接地的判断信号；实现过压、过流、接地等故障的保护；通过 AMS 总线把所有的故障信息传递给 SMCC 插件进行处理。对采集的电流、电压、温度等传感器输出的电流或电压模拟信号进行 AD 转换，并通过 AMS 总线与 SMCC 插件进行数据交互。

（5）数字入出板（DIO）：20 路 110 V 数字输入经光电隔离转换成 5 V 信号；提供 4 对继电器触头（3 对常开 1 对常闭）输出，额定容量为 200 mA；提供 8 路 MOSFET 输出，额定容量为 2 A，可直接驱动接触器线圈。

（6）网络接口板（NET）：用于实时以太网组网，具备以太网冗余功能，通过背板 AMS 总线进行数据交换。

（7）机箱背板（IBB）：用于背板 AMS 总线走线，各板位之间的数据交换。

3. 逻辑与保护功能

(1)逻辑控制:列车供电控制单元接收网压同步信号,并综合列车供电柜的状态和故障保护命令,实现充电、短接接触器的时序控制,变流器启停时序控制,过无电区逻辑,隔离逻辑等。另外还能实现列车供电控制单元系统自检、系统初始状态设置。列车供电变流器的启停、系统保护,由 SMCC 板实现。

(2)四象限控制:列车供电控制单元中利用 ASC、PSC 和 SMCC 插件实现整流模块的实时控制。采样电网的同步信号、变压器次边电流、中间回路直流电压,利用四象限瞬时电流控制算法,当电网电压在一个范围内波动(如网压突升、网压突降)时,使中间回路直流电压 DC 600 V 保持恒定,确保列车供电的正常工作,同时在能够电网侧获得一个近似正弦波的电流,功率因数接近于 1。此外还具备直流偏置控制、直流电压自调整、原边电流相位补偿等功能。

(3)通信功能:列车供电控制单元通过 MVB 和以太网与网络控制系统进行通信,接收网络控制系统的操作命令等信息,并将列车供电单元的运行状态信息、故障信息及软件版本等信息发送给网络控制系统。

(4)列车供电控制单元通过 RS-485 和动力车 6A 系统及柜内显示器进行通信。采用 RS-485 短接的方式实现 RS-485 通信,采用 6A 系统做主机,控制箱、漏电流模块、显示屏做从机的架构来实现。通信框图如图 6-17 所示。

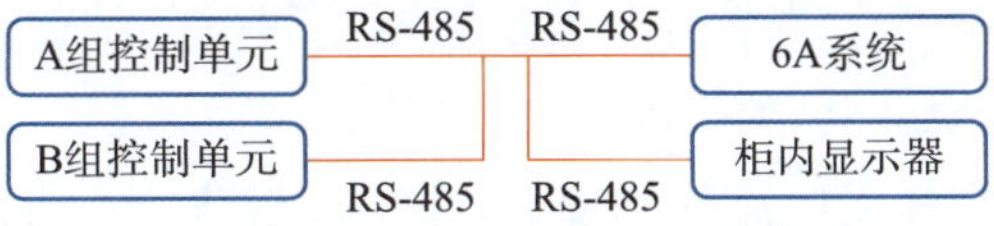

图 6-17　通信框图

(5)保护功能:保护功能包括交流输入异常保护、四象限输入过流保护、IGBT 元件故障保护、水压过低/过高保护、水温过高保护、充电/短接接触器故障保护、直流过压故障保护、直流欠压故障保护、直流输出过流保护、充电回路故障、通信故障保护、列车供电控制单元内部通信故障保护、逆变模块过热保护。

(6)冗余功能:列车供电控制单元采用冗余设计,司机显示器列车供电控制界面具有强制 A/B 组切换命令,当 A 组控制单元故障时,再停机后可自动切换至 B 组控制单元继续工作,以保障列车供电变流器的正常工作。

列车供电控制单元能够通过 CCU 控制切换 A/B 组电源,在列车供电启动时默认 A 组工作,此时 CCUA/B 组切换命令输出低电平。当 A 组列车供电出现故障时,CCU 根据规定的协议判断满足切换调试,此时 CCUA/B 组切换命令输出高电平,驱动继电器动作,A 组控制单元掉电,B 组列车供电控制单元得电并开始启动和工作,至此完成 A、B 组控制单元的切换。只允许由 A 组控制单元往 B 组控制单元进行切换。不允许由 B 组控制单元再切换回 A 组控制单元。

4. 短接接触器和预充电电路

在变压器每个次边绕组和四象限变流器单相输入之间,都使用了一个短接接触器和一套由充电接触器和充电电阻组成的预充电电路。输入电路如图 6-18 所示。

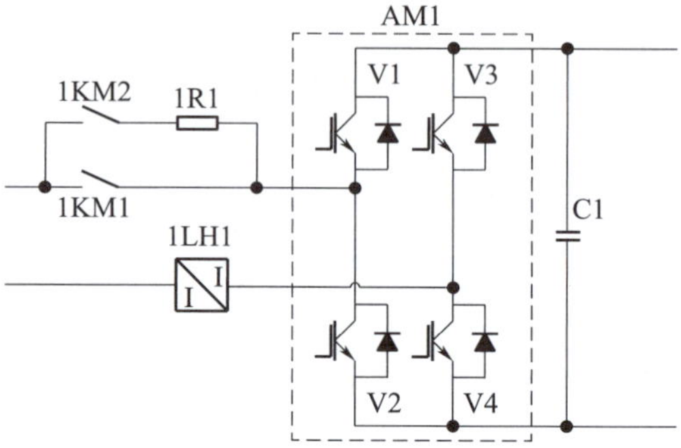

图 6-18　输入电路

预充电电路主要功能是系统上电时,完成对中间直流电容的预充电。避免上电时强大的冲击电流损坏功率模块。预充电单元以并联方式连接到短接接触器。

以一路为例,预充电单元由充电接触器 1KM2 和充电电阻 1R1 组成。当列车供电柜投入运行时,首先通过预充电单元对直流支撑电容进行充电,然后闭合短接接触器 1KM1。这样就减小了大的电流冲击,否则,如果输入电压突然加载到未充电的支撑电容组上,将会导致瞬间峰值电流过大。当直流支撑电压达到大于理论最终电压值的 85%后,短接接触器才可以切换至闭合状态。

短接接触器用于控制列车供电柜与主变压器之间电路的通断。如果列车供电柜出现故障,可以通过分断接触器将故障列车供电柜隔离,而与变压器相连的其他变流器单元就不会受到影响。只有在无电流的状态下,该输入断路器才可以断开。当接触器处于闭合状态时,不得将其断开。

二、TDPS06 型列车供电柜

(一)结构组成

每节动力车配置一台列车供电柜,每柜有两组独立的四象限整流模块,采用水循环冷却散热。在短编动力集中动车组模式下两路独立供电,在长编动力集中动车组模式下两路通过接触器并联单路供电。用于动车交流和直流之间的电能变换,为旅客列车辅助设备装置提供电源,如空调装置、车门集中遥控、粪便集存密封处理、电热取暖装置等电气设备。

TDPS06 型列车供电柜柜门分为上门和下门,控制区域采用对开门。显示屏、集控隔离和接地隔离设置在柜控制区域,采用透明观察窗。整柜考虑了可维护性要求,柜内易损耗件可方便地拆卸。柜体宽度、深度、高度数据和重心位置见表 6-8。

表 6-8　柜体尺寸和重心位置

项　点	宽　度	深　度	高　度
柜体尺寸/mm	750	1 050	2 000(不含吊耳)
重心位置/mm	365	386	878

图 6-19 为列车供电柜结构,总体结构基本上按上、中、下三个区域布局。

上部区域:左侧为控制机箱,右侧为显示屏、转换开关、故障隔离开关等测量仪表。

中部区域:采用模块化设计,整流模块、电容模块、输入接触器分别采用上、下分成式放置。

下部区域:主要为输出接触器、熔断器及穿墙连接器对外接线。

柜体为整体钢焊接结构,前端上部开门,便于供电时观察和测试控制箱和辅助电源开关。中下部有具备高压联锁固定的封盖,仅在检修时开启。

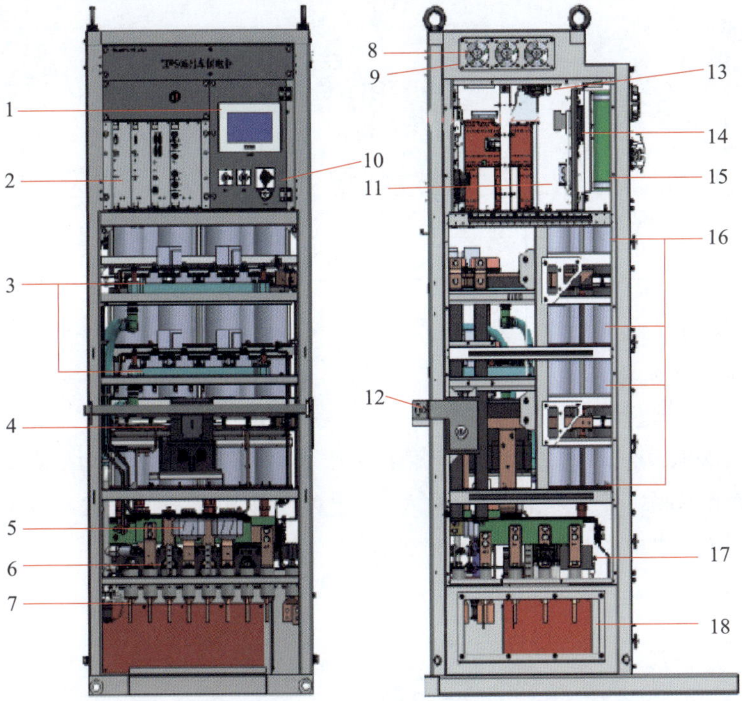

1—LCD 显示屏(A2-PD);2—控制箱(A1);3—整流模块(A3、A4);4—输入接触器(1KM1、2KM1);
5—熔断器(1FU、2FU);6—电流传感器(1SC1、2SC1、1SC2、2SC2、1SC3);
7—穿墙连接器(101、102、103、104、L3.1、L3.2、L4.1、L4.2、105、106、107、108);
8—散热风机(M3、M4、M5);9—中间继电器(2KM5);10—转换开关(A2-SQ3);
11—输出电压传感器(1SV3、1SV4、1SV5、2SV3、2SV4、2SV5);12—门栓组件;
13—风机电源板(G);14—输入电压传感器(SV1、1SV2);15—功率电阻(1R1、2R1);
16—电容组件(1C10、2C10);17—预充电接触器(1KM2、2KM2);
18—输出接触器(1KM4、2KM4、KM4)。

图 6-19　TDPS06 型列车供电柜结构

(二)主要技术参数

列车供电系统主要技术参数见表 6-9。

表 6-9　列车供电系统主要技术参数

参数名称		技术参数
主电路输入电源	额定输入电压/V	AC 340
	输入电压范围/V	AC 238～422
	输入电压频率/Hz	50
	额定输入容量/(kV·A)	2×200
	变压器绕组短路阻抗	3%

续上表

参数名称		技术参数
主电路输出	额定输出直流电压/V	DC 600
	额定输出直流电流/A	2×333
	额定输出功率/kW	2×200
	控制精度	±5%
	最大直流电流/A	≤1 000
	输出电压谐波含量	≤5%
	额定输出效率	≥97.5%
	额定点功率因数	96%
控制电路输入电源	额定电压/V	DC 110
	电压范围/V	DC 77～137.5

(三)工作原理

1. 主电路工作原理

动力集中动车组设置 DC 600 V 列车供电系统，主电路结构采用四象限整流器技术，冷却系统采用水循环冷却方式，供电电源由两组独立的四象限供电单元组成，由主变压器列车供电绕组串联一个电抗器作为输入，经过四象限整流输出 DC 600 V，分别向列车供电。列车供电柜主电路原理如图 6-20 所示。

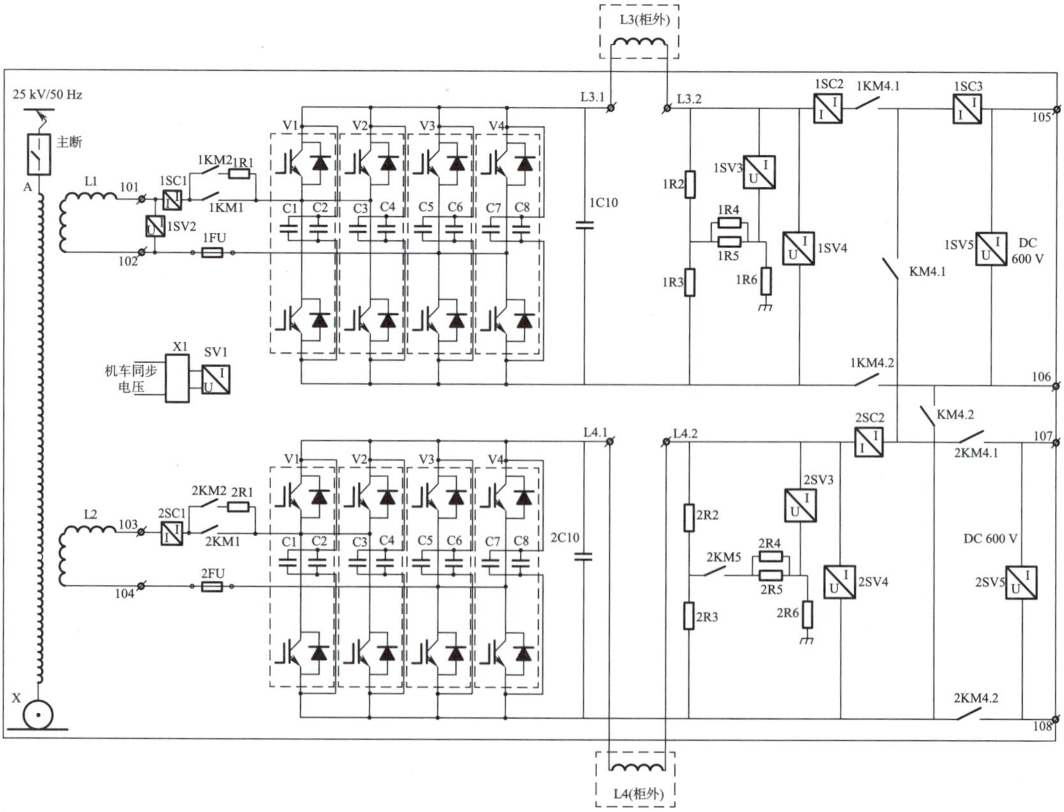

图 6-20　列车供电柜主电路原理

列车供电柜可满足短编和长编两种编组形式。

短编组及重联编组双路独立供电，每路≥200 kW；单路故障时不影响另一路正常供电；长编时两辆动车供电需互锁，每辆动力车承担一路供电，每路≥400 kW，动力车供电应避免同时供一路。

短编模式运行时，1KM4、2KM4、2KM5 闭合，KM4 断开为车辆提供 2×200 kW 的电源。长编组/灵活编组模式运行时，1KM4、KM4 闭合，2KM4 和 2KM5 断开为车辆提供 1×400 kW 的电源。接触器配置如图 6-21 所示。

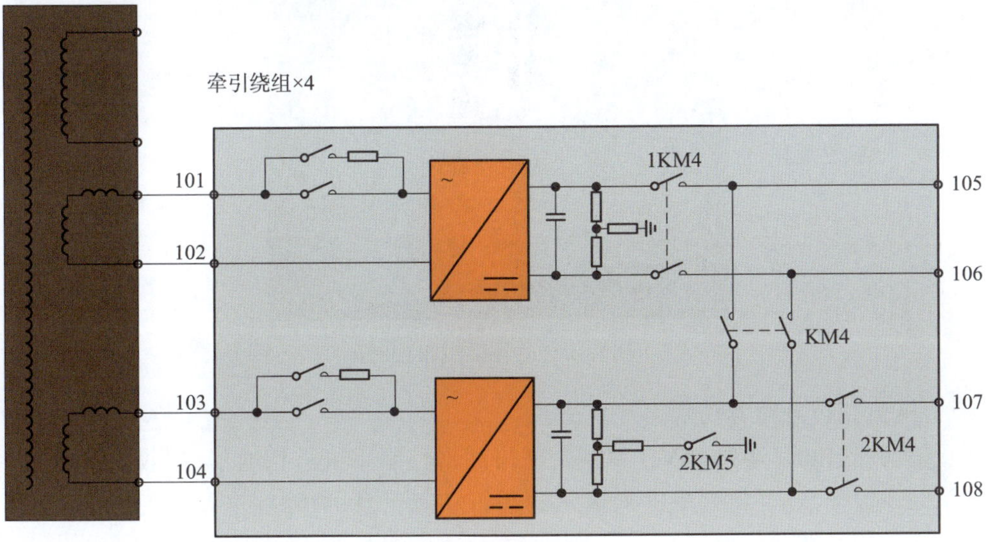

图 6-21　接触器配置

2. 列车供电控制箱工作原理

列车供电柜控制单元(LGU)具有 MVB、以太网通信的接口，通过该接口可实现网络对列车供电电源进行监视或监控，同时具备有过压、欠压、过流、接地、散热器过热等保护功能。列车供电控制箱由 2 个供电控制板(A、B 组为冗余关系)、网络控制板、以太网控制板和背板转接板组成。供电控制板和网络控制板上均有 LED 指示灯及测试孔，可以方便地完成列车供电柜运行状态监视和内部变量实时检测的功能。列车供电柜控制箱如图 6-22 所示。

(1)主要功能

逻辑控制：LGU 接收网压同步信号，并综合列车供电柜的状态和故障保护命令，实现充电、短接接触器的时序控制，变流器启停时序控制，过无电区逻辑，隔离逻辑等。另外还能实现列车供电控制单元系统自检、系统初始状态设置、列车供电变流器的启停和系统保护。

四象限控制：LGU 采样电网的同步信号、变压器次边电流、中间回路直流电压，利用四象限瞬时电流控制算法，当电网电压在一个范围内波动(如网压突升、网压突降)时，使中间回路直流电压 DC 600 V 保持恒定，确保列车供电的正常工作，同时在能够电网侧获得一个近似正弦波的电流，功率因数接近于 1。此外还具备直流偏置控制、直流电压自调

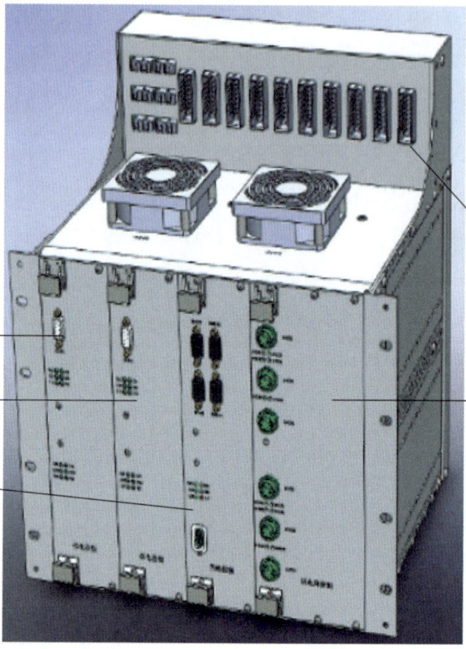

图 6-22　列车供电柜控制箱

整、原边电流相位补偿等功能。

通信功能：LGU 通过 MVB 和以太网与网络控制系统进行通信，接收网络控制系统的操作命令等信息，并将列车供电单元的运行状态信息、故障信息及软件版本等信息发送给网络控制系统。

(2)保护功能

LGU 具备诸如过载保护、过压保护、接地保护等完整的故障保护功能、模块级的故障自诊断功能和一定程度的故障自复位功能。

第三节　拖车电气系统及设备

一、电气综合控制柜

TKDD 型铁路客车动车组电气综合控制柜(简称综合控制柜)用于动力集中动车组，是集电源转换控制、空调机组控制、蓄电池欠压保护、照明控制、漏电绝缘检测、网络监控、冷态过载自动减载等功能单元于一体的智能型综合控制柜。综合控制柜的控制核心采用可编程控制器(PLC)，PLC 通过微型可编程终端(简称触摸屏)接受各种指令并自动执行相应的操作步骤，对电气系统运行中出现的各种故障及时进行诊断、指示并保护。综合控制柜具有检测、控制、诊断保护、信息提示、联网通信功能，实现供电及控制系统的综合控制。

1. 技术特点

(1)综合控制柜实现了动力集中动车组电气控制系统的小型化、智能化、集成化和系统化。

(2)综合控制柜根据预设参数实现自动控制,减轻了操作人员的工作强度,避免由于人为误操作引起的事故,便于操作和维护。

(3)综合控制柜对整车电气系统参数进行实时监测,出现故障时及时进行保护动作,避免了由于保护不及时而引起的严重后果。

(4)综合控制柜可对轴温、防滑器、烟火报警器、塞拉门的状态进行监视和显示。

(5)综合控制柜充分考虑了整车各个电气功能部件的协调工作,整个电气系统工作更加安全可靠。

(6)根据电气系统布线的有关规范和实际存在的问题,不同系统、不同电压等级、不同电流类别的导线尽量相互隔离,结构设计上尽量减少相互间的电磁干扰。

(7)综合控制柜的控制方案以自动为主,同时考虑控制系统故障的应急措施,包括极端情况下的手动应急措施。

(8)综合控制柜主要具备七项功能:①电源转换控制功能;②空调机组控制功能;③蓄电池欠压保护功能;④照明供电功能;⑤轴温、防滑器、烟火报警器、塞拉门及车下电源箱状态监视功能;⑥联网通信功能;⑦漏电绝缘检测功能。

2. 技术原理

(1)交、直流电源规格

①主电路电源

主电路由两路电源母线中的其中一路提供电源,向逆变器、充电器供电,并由逆变器Ⅰ、逆变器Ⅱ变换成 AC 380 V/50 Hz,向车内空调、伴热等交流负载供电。

直流主电源:DC 600 V。

额定工作电压:DC 600 V。

电压波动范围:DC 500～660 V。

交流主电源:AC 380 V。

额定工作电压:3AC 380 V。

电压波动范围:3AC 323～437 V。

额定工作频率:(50±1)Hz。

②蓄电池

DC 110 V 电源全列贯通,各车厢蓄电池及充电器通过逆流二极管与 DC 110 V 干线并联。蓄电池在充电机停止或故障时,向本车照明、水位显示、塞拉门、车下电源箱控制、配电箱等负载供电。

电池欠压保护动作值为 DC (91±1)V;恢复值为 DC (97±1)V。

③直流控制电源

应急灯、轴温报警器、防滑器、车辆控制单元等重要负载由列车 DC 110 V 母线供电;照明、单相逆变器、温水箱、开水炉等负载的控制电源由本车 DC 110 V 电源提供;控制柜内车辆控制单元的电源模块将 DC 110 V 电源转换成 DC 24 V 电源向 PLC、触摸屏、传感器供电。

④直流电器控制电路

额定工作电压：DC 110 V。

电压波动范围：部分为 DC 77～137.5 V，其他为 DC 88～121 V。

⑤PLC、触摸屏、信号采集电路（传感器）

额定工作电压：DC 24 V。

电压波动范围：DC 20.4～26.4 V。

（2）车辆控制单元

车辆控制单元内包含串口通信模块，采集 PLC、轴温报警、塞拉门、防滑器、火灾报警等信息，并定时发送至 Lon 通信模块。

车辆控制单元 Lon 通信模块，通过 LonWorks 接口及列车总线实现车辆间的信息和命令传递。Lon 通信模块是连接列车网和车辆网的桥梁，有 2 个列车级 LonWorks 通信接口和 1 个车辆级 LonWorks 通信接口。车辆级 LonWorks 通信接口负责车辆级网络通信，转发集中控制命令，接收车辆级串口通信模块以及车下电源网关传输的参数、工作状态等信息并在本车触摸屏集中显示。列车级 LonWorks 通信接口负责与列车级网络信息交互，将本车网络信息发送至列车级网络，同时接收列车级网络的信息，转发给车辆级 LonWorks 通信接口。

额定输入电压：DC 110 V。

输入电压波动范围：DC 77～137.5 V。

（3）接口说明

①机械接口

综合控制柜柜体为上下柜分体、落地式框架结构，前面设有面板（门板）、回转板及锁紧装置，顶部设有吊耳环。

外形尺寸（高×宽×厚）：2 000 mm×1 200 mm×475 mm。

上柜外形尺寸（高×宽×厚）：1 100 mm×1 200 mm×475 mm。

下柜外形尺寸（高×宽×厚）：900 mm×1 200 mm×475 mm。

②电气接口

普通座车综合控制柜接线端子排为电气接口。

③人机接口

触摸屏采用全中文液晶触摸屏（带背光），具有字符类型和图像类型显示，由通信接口和车辆控制单元进行通信，主要功能是现场参数设定，电源转换、空调机组等功能单元运行工况的人为控制，运行工况参数的显示，各功能单元运行状态的实时显示及故障现象的实时报告。

（4）主要零部件

①综合控制柜核心控制单元

触摸屏：NB7W-TW00B。

PLC：CP1E-CPU61。

扩展模块：CPM1A-20EDR1。

②电源供电系统

塑壳断路器:Q1、Q2。

接触器:KM1、KM2。

中间继电器:KA10、KA20。

主电路电压传感器:JK1、JK2。

主电路电流传感器:JK3。

电源转换开关:SA1。

绝缘检测装置:JYJC。

漏电流传感器:JK8。

电源Ⅰ路指示灯:HL1。

电源Ⅱ路指示灯:HL2。

绝缘检测指示灯:HL5。

③空调机组控制系统

空调系统供电断路器:Q11、Q21。

空调预热器控制断路器:Q13、Q14、Q23、Q24。

空调机组电流传感器:JK6、JK7。

空调机组电机控制接触器:KM11、KM12、KM13、KM14、KM16、KM17、KM18、KM19、KM21、KM22、KM23、KM24、KM26、KM27、KM28、KM29。

压缩机保护用电机保护断路器:QF16、QF17、QF26、QF27。

热继电器:FR11、FR12、FR14、FR21、FR22、FR24。

风口电磁阀控制断路器:Q51。

旁通阀控制断路器:Q52。

空调机组控制断路器:Q4、Q41、Q42。

空调机组控制功能转换开关:SA2。

空调机组运行指示灯:HL3。

中间继电器:KA11、KA12、KA13、KA14、KA21、KA22、KA23、KA24、KA19、KA28、KA29、KA30。

④电热控制系统

断路器:Q15、Q16、Q25。

电热控制接触器:KM8、KM9、KM10。

电热控制转换开关:SA5。

⑤车下电源监视系统

车下电源箱控制断路器:Q3。

中间继电器:KA15、KA16、KA17、KA18、KA25、KA26、KA27。

电压传感器:JK9、JK10。

车下电源变换箱指示灯:HL4。

单相逆变器指示灯:HL6。

⑥直流 DC 110 V 供电系统

本车、母线 DC 110 V 控制断路器：Q30、Q20。

应急供电断路器：Q44。

本车供电试验断路器：Q19。

电压传感器：JK4、JK5。

调理模块：TLMK。

漏电流传感器：JK14。

⑦照明控制系统

照明控制断路器：Q10、Q31。

接触器：KM6、KM7。

中间继电器：KA35。

(5)功能原理

①直流电源供电原理

首先应合上母线 DC 110 V 电源开关 Q20、本车 DC 110 V 电源开关 Q30(试验时，闭合本车供电试验开关 Q19)，有供电允许信号时，接触器 KM3 吸合；蓄电池电压正常时，接触器 KM4 吸合；车辆控制单元电源模块分别给 PLC、触摸屏、传感器提供 24 V 工作电源。

②电源供电转换原理

综合控制柜的电源由两路电源母线供电，闭合塑壳断路器 Q1、Q2，通过转换开关 SA1 分“自动”“试验Ⅰ路”“试验Ⅱ路”实现电源供电转换。

Ⅰ路、Ⅱ路均有电时，按照均衡供电原则，PLC 根据触摸屏所设定的车厢号自动选择供电电路；奇数号车厢选择Ⅰ路供电、偶数号车厢选择Ⅱ路供电。

Ⅰ路供电时，控制电路如下：

+111→熔断器 FU39→+111B→DC 600 V 绝缘检测装置→+190→电源转换开关 SA1(5,6)→I/O 扩展单元输出通道 OUT14CH00 的公共端 COM(540C)，PLC 扩展模块的输出点 1400→540→主接触器 KM2 的辅助常闭触点→+191→中间继电器 KA10 线圈→−111，中间继电器 KA10 线圈得电，中间继电器 KA10 吸合。

+111→熔断器 FU39→+111B→紧急断电按钮(控制柜外)→+111A→中间继电器 KA10 的辅助常开触点→+151→主接触器 KM1 线圈→−111，主接触器 KM1 线圈得电，主接触器 KM1 在主电路中的常开主触点闭合，主电路有电(电源Ⅰ路供电)。

+111→中间继电器 KA10 的常开触点→+125→指示灯 HL1→−111，电源指示灯 HL1 绿灯亮。

Ⅱ路供电时，控制电路如下：

+111→熔断器 FU39→+111B→DC 600 V 绝缘检测装置→+190→电源转换开关 SA1(9,10)→I/O 扩展单元输出通道 OUT14CH01 的公共端 COM(541C)，PLC 扩展模块的输出点 1401→541→主接触器 KM1 的辅助常闭触点→+192→中间继电器 KA20 线圈→−111，中间继电器 KA20 线圈得电，中间继电器 KA20 吸合。

＋111→熔断器 FU39→＋111B→紧急断电按钮(控制柜外)→＋111A→中间继电器 KA20 的辅助常开触点→＋152→主接触器 KM2 线圈→－111，主接触器 KM2 线圈得电，主接触器 KM2 在主电路中的常开主触点闭合，主电路有电(电源Ⅱ路供电)。

＋111→中间继电器 KA20 的常开触点→＋126→指示灯 HL2→－111，电源指示灯 HL2 绿灯亮。

转换开关置于“自动”位，可以通过触摸屏的电源控制菜单和提示选择或转换供电回路。

人工强制选择电源供电回路“Ⅰ路供电”或“Ⅱ路供电”，可以按下“供电控制”触摸开关，调出“电源控制”画面，根据触摸开关上的文字提示人工强制选择“Ⅰ路供电”或“Ⅱ路供电”。

试验时，可将转换开关置于“试验Ⅰ路”或“试验Ⅱ路”，人为选择Ⅰ路供电或Ⅱ路供电，此时 PLC 只进行检测报警，不能进行电源回路的转换。

当 PLC 出现故障停止工作或综合控制柜试验时，将电源转换开关 SA1 置于“试验Ⅰ路”或“试验Ⅱ路”，通过＋111→熔断器 FU39→＋111B→紧急断电按钮(控制柜外)→＋111A→电源转换开关 SA1(1,2)/(7,8)→540/541→主接触器 KM2/KM1 的辅助常闭触点→＋191/＋192→中间继电器 KA10/KA20 线圈→－111，中间继电器 KA10/KA20 线圈得电，中间继电器 KA10/KA20 吸合；＋111→熔断器 FU39→＋111B→紧急断电按钮(控制柜外)→＋111A→中间继电器 KA10/KA20 的辅助常开触点→＋151/＋152→主接触器 KM1/KM2 线圈→－111，主接触器 KM1/KM2 线圈得电，主接触器 KM1/KM2 在主电路中的常开主触点闭合，主电路有电(电源Ⅰ路/Ⅱ路供电)。人为选择Ⅰ路或Ⅱ路供电时，Ⅰ路供电和Ⅱ路供电在电路上互锁，PLC(CPU61)、I/O 扩展模块(20EDR1)上相应的输出点无输出(OFF)，此时 PLC 只能对供电电路是否正常进行检测报警，不能进行供电电路的自动转换。

主电路中接有电流传感器 JK3、电压传感器 JK1、JK2，并设 DC 600 V 在线绝缘检测装置(JYJC、JK8)，所测主电路电流、电压、DC 600 V 漏电流经过变换成 DC 0～10 V 电压信号输入到 PLC(CP1E-CPU61)的模拟输入点(V1～V3、V12)，触摸屏上可显示主电路的电压、电流、电源状态、DC 600 V 漏电流等信息；电源转换开关 SA1 置于“自动”位时，当某路电源出现过压等故障时(DC 600 V 供电电压超过 660 V)，触摸屏显示故障提示，程序控制 I/O 扩展单元(20EDR1)输出点(1400/1401)为 OFF，中间继电器 KA10/KA20 线圈失电，其常开触点断开，使得接触器 KM1/KM2 线圈失电，其在主电路中的常开主触点断开，切断故障供电电路；其串接在电源指示灯 HL1/HL2 控制电路中的辅助常开触点断开，电源指示灯 HL1/HL2 绿灯熄灭；同时程序控制 I/O 扩展(20EDR1)输出点(1402/1403)为 ON，＋111→I/O 扩展单元(20EDR1)的公共端(COM)→I/O 扩展单元(20EDR1)的输出点(1402/1403)→542/543→指示灯 HL1/HL2→－111，相应电源指示灯 HL1/HL2 红灯亮(指示灯 HL1/HL2 为双色指示灯)，表示供电电路故障(电源转换开关 SA1 置于“试验Ⅰ路”“试验Ⅱ路”位时，当某路电源出现过压等故障时，不能自动切断供电电源，电源指示灯 HL1/HL2 绿灯红灯同时点亮，显示为橙色)。

正常供电时，合上断路器 Q3、Q15、Q16、Q25，电源给车下电源箱、客室电热、电暖风电热供电。逆变电源将 DC 600 V 转换为 AC 380 V，合上断路器 Q11、Q21、Q51、Q52、Q6、Q7、Q17、Q22、Q50、Q81、Q83、Q84、Q85 为空调机组、风口电磁阀、旁通阀、电开水炉、温水箱、伴热、综合控制柜门上电源插座、洗脸室插座、乘务员室插座、侧墙插座等交流负载供电。

③空调机组控制功能

空调机组增加预冷、预热、高温卸载及新风阀自检功能。空调机组控制功能通过空调工况转换开关 SA2 分为“自动”“试验暖”“试验冷”“停止”四挡。

正常情况下，空调工况转换开关 SA2 置于“自动”位。

电源启动后，合上空调机组控制电路的断路器 Q4，控制电路有电。+24 V 通过空调工况转换开关 SA2(5,6)输入反馈信号到 I/O 扩展模块的输入点(0600)，PLC 控制空调机组自动进入“自动”运行工况，通过+112→空调工况转换开关 SA2(3,4)→401→PLC(CPU61)输出通道 OUT100CH、101CH 的公共端(COM)即 PLC(CPU61)的 14 号、20 号、26 号接线端子，给控制空调机组工况的各接触器控制电路提供 DC 110 V 电源；PLC 根据车厢里温度传感器(Pt100)检测值与预先设定的“制冷”“制暖”温度值进行比较后，控制空调机组的自动运行，程序根据温度条件，控制 PLC(CP1E-CPU61)的输出点(10000～10006、10100～10106)为别置于“ON”或“OFF”，以控制空调机组弱风接触器 KM11、KM21，强风接触器 KM12、KM22，冷凝风机接触器 KM14、KM24，压缩机接触器 KM16、KM17、KM26、KM27，空调预热器接触器 KM18、KM19、KM28、KM29 的线圈是否得电。

只要空调机组弱风机接触器 KM11、KM21 或强风机接触器 KM12、KM22 的线圈得电，其在空调运行指示灯控制电路中的辅助常开触点闭合，空调机组空调运行指示灯 HL3 绿灯亮。

空调机组在自动运行时，有六种工况“强风”“弱风”“强风半冷”“强风全冷”“弱风半暖”“弱风全暖”。PLC 根据当前逆变器状态以及车厢里温度传感器、外气温度传感器检测值与预先在管理界面设定的“制冷”“半暖”“全暖”温度设定值进行比较后，进行空调机组的“自动”运转。

空调自动制冷工况如图 6-23 所示。

空调自动制暖工况如图 6-24 所示。

通过触摸屏上的空调给予运行工况菜单和提示，可以强制选择“强风”“弱风”“强风半冷”“强风全冷”“弱风半暖”“弱风全暖”等运行工况，相对应的强风机、弱风机、冷凝风机、压缩机、空调预热器接触器线圈得电，此时空调机组各运行工况不受温度控制。在触摸屏上按下“全自动”触摸键可以返回受温度控制的“自动”工况。

正常工作状态时，PLC 实时监测空调机组的运行状况，控制空调机组各电机或空调预热器顺序启动。

制冷全工况时，各电机的启动顺序为：启动强通风机，再启动冷凝风机，冷凝风机启动后延时一段时间启动压缩机 1，再延时一段时间启动压缩机 2。

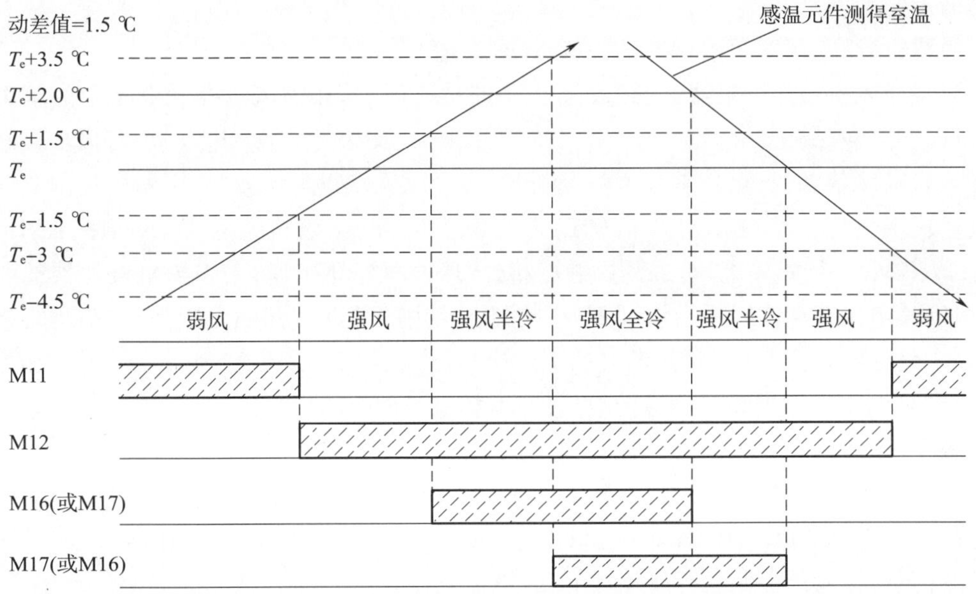

M11—弱风通风机；M12—强风通风机；M16—1 位压缩机；M17—2 位压缩机；T_e—制冷设定值。

图 6-23　空调自动制冷工况

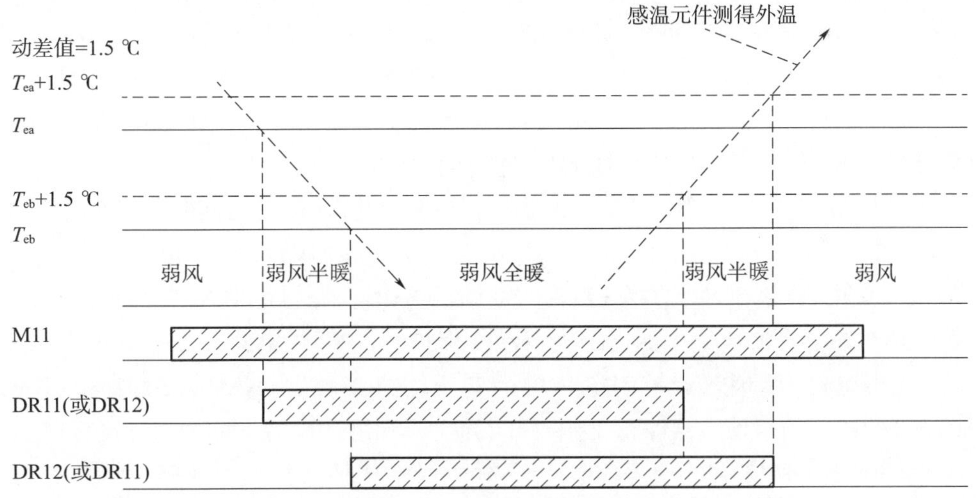

DR11—1 位空气预热器；DR12—2 位空气预热器；T_{ea}—半暖设定值；T_{ed}—全暖设定值。

图 6-24　空调自动制暖工况

制冷半工况时，以工作计时少的压缩机先启动工作，当压缩机 1 和压缩机 2 之间工作计时差达 2 h，交替压缩机工作，以保证两台压缩机累计工作时间均衡。

制暖全工况时，各空调预热器的启动顺序为：启动弱通风，延时一段时间启动空调预热器 1，再延时一段时间启动空调预热器 2。

制暖半工况时，以工作计时少的空调预热器先启动工作，当空调预热器 1 和空调预热器 2 之间工作计时差达 2 h，交替空调预热器工作，以保证两台空调预热器累计工作时间均衡。

通风机分高、低速两挡，除发生故障外连续运行。

当强通风机用热继电器 FR12/FR22 保护动作后，其在强风机控制电路中的辅助常闭触点断开，强风机接触器 KM12/KM22 线圈失电，其常开主触点断开；冷凝风机接触器 KM14/KM24 线圈失电，其常开主触点断开，冷凝风机停止工作；对应压缩机控制电路中冷凝风机接触器 KM14/KM24 的辅助常开触点断开，压缩机接触器（KM16、KM17）/（KM26、KM27）线圈失电，其常开主触点断开，压缩机停止工作；当强风机接触器的线圈失电时，其串接在空调运行指示灯 HL3 控制电路中的辅助常开触点断开，空调运行指示灯 HL3 绿灯熄灭；＋24 V 通过断开的强风机热继电器 FR12/FR22 辅助常开触点输入反馈信号到 PLC，触摸屏显示相应的故障信息，相应空调故障指示灯 HL3 红灯亮。

制冷工况时，冷凝风机运行后，压缩机才能运行。

冷凝风机用热继电器 FR14/FR24 保护动作时，其辅助常开触点断开，对应压缩机控制电路中的接触器（KM16、KM17）/（KM26、KM27）线圈失电，停止工作；触摸屏显示相应故障信息，相应的空调运行故障灯 HL3 橙色灯亮。

制暖工况时，弱通风机运行后，空调预热器才能运行。

弱通风机用热继电器 FR11/FR21 保护动作后，其在弱风机控制电路中的辅助常闭触点断开，弱风机接触器 KM11/KM21 线圈失电，其常开主触点断开，弱风机停止工作；对应空调预热器控制电路中弱通风机接触器 KM11/KM21 的辅助常开触点断开，空调预热器接触器（KM18、KM19）/（KM28、KM29）线圈失电，其常开主触点断开，空调预热器停止工作；当弱风机接触器的线圈失电时，其串接在空调运行指示灯 HL3 控制电路中的辅助常开触点断开，空调运行指示灯 HL3 绿灯熄灭、红灯亮。

当压缩机组的高、低压力继电器、低温继电器保护动作时，中间继电器 KA11、KA12/KA21、KA22 线圈得电；压缩机控制电路中的各压缩机接触器（KM16、KM17）/（KM26、KM27）线圈失电，压缩机停止工作；相应的空调机组运行指示灯 HL3 橙色灯亮。

当空调预热器控制电路中温度继电器动作保护时，中间继电器 KA13、KA14/KA23、KA24 线圈得电；空调预热器控制电路中的各压缩机接触器（KM18、KM19）/（KM28、KM29）线圈失电，空调预热器停止工作；相应的空调机组运行指示灯 HL3 橙色灯亮。

在“强风半冷”或“弱风半暖”工况下，压缩机或空调预热器发生故障，有故障的压缩机或空调预热器将停止运行，延时后自动切换到另一台压缩机或空调预热器工作，触摸屏上显示故障信息，同时空调运行故障指示灯亮。

在“强风全冷”工况下，压缩机发生故障，有故障的压缩机停止运行，保持无故障压缩机继续工作，触摸屏上显示故障信息，同时空调运行故障指示灯亮。

在“弱风全暖”工况下，空调预热器发生故障，所有空调预热器停止运行，保摸屏上显示故障信息，同时空调运行故障指示灯亮。

通过按下触摸屏上的“停空调”触摸键，空调机组停止运行。再按下触摸屏上的“全自动”触摸键后，PLC 通过检测可以重新启动空调机组。

空调机组故障排除后应通过按下触摸屏上“全自动”触摸键或通过空调工况转换开

关 SA2 由“停止”位转换到“自动”位，空调机组进入“自动”运行状态，通过 PLC 检测后，空调机组恢复运行。

空调机组控制电路中，通过相应的通风机、冷凝风机、压缩机、空调预热器接触器的辅助常开、常闭触点在电路上进行逻辑功能互锁，同时程序软件设计中，也进行了逻辑功能互锁。空调自动运行工况下，因故障而停止运行空调机组时，PLC 相应的输出点没有输出(OFF)。

当空调在“自动”位运行时，PLC 根据逆变器输出电压和逆变器自身给出的信号判断其工作状态。如果 PLC 根据输出电压判断逆变器发生故障，相应风机、压缩机或预热器停止工作，相应故障指示灯亮，触摸屏显示相应信息。两台逆变器相互热备，当其中一台逆变器自身检测出有故障时，另一台逆变器负责本车供电，这时逆变器给出减载信号送给 PLC，PLC 检测到逆变器给出半载信号时，空调自动减载运行，触摸屏显示相应信息。当逆变器故障恢复减载信号消失后空调自动恢复原工况运行。

试验时，可将转换开关置于“试验冷”或“试验暖”，人为选择制冷工况，启动强风、冷凝风机或制暖工况启动弱风。此时 PLC 只能对空调机组进行监测，不进行保护动作。

“试验冷”可实现强风、半冷和全冷工况，“试验暖”可实现弱风、半暖和全暖工况。

空调工况转换开关 SA2 置于“试验冷”，+111→Q4→+112→空调工况转换开关 SA2(9,10)→403→中间继电器 KA4 线圈→−111，中间继电器 KA4 线圈得电，其常开触点闭合，通过空调工况转换开关 SA2(1,2)→闭合的中间继电器 KA4 常开触点，使得 555、556、565、566 有电，强通风机和冷凝风机启动；闭合断路器 Q41，+112→Q41→405→闭合的中间继电器 KA4 常开触点，使得 187、387 有电，启动压缩机 1-1 和压缩机 2-1；适当延时后再合上 Q42，+112→Q42→406→闭合的中间继电器 KA4 常开触点，使得 287、487 有电，启动压缩机 1-2 和压缩机 2-2。

空调工况转换开关 SA2 置于“试验暖”，+111→Q4→+112→空调工况转换开关 SA2(7,8)→402→中间继电器 KA3 线圈→−111，中间继电器 KA3 线圈得电，其常开触点闭合，通过空调工况转换开关 SA2(11,12)→闭合中间继电器 KA3 常闭触点，使得 554、564 有电，弱通风机启动；闭合断路器 Q41，+112→Q41→405→闭合的中间继电器 KA3 常开触点，使得 63、67 有电，启动空调预热器 1-1 和空调预热器 2-1；适当延时后再合上 Q42，+112→Q42→406→闭合的中间继电器 KA3 常开触点，使得 43、45 有电，启动空调预热器 1-2 和空调预热器 2-2。

空调机组主回路中接有电流传感器 JK6、JK7，触摸屏上可以显示空调机组的运行工况、压缩机或空调预热器运行状况、累计运行时间及电流值。当空调机组出现过载、过流故障时，触摸屏弹出“当前故障”，空调故障灯亮。

空调机组的压缩机及空调预热器按照累计时间运行，半冷或半暖时累计时间少的机组启动运行，运行 2 h 后自动转换到另一机组交替运行。

综合控制柜具有完善的故障诊断、保护功能；热继电器、电机保护断路器与电子保护并存。热继电器用于通风机、冷凝风机的保护；电机保护断路器用于压缩机的保护；电子保护是采用电流传感器对压缩机、空调预热器的各相电流进行采样，实时与设定电流值进行比较后，对空调机组出现的电流过流、过载等故障实时报警或保护。

④DC 600 V 电热控制功能

DC 600 V 电热分为电暖风电热和端部电热，部分车种设有电暖风电热控制转换开关 SA5，分为“自动”“手动”“停止”三挡；其他车种设有端部电热控制转换开关 SA5，分为“自动”“手动伴热”“手动全热”“停止”四挡。

a. 带伴热端部电热控制

正常情况下，电热控制转换开关 SA5 置于“自动”位。

空调工况转换开关 SA2 置于“自动”位，PLC 根据当前逆变器状态以及车厢里温度传感器、外气温度传感器检出值与预先在管理界面设定的“制冷”“电热”“半暖”“全暖”温度设定值进行比较后，进行空调机组的“自动”运转。

自动电热工况如图 6-25 所示。

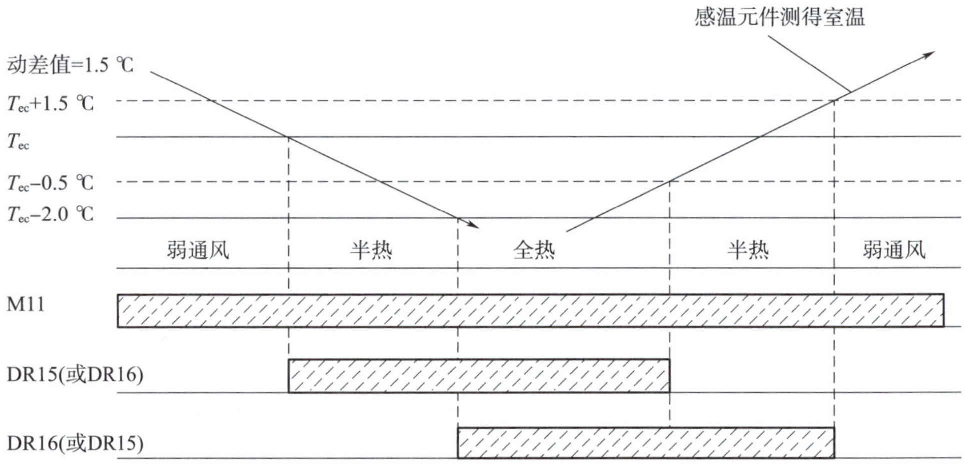

DR15—1 位客室电热；DR16—2 位客室电热；T_{ec}—电热设定值。

图 6-25　自动电热工况

客室电热也可在触摸屏上控制，按下“电热 1”/“电热 2”触摸键，中间继电器 KA8/KA9 线圈得电，合上断路器 Q15、Q16、Q25、Q26，接触器 KM8、KM9、KM10、KM20 线圈得电，客室电热Ⅰ/客室电热Ⅱ/端部电热Ⅰ/端部电热Ⅱ工作，触摸屏显示相应信息，此时电热不受温度控制。

PLC 出现故障停止工作时，可通过空调工况转换开关 SA2 对电热进行控制。

空调工况转换开关 SA2 置于“试验暖”，＋111→Q4→＋112→空调工况转换开关 SA2(7,8)→402→中间继电器 KA3 线圈→－111，中间继电器 KA3 线圈得电，其常开触点闭合，通过空调工况转换开关 SA2(11,12)→闭合中间继电器 KA3 常闭触点，使得 554 有电，弱通风机启动；闭合断路器 Q41，＋112→Q41→405→闭合的中间继电器 KA3 常开触点，使得 566 有电，启动客室电热Ⅰ/端部电热Ⅰ；适当延时后再合上 Q42，＋112→Q42→406→闭合的中间继电器 KA3 常开触点，使得 567 有电，启动客室电热Ⅱ/端部电热Ⅱ。

试验时，将电热控制转换开关 SA5 置于“手动伴热”“手动全热”，手动伴热时，端部电热Ⅱ工作，手动全热时，端部电热Ⅰ/端部电热Ⅱ工作。

电热控制转换开关 SA5 置于“手动伴热”，＋112→电热控制转换开关 SA5(5,6)→接触器 KM20 线圈→闭合接触器 KM12 常闭触点→－112，接触器 KM20 线圈得电。

电热控制转换开关 SA5 置于“手动全热”，＋112→电热控制转换开关 SA5(1,2)、(5,6)→接触器 KM10 线圈、接触器 KM20 线圈→闭合接触器 KM12 常闭触点→－112，接触器 KM10、KM20 线圈得电。

b. 不带伴热电暖风电热控制

正常情况下，电热控制转换开关 SA5 置于“自动”位。

空调工况转换开关 SA2 置于“自动”位，PLC 根据当前逆变器状态以及车厢里温度传感器、外气温度传感器检出值与预先在管理界面设定的“制冷”“电热”“半暖”“全暖”温度设定值进行比较后，进行空调机组的“自动”运转。

客室电热也可在触摸屏上控制，按下“电热 1”/“电热 2”触摸键，中间继电器 KA8/KA9 线圈得电，合上断路器 Q15、Q16、Q25，接触器 KM8、KM9、KM10 线圈得电，客室电热Ⅰ/客室电热Ⅱ/电暖风电热工作，触摸屏显示相应信息，此时电热不受温度控制。

PLC 出现故障停止工作时，可通过空调工况转换开关 SA2 对电热进行控制。

空调工况转换开关 SA2 置于“试验暖”，＋111→Q4→＋112→空调工况转换开关 SA2(7,8)→402→中间继电器 KA3 线圈→－111，中间继电器 KA3 线圈得电，其常开触点闭合，通过空调工况转换开关 SA2(11,12)→闭合中间继电器 KA3 常闭触点，使得 554 有电，弱通风机启动；闭合断路器 Q41，＋112→Q41→405→闭合的中间继电器 KA3 常开触点，使得 557 有电，启动客室电热Ⅰ；适当延时后再合上 Q42，＋112→Q42→406→闭合的中间继电器 KA3 常开触点，使得 567 有电，启动客室电热Ⅱ。

试验时，可将电热控制转换开关 SA5 置于“手动”，合上断路器 Q33，电暖风电热工作。

电热控制转换开关 SA5 置于“手动”，合上断路器 Q33，＋112→电热控制转换开关 SA5(3,4)→接触器 KM10 线圈→闭合接触器 KM12 常闭触点→闭合断路器 Q33 常开辅助触点→－111，接触器 KM10 线圈得电。

⑤车下电源箱监视功能

综合控制柜与车下电源箱通过网关进行通信，并通过 201、301、211、203、303、202、302、311 等信号硬线(DC 110 V)将车下电源箱逆变器Ⅰ、逆变器Ⅱ、充电器正常故障信息传送到综合控制柜内。综合控制柜通过中间继电器 KA15(逆变器Ⅰ正常信号)、中间继电器 KA25(逆变器Ⅰ故障信号)、中间继电器 KA18(减载信号)、中间继电器 KA16(逆变器Ⅱ正常信号)、中间继电器 KA26(逆变器Ⅱ故障信号)、中间继电器 KA17(充电器正常信号)、中间继电器 KA27(充电器故障信号)、接触器 KM4(电池欠压信号)的吸合对车下电源箱进行实时监控，另外，控制柜内还装有电压传感器 JK9、JK10，对逆变器输出电压进行监视，通过触摸显示屏可实时查看逆变器、充电机状态。

综合控制柜与车下电源箱间还接有硬线 204、304，单相逆变器正常时，204 线有

+110 V信号，单相逆变器指示灯HL6亮绿色；单相逆变器故障时，304线有+110 V信号，单相逆变器指示灯HL6亮红色。

⑥本车DC 110 V欠压报警功能

综合控制柜的直流电源分为母线DC 110 V直流电源和本车DC 110 V直流电源，分别通过传感器JK4、JK5检测其电压信号。

⑦照明控制

照明控制功能通过转换开关SA4分为“集控”“半灯”“全灯”“停止”。合上断路器Q10、Q31，将SA4置于“半灯”，接触器KM6、KM7线圈得电，使得终夜灯(亮半灯)和应急灯工作；将SA4置于“全灯”，接触器KM6、KM7和中间继电器KA35线圈得电，使得终夜灯(亮全灯)和应急灯工作。

⑧轴温、防滑器、烟火报警器、车门及车下电源箱状态监视

车辆控制单元能够采集轴温、防滑器、烟火报警器、车门、车下电源箱的状态信息，并在触摸屏上显示。

⑨联网通信

列车设两路双绞屏蔽网络线，通过车辆控制单元实现全列集中监视和控制。各个车厢的车辆控制单元将本车供电系统信息、本车空调系统信息、发送给其他车厢的命令传送到列车总线上，供其他车厢调用。本车车辆控制单元可以读取列车总线上其他任一节车厢的信息；接受其他车厢发送给本车的命令并执行。

二、蓄电池及车下电源

(一)GNC120-(12)型蓄电池

1. 蓄电池组系统组成

GNC120-(12)型蓄电池组系统由78只GNC120-(12)型蓄电池串联组成，主要应用于动力集中动车组的应急供电及辅助供电。

2. 主要技术参数

单体蓄电池如图6-26所示。

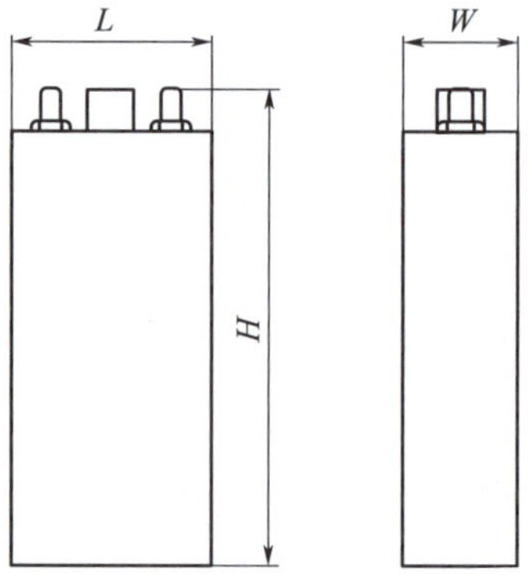

图6-26　单体蓄电池[型号GNC 120-(12)，额定电压1.20 V，额定电容120 A·h]

蓄电池组技术参数:20 只蓄电池组合最大外形尺寸(包含衬板,长×宽×高)为 564 mm×455 mm×307 mm,78 只蓄电池组合(含电池及连接配件)最大总质量为 450 kg。四周与托盘间隙用 3 mm 衬板挤紧。

3. 工作原理

蓄电池充电时,将电能转变为化学能,放电时将化学能转变为电能。电池总反应如下:

$$2Ni(OH)_2+Cd(OH)_2 \underset{放电}{\overset{充电}{\rightleftharpoons}} 2NiOOH+Cd+2H_2O$$

(二)镍氢蓄电池

1. 蓄电池组系统组成

动力集中动车组 DC 110 V 系统中,每辆车配置两个蓄电池箱,每个蓄电池箱内有一个台车,每个台车内有两个玻璃钢托盘。每个玻璃钢托盘内由 5 个 HKH120P-4 型镍氢蓄电池串联为一个模组,两个电池箱串联组成一个 DC 110 V 蓄电池组,两个相同尺寸的假体电池填充空间,在台车内玻璃钢托盘和电池组之间的空隙处使用电木块进行固定,单箱镍氢蓄电池组电池排布如图 6-27 所示。

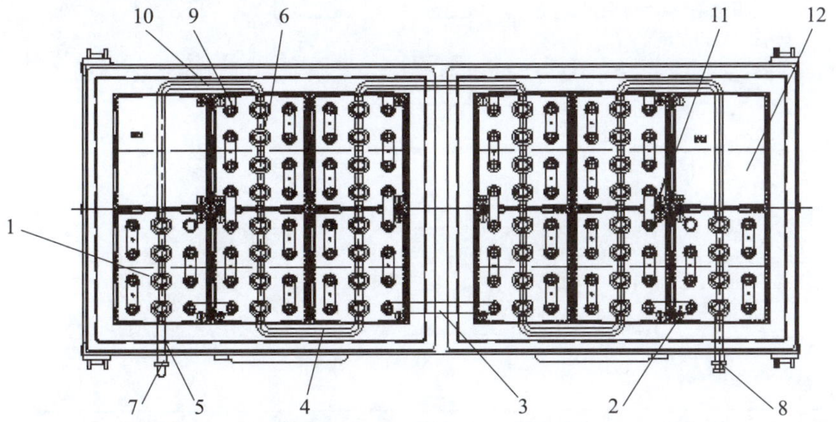

1—镍氢蓄电池;2—组间跨接收;3—连接线;4—7 号橡胶软管;5—橡胶软管;6—护罩;7—注液嘴;8—排液嘴;9—连接板 4;10—10 号橡胶管;11—组间跨接板 2;12—假体电池。

图 6-27　单箱镍氢蓄电池组电池排布

2. 工作原理

镍氢蓄电池组安装于列车车底,列车运行时,在紧急情况下,该蓄电池为安全和辅助电气系统(其中包括紧急照明、信号、通信、车门控制、驾驶和制动控制)提供紧急备用电源。

镍氢蓄电池是一种电化学装置,用于向设备提供电力。电能由蓄电池内部发生的化学反应产生,其中含有活性材料的电极氧化状态发生变化,但物理状态不变。活性材料不溶于碱性电解液,其氧化状态发生变化时保持固态且不溶解。因此任何化学反应均不引起活性材料的减少。电量的多少取决于电化学反应的内在潜力和效率,也取决于蓄电池内部活性材料的含量。

在蓄电池的充放电过程中，氢氧离子通过电解液从正极板向负极板移动，碱性溶液在其中仅仅起转移媒介作用，并不参与化学反应。因其在蓄电池工作中作用相对被动，镍氢蓄电池的电解液不会受到充电状态的影响。

（三）充电机

1. 充电机组成

充电机采用箱体式结构，悬挂于车体底部。如图6-28(a)所示，充电机采用移相全桥软开关主电路，功率器件为IGBT，具有驱动电路简单、开关频率高、低损耗等特点，为照明电灯、塞拉门、控制电源等车载设备及蓄电池提供独立电源。充电机主要由预充电电路、滤波电路、高频逆变电路（包含高频变压器）、二次整流电路、输出滤波电路、传感器检测电路、隔离驱动单元和微机控制单元等组成。在通信方面，充电机通过RS-485与外部网关进行通信。如图6-28(b)所示，逆变器采用"Boost＋全桥逆变"主电路，为车厢单相负载提供AC 220 V交流电源。

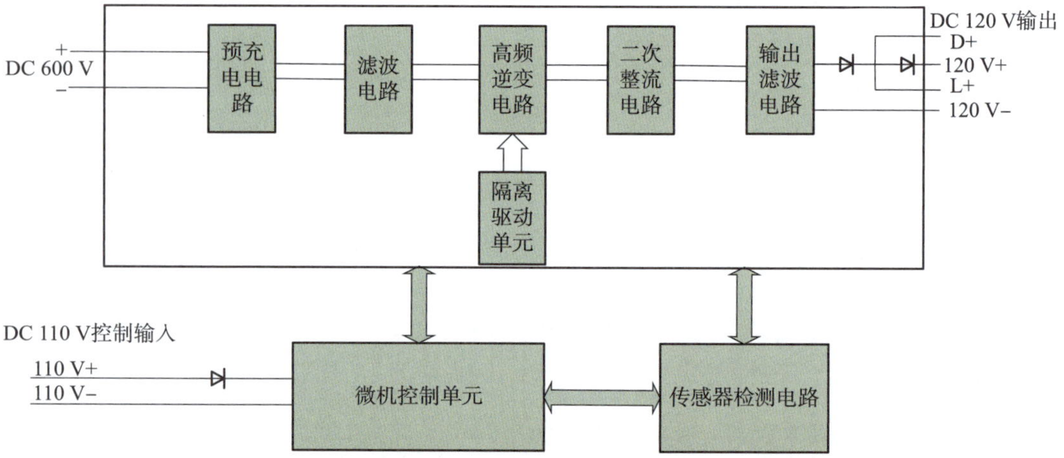

(a)

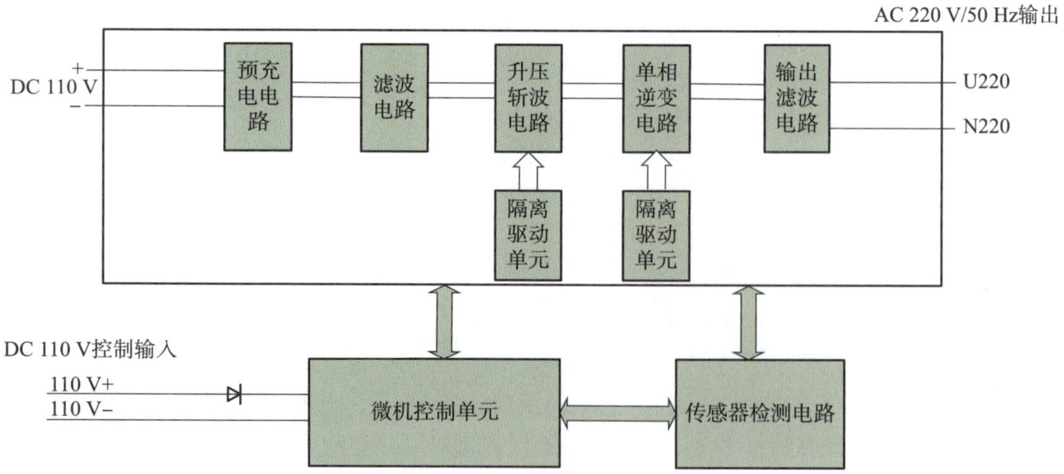

(b)

图6-28　充电机电路框图

2. 主要技术参数

(1)充电器主要技术参数

额定输入电压:DC 600 V,电压范围为 DC 500～660 V,相对峰—峰纹波因数≤15%。

充电器额定输出电压:DC 120 V,输出电压相对峰—峰纹波因数小于 10%。

输出电压稳态调整率:不大于±1%。

控制回路额定电压:DC 110 V,电压范围为 DC 77～137.5 V。

充电器变换效率:不小于 90%(额定输出负载)。

充电器启动和正常工作时,对输入电源产生的相对峰－峰纹波因数应小于 10%。

输出容量:不小于 7.5 kW。

开关频率:≥16 kHz。

充电方式:根据不同电池对应不同的温度补偿曲线(双曲线)。

控制方式:当+130、－111 有正常电压输入时,充电器准备工作,当+603、－603 有正常电压输入时,充电器工作,输出软启动至正常电压,如果正常,202 有输出,如果故障则 302 有输出。过无电区自动软启动。充电器内部通过隔流二极管与蓄电池母线并联,可以按照 TA、TB、TB 所接 Pt100 传感器自动进行充电电压的温度补偿。欠压控制板(或欠压继电器)由 D+、－110 供电,欠压(90～92 V)时欠压继电器有源触点断开 311 无输出,正常时欠压继电器有源触点闭合 311 有输出。

网络功能:充电器箱内装有 LonWorks/RS-485 网关,通过内部 RS-485 网络与充电器 1、2 和充电器连接,通过 LonWorks 与车辆总线连接,按统一的通信协议联网通信。

(2)单相逆变器主要技术参数

额定输入电压:DC 110 V,输入电压相对峰—峰纹波因数小于 15%,输入电压波动范围为 DC 77～137.5 V。

输出电压:单相 AC 220×(1±5%)V。

输出频率:(50±1)Hz。

THD:≤10%。

控制电压:DC 110 V,电压波动范围为 DC 77～137.5 V。

效率:不小于 80%。

额定输出容量:3.5 kV·A。

DC 110 V 输入侧有预充电元件,启动时输入电流的最大值 I_{max} 应小于稳态电流 I_H 的 1.5 倍。

DC 110 V 输入侧与交流输出侧采用变压器进行电气隔离。

3. 工作原理

充电机将 DC 600 V 变换为 DC 110 V 为蓄电池充电和直流负载供电,主电路原理如图 6-29 所示。单相逆变器将 DC 110 V 变换为单相 AC 220 V,为旅客插座、吸尘器等设备供电,主电路原理如图 6-30 所示。

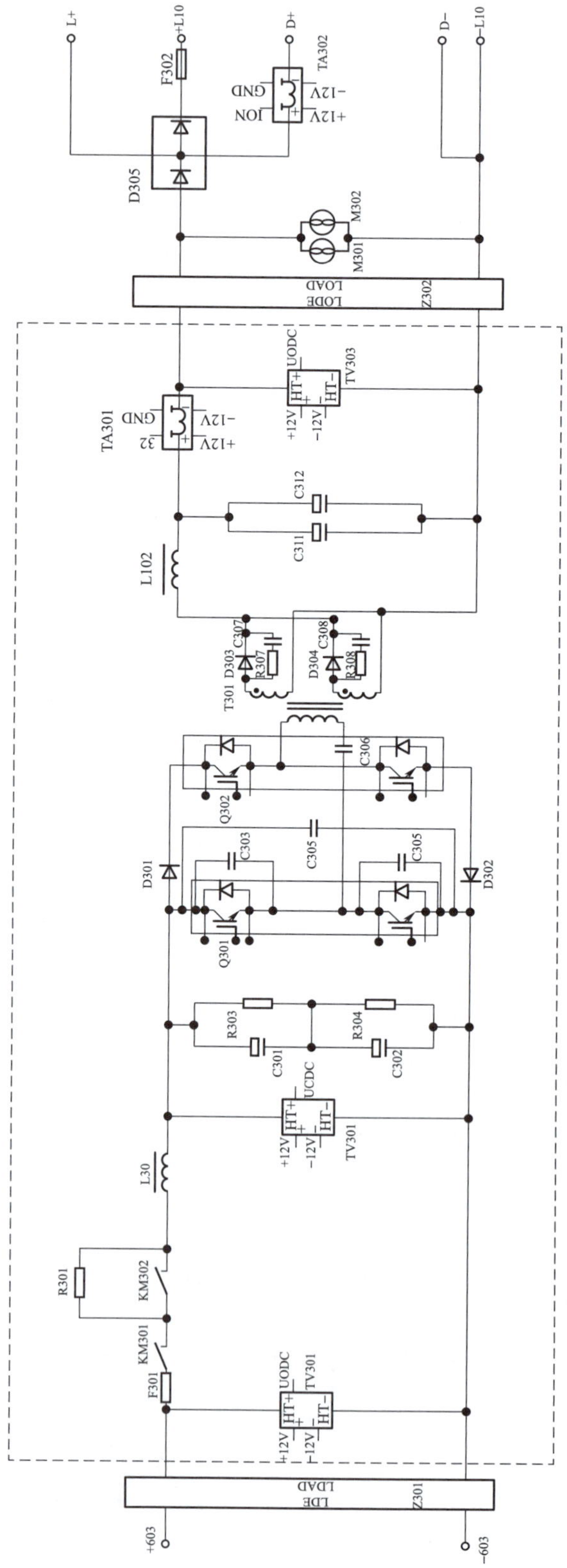

图6-29 充电器主电路原理

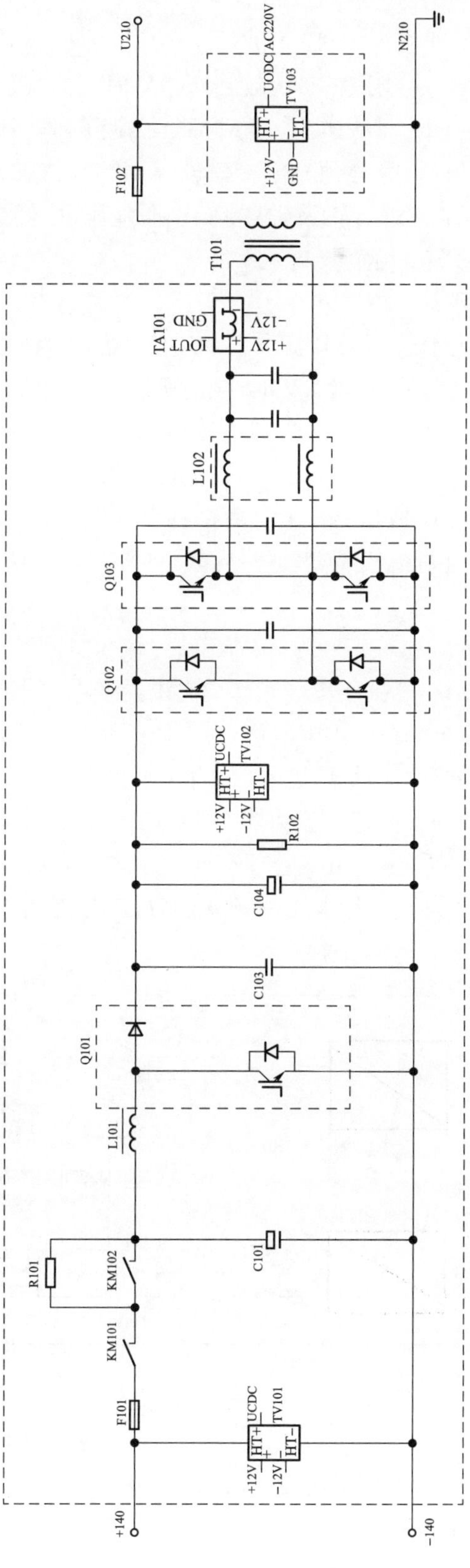

图 6-30　单相逆变器主电路原理

①充电器工作原理

直流母线DC 600 V经过输入EMI滤波器Z301和熔断器F301，当电压检测电路TV301检测到DC 600 V电源电压≥500×(1±2%)V时，延时吸合主接触器，开始预充电(此时预充电接触器处于断开状态)。延时后，当检测到电压检测电路TV301与TV302的电压差小于设定值后，吸合预充电接触器KM302，结束预充电状态，充电器软启动运行。DC 600 V经由全桥进行斩波，高频变压器降压，后经二极管整流，再经由输出LC滤波和EMI滤波器Z302给负载。

②单相逆变器工作原理

直流母线DC 110 V经过输入EMI滤波器Z101和熔断器FU101，当电压检测电路TV301检测到DC 600 V电源电压≥77 V时，延时吸合主接触器，开始预充电(此时预充电接触器处于断开状态)。延时后，当检测到电压检测电路TV101与TV302的电压差小于设定值后，吸合预充电接触器KM102，结束预充电状态，单相逆变器经由BOOST升压变换将DC 110 V升至设定值后，经过全桥拓扑和LC滤波后输出AC 220×(1±5%)V，再经由隔离变压器进行电气隔离，通过保险F101供给交流负载。

(四)逆变电源

1. 逆变电源组成

逆变电源采用箱体式结构，悬挂于车体底部。空调逆变电源柜结构如图6-31所示，逆变器布置两路相互独立且完全一致的供电电路，为空调压缩机、空调通风机、厨房电器及拉塞门提供独立电源。电路主要由接触器、熔断器、输入滤波器、变流模块、输出滤波器、变压器及相关传感器组成。在通信方面，变流器模块通过RS-485与外部网关进行通信。

每节车厢配置一台逆变器，主要负责管理车厢空调逆变系统，根据运行工况，为空调压缩机和通风机提供稳定的三相工作电压和频率，通过三相隔离变压器提供稳定的单相电压和频率。

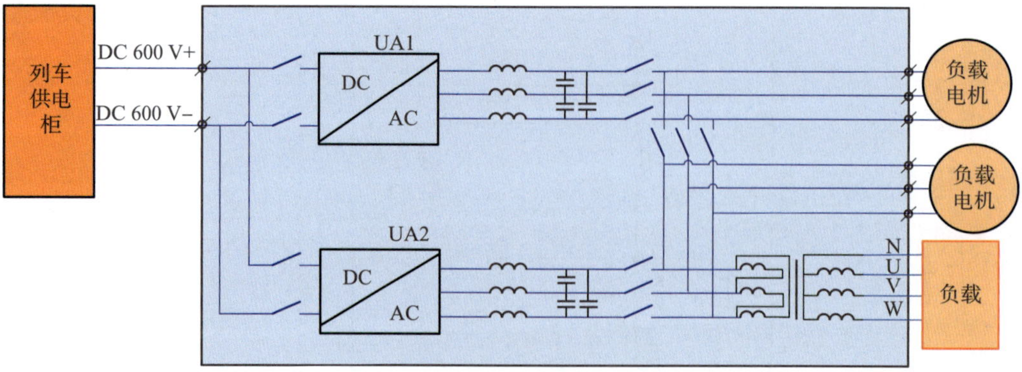

图6-31　空调逆变电源柜结构

2. 主要技术参数

额定输入电压：DC 600 V，允许电压波动范围为DC 500～700 V。

额定输出电压：AC 380×(1±5%)V/(50±1)Hz。

控制回路额定电压：DC 110 V，允许电压波动范围为 DC 77～137.5 V。

逆变电源变换效率：不小于 90%（额定输出负载）。

逆变电源启动和正常工作时，对输入电源产生的相对峰－峰纹波因数应小于 10%。

输出容量：2×35 kV·A。

开关频率：3 kHz。

3. 工作原理

空调逆变电源主电路原理如图 6-32 所示，主要由输入滤波电路、预充电电路、中间支撑电路、三相桥式逆变电路、交流滤波电路、隔离变压器、输入输出接触器、电压电流检测电路等组成。

直流母线 DC 600 V 经过输入 EMI 滤波器（Z201）、输入熔断器（FU201）到主接触器（KM201），当电压检测电路 TV201 检测到 DC 600 V 电源电压低于 DC 500 V，主接触器、预充电接触器（KM202）和交流输出接触器（KM204）处于断开，放电接触器（KM203）吸合；如果电压检测电路 TV201 检测到主电路电压大于 DC 500×（1±2%）V 时，延时不得超过 5 s，吸合主接触器，放电接触器自动断开，开始预充电。当检测到电压检测电路 TV201 与 TV202 的电压差小于 DC 50 V 后，吸合预充电接触器，结束预充电状态。预充电完成后，吸合交流输出接触器，DC 600 V 经过三相全桥逆变电路进行逆变，按 VVVF 启动输出，经过输出滤波电路（Z203）输出三相交流 380 V/50 Hz 电压供给负载。

逆变器 1、逆变器 2 相互热备，当某一台逆变器单元由于自身发生故障停止输出并输出硬线故障信号时，如果故障不可恢复，故障单元控制板封锁脉冲，断开输入、输出接触器，发出热备请求信号，正常单元控制板收到该信号，停止正常逆变器输出，发出转换接触器（KM209）吸合命令，通过其接触器辅助触点发出减载信号（211），然后延时（30±3）s后，正常的逆变器单元重新启动。

三、照明系统

（一）配电箱

1. 配电箱组成

配电箱包括乘务员室配电箱、播音室配电箱、机械师室配电箱。

乘务员室配电箱是集集便控制系统、车内照明控制系统、烟火报警系统于一体的系统，箱柜内还包括轴温声光报警提示、车下 DC 110 V 母线熔断警示功能，配电箱内工作电源由电气综合控制柜提供。配电箱安装于乘务员室，便于操作，可及时对列车运行状态进行监测。

播音室配电箱是集集便控制系统、车内照明控制系统、烟火报警系统、语音呼唤器、PIS 系统于一体的系统，箱柜内还包括轴温声光报警提示、车下 DC 110 V 母线熔断警示功能，配电箱内工作电源由电气综合控制柜提供。配电箱安装于播音室，便于操作，可及时对列车运行状态进行监测。

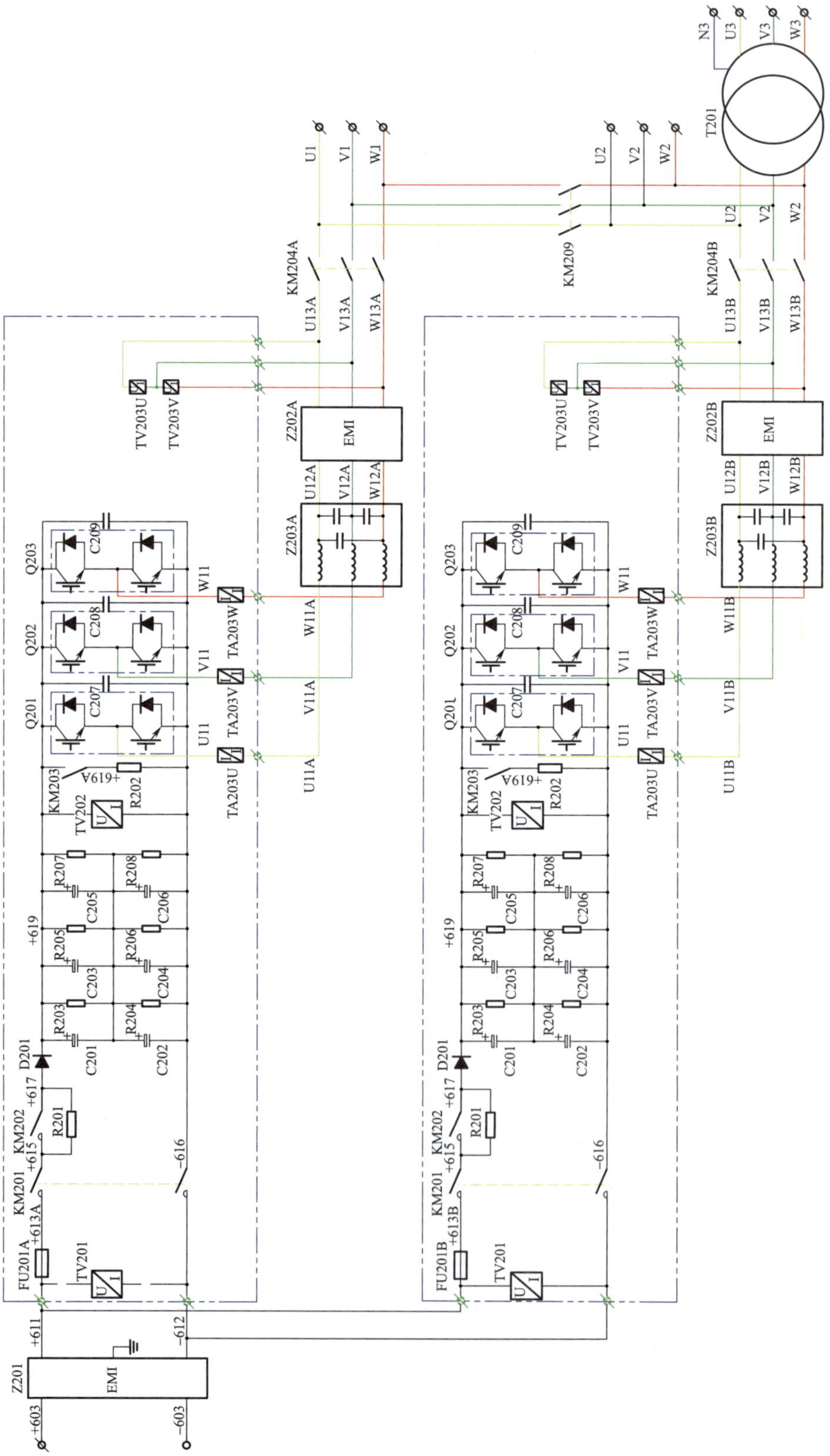

图 6-32 空调逆变电源主电路原理

机械师室配电箱是集行车安全车厢级和列车级监视系统、漏电报警系统、轴温记录仪于一体的系统，配电箱内工作电源由电气综合控制柜提供。配电箱安装于机械师室，便于操作，可及时对列车运行状态进行监测。

2. 主要技术参数

输入电压：DC 110 V。

输出电压：DC 110 V、DC 24 V。

3. 工作原理

(1)集便控制系统

工作电源：由电气综合控制柜提供 DC 110 V 电源，经配电箱内电源模块转换输出 DC 24 V 电源，给集便控制系统供电。

系统组成：一位集便电控单元、工作状态指示灯、工作电源、信号传输导线。

工作原理：集便电控单元通过监测车下污物箱和卫生间操作单元传导的信号，发出相应的操作信号进行控制，并在面板指示灯上显示当前工作状态。

(2)车内照明系统

照明控制：配电箱内 SA6 转换开关控制综合柜内相应接触器吸合进行供电，实现本车及全列照明控制。转换开关 SA6 可控制集控、停止、半灯、全灯。

(3)火灾报警系统

工作电源：由电气综合控制柜提供 DC 110 V 电源，通过空开 Q1 经 FU2 熔断器给火灾报警器供电。

工作原理：火灾报警器通电工作，通过监测烟火报警探头是否发来信号，进行报警。

(4)其他功能

轴温声光报警提示：轴温达到设定值声光报警。

车下 DC 110 V 母线熔断警示：过流热熔断指示灯亮。

语音呼唤器：通过 Q1 及 Q4 供电，提供呼唤器电源。

PIS 系统：通过 Q2 供电。

(二)LED 灯具

1. LED 灯具组成

普通座车 LED 灯具由灯带、筒灯、平面光源组成。灯带断面如图 6-33 所示。

2. 主要技术参数

(1)客室灯带

标称电压：DC 10 V。

电压波动范围：77～137.5 V。

色温：(4 503±243)K(主照明)，(3 985±275)K(辅助照明)。

显色指数：≥80。

光源平均寿命：50 000 h。

(2)筒灯

标称电压：DC 110 V。

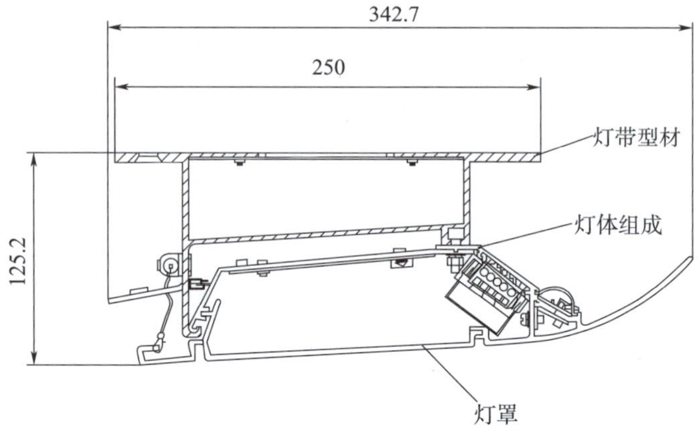

图 6-33　灯带断面(单位:mm)

电压波动范围:77～137.5 V。

功率:≤5 W。

色温:(3 985±275)K。

显色指数:≥80。

初始光效:≥55 lm/W。

光源平均寿命:50 000 h。

(3)平面光源

标称电压:DC 110 V。

电压波动范围:77～137.5 V。

功率:≤15 W。

色温:(3 985±275)K。

显色指数:≥80。

初始光效:≥55 lm/W。

光源平均寿命:50 000 h。

3. 工况说明

客室灯带主照明包括三个亮灯工况:“全灯”“半灯”“关”。

客室灯带辅助照明区域包括两个亮灯工况:“开”“关”。

筒灯、平面光源仅有“关”“全灯”两种工况,通过开关控制。

四、火灾报警系统

1. 系统组成

火灾报警系统由火灾报警控制器(一台)、感温电缆探测器(一只)、和感烟探测器(多只)组成。火灾报警控制器负责把各探测器的状态显示出来,在发生警情时提供声光报警,同时把各探测器和自身的状态上传给 PIC。感温电缆探测器和感烟探测器负责管辖区域的警情,在探测到警情时,上传给火灾报警控制器。火灾报警系统组成如图 6-34 所示。

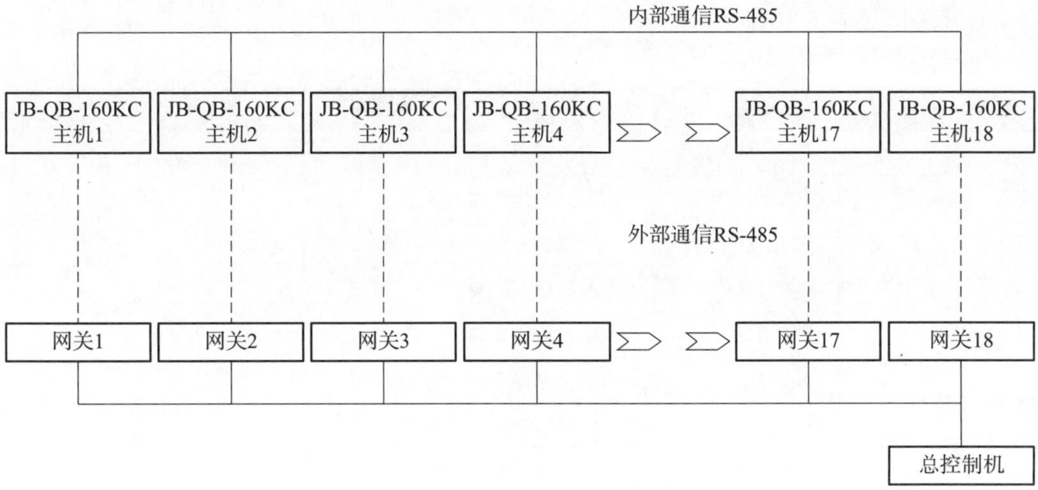

图 6-34　火灾报警系统组成

2. 主要技术参数

工作电压：DC 110 V(DC 77～137.5 V)。

功耗：监视状态＜20 W，报警状态＜30 W。

通信接口：两路 RS-485 和两路 CAN。

报警器的外形尺寸为(150±1)mm×(195±1)mm×(140±1)mm(含外接端子)，报警器外形如图 6-35 所示。

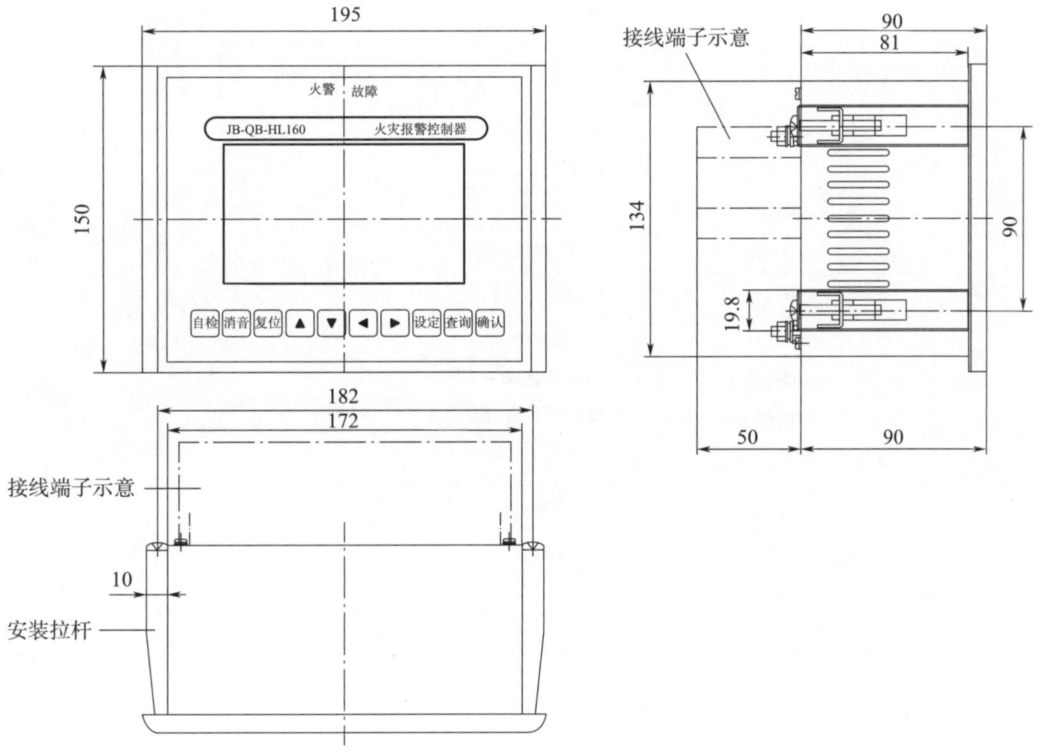

图 6-35　报警器外形(单位：mm)

电气接口见表 6-10。

表 6-10　电气接口

连接器代号	点位	线号	定义	连接器说明
JX1	1	CAN0H	CAN0 输出正端	WAGO 弹簧笼式端子 231-610 针形端子 0.08～2.5 mm^2
	2	CAN0L	CAN0 输出负端	
	3	SHLD0	屏蔽地	
	4	CAN1H	CAN1 输入正端	
	5	CAN1L	CAN1 输入负端	
	6	SHLD1	屏蔽地	
	7	DC 24 V+	DC 24 V 电源输出正端	
	8	DC 24 V−	DC 24 V 电源输出负端	
	9	—	预留	
	10	—	预留	
JX2	—	—	—	USB 维护接口
JX3	1	TD+	—	M12 以太网维护接口
	2	RD+	—	
	3	TD−	—	
	4	RD−	—	
JX4	1	110 V+	火警主机电源输入+	WAGO 弹簧笼式端子 231-102/026-000 孔形端子 0.08～2.5 mm^2
	2	110 V−	火警主机电源输入−	
JX5	1	YH1	下层通信 RS-485A	WAGO 弹簧笼式端子 231-612 针形端子 0.08～2.5 mm^2
	2	YH2	下层通信 RS-485B	
	3	SHLD	屏蔽地	
	4	RP2	上层通信 RS-485A	
	5	RN2	上层通信 RS-485B	
	6	SHLD	屏蔽地	
	7	FIRE+	火警继电器输出+	
	8	FIRE−	火警继电器输出−	
	9	—	预留	
	10	—	预留	
	11	—	预留	
	12	—	预留	
接地螺套	数量:5 个。规格:M4 不锈钢接地螺钉带铜螺母			

探测器外形如图 6-36、图 6-37 所示。

3. 工作原理

在防火区域的探测器感知到火灾信号后，发送到控制器。控制器自动判断是否为首

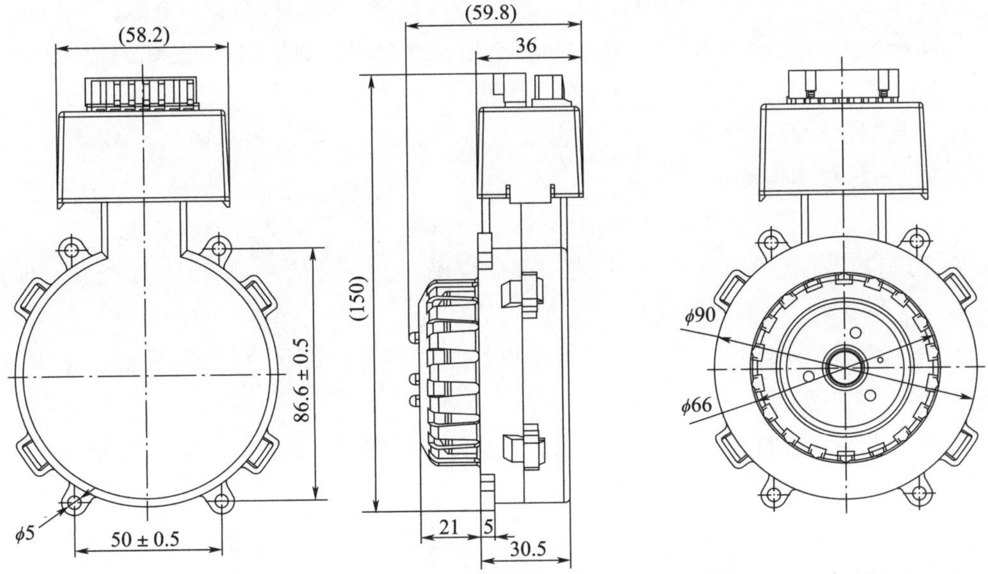

图 6-36　感温电缆探测器外形(单位:mm)

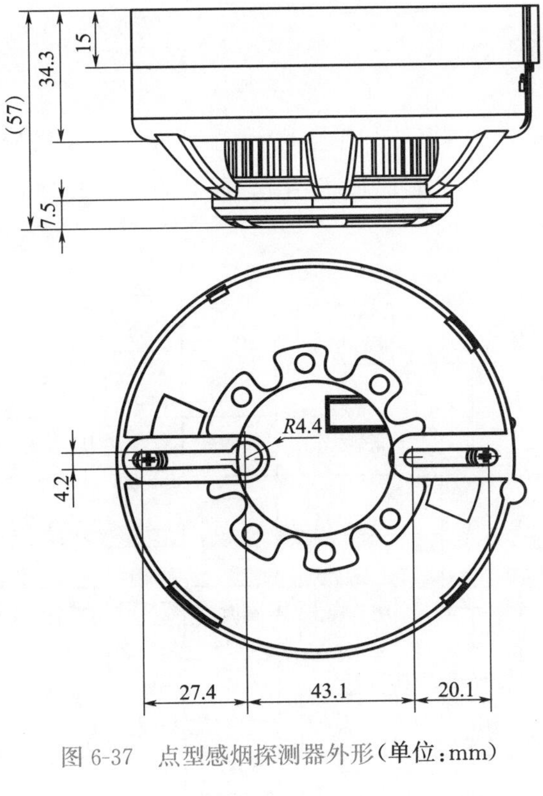

图 6-37　点型感烟探测器外形(单位:mm)

次报警,如果是首次火警,则首先对火警信号进行确认处理,当有烟火探测器火灾报警信号输入时,控制器应在 10 s 内发出火灾报警声、光信号。液晶屏同时显示首次火警及后续火警的报警部位(即探测器编号)及报警时间。

火警音可用“消音”键手动消音，但不影响下次报警。显示屏有消音标志。

存储器可以记录系统历史记录 1 999 条，包括开路故障、烟火警、温火警、感温线火警记录。

当探测器与控制器之间有接触不良或发生开路时，控制器报故障音。故障灯亮，显示故障报警部位(即探测器编号)。

故障音可用“消音”键手动消音，但不影响下次报警。显示屏有消音标志。

若某部位当前有故障报警，同时另一部位经确认有火警信号，则故障部位显示保持，同时显示火警部位，火警音取代故障音，即火警优先。

按“自检”键控制器可对其显示功能及报警功能进行检查。自检后，屏幕显示恢复到自检前状态。

可根据需要对各种参数进行设定，如校正当前时间、修改该车车型和探测器屏蔽状态、清除报警信息等。

可查询列车上火灾报警及故障报警记录、探测器使用状态、当前车型、在线车厢的车厢号和系统软件版本等信息。

五、其他电气设备

(一)旅客信息服务系统

1. 系统组成

旅客信息服务系统由 PIS 系统列车主机、集中功放、PIS 系统操作屏、广播控制盒、车外 GPS 天线、车外 FM 天线、车厢控制器、车内屏、车外屏、卫生间有无人显示模块、扬声器组成，如图 6-38 所示。

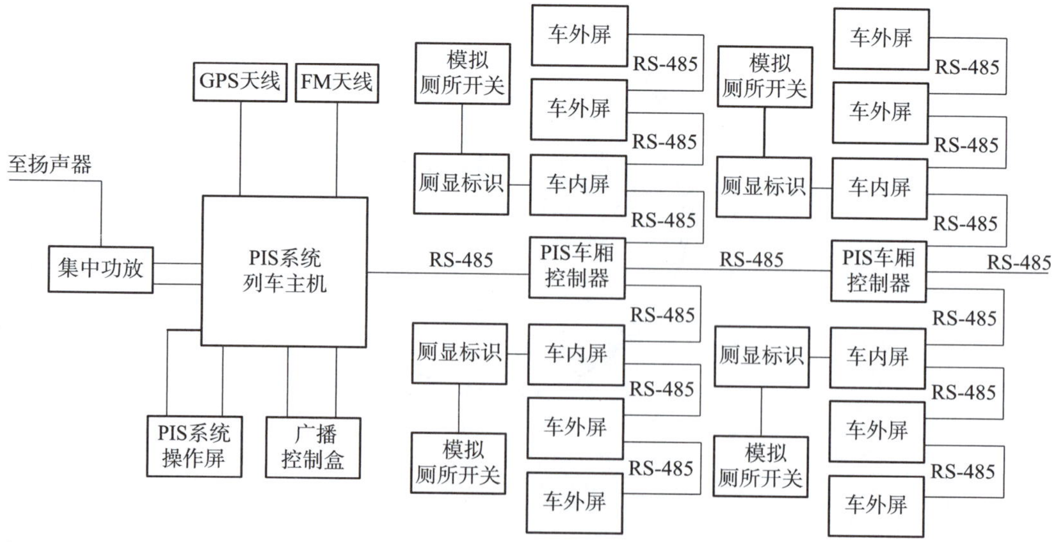

图 6-38　旅客信息服务系统组成

普通座车、控制车、普通卧车、包间卧车上安装的部件有车厢控制器、车内屏、车外屏、卫生间有无人显示模块、扬声器。

餐座合造车上安装的部件有PIS系统列车主机、集中功放、PIS系统操作屏、广播控制盒、车外GPS天线、车外FM天线、车厢控制器、车内屏、车外屏、卫生间有无人显示模块、扬声器。

2. 主要功能

(1)PIS系统列车主机通过与车顶的GPS天线相连,接收GPS经纬度数据信息,由PIS系统列车主机内的CPU进行处理,与事先存储在CPU内的数据库里的站点经纬度数据相比较,当两者计算后的距离在一定的范围内自动触发报站功能。

(2)PIS系统列车主机通过RS-485接口和列车网络系统实现数据交互,上传车次信息等。

(3)PIS系统列车主机通过集成在GPS天线上的车外温度传感器,获取温度数据信息,将温度信息发送至车内信息显示屏上进行滚动显示。

(4)通过点击PIS系统操作屏上的软件操作界面,可以进行手动报站。通过点击PIS系统操作屏上的软件操作界面,可以手动选择服务信息的播放,实现车内信息显示屏服务信息的显示和扬声器播放的同步进行。通过点击PIS系统操作屏上的软件操作界面,可以手动选择FM广播的播放。

(5)旅客信息服务系统的广播系统为车内工作人员提供广播控制盒,工作人员按下广播控制盒上的"广播"键并通过手持话柄可以向全列进行人工广播,按下广播控制盒上的"挂断"键取消人工广播,上述过程并伴有指示灯提示功能。

(6)广播信息系统具有人工广播、手动触发广播、自动广播,人工广播具有最高的优先级,优先级高的通话能强制切断占用优先级低的通话。公共广播包含人工广播和自动广播。系统支持的存储器容量满足至少60 min(不小于16 GB)的语音文件的存储需要。自动广播由PIS系统列车主机根据列车行驶线路自动触发,并通过车内扬声器进行广播,自动广播与车内信息显示同步。自动广播的次数由事先编辑好的线路数据库决定。

(7)集中功放单元包括两个500 W功放单元,接收来自PIS系统列车主机的音频信号,驱动全列扬声器进行广播。普通座车(带餐吧)、餐座合造车乘务员室扬声器具有可调音功能。

(8)每个车厢设置PIS系统车厢控制器,通过与RS-485总线相连获取PIS系统列车主机发出的内外显信息数据,并转发至车内外信息显示屏。地址编码采用拨码开关的形式。

(9)旅客信息服务系统的信息显示系统具有旅客引导和旅行信息服务功能。车外信息显示的内容包含:车次、始发站和终点站、车厢顺位号;车内信息显示的内容包括车次、车厢顺位号、始发站信息、发车/离站信息、途中信息、预到站信息、中间站到站信息、终点站到站信息。

(10)车厢控制器功能

每个车厢设置PIS系统车厢控制器,通过与RS-485总线相连获取PIS系统列车主机发出的内外显信息数据,并转发至车内外信息显示屏。

接收来自列车总线(一级 RS-485 总线)的内码数据,将其转换成点阵数据发送至车厢总线(二级 RS-485 总线);列车总线波特率 4 800 bit/s,车厢总线波特率 57 600 bit/s。

每个车厢设置 PIS 系统车厢控制器,通过与 RS-485 总线相连获取 PIS 系统列车主机发出的内外显信息数据,并转发至车内外信息显示屏。

车厢控制器由控制板、顺号调节按钮、外壳等组成。

车厢控制器主要操作:对车厢顺号显示器的顺号进行调节、作为车厢内信息显示屏的通信转发器。

(二)视频监控装置

1. 系统组成

视频监控系统由视频监控主机、长焦摄像机、广角摄像机、指示灯板硬件及配套软件组成,如图 6-39 所示。

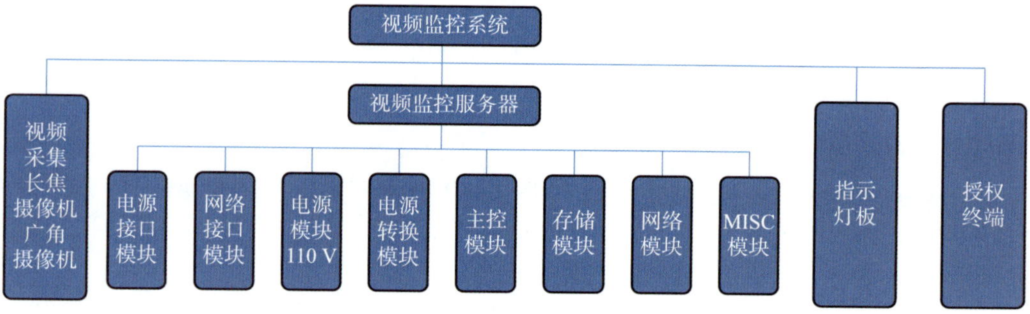

图 6-39　视频监控系统组成

普通座车上安装的部件有车厢控制器、车内屏、车外屏、卫生间有无人显示模块、扬声器。

2. 主要功能

视频监控系统原理如图 6-40 所示。

(1)视频监控功能

通过 4～6 路摄像机进行视频采集,实时监视车厢内的情况。

(2)报警功能

硬盘丢失或未连接:对应的指示灯显示红色。

摄像机被异物遮挡:对应的指示灯显示红色。

(三)空调机组

1. 空调机组组成

单元式客车空调机组是供动力集中动车组使用的舒适性空气调节设备。空调机组的结构型式为车顶单元式,安装在车顶端部,与空调机组配套的电气控制柜安装在车内,空调机组与电气控制柜通过电气连接器(插头、插座)连接。空调机组出风口与车内主风道之间通过软风道连接,空调机组处理后的空气经车内主风道由送风口送入客室内,达到调节车内空气温度的目的。具有耐振和抗冲击性,能适应风吹、日晒、雨淋等露天环境运行,各型机组可以满足不同列车运行速度的需要。

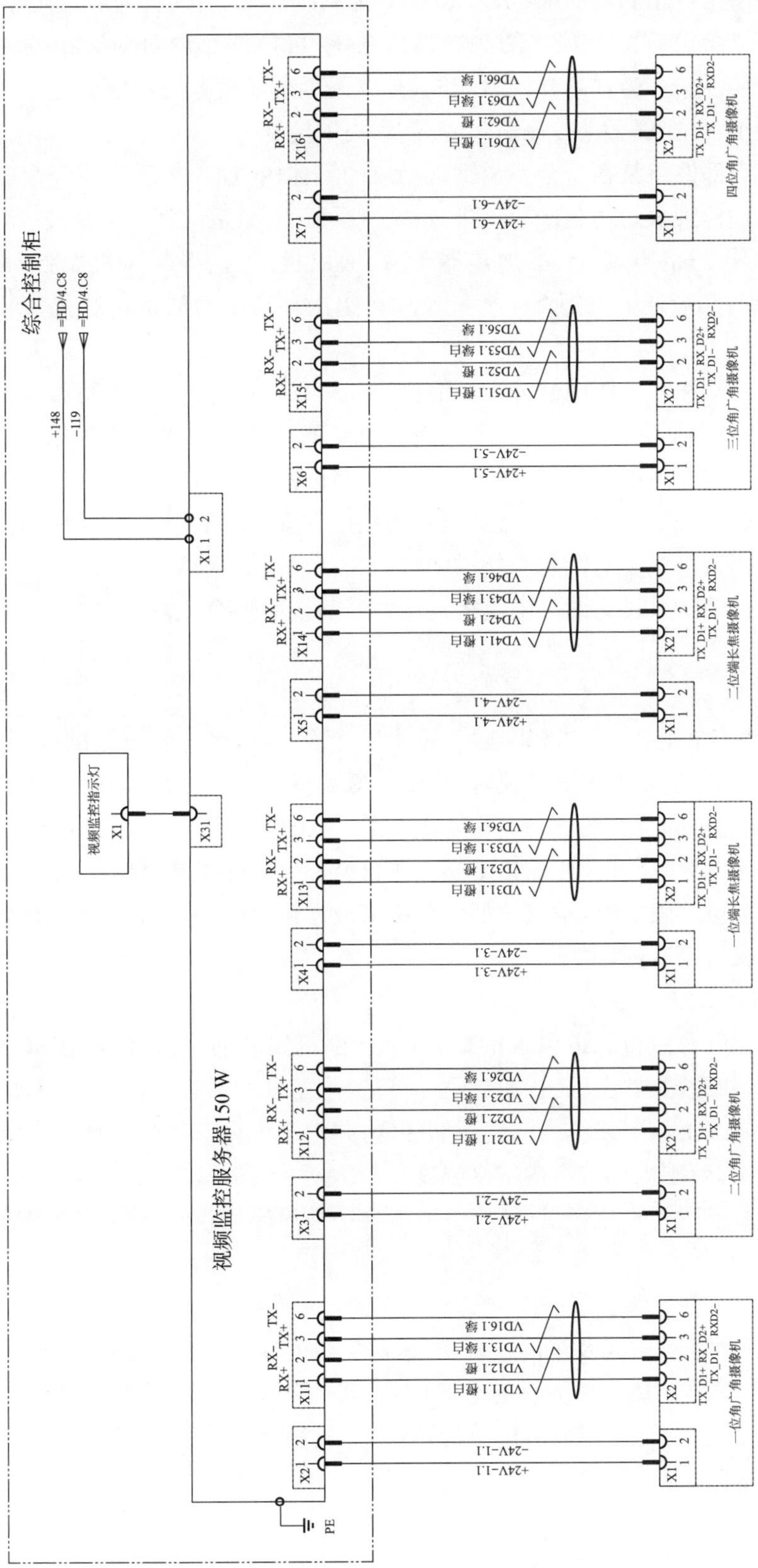

图 6-40 视频监控系统原理

空调机组选用全封闭涡旋压缩机，以 R407C 为制冷剂，以毛细管为节流元件，采用全封闭结构。每台机组设有两个独立的制冷循环系统，可根据车内负荷大小控制运转台数，实现能量调节。同时，为提高高温适应能力，空调机组设有旁通功能。空调机组配有独立的电气控制柜，可实现手动控制、自动控制和集中控制。

空调机组各零部件组装在一个不锈钢板制成的箱体内，加盖板后形成一个整体。空调机组的主要部件包括全封闭制冷压缩机 2 台、冷凝器 2 台、毛细管 2 组、蒸发器 1 台、气液分离器 2 台、干燥过滤器 2 个、电加热器 1 台、通风机 1 台、冷凝风机 2 台（KLD-35/09DG-E 型为 1 台）和旁通电磁阀 2 个等。空调机组内预留压力波保护装置安装接口和空间。

箱体分为室内侧和室外侧两部分。压缩机、离心风机、电加热器、蒸发器等安装在室内侧，轴流风机和冷凝器等安装在室外侧。空调机组的箱体和上盖全部采用 SUS304 不锈钢板制成。组成制冷系统的部件及配管全部用银钎焊连接，构成全封闭的制冷循环系统，制冷剂采用 R407C。空调机组的出风口在机组的前端部，回风口在机组的底部，新风口在机组两侧。回风口上方两侧装有新风调节门和新风过滤网，可在车内回风口处进行新风量的调整和拆装新风过滤网。空调机组蒸发器前设有混合风滤尘网，可在车内回风口处拆装。

2. 工作原理

由压缩机压缩成高温高压的冷媒蒸气，进入风冷冷凝器，经外界空气的强制冷却，冷凝成常温高压的液体，进入毛细管节流降压，变成低温低压的气液混合冷媒，然后进入蒸发器，吸收流过蒸发器的空气的热量，蒸发成低温低压的蒸气，再经过气液分离器，被压缩机吸入，完成一个制冷循环。压缩机不断工作，达到连续制冷的效果。

车内的空气通过蒸发器时，空气中的水分冷凝成水滴，落入水盘内，被引到车外而起除湿作用。空调机组制冷循环如图 6-41 所示。

（1）降温

车内的循环空气及由新风道引入的新鲜空气，由机组的通风机吸入，在蒸发器前混合，通过蒸发器得到冷却，并由机组前端部出风口送入车顶通风道各格栅，向车内吹出冷风。在制冷系统连续工作下使车内温度逐渐降低，并由温度调节器自动调节车内空气温度。可在 22～28 ℃范围内调节车内空气温度。

冷凝器的冷凝借助于轴流风机，从机组上方吸进外界环境空气，经过冷凝器后，向客车两侧排出。

（2）升温

由新风口引入的新鲜空气及车内循环空气，被机组的通风机吸入在电加热器前混合，通过本装置的电加热器加热。被加热的空气，由通风机送入车内风道各格栅，向车内送热风，使温度逐渐上升，并由温度调节器自动调节车内空气温度，保持车内的一定舒适温度。

（四）轴温报警器

1. 系统组成

复合式集中型轴温报警系统（简称轴报系统）是应用于动力集中动车组的走行部安

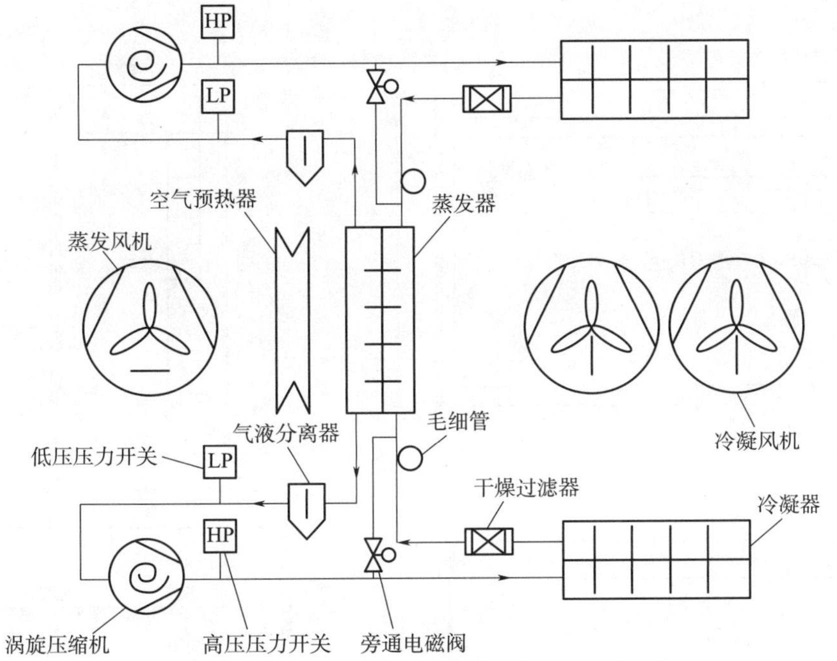

图 6-41　空调机组制冷循环

全监测系统，采用数字与模拟传感器冗余测温技术，对轮对轴承的工作温度进行实时监测并诊断报警，系统组成如图 6-42 所示。

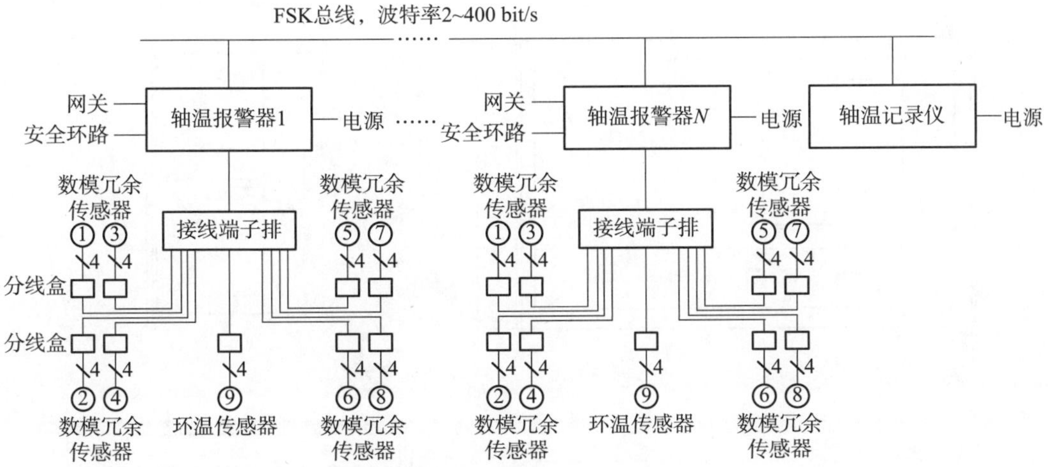

图 6-42　轴报系统组成

轴报系统由 KZF-A1 型轴温报警器（简称控制显示器，如图 6-43 所示）、KZF-R1 型轴温记录仪（简称记录仪，如图 6-44 所示）、KZF-S1 型温度传感器（简称传感器，如图 6-45 所示）以及连接线路等组成。

控制显示器安装于车辆的电气综合控制柜内，能够接收显示实时温度、诊断轴温。当诊断为报警时，输出声光提示。各报警器之间采用 FSK 总线技术通信，将轴温相关数据上传至系统网络。每个控制显示器具有与网关通信的功能，控制显示器能够从网关读

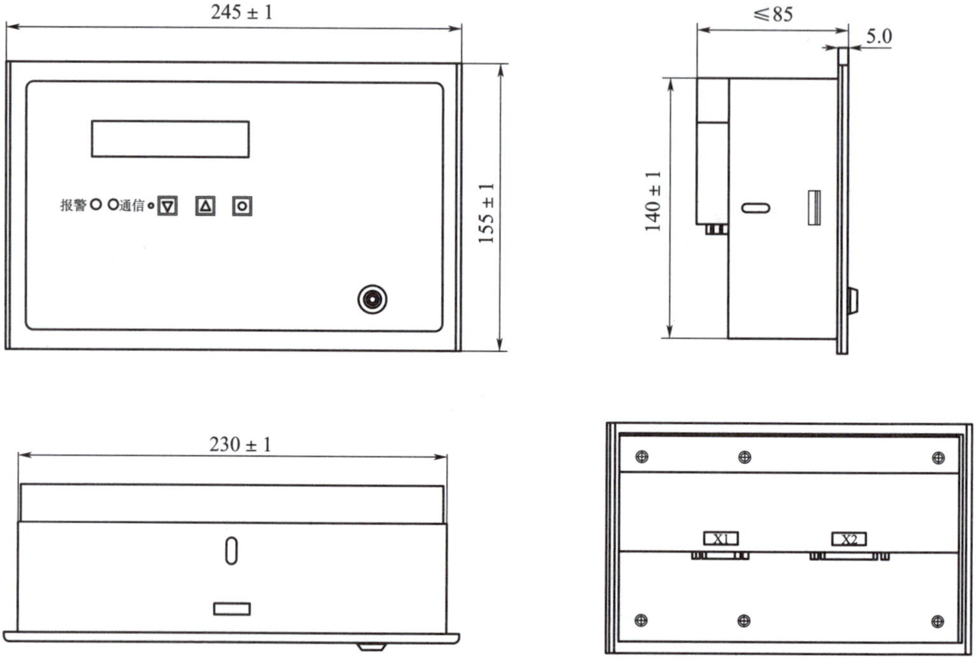

图 6-43　KZF-A1 型控制显示器(单位:mm)

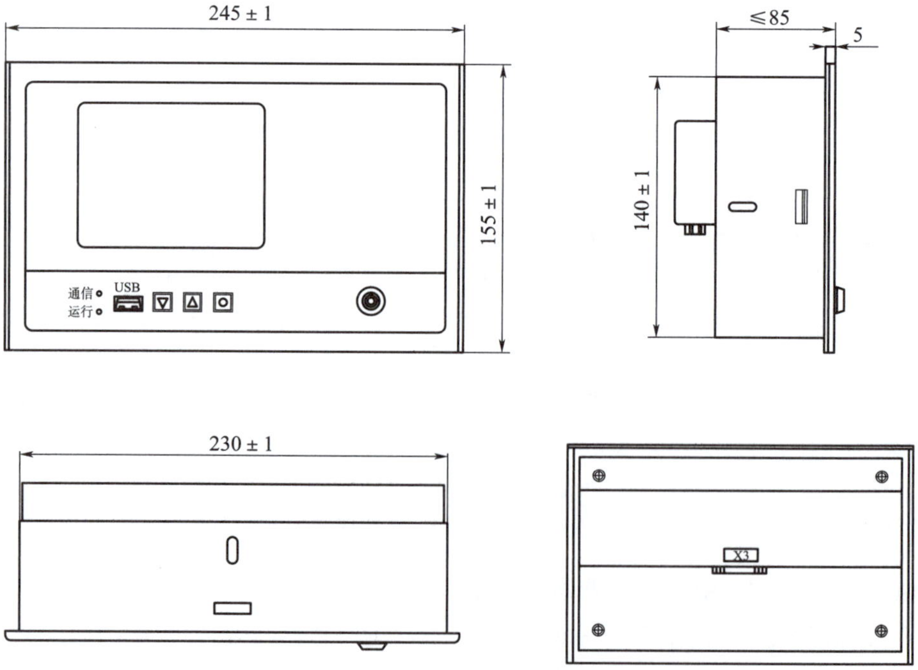

图 6-44　KZF-R1 型轴温记录仪(单位:mm)

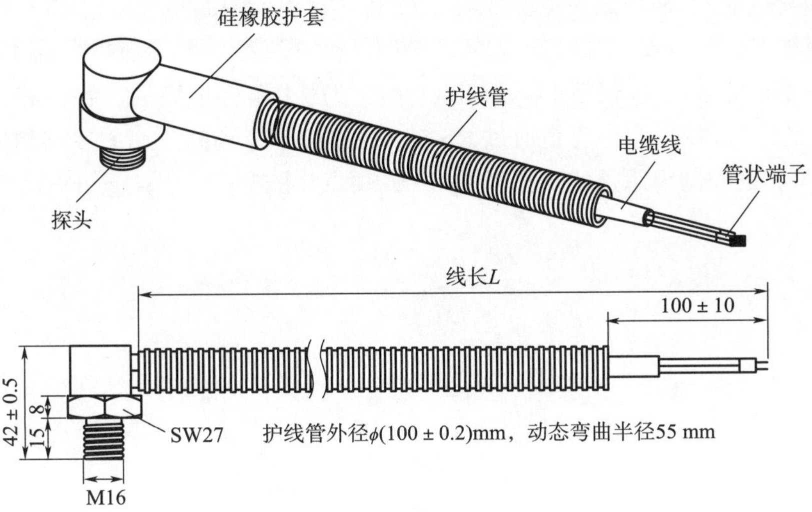

图 6-45　KZF-S1 型温度传感器(单位:mm)

取列车速度和时间信号，并且能够将轴温数据发送至网关。

记录仪同样安装于电气柜内，同样采用 FSK 总线技术通信，能够监测报警器网络状态、调阅报警器的轴位数据、绘制轴温曲线图，以及轴温数据例行记录、报警记录，数据转储等功能。

传感器安装于车辆转向架的轴箱上，能够检测轴端温度，并转换为数字/模拟信号，通信至报警器。

2. 主要技术参数

额定输入电压:DC 110 V。

输入电压波动范围:DC 77～137.5 V。

测温范围:－55～＋150 ℃。

系统测量精度:测温精度为±2 ℃(20～85 ℃)，±4 ℃(小于 20 ℃或大于 85 ℃)。

温度测定路数:8 路轴温，1 路环温。

定点延时:(30±2)s。

定点报警温度:90 ℃。

跟踪报警温度:轴温高于 70 ℃，且高于 $C+\Delta t$(C 为环温，Δt 为温升，Δt 应为用户指定在 41～49 ℃之间的唯一值)。

当绝对温度达到 90 ℃时，安全环路开关闭合，即 K1、K2 导通。

通信功能:报警器通过 DB-15 连接器具有联网通信功能，通信采用 FSK 方式。载波频率 FL 为 133.05 kHz，FH 为 131.85 kHz，波特率为 2 400 bit/s。另外，列车网关通过 RS-485 接口连接到报警器，能够读取轴报数据供列车监测。控制显示器接收车辆控制单元信息包括时间、速度、车次号(例如 D2018)、车厢号(例如 04)、车号(例如 400201)。

3. 工作原理

KZF 系列轴温报警系统通过安装在转向架轴箱上的温度传感器检测轴端温度，并转换为数字/模拟信号，通信至控制显示器。控制显示器能够接收显示传感器通信的实时温度、诊断轴温。控制显示器诊断报警时，输出声光报警，如果诊断报警温度超过 90 ℃时，输出声光报警并安全环路闭合，输出硬件信号动力车施加制动。各控制显示器之间通过 FSK 总线技术通信，同时也通过 RS-584 通信技术将轴温等相关数据和传感器状态上传至网关。各控制显示器的数据通过 FSK 总线技术通信，发送各自的网络状态。

第七章

制 动 系 统

动力集中动车组制动系统主要包括风源及干燥系统、制动控制系统、基础制动系统等。动力车采用CAB型制动控制系统，同时采用大功率轮盘制动装置、螺杆式空气压缩机作为风源供风设备。本章主要叙述动力集中动车组制动系统的设备布置，风源系统、制动控制系统、辅助控制系统主要制动部件的结构、特点及工作原理，以及制动机的操作等内容。

第一节　动力车制动系统

本节主要叙述动力集中动车组动力车制动系统的组成、特点及工作原理、设备布置和管路布置、风源系统、制动控制系统、辅助控制系统。同时，也介绍制动机的操作、主要制动部件结构等内容。

一、动力车制动系统的组成、特点及工作原理

动力集中动车组动力车采用满足TJ/JW 100《分布式网络智能模块机车空气制动控制系统暂行技术规范》的制动控制系统，采用大功率轮盘制动装置，采用螺杆式空气压缩机作为风源供风设备。

空气制动系统主要包括风源系统、制动控制系统、基础制动系统、空气制动防滑系统、辅助系统等。其中，风源系统主要包括主空气压缩机、空气干燥器和过滤器、总风缸、总风安全阀、辅助空气压缩机等。制动控制系统主要包括制动控制器、制动柜、紧急制动阀等。基础制动装置主要包括制动夹钳、闸片、制动盘等。动力车制动及供风系统组成如图7-1所示。

(一)设备布置

制动系统设备布置如图7-2所示。

(二)司机室制动设备

司机室制动设备布置如图7-3所示。

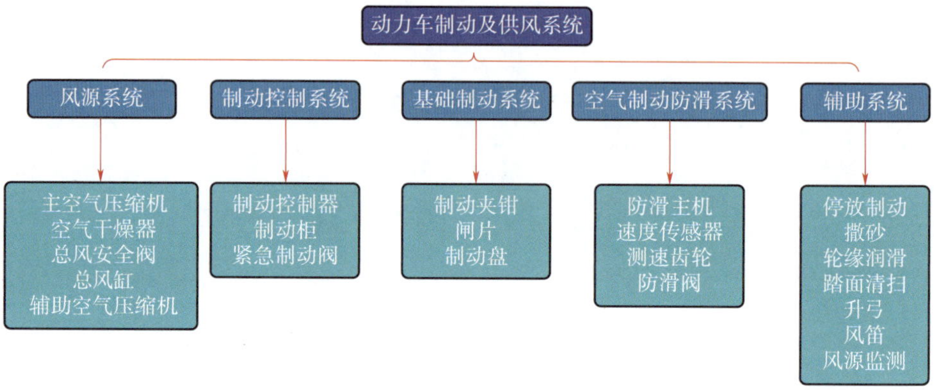

图 7-1　动力车制动及供风系统组成

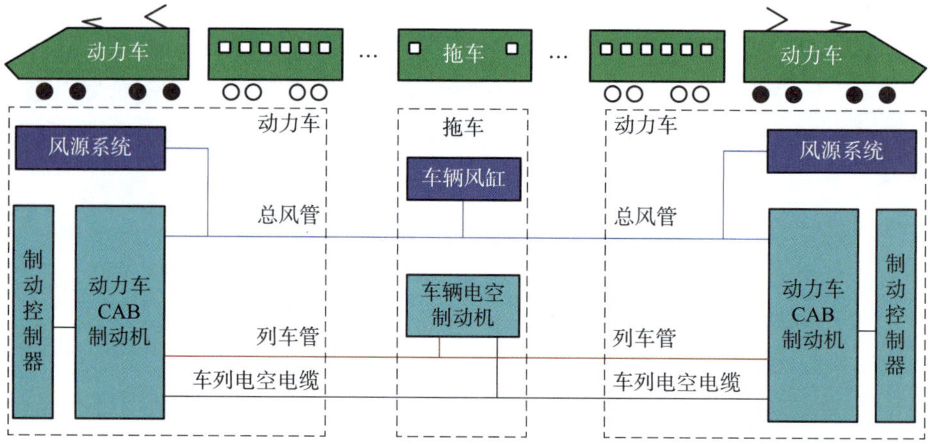

(a) 设备布置示意(双动力车)

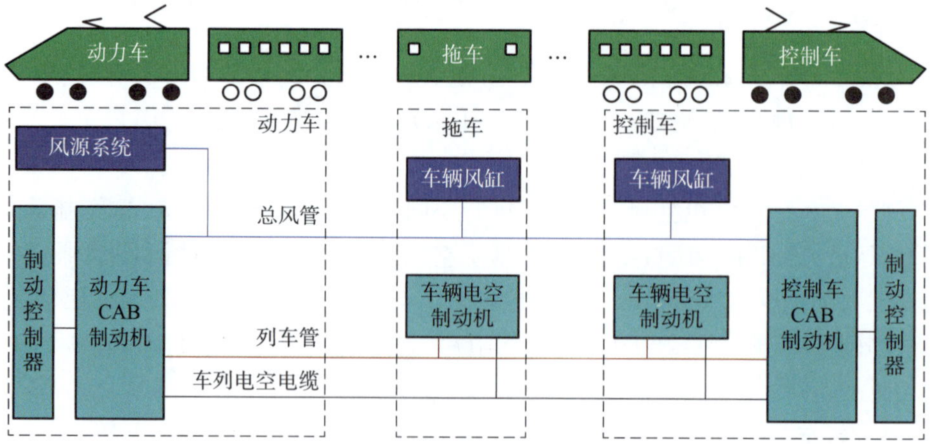

(b) 设备布置示意(单动力车)

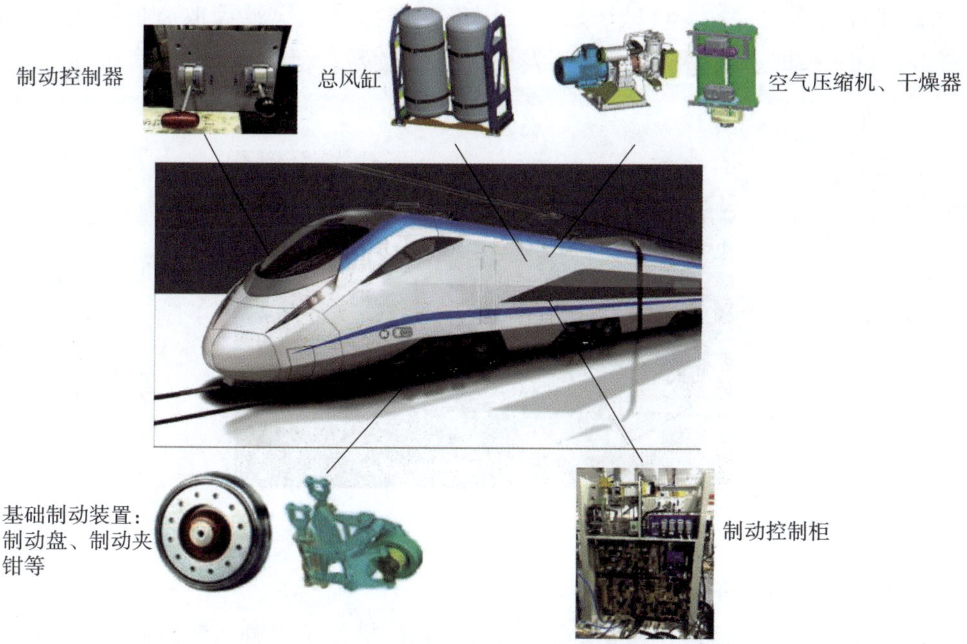

(c) 设备布置实物

图 7-2　动力车制动系统设备布置

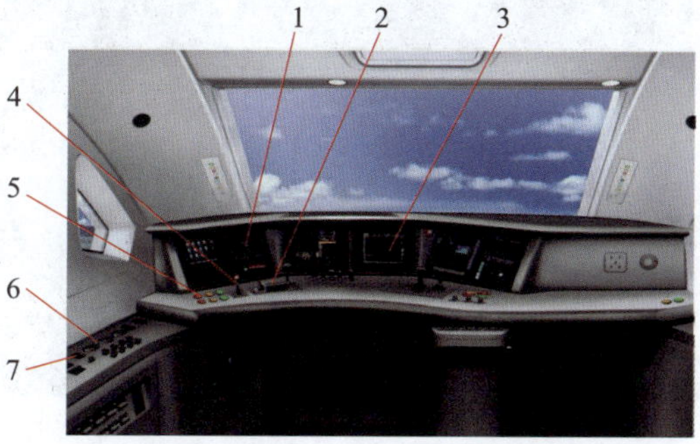

1—司机显示屏Ⅱ(制动信息)；2—制动控制器；3—司机显示屏Ⅰ(微机信息)；4—后备制动手柄；
5—停放制动、停放缓解按钮；6—风压表；7—紧急制动阀(车长阀)。

图 7-3　司机室制动设备布置

制动控制系统“电空位”采用闭环控制技术，以满足现代动力车的使用要求，司机均衡风缸、制动缸的准确控制。制动控制系统同时具有“空气位”，作为“电空位”故障后的一种应急补救措施，避免在区间途停而影响线路正常运行。制动控制系统显示部件包括显示屏、风压表、供风管数码显示表。显示屏工作电源为 DC 110 V，通过 CAN 总线与制动控制单元进行通信，用来实时显示均衡风缸、列车管、总风缸和制动缸压力值及列车管充风流量值、制动控制系统状态、车列电空电流及状态等信息。可通过显示屏相应触摸键进行制动控制系统自检、查看时间日志等。

司机室设置有三块机械风压表(图 7-4)从右往左显示总风缸/列车管、制动缸 1/制动缸 2、均衡风缸的压力。均衡机械风压表仅用于空气位时操纵端读取后备模块中均衡风缸的压力。电空位时，此均衡机械风压表均无真实读数，无需观察。在司机室左边柜上安装有一个紧急制动排风阀。

图 7-4　机械风压表

(三)空气压缩机及干燥器

空气压缩机及干燥器位于机械间内，为制动系统提供干燥的空气，如图 7-5 所示。

图 7-5　空气压缩机及干燥器

(四)总风缸

FXD1-J 型动力车每台车采用四个 250 L 的总风缸直立安装在机械间内作为储风设备，与压缩机处于同一区域，如图 7-6(a)所示。FXD3-J 型动力车每台动力车采用两个 500 L 的总风缸直立安装在机械间内作为储风设备，处在动力车机械间内，同样与压缩机处于同一区域，如图 7-6(b)所示。

(五)制动控制柜

制动控制柜内集成了电空控制单元、各辅助功能模块及辅助压缩机等，处于动力车机械间内，用于控制整个制动系统内各部件工作以及将信号与网控柜进行信号反馈。FXD3-J 型动力车制动控制柜如图 7-7 所示。

(六)空气管路

空气管路主要采用不锈钢管，主要用于制动系统部件的连接，主要分布在机械间走板下方，在动力车生产过程中，对制动管路主要采用集中铺设，如图 7-8 所示。

（a）FXD1-J型动力车　　（b）FXD3-J型动力车

图 7-6　总风缸

图 7-7　FXD3-J 型动力车制动控制柜

二、制动控制器、空气压缩机组制动控制系统功能及原理

（一）制动控制器

制动控制器（图 7-9）为人机操作接口，主要用于进行制动、缓解的指令操作，以给出相应指令控制制动、缓解作用。制动控制器符合 TJ/JW 046《交流传动机车制动控制器暂行技术条件》的要求，具备双 CAN 网络接口。制动控制器集成了自动制动手柄和单独制动手柄。制动控制器采用平面化设计，安装后与司机台面平齐，便于安装及操作。制

动控制器具备紧急位直排列车管压力功能，管路接口为 G3/4。

图 7-8　空气管路

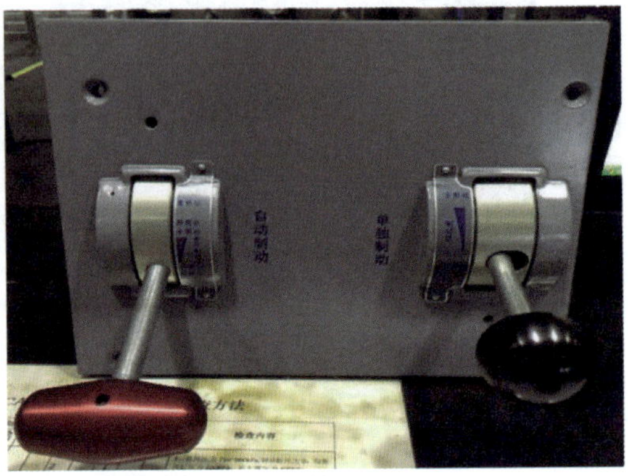

图 7-9　制动控制器

1. 主要技术参数

制动控制器主要技术参数见表 7-1。

表 7-1　制动控制器主要技术参数

参数名称	技术参数
机械寿命	$>2\times10^6$ 次
辅助触头的电寿命	$>1\times10^5$ 次
制动控制器的质量/kg	约 10
制动控制器的防护等级	IP00
辅助触头盒防护等级	IP00（接线部分）/IP60（触电部分）
辅助触头盒额定电压 U_e	DC 110 V
辅助触头盒额定电流 I_e	DC 1 A
辅助触头盒发热电流 I_{th}	DC 10 A
PW620 41-Mlld 双联电位器	机械寿命：1 000 万次～10000 万次。 总阻值：(5±0.1)kΩ(10 kΩ/2 个)。 阻值误差：±2%。 独立线性度：±(0.15%～0.2%)。 电阻温度系数：17×10^{-6}。 电气有效角：单边 116.1°，两边电气角度之差≤2°。 零位区角度：6.3°。 功率：≤2.5 W

2. 自动制动手柄位置

自动制动手柄位置包括运转位、初制动位、全制动位、抑制位、重联位、紧急位。初制动位和全制动位之间是常用制动区。手柄向前推为常用制动或紧急作用，手柄向后拉为缓解作用。在重联位时，通过插销可将手柄固定在此位置。

运转位：自动制动手柄维持在运转位时，均衡风缸充风，最终实现列车管的定压充风及动力车制动缸的完全缓解。

初制动位：自动制动手柄置初制动位时，列车管能够实现最小减压量制动作用。

常用制动区：自动制动手柄在常用制动区，能够实现列车管从初制位至全制动的减压，动力车制动缸压力与列车管减压量呈线性比例关系。

全制动位：自动制动手柄在常用全制动位时，列车管实现最大常用减压量。

抑制位：动力车产生常用惩罚制动后，必须将手柄置抑制位使制动机复位后，手柄再置运转位，动力车制动作用才可缓解。在抑制位时，动力车将产生常用全制动作用。

重联位：当制动机系统在补机或断电状态时，手柄应置重联位。在此位置，均衡风缸将按常用制动速率减压到 0。

紧急位：自动制动手柄在紧急位时，具有机械和电气联锁能够同时触发紧急制动作用。制动控制器内设有机械排气阀，直接排出列车管压力空气以触发空气紧急制动作用。

3. 单独制动手柄位置

单独制动手柄只控制本节动力车。其手柄包括运转位、制动区、全制动位。手柄向前推为制动作用，向后拉为缓解作用。当侧压手柄时，可以实现单独缓解。

4. 电空控制单元

电空控制单元上有数个部件作为网络的节点，根据指令实施制动控制。电空控制单元其中四个模块具有网络节点，除电源模块，其余三个为智能模块。电空控制单元上六个模块分别为列车管控制模块、制动缸控制模块、单独控制模块、空气制动阀模块、辅助功能模块和电源模块，如图 7-10 所示。

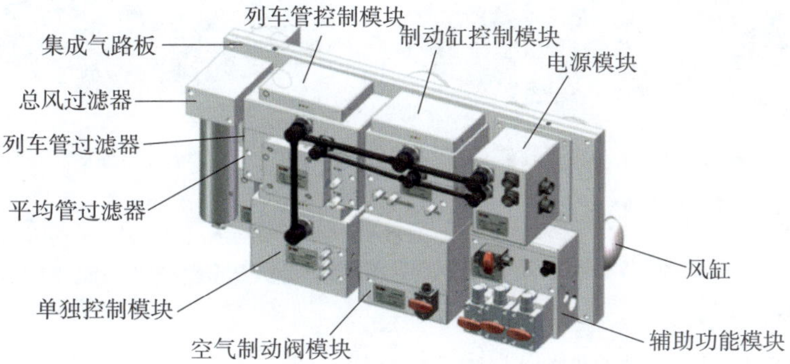

图 7-10　电空控制单元

(1)列车管控制模块

列车管控制模块(图 7-11)主要作用是通过对均衡风缸的充排气控制，最终实现对列车管的充排气控制。其主要功能如下：

①均衡风缸、列车管等压力采集与测试。

②列车管充风流量的监测。

③提供并控制均衡风缸压力。

④响应均衡风缸压力实现对列车管压力控制。

⑤执行紧急制动排风。

⑥控制列车管补风作用。

⑦系统失电时执行惩罚制动。

(2)制动缸控制模块

制动缸控制模块(图7-12)主要作用是根据列车管压力变化实现对制动缸的压力控制,最终实现动力车制动缸压力的输出。其主要功能如下:

①根据列车管压力输出制动缸压力。

②电空制动失效时,制动缸压力自动切换至机械分配阀控制。

③实现空电联锁功能。

④制动缸等压力测试功能。

制动控制系统具有制动力不衰减特性,当制动缸及其管路漏泄时,压力能够自动补偿。单独控制模块故障时,系统将通过制动缸控制模块实现其功能。同时制动缸控制模块也可以响应单独制动手柄指令,实现动力车单独制动控制。

图7-11　列车管控制模块

图7-12　制动缸控制模块

(3)单独控制模块

单独控制模块(图7-13)主要作用是实现单独制动时,提供制动缸和平均管的压力输出。其主要功能如下:

①响应单独制动,提供对制动缸的压力控制。

②制动缸控制模块故障时,提供对制动缸的压力控制。

(4)空气制动阀模块

空气制动阀模块(图7-14)主要作用是响应列车管压力变化并实现制动缸的压力控制。其始终处于热备状态,在每次列车管减压时均同时产生作用,一旦制动缸控制模块或制动系统故障,立刻实现对制动缸的压力控制。其主要功能如下:

图 7-13　单独控制模块

图 7-14　空气制动阀模块

①提供制动缸的冗余压力控制。

②无动力回送压力控制，可根据需要增加转换塞门状态电触点。

(5)辅助功能模块

辅助功能模块(图 7-15)主要功能如下。

①能够按转向架切除制动缸压力。

②无动力回送时，可以实现列车管向副风缸的充风，限定制动缸压力在 200～250 kPa。

③执行外部紧急制动请求，迅速排出列车管压力空气，故障时可将其切除。

(6)后备制动模块(FXD1-J 型动力车)

FXD1-J 型动力车后备制动模块(图 7-16)外形与 FXD3-J 型动力车辅助功能模块类似，但功能却不同。其主要功能如下：

图 7-15　辅助功能模块

图 7-16　后备制动模块

①系统后备(冗余)制动模式下，通过观察司机室列车管压力表，实现列车管压力控制。

②无动力回送时，可以实现列车管向制动机总风缸的充风，可根据需要增加无动力塞门状态电触点。

③能够按转向架切除制动缸压力。

④执行动力车硬线控制的紧急制动要求，迅速排出列车管压力空气，故障时可将其切除。

(7)电源模块

电源模块(图 7-17)内置变压器，将动力车提供的 DC 110 V 电源转换成 DC 24 V 电源提供给 CAB 型制动控制系统，供电空控制单元、制动控制器等部件使用。在其外部有多个接口，允许电空控制单元、制动控制器、制动显示器、系统控制模块和接口箱模块相互连接通信。

(8)接口箱模块

接口箱模块(图 7-18)主要用于与外部的连接，同时也负责制动系统内部各模块、设备之间的硬线或电源接口。主要接口如下：

①与系统控制模块接口。

②与电空控制单元接口。

③与 LKJ 装置和微机控制系统的硬线接口。

④空气防滑系统接口。

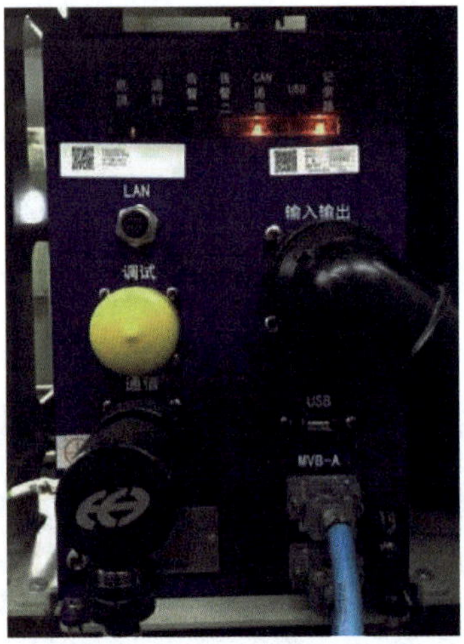

图 7-17　电源模块

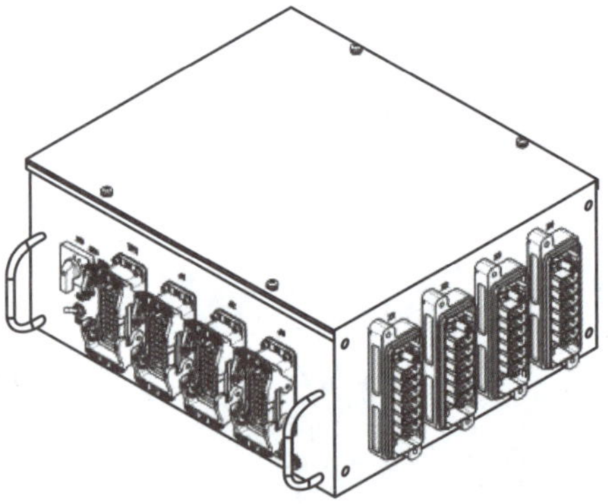

图 7-18　接口箱模块

(9)辅助控制单元

辅助控制单元包括压力开关模块、升弓控制模块、撒砂控制模块、停放制动控制模块和踏面清扫控制模块。

①压力开关模块

压力开关模块由三个压力开关(01、02、03)和一个压力测点(04)组成，用于读取总风的压力，按压力开关不同的设定值输出给动力车控制指令。压力开关模块组成及原理如图 7-19 所示。

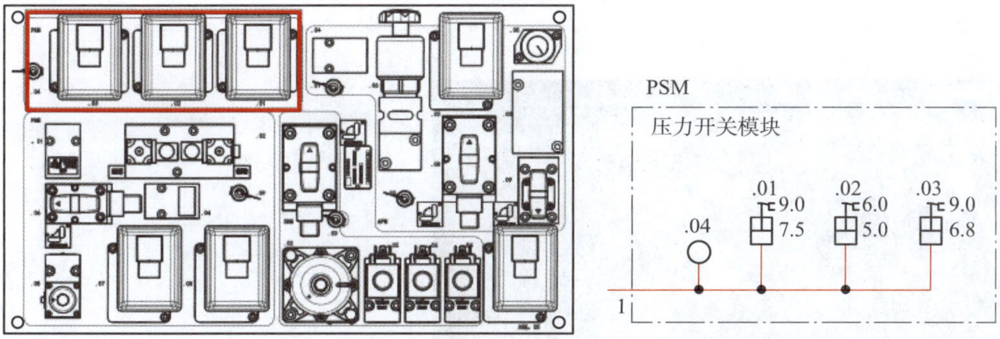

(a)　　(b)

图 7-19　FXD1-J 型动力车压力开关模块组成及原理

②升弓控制模块

升弓控制模块主要是为受电弓和主断路器提供干燥、稳定的压缩空气。

FXD1-J 型动力车升弓控制模块由控制压力测点(01)、辅助空压机控制压力开关(02)、过滤器(03)、双向止回阀(04)、压力表(05)、安全阀(06)、压力表缩堵(07)、升弓风缸塞门(08)、主断供气塞门(09)、主断压力测点(10)、升弓缩堵(11)组成。FXD1-J 型动力车升弓控制模块组成及原理如图 7-20 所示。

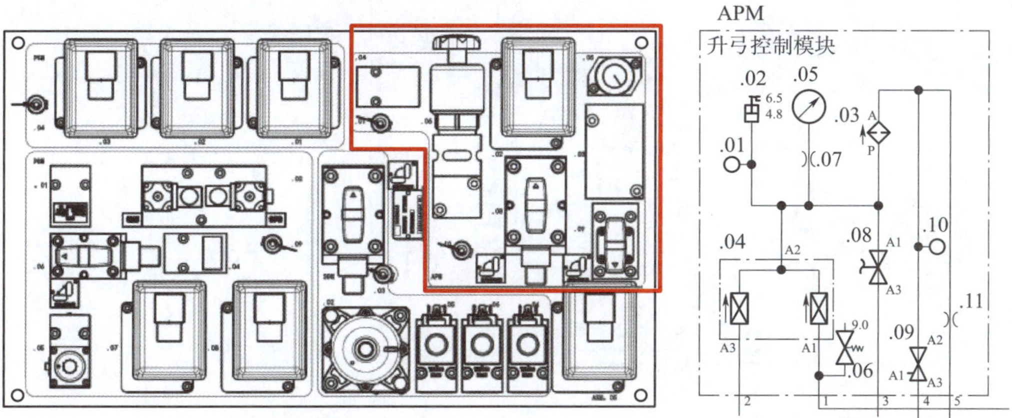

(a)　　(b)

图 7-20　FXD1-J 型动力车升弓控制模块组成及原理

FXD3-J 型动力车升弓控制模块由压力开关(U43.02)、过滤器(U43.03)、双逆止阀(U43.04)、机械压力表(U43.05)、塞门(U43.013、U43.014)、缩堵(U43.011、U43.012)、压力测点(U43.09、U43.10)组成。FXD3-J 型动力车升弓控制模块组成及原理如图 7-21 所示。

③撒砂控制模块

撒砂动作与司机脚踏开关、紧急制动、防空转、防滑行等功能配合使用,撒砂方向与动力车实际运行方向一致。

FXD1-J 型动力车撒砂控制模块由撒砂切除塞门(01)、撒砂减压阀(02)、撒砂压力测

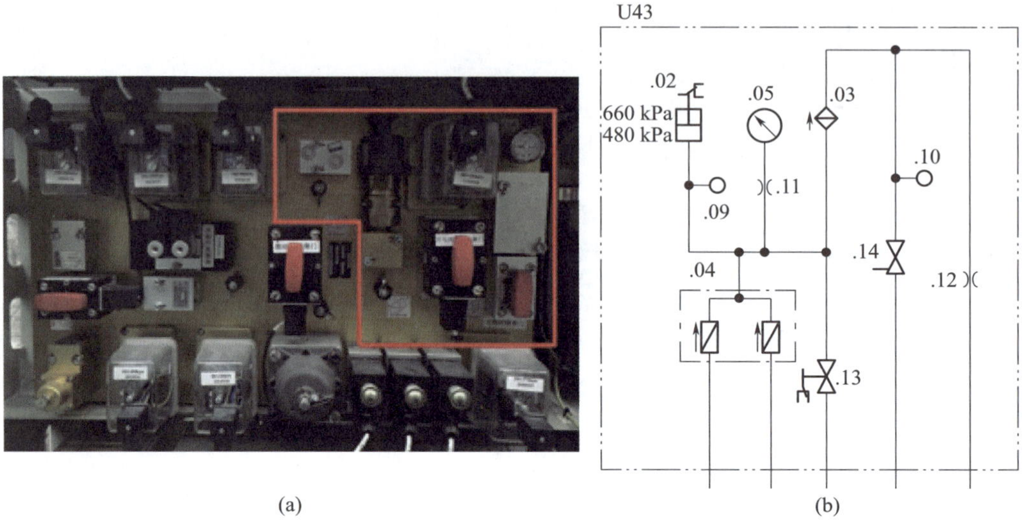

图 7-21　FXD3-J 型动力车升弓控制模块组成及原理

点(03)、撒砂干燥电磁阀(04)、向后撒砂电磁阀(05)、向前撒砂电磁阀(06)组成。FXD1-J 型动力车撒砂控制模块组成及原理如图 7-22 所示。

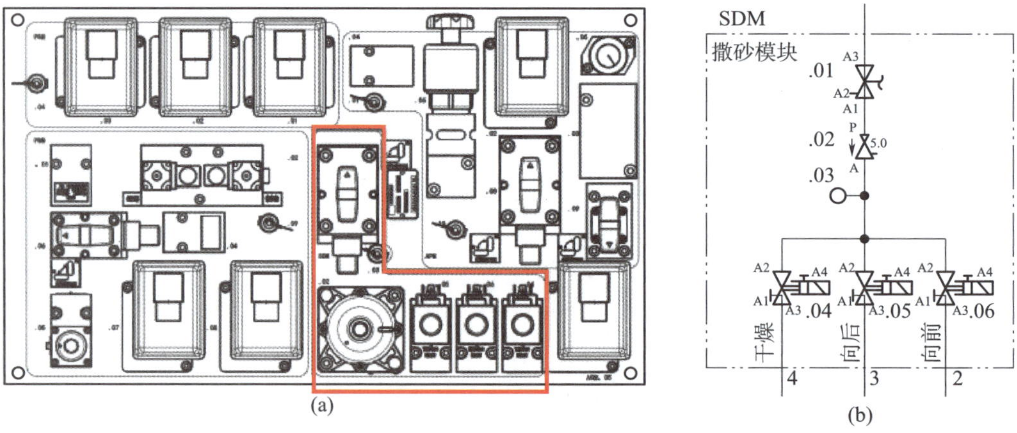

图 7-22　FXD1-J 型动力车撒砂控制模块组成及原理

FXD3-J 型动力车撒砂控制模块由撒砂切除塞门(F41.02)、撒砂减压阀(F41.03)、撒砂压力测点(F41.07)、撒砂干燥电磁阀(F41.04)、向后撒砂电磁阀(F41.05)、向前撒砂电磁阀(F41.06)组成。FXD3-J 型动力车撒砂控制模块组成及原理如图 7-23 所示。

④停放制动控制模块

FXD1-J 型动力车停放制动控制模块由单向阀(01)、双脉冲电磁阀(02)、停放缩堵(03)、双向阀(04)、停放减压阀(05)、停放切除塞门(06)、停放缓解压力开关(07)、停放制动压力开关(08)、停放缸压力测点(09)组成。FXD1-J 型动力车停放制动控制模块组成及原理如图 7-24 所示。

停放制动控制模块接收司机控制指令,从而控制动力车走行部停放制动缸压力。

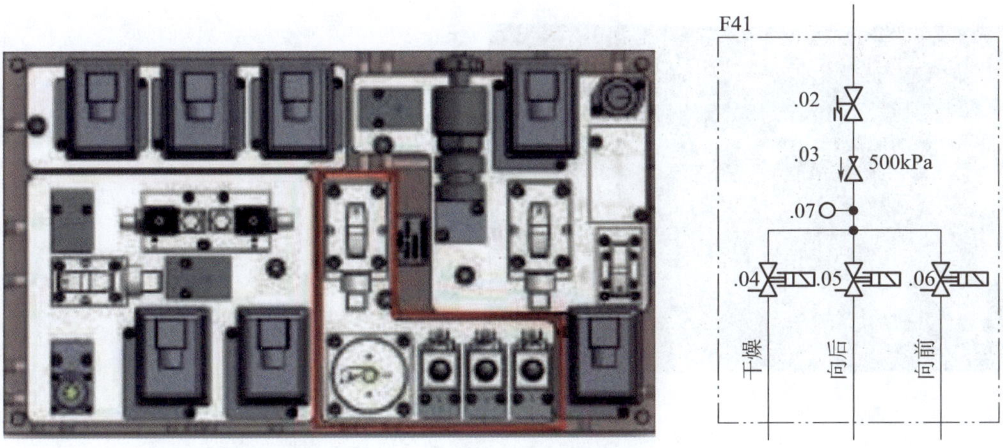

(a)　　　　(b)

图 7-23　FXD3-J 型动力车撒砂控制模块组成及原理

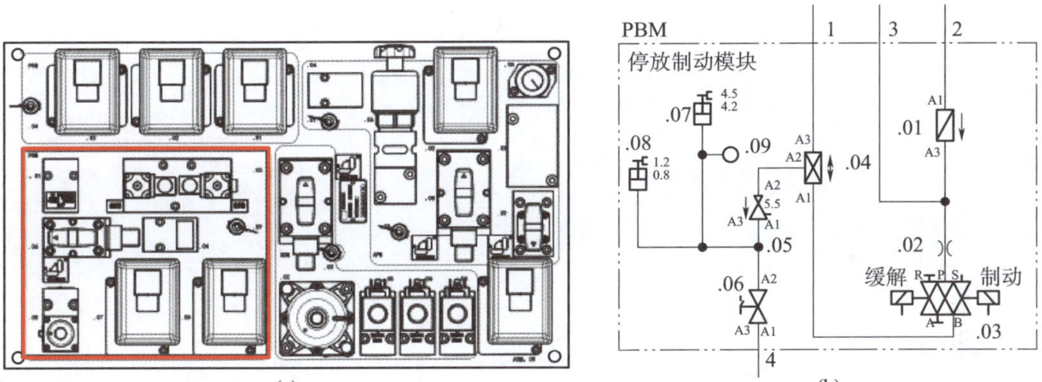

(a)　　　　(b)

图 7-24　FXD1-J 型动力车停放制动控制模块组成及原理

当停放制动缸中的空气压力达到 450 kPa 以上时，停放制动装置缓解，允许动力车牵引；动力车停车后，将停放制动缸中的压力空气排空，停放装置动作，由停放弹簧产生停放制动力，避免动力车因重力或风力的原因溜车。

动力车停车后，按下操作台的停放施加开关，可使双脉冲电磁阀(02)中的作用阀得电，双脉冲电磁阀(02)处于作用位，停放制动缸中的压力空气通过双脉冲电磁阀(02)排出，停放制动装置完全作用。若需要缓解停放，则按下停放缓解开关，可使双脉冲电磁阀(02)中的缓解阀得电，双脉冲电磁阀(02)处于缓解位，总风将通过上述通路进入停放制动缸，当停放制动缸中的压力高于 450 kPa 时停放制动完全缓解，允许动力车牵引。也可以使用双脉冲电磁阀的手动功能对停放制动装置进行手动控制。

FXD3-J 型动力车停放制动控制模块由单向阀(B40. 02)、停放缩堵(B40. 10)、双脉冲电磁阀(B40. 03)、双向阀(B40. 04)、停放减压阀(B40. 05)、停放切除塞门(B40. 06)、停放缓解压力开关(07)、停放制动压力开关(B40. 11)、停放缸压力测试点(09)、压力传感器(B40. 08)组成。FXD3-J 型动力车停放制动控制模块组成及原理如图 7-25 所示。

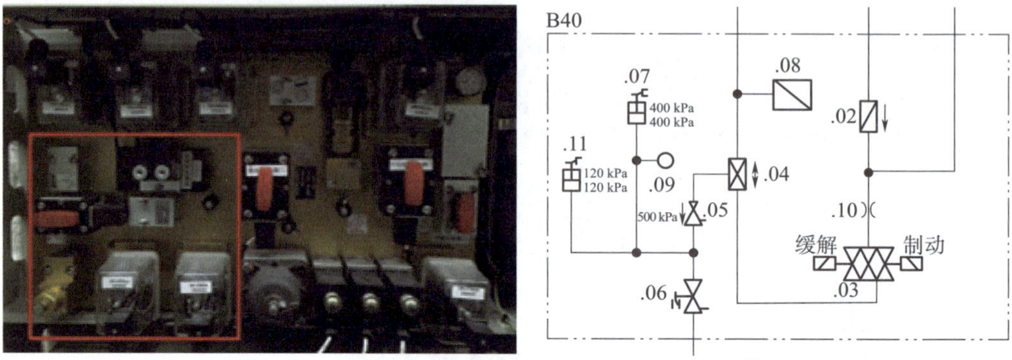

(a)　　(b)

图 7-25　FXD3-J 型动力车停放制动控制模块组成及原理

⑤踏面清扫控制模块

FXD1-J 型动力车踏面清扫控制模块由踏面清扫切除塞门(01)、减压阀(02)、压力测点(03)、电磁阀(04)、和踏面清扫状态压力开关(05)组成。减压阀设定压力 300 kPa,状态压力开关设定值 270 kPa。FXD1-J 型动力车踏面清扫控制模块组成及原理如图 7-26 所示。

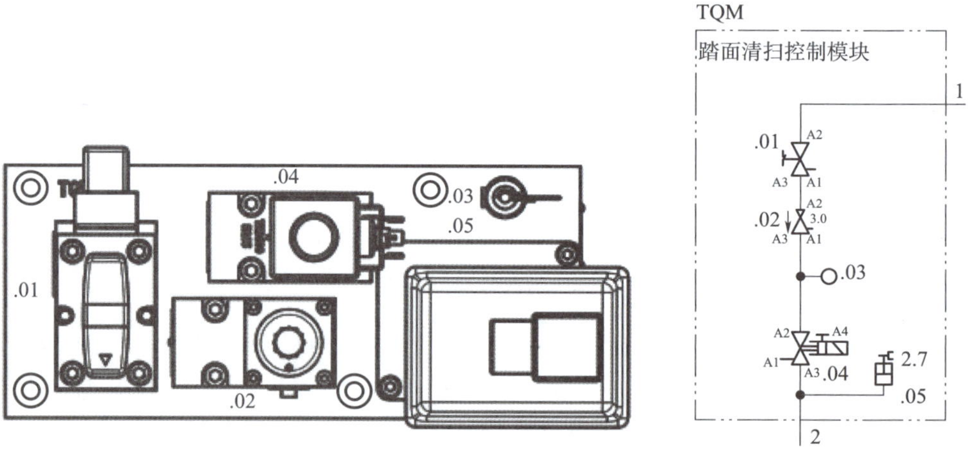

(a)　　(b)

图 7-26　FXD1-J 型动力车踏面清扫控制模块组成及原理

FXD3-J 型动力车踏面清扫控制模块由踏面清扫切除塞门(B60. 01)、踏面清扫减压阀(B60. 02)、踏面清扫压力测点(B60. 03)、踏面清扫电磁阀(B60. 04)、踏面清扫压力开关(B60. 05)组成。FXD3-J 型动力车踏面清扫控制模块组成及原理如图 7-27 所示。

(10)气路板及其他部件

电空控制单元还设有气路板、过滤器、容积风缸等。气路板作为各个模块、气动附件、容积风缸等部件的安装载体;过滤器将进入电空控制单元的压缩空气进行适度过滤;容积风缸用于相关压力的控制和输出。

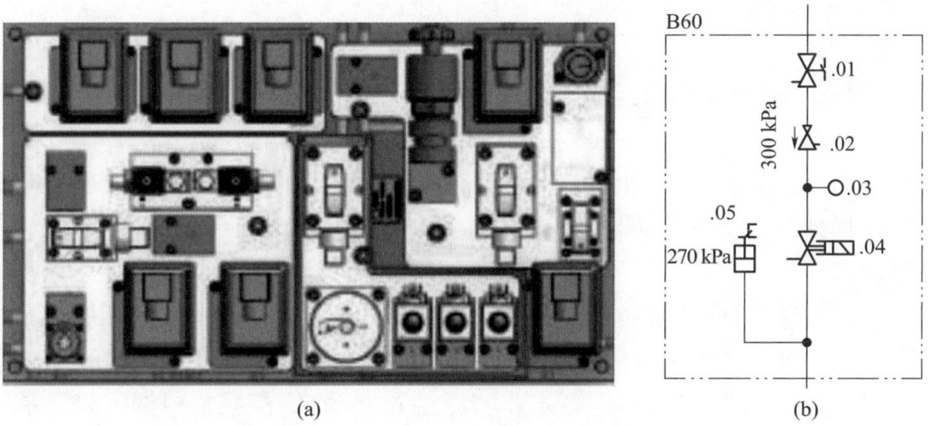

图 7-27　FXD3-J 型动力车踏面清扫控制模块组成及原理

5. 制动控制关系

制动控制系统是以网络为基础的微机控制系统，各显示的参数和控制指令主要以网络信号传递，电气、气动部件为最终的执行机构。正常情况下气路控制关系如下：

(1)控制列车制动：

自动制动阀→列车管控制模块→列车管压力→车辆制动机。

↓

制动缸控制模块→动力车制动缸。

(2)控制动力车制动：

单独制动阀→单独控制模块→制动缸控制模块→动力车制动缸。

6. 系统主要部件的冗余

(1)空气制动冗余

当制动缸控制模块故障时，系统自动转换为由空气制动阀和单独控制模块共同控制制动缸压力的空气制动冗余模式。空气制动冗余就是系统采用纯机械后备三通阀来代替电子控制产生制动缸压力控制。

(2)系统冗余

当微机控制的主系统出现严重故障时，制动系统将自动产生惩罚制动，然后可将制动系统转到后备模式，利用后备制动模式实现对列车的制动控制。后备制动模式下，操纵空气后备制动手柄实现对列车的制动、缓解。

7. 制动的触发方式

(1)紧急制动的触发方式

系统至少在如下情况下触发紧急制动：自动制动阀置紧急位；开放操纵台左边柜紧急制动按钮(车长阀)触发紧急制动；按下操纵台紧急按钮触发紧急制动(断主断路器并降弓)；监控装置触发紧急制动；列车断钩分离触发紧急制动。

(2)惩罚制动的触发方式

惩罚制动是非人为施加、由制动系统自行产生或由制动系统外部指令触发的常用制动或紧急制动。系统至少在如下情况下触发惩罚制动：上电惩罚、失电惩罚、系统故障惩罚、监控装置惩罚、无人警惕惩罚。

①上电惩罚

当电空控制单元或系统上电时，产生一个不可抑制的惩罚制动。

②失电惩罚

本务动力车上，电空控制单元或系统断电时，均衡风缸会以常用制动速度减压到 0，这是一个不可抑制的惩罚制动。

③系统故障惩罚

制动系统故障，均衡风缸会以常用制动速度降到 0，这是一个不可抑制的惩罚制动。

④监控装置惩罚

如果监控系统要求惩罚制动，系统将实施惩罚制动，均衡风缸根据需要以常用速度实施减压 80 kPa 或者 130 kPa。该惩罚制动指令消失后，可以缓解惩罚制动，须将自动制动手柄置于抑制位至少 1 s，对惩罚制动进行复位，再进行缓解。

⑤无人警惕惩罚

如果实施无人警惕惩罚制动，系统将实施惩罚制动，均衡风缸进行常用全制动减压。该惩罚制动指令消失后，可以缓解惩罚制动，操作者须使将自动制动手柄置于抑制位至少 1 s，对惩罚制动进行复位，再进行缓解。惩罚制动复位条件：惩罚源消失（如果是失电惩罚，重新加电）；自动制动手柄须置于抑制位超过 1 s。

（二）空气压缩机组

目前动力车广泛采用 BT-1. 6/10AD、TSA-1. 6ADⅡ、SL16 型三种型号的螺杆空气压缩机组，其主要由四大部件构成，即驱动装置、空气压缩机体、风冷却装置和底座。以 BT-1. 6/10AD 型空气压缩机组为例，具体各部件名称如图 7-28 所示。用螺栓连接在一起组成一个紧凑单元，并采用弹性减振器平稳地固定在钢制共用底座上。通过底座下方的 4 个安装孔与动力车固定。

空压机包括空气系统、润滑油系统和冷却系统。整个空气压缩机组工作流程如图 7-29 所示。

1. 空气系统

空气系统包括空气滤清器、进气阀、油气室、油细分离器、最小压力阀、后冷却器、安全阀和压力开关。

开机时空气由空气滤清器吸入，经由进气阀进入主机，在主机压缩腔压缩，经润滑油冷却后排入油气室，这种含油空气在油气室内经撞击进行第一次气、液粗分，再经由油细分离器进行第二次气、液精分。当油气室压力达到输出压力后，被压缩的空气通过最小压力阀排出，经后冷却器冷却，提供给乘客。

停机时，最小压力阀止回，切断后部高压气路，阻止高压气返回主机系统。同时进气阀中的进气止回阀关闭，主机压缩腔的高压气体返至低压腔迫使进气阀中的泄压阀动作，将系统压缩空气与进气阀吸气口连通经由空气滤清器放入大气。

2. 润滑油系统

润滑油系统由温控阀、油过滤器、可视回油单向阀、油细分离器、油冷却器和油气室

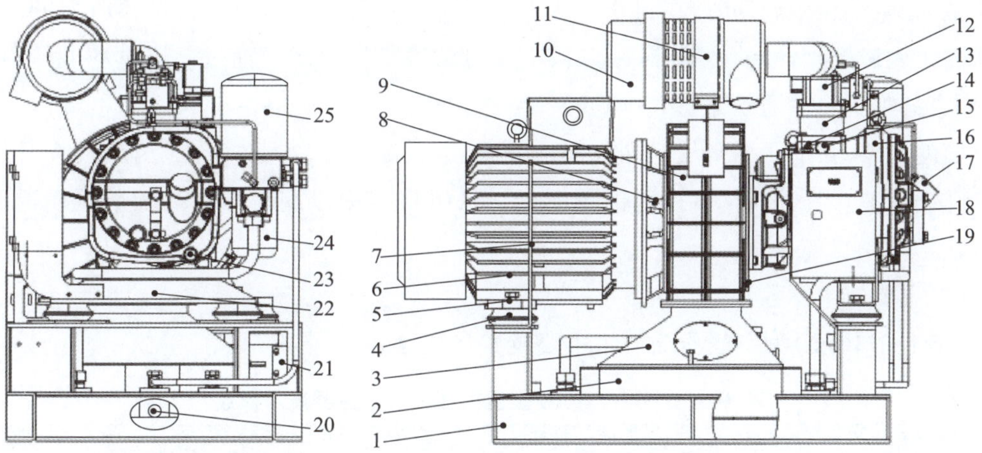

1—安装底架；2—冷却器；3—导风罩；4—减振垫；5—电机底座；6—电机；7—电机出线支架；8—电机法兰；
9—风机壳；10—空气滤清器；11—空气滤清器支架；12—进气阀；13—进气阀转接座；
14—温度开关；15—压力开关；16—主机；17—加油口；18—电控箱；19—主机法兰；
20—散热器泄油口；21—出气座；22—主机底座；23—主机泄油口；
24—油过滤器；25—油细分离器。

图 7-28　BT-1.6/10AD 型空气压缩机组

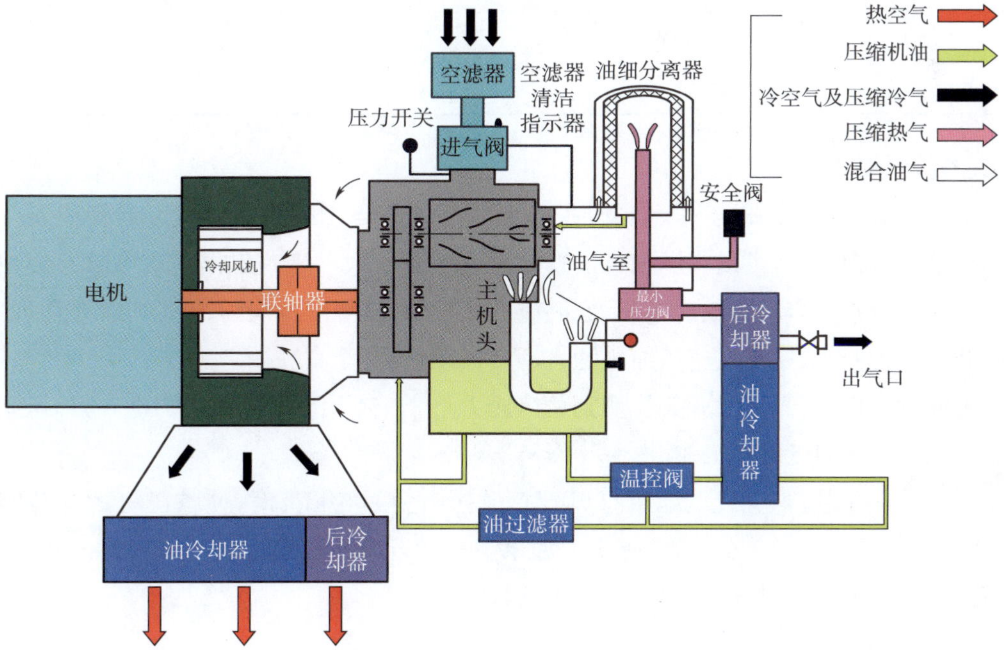

图 7-29　空气压缩机组工作流程

组成，包含有主回路与辅助回路两个回路。

主回路：空压机启动时，在最小压力阀作用下，优先建立起润滑油循环所需的压力，润滑油压入温控阀，经油冷却器冷却（或不经过油冷却器冷却）、油过滤器过滤，通过喷油口射入机体内，然后随压缩空气排到油气室进行粗分。

辅助回路：含油压缩空气经油气室粗分后，进入油细分离器进行细分，聚集在其底部的少许润滑油，经回油管、可视回油单向阀，进入机体，用以润滑排气端轴承继而返回油气室。

（1）主要技术参数

BT-1.6/10AD 型空气压缩机组主要技术参数见表 7-2。

表 7-2　BT-1.6/10AD 型空气压缩机组主要技术参数

参数名称	技术参数
额定容积流量/($m^3 \cdot min^{-1}$)	1.6
额定排气压力/kPa	1 000
额定转速/($r \cdot min^{-1}$)	1 460
振动烈度/($mm \cdot s^{-1}$)	≤7.1
噪声/dB(A)	≤100
润滑油耗量/($mg \cdot m^{-3}$)	≤10
电机功率/kW	15
质量/kg	≤340

（2）控制模式

空气压缩机具有间歇工作和延时工作两种模式。当压缩机需要频繁启动或发生轻微的机油乳化现象时，可以将压缩机设置在延时工作模式。延时工作模式可以有效地减少由于压缩机频繁启动造成对电机及机头的损害，同时可以减缓压缩机机油乳化现象。设有两个压力开关，控制空气压缩机的自动启停动作。

①间歇工作制：当压力开关检测到总风压力小于 750 kPa 时压缩机启动，总风压力达到 900 kPa 时压缩机停止工作。

②延时工作制：当空气压缩机打风到总风压力为 900 kPa 时，使空压机的卸荷阀失电，压缩机空载运行 20 min 后再停机。如果空载运行期间压缩机重新进入打风状态，则卸荷阀重新得电，压缩机的空载运行需重新计时。

（3）工作原理

①吸气过程

螺杆压缩机由阴阳两个螺杆形的转子，阳转子按逆时针方向旋转，阴转子按顺时针方向旋转，机壳上有特定形状的吸气孔口。随着转子开始运动，由于齿的一端逐渐脱离啮合而形成了齿间容积,这个齿间容积的扩大,在其内部形成了一定的真空,而该齿齿间容积又仅与吸气口连通,因此气体便在压差作用下流入其中。在随后的转子旋转过程中,阳转子齿不断从阴转子的齿槽中脱离出来,齿间容积不断扩大,并与吸气孔保持连通。随着转子的旋转,齿间容积不会再增加。齿间容积在此位置与吸气孔口断开,吸气过程结束。整个吸气过程如图 7-30 所示。

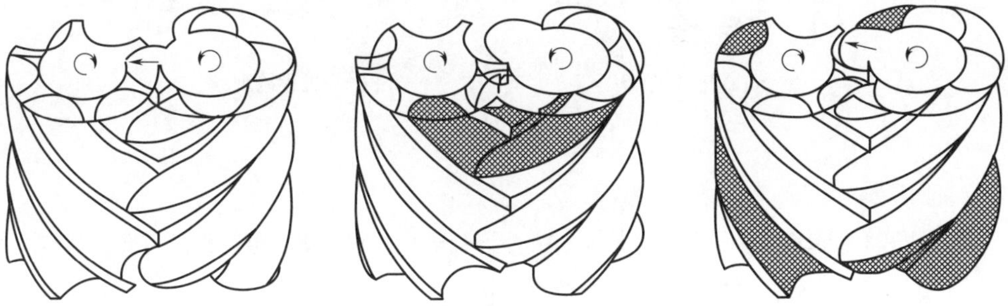

(a) 吸气过程即将开始　(b) 吸气过程中　(c) 吸气过程结束

图 7-30　吸气过程

②压缩过程

如图 7-31(a)所示是压缩过程即将开始时的转子位置。随着转子的旋转,齿间容积由于转子齿的啮合而不断减小。被密封在齿间容积中的气体所占据的体积也随之减小,导致压力升高,从而实现气体的压缩过程[图 7-31(b)]。压缩过程可一直持续到齿间容积即将与排气孔口连通之前[图 7-31(c)]。

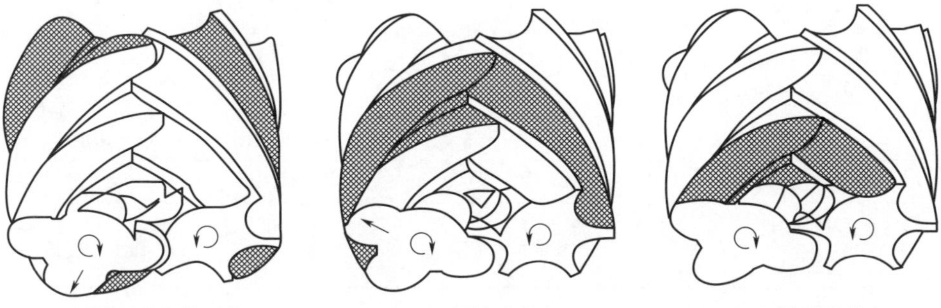

(a) 压缩过程即将开始　(b) 压缩过程中　(c) 压缩过程结束

图 7-31　压缩过程

③排气过程

齿间容积与排气孔口连通后,即开始排气过程。随着齿间容积的不断缩小,具有排气压力的气体逐渐通过排气孔口被排出[图 7-32(a)]。这个过程一直继续到齿末端的型线完全啮合[图 7-32(b)]。此时,齿间容积内的气体通过排气孔口被完全排出,封闭的齿间容积的体积将变为零。此时,吸气端转子齿和机壳所包围齿间容积达到最大,同时进行着下一循环的吸气过程。

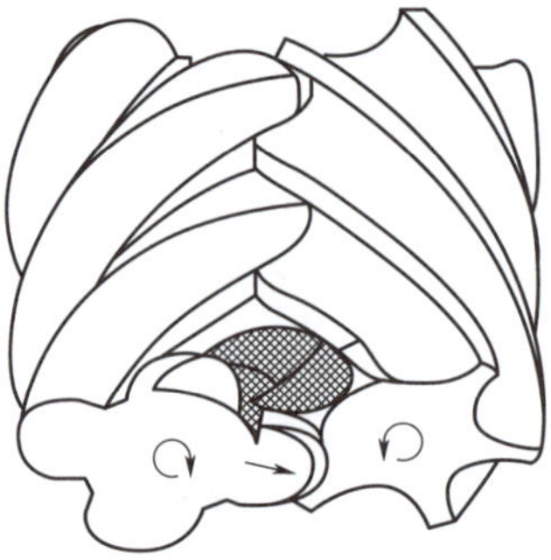

(a) 排气过程中

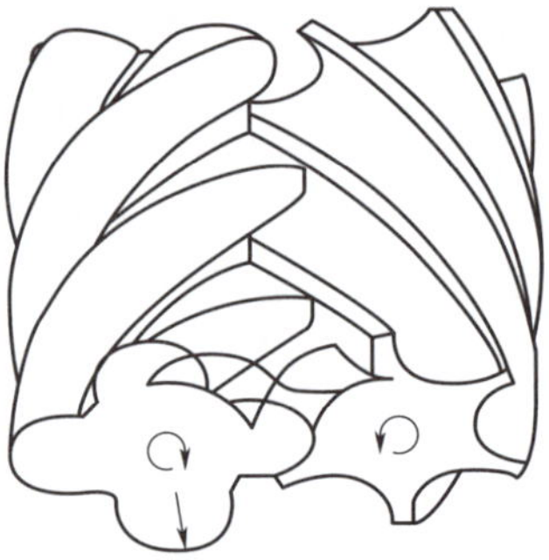

(b) 排气过程结束

图 7-32 排气过程

(三)干燥器

空气干燥器是由两个干燥塔交替工作的无热再生式除湿净化装置,用于压缩空气的干燥,为动力车主风源系统提供清洁、干燥的压缩空气。目前在动力车上广泛使用的压缩空气干燥器主要有两种,分别是 TAD-4.8-H 型空气干燥器和 DHTWG3-5 型空气干燥器。

1. 主要技术参数

(1)TAD-4.8-H 型空气干燥器主要技术参数详见表 7-3。

表 7-3 TAD-4.8-H 型空气干燥器主要技术参数

参数名称	技术参数
处理空气/($m^3 \cdot min^{-1}$)	5
工作压力/kPa	900
吸附剂/mm	ϕ3～5
再生方式	无热、常压
再生耗气率/%	≤18
出气露点/℃	≤−40
含油率	≤5×10^{-6}(螺杆压缩机)、10×10^{-6}(活塞压缩机)
含尘埃的颗粒度/μm	≤20
转换周期/s	60
质量/kg	115

(2)DHTWG3-5 型空气干燥器主要技术参数详见表 7-4。

表 7-4 DHTWG3-5 型空气干燥器主要技术参数

参数名称	技术参数
额定流量/($m^3 \cdot min^{-1}$)	5
额定工作压力/kPa	900
最大工作压力/kPa	1 100
工作电压	DC 110 V
再生方式	无热、常压

续上表

参数名称	技术参数
吸附剂	分子筛
运用环境温度/℃	−40～+70
运用环境相对湿度/%	0～100
工作海拔/m	≤2 500
再生耗气率	≤15%×(1±3%)
质量/kg	≤95
外形尺寸(长×宽×高)/mm	472×429×1 160

2. 主要结构

(1)TAD-4.8-H 型空气干燥器结构如图 7-33 所示。

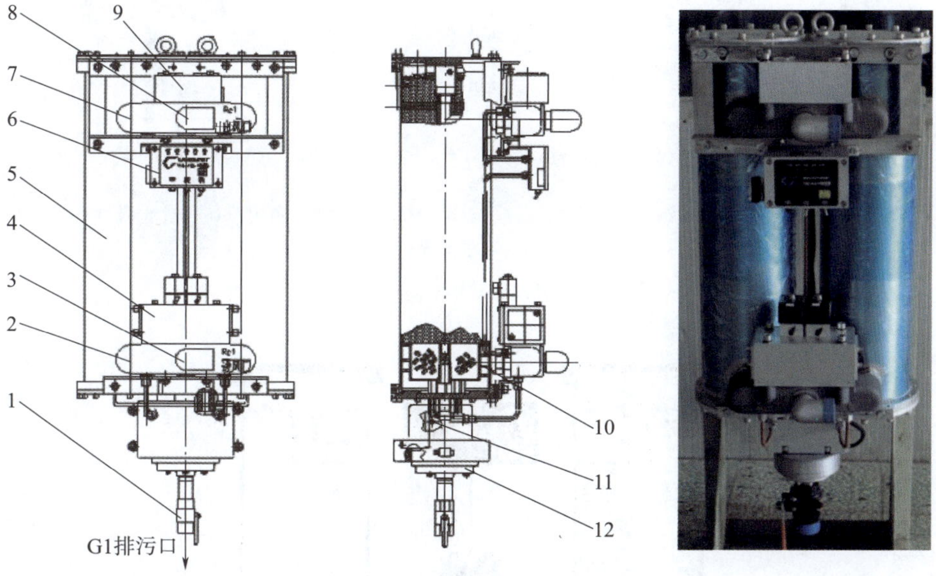

(a) 结构示意　　(b) 实物

1—球阀;2—下连接体;3—进气弯头;4—进气阀;5—筒体;6—电控器;
7—上连接体;8—出气弯头;9—止回阀;10—油水分离器;
11—排气阀;12—消声器。

图 7-33　TAD-4.8-H 型空气干燥器

(2)DHTWG3-5 型空气干燥器结构如图 7-34 所示。

3. 工作原理

两种类型的空气干燥器工作原理一致,利用吸附剂(60 万 km 更换)对空气进行干燥处理,原理如图 7-35 所示。其中 TAD-4.8-H 型空气干燥器的吸附剂是分子筛,DHTWG3-5 型空气干燥器采用的吸附剂是活性氧化铝+分子筛。

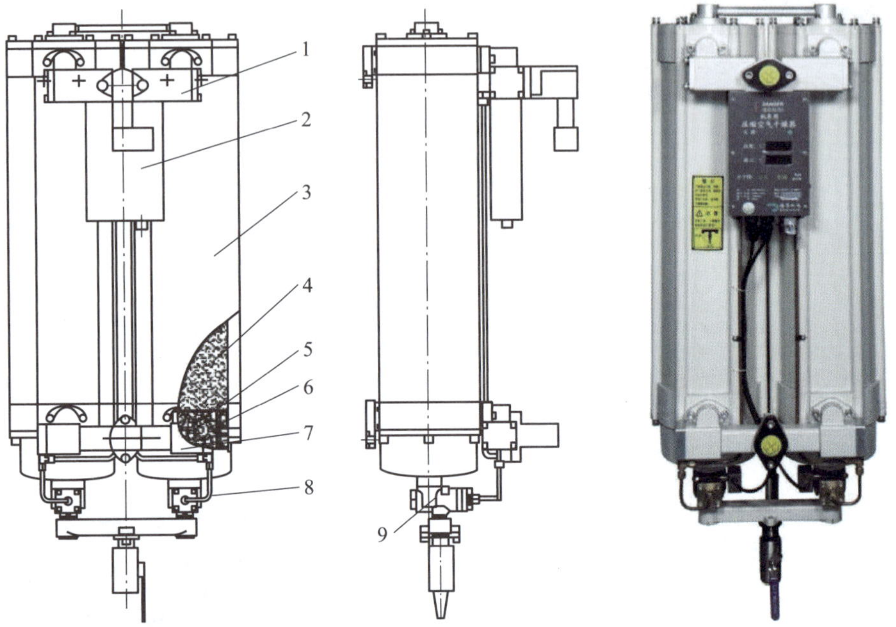

(a) 结构示意　　(b) 实物

1—出气阀；2—控制器；3—干燥塔；4—干燥剂；5—高效油水吸附器；6—过滤器；7—进气阀；8—管路系统；9—排气阀。

图 7-34　DHTWG3-5 型空气干燥器

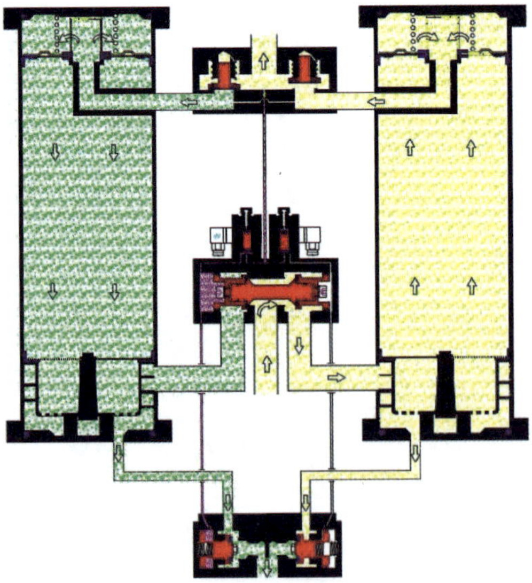

图 7-35　空气干燥器工作原理

第二节　拖车制动系统

直车体制动系统以既有25T型客车制动系统为基础进行优化设计；鼓形车体制动系统以直车体制动系统为基础进行优化设计，采用停放制动替代人力制动，取消了气路控制箱，优化了供风管路。

一、制动系统参数

制动系统总体参数详见表7-5。

表7-5　制动系统总体参数

参数名称	技术参数
线路最大坡度/‰	≤30
环境温度/℃	−40～+40
相对湿度/%	≤95
紧急制动距离(列车)/m	≤800(初速度为120 km/h)/≤1 400(初速度为160 km/h)
紧急制动距离(单车)/m	≤730(初速度为120 km/h)/≤1 310(初速度为160 km/h)

制动系统技术参数详见表7-6。

表7-6　制动系统技术参数

参数名称	技术参数
列车管定压/kPa	600
总风管压力/kPa	750～900
副风缸容积/L	230
总风缸容积/L	230(115 L×2)
工作风缸容积/L	11
制动控制用总风缸(控制车)容积/L	500
紧急制动时制动缸压力/kPa	420
动力集中动车组停放能力/‰	12(人力制动)/20(停放制动)

二、制动系统组成

拖车制动系统由主管路、支管路、紧急制动装置、空气制动设备、空气弹簧附加设备、电子防滑器和人力制动机或停放制动系统组成，如图7-36所示。

(1)主管路主要包括制动主管(列车管)、总风管、折角塞门、制动软管连接器总成、总风软管连接器总成及各种不锈钢管接件等。

(2)支管路主要包括生活用风管、制动管、空气弹簧用风管、辅助风缸连接管、截断塞门、管路滤尘器、各种不锈钢管接件等。

(3)紧急制动装置主要包括紧急制动阀、管路及各种不锈钢管接件等。

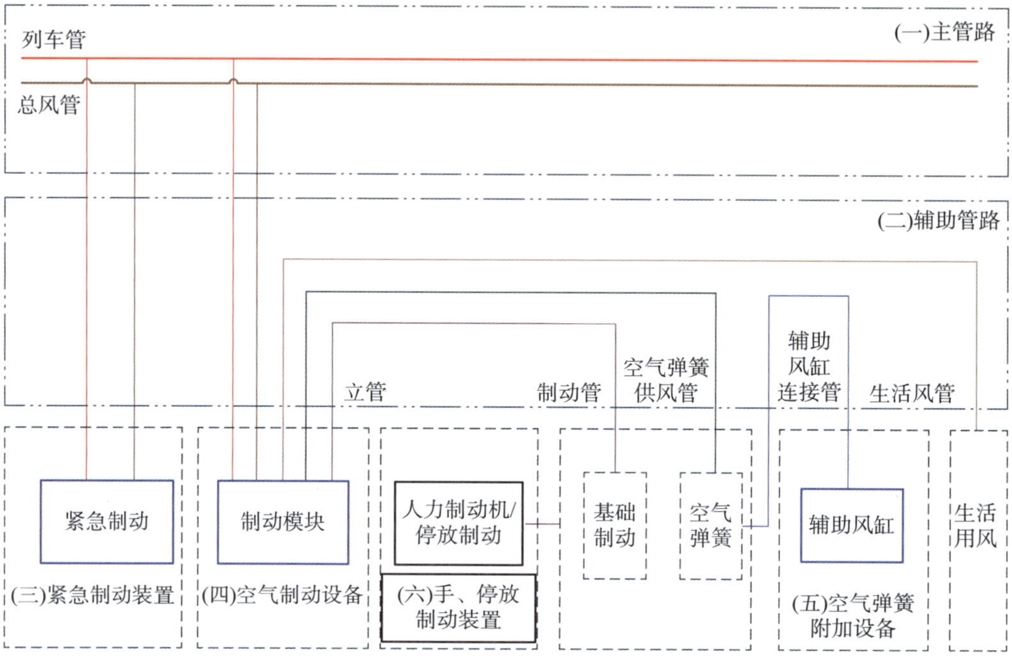

图 7-36　拖车制动系统拓扑图

(4)空气制动设备中主要包括制动模块,制动模块主要制动部件有:104 型/F8 型电空制动机、副风缸、工作风缸、复合总风缸、缓解风缸(配套 104 型电空制动机)、组合式集尘器、制动/缓解指示器、球芯截断塞门、缓解阀、压力传感器等。其主要制动部件都集成安装于制动模块上,制动模块整体吊装于车下横向中心线附近。

(5)人力制动机由摇把、伞齿轮制动机、闸线等组成。顺时针转动摇把,人力制动力通过上述部件的放大和传递,使 1 位转向架 2 位轮盘上的一个制动单元抱紧制动盘,可使车辆停在 12‰的坡道上。

(6)停放制动系统是通过接收司机室发送的停放制动施加/缓解指令,实现停放制动缸的排风(施加)或充风(缓解);同时具备手动操作功能,能够实现停放制动施加、缓解与隔离。停放制动装置由停放制动控制模块、停放风缸、停放制动夹钳单元、停放制动缓解指示器和手动缓解装置等组成。

三、制动系统功能

制动系统有制动与供风两大功能,在车辆运行的过程中分别起到车辆的制动作用与提供设备用风。

(一)制动功能

在正常制动过程中,制动系统可实施三种制动模式:常用制动、紧急制动和停放制动。

1. 常用制动

常用制动是以压力空气作为原动力,以改变空气压强来操纵控制列车管排气(减压)时,制动缸充气(增压),发生制动;列车管充气(增压)时,制动缸排气(减压),发生缓解。

在车辆运行过程中，司机通过操作制动阀控制车辆的制动缓解。

2. 紧急制动

制动系统具有紧急制动功能，可通过操作自动控制手柄或拉动车上紧急制动阀，使列车管迅速排气减压，制动缸压力瞬间增大，对转向架施加最大制动力，以实现快速停车。

3. 人力制动/停放制动

直车体在车辆一位端一位角设有人力制动机，人力制动机以人为原动力，以手轮的转动方向和人力的大小来控制。能够使满载车辆在静止状态下停在12‰的坡道上。鼓形车体拖车及控制车每辆车设置1个停放制动缸（转向架1轴二位），全列共同作用下，能够满足动力集中动车组定员载荷下在20‰坡道的停放要求。

（二）供风功能

制动系统可提供设备用风，通过操作气路控制箱实现单管、双管供风的功能。

1. 单管供风

只有列车管给制动系统供风，列车管负责提供制动用风与设备用风，控制车为操纵端时不得双管改单管运行。

2. 双管供风

列车管、总风管给制动系统供风，其中列车管提供制动用风，总风管提供设备用风。

四、重要零部件

（一）基础制动装置

1. 组成

制动夹钳单元是制动系统的执行机构，主要由吊座组件、闸片托组件、杠杆组件、闸片托吊组件、闸片托销轴、销轴等部件组成，如图7-37所示。

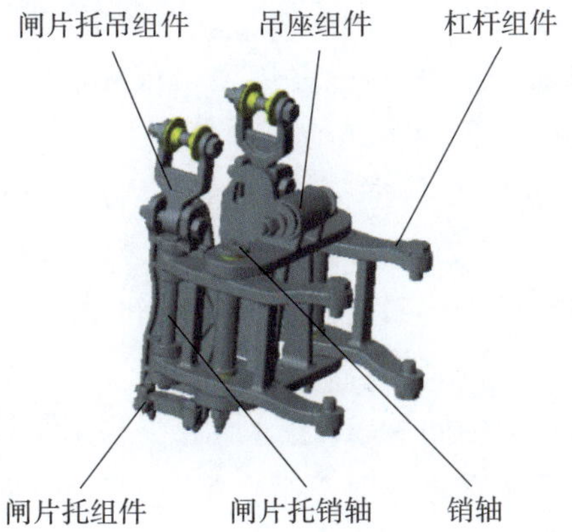

图7-37　制动夹钳单元组成

2. 工作原理

制动夹钳单元力传递简图，如图7-38所示。吊座可以看作杠杆的转动支点，制动缸的输出力经过杠杆放大后由闸片施加到制动盘上。制动夹钳单元通过杠杆将制动缸模块的运动转化为闸片托的夹紧运动，从而实现对制动盘制动功能。

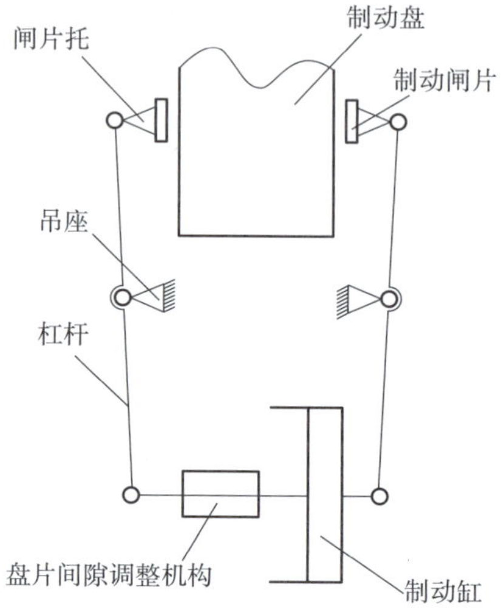

图 7-38　制动夹钳单元力传递简图

(二)空气管路系统

空气管路系统主要由列车管、总风管、制动管、空气弹簧用风管、辅助风缸管、生活用风管、紧急制动阀管路、中间管排等组成。

1. 系统组成

(1)列车管是贯通全列车并把压力空气输送到各个车辆制动机的管路。列车管通常包括制动主管、制动支管、制动软管连接器、折角塞门。

(2)总风管是贯通全列车并把压力空气输送到各个车辆气路控制箱的管路。总风管通常包括总风主管、总风支管、总风软管连接器、折角塞门。

(3)制动管是制动机与转向架之间的连接管路,车辆发生制动时,制动机产生压力空气,通过制动管传递至转向架气路接口,最终传递至单元制动缸,发生制动作用。制动管组成由管路与金属橡胶软管组成。

(4)空气弹簧用风管路用于对转向架空气弹簧供风,直接连通安装于车体上的高度阀。

(5)辅助风缸用风管路包括管路及辅助风缸,每个辅助风缸通过管路连接至车体枕梁的气室接口,起到增大空气弹簧储风容积的效果。

(6)生活用风管路用于对卫生间供风,通过活弯头与车上管路相接。

(7)紧急制动阀管路用于在紧急状况下操作紧急制动阀,对列车进行紧急制动。

(8)中间管排是管路的重要组成部分,由列车管、总风管、制动管、生活用风管、四联管吊组成。先用管接件将两部分管路连在一起,再用管吊把几根管路连在一起,组成一个管排。利用管吊两边的螺栓把管排固定在车体上。

2. 主要部件

(1)折角塞门

折角塞门的特点是塞门芯为球形,球芯与塞门体之间有橡胶密封垫,具有更加良好的密封性能，而且塞门芯径可以减少空气阻力，增加制动波速。材质采用不锈钢，提高其抗腐蚀性和抗击打能力。

球芯折角塞门的手把可以旋转 90°，当折角塞门处于“开放”位置时，采用开口销紧固手把，当需要“关闭”折角塞门时，需要先取下开口销，然后操作手把方可使折角塞门处于“关闭”位置，如图 7-39 所示。

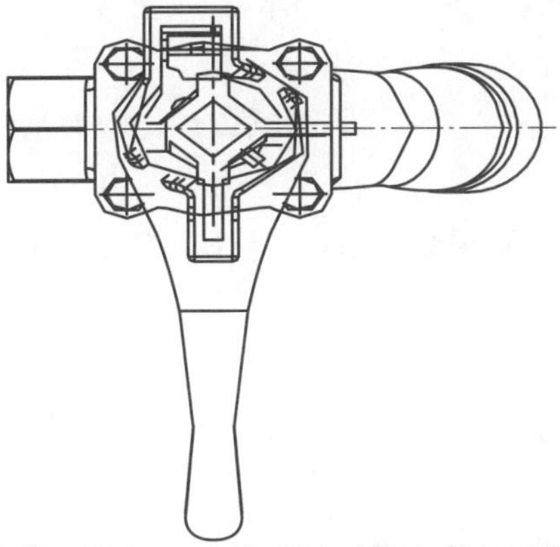

图 7-39　折角塞门处于“关闭”位置

(2)制动与总风软管连接器总成

制动软管连接器总成能在列车通过曲线或各车辆互相伸缩时，保持压力空气的畅通。目前使用的制动软管连接器为编织制动软管，其由波纹接头、套箍、橡胶软管、波纹连接器体、垫圈组合而成。

总风软管连接器的作用与制动软管连接器基本相同，其由接头、接头套、钢编橡胶软管、连接器体及垫圈等组成。制动与总风软管连接器如图 7-40 所示。

图 7-40　制动与总风软管连接器

(3)金属橡胶软管

金属橡胶软管由活接头、接头螺母、芯管、接头套、胶管、护套、固定接头 Rc1/2 组成。用于制动管与转向架上制动缸之间的连接。

(4)紧急制动阀装置

紧急制动阀装置由紧急制动阀、紧急制动阀罩、列车支管、总风支管及不锈钢管接件组成。其中紧急制动阀用于在特殊情况下对车辆实施紧急制动。将紧急制动阀手把置于关闭位时，紧急制动阀排气口关闭。当手把置开放位时，紧急制动阀排气口与大气相通，迅速排风，此时应保证阀体上各排风口排风应畅通。

(三)空气制动设备

空气制动设备主要包括制动模块，制动模块由 104 型/F8 型电空制动机、QD-K 型气路控制箱、组合式集尘器、风缸、制动缓解指示器、截断塞门和缓解阀等组成。

1. 风缸模块

风缸模块(图 7-41)由风缸、风缸吊带、排水塞门、排水塞门保护罩等组成。

2. 组合式集尘器

组合式集尘器(图 7-42)采用组合式集尘器取代普通的截断塞门和集尘器，其作用基本相同，其主要特点为截断塞门和集尘器为一体，塞门芯为球形，球芯与塞门体之间有特种橡胶密封，具有更加良好的密封作用，且塞门芯通径大，可以减小空气阻力，它与钢管间仍采用管螺纹连接，安装方便，材质采用不锈钢，提高了抗腐蚀性和抗击打能力。

图 7-41　风缸模块

图 7-42　组合式集尘器

3. 缓解阀

缓解阀(图 7-43)设置于车下，该缓解阀动作后同时将制动缸和副风缸压缩空气排出大气。拉动缓解阀后，如需恢复则必须到车下进行手动恢复。

图 7-43　缓解阀

4. 制动缓解指示器

车体两侧设有的制动缓解指示器,可以清楚地显示车辆制动机所处的状态。在与制动缓解指示器连接的管路上设有球芯截断塞门,用以在需要对制动缓解指示器检修时截断气路。

5. 气路控制箱

直车体气路控制箱是双管与单管转化的装置,结构为气路板式,气路板上安装有止回阀、球阀、滤尘器等。鼓形车体通过双改单塞门实现,如图 7-44 所示。

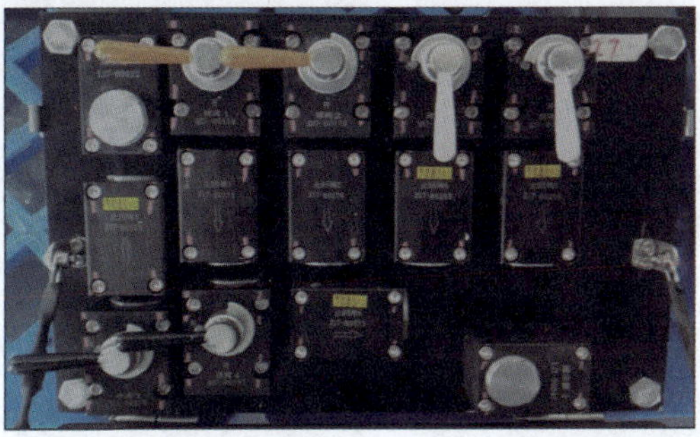

图 7-44　气路控制箱(鼓形车体)

气路控制箱组成单双管转换时操作如下:

(1)双管供风时(总风管有风):阀 1、阀 2 打开,阀 3、阀 4 关闭,阀 5、阀 6 常关。

(2)单管供风时(总风管无风):阀 1、阀 2 关闭,阀 3、阀 4 打开,阀 5、阀 6 常关。

(3)单管供风(总风管无风)且为关门车时:阀 1、阀 2、阀 3、阀 4 关闭,阀 5 打开,阀 6 可打开,为保证空气弹簧的供风和制动系统的可靠性,建议阀 6 关闭。

(4)双管供风(总风管有风)且为关门车时:阀门不需改变状态,同情况(1)。

6. 电空制动机

动力集中动车组目前主要有 F8 型(图 7-45)和 104 型(图 7-46)电空制动机,由主阀、辅助阀、气路板、电磁阀等组成,与列车管、制动管、工作风缸、副风缸相连接,组成制动系统。

图 7-45　F8 型电空制动机

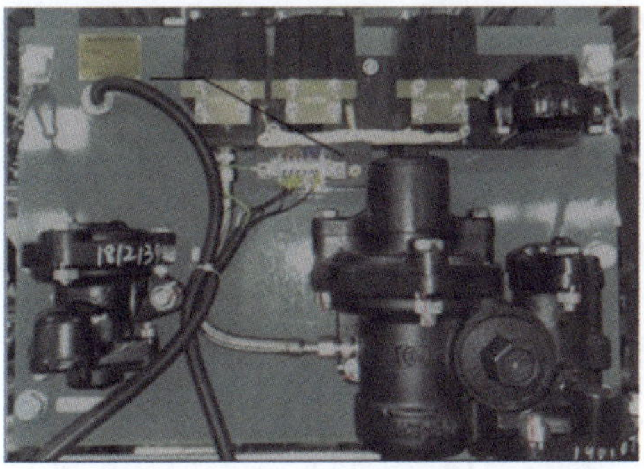

图 7-46　104 型电空制动机

电空制动机通过列车管压力变化和电信号来实现对车辆的制动的控制。当列车管施行制动减压或给予制动电信号时，电空制动机处于制动位，副风缸压力空气经排风阀，通过不锈钢软管，进入膜板式制动缸，从而施行制动。当列车管施行缓解充风或给予缓解电信号时，电空制动机处于充风缓解位，排空膜板式制动缸内压力，从而使车辆制动缓解。

（四）人力制动机

直车体人力制动机由伞齿轮人力制动机、人力制动罩、摇把、闸线等组成，通过在车内操作摇把进行人力制动的施加与缓解。人力制动机相关部件如图 7-47 所示。

(a) 摇把

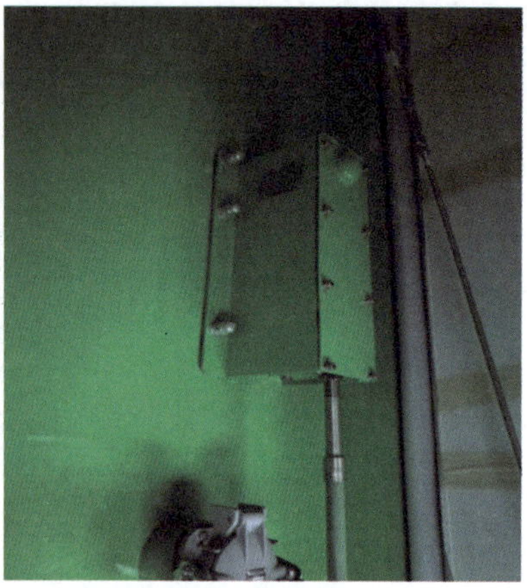

(b) 人力制动罩

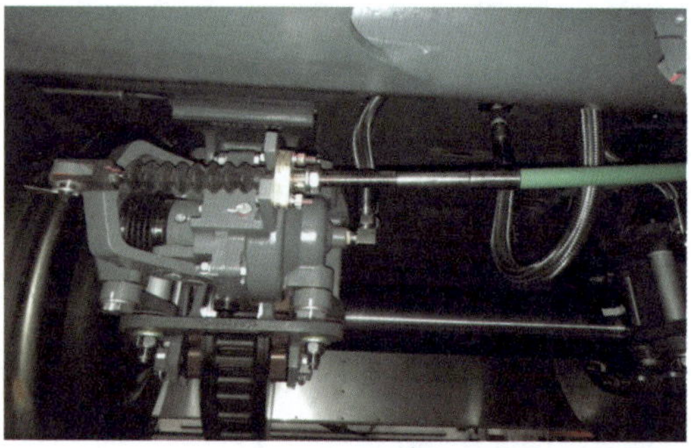

(c) 闸线

图 7-47　人力制动机相关部件

人力制动机在工作时，通过摇把转动蜗杆，蜗杆带动小齿轮旋转，小齿轮带动大齿轮旋转，同样，大齿轮带动丝杠轴旋转进而提升丝杠螺母，丝杠螺母与闸线相连，依次将人力制动力不断地传递下去直至基础制动装置，发生制动作用。停止转动摇把时，因丝杠的自锁作用，使人力制动机保持制动而不会自动缓解。反向转动摇把时，闸线下移，使基础制动装置缓解。丝杠螺母的最低点即为人力制动的缓解状态，因此不会出现反向制动的现象。

（五）停放制动

鼓形车体每车设置一个停放制动控制模块，受司机台停放制动按钮控制；车体两侧设有停放制动缓解指示器，用于观察停放制动的状态；控制车、拖车转向架两侧均设有停放制动缓解拉绳，用于停放制动的手动缓解。停放制动设有单独的储风缸，可满足停放制动的使用需求。

停放制动功能由车内设置的停放制动模块及安装在转向架的停放制动夹钳单元共同实现,通过停放制动缸内储能弹簧动作施加停放制动,通过压缩空气缓解停放制动。在车下一位转向架两侧设置可手动缓解停放制动的远程缓解拉手,车上停放制动模块上具备手动隔离、手动施加停放及缓解功能。

1. 停放制动工作原理

通过停放缸排气,将蓄能弹簧的压力转化为停放螺杆拉力,带动楔形体组件向下运动,并作用在推力套组件上拉动制动缸活塞,从而带动丝杠和共轭等构件完成直线运动,并通过杠杆机构最终驱动闸片托和闸片完成夹紧制动的功能。停放制动手动缓解工作原理是拉动手缓解装置后,解除对停放螺杆旋转自由度的约束,停放螺杆会相对楔形体组件发生旋转,在楔形体弹簧的作用下,使楔形体组件上升,进而制动缸活塞复位,实现停放制动手动缓解。

2. 停放制动系统组成

(1)停放制动控制模块

车辆车上一位端间壁内设置停放制动控制模块(图 7-48),车下一位转向架设置停放制动夹钳单元,对应车下一、二位侧设置远程缓解拉手装置。

鼓形车体通过贯穿硬线实现在司机室操纵端控制全列车施加和缓解停放制动。停放制动控制模块采用双脉冲电磁阀,可接收电脉冲信号实现停放制动的施加和缓解。

双脉冲电磁阀设有手动按钮,在无电情况下可以对车辆实施停车制动或缓解。停放制动控制模块设有带电接点的截断排风塞门,用于检修停放制动缸时断开供风并将停放缸内压缩空气排空,并且在正常运营时给司机室提供停放切除的监控信号。停放制动控制模块设有压力开关,压力开关信号动作能够触发停放制动安全环路。

停放制动控制模块的接线盒上设置有电控停放隔离拨杆开关,该拨杆开关的 作用是隔离本节车辆的电控停放施加(电控缓解不隔离)。当拨杆开关置于向上“ON”位时,响应主控车的电控停放施加指令和停放缓解指令。当拨杆开关置于向下“OFF”位时,本节车的电控停放施加被隔离,不响应主控车的电控停放施加指令,仅响应主控车的电控停放缓解指令。同时,该拨杆开关的位置处于“ON”或“OFF”位时,均不会影响手动按钮功能。停放制动控制模块在正常使用时,拨杆开关需置于向上“ON”位。仅当在需要切除本节车辆的电控停放施加时,将拨杆开关置于向下“OFF”位。

停放制动控制模块上设有停放制动指示器,用于显示本节车辆的停放制动与 缓解状态。当停放制动指示器显示绿色时,表示停放缓解;当停放制动指示器显示红色+黑杠时,表示停放施加。

远程缓解拉手装置可在车下手动缓解停放制动。

(2)停放制动缸

停放制动缸为双室结构,分为停放制动缸和摩擦制动缸。停放制动缸通过内部弹簧的机械作用力保持列车处于停车状态,停放缸内充风缓解、排气制动;摩擦制动缸同普通制动缸,充风制动、排气缓解。停放制动缸如图 7-49 所示。

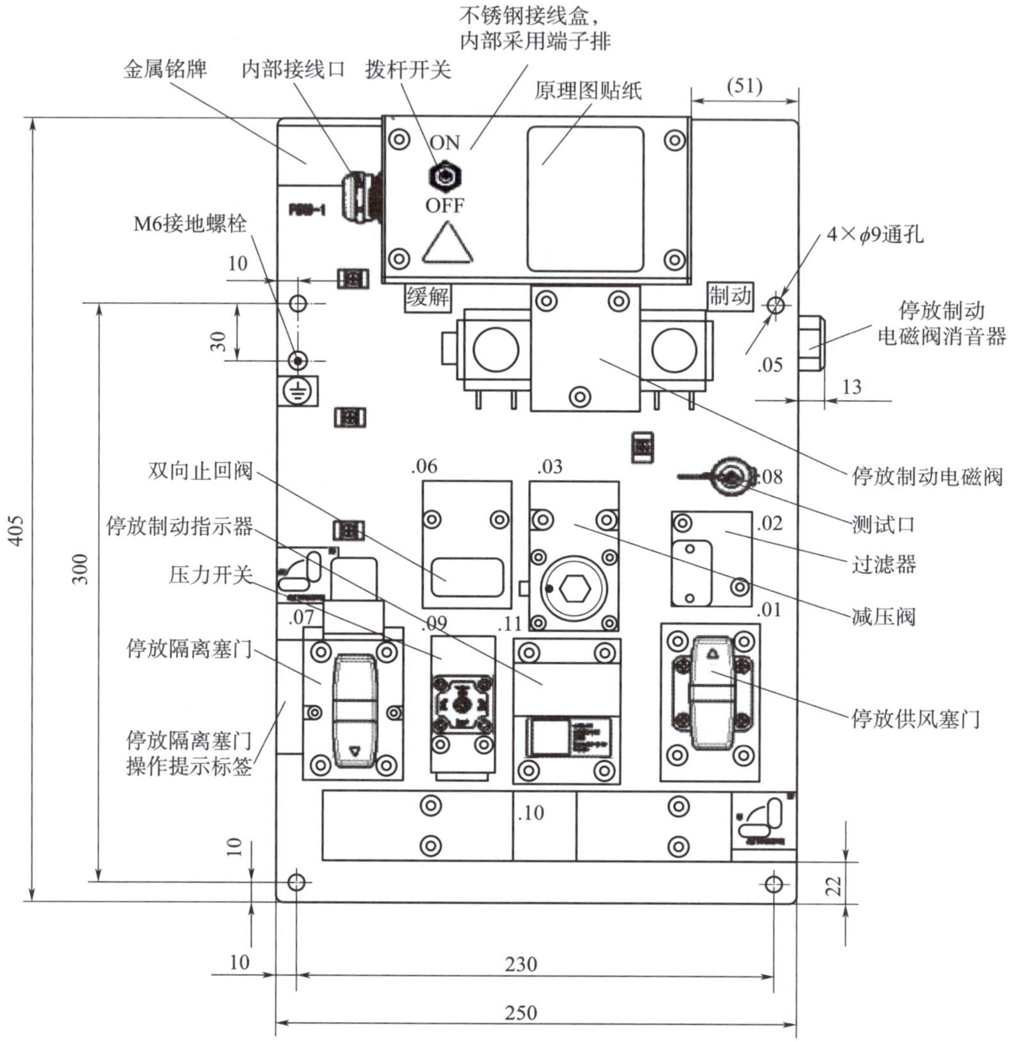

图 7-48　车辆停放制动控制模块(单位：mm)

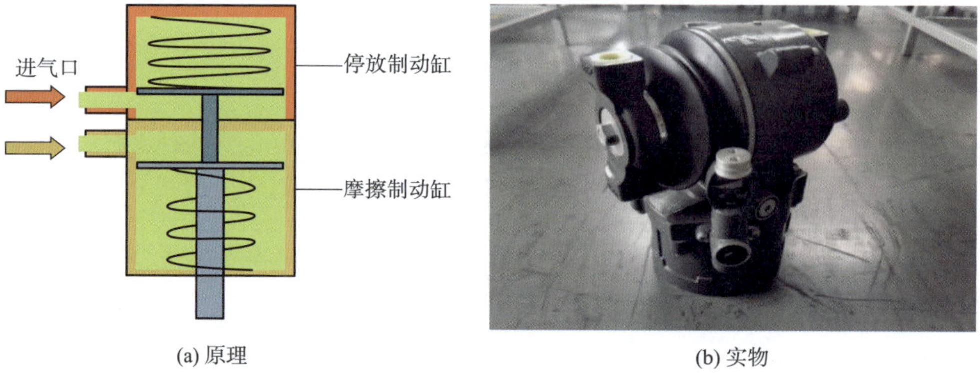

图 7-49　停放制动缸

(3)双窗制动缓解指示器

鼓形车体由于设有停放制动，采用双窗制动缓解指示器，分别显示空气制动和停放制动的状态。绿色表示缓解，红色表示施加，如图 7-50 所示。

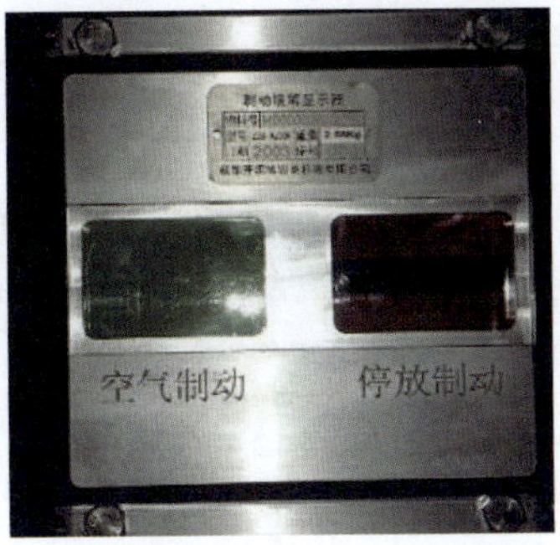

(a)

(b)

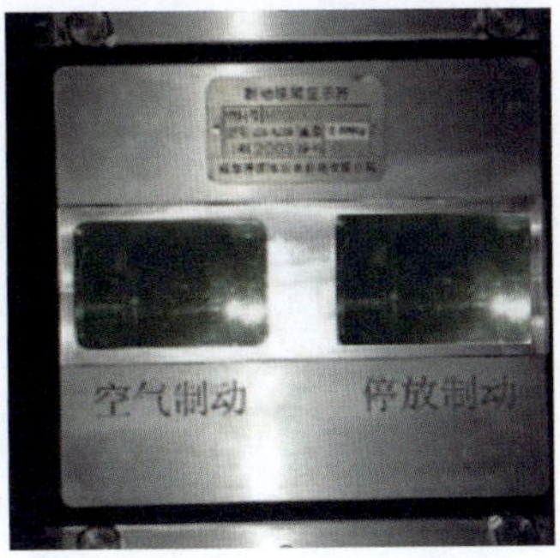

(c)

图 7-50　双窗制动缓解指示器

(六)防滑器

防滑器作为列车运行安全的重要组成部分，主要用于装有盘形制动的制动系统中。其主要由防滑器主机、速度检测装置、防滑排风阀及压力继电器等组成，各部件位置示意如图 7-51 所示。

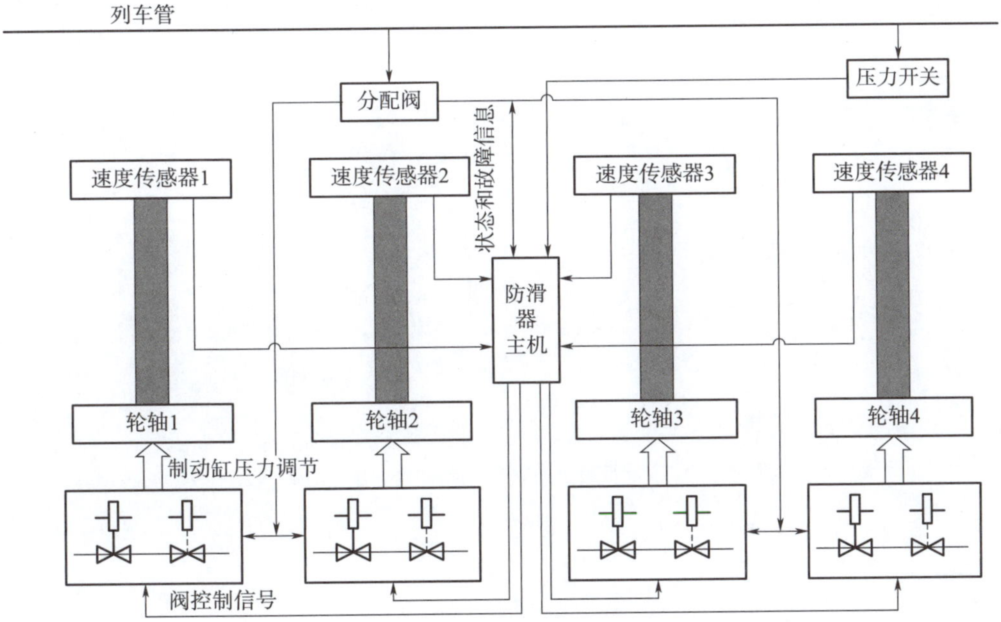

图 7-51　防滑器各部件位置示意

防滑器具有防滑器部件监视、故障存储和显示及诊断、5 km/h 速度信号输出、运行里程显示等功能。防滑器能有效地防止制动时轮对因滑行而造成的踏面擦伤，同时根据轮轨间黏着的变化调节制动力，以充分利用轮轨间的黏着，得到较短的制动距离。

1. 防滑器主机

防滑器主机是防滑器的控制中心，其接收四路速度传感器的脉冲信号，通过对该信号的调理、计算、比较，做出各种决策，控制各防滑排风阀做出相应的动作，使相应的制动缸排风或充风。

防滑器主机安装于车内电气综合控制柜内，其电源由车辆蓄电池组提供。

2. 速度检测装置

速度检测装置主要由速度传感器及感应齿轮组成。感应齿轮安装于车轴端部，传感器安装于轴箱盖上。当齿轮旋转时，齿顶齿谷交替通过传感器，切割磁力线，速度传感器输出线圈上感应出相应的脉冲信号。

3. 防滑排风阀

防滑排风阀是防滑器的执行机构，安装于空气分配阀与制动缸的连接管上，根据防滑器主机的指令，控制相应制动缸的排风和再充风。

第八章 网络控制系统

网络控制系统是动力集中动车组的神经系统和指挥中枢，采用基于分布式列车网络控制系统(DTECS)平台，实现各子系统信息传输共享，协调中央控制系统与各子系统的控制、监视与诊断任务，汇总各子系统工作状态和故障诊断信息，提供信息显示和人机交互接口，完成整车级的控制、故障诊断、状态监视等工作。本章主要叙述动力车网络控制系统、显示屏、重联通信网络速度传感器主要结构和原理，以及拖车的网络控制系统的基本原理及显示屏的功能。

第一节 网络控制系统的功能和特点

一、网络控制系统功能

网络控制系统(TCMS)作为整车控制系统，通过信号采集单元，采集司机的操作指令、动力集中动车组各个工况下的状态等信号，经过运算及逻辑处理，给出操作动力集中动车组各部件的控制指令，并通过 MVB+以太网总线实现与牵引变流器、空气制动系统、无线重联装置等部件的数据交换。列车处于重联牵引时，主控车与从控车之间的数据交换通过绞线式列车总线 WTB 实现数据交互及控制。网络控制系统关联关系如图 8-1 所示。

二、网络控制系统特点

网络控制系统采用分布式控制技术，即分布采集及执行，中央集中控制与管理的模式。其具有以下特点：

(1)分布式模块化设计，易于装卸和维修。

(2)采用列车通信网络，易于扩展，适应不同形式的列车编组。

(3)通信采用双通道冗余机制，提高系统运行可靠性。

(4)智能人机界面显示，提升系统可用性。

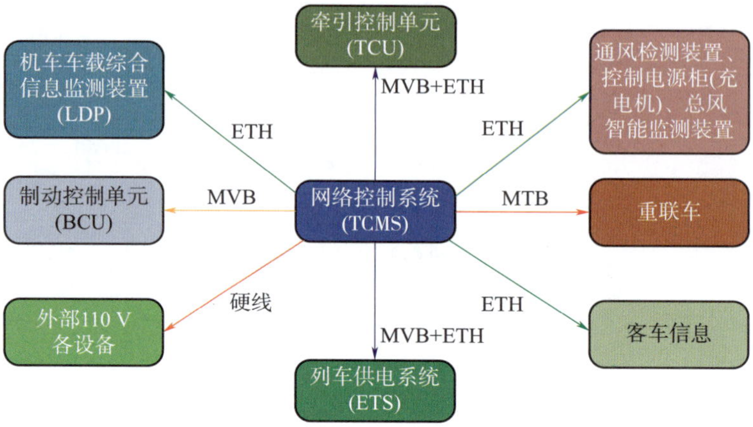

图 8-1　网络控制系统关联关系

(5)机械连接采用特殊设计,电气接触优良,抗电磁干扰性能高。

网络控制系统采用模块化设计,特别适合轨道交通车辆的车载网络控制系统,并使得系统的构成十分灵活,不但减少了系统布线距离,而且十分容易扩展。

第二节　动力车网络控制与通信网络的构成与功能

一、动力车网络控制与通信网络的构成

动力集中动车组动力车/控制车的控制网采用 TCN(WTB+MVB)总线,列车级信息采用 WTB 总线传输,车辆级信息采用 MVB/以太网传输。动力车/控制车与拖车的安全监测信息网(TCDS、6A 及 CMD)采用以太网一体化设计,数据融合监测。动力车/控制车的控制以太网与安全监测系统信息以太网相互独立,通过 ETH/MVB 网关实现控制网与监测信息网的隔离与交互。

网络控制系统由以太网交换机(ECNN)、WTB/MVB 网关模块(EGWM)、事件记录模块(EDRM)、输入输出单元(IOM)和牵引显示单元(DDU)等组成。

网络控制系统采用两种车辆总线进行通信。

(1)通过车辆总线 MVB(EMD)/以太网与传动控制单元(TCU)、制动控制单元(BCU)、列车供电系统(ETS)等进行通信。

(2)显示器 DDU、IOM 机箱、中央控制单元(CCU)、传动控制单元(TCU)、列车供电系统(ETS)、EVCM-N 等通过以太网线缆连接到以太网交换机,通过以太网进行通信。动力集中动车组网络拓扑如图 8-2 所示。

二、网络控制系统功能

网络控制系统采用列车级和车辆级控制,列车级网络采用绞线式列车总线(WTB),车辆级网络采用车辆编组网(ECN)和多功能列车总线(MVB)。

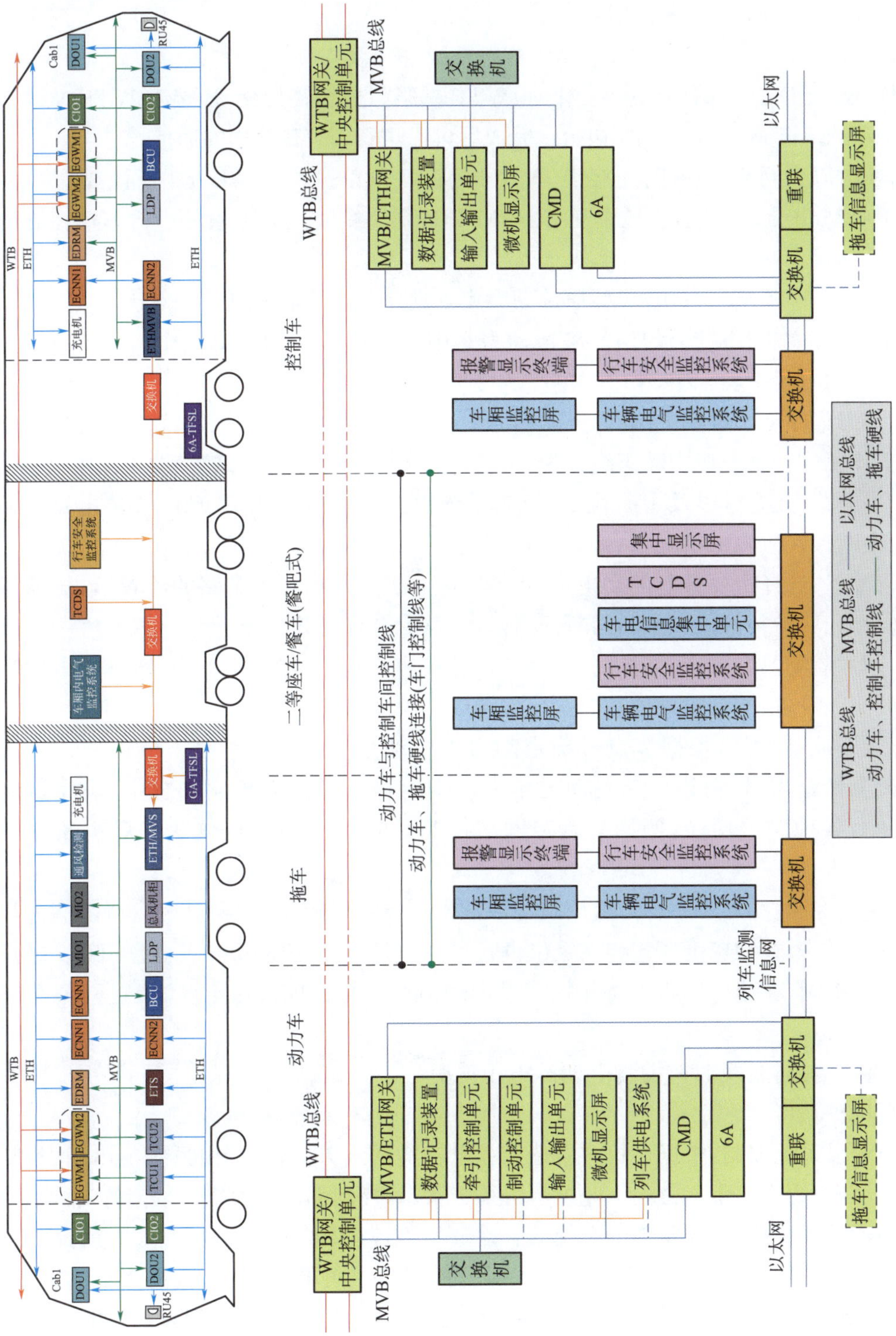

图 8-2　动力集中动车组网络拓扑

(一)控制功能

(1)MVB、WTB通信控制:每一节的两个EGWM将通过竞争机制确定一个MVB主设备,MVB主设备将管理整个MVB网络的通信,另一个EGWM作为从设备监视主设备的状态,在主设备故障时可以接管MVB的总线管理权。

在模块上电时,或者有节点数变化时,WTB网络将进行初始化,连接于WTB总线上的一个EGWM将成为WTB主,初始化完成后可以进行WTB数据的通信。

(2)实时以太网通信功能:连接于ECNN的设备可以进行实时以太网通信,ECN网络具备100 Mbit/s的带宽,主控单元EGWM具备采用实时以太网通信进行车辆控制的能力。

(3)动力集中动车组占用控制:通过动力集中动车组钥匙占用激活,确定动力集中动车组的主控节。根据主控节的信号确定动力集中动车组方向和司机操作信号。一个内重联编组的动力集中动车组,某一时刻只认可其中一节被占用。

(4)动力集中动车组模式选择:根据动力集中动车组模式选择开关,确定动力集中动车组的工作模式。动力集中动车组分为"正常""库内动车""辅机测试"三种工作模式。

(5)主电路、受电弓以及主断控制:控制系统根据受电弓模式,自动配置主电路。在受电弓、主断存在故障的情况下,判断受电弓、主断是否可用,针对不同的可用情况对主电路进行配置,选择将要升起的受电弓和闭合的主断。完成对主电路的配置后,能够根据司机操作和保护条件控制主断的断开闭合,以及受电弓的升起降下。

(6)网侧监测及保护:网络控制系统将监测网压数值,以及油流、油温、布赫继电器和压力释放阀等设备状态,出现异常时执行报警或保护逻辑。

(7)顺序控制:可以根据节点号确定动力集中动车组的不同状态。节点号是所有系统处理器的参考号,可以据此对动力集中动车组操作过程做出明确规定,顺序控制还可以执行各种保护功能,例如只有当顺序控制达到相应的节点或状态后主断才可闭合。

(8)牵引控制:动力集中动车组控制网络系统参与牵引控制,主要对司控器手柄进行管理,区分级位模式和速度模式。在级位模式下,将司控器发出的级位传送至TCU进行整车牵引力控制;在速度模式下将司控器设定的恒速目标速度传送至TCU进行整车恒速控制。

(9)蓄电池监控:实时监控蓄电池的电压情况(77 V、88 V),在显示器上提示报警信息或执行保护动作。

(10)牵引系统控制:根据司机方向选择和电机的摆设方向,对牵引系统给出牵引/制动工况、设定力的值及牵引方向。监视牵引系统状态,控制部件的投入和隔离等功能。

(11)辅助系统控制:控制辅助系统的启动及停机,监控辅助系统的状态并进行配置,或在辅助系统故障时进行切换冗余控制。对辅助系统接触器进行控制,控制牵引风机、压缩机、水泵的启动停止;等根据变流器冷却水温度、变压器冷却油温度和牵引电机温度的情况需要,计算并控制辅助系统变频等级。

(12)空电联合控制:空电联合指为了减少轮对磨损和节约电能,而使车辆在制动过程中，优先选择电制动，空气制动补偿到满足列车制动要求的行为。

(13)过分相控制：控制系统具备自动过分相和手动过分相(半自动)两种模式。动力集中动车组过分相时能将牵引力快速而平稳下降到零，分主断，过分相后自动恢复分相前的牵引运行工况，降低司机操作的复杂度，同时防止由于司机操作失误而使动力集中动车组带电过分相。

(14)轮径自动修正：动力集中动车组可在车辆显示屏上设置参考轮径，网络控制系统软件会在运行过程中根据参考轮径自动校正其他各轴的轮径值。

(15)动力集中动车组恒速控制：通过比较动力集中动车组实际速度与设定速度，自动地施加牵引力或制动力，达到动力集中动车组运行速度恒定，目标速度和实际速度的差值应不超过 2.5 km/h。定速过程中可通过显示器对设定速度进行微调，设置有定速超速退出和保护模式。

(16)无人警惕控制：动力集中动车组控制网络系统实现警惕报警控制。当列车速度超过 5 km/h 时，司机警惕装置开始工作。若司机在 60 s 内没有踩踏踏板或操作按钮及手柄等设备，将产生蜂鸣声报警，10 s 内司机仍未采取相应措施，动力集中动车组将自动施加惩罚制动，一旦惩罚制动实施，速度归零后缓解后才能重新施加牵引。当速度低于 5 km/h 时，司机警惕装置停止工作。在司机警惕装置发生故障时，列车上可通过隔离开关实现隔离。

(17)停放制动、缓解：车辆的停放制动施加和缓解由硬线实施，控制系统作为在操作节只作为备份；停放制动施加、缓解的指令将通过 WTB 传到另一节内重联动力集中动车组，实施施加或者缓解动作。停放制动可以通过停放制动隔离塞门进行隔离。确认隔离后施加和缓解命令将不被识别，默认为停放缓解状态。

(18)冗余控制：动力集中动车组控制网络系统冗余设计包含 TCN 网关/车辆控制冗余、数字量采集冗余和显示器冗余等四个方面。

(19)微机转储功能：控制系统记录动力集中动车组操作、运行相关的数据和故障信息，按照不大于 100 ms 的周期进行记录并存储于 EDRM 中，并且可以通过以太网转储至计算机上，利用地面处理软件对动力集中动车组上述数据进行分析、统计等工作。

(20)轴温监视：动力集中动车组控制网络系统通过轴温检测系统对轴温进行监视，在显示器上提示司机，在必要时进行牵引封锁。

(21)安全环路监视：动力集中动车组控制网络系统对安全环路状态进行监视，在显示器上提示司机，在必要时触发紧急制动。

(22)车门监视：动力集中动车组控制网络系统对车门状态进行监视，在显示器上提示司机，在必要时进行牵引封锁。

(23)火灾报警监视：动力集中动车组控制网络系统对火灾报警状态进行监视，在显示器上提示司机，在必要时触发紧急制动。

(24)其他控制：网络控制系统还具备停车换端、撒砂、库内动车、辅机测试、踏面清扫、绝缘检测等控制功能。

(二)监视功能

动力集中动车组控制网络系统状态监视功能由 TPX62 显示器完成。

(1)司机室的智能显示单元(DDU)至少需要显示如下信息:

①显示故障的功能,并提供故障处理建议。

②空转/滑行状态。

③接触网电压。

④动力集中动车组运行工况。

(2)监视设备必须监视如下状态:

①MVB 设备状态:MVB 的设备状态应在动力集中动车组显示屏上按照实际情况显示,有清晰的信号名称,拓扑位置和状态量。

②动力集中动车组运行数据:动力集中动车组的重要数据在动力集中动车组显示屏上按照实际情况实时显示出来。

③司机操作指令:在 MVB 上与动力集中动车组运行控制有关的司机操作指令在动力集中动车组显示屏上实时显示出来,对有效操作的过程和无效操作的原因都有清晰的显示。

(三)保护功能

(1)列车级保护:列车级保护是指引起全列车都进行保护的动作,主要包括快速制动、紧急制动、牵引封锁、电制动力封锁、离开停车制动位。

(2)车辆级保护:车辆级保护是指引起本节车进行保护的动作,主要包括蓄电池欠压保护,牵引封锁、电制动力封锁、变流器封锁、逆变器封锁、HVB 断开、受电弓降下、功率限制、启动联锁。

(3)部件级保护:部件级保护是指引起各设备进行保护的动作,一般由各设备完成,主要包括电机组牵引封锁、电机组制动力封锁、电机组脉冲封锁、电机组功率限制。

(四)诊断功能

动力集中动车组网络控制系统具有自诊断功能,自诊断信息可在司机显示器上进行显示。车载诊断系统是动力集中动车组网络控制系统的重要组成部分,CCU 收集并在故障数据库中存储列车的事件、故障和列车状态的相关信息。影响动力集中动车组运行和功能的故障信息在司机台上通过 DDU 显示出来,并且可以上传到地面维修和服务系统中,供长期的储存和深入的地面分析。

动力集中动车组网络控制系统的诊断功能可以协助司机和检修人员进行工作。当故障发生时,协助司机采取适当的操作,并使维护人员更容易地查找并解决故障。

1. 存储信息

存储的故障信息至少包括以下数据:

(1)发生日期和时间,以及结束日期和时间。

(2)故障代码、位置和名称。

(3)故障处理指南。

(4)新故障/故障消除状态(仅在运行模式有效)。

2. 故障等级

动力集中动车组网络控制系统依照故障对动力集中动车组运行和功能影响程度划分三个级别，并依照故障等级对动力集中动车组采取相应动作。

(1)严重故障(等级 A)：影响执行乘客服务运行的，并要列车操作人员立即注意或采取行动的故障定义为严重故障。此级别故障发生，智能显示单元故障信息栏闪烁。当操作人员按压确认键后，故障信息栏内容消失，当前故障在故障信息界面显示。司机必须根据智能显示单元故障信息界面显示故障处理提示进行相应处理，用于消除故障或隔离故障设备。

(2)中等故障(等级 B)：不影响执行乘客服务运行的，要维护人员注意的故障被定义为中等故障。故障信息在故障界面显示，并显示故障处理提示用于排除故障。

(3)轻微故障(等级 C)：由列车操作人员触发的故障被定义为轻微故障。故障不在操作人员的故障信息界面上显示，仅记录在故障日志中。

三、网络控制系统工作单元

网络控制系统采用两级总线式拓扑结构分别为列车级总线 WTB 和车辆级总线 MVB＋以太网，列车级和车辆级数据转换采用 WTB/MVB 网关。列车级总线具有动态编组能力，列车级总线具有冗余功能。

车辆级总线采用固定网络配置，车辆级各子系统的控制设备通过 MVB＋以太网通信接口直接连接至车辆总线，当子系统或子系统控制器不具有 MVB＋以太网通信接口时，提供输入输出信号通过 MVB＋以太网输入输出设备接入车辆网络。为降低模块 MVB 通道故障导致总线故障，采用内含印制板的连接器。

(一)车辆控制模块

每节动力集中动车组车辆装有两个车辆控制模块(EGWM)，位于机械间内。EGWM 是列车控制和诊断系统的核心，是实现动力集中动车组重联运行的核心模块，如图 8-3 所示。EGWM 的指示灯含义见表 8-1。

表 8-1　EGWM 的指示灯含义

名　称	含　义
BA	当前总线主：常亮。 备用主：闪烁，周期 1 s。 从设备：闪烁，周期 100 ms
BE	如果总线干扰，那么亮；否则灭。 目前总线干扰，定义为 A 线和 B 线同时干扰
ST	模块工作状态，正常时亮，故障时灭
SE	系统故障，故障时亮

(二)ECNN 交换机

每节动力车和控制车都要安装 ECNN 组建列车以太网，实现列车内设备的以太网连接。ECNN 交换机外观如图 8-4 所示。

图 8-3　车辆控制模块

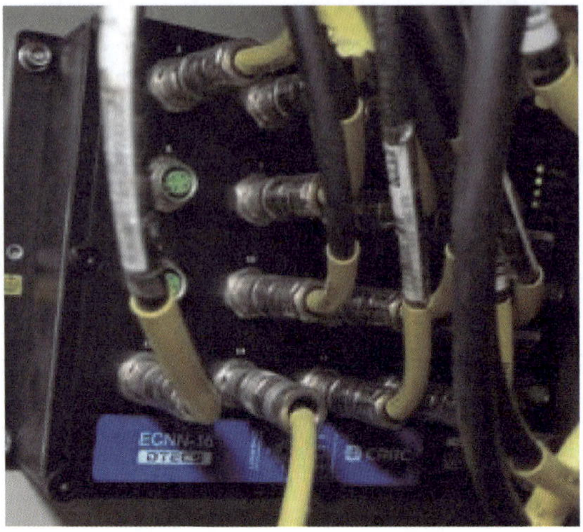

图 8-4　ECNN 交换机外观

（三）EVCM-N 模块

每节动力车装有一个 EVCM-N 模块，位于机械间。EVCM-N 模块外观如图 8-5 所示。

EVCM-N 模块具有连接 MVB 网络和 LonWorks 网络的功能。该模块可以通过 LonWorks 网络把车门、报警、制动、轴温等信息送给 MVB 网络或以太网网络，同时将 MVB 或以太网相关信息传送给车辆。

（四）事件记录模块

每节动力集中动车组车辆装有一个事件记录模块（EDRM），位于机械间内。EDRM 通过以太编组网（ECN）和多功能车辆总线（MVB）与其他设备通信。EDRM 面板如图 8-6 所示，EDRM 指示灯含义见表 8-2。

图 8-5　EVCM-N 模块

图 8-6　EDRM 面板

表 8-2　EDRM 指示灯含义

名　称	含　义
SE	系统运行错误
DE	TRDP 协议运行状态指示灯
BA	MVB 状态指示灯
BE	MVB 错帧指示灯
R1	RS-485/RS-422 通信指示灯
R2	RS-232 通信指示灯
C1	CAN 通信指示灯
L1	保留
LK	网口连接指示灯
DA	网口数据收发指示灯
PS	电源指示灯
ST	系统运行指示灯

EDRM 具备如下功能：

(1)数据记录：司机操作数据、故障数据、事件数据的记录，将 ERM 模块的故障数据具体化。

(2)数据转储：通过车载信息网(工业以太网)将记录的数据下载，供便携式维护工具分析。

(五)输入输出模块

输入输出模块(IOM)主要负责完成数字量输入和数字量输出功能，可以实现开关数字量状态信号的采集处理和网络控制指令的输出，并通过车辆总线与 MVB 中的设备互连。IOM 如图 8-7 所示，具有如下功能：

(1)输入信号采集：将车辆间电气信号转换成控制信号，经由列车控制网络传送给 EGWM 模块，完成各种控制功能。

(2)控制信号输出：将网络控制信号转换成电气信号，控制诸如指示灯、继电器等设备。

(3)设备地址输入：通过外部跳线配置设备地址，维护过程异常容易。

图 8-7　输入输出模块(IOM)

(六)多功能车辆总线

多功能车辆总线(MVB)是专为铁路动力集中动车组(车辆)内设备互联而开发的高可靠和强实时的现场总线,其具有如下特点:

(1)传输波特率为1.5 Mbit/s,信号采用双向L型差分曼彻斯特编码。

(2)采用8位的循环冗余校验(CRC)方式。

(3)物理层支持三种传输介质,通过本身两个通道进行冗余,冗余切换过程将在尽量短的时间内进行。

(4)通过设置总线重复器,网络拓扑可为总线型、星型或混合型,每个总线段内互联的设备最多可达32个。

(5)数据链路层支持三种基本的数据传输模式:过程数据、消息数据、监督数据。

(七)绞线式列车总线

绞线式列车总线(WTB)是专为铁路动力集中动车组车辆重联而开发的高可靠和实时的现场总线,它特别适合需要动态编组的开式列车(也同样适合于固定编组的闭式列车),具有如下特点:

(1)数据传输波特率为1 Mbit/s,信号采用双向L型差分曼彻斯特编码,数据帧格式为HDLC。

(2)采用16位的循环冗余校验(CRC)方式。

(3)物理层采用变压器耦合的双绞屏蔽线,传输通道可配置为冗余或非冗余方式,不需中继器传输距离可达860 m(22节车辆或32个节点)。

(4)网络拓扑为简单的总线型结构,方便车辆间布线。

(5)具有列车初运行功能,支持列车的动态编组。

(6)数据链路层支持两种基本的数据传输模式:过程数据、消息数据。

WTB通过本身两个通道进行冗余,冗余切换过程将在尽量短的时间内进行。

四、显示屏

动力集中型动车组网络控制系统采用分布式列车电子控制系统(DTECS),完成动力车信息管理、功能控制、故障诊断、信息显示和事件记录等主要功能。司机室设置两个互为冗余的司机显示屏,在任意显示屏故障情况下,另一块显示屏可兼容显示网络控制系统及制动系统信息。司机室显示单元如图8-8所示。

(一)结构及技术说明

1. 结构说明

(1)显示器结构主要由按键面膜、前壳、后壳、液晶屏安装块、触摸屏橡胶垫组成。

(2)采用贴膜方式,可灵活更换面膜效果。

(3)为减轻显示器重量,增强散热情况,结构件全部采用铝合金材料。

(4)为达到良好的导电性,前后壳之间增加了安装导电橡胶的凹槽,凹槽内部及前后壳接触部分采用导电氧化的表面处理。

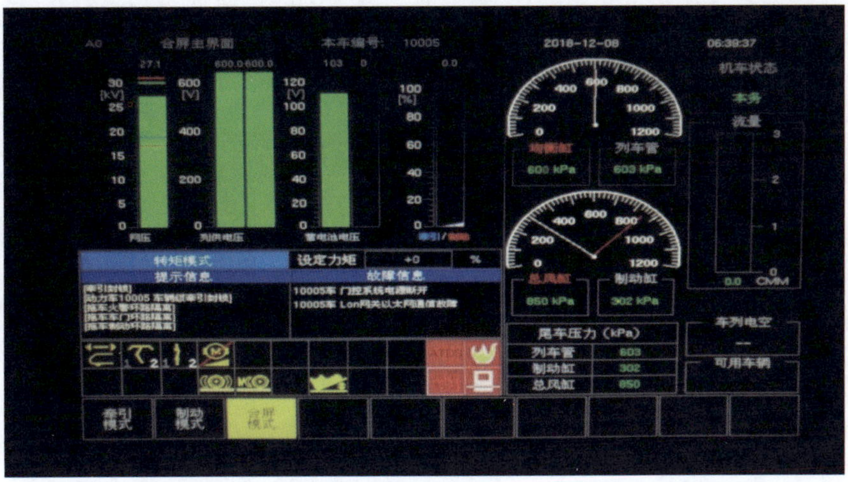

图 8-8　司机室显示单元

(5)为确保液晶屏与壳体良好绝缘，前壳除上述导电橡胶槽，其余均采用绝缘处理，且通过塑料压块将液晶屏固定在前壳上。

(6)为减少设备内部的布线，对外连接器直接安装在主板上，盖上后壳后，连接器与后壳良好搭接。

(7)主板的布线大部分连到前壳上，为缩短布线，主板直接安装在前壳上。

(8)电源板紧贴后壳安装，通过铝后壳及后壳上的散热片散热。

(9)为增强显示器的密封性，前壳不开孔扩音，经测试，声音会减弱，但不影响使用。

显示器具体结构布局爆炸图如图 8-9 所示。

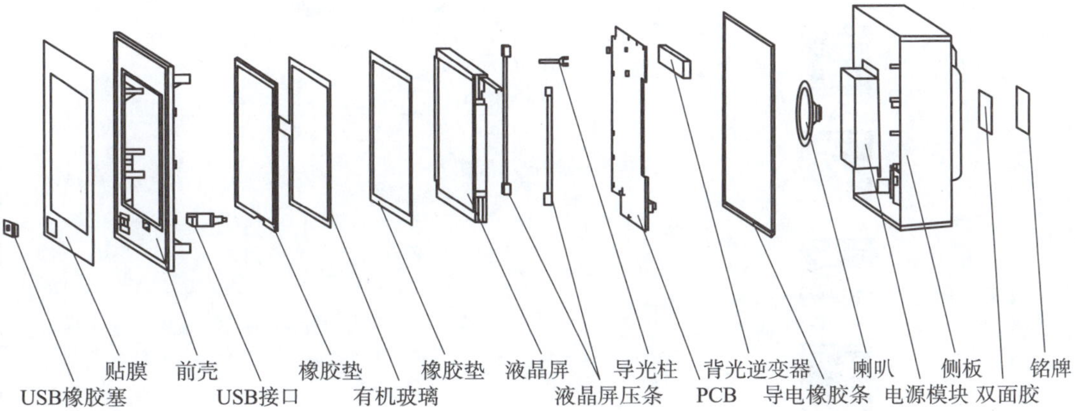

图 8-9　显示器结构布局爆炸图

2. 按键说明

上排从左到右：关闭或打开微机屏背光功能，多语言切换功能，查看当前或者已经结束的重要操作信息，查看当前发生的故障信息，查询当前故障提示信息，自定义按键，打开亮度调节功能界面，昼、夜模式切换，牵引、制动、合屏主界面相互切换功能。

显示器按键布局如图 8-10 所示。显示器按键功能图标注释见表 8-3。

右排从上往下:取消、上、下、左、右、确认。

下排:数字键或软按键,其实际功能与界面对应。

图 8-10　显示器按键布局

表 8-3　显示器按键功能图标注释

序　号	按键图示	功能描述
1		关闭或打开微机屏背光功能,此功能按键只能在非操作端有效
2		多语言切换功能(预留)
3		查看当前或者已经结束的重要操作信息
4		查看当前发生的故障信息
5		查询当前故障提示信息
6		自定义按键
7		打开亮度调节功能界面
8		昼、夜模式切换
9		牵引、制动、合屏主界面相互切换功能

续上表

序　号	按键图示	功能描述
10		返回上一级菜单界面
11		光标左移
12		光标右移
13		向上翻页
14		向下翻页
15		确认键
16		显示屏底部按键：10 个（标签为 0 到 9）软按键的标签位于这些键的上方，若是在子界面中有数字输入，则输入的值与按键上的值相同

（二）主要技术参数

状态显示屏的对外接口包括导光柱、键盘、2 路 DB9MVB 接口、1 路 CAN 接口、1 路 RS-232 接口、1 路 M12 以太网接口、1 路 M23-110V 电源输入接口、接地柱等。显示屏接口布局如图 8-11 所示，主要技术参数见表 8-4。

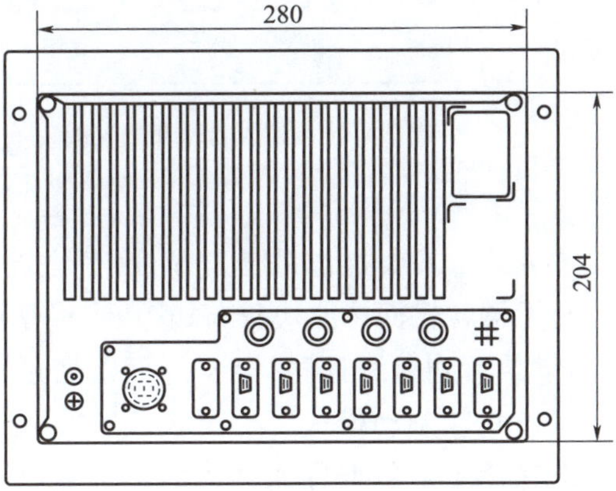

图 8-11　显示屏接口布局（单位：mm）

表 8-4　显示屏主要技术参数

参数名称		技术参数
机械尺寸($L \times W \times H$)/mm		315×250×81.1
质量/kg		4.5
工作电源		工作电压:DC (77～137.5)V 工作电流:≤0.3A
环境温度/℃		−25～+40
额定功率/W		29.4
冷却方式		自然风冷
振动与冲击		振频 10～2 000 Hz,加速度 196 m/s^2
通信接口		MVB、CAN
液晶屏	有效显示面积($L \times W$)/mm	280.6×244.6
	分辨率/mm	800×600

(三)工作原理

1. 硬件

显示器硬件功能如图 8-12 所示。

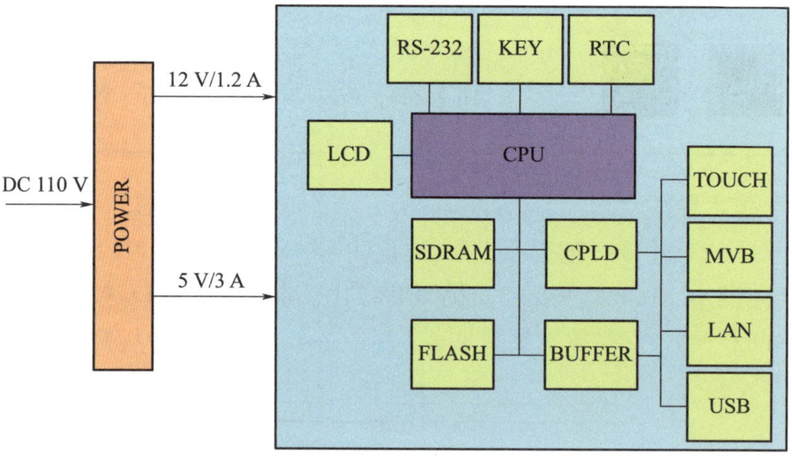

图 8-12　显示器硬件功能

2. 软件

显示器软件系统采用嵌入式 Linux 操作系统,界面程序是选用 FLTK 图形库进行开发,开发工具采用 Fluid。显示器各界面功能块分布如图 8-13 所示。

显示器上电启动后,自动执行到显示程序"合屏界面",通过"合屏界面"可以触摸或者按压薄膜按键选择:"牵引模式""制动模式""合屏模式","牵引模式"通过"主界面"可以触摸或者按压薄膜按键选择:"主要数据界面""动力车设置界面""运行条件界面""维护测试界面""故障查询""合屏模式"等;"主要数据界面"下,通过触摸或者按压薄膜按键可以进入"动力车概况""网络系统"等,如图 8-13 所示。

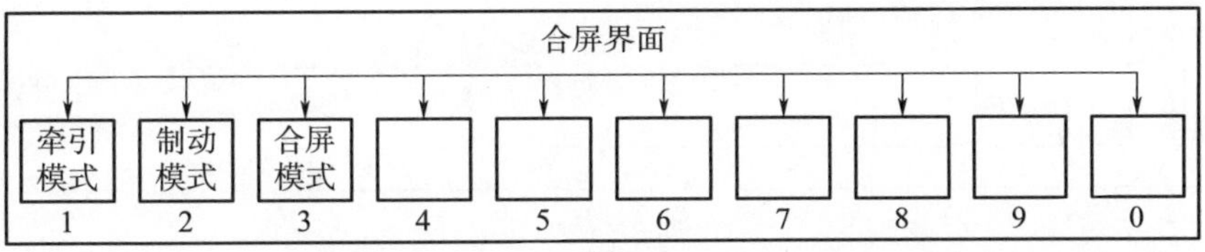
合屏界面
牵引模式
制动模式
合屏模式
1
2
3
4
5
6
7
8
9
0

(a)

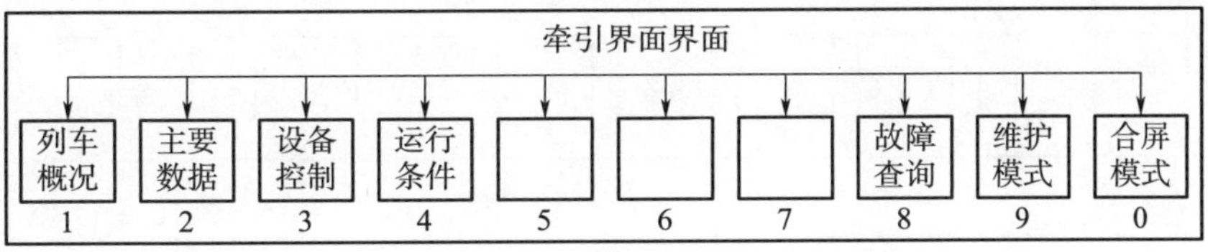
牵引界面界面
列车概况
主要数据
设备控制
运行条件
故障查询
维护模式
合屏模式
1
2
3
4
5
6
7
8
9
0

(b)

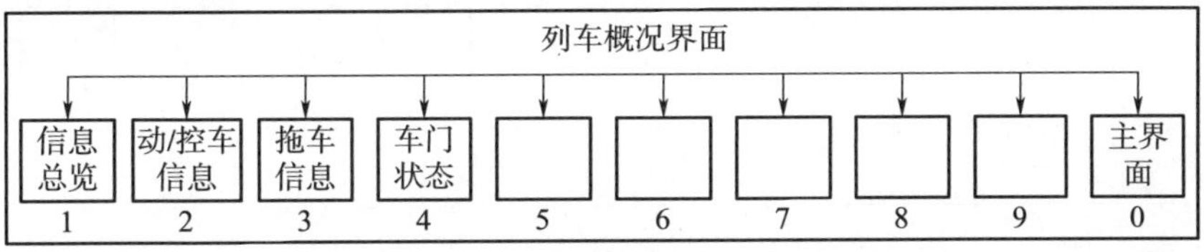
列车概况界面
信息总览
动/控车信息
拖车信息
车门状态
主界面
1
2
3
4
5
6
7
8
9
0

(c)

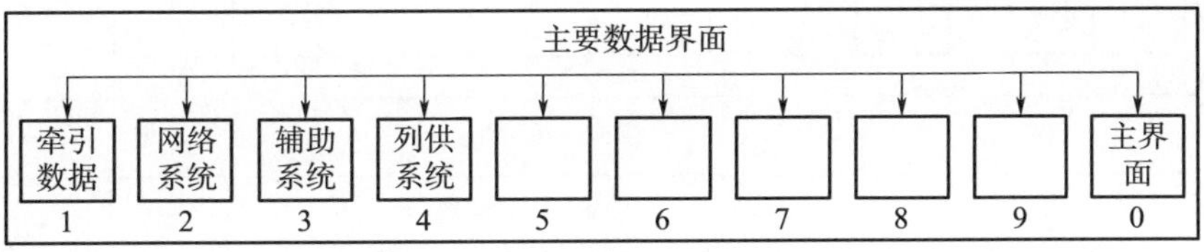
主要数据界面
牵引数据
网络系统
辅助系统
列供系统
主界面
1
2
3
4
5
6
7
8
9
0

(d)

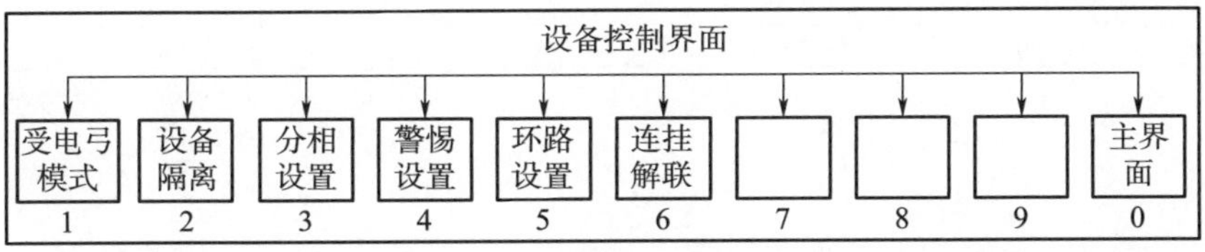
设备控制界面
受电弓模式
设备隔离
分相设置
警惕设置
环路设置
连挂解联
主界面
1
2
3
4
5
6
7
8
9
0

(e)

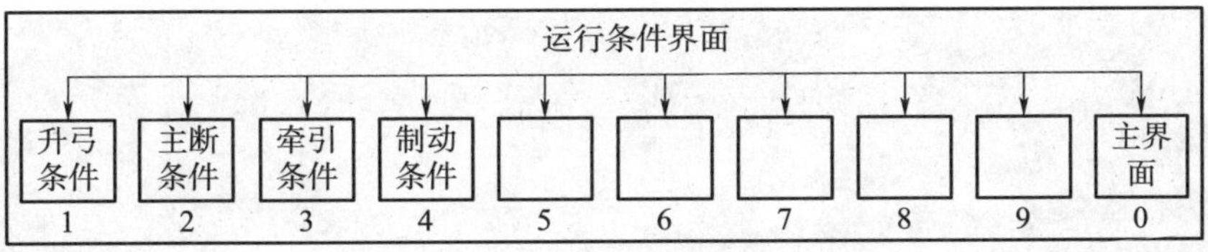
运行条件界面
升弓条件
主断条件
牵引条件
制动条件
主界面
1
2
3
4
5
6
7
8
9
0

(f)

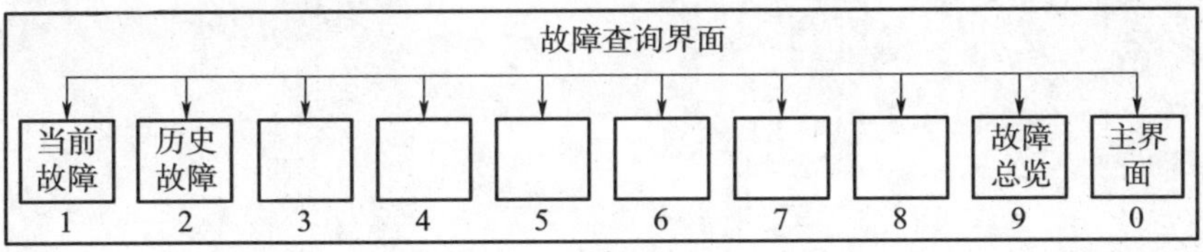
故障查询界面
当前故障
历史故障
故障总览
主界面
1
2
3
4
5
6
7
8
9
0

(g)

主界面

1	2	3	4	5	6	7	8	9	0
		电空制动				显示信息			合屏模式

(h)

电空制动

1	2	3	4	5	6	7	8	9	0
执行	取消	其他		投入切除		维护菜单	主界面	小闸投入小闸切除	

(i)

其他

1	2	3	4	5	6	7	8	9	0
执行	取消		减少10 kPa	增加10 kPa			返回		

(j)

显示信息

1	2	3	4	5	6	7	8	9	0
				语言	软件版本		主界面		

(k)

维护菜单

1	2	3	4	5	6	7	8	9	0
自检	事件记录	故障摘要	流量校准	传感器校准	控制器校准		主界面		

(l)

图 8-13　显示器功能块分布

DDU 根据用户操作需求分为牵引模式与制动模式。牵引显示主界面如图 8-14 所示。

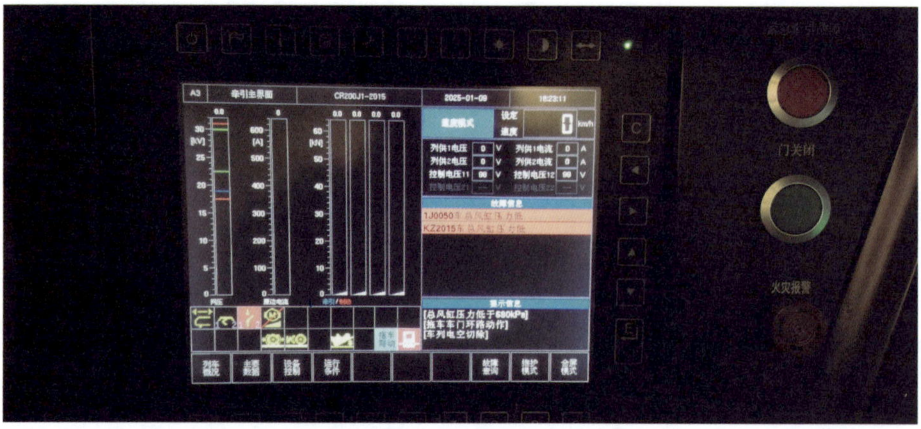

图 8-14　牵引显示主界面

五、站台检测装置

利用超声波的测距原理，能够判断列车整车是否完全进站及进站后站台方向，并发出信号告知司机，方便司机准确判断站台方向。首车和尾车分别安装一套检测装置，每套装置包括一个主机和左右两组测距模块，首尾之间通过硬线重联。

(一)结构及技术说明

主机结构如图 8-15 所示。

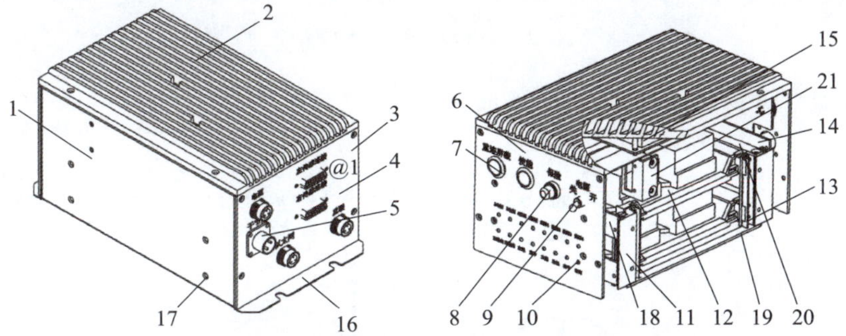

1—壳体；2—盖板；3—后面板；4—航插板；5—4 个芯方孔法兰插座；6—前面板；7—按钮；8—按钮保险；9—开关；10—指示灯；11—横梁；12—控制板模板；13—移动导轨模板；14—背板；15—电源板；16—母座；17—十字沉头螺钉；18—控制面板；19—底板；20—补面板；21—转接块。

图 8-15　主机结构

(二)主要技术参数(表 8-5)

表 8-5　站台检测装置主要技术参数

参数名称	技术参数
工作电压/V	DC 110×(1±30%)
工作温度/℃	−40～+70
最低存放温度/℃	−40
工作湿度	日平均值不大于 95%，月平均值不大于 90%
海拔高度/m	≤2 500
速度范围/(km·h^{-1})	≤350
检测对象/mm	1 250(高站台)，500(中站台)，300(低站台)
检测范围/mm	105～1 000
检测精度/mm	10
输出信号	两路干节点，DC 110 V/5 A

(三)工作原理

主机负责电源的处理，为测距模块提供所需电源，接收测距模块发送的距离信号，并对数据进行分析处理检测出列车站台方向，输出两路 DC 110 V/5 A 干节点信号。站台检测装置工作原理如图 8-16 所示。

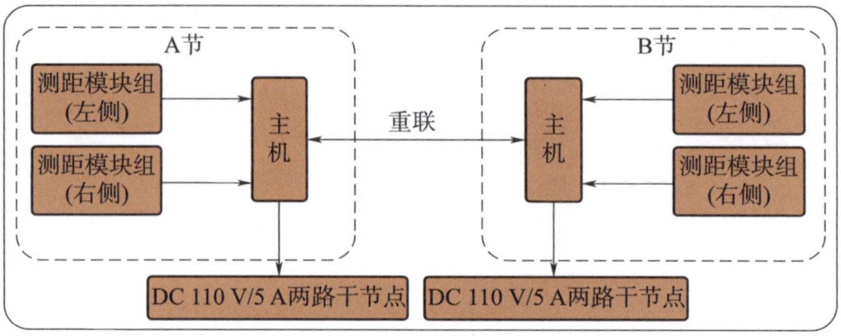

图 8-16　站台检测装置工作原理

站台检测装置设备布线如图 8-17 所示。

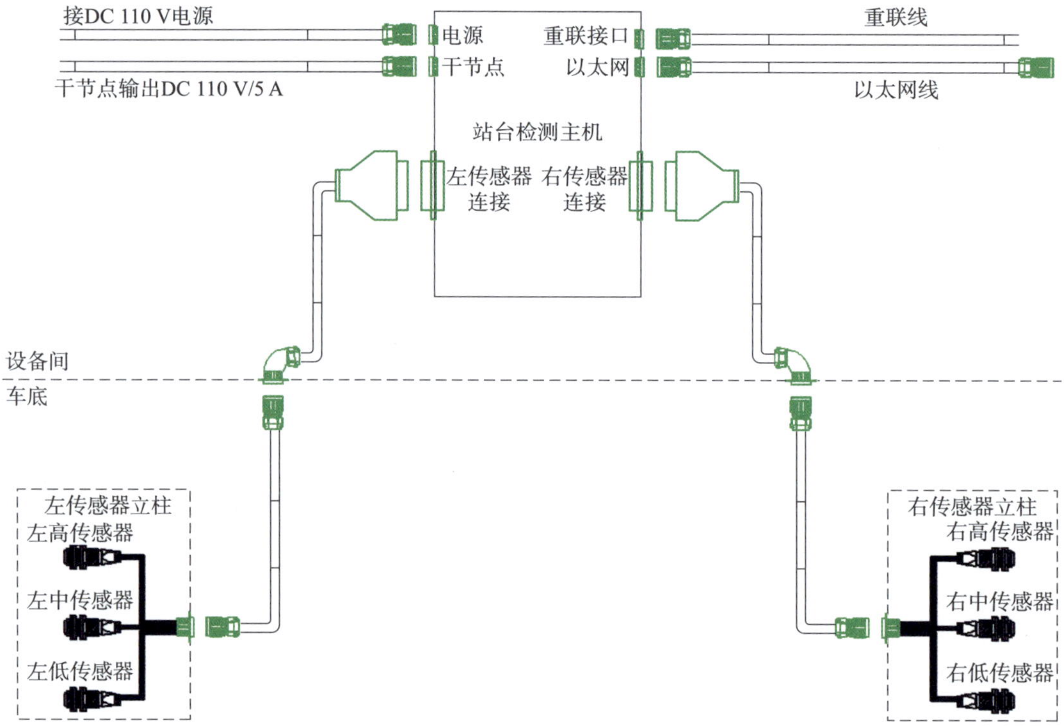

图 8-17　站台检测装置设备布线

第三节　拖车网络控制系统

动力集中动车组列车网络系统是用于连接车载设备，实现信息共享、控制功能、监测诊断的数据通信系统。工业控制从最早的机械控制，到后来的继电控制，硬连线控制带自动网络监视，以及目前比较普遍的网络控制模式，网络越来越多地参与到列车控制当中并走向成熟，成为现代轨道车辆的关键技术之一。

一、通信和网络基础知识

1. 直车体

直车体网络通信采用 LonWorks 网络，与动力车进行信息交互，具有列车级时间同步功能，具有网络集控减载功能。播音车 VCU 与旅客信息系统有信息交互；各车对单车的监控信息，如车门及站台补偿器的状态显示等，发送到机械师室两个监控屏分别显示。

2. 鼓形车体

鼓形车体网络通信采用列车级以太网，与动力车进行信息交互，形成列车级安全监控网；在直车体网络基础上，形成动力车、控制车和拖车之间大量数据的交换；司机室显示屏、6A 显示屏和监控室综合安全监控屏显示状态一致。监控室仅设置综合安全监控屏。

二、网络控制与通信网络的构成和功能

(一)直车体网络

直车体列车网络主要包括重联通信网络、通信控制网络。直车体网络拓扑如图 8-18 所示。

1. 重联通信网络

重联通信网络分为：WTB 网络、6A 通信 VDSL 网络、6A 通信 CAN 网络。

WTB 网络：动力车与动力车、动力车与控制车之间的互联互通互控；传输两端动力车/控制车的控制信息数据；通过重联连接器的 A 模块传输数据。

重联通信网络给动力车的互联互通互控提供数据传输通道，动力车采用两级总线式拓扑结构，列车级总线采用 WTB，车辆级采用 MVB。同时，设置基于硬线的紧急牵引功能，在编组内列车级网络故障时维持运行。

与拖车通过 LonWorks 总线进行信息交互。同时，识别来自拖车的车门、火警、制动及轴报四个安全状态硬线信号，进行警示和保护动作。

2. 通信控制网络

通信控制网络分为：拖车电气控制网络、Wi-Fi 网络、行车安全列车级 LonWorks 网络、PIS 网络、火灾通信网络、轴报通信网络。

拖车电气控制网络：拖车的供电、空调、轴温、烟火、塞拉门、防滑器等运行状态；可控制所有拖车的供电、空调等工况；通过通信连接器的 A 模块传输数据。

Wi-Fi 网络：车内无线服务网络。通过通信连接器 B 模块(以太网)传输数据。

行车安全列车级 LonWorks 网络：主机将塞拉门、轴温、烟火、制动等信息传递给动力车和控制车的 MVB/LON 网关，并通过无线通信方式传至地面。通过通信连接器的 C 模块传输数据。

PIS 网络：旅客信息系统网络，用于车内外信息显示和室内播音；电气控制网络发送时间、速度、塞拉门等信息给 PIS，PIS 发送车次信息给电气控制网络。

火灾通信网络：拖车之间火灾主机通信，用于他车报警，与电气控制网络有通信。

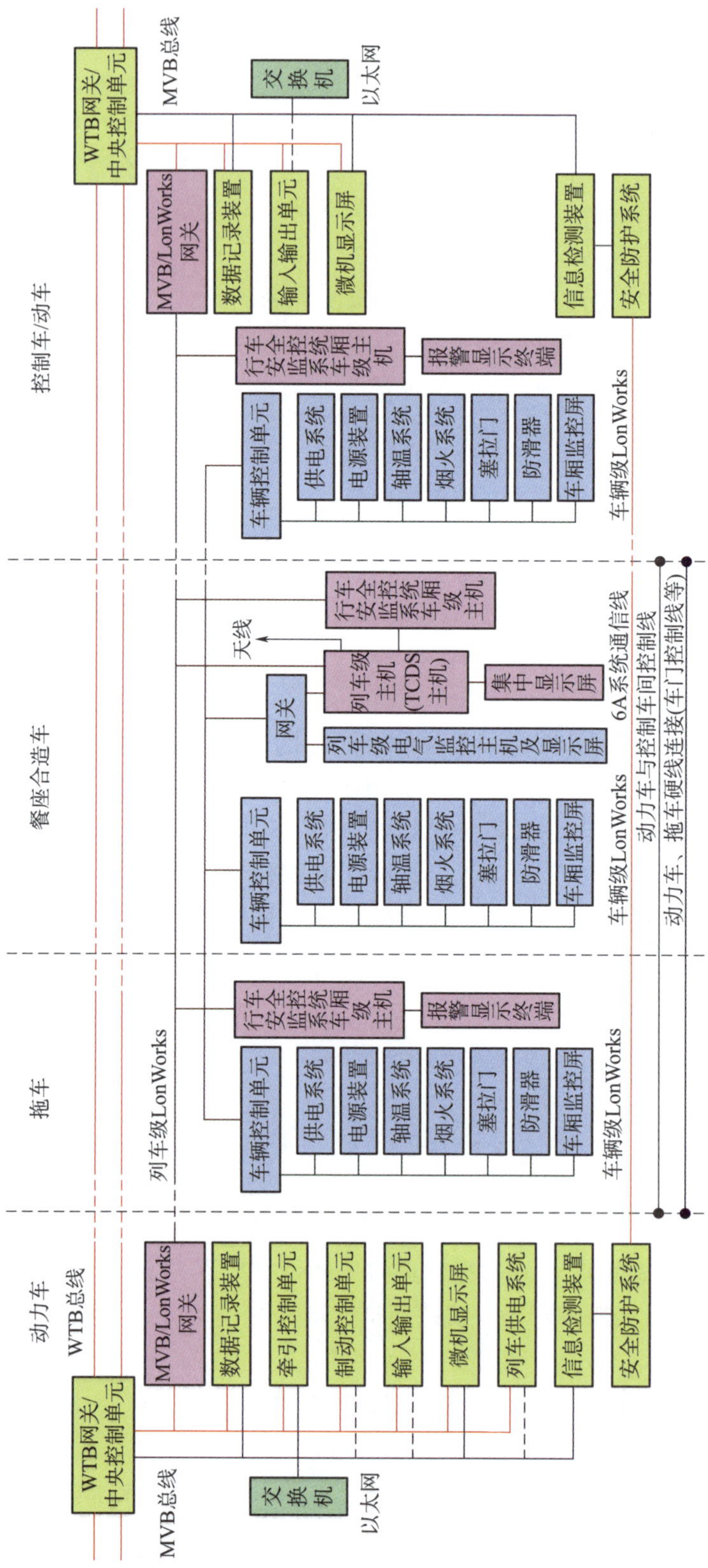

图 8-18　直车体网络拓扑

轴报通信网络:拖车之间轴温主机通信,用于他车报警,传输数据至记录仪,与电气控制网络有通信。

(二)鼓形车体网络

鼓形车体在直车体基础上,将列车级 LonWorks 网络和 6A 网络合并为综合安全监控网络。鼓形车体网络拓扑如图 8-19 所示。

1. 鼓形车体列车网络特点

(1)采用以太网通信技术实现列车监测信息和视频信息的传输。

(2)以太网通信设备由交换机和终端组成,以太网交换机是以太网的通信核心设备,负责整个以太网络的数据交换。交换机接口采用 100BASE-TX,全双工模式。100BASE-TX 说明:100 Mbit/s 速度,BASE 表示采用基带传输(载波调制频段),TX 表示传输介质两对高质量的双绞线,一对用于发送数据,一对用于接收数据。

(3)终端设备包括行车安全监控主机、车电监控主机、监控室列车综合安全监控屏,同时 CMD、6A、MVB/ETH 网关也通过以太网接口与列车安全监控网进行数据交互。

(4)在动力车/控制车设置 MVB/ETH 网关用于实现列车安全监控网与列车控制网的信息交互。

(5)列车安全监控网相关信息可通过列车综合安全监控屏界面进行人机交互。

(6)列车安全监控网数据采用本地下载和 CMD 系统远程无线传输方式。

2. 鼓形车体列车网络主要功能

拖车监测信息主要包括供电、空调、轴温、烟火、塞拉门、制动、视频、停放制动、转向架、防滑器、绝缘检测、车下电源等信息。

拖车、控制车行车安全监控系统主要功能:监视拖车的转向架、制动、停放制动和防滑器的运行状态;拖车、控制车车辆电气监控系统:监视控制车客室和所有拖车的烟火、塞拉门、轴温、空调、车下电源、绝缘检测、供电等运行状态;行车安全监控系统和车辆电气监控系统可控制所有拖车的供电、空调的运行,具备火警、视频联动和全列轴报信息查看功能。

三、拖车状态、故障显示模式和监控屏各功能试验方法

(一)拖车状态(图 8-20)

1. 主页面

(1)主页面主要显示各个系统的在线状况,包括烟火、轴报器、防滑器、车下电源、PLC 以及车门的在线情况。

(2)显示 DC 600 V 电压、DC 600 V 漏电流、逆变器电压、空调电流,以及 110 V 电压、电流、漏电流的值。

(3)安全环路隔离状态从上到下依次为:烟火、车门、制动、轴报、停放制动。当处于隔离位时为黄色,非隔离位显示为绿色。

(4)当空调处于制冷状态时,显示压缩机三相电流;当空调处于制暖状态时,显示预热器电流。

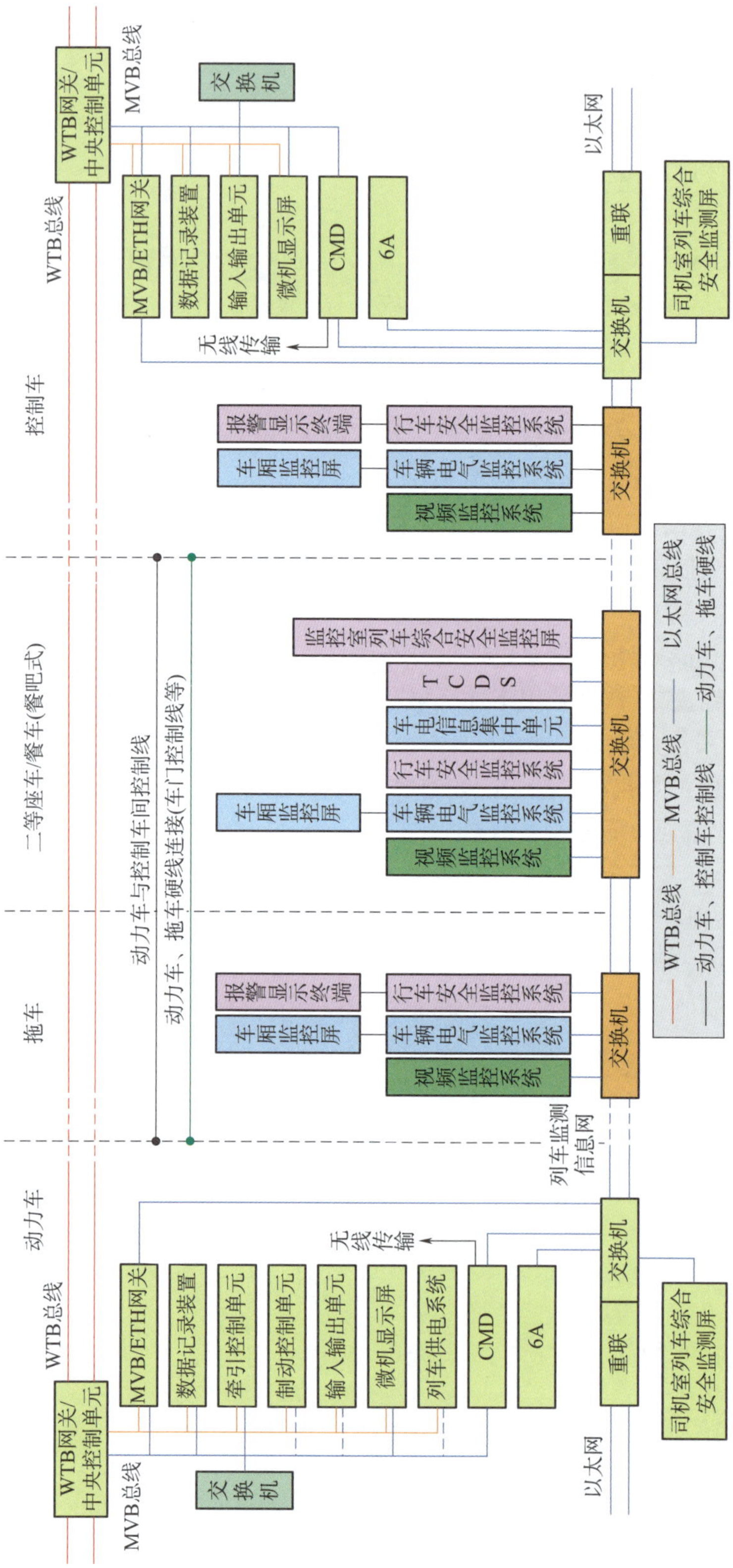

图 8-19 鼓形车体网络拓扑

(5)风扇状态有两种显示状态:运行与停止。

(6)导航触摸键。

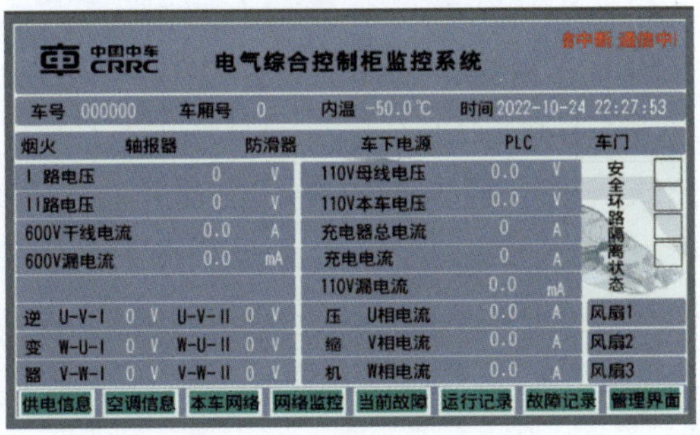

图 8-20　拖车状态

2. 供电信息(图 8-21)

(1)供电信息界面显示供电具体参数,包括各电压、电流信息。

(2)电源栏显示正常或者故障;工况显示目前的供电工况即停止、自动、手动、试验;Ⅰ、Ⅱ路显示有电无电代表当前列车供电是否有电;电池显示正常或欠压。

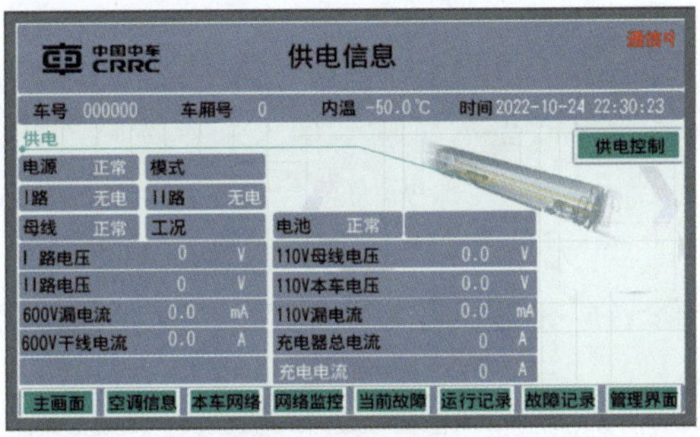

图 8-21　供电信息

3. 空调系统(图 8-22)

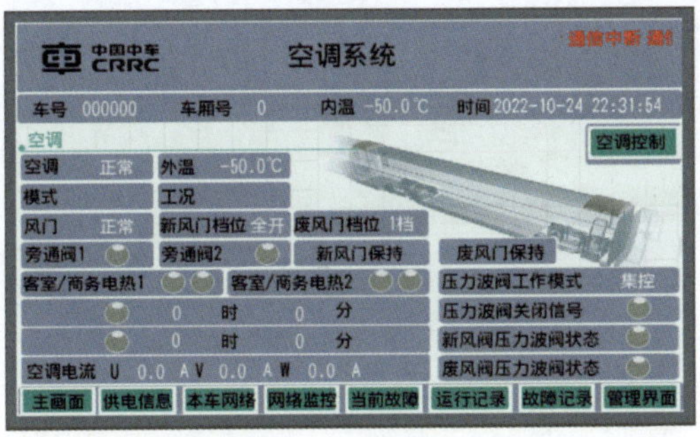

图 8-22　空调系统

(1)空调系统界面显示空调工作情况,包括空调工况、状态、模式、温度、运行时间、电压、电流等信息。

(2)空调栏显示正常或故障;外温显示当前外部温度。

(3)工况显示:试验、停机、自动、手动;模式显示弱风、强风、弱风全暖、弱风半暖、强风半冷、强风全冷等;风门栏显示正常或故障。

(4)当该负载的接触器、继电器吸合动作后,灰色图标变绿色,表示该负载正在运行。

4. 本车网络—车下电源(图 8-23)

点击信息码及充电曲线含义可进入界面显示查看信息码及充电曲线代码含义。逆变器栏 1 显示逆变器运行、停止;逆变器栏 2 显示逆变器正常、故障。

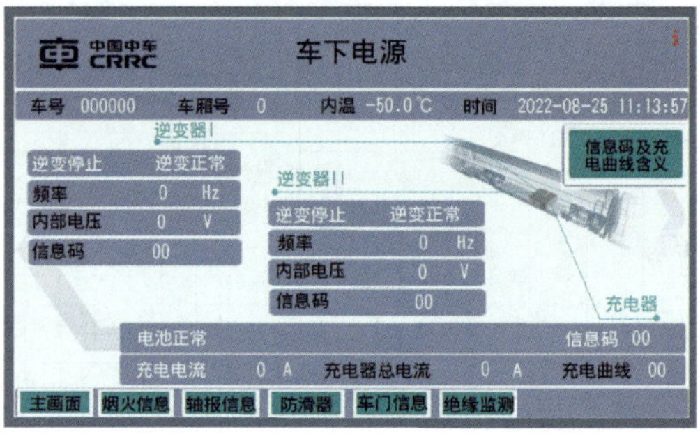

图 8-23 本车网络—车下电源

5. 本车网络—烟火系统(图 8-24)

(1)本车网络—烟火系统界面显示每辆车烟火系统传感器状态。显示内容有烟火系统状态(在线、离线),传感器反馈烟火探头状态。

(2)烟火探头状态有正常、无效、隔离、报警、故障五种状态。正常工作时显示正常,停止工作时显示无效,切除隔离时显示隔离,感应故障时显示报警,设备出现问题时显示故障。

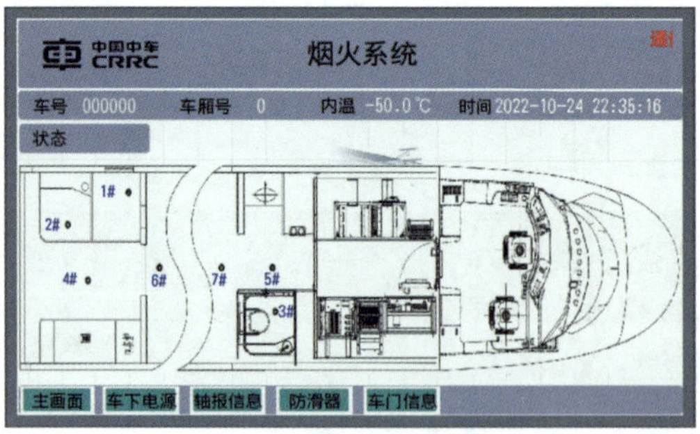

图 8-24 本车网络—烟火系统

6. 本车网络—车门系统(图 8-25)

(1)本车网络—车门系统界面显示车门状态信息,包括位角状态(在线、离线),车门状态、工况。

(2)位角有两种显示状态:在线、离线,显示该车门是否在线。车门有两种状态:正常、故障,显示正常与故障。工况有三种状态:紧急打开、隔离、关闭,显示车门紧急打开、隔离、关闭状态。

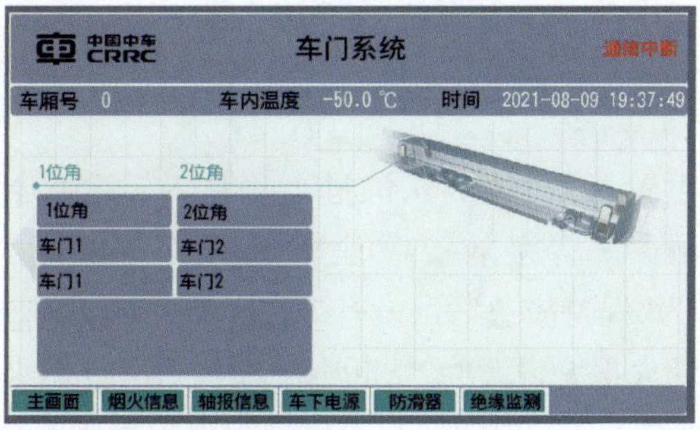

图 8-25　本车网络—车门系统

7. 网络监控—防滑器系统(图 8-26)

(1)网络监控—防滑器系统界面显示防滑器状态。

(2)传感器、排风阀反馈图标有 4 种显示状态:曾经故障、未曾故障、动作、未动作,分别代表防滑器已发生故障、未发生故障、正常工作、停止工作。

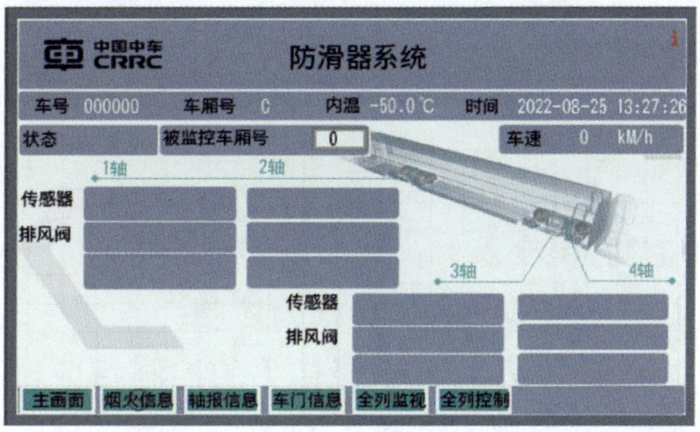

图 8-26　本车网络—防滑器系统

8. 网络监控—轴报系统(图 8-27)

(1)网络监控—轴报系统界面显示轴报系统状态和轴温。包括轴温状态、轴报状态、轴报安全环路状态、外部温度。

(2)状态显示在线和离线,安全环路显示正常和故障,轴温显示轴承温度,轴温传感器显示正常与故障两种状态。

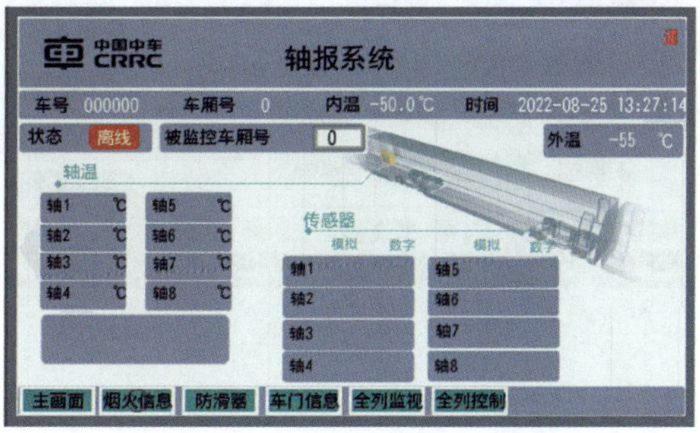

图 8-27　网络监控—轴报系统

(二)故障显示模式和监控屏各功能试验方法

1. 车厢监控屏(图 8-28)

(1)参数设定

在界面左侧框填写设置参数，按确认键进行确认，按恢复默认键恢复出厂设置。按车型选择可选择对应车辆为一等座车、二等座车、餐吧车等设置。

DC 110 V 应急模式为“保持应急”，当没有 DC 600 V 时，将保持应急模式。为“退出应急”时，退出应急模式；有烟火报警设置为“切断电源”时，当出现烟火报警则会切断 DC 600 V 接触器，有烟火报警设置为“不切断电源”时，当出现烟火报警则不会切断 DC 600 V 电源。

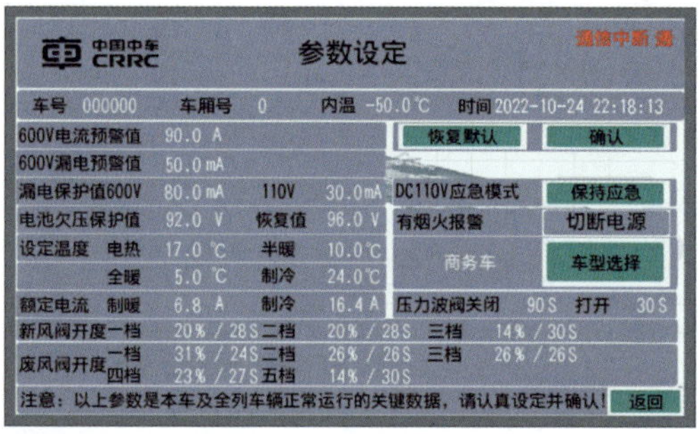

图 8-28 车厢监控屏

(2)网络监控—全列控制(图 8-29)

车厢监控屏也可以实现对他车供电和空调的控制。

当在本车输入被监视的车厢号后，并选择相关的控制指令，控制指令通过 RS-232 传至本车车辆电气监控单元，并通过以太网将控制指令传输至他车的信息从他车车辆电气监控单元，再通过 RS-232 传至他车供电、空调控制器，从而实现全列控制。

选择下方 1、2、3 等进入当前选择车辆，选择空调命令按钮，空调进入当前选择状态，包括弱风、强风、自动、半暖、半冷、全暖、全冷、电热 1、电热 2、停电热、空调停机；选择供电命令状态，进入当前选择供电环境，包括一路供电、二路供电、自动供电、停止供电。

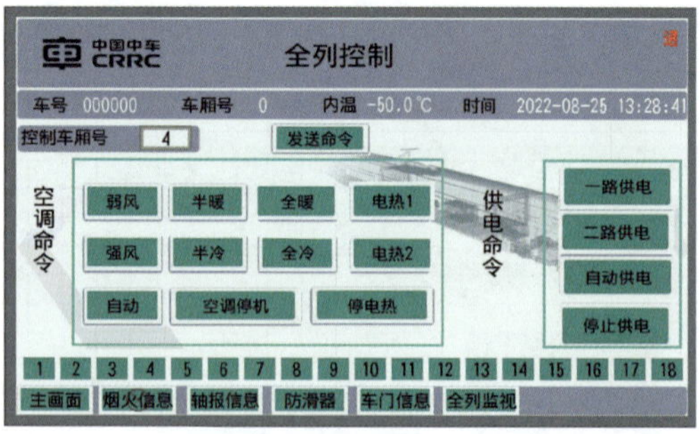

图 8-29 全列控制

2. 综合安全监控屏(图 8-30)

综合安全监控屏主要显示对制动、防滑、轴温、振动、防火、供电、绝缘和视频监控等状态进行监测。主页面主要显示以下方面：

①当前报警数量，当前列车速度，车厢外温度，车列编号，日期（年、月、日），时钟（时、分、秒）。

②显示动力车工况，包括动力车车号、受电弓、主断、转矩设定/速度设定、网压、网流、过分相状态、减载状态、蓄电池电压。在重联工况下，此区域显示两个动力车工况状态。

③安全环路状态。

④列车监测状态总览。

⑤拖车首尾车列车管压力。

(1)事件记录——当前事件

显示安全监控系统当前所有报警、故障、提示信息。左上角显示所有记录总数及各类别记录数据，点击分类数量，可筛选查看对应类别的信息。点击右上角上一页、下一页可翻页查看相应数据。

(2)诊断——异常总览

界面显示列车健康诊断所有异常数据，包含车号、类别（系统类别）、项点（具体监测项点）、状态（A为正常，B为弱化，C为异常，D为故障）和建议等信息。

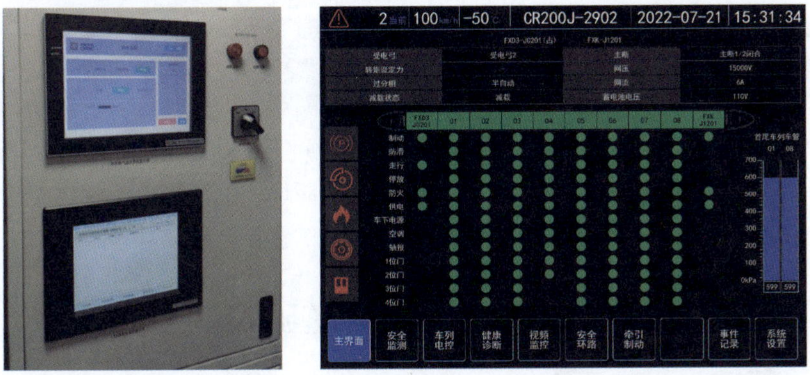

(a)　　(b)

图 8-30　综合安全监控屏

第九章

安全环路系统及行车安全监控设备

动力集中动车组作为铁路运输的主力军，其安全性直接关系到旅客生命财产安全及运输效率。安全环路系统作为动力集中动车组的"神经中枢"，通过集成先进传感器、智能控制技术及实时监测算法，构建起一道坚不可摧的安全防线。该系统能够全面监控列车运行状态，从速度控制、制动系统到车门锁闭，每一个环节都经过精确无误的校验，确保列车在任何工况下都能迅速响应、稳定运行。同时，行车安全监控设备作为安全环路系统的延伸，利用高清摄像头、雷达探测及大数据分析等技术，对列车外部环境进行全天候、无死角监控，有效预防碰撞、脱轨等安全隐患。两者的紧密结合，不仅提升了动力集中动车组的自主防护能力，更为构建智能、高效的现代铁路运输体系奠定了坚实基础。本章主要介绍车载安全防护系统（6A 系统）、机车远程监测与诊断系统（CMD 系统）及安全环路的基本知识和操作，以及行车安全监控装备的基本原理及功能。

第一节　6A 系统基础知识

本节主要叙述 6A 系统的组成以及在动力车和控制车上的具体区别，并对各监控子系统的基本功能进行阐述，重点介绍 6A 系统音视频显示终端基本操作等内容。

一、6A 系统基本组成

6A 系统，包括制动监测子系统、防火监测子系统、视频监测子系统、高压绝缘检测子系统、列车供电监测子系统、走行部监测子系统、中央处理平台。控制车包含制动监测子系统、防火监测子系统、视频监测子系统、600 V 母线电压监测、中央处理平台。动力车与控制车 6A 系统配置如图 9-1 所示。

二、子系统功能

（1）制动监测子系统功能

动力车制动监测子系统取消列车管流量监测（贯通量监测），增加总风流量监测功能，增加总风压力监测。控制车制动监测子系统取消停放缸压力监测及停放制动异常施加监测功能，增加总风压力监测。制动监测子系统界面如图 9-2 所示。

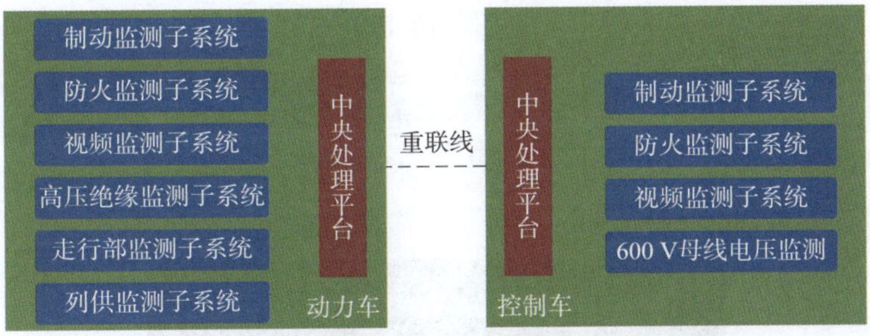

图 9-1　6A 系统配置

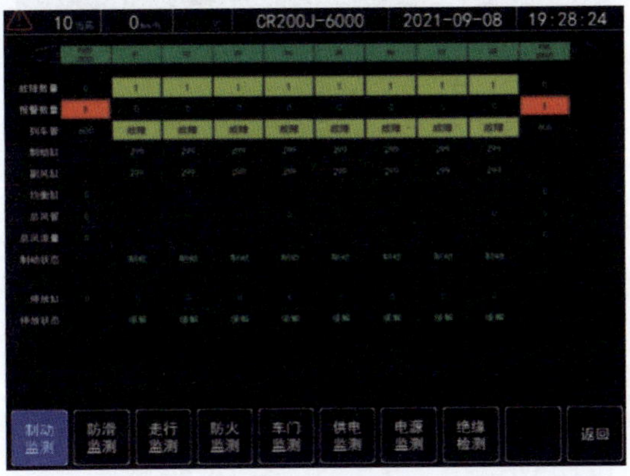

图 9-2　制动监测子系统界面

(2)防火监控子系统功能

动力车防火监控子系统主要对司机室、机械间、列车供电柜、低压柜部件进行监测。控制车防火监控子系统主要对司机室、设备间、电气柜各部件进行监测。目前感烟探头使用粒子识别探测器。火灾探头通过线缆连接至防火监控板卡，防火监控板卡安装在6A 系统的主机箱内，防火监控板卡采集火灾探头的报警信号，防火监控板卡通过 CAN 总线与中央处理平台通信。防火监控子系统部件安装位置如图 9-3 所示。

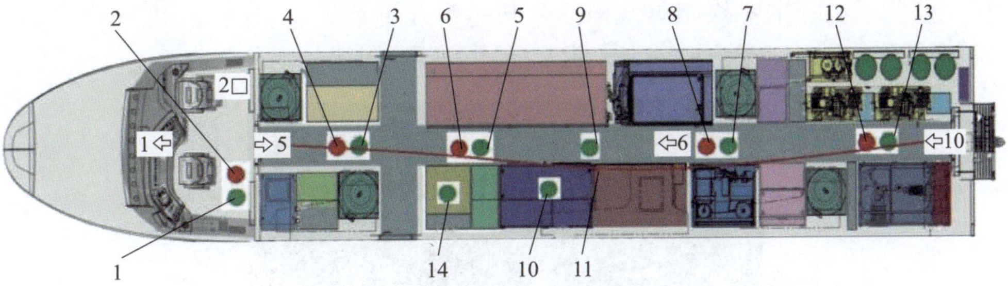

1、3、5、7、9、10、13、14—感烟探头；2、4、6、8、12—感温探头；11—感温线缆。

图 9-3　防火监控子系统部件安装位置

(3)高压绝缘检测子系统功能

高压绝缘检测箱通过 CAN 总线与中央处理平台通信，高压绝缘检测箱面板上设置检测按钮，按下按钮后，检测开始(绝缘检测条件必须满足)。功率部件将 110 V 直流电源逆变成 50 Hz 的交流检测信号，施加在高压电压互感器的次边线圈上，通过互感器进行升压，对高压导电部分电路施加检测电压。随着高压绝缘状态的恶化，折算到互感器次边的输入功率将迅速增大，功率部件的输出电流也将迅速增大并达到保护值。通过功率部件达到保护值时的输出电压来检测绝缘性能。检测结果在高压绝缘检测箱自带的显示部件上显示，并发送给中央处理平台保存。高压绝缘检测子系统界面如图 9-4 所示。

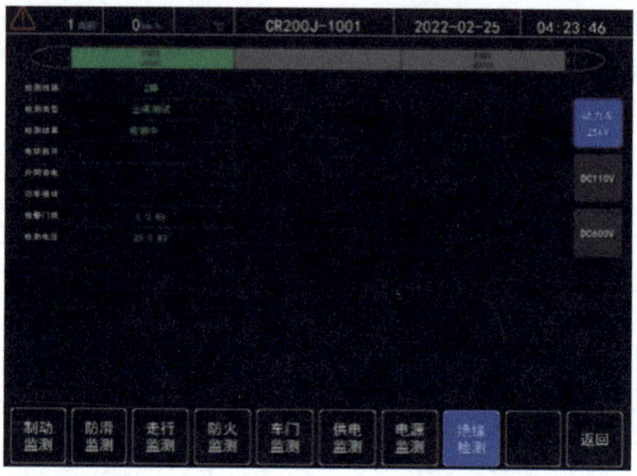

图 9-4　高压绝缘检测子系统界面

(4)列车供电监测子系统功能

动力车列车供电监测子系统主要检测漏电流、列车供电柜的状态。列车供电控制柜可以向监测子系统提供电压、半电压、电流、初步的故障信息。漏电流检测模块通过在正负供电干线的接地线上串联一个电流传感器，所有设备的对地漏电流都会流经这一节点，由此可以检测列车供电系统漏电流值。列车供电监测板卡与列车供电控制板通信，获得列车供电系统当前的电压、电流信息，并与中央处理平台提供的信息融合，诊断，产生诊断信息提供给中央处理平台。列车供电监测板卡通过 RS-485 总线与漏电流检测模块通信，获得系统的漏电流值。列车供电监测板卡通过 CAN 总线与中央处理平台通信。

动力车列车供电可单路输出也可双路输出。当动力车单路输出时 6A 系统仅显示单路(1 路或 2 路)的监测数据。当动力车双路输出时 6A 系统显示双路监测数据。控制车列车供电监测子系统主要检测母线电压。长编模式下动力车单路输出。短编模式或长编故障模式下动力车双路输出。列车供电监测子系统界面如图 9-5 所示。

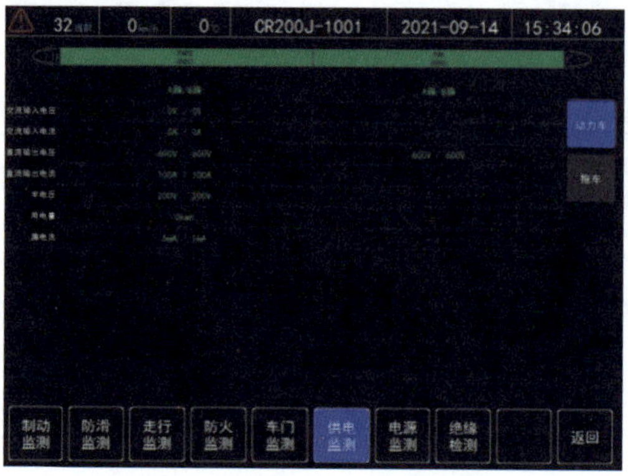

图 9-5　列车供电监测子系统界面

(5)走行部监测子系统功能

温度传感器用来测量环境温度，通过线缆直接接至走行部监测板卡 1，每条车轴共安装 6 个复合传感器，通过接线盒接至走行部监测板卡 1，走行部监测板卡 1 安装在 6A 系统的主机箱内，走行部监测板卡通过 CAN 总线与中央处理平台通信。通过冲击检测轴承、齿轮、踏面的状态并给出报警(仅动力车)。通过温度对轴承进行温升和超温报警(仅动力车)。走行部监测子系统界面如图 9-6 所示。

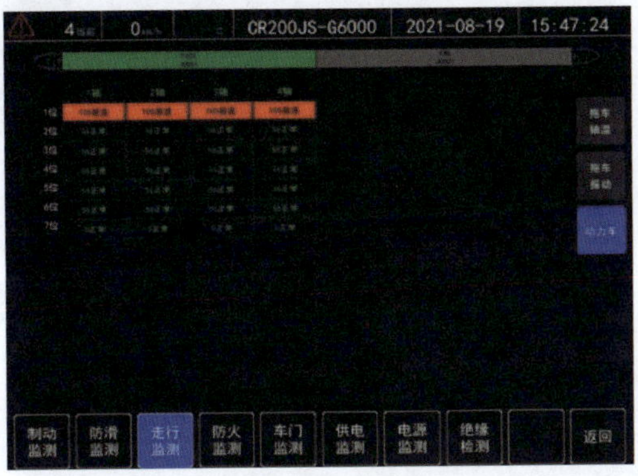

图 9-6　走行部监测子系统界面

(6)视频监控子系统功能

视频监控子系统中动力车上装有路况摄像头、机械间摄像头、受电弓摄像头、司机室摄像头、视频处理及存储板卡，主要监测动力车路况、司机室、机械间、受电弓。控制车上装有路况摄像头、机械间摄像头、司机室摄像头、视频处理及存储板卡，以及电压传感器，用以监测控制车路况、司机室、机械间及 DC 600 V 母线电压。视频监测子系统界面如图 9-7 所示。

图 9-7　视频监控子系统界面

6A 系统音视频显示终端位于司机操作台上，是 6A 系统的人机交互装置，可以查询各子系统设备状态、监测数据、提示信息和报警信息，具体操作及控制说明详见表 9-1。

表 9-1　6A 系统音视频显示终端的具体操作及控制说明

序号	部件名称	操作/控制方法	结果/指示说明
1	主界面	点击或触摸“主界面”	如当前无报警并且系统一切正常，则显示“当前无报警”
2	监控数据—制动	点击监控数据，制动按钮	观测到运行速度、风管压力、总风流量
3	监控数据—防火	点击监控数据，防火监控按钮	此界面显示当前的防火探头种类、安装位置和关联视频通道。当发生火灾时，界面上对应位置的探头图标会变为红色，显示终端发出语音报警提示，并且自动将画面切换为与报警探头关联的视频通道上，司乘人员可以立即通过显示终端观察发生火灾位置的情况
4	监控数据—绝缘	点击监控数据，防火按钮	进入高压绝缘检测界面，此界面内可以观察到进行绝缘检测时的“检测类型”“检测结果”“电钥匙状态”“外网供电状态”“功率模块状态”“检测电压”和设置的“报警门限”
5	监控数据—列车供电	点击监控数据，列车供电按钮	进入列车供电监测界面，显示列车两路供电的实时状态，包括漏电流、交流输入电流、交流输入电压、供电电压、供电电流、半电压以及使用电量。点击故障记录，然后再点击漏电记录，可以查看的漏电记录
6	监控数据—走行	点击监控数据，走行 1 按钮	进入走行部监测子系统—监测界面，界面显示所有安装了传感器的轴位的温度值和冲击振动情况
7	视频监控	点击视频监控按钮	可以查看实时的视频监控图像，右侧选项栏内的带编号方框 1-16 为可安装视频监控设备的通道，带有黄色文字的方框，表示此通道已经安装了摄像头并完成了相关配置，黄色文字显示了视频摄像头安装的位置。当通道被选中时，方框的边框会变为红色
8	故障记录	点击故障记录，本次上电按钮，可以查看本次开电后发生的故障信息。点击故障记录，“历史全部”按钮，可以查看历史曾经发生的故障信息	可以查看本次上电后发生的故障信息及历史故障信息
9	系统设置	点击系统设置按钮	显示系统设置界面，可以通过界面上的选项查看设置 6A 系统及子系统的相关信息

第二节　CMD 系统基础知识

CMD 系统主要功能是将动力车各设备数据实时记录并转发，实现动力车定位、动力车质量状态监测、动力车运行安全监测、动态跟踪人车图等功能，是动力车车载监测数据的集成、车地无线传输和综合应用平台。

一、CMD 系统功能

1. 远程监测

实时采集车载微机、监控装置、安全防护等设备的数据，监测机车的状态信息和故障报警信息，远程跟踪、定位动力车位置、周转情况、视频信息、监控装置（LKJ）状态信息以及人车图的绑定信息等。

2. 车地数据传输

在途中运行时，实时采集车载微机、监控装置、安全防护等设备的故障、报警和涉及运行安全的动力车运行状态信息，通过 GSM/GSM-R、3G、北斗等网络实时传输，在动力车入库时，通过 WLAN 网络下载储存。

3. 专家诊断

利用机务信息化综合应用平台及专业分析软件，对下载的数据进行综合分析，判断动力车各系统的工作状态，为检修提供依据，同时对途中动力车发生的故障，利用地对车信息传输功能，为乘务员处理提供远程技术支持。

4. 统计分析

实现动力车业务数据的统计分析，包括动力车使用率、动力车占用、日车公里、机破统计、动力车运用时间、故障统计、总走行公里数、配属统计、劳时统计、动力车周转信息和检修/整备统计等。

5. 车载电子履历

建立随车存储的车载电子履历，实现对动力车及部件的全寿命周期管理，包括动力车及主要部件检测和试验记录、动力车主要技术参数、动力车配属动态、主要部件动态、检修动态、技术提升与改进记录、破损记录等。

6. 信息共享

实现运用、检修、整备、设备等信息子系统及电务车载设备信息系统的互联互通、信息共享，同时将各类统计、分析结果提供给运输信息集成平台及相关的专业部门。

二、CMD 系统组成

CMD 系统由车载子系统、数据传输子系统和地面综合应用子系统组成，如图 9-8 所示。车载子系统由 LDP、北斗卫星导航系统通信天线、WLAN/3G/定位天线及配套线缆组成。数据传输子系统由 GPRS/3G、WLAN、北斗、MTUP、铁路统一传输平台、通信服务器和无线转储服务器等组成，主要完成车地数据的双向传输。地面综合应用子系统由数据处理中心、综合服务平台和运行维护管理三部分组成。

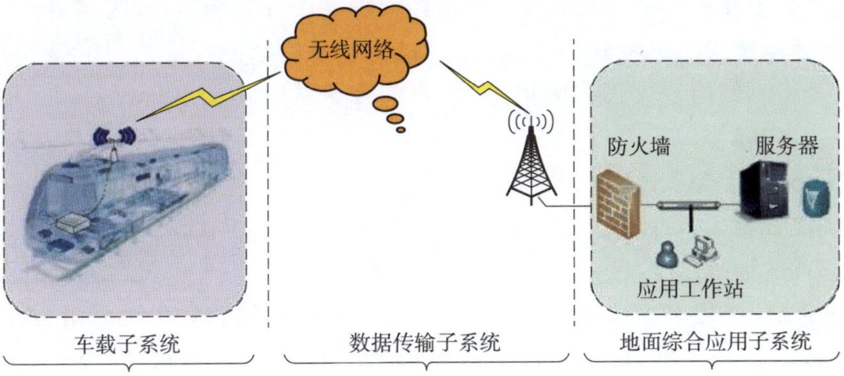

图 9-8　CMD 系统组成

第三节 5T 系统基础知识

铁路车辆运行安全监控系统(5T 系统)以红外、力学、声学、图像、车载等运行安全监控设备为基础,采用先进的计算机网络和信息处理与集成技术,实现对运行安全的实时监控和故障闭环管理,已经成为铁路车辆运行安全监控与管理的重要技术手段,有效保障动力集中动车组运行安全。

一、地面动态检查系统

1. 客车故障轨旁图像检测系统

客车故障轨旁图像检测系统(TVDS)是利用高速摄像、计算机快速处理技术,对运行客车转向架、钩缓装置、车下悬吊装置等客车车体底部及侧下部安全关键部位进行图像动态采集的系统。系统通过布置于钢轨之间的高速相机列阵和 AEI 设备,能准确捕捉通过列车的一系列相关信息,包括过车信息、车辆位置信息、车辆轴距信息、车号信息、图像信息。这些信息经数字化处理后显示于监视器上,实现对整车车底和侧下部的检测。

2. 车辆运行品质轨旁动态监测系统

车辆运行品质轨旁动态监测系统(TPDS)是 5T 系统的重要组成部分,具备发现车辆运行品质不良、车轮踏面损伤和超偏载等安全隐患,进行跟踪和故障预报警功能的地对车安全监测系统。

3. 滚动轴承故障轨旁声学诊断系统

滚动轴承故障轨旁声学诊断系统(TADS)采用先进的轨旁声学指向跟踪技术、声音频谱分析技术和计算机智能识别技术对动车、客车、货车、机车车辆滚动轴承外、内圈滚道和滚动体裂纹、剥离、磨损及腐蚀等故障进行早期诊断及分级报警,将车辆轴承故障的防范关口比红外线 THDS 运用更提前了一个阶段,适用于各型动车、客车、货车、机车车辆滚动轴承故障的在线动态监测。TADS 主要由地面探测站、节点服务器、铁路局集团公司服务器、国铁集团服务器、复示终端组成。当列车的车轮进入探测区域时,所有麦克风同时工作,利用麦克风阵列波束形成技术实现轴承声音的跟踪、分离和增强,形成特定指向性的声音采集“波束”通道。将单个轴箱的声音从嘈杂的背景噪声中提取出来,进行信号处理,并将时域信号处理为频谱信号,再与专家数学模型进行比对,从而判定故障类型。

4. 车辆轴温智能探测系统

车辆轴温智能探测系统(THDS)是利用轨旁红外线高速探头和智能跟踪装置,实时检测运行车辆的轴承温度,进行跟踪报警,是发现车辆热轴、防止热切轴、保证铁路运输安全的重要设施,是提高运输效率的重要保障。THDS 由铁路局集团公司车辆运行安全监测站、铁路局集团公司行车调度复示终端、车辆(机辆)段复示站、列检复示站、探测站及通信网络组成,综合运用自动化控制技术、红外线辐射探测技术、光机电一体化技术、网络通信技术和计算机智能化技术，具备在列车运行状态下计轴计辆、智能跟踪、测量轴承温度和热轴故障自动预警的功能。

二、车载监测设备

1. 客车运行安全监控系统

客车运行安全监控系统（TCDS）是综合利用智能化、网络化、信息化和无线通信技术，采用车载行车安全监测装置，对运行中旅客列车的重点设备进行动态检测、集中报警、实时传输，使各级车辆管理部门及时掌握客车运行安全情况的车辆安全监控系统。重点防范运行中客车热轴、突发火灾、制动故障和车辆失稳等行车事故，利用监测数据指导检修，消除车辆设备存在的安全隐患。

TCDS 由 WLAN 联网设备、客整所、车辆（机辆）段服务器和监控终端等地面设备、车载装置和应用软件组成，是保障动力集中动车组运行安全的重要手段。

TCDS 是客车安全监控和车地数据传输的统一平台，通过对运行客车转向架、风压、轴温、烟火等关键部位实时监控和报警，实现客车安全隐患早期发现和处理，达到防范客车事故发生的目的。

2. 故障信息分类

TCDS 报警分一级报警（危及行车安全）、二级报警（影响设备正常使用）、三级报警（一般性故障）三个等级。一级报警时，报警信息在各级监控终端页面显示，同时有报警声音提示；二、三级报警在段级监控终端监控页面显示。报警内容包括发生时间、车次车组、车顺号、车号、报警信息等。

3. 运用要求

TCDS 车载设备，出库必须保证 100%作用良好，100%开机使用。

检修人员每天对入库列车 TCDS 车载设备按相关标准进行检查维护，质量须符合出库质量标准，并与值班室进行联控，由 5T 系统值班员通过监控网页查看车次、车号、轴温在线情况等，确保 TCDS 正常上线。同时核对 TCDS 车次、车组、交路起始时间、交路结束时间、在线车辆车号及车厢号等，须与 KMIS 系统保持一致。

列车终到入库后，在库内作业前，须查看地面专家系统过程数据下载情况、前一交路中的报警情况及处理意见，库内作业时对其进行重点检查，作业完毕后根据实际情况在地面专家系统中进行回填。

各级服务器、监控终端必须保证 24 h 开机，实时监控软件一级报警提示音不得屏蔽、静音。监控终端仅限 TCDS 监控及相关工作使用，TCDS 服务器除设备检修、数据分析外，不得接入其他移动存储设备。实时数据保存期为 3 个月；过程数据保存期为 6 个月。

第四节　安全环路基础知识

本节主要介绍安全环路基本知识，重点对安全环路的工作原理、工作过程进行阐述，增强对安全环路在现场实际使用中的基本功能的掌握，提高现场故障判断能力。

直车体动车集中动车组设置车门环路、轴温环路、火灾环路、制动环路等四个硬线安全环路。鼓形车体动力集中动车组在直车体动车集中动车组基础上增加停放制动环路，同时将动力车的轴温、火灾、停放制动纳入安全环路中。鼓形车体安全环路（拖车）如图 9-9 所示。

一、安全环路的工作原理

动车组设有贯穿全列动力车/控制车、拖车的环路干线，每节拖车车厢的车门、轴温、火灾、制动、停放制动环路的状态触点并联在干线上，状态继电器设置在动力车/控制车上，环路干线由餐吧车供 DC 110 V 电源。正常情况下，安全环路的状态触点为断开状态，干线均为高电平，动力车司机室安全环路继电器得电；当某安全环路被触发时，被触发设备的状态触点闭合，导致干线在闭合触点处形成回路，安全环路继电器失电，司机室显示屏显示相应环路报警信息。

动力车/控制车与拖车数据互联互通，由拖车 TCDS 主机将拖车车电数据（烟火、轴温、车门、制动数据）上传给动力车/控制车的通信板卡，再由通信板卡转发给车载微机。上传的信息包含的报警信息有：火灾报警、超温报警、严重异常制动、严重缓解不良、严重自然制动等。同时车载微机也将动力车的电压、电流、过分相、减载等信息通过通信板卡转发给拖车。

二、安全环路的工作过程

1. 车门环路

当任一车门打开时（无论故障开门还是正常操作开门），车门限位开关触点闭合，环路干线输出低电平，车门环路继电器失电，司机室显示屏弹屏显示报警，司机室显示屏二级安全环路界面显示“车门环路”标红，并显示具体的车门状态（打开、故障、离线、隔离等详细的状态）。当所有车门正常关闭后，操作台“门关闭”指示灯亮，同时司机室显示屏二级安全环路界面显示“车门环路”标绿，“车门状态”界面显示车门全部关闭。

当塞拉门发生无法关闭或车门开放报警时，安全环路将自动封锁牵引。车门环路界面如图 9-10 所示。

2. 轴温环路

当任一拖车轴温超过 90 ℃报警时，轴温环路被触发，司机室显示屏弹屏显示报警。司机室显示屏二级安全环路界面显示“轴报环路”标红，“拖车信息界面”显示发生轴温报警车辆号。当轴温安全环路正常时，司机室显示屏二级安全环路界面显示“轴报环路”标绿。

动车组运行途中，当拖车、控制车轴箱绝对温度达到 90 ℃时，安全环路将自动引发常用制动停车。轴温环路界面如图 9-11 所示。

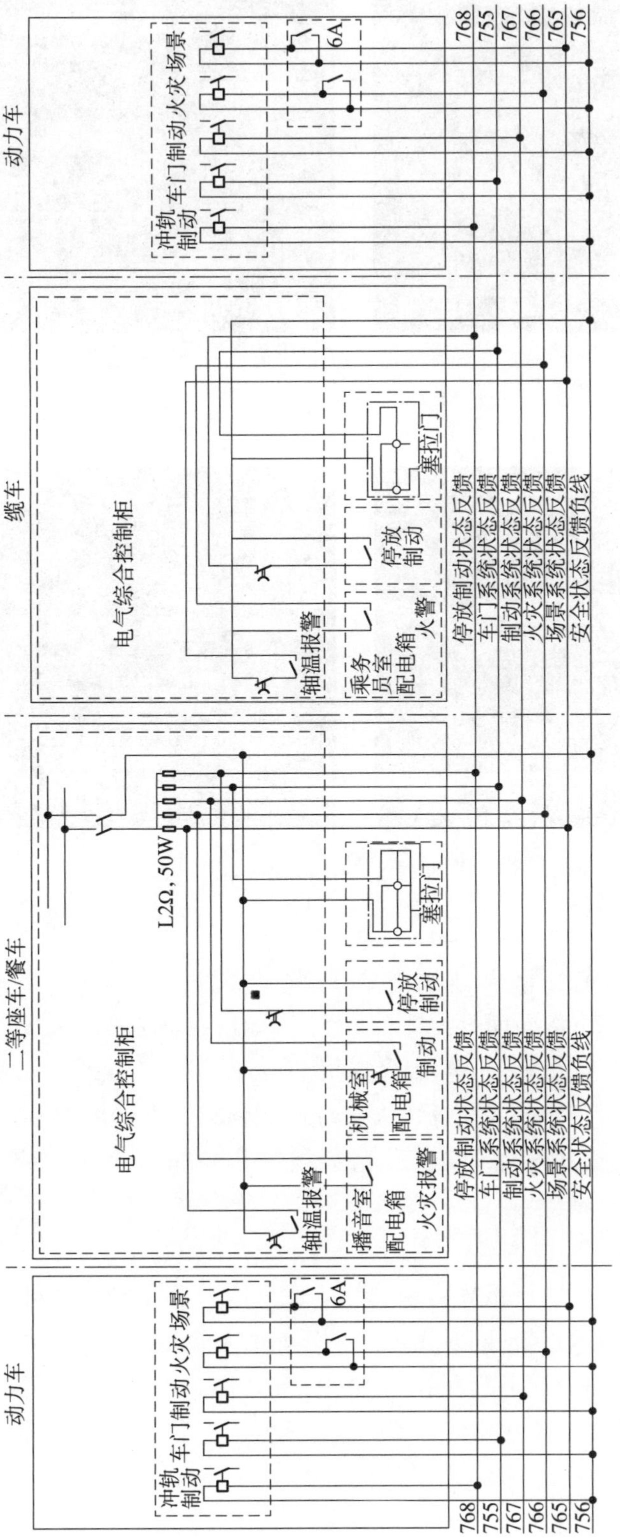

图 9-9　鼓形车体安全环路(拖车)

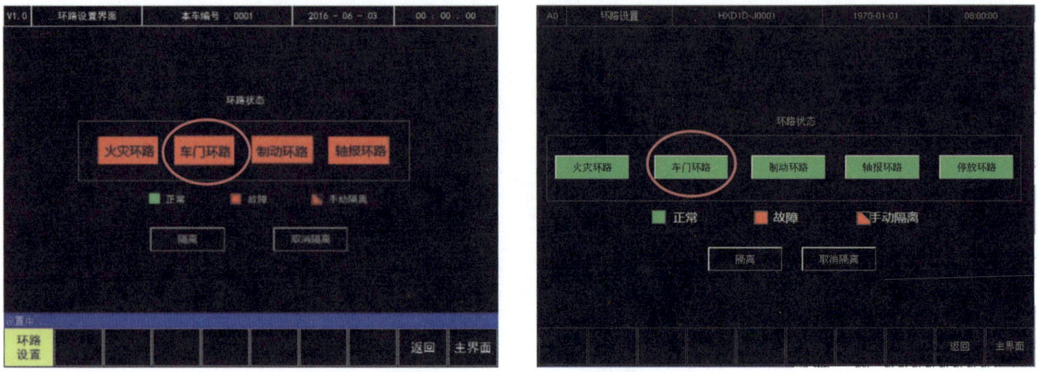

(a) (b)

图 9-10　车门环路界面状态

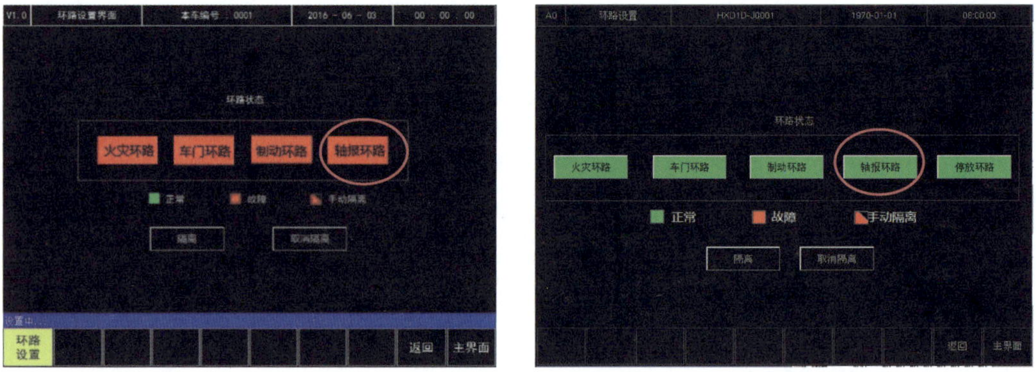

图 9-11　轴报环路界面状态

3. 火灾环路

当任一拖车发生火灾报警时，火灾安全环路被触发，司机室显示屏弹屏显示报警，司机室显示屏二级安全环路界面显示“火灾环路”标红，同时操作台火警指示灯闪烁，蜂鸣器鸣响，“拖车信息界面”显示发生火灾报警的车辆号。当火警安全环路正常时，司机室显示屏二级安全环路界面显示“火灾环路”标绿。动车集中动车组运行途中，当拖车、控制车发生烟火报警时，安全环路只报警不控车。火灾环路界面如图 9-12 所示。

4. 制动环路

当发生“严重缓解不良”“严重异常制动”“严重自然制动”故障时，制动安全环路被触发，司机室显示屏弹屏显示报警，同时显示屏主界面右下角显示“拖车制动环路动作”，司机室显示屏二级安全环路界面显示“制动环路”标红，“拖车信息界面”显示具体制动故障信息及类型。当制动安全环路正常时，司机室显示屏二级安全环路界面显示“制动环路”标绿。

动力集中动车组运行途中，当安全环路对拖车、控制车发生车辆不缓解报警时，动力集中动车组将自动引发常用制动停车。制动环路界面如图 9-13 所示。

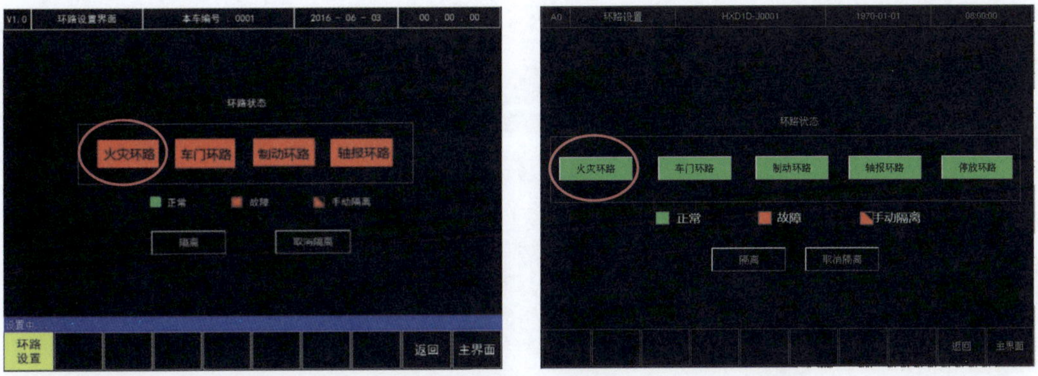

(a)　　　　(b)

图 9-12　火灾环路界面状态

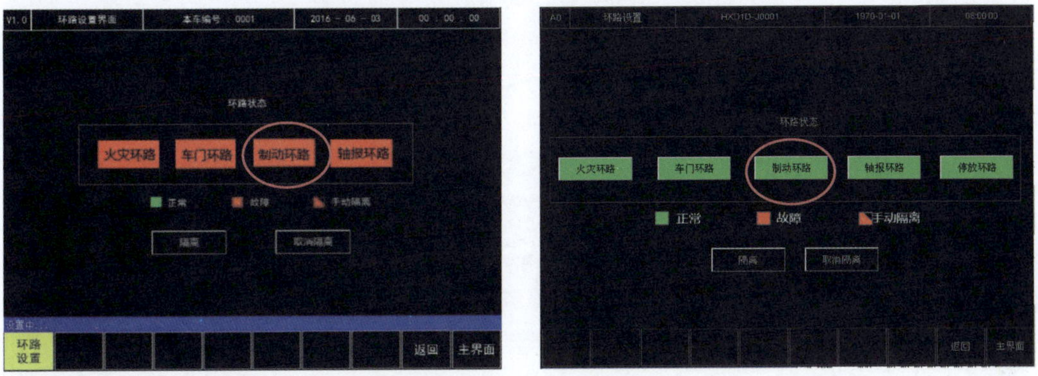

图 9-13　制动环路界面状态

5. 停放制动环路

动力集中动车组中任一动力车、拖车、控制车停放制动施加时，动力集中动车组停放制动安全环路继电器动作，环路断开。

停放制动施加/缓解按钮在主控端、从控端均有效。停放制动施加/缓解按钮与双脉冲电磁阀由硬线直接相连，硬线为贯穿线，任一端动力车/控制车(该车有控制电时)在任何速度下都可通过按钮控制编组内所有动力车、拖车停放制动的施加与缓解。设有停放旁路开关的可以单独对停放制动进行缓解。停放制动环路界面如图 9-14 所示。

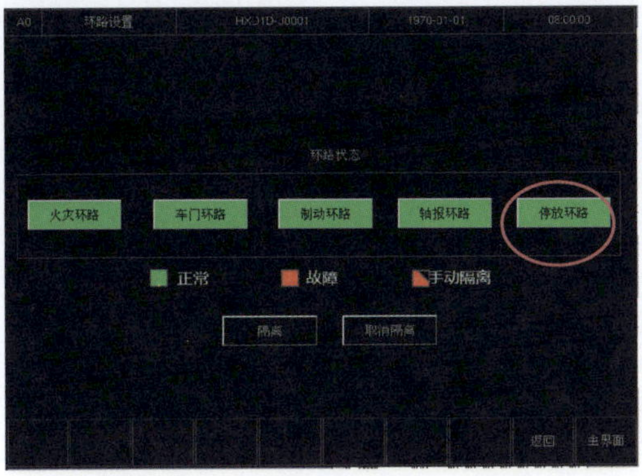

图 9-14　停放制动环路界面状态

第十章

动力集中动车组运用维修标准

本章动力集中动车组运用维修标准是动力集中动车组维修管理体系的基石，它不仅保障了动力集中动车组的安全可靠运行，也为动力集中动车组维修工作的持续改进和创新提供了坚实的基础。通过不断优化和完善这一标准体系，可以进一步提升动力集中动车组的维护管理水平，为铁路交通的快速发展提供有力支持。本章分六节，分别从动力集中动车组出库质量标准及运用维修限度、专项检修周期及标准、整修项目及标准、制动系统试验及标准、重联解编原理及流程、运用作业管理等进行介绍。明确动力集中动车组运用维修流程及质量标准、检修限度，动力集中动车组运用专项作业管理要求等内容。未明确的限度要求，分别执行电力机车、25T型客车相关运用维修标准。

第一节　动力集中动车组出库质量标准及运用维修限度

动力集中动车组出库质量标准及运用维修限度是动车组维护保障体系中的核心指导性文件，其全面规范了动力集中动车组在日常运用、定期检修等过程中的各项维修作业流程、技术要求和质量控制标准。本节将展开详细介绍，方便现场对照标准进行学习并执行。

一、动力车、控制车机务设备出库质量标准

(一)司机室

1. 操纵台面板安装牢固、外观良好;各手柄、按钮、扳键、指示灯等设备安装牢固、作用良好;仪表检定不过期。

2. 后备制动阀上管接头、紧固件、手柄拉杆等状态良好。

3. 刮雨器齐全、安装牢固、作用良好;前照灯、标志灯外观良好、清洁无裂损、功能正常。

4. 司机室内照明正常。

注:本章内容出自TG/CL 2361—2023《动力集中动车组运用维修规则》。

5. 防寒期膝炉、脚炉、暖风机状态良好。电风扇状态良好。

6. 司机室座椅状态良好，功能试验正常。

7. 司机室内装无脱落、固定良好。

8. 前挡风玻璃清洁，玻璃无裂损。

9. 气密窗（侧窗）气密胶条完好、无脱落，锁闭到位。

10. 风笛和电笛良好、司机安全警惕装置试验良好。

11. 司机室门、设备间隔门安装牢固，门锁作用良好，门把手试用良好，防夹手装置安装牢固。

12. 遮阳帘上下动作灵活，无破损。

13. 灭火器检定不过期，压力正常。

14. 空调出风口出风正常。

15. 各显示屏显示正常、按键及触摸功能灵敏，无故障报警。

16. 机车车载安全防护系统（6A 系统）或列车综合安全监测系统各子系统显示正常。

17. 司机室控制电压显示不低于 96 V。

18. 制氧机出风口出风正常。

（二）动力车机械间及控制车设备间

1. 变流柜外观状态良好，柜门、门锁、面板状态良好，柜体两侧的插头、插座紧固状态良好，接地线齐全，紧固良好；冷却液液位正常，管路无漏泄。

2. 辅助变压器、辅助变压器柜各部件状态良好，蜗壳、进风口安装状态良好。

3. 辅助变压器风机各部件状态良好，紧固件无缺失、松动，风机表面清洁等。

4. 牵引风机各部件状态良好，密封垫无损坏，风机法兰面无漏风、漏水，风机紧固件无缺失、松动，风机表面清洁。

5. 复合冷却器及其风机（冷却塔）各部状态良好，各连接处紧固件无缺失、松动，密封垫无损坏，风机法兰面无漏风、漏水，风机紧固件无缺失、松动，风机表面清洁；冷却液液位正常，管路无漏泄。

6. 控制电源柜、蓄电池充电机柜门无变形，门轴、门锁、面板、各指示灯、状态良好；各空气开关动作灵活、作用良好。蓄电池壳体及接线状态良好，表面清洁。

7. 低压柜柜门无变形，门轴、门锁、面板状态良好；各空气开关动作灵活、作用良好。

8. 主压缩机各部件及管路安装状态良好，油位正常，功能试验正常。

9. 干燥器电控器各指示灯工作正常，排气阀排气正常，电磁阀工作正常；管路无漏泄，防寒期电加热装置状态良好，工作正常。

10. 制动柜各部件状态良好、标识清晰，紧固件无缺失、松动，防缓标识无错位，各阀和风管接头无漏泄，电气接口状态良好，塞门开闭状态正确。防滑装置的防滑器处理模块、防滑电磁阀安装牢固，防滑主机显示正常。

11. 机械间各灯具照明正常，灯罩表面清洁。

12. 登顶梯表面清洁，安装牢固。

13. 工具柜安装牢固，施封良好。

14. 多功能柜/生活柜安装牢固;微波炉、冷藏箱安装牢固、功能正常,冷藏箱门密封胶条状态良好。

15. 过分相主机、站台检测主机、风速监测主机安装牢固、功能正常。

16. 三方设备柜/通信信号柜柜门、屏柜、内部区域和部件清洁良好,表面无损坏。设备安装板内部各设备工作正常,各中间继电器、安全继电器工作正常。LKJ、CIR、机车信号各部件安装牢固,工作正常。连接器安装板内连接器状态良好,无损坏和变色。端子排安装板状态良好,无损坏和变色。

17. 微机柜外观状态良好,柜门、门锁、面板状态良好,柜内控制箱安装状态良好,插头、插座紧固状态良好,接地线齐全,紧固良好,冷却风扇安装状态良好。

18. 紧急放风阀安装牢固,无异常。

19. 总风缸安装牢固,无破损,管路连接正常无漏泄。

20. 机车车载安全防护系统(6A系统)各部件状态良好、安装牢固;各子系统面板指示灯显示正常。

21. 机车远程监测与诊断系统(CMD)各部件状态良好、安装牢固;面板指示灯显示正常。

22. 空调装置机组盖板及箱体状态良好,功能正常。

23. 列车供电/配电柜外观状态良好,柜门、门锁、面板状态良好,柜体两侧的插头、插座紧固状态良好,接地线齐全,紧固良好。

24. 吸湿器干燥剂的饱和度正常。储油柜、布赫继电器保护装置部件安装牢固,外观无损坏无渗油。

25. 安全钥匙联锁箱各部件状态良好。

26. 25 kV高压电缆总成车顶终端接地线与车体接地点可靠连接。

27. 辅助风源机组配件齐全,紧固件无缺失、松动,连接件紧固良好,部件无机械损伤,电缆无破损,减振垫无扭曲、开裂现象。

28. 升弓阀板各部件状态良好、标识清晰,紧固件无缺失、松动,防缓标识无错位,各阀和风管接头无漏泄,电气接口状态良好,塞门开闭状态正确。

29. 网侧柜门、机架、内部区域和部件清洁良好,部件无损坏,表面无损坏;螺栓、电缆、铜排连接紧固,接地电缆、密封件无损坏;真空断路器各部件,绝缘子无损坏、清洁良好,紧固件无缺失、松动;高压电压互感器、高压电流互感器状态良好,无变形、损伤;避雷器安装牢固,伞裙表面无污垢、缺损不超限。

30. 高压接地开关软连线表面清洁、状态良好,断股不超限,无断裂、磨损等现象;触头弹簧片磨损不超限;紧固件无缺失、松动,箱体表面状态良好。

31. 控制柜安装牢固、外观良好;各开关、显示屏等设备安装牢固、作用良好。

32. 柴油机、曲轴箱检查孔盖、防火罩、高压油管、进排气管路、主机油道、消音装置等各部件螺栓安装牢固,无松动丢失;高低温冷却水泵、主机油泵、燃油泵、各油水管路连接紧固无漏泄;增压器进气端、排气端管路连接螺栓紧固,管路无漏泄,工作状态良好;柴油机机油油位、冷却水箱水位符合规定要求。

33. 主发电机滑环无变色,炭刷正常,安装牢固无异常。

34. 除尘风机各部件状态良好，密封垫无损坏，风机法兰面及风道无漏风，风机紧固件无缺失、松动，风机表面清洁。

35. 制动电阻电缆外观良好，连接可靠。

36. 机车自控温电加热装置指示灯工作正常，插头牢固，接线无接磨、裂损。

37. 制氧装置安装牢固，外观良好，作用良好，功能显示器显示正常，各部出氧口作用良好，氧气管路无堵塞、漏泄。

38. 消防装置安装牢固、外观良好，设备齐全，检验不超期。

(三)车体及附属设备

1. 车体底架及各减振器安装座无裂纹，车体无局部脱漆及锈蚀，车体承载结构无局部变形。

2. 各车门开闭正常，紧固件无缺失、松动，密封条无破损。

3. 头罩外侧胶缝无老化开裂现象，刮雨器处无杂物。

4. 顶盖清洁，紧固件无缺失、松动。

5. 裙板紧固件无缺失、松动，裙板检修门门锁紧固件无松动，锁闭良好，安全链连接到位，防开作用良好。

6. 脚踏、扶手无损坏，紧固件无缺失、松动。

7. 站台感应器、排障器紧固件无缺失、松动。排障器距轨面高度为110～120 mm。

8. 车梯灯、车底灯等照明装置安装牢固，功能良好。

9. 折棚风挡紧固件无缺失、松动，拉簧无破损，防滑贴无破损或失效，篷布无裂损，外风挡紧固件无缺失、松动。外风挡裂损不超过100 mm。

10. 车体外观无较大区域涂层被刮擦、破坏，不干胶标识无起边、脱落，油漆标识良好。

11. 扫石器装置作用良好，安装座无裂纹、变形。扫石器最低处距轨面高度为(30±5)mm。

(四)车钩缓冲装置及开闭机构

1. MJGH-25T/MJGH-25TG型密接式车钩缓冲装置安装座、缓冲器壳体、钩体无裂纹和永久变形；各部螺栓无缺失、松动；两车钩连接间隙及缓冲器的内半筒相对外壳端面的伸出量不超35 mm；解钩手柄定位良好、无变形。车钩中心高度满足要求。

2. 开闭机构锁闭良好，无松动。检修门紧固件无缺失、松动，门板无变形、裂损。

3. 与拖车连接的折角塞门、连接软管状态良好无漏泄，检验不超期。

(五)车下设备

1. 转向架构架无破损、开焊。

2. 牵引装置无破损，防护装置无异常。

3. 车轮踏面、轮缘尺寸符合规定。

4. 制动盘无脱层、烧焊、裂纹，紧固件无缺失、松动。闸片磨耗不到限。制动夹钳单元各部件无裂纹、变形，通气孔无堵塞。

5. 轴箱体无变形、裂损，轴端盖防松标记无错位。轴端设备无破损、松动或缺失，接地装置、速度传感器、防滑传感器接线及紧固状态良好。

6. 齿轮箱无裂纹、漏油，齿轮箱油位正常，油标标识清晰。牵引变压器安装牢固，状态良好。空心轴、六连杆可见部位安装牢固无裂纹。

7. 一系弹簧和二系弹簧无裂损、压死，弹簧橡胶垫可见部分无老化、开裂。

8. 油压减振器无漏泄，连接紧固可靠；橡胶关节无老化，满足运用要求。

9. 牵引电机悬挂装置连接无松缓现象，橡胶关节无老化，安装良好，满足运用要求。

10. 轮缘润滑装置外观正常，安装牢固，无漏泄，油脂储量满足要求。

11. 转向架空气管路钢管、软管、接头等无脱落、开裂、漏泄。第二折角塞门开闭状态正确，塞门无漏泄。

12. 机车车载安全防护系统(6A系统)走行部监测子系统线缆、传感器安装正常，无脱落、断裂。

13. 电机引出线防护套无破损，连接紧固。接线盒安装紧固。

14. 撒砂器各部件状态良好，砂量符合要求，撒砂正常。

15. 自动过分相装置安装牢固、配件齐全，功能良好。过分相感应器距轨面高度为110～120 mm。

16. 防脱钢丝绳完好，无异常接磨。

17. 牵引变压器油流继电器、压力释放阀、温度传感器等保护装置部件安装牢固、外观无损坏。主变压器油循环系统无渗漏。T型终端接地线外套无损坏，与车体接地点可靠连接。

18. 燃油箱无漏泄，放油堵安装牢固，燃油液位仪和数字显示仪功能正常。

(六)车顶设备

1. 空调机组设备安装牢固，导流罩安装无松缓现象。

2. 受电弓各部件安装牢固，无丢失、变形、松动，气路及接头无漏泄；各关节转动灵活；弓头弹簧无裂损；弓角、碳滑板符合限度规定；软编织连线连接牢固，断股不大于10%；气囊无裂损。动态性能测试正常。支撑绝缘子安装牢固，无裂损、清洁良好。

3. 避雷器安装牢固，伞裙表面无污垢、缺损不超限。

4. 受电弓视频监测摄像机安装牢固。

5. 制动电阻风机各部件状态良好，密封垫无损坏，风机法兰面无漏风、漏水，风机紧固件无缺失、松动，风机表面清洁。

6. 烟囱防雨罩安装牢固无异常。

(七)消防设施

按规定配备灭火器、逃生梯。灭火器检定不过期，压力符合规定，铅封完好；逃生梯状态良好，绳索无老化、开裂。

(八)电线路

1. 整车绝缘良好。

2. 铜排平直、光洁，无裂损，各部连接紧固，接触良好。

3. 导线、接线端子、接线排周边清洁，导线绝缘层无过热烧损、绝缘老化，线束可见过孔处的防护装置完好。

4. 插头、插座及端子排清洁、外壳无裂损、插接良好。

5. 接地检测装置显示正常。

(九)电务及通信设备

车顶(GPS、GSM-R、多频段合路天线、GPS-2000、TSC2)天线安装牢固，CIR、LKJ、机车信号工作正常。

(十)机车试验

1. 低压试验、高压试验符合相关要求。
2. 制动机试验符合相关要求。
3. 自负载试验符合相关要求。

二、动力车、控制车机务设备运用维修限度(表 10-1)

表 10-1　动力车、控制车机务设备运用维修限度表

部位	序号	名　称		限　度			备注
				原形	D1 修	D2 修	
车体、走行	1	15X 托梁式钩缓装置	钩体钩耳销孔的直径(衬套)	ϕ42.47～42.64 mm	≤ϕ45 mm	同 D1 修	
			钩舌与钩耳的间隙	2 mm	2～6 mm	同 D1 修	
			车钩闭锁状态	106～117 mm	106～120 mm	同 D1 修	
			车钩全开状态	195～230 mm	195～242 mm	同 D1 修	
			锁闭后钩锁铁向上活动量	3～15 mm	3～15 mm	同 D1 修	
			钩舌销孔的直径(仅更新衬套时测量)	ϕ50～50.16 mm	ϕ50～54 mm	同 D1 修	
			钩舌销直径	ϕ40.55～40.65 mm	ϕ38.6～40.65 mm	同 D1 修	
			车钩距轨面高度	855～890 mm	830～890 mm	同 D1 修	
	2	MJGH-25T 密接式钩缓装置	缓冲器内半筒脱出量	0	0～8 mm	同 D1 修	
			车钩距轨面高度	850～880 mm	820～880 mm	同 D1 修	
			密接式车钩两车钩连接间隙	0～1.5 mm	0～5 mm	同 D1 修	
	3	扫石器橡胶板距轨面高度		30～35 mm	25～35 mm	同 D1 修	
	4	排障器最低处距轨面高度		110～120 mm	110～120 mm	同 D1 修	
	5	出砂管距轨面高度		25～40 mm	25～40 mm	同 D1 修	
	6	出砂管距车轮踏面的距离		15～30 mm	15～30 mm	同 D1 修	
	7	自动过分相车载感应器距轨面距离		110～120 mm	110～120 mm	同 D1 修	
轮对	8	滚动圆直径		ϕ1 250 mm	ϕ1 150～1 250 mm	同 D1 修	
	9	轮缘厚度		34 mm	23～34 mm	同 D1 修	
	10	轮缘高度		28 mm	27～28 mm	同 D1 修	
	11	车轮踏面磨耗深度		≤7 mm	≤7 mm		
	12	踏面擦伤深度		≤0.7 mm	≤0.7 mm	同 D1 修	
	13	踏面剥离状态		深≤1 mm，长≤40 mm	深≤1 mm，长≤40 mm	同 D1 修	
	14	车轮踏面上的缺陷或剥离		长度≤40 mm，深度≤1 mm	长度≤40 mm，深度≤1 mm	同 D1 修	

续上表

部位	序号	名　　称	限　　度			备注
			原形	D1修	D2修	
轮对	15	轮缘的垂直磨耗高度		≤18 mm	同D1修	
	16	同轴轮径差	≤0.2 mm	≤2 mm	同D1修	
		同转向架轮径差	≤1 mm	≤10 mm	同D1修	
		同一动力车轮径差	≤1 mm	≤20 mm	同D1修	
制动装置	17	闸片厚度		≥16 mm	同D1修	
	18	同一制动夹钳单元闸片厚度差		≤3 mm	同D1修	
	19	制动单元闸片与制动盘间隙两侧之和	3～6 mm	3～6 mm	同D1修	
	20	制动盘最大磨耗		≤5 mm	同D1修	
	21	制动盘摩擦面		凹陷磨损≤1 mm，划痕深度≤1 mm	同D1修	
受电弓	22	静态接触压力	(70±10)N	(70±10)N	同D1修	
	23	滑板总厚度	>22 mm	>22 mm	同D1修	
	24	同一受电弓上前后滑板厚度差	≤3 mm	≤3 mm	同D1修	
	25	TSG20型受电弓　升弓时间	6～10 s	6～10 s	同D1修	
		TSG20型受电弓　降弓时间	≤6 s	≤6 s	同D1修	
	26	DSA250型受电弓　升弓时间	≤5.4 s	≤5.4 s	同D1修	
		DSA250型受电弓　降弓时间	≤4 s	≤4 s	同D1修	

三、拖车及控制车（不含机务设备）出库质量标准

（一）轮对

1. 轮轴各部不得有裂纹，轮毂无松动现象，各部尺寸符合规定限度。

2. 铸钢制动盘盘毂、盘座、半盘连接部无裂纹，散热筋（片）无贯穿裂纹，制动盘摩擦面无明显偏磨，制动盘磨耗及摩擦面热裂纹不超限，制动盘、螺栓、销套无松动，螺栓开口销无折损、丢失。铸钢制动盘更换时须原型更新。

3. TPDS无一级报警。

（二）转向架

1. 构架及各安装座（含车体与转向架配件相连的安装座）无裂纹、变形，抗侧滚扭杆、牵引拉杆、牵引销、定位转臂及夹紧箍、各安全吊无裂纹，轴箱弹簧无裂损。

2. 扫石器装置作用良好，安装座无裂纹、变形。扫石器最低处距轨面高度为(30±5)mm。

3. 牵引拉杆橡胶节点、牵引体橡胶节点、转臂定位节点、横向挡等橡胶件无破损和脱胶；抗侧滚扭杆关节轴承及橡胶保护套无脱出、裂损。

4. 转向架各部安装螺栓无松动。

5. 空气弹簧高度测量块无缺失，橡胶囊与金属板的粘接面无脱离，橡胶囊及橡胶堆表面裂纹不超限、胶囊帘线不外露。

6. 高度调整阀及调整杆安装牢固、无裂损、变形，调整杆护套完好；差压阀安装牢固、无裂损。

7. 各油压减振器配件无缺失、安装牢固，无漏油、折损。

(三)基础制动装置

1. 盘形制动单元的杠杆和悬吊装置无裂纹，各杠杆转动灵活；各圆销、开口销无丢失、折损或磨耗到限，各圆销与套配合间隙不过限，销套不窜出。粉末冶金闸片磨耗剩余厚度不超限，缓解时闸片离开制动盘或闸片无压力，闸片不偏磨。制动夹钳、粉末冶金闸片更换时须原型更新。

2. 单元制动缸及座无裂损，定位销轴定位良好，防尘套无破损，金属软管无松动、抗磨、破损。制动夹钳作用良好，各垂下品距轨面符合规定。

3. 带防反转功能的伞齿轮传动人力制动机作用良好，滚珠式轴套柔性钢缆护套无破损，钢缆处于松弛状态。

4. 停放制动装置作用良好，停放制动缓解指示器功能正常，手动缓解装置安装牢固、作用良好。

(四)空气制动装置及总风装置

1. 列车制动机试验符合规定。制动、缓解作用良好，制动管系漏泄不超限，单元制动缸、制动缓解指示器及防滑排风阀无漏泄；总风管系贯通良好，压力需达到 750～900 kPa，漏泄不超限；总风管组合式集尘器安装牢靠，无变形、破损。

2. 管系各管卡无松动、丢失；各阀、塞门、风缸配件无缺失、安装牢固、位置正确、作用良好；软管无鼓泡，安装无松动，连接状态良好，防尘堵悬挂牢固，防尘堵链垂下后不超过垂下品距轨面限度规定；折角塞门手把开口销无折损、丢失；制动缓解指示器清洁，无裂损，显示正确；风表不过期；紧急制动阀铅封齐全。

3. 集成电空制动机箱、气路控制箱箱体及安装座无破损、松动，箱门关闭良好。

(五)车钩缓冲装置及开闭机构

1. 密接式车钩缓冲装置安装座、缓冲器壳体、钩体无裂纹和永久变形；各部螺栓无缺失、松动；两车钩连接间隙及缓冲器的内半筒相对外壳后端面的伸出量不超 35 mm；解钩手柄定位良好、无变形。车钩中心高度为 850～910 mm。

2. 带电气装置的 105 型车钩(10 号电钩)紧固件无缺失、松动，机械车钩、电钩推送装置、缓冲装置及安装吊挂装置无裂纹、变形，弹簧无变形、断裂，橡胶件无老化、变形、龟裂。电线(含接地线)、连接卡环、对中装置、垂向支撑装置各部安装牢固。车钩中心高度为 830～890 mm。

3. 开闭机构锁闭良好，无松动。检修门紧固件无缺失、松动，门板无变形、裂损。

(六)车体及车顶设备

1. 车辆定检不过期；车体倾斜不超限，雨檐无弯曲、裂损和开焊；车底架各梁无裂纹，墙、顶板无破损。

2. 车端阻尼装置安装牢固、无折损；双层折棚风挡拉杆组成松紧适度、连接牢固，篷布无裂损，车内折棚挂绳（簧）齐全，渡板无翘起，防滑贴无缺失。外风挡胶皮完整，胶皮裂损不超过 100 mm，安装螺栓防松标识无错位。

3. 双层脚蹬安装牢固，无腐蚀破损；手把杆无破损、丢失、松动；各裙板无变形、裂损，裙板锁闭紧固，裙板锁防松标记无错位，错位时须按扭力 30 N·m 紧固；裙板气动撑杆（气弹簧）安装牢固，无折断。安全链连接到位，防开作用良好。

4. 车底架各悬吊装置（含电器设备箱体悬吊）配件齐全、安装牢固、无裂纹、防松螺母无松动；车下各箱体（含电器设备箱体）外观无破损、箱门锁闭良好；刮雨器水箱、污物箱、污水箱无漏泄。

5. 各注水管、排水管及导筒安装牢固，无缺失；排水管朝向正确，避开轴箱、转向架、轮对及基础制动装置；各类排水管、制动管等部件与车体间孔路封堵可靠，防寒材不外露。

6. 车顶不漏雨；车顶设备安装牢固，车顶天线、车顶活盖、通风器、废排风帽等无缺失，固定螺栓无脱落、松动。空调导流罩安装牢固，无裂损。

7. 站台感应器、排障器紧固件无缺失、松动。

（七）车内设备

1. 按规定配备灭火器、消防锤；灭火器检修不过期，压力符合规定，铅封完好。墙板、地板、顶板完整无孔洞，通过台、厕所、洗面间、小走廊地板及墙板各压条齐全、间隙孔洞封堵良好。

2. 各折页门、拉门、翻板及簧、锁、门止及碰头配件齐全，作用良好；塞拉门作用良好，各锁开关正常，集控开关门功能良好，站台补偿器作用良好。电动内、外端门手动和电动控制位转换功能良好，作用灵活，防挤压功能良好。

3. 活动车窗配件齐全，开启、锁闭作用良好；门窗玻璃安装牢固、无破损。逃生窗标记清晰。车窗卷帘收放无卡滞、破损。带有电伴热的车窗伴热处于开启位，中空玻璃内无结雾、结霜现象。

4. 座席、卧铺、扶手、茶桌、行李架、衣帽钩、集成置物架安装无松动；座席及卧铺面布无破损，一、二等座椅及商务座席各调节功能良好；车内座号牌、铺号牌、残疾人专用座席标牌、警告标识齐全、清晰，位置符合规定，轮椅固定器安装牢固，功能良好，残疾人呼叫装置配件齐全，功能良好；车内地板及地板布无影响行走的塌陷、鼓泡；车内活顶安装牢固；玻璃圆头无裂损。

5. 给水管系及阀不漏水、不堵塞，作用良好；洗面盆、洗手盆、便器安装牢固，裂损时不得影响使用；液位仪显示准确。

6. 卫生间集便装置作用良好，便器冲水均匀、无外喷。婴儿护理台配件齐全，作用良好。

（八）车下电气装置

1. 车端电气连接器各插头、插座外观无变形、破损，标记清晰、正确；连接线护套无损伤；各连接器连接牢固；各防雷接地线连接良好，接地线配件齐全。

2. 各分线盒(箱)、线槽、线管安装牢固;各传感器(包括制动供风系统压力传感器、车体及转向架加速度传感器、防滑器速度传感器、轴温传感器、蓄电池温度检测传感器等)、排风阀安装牢固,配线无破损,各引线套管连接良好、无抗磨;轴端接地装置固定螺栓无缺失,防松标记清晰无错位。

3. 保护电阻线、接地软连线安装紧固。保护电阻线任意一端断股3根及以上时原型更新。接地软连线破损时原型更新。

4. 蓄电池无松动、漏液,电解液面符合规定;接续线牢固,无硫化,导电良好;电解液比重及电压符合规定,熔断器容量符合规定,定检标记清晰;蓄电池注液口气塞排气孔通畅,排气功能良好;DC 110 V蓄电池组放电电压不低于92 V。蓄电池箱通风装置(通风口)、排水口无堵塞。

5. 自动过分相装置安装牢固、配件齐全,功能良好。

(九)车上电气装置

1. 电气综合控制柜、照明配电箱、播音配电箱等电气控制柜门锁状态良好、关闭严密;综合控制柜活动门、锁紧装置及下柜内回转架作用良好;触摸屏及指示灯正常,各开关、按钮操作灵活、接触良好;各传感器、热继电器、PLC、触摸屏、在线绝缘检测装置的设定值符合规定、作用可靠;各电气开关、接触器、继电器、交换机等电气元件安装牢固、作用良好;接线端子无松动、脱焊、烧损,感温贴齐全、无变色;各配线无外露、绝缘良好;各熔断器容量符合规定。

2. 充电器、逆变器、应急电源输出电压、频率正常;充电器、逆变器、应急电源与电气综合控制柜通信正常,触摸屏上显示正常信息代码;电气综合控制柜的车下电源指示灯显示为绿色。

3. 通电后控制柜电源转换、空调控制电气动作及指示正常,各项功能符合要求;各功能单元工作电流正常;DC 600 V单车漏电电流不超过80 mA;触摸屏无DC 600 V干线在线绝缘监测故障或错误显示,任一路干线对地电压不得低于170 V。列车级与车辆级DC 110 V漏电检测装置无预报警及报警,显示正常。

4. 空调装置各部配件齐全、作用良好、安装牢固;蒸发器网、回风网清洁;机组空气预热器安装牢固,无烧损;根据外温通电试验检查相应功能,系统功能作用须良好,各电机运转正常无异音。电动、手动可调风口调节功能良好。

5. 电取暖器安装牢固、作用良好,防护罩与墙板间无异物,与加热板(管)不密贴;电热温水箱、伴热装置工作正常;电热开水器出水阀无松动、漏水,加热及保护功能正常。卫生间、洗面间、通过台强制通风电取暖器作用良好。

6. 照明灯具配件齐全,型式统一,照明正常。厕显开关配件齐全,安装牢固,作用良好。废排装置、插座、呼唤系统等装置作用良好。旅客信息系统(PIS)中的列车主机、PIS车厢控制器、车外信息显示屏、车内信息显示屏、PIS系统操作屏、广播控制盒、扬声器、GPS/FM天线、集中功放单元等配件齐全,安装牢固,作用良好;运行信息显示准确,自动触发预录的广播、手动触发预录的广播、全列人工广播功能正常。视频监控系统、Wi-Fi

系统作用良好。

7. 除微波炉等移动备品之外的厨房设备(冷冻、冷藏柜等)配件齐全、工作正常、无漏泄,箱体及门无破损、密封良好,换热器及滤网清洁。电子价目表外观无破损,显示功能良好,数据源符合公共传媒安全要求;展示柜无破损,功能良好。

8. 电子防滑器主机与电气综合控制柜的 PLC、行车安全监测装置的车厢级主机通信正确、可靠;电气综合控制柜触摸屏上防滑器的信息显示应为正常信息代码;与塞拉门联锁信号(<5 km/h)作用良好。

9. 轴温报警器、记录仪轴位显示准确,轴温及外温显示功能正常,声光报警可靠;同侧静态轴温温差<5 ℃;报警器车厢顺位号、记录仪时钟、记录时间间隔设置正确;记录仪通信功能正常;报警器与电气综合控制柜中的 PLC 通信正常,在电气综合控制柜触摸屏上无"故障"信息显示。

10. 火灾报警系统主机声光报警功能良好,电源开关处于工作位,与电气综合控制柜中的 PLC 通信正常,在电气综合控制柜触摸屏上无"故障"信息显示。

11. 行车安全监测装置:车厢级电气设备监控车厢控制单元及连接件配件齐全,端子及接线正确、牢固。通电检查,各指示灯状态正常;电气综合控制柜触摸屏显示本车电气设备信息正常,车厢顺位号与实际编组相符;各监控触摸屏显示正常,无离线车辆及故障信息。列车级主机显示的列车编组数,车厢顺位号应与实际编组相符,防滑器、制动、转向架、塞拉门等的"报警/故障"报告内容不得出现黄色标志。

12. 安全环路无报警,通信状态良好。

四、拖车、控制车(不含机务设备)运用维修限度

根据《规则》规定,目前动力集中动车组拖车、控制车(不含机务设备)运用维修限度主要涵盖车钩缓冲装置、车体、轮对、制动装置,具体内容见表 10-2。

表 10-2 拖车、控制车(不含机务设备)运用维修限度表

<table>
<tr><th rowspan="2">部位</th><th rowspan="2">序号</th><th rowspan="2" colspan="2">名 称</th><th colspan="3">限 度</th><th rowspan="2">备 注</th></tr>
<tr><th>原形</th><th>D1 修</th><th>D2 修</th></tr>
<tr><td rowspan="8">车钩缓冲装置</td><td>1</td><td colspan="2">钩体磨耗</td><td></td><td>6 mm</td><td>同 D1 修</td><td></td></tr>
<tr><td rowspan="4">2</td><td rowspan="4">车钩中心高度(空气弹簧充气状态)</td><td>密接式车钩最高</td><td></td><td>910 mm</td><td>同 D1 修</td><td></td></tr>
<tr><td>带电气装置的 105 型车钩最高</td><td></td><td>890 mm</td><td>同 D1 修</td><td></td></tr>
<tr><td>密接式车钩最低</td><td></td><td>850 mm</td><td>同 D1 修</td><td></td></tr>
<tr><td>带电气装置的 105 型车钩最低</td><td></td><td>855 mm</td><td>同 D1 修</td><td></td></tr>
<tr><td>3</td><td colspan="2">密接式车钩两车钩连接间隙</td><td></td><td>≤5 mm</td><td>同 D1 修</td><td></td></tr>
<tr><td>4</td><td colspan="2">密接式车钩缓冲器的内半筒相对外壳后端面的伸出量不得超过</td><td></td><td>35 mm</td><td>同 D1 修</td><td>从外表面观察到有弹性胶泥溢出滴落时,应立即更换</td></tr>
<tr><td>车体</td><td>5</td><td colspan="2">车体倾斜</td><td></td><td>50 mm</td><td>同 D1 修</td><td></td></tr>
</table>

续上表

部位	序号	名称			限度			备注
					原形	D1 修	D2 修	
轮对	6	轴身打痕、碰伤、磨伤及弹伤深度		最高运行速度160 km/h		<1 mm	<1 mm	限度内将锐角消除继续使用，到限时更换车轴
	7	轮辋厚度			65 mm	≥25 mm	≥26 mm	
	8	轮缘厚度			32 mm	≥23 mm	≥23 mm	轮缘产生辗堆时须消除；
	9	轮缘缺损（内侧）		长		30 mm	0	轻微掉皮可用砂轮打磨，但不得影响顶部线形。打磨平坦，凹痕深度不超过 1 mm
				宽		10 mm	0	
	10	轮缘垂直磨耗高度				≤15 mm	0	不得有锋芒
	11	踏面圆周磨耗深度				≤8 mm	≤3 mm	
	12	踏面损伤	踏面擦伤及局部凹入深度	本属出库		≤0.5 mm	0	
				外属出库		≤1 mm		
				运行途中		≤1.5 mm		
			踏面剥离长度	1 次		≤30 mm	≤15 mm	（1）沿圆周方向测量。测量时，两端宽度不足 10 mm 的剥离尖端部分不计算在内。（2）长条状剥离，其最宽处不足 20 mm 者，不计。（3）两剥离外边缘相距小于 75 mm 时，每处长不得超过 20 mm，连续剥离长度不超过 350 mm。（4）剥离前期未脱落部分，客列检不计算在内。（5）外属出库及途中不含空响区域，本属出库含空响区域。（6）D2 修时不允许有空响区域
				2 次		≤20 mm	≤10 mm	
			踏面缺损	相对车轮轮缘外侧至缺损部位距离		≥1 505 mm	同 D1 修	指缺损后的轮辋宽加轮对内侧距离，再加相对车轮轮缘厚度之总和；沿圆周方向测量
				缺损部位长度		≤150 mm	同 D1 修	
	13	轮对外侧辗宽				≤5 mm	≤3 mm	超过时旋修或换轮

续上表

部位	序号	名称		限度			备注
				原形	D1 修	D2 修	
轮对	14	同一车轮相互垂直的直径差			—	—	修形后≤0.5 mm
		同一轮对相对车轮的直径差			—	≤2 mm	修形后≤1 mm
		同一转向架任意车轮直径差			≤10 mm	同 D1 修	
		同一车辆任意车轮直径差			≤40 mm	同 D1 修	
	15	轴箱定位橡胶堆转角			45°	同 D1 修	
	16	制动盘磨耗	整体厚度	110 mm	96 mm	同 D1 修	
	17	制动盘摩擦盘面热裂纹	距内和外边缘≥10 mm		<95 mm	同 D1 修	
			距内或外边缘<10 mm		<65 mm	同 D1 修	
	18	TPDS 报警当量			<22 mm	<17 mm	D2 修为修前 1 个月数据
制动装置	19	闸片厚度(不含钢背)		24.5 mm	5 mm	同 D1 修	测量最薄部分厚度
	20	闸片摩擦体	单个摩擦体局部掉块面积		≤10%	同 D1 修	
			局部掉块的摩擦体数量		≤30%	同 D1 修	
	21	闸片与制动盘两侧间隙之和			3～5 mm	同 D1 修	
	22	制动夹钳装置各圆销磨耗			2 mm	同 D1 修	
	23	制动夹钳装置各圆销与衬套配合间隙		0.5～1 mm	3 mm	同 D1 修	
	24	各圆销与孔组装间隙不超过			3 mm	同 D1 修	
	25	各圆销、衬套磨耗			2 mm	同 D1 修	
	26	圆开尾销磨耗			1/4	同 D1 修	磨耗超过原直径 1/4 时更换
	27	扁开尾销磨耗			1.5 mm	同 D1 修	剩余厚度少于 1.5 mm 时更换
	28	压力表指针压力差			±20 kPa	±10 kPa	与标准压力表校对
	29	各垂下品与轨面距离不小于			50 mm	同 D1 修	电器装置 100 mm
控制车机务设备	30	排障器与轨面距离不小于			(110+10)mm	(110+10)mm	
	31	扫石器与轨面距离			(30±5)mm	(30±5)mm	扫石器胶皮最低处与轨面距离
	32	自动过分相感应接收器与轨面距离			(110+10)mm	(110+10)mm	

第二节　动力集中动车组专项检修周期及标准

对日常检修无法全部施修到位，且经检修后在一定时间内不易发生故障的部位、部件，按照故障周期规律，实行周期性检查维护保养、检测、试验，专项检修项目、周期及要求见表 10-3～表 10-5。

表 10-3　拖车及控制车(不含机务设备)专项检修项目、周期及要求

序号	项　目	周期	实　施	要　求
1	轮对鉴定	月度	逐列	1. 测量轮轴(含制动盘)各部尺寸及损伤符合 D1 修限度要求。 2. 检查轮轴各部无裂纹，轮缘顶部不得形成锋芒，制动盘的两个摩擦面应均匀磨耗，锤击车轮踏面无异音。对反馈运行中有异音、异振的轮对，检查车轮有无失圆。 3. 检查制动盘与盘毂连接部、半盘连接部无裂损、松动，制动盘摩擦面不允许有厚度方向的贯通裂纹，制动盘散热筋(片)不得有贯通裂纹，固定螺栓无松动。 4. 对鉴定发现不符合 D1 修限度和异常的轮对安排旋修、更换，对不符合 D2 修限度的轮对纳入跟踪
2	转向架深度检查	月度	逐列	1. 清除转向架污垢、锈垢，满足检查、测量和油润工作需要。 2. 检查构架、轴箱定位装置及各部安装座、吊座无裂纹、变形，检查牵引拉杆、抗侧滚扭杆及吊杆、基础制动装置无松动、裂损、开焊。 3. 检查各圆销、开口销磨耗及销套配合间隙符合要求，销套不窜出。 4. 轴箱定位装置、牵引拉杆和横向缓冲器(横向挡)等处的橡胶部件无破损、脱胶、窜出，裂纹不超限。 5. 检查抗侧滚扭杆吊杆关节轴承是否窜出、关节轴承转动灵活。 6. 防松标记须清晰，标记不清时须重新涂打。有移位、松动现象时，按照规定扭矩 进行紧固或更换螺母和螺栓。 7. 测量横向缓冲器(横向挡) 与构架挡板间隙、制动装置各垂下品与轨面距离符合 D1 修限度要求。 8. 磨耗部位给油。 9. 扫石器检修周期、项目、标准按动力车要求执行
3	带电气装置的 105 型车钩(10 号电钩)	半年	逐列(重联状态的可不实施)	1. 目视检查，检查机械车钩、电钩推送装置、缓冲装置及安装吊挂装置，确认无裂纹、变形，螺栓紧固无松动，弹簧无变形、断裂，橡胶件无老化、变形、龟裂。 2. 使用压缩空气、毛刷和抹布进行彻底清洁。 3. 检查表面油漆无损伤。 4. 机械车钩检查 4.1　润滑(润滑剂可使用其他功能相同的产品) (1)清洁并润滑如图 10-1 所示部位。 (2)润滑解钩气缸活塞杆运动部位及轴承座。 (3)车钩锈蚀部位除锈后涂抹相应润滑脂。 4.2　检查并调整连挂组成间隙 (1)彻底清洁车钩表面、凸锥和凹锥以及连挂组成零件。 (2)分别将状态指示装置主体、连挂杆、连挂杆销轴及把手取出待用，将状态指示装置上右侧旋转把手顺时针旋转，使连挂组成中部件位于状态指示装置的最左侧。 (3)将状态指示装置主体装于车钩连挂面及凸锥上。 (4)将连挂杆单柱侧插入钩舌的钩口内，另一侧通过连挂杆销轴及把手与状态指示装置上的孔相连，如图 10-2 所示。

续上表

<table>
<tr><th>序号</th><th>项　　目</th><th>周期</th><th>实　　施</th><th>要　　求</th></tr>
<tr><td>3</td><td>带电气装置的105 型车钩(10 号电钩)</td><td>半年</td><td>逐列(重联状态的可不实施)</td><td>

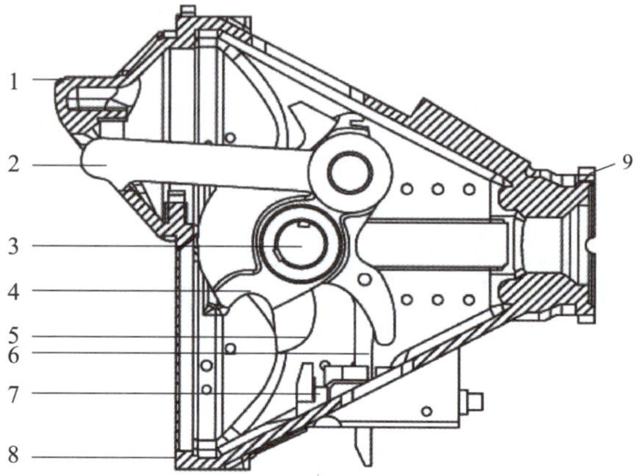

1—凸锥和凹锥的导向面(ZINGA);2—连挂杆(AUTOL TOP 2000);3—主轴(AUTOL TOP 2000);4—钩舌(AUTOL TOP 2000);5—钩舌的后侧(AUTOL TOP 2000);6—定位杆(AUTOL TOP 2000);7—触发器(AUTOL TOP 2000);8—车钩连挂面(ZINGA);9—法兰(AUTOL TOP 2000)。

图 10-1　车钩头润滑位置及润滑剂

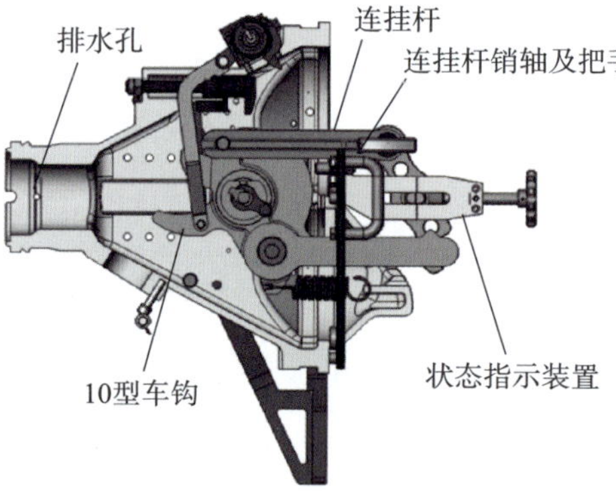

图 10-2　检测状态示意

(5)逆时针转动状态指示装置右侧旋转把手,直至感觉到状态指示装置与 10 型车钩的连挂杆与对方钩舌已充分接触(即状态指示装置与 10 型车钩已连挂),连挂后不能再用较大力气转动旋转把手,以避免检查结果失真,此时检查指示轴上面的刻度,如果刻度标志处于支撑架上面“合格”标记范围内(上下两条刻度线左侧),则表示车钩处于公差范围内。如果刻度标志处于“不合格”标记范围内(上下两条刻度线右侧),则表示 10 型车钩超出公差范围,必须对 10 型车钩进行修理,更换磨损的零件,检查结果指示如图 10-3 所示。

(6)排水孔检查

用一根硬线打开排水孔,排水孔位置如图 10-2 所示。

5. 电气车钩检查

(1)在干燥情况下使用皮抹布清洁保护盖的内外两侧。

(2)检查保护盖的弹簧是否损坏,如有损坏,进行更换。

</td></tr>
</table>

续上表

序号	项　　目	周期	实　施	要　　求
3	带电气装置的105 型车钩(10 号电钩)	半年	逐列(重联状态的可不实施)	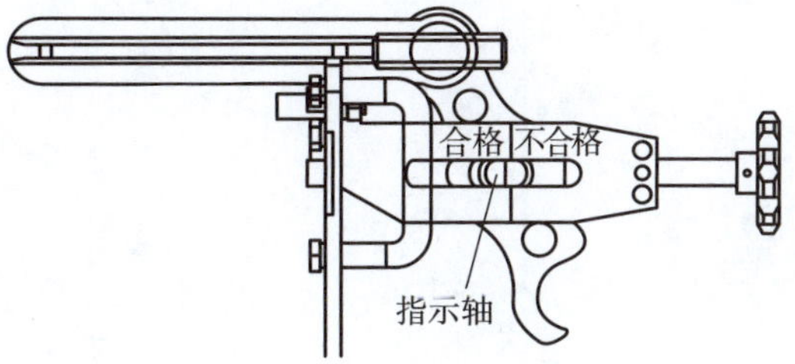 图 10-3　检测结果指示 (3)检查接地线是否损坏,如有损坏,进行更换。 (4)检查活动接触点功能正常(用拇指按压)。 6. 风管连接器检查 检查风管连接器无漏泄。 7. 推送机构检查 (1)检查电气车钩钩头相对于车钩连挂面的凸出状态,如有必要,通过调节弹簧压缩量进行调整。 (2)检查电气车钩钩头的弹簧是否损坏,如有损坏,进行更换。 (3)清洁并使用 AUTOL TOP 2000 润滑电气车钩钩头的活塞杆。 8. 电线检查 (1)检查电线是否破损,如有破损,进行更换。 (2)检查电线是否紧固良好,如有松动,进行紧固。 9. 接地线检查 检查接地线与车体的连接紧固是否可靠。如有松动,进行紧固。M10 螺栓接地线紧固扭矩为(32±4)N·m。 10. 连接卡环检查 (1)检查螺栓防松标记,如果松动,需要更换整套紧固件重新紧固,螺栓紧固扭矩为(160±15)N·m。 (2)用一根硬线打开卡环下部的排水孔。 (3)检查上下卡环之间是否注满润滑脂,目视检查卡环有损坏或裂纹时更换。 11. 对中装置检查 (1)用一根硬线打开排水孔。 (2)检查车钩对中状态。 12. 垂向支撑装置检查 (1)用一根硬线打开排水孔。 (2)测量车钩距离轨面的高度符合要求
4	前端开闭机构	季度	逐列	1. 清扫和润滑开闭机构。 2. 检查功能正常。 3. 检查油漆无损伤。 4. 检查零件无裂纹、锈蚀、变形等情况。 5. 检修用侧盖板(检修门)无变形、裂损,安装螺栓须使用不锈钢螺栓,紧固扭矩为 57 N·m,防松线标记清晰

续上表

序号	项　　目	周期	实　　施	要　　求
5	双层折棚风挡	半年	逐列	1. 折棚组成 (1)外侧目检，螺钉框与车厢接面连接平整。 (2)目检棚布无撕裂和破洞，铝框无破损，无棚布从铝框中脱出。 2. 踏板 目检防滑贴无破损或失效。 3. 拉杆座 从外侧检查拉杆座与车端连接螺栓无松动。 4. 拉簧 目检拉簧无折损
6	车端阻尼装置	半年	逐列	1. 检查紧固件无缺失、松动。 2. 检查磨耗板磨损不露出底座。 3. 检查阻尼销轴无磨损、裂纹等损伤。 4. 检查阻尼轴、阻尼轴座无裂纹等损伤。 5. 通过注油口对阻尼轴进行润滑
7	制动系统排水除尘	月度	逐列	1. 动力集中动车组除动力车外，分别打开动力车后 3 辆车各风缸排水塞门，彻底排水。如第 3 辆有积水，继续对邻车风缸进行排水，至无积水车辆为止。 2. 分解动力车后第 1 辆拖车的组合式集尘器，组合式集尘器内有水或灰尘较多时，应继续分解邻车组合式集尘器。 3. 打开与动力车连挂端总风管汽水分离器排水塞门，彻底排水。 4. 冬季排水除尘的频次和要求由各局自定
8	专项制动试验	月度	逐列	进行制动系统专项全部试验，按《规则》附件 2-1 中的列车试验部分“4. 专项全部试验”标准执行
9	登顶检查	季度	逐列	1. 检查水箱盖板、通风器、防雨檐、导流罩无丢失破损、安装牢固。 2. 检查空调通风滤网罩、空调机组各盖板、软风道防护罩及排水管安装牢固，各紧固件齐全无松动。各天线安装牢固。 3. 检查外风挡紧固件无缺失、无松动；清扫外风挡；检查外风挡无形变、表面无裂纹
10	电热开水器	季度	逐辆	1. 检查炉体及管系、阀门无漏泄、松动、变形；液位显示清晰。检查各接线端子无热损、老化、松脱，线号标志齐全；各接地线牢固可靠，线径、线色符合规定；各开关、熔断器容量符合规定。 2. 清除电热开水器加热腔的水垢。 3. 测量电磁式加热线圈绝缘符合要求。 4. 通电试验状态指示灯指示正确，高低水位保护、防干烧保护、自动补水等功能作用良好
11	电热温水器	季度	逐辆	1. 检查箱体及管系无漏泄、松动、变形。 2. 检查各接线端子无热损、老化、松脱，线号标志齐全；各接地线牢固可靠，线径、线色符合规定；各开关、熔断器容量符合规定。 3. 清除电热温水器电热管及电极的水垢。 4. 测量电热温水器电热管绝缘符合要求。 5. 通电试验状态指示灯指示正确，温度控制器作用良好

续上表

序号	项　目	周期	实　施	要　求
12	塞拉门	季度	逐辆	1. 检查门锁、门扇下部滚轮臂、驱动机构、气缸、上下滑道、下滑道防尘罩位置紧固件无松动。 2. 检查门板无严重变形，手动推拉灵活；门扇胶条无撕裂、破损，门扇密封条与门框贴合紧密，无闪缝；玻璃安装牢固；气路系统无漏泄、堵塞。 3. 接线盒、驱动机构门控箱内各元器件安装牢固，配线无老化、热损，引线护套良好，各接线端子紧固，线号清晰正确。接地线齐全可靠。指示灯、蜂鸣器显示正确，门控制单元没有故障信号（闪烁信号）。冬季采暖期间检查电伴热装置绝缘良好，工作正常。 4. 检查空气过滤器滤芯洁净情况及半自动排水功能良好。 5. 检查驱动机构的长短圆导柱、上下滑道、主锁锁叉与定位套的啮合面、主锁上各处扭簧、辅助锁上各处扭簧、弹簧、无杆气缸上推杆轴承与携门架的滑槽等各磨耗部、活动部位给油润滑。 6. 功能测试：对内外操作装置功能、站台补偿器功能、紧急解锁装置功能、防挤压功能、隔离锁功能进行检查测试；检查测试门装置各控制开关（98%、100%、防挤压、压力等）安装牢固，位置正确，作用良好；测试 5 km/h 自动关门功能良好
13	集便器	季度	逐辆	1. 检查检修 1.1　清洗便盆及喷嘴，检查排泄阀、冲便阀无破损、漏泄。清洗气、水过滤器滤网，滤网破损时更换。 1.2　检查各空气管路、水管路安装牢固，管系无老化、变形、龟裂、漏泄；检查水增压器、过滤调压阀、过滤器作用良好；过滤调压阀压力值符合规定；检查真空发生器、摆门止回阀作用良好；真空开关设定值符合规定。 1.3　检查污物箱无漏泄，外包防护层无破损；各球阀开启、关闭正常，球阀、管系无漏泄；吊装螺栓配件齐全，紧固无松动。污物箱液位开关作用不良时清洗或检修。 1.4　检查集便控制箱各指示灯显示正确，无喷射器超时、污物箱 80%液位和 100%液位报警；冬季采暖期间检查电伴热装置绝缘良好，工作正常，伴热指示灯显示正确。 2. 功能试验 2.1　接通水源、风源和电源，调整空气压力符合规定。 2.2　真空发生器工作正常，无喷射延时现象。检查系统真空度符合标准。 2.3　系统功能测试：按压冲洗按钮，进行 2 次冲洗循环，冲水须均匀，空气阀工作正常，排泄阀开启、关闭正常，冲洗循环状态良好
14	配餐式 厨房设备	季度	逐辆	1. 在客运部门按照厨房设备操作使用说明做好日常油垢清理工作的基础上，对厨房设备实施专项检修，并负责对需拆卸方可清除的部分进行清理。 2. 厨房电气设备：各冷冻冷藏柜、保温柜、冷藏展示柜、储藏柜、微波炉等配件齐全、功能良好。厨房固定设备：吧台、展示柜、洗池等无缺失、破损。 3. 电子价目表外观无破损，通电后显示功能良好、清晰，不低于目测主观评价有稍可察觉的损伤或干扰的标准。USB 数据传输功能良好，数据源符合公共传媒安全要求

续上表

序号	项　目	周期	实　施	要　求
15	车下 DC 600 V 电源装置（含应急电源装置）	季度	逐辆	1. 检查裙板及电源箱门各部配件齐全，安装牢固，裙板螺纹锁锁芯紧固前须涂抹螺纹润滑剂，紧固扭矩值为 30 N·m，紧固后涂打防松标记；车下电源箱箱体及吊架无破损、开焊、裂纹，螺栓无松动；电源箱密封胶条无破损、老化，引线套管连接良好，外观无破损；接地保护线齐全、安装牢固。 2. 检查箱内接线紧固，无烧损、松动；各断路器、接触器触头无卡死、粘连；电容组件无漏液、烧损；隔离变压器无烧损、变形、短路痕迹；各熔断器容量正确，无烧损。 3. 清扫散热器；对箱体内外部、各板卡表面进行清理、除尘；对车体裙板及车下电源箱体各活动部给油润滑。 4. 输入 DC 110 V 电源，确认散热风机工作正常。 5. 通电检查，电气综合控制柜显示各项功能正常，无故障代码。 6. 模拟本车单台逆变器故障，进行本车互备供电试验，互备功能正常，相序正确
16	蓄电池及箱	季度	逐辆	1. 检查蓄电池箱无腐蚀、破损，外观检查吊架无裂纹，螺栓、箱门手把、搭扣、插销、防脱挡等配件齐全、安装牢固。通风器(通风口)、箱底排水孔畅通。对各活动部给油润滑。 2. 对电池外壳进行清洁检查，无裂损、漏液，消除极耳氧化物。检查各接线柱及接线端子无松动、反极、氧化、电蚀，安装牢固。注液孔、排气孔无堵塞。电解液液面高度符合要求。电池箱保险齐全，容量正确。 3. 测量电池空载及负载电压，整车空载电压不低于额定值，负载电压不低于 92 V。 4. 对蓄电池箱内外部、蓄电池组表面进行清理、除尘
17	电气综合控制柜	每月	逐辆	1. 静态检查 1.1　柜内各配件、代号、标记及图纸齐全；面板上指示灯、触摸屏、转换开关等指示正确、安装牢固；箱内接线紧固，无烧损、松动，接线端子无过热变色，感温贴齐全无变色；各断路器、接触器触头无卡死、粘连；热继电器、延时继电器、漏电报警器、在线绝缘检测装置等电气元件安装牢固、保护参数设置正确；各熔断器容量正确，无烧损。 1.2　检查交换机、直体车车辆控制单元(VCU)、鼓形车车辆电气监控单元(VEMU)等模块安装牢固，指示灯显示正确；散热风扇安装牢固，功能良好。 1.3　清理柜内及配线、元件灰尘，清洁滤尘网；活动门、锁紧装置及下柜内回转架配件齐全，功能良好。 2. 供电选择功能、漏电保护功能、触摸屏显示电源参数检查 2.1　试验自动、手动供电及供电转换功能。 2.2　进行漏电功能测试。 2.3　触摸屏各电气参数显示准确。 3. 空调试验 空调装置在自动位和试验位运行状态正常、启动顺序正确，各电机电流正常。 4. 应急供电试验 4.1　通电检查直流转换模块输出电压正常。 4.2　接通应急供电的轴报装置、电子防滑器、应急灯、集便器、烟火报警器、播音设备(播音车)等设备，通过电源选择开关，切断主电源，所有应急设备须全部能正常供电

续上表

序号	项　　目	周期	实　　施	要　　求
18	列车网络	月度	逐列	1. TCDS主机 1.1　检查主机箱标识清晰，板卡齐全无松动，接线端子压接可靠，PE线连接可靠。各天线状态良好，无屏蔽和弯曲；主机内部参数设置正确，板卡指示灯显示为正常工作状态。 1.2　对列车级主机的GPS、GPRS、WLAN功能进行检测（通过检测仪或TCDS监控软件），确认良好。 2. 行车安全监控系统 2.1　车厢和列车级主机接线正确牢固，导线无破损、老化。列车级主机显示内容正确，无故障信息。列车级主机与电气设备监控系统主机通信正确、可靠。 2.2　Ⅰ、Ⅱ路行车网络总线贯通，试验传输性能良好。检查确认车厢级主机箱防滑器、制动监测诊断子系统、车体/转向架监测诊断子系统各传感器及传输网络的工作状态正常。 3. 列车电气监控系统 3.1　检查车厢级电气设备监控网络。车辆控制单元及连接件配件齐全，端子及接线正确、牢固。通电检查，各指示灯状态正常。电气综合控制柜触摸屏显示本车电气设备信息正常，车厢顺位号与实际编组一致。 3.2　检查列车级电气设备监控网络。车辆控制单元及连接件、触摸屏、电源模块、开关连接件配件齐全，端子及接线正确、牢固。通电检查，各指示灯状态正常。主控站或电气综合控制柜触摸屏显示各车电气设备信息正常，数据下载功能正常。检测Ⅰ、Ⅱ路行车网络总线贯通。 3.3　检查本车网络中的各设备通信正常，显示正常代码；调阅检查邻车各电气设备运行状态，确认列车网络通信正常。确认本车厢综合柜内车辆控制单元通信指示正常。 4. 轴报装置 车端通信（控制）连接器状态良好，通电后确认整列车联网状态良好。测试声光报警功能。 5. 烟火报警装置 烟火报警器与电气综合控制柜中的PLC通信正常，在电气综合控制柜触摸屏上无“故障”信息显示。依次查询火警信息、本车火警历史记录、在线车厢火警历史记录，进行联网、查询功能测试。结合动力集中动车组春秋季整修，每年对探头报警功能、感温电缆报警功能（终端电阻短接试验）进行一次现车测试。 6. 塞拉门 塞拉门集控开左侧门功能、集控开右侧门功能、集控关门功能良好。 7. 旅客信息服务系统 7.1　检查PIS系统主机、集中功放单元标识清晰，板卡齐全无松动，接线端子压接可靠，PE线连接可靠；板卡指示灯显示为正常工作状态。PIS系统操作屏、广播控制盒安装牢固，PIS系统操作屏，车内、外显示屏显示正常。 7.2　对PIS系统的手动报站、手动语音广播、手动文字广播、广播控制盒的人工广播功能进行测试，确认良好。 8. 视频监控装置 8.1　检查视频监控主机标识清晰，板卡齐全无松动，接线端子压接可靠，PE线连接可靠；指示灯显示为正常工作状态。摄像机安装牢固。 8.2　连接视频监控主机检查各摄像机实时图像，无图像模糊不清或不显示情况。查看设备管理界面，确认视频存储功能正常

续上表

序号	项　　目	周期	实　　施	要　　求
19	安全环路	季度	逐列	模拟动力集中动车组塞拉门、制动、轴报、火灾报警、停放制动故障，测试车门安全环路、制动安全环路、轴报安全环路、火灾报警安全环路、停放制动安全环路功能良好
20	控制车过分相装置	同动力车	逐列	控制车过分相装置检修周期、项目及检测方法与动力车相同
21	废水收集系统（高原）	年度	逐列	1. 压缩空气和排水管路须安装牢固，无漏泄；污水箱防寒层须无缺钉、翘起，吊装螺栓须无松动；20%、50%、80%液位和100%箱满等信号显示、报警正常，100%箱满信号显示时系统关闭。 2. 冬季时，闭合电伴热器开关，伴热指示灯亮，试验伴热漏电保护功能良好
22	制氧系统（高原）	年度	逐列	1. 车端制氧用供风金属橡胶软管总成 软管连接牢固，无漏泄；进行排水作业，作业完成后进行气路贯通试验。气路须贯通，发现冰堵现象，须清除制氧连接软管及截门的冰堵。 2. 制氧系统 2.1　检查空压机组成 各零部件安装牢固，管路无漏泄、磨碰，各阀体工作正常；温度传感器、压力传感器工作正常；清洗冷却器，损坏时更换；空气过滤器、安全阀、压力维持阀、减振器、箱体加热器、润滑油加热器、传动联轴器、油气粗分离桶状态良好。主电机检查、主机清洗并检查各零部件，不良者更新；检修后进行运转试验，在额定电压下，连续运转 30 min 须正常；运转时无异音、异振，电机壳体接地线状态良好。 2.2　检查空气罐组成 安装螺栓、吊带、排水器吊带、吊装槽钢安装牢固；罐体、自动排水器与空气罐连接处无漏泄；接线盒、保温盒接线无松动，防护盒牢固，电缆保护软管无破损。 2.3　检查制氧机机械组成 管路气密良好，各阀体工作正常；一、二、三级过滤器及富氧收集排水器排水阀排水良好；电加热器工作正常。 2.4　检查制氧机电控组成 柜内接线正确，牢固。控制器、传感器、显示器、仪表、电磁阀及电器元件功能正常。 2.5　检查供风供氧管路 检查整体供气管路无漏泄。保温材完整无脱落。 2.6　检查电气装置 2.6.1　制氧机控制柜内外部清洁。柜门门锁、销、搭扣安装牢固，作用良好；柜内各标示牌、仪表、电器、按钮、开关、指示灯、接线排配件齐全，状态良好；接线牢固，无破损、变色；各元件整定值符合规定；接地线连接牢固；电气原理图正确、齐全、清晰，粘贴、安装紧固。 2.6.2　通电检查，各部工作须良好，仪表、指示灯显示正常

续上表

序号	项　目	周期	实　施	要　求
23	轮对修形	年度	逐列	1. 检查踏面、轮辋、轴身等各部状态，测量轮径、轮缘垂直磨耗高度、轮缘厚度、踏面擦伤、剥离、局凹尺寸及圆周磨耗深度等，各部尺寸不符合限度表中 D2 修限度要求时进行轮对踏面修形。 2. 查阅 D2 修前 1 个月 TPDS 探测数据，冲击当量不符合限度表中 D2 修限度要求时进行轮对修形
24	轴箱装置	年度	逐列	1. 轴箱清除外部尘垢，各部无裂纹、甩油，螺栓无松动。目测轴箱盖无裂纹。螺栓无锈蚀、松动，配件齐全。有甩油或状态异常者开盖检查，前轴承保持架、内圈及其他零件的可见部分不得有裂损、松动和异状，无缺油、混砂、混水、油脂变质和金属粉末。开盖后更新橡胶密封圈。组装后密封良好，螺栓无松动。 2. 检查轴端接地装置。接地体、车体接地线及保护电阻线连接牢固，断线时更换，电阻线任意一端断股 3 根及以上更新
25	制动装置	年度	逐列	1. 检查分配阀 104 分配阀更换为合格品，主动润滑 104 分配阀、F8 分配阀进行状态检修；安装牢固，标记清晰、不过期。 2. 检查空气管系 2.1　检查制动软管、总风软管无鼓泡，安装角度正确、无松动。 2.2　检查折角塞门和截断塞门作用良好，不良者更换为合格品。分解清扫远心集尘器、过滤器及其滤网，阀体、止尘伞状态须良好，胶垫、螺栓及螺母更新。对气路控制箱进行除尘，分解清扫过滤器及其滤网。 2.3　检查管卡、吊架无松动。检查各塞门、单向阀、制动缓解指示器、金属软管等作用不良者更换。检查高度调整阀、差压阀安装牢固，配件无缺损。电空制动装置进行外观检查，各部配件须齐全。 2.4　各风缸排除积水，排水塞门须作用良好。 2.5　以 600 kPa 风压吹扫除尘，组装后对空气管路系统进行漏泄检查，各部无漏泄。 3. 检查基础制动装置 3.1　检查基础制动装置无松动、裂损、开焊，各圆销、开口销磨耗及销套配合间隙符合要求，销套不窜出。 3.2　人力制动机清除尘垢，分解人力制动机箱，并油润保养。 4. 检查单元制动缸 单元制动缸配件齐全，安装牢固。 5. 检查电子防滑器 5.1　检查压力开关、排风阀、速度传感器等各部配件齐全、安装牢固，可见部位各处接线紧固。车下线管、接线盒须完整，断裂或严重腐蚀时更新。主机内部及接线排处清洁，接插件插接牢固。 5.2　实施防滑器系统诊断试验，按附件 2“动集动车组制动系统试验”中的附件 2-2“单机(单车)试验”中的“3. 拖车及控制车单车试验”标准执行。 6. 实施制动系统专项停放制动试验，按附件 2“动集动车组制动系统试验”中的附件 2-1“列车试验”中的“5.2 专项停放制动试验”标准执行

注：全部年度项目检修完毕后，在二、三位端墙定检标记 D2 栏内涂打检修标记。D2、年、月、日、单位字号为 40 号，中文为黑体，英文、数字采用 Helvetica Condensed 并加粗，字周边留 30 mm。行间距为 50 mm；外框线宽 3 mm，内框线宽 2 mm。

表 10-4　动力车及控制车机务设备专项检修项目、周期及要求

1. 牵引电机

<table>
<tr><th rowspan="2">序号</th><th rowspan="2">项　目</th><th rowspan="2">要　求</th><th colspan="4">周　期</th></tr>
<tr><th>月度</th><th>季度</th><th>半年</th><th>年度</th></tr>
<tr><td>1.1</td><td>紧固件检查</td><td>各紧固件状态及其防松标记状态良好</td><td></td><td>√</td><td>√</td><td>√</td></tr>
<tr><td>1.2</td><td>机体检查</td><td>机座不许有裂纹、损伤，电机铭牌完好、清晰、牢固</td><td></td><td>√</td><td>√</td><td>√</td></tr>
<tr><td>1.3</td><td>传感器电缆检查</td><td>传感器电缆紧固夹不许有脱落</td><td></td><td>√</td><td>√</td><td>√</td></tr>
<tr><td>1.4</td><td>排水孔检查</td><td>下部排水孔无堵塞现象</td><td></td><td>√</td><td>√</td><td>√</td></tr>
<tr><td>1.5</td><td>端盖网罩板检查</td><td>端盖上的网罩板(如有)不许有裂纹</td><td></td><td>√</td><td>√</td><td>√</td></tr>
<tr><td>1.6</td><td>密封性检查</td><td>轴承附近区域不许有漏油</td><td></td><td>√</td><td>√</td><td>√</td></tr>
<tr><td>1.7</td><td>6A 系统数据分析</td><td>6A 系统地面专家诊断分析中，轴承不许有异常</td><td></td><td>√</td><td>√</td><td>√</td></tr>
<tr><td>1.8</td><td>润滑脂补充</td><td>按照下表要求补充油脂。补脂时，检查油嘴不许有松动及破损，油道畅通。
<table>
<tr><th>电机型号</th><th>轴承型号</th><th>油脂类型</th><th>注油周期</th><th>注油量</th></tr>
<tr><td>YJ277B
(永济)</td><td>NUB220</td><td>铁路牵引
电机润滑脂</td><td>20 万 km</td><td>30 g</td></tr>
<tr><td>SEA-115
(东芝)</td><td>NU320</td><td>铁路牵引
电机润滑脂</td><td>2 年或
30 万 km</td><td>80 g</td></tr>
<tr><td>YJ277C
(永济)</td><td>NUB219</td><td>MOBILI TH・
SHC・220</td><td>10 万 km</td><td>40～50 g</td></tr>
<tr><td>YQ1430-1
(株洲)</td><td>NUB219</td><td>MOBILI TH・
SHC・220</td><td>10 万 km 或
3 个月</td><td>35 g</td></tr>
</table></td><td></td><td>√</td><td>√</td><td>√</td></tr>
</table>

2. 辅助机组

序号	项　目	要　求	周　期			
			月度	季度	半年	年度
2.1	牵引通风机					
2.1.1	外观检查	通风机外观完好，密封状态良好	√	√	√	√
2.1.2	注油	通风机轴承注油		√	√	√
2.1.3	外观检查	安装螺栓不许有松动			√	√
2.1.4	清洁	接线盒接线板与引接线不许有松动，盒内清洁			√	√
2.1.5	功能检查	牵引通风机不许有异音			√	√
2.1.6	绝缘检查	用 500 V 兆欧表测量，风机电机对地绝缘电阻不小于 10 MΩ				√
2.2	冷却塔					
2.2.1	漏泄检查	冷却塔水路、油路不许有漏泄，水位、油位正常	√	√	√	√

续上表

序号	项　目	要　求	周　期			
			月度	季度	半年	年度
2.2.2	外观检查	冷却塔呼吸管完好，连接紧固	√	√	√	√
2.2.3	外观检查	冷却塔除湿器干燥剂变色不超过三分之二	√	√	√	√
2.2.4	功能检查	冷却塔冷却水泵不许有异音		√	√	√
2.2.5	清洁	冷却塔散热器表面清洁		√	√	√
2.2.6	注油	冷却塔通风机轴承注油		√	√	√
2.2.7	外观检查	冷却塔接线盒不许有变形，接线端子安装紧固			√	√
2.2.8	外观检查	冷却水泵电缆线完好，接线头连接紧固，安装螺栓不许有松动			√	√
2.2.9	功能检查	冷却塔通风机不许有异音			√	√
2.2.10	绝缘检查	用 500 V 兆欧表测量，冷却塔通风机电机对地绝缘电阻不小于 10 MΩ				√
2.2.11	功能检查	布赫继电器不许有漏泄。排气阀打开畅通，关闭可靠。开关功能正常				√
2.3	辅助变压器柜(如有)					
2.3.1	外观检查	通风机外观完好，安装法兰面密封状态良好	√	√	√	√
2.3.2	注油	通风机轴承注油		√	√	√
2.3.3	外观检查	安装螺栓不许有松动			√	√
2.3.4	清洁	接线盒接线板与引接线不许有松动，盒内清洁			√	√
2.3.5	功能检查	通风机不许有异音			√	√
2.3.6	清洁	清洁辅助变压器柜旋风除尘器			√	√
2.3.7	绝缘检查	用 500 V 兆欧表测量，通风机电机对地绝缘电阻不小于 10 MΩ				√

3. 变压器及互感器

序号	项　目	要　求	周　期			
			月度	季度	半年	年度
3.1	主变压器					
3.1.1	外观检查	所有密封件、箱体、放油阀及管路不许有漏泄	√	√	√	√
3.1.2	外观检查	出线套管、蝶阀及其他连接件不许有松动		√	√	√
3.1.3	外观检查	压力释放阀外观良好，不许有喷油痕迹	√	√	√	√
3.1.4	外观检查	油泵运转正常，不许有渗、漏油现象，不许有异音		√	√	√
3.1.5	外观检查	油流继电器状态良好，安装牢固，不许有漏泄		√	√	√
3.1.6	外观检查	温度传感器功能正常		√	√	√
3.1.7	油样化验	变压器油样进行耐压试验及理化分析			√	√
3.1.8	油样色谱分析	对主变压器油样进行气相色谱分析			√	√
3.2	辅助变压器					
3.2.1	表面清洁检查	线圈表面清洁，线圈气隙不许有杂物				√

续上表

序号	项　　目	要　　求	周　　期			
			月度	季度	半年	年度
3.2.2	引线、接地线检查	引出线、接地线连接牢固，不许有破损				√
3.3	三相电源变压器(如有)					
3.3.1	表面清洁检查	线圈表面清洁，线圈气隙不许有杂物				√
3.3.2	引线、接地线检查	引出线、接地线连接牢固，不许有破损				√
3.4	高压电压互感器					
3.4.1	表面清洁检查	外表面清洁，无放电痕迹，外绝缘伞裙不许有破损			√	√
3.4.2	引线绝缘检查	一次高压端子引线绝缘不许有损坏、磨损和龟裂		√	√	√
3.4.3	接地线检查	接地线和各接线柱连接可靠，紧固螺栓紧固到位		√	√	√
3.4.4	紧固检查	安装法兰紧固螺栓紧固到位		√	√	√
3.5	高压电流互感器					
	外观检查	安装牢固，表面清洁，不许有损伤			√	√
3.6	回流(低压)电流互感器					
	外观检查	安装牢固，表面清洁，不许有损伤			√	√

4. 变流器

序号	项　　目	要　　求	周　　期			
			月度	季度	半年	年度
4.1	牵引变流器					
4.1.1	外观检查	变流器柜体盖板不许有缺失，柜体两侧的插头、插座紧固状态良好，接地线齐全，紧固良好		√	√	√
4.1.2	指示灯状态检查	高压指示灯显示正常		√	√	√
4.1.3	状态检查	中间回路直流电压、冷却水温度、压力值显示正常		√	√	√
4.1.4	目视检查	充电电阻、固定放电电阻外观检查良好			√	√
4.1.5	目视检查	直流支撑电容不许有鼓胀、漏液。电容连接端子不许有松动			√	√
4.1.6	目视检查	充电接触器、短接接触器触头不许有烧损、卡滞、松动现象，外观良好，接线不允许松动				√
4.1.7	目视检查	电动隔离开关(如有)触头不许有烧损、卡滞现象，外观良好，接线不允许松动				√
4.1.8	目视检查	冷却回路不许有渗漏，快速接头不许有松脱			√	√
4.1.9	密封和清洁检查	门盖板密封条状态良好，柜体内部应清洁				√
4.1.10	目视检查	控制机箱及电子插件、电缆插头不许有松动				√

续上表

序号	项　目	要　求	周期			
			月度	季度	半年	年度
4.1.11	目视检查	电连接端子不许有烧损、松动				√
4.1.12	目视检查	整流、逆变、辅助逆变器模块接线牢固，输入/输出铜母排连接部位不许有烧损。门极驱动板、光纤、连接器不许有松动				√
4.1.13	目视检查	隔离变压器(如有)外观不许有变形、烧损等异常现象，接线端子不允许有松动				√
4.1.14	目视检查	机箱冷却风扇工作正常，不许有异音				√
4.1.15	目视检查	电压传感器、电流传感器、水压传感器、温度传感器各接线不允许有松动，电压传感器、电流传感器外观不许有破损、开裂				√
4.1.16	目视检查	热交换风机(如有)接线排不许有松动，热交换风机运转正常，不许有异音				√
4.2	列车供电柜(如有)					
4.2.1	目视检查	柜门门锁作用良好		√	√	√
4.2.2	目视检查	对外连接器安装紧固；连接插头固定卡子不许有断裂		√	√	√
4.2.3	目视检查	控制箱接地可靠；插件安装到位；对外连接插头安装正确、可靠		√	√	√
4.2.4	目视检查	同步变压器外观良好，不许有鼓包、开裂；连接线紧固、可靠		√	√	√
4.2.5	目视检查	充电接触器、短接接触器、输出接触器不许有卡滞；连接端子及连接线不许有烧损、松动		√	√	√
4.2.6	目视检查	继电器连接端子及连接线不许有烧损、松动		√	√	√
4.2.7	目视检查	显示屏显示正常，插头安装可靠		√	√	√
4.2.8	目视检查	电压传感器、电流传感器、水压传感器、温度传感器各接线不允许有松动，电压传感器、电流传感器外观不许有破损、开裂		√	√	√
4.2.9	目视检查	熔断器外观良好，不允许有烧损和接线松动		√	√	√
4.2.10	目视检查	电容端子连接线紧固可靠，电容不许有鼓包、漏液、烧损		√	√	√
4.2.11	目视检查	可视部分连接器、母排、连接线不许有松动、烧损、脱落		√	√	√
4.2.12	目视检查	充电电阻不允许有烧损，接线端子不允许有松动			√	√
4.2.13	目视检查	整流模块接线牢固，输入/输出铜母排连接部位不许有烧损。门极驱动板、光纤、连接器不许有松动				√
4.2.14	目视检查	机箱冷却风扇工作正常，不许有异音				√
4.2.15	目视检查	门盖板密封条状态良好，柜体内、外部清洁				√
4.2.16	目视检查	冷却回路不许有渗漏，快速接头不许有松脱		√	√	√

5. 高压电器

序号	项　目	要　求	周期			
			月度	季度	半年	年度
5.1	高压绝缘子					
5.1.1	外观状态检查	绝缘子表面清洁，有电蚀、裂纹者更新。缺损深度达到 1 mm 时须更新	√	√	√	√

续上表

序号	项　目	要　求	周　期			
			月度	季度	半年	年度
5.1.2	目视检查	紧固件齐全，紧固状态良好		√	√	√
5.2	受电弓					
5.2.1	外观状态检查	碳滑板，软连线，上框架，上、下导杆，阻尼器、气囊装置，弓头支架部分等各部件状态良好	√	√	√	√
5.2.2	目视检查	各气动部件气密性良好，各紧固件紧固状态良好	√	√	√	√
5.2.3	清洁	清洁受电弓风管表面、绝缘子，清洁和润滑升弓装置的钢丝绳	√	√	√	√
5.2.4	限度检查	滑板出现以下任意情况之一时需更换： (1)碳条剩余高度小于6 mm时。 (2)滑板断裂。 (3)滑板漏气时。 (4)出现以下裂纹时： ①侧面裂纹贯穿至铝托架时； ②滑板上表面现出现纵向贯穿性裂纹时； ③滑板上表面裂纹扩展至滑板边缘且宽度大于0.3 mm的横向裂纹； ④摩擦区域出现3条以上裂纹时。 (5)缺陷掉块占滑板宽度方向超过40%时。 (6)铝托架电蚀孔洞直径超过2 mm时。 (7)更换新滑板后前后滑板厚度差不超过3 mm，否则仍需更换另一条旧滑板	√	√	√	√
5.3	真空断路器					
	目视检查	接地连接端无损并且连接良好		√	√	√
5.4	高压接地开关					
5.4.1	目视检查	检查簧片与断路器刀片配合情况，改变高压接地开关状态，刀片应能准确滑入接地开关转杆上的簧片内		√	√	√
5.4.2	目视检查	检查软连线，断股不许超过原形的5%		√	√	√
5.4.3	目视检查	检查高压接地开关传动机构，各部件能可靠动作、配合良好		√	√	√
5.5	避雷器					
	外观检查	清洁绝缘子，绝缘子不许有裂痕、缺损等现象		√	√	√

6. 低压电器

序号	项　目	要　求	周　期			
			月度	季度	半年	年度
6.1	蓄电池					
6.1.1▲	外观检查	蓄电池外观不许有破裂、鼓胀、漏液	√	√	√	√
6.1.2▲	外观检查	壳体不许有裂纹。各连接螺栓牢固，不许有松动。连线不许有破损，露铜	√	√	√	√

续上表

序号	项 目	要 求	周期			
			月度	季度	半年	年度
6.2▲	蓄电池充电机					
6.2.1	清洁、目视检查	清洁屏柜各部，所有组件安装和电气连接紧固到位	√	√	√	√
6.2.2	目视检查	自动开关作用良好		√	√	√
6.2.3	目视检查	各模块功能、指示灯状态正常，散热风扇运转良好		√	√	√
6.2.4	目视检查	过压保护器的压敏模块无烧损现象		√	√	√
6.3▲	司机控制器					
6.3.1	外观检查	司机控制器状态良好，各操作手柄(包括牵引制动手柄、方向转换开关、钥匙开关)操作灵活，不许有过紧、卡滞、异常晃动现象	√	√	√	√
6.3.2	外观检查	司机控制器状态良好，各操作手柄(包括牵引制动手柄、方向转换开关)操作灵活，不许有过紧、卡滞或松旷现象；机械联锁可靠、准确	√	√	√	√
6.3.3	电气性能检查	各操作手柄位置与电位器的输出、辅助触头逻辑关系须符合设计技术要求			√	√
6.4▲	空调装置					
6.4.1	功能检查	功能正常	√	√	√	√
6.4.2	外观检查	电控箱表面清洁，配线不许有老化、破损，排列整齐，线号清晰、绝缘良好。电气连接器插头插座连接良好			√	√
6.4.3	清洁	空调过滤网清洁		√	√	√
6.5▲	暖风机					
	功能检查	防寒期检查试验，功能正常	√	√	√	√
6.6▲	有触点电器					
6.6.1	动作检查	速动开关(联锁触头盒)动作可靠	√	√	√	√
6.6.2	外观检查	继电器、接触器不许有破裂、烧损、变形，功能正常，安装牢固	√	√	√	√
6.6.3	功能检查	开关和按钮，高低音风笛、电笛按钮、紧急按钮、无人警惕按钮、无人警惕脚踏开关功能正常	√	√	√	√
6.7▲	灯具					
6.7.1	外观检查	各照明灯、标志灯及附件完整、齐全，接线及安装牢固，光照良好，显示正确，车体外部的灯具密封良好		√	√	√
6.7.2	外观检查	前照灯反射镜不许有污损，聚焦良好，照射方向正确，照明良好		√	√	√
6.8	其他电器					
6.8.1▲	外观检查	可见的端子排、电阻、电容、二极管、传感器、熔断器等小电器不许有击穿、过热、烧损		√	√	√
6.8.2▲	外观检查	自动过分相车感器不许有破损，紧固件齐全牢固，电缆、转接头良好。车感器安装高度为(110+10)mm。自动过分相装置性能良好		√	√	√
6.8.3	功能检查	微波炉、冰箱安装牢固，功能完好		√	√	√
6.8.4▲	外观检查	低压柜风扇运转不许有异音		√	√	√

7. 网络控制系统

序号	项 目	要 求	周 期			
			月度	季度	半年	年度
7.1▲	中央控制单元(CCU、MIO、司机室 CIO、交换机)/微机网络控制系统(CCU、ROIM、WTB-GW、多功能网关、CS、DDU)					
7.1.1	外观检查	外观检查各模块、机箱不许有破损、污渍和变形,模块、机箱插头不许有松动,接地线连接良好		√	√	√
7.1.2	下载功能检查	司机室故障下载端口性能良好		√	√	√
7.1.3	清洁、自检启动检查	清洁各模块、机箱及交换机表面的灰尘,各模块、机箱自检启动正常				√
7.2▲	显示屏					
7.2.1	外观检查	外观检查显示屏不许有裂纹、破损,固定螺栓不许有松动		√	√	√
7.2.2	触摸屏检查	清洁显示屏外观,检查显示屏的日期、时间		√	√	√
7.2.3	连线检查	外部连线、接插件完好,不许有破损,插头紧固不许有松动				√

8. 电线路及仪表

序号	项 目	要 求	周 期			
			月度	季度	半年	年度
8.1	车顶软连线与天线					
	状态检查	车顶软连线及各通信设备天线连接紧固,接触良好,表面不许有烧损	√	√	√	√
8.2	高压电缆总成					
8.2.1	车顶软连线外观检查	车顶软连线连接紧固,接触良好,表面不许有烧损	√	√	√	√
8.2.2	车顶穿墙套管检查	穿墙套管清洁,不许有损坏、电蚀,安装紧固,不许有松动。电气连接状态良好,安装紧固,不许有松动	√	√	√	√
8.2.3	高压电缆外观检查	车顶和T型终端接地引线外套不许有损坏,接地引线与车体接地点连接可靠	√	√	√	√
8.3▲	仪表					
8.3.1	校验日期及外观检查	检查仪表校验日期,须按国家计量部门的规定进行校验。仪表校验后须有到验日期、检验单位名称的标记。 仪表外壳、表面玻璃须完整、严密,刻度及字迹清晰,照明良好	√	√	√	√
8.3.2	连接状态检查	车上仪表连接电缆、管路、紧固件须保持良好状态				√

9. 车体

序号	项 目	要 求	周 期			
			月度	季度	半年	年度
9.1	车体承载结构					
	底架检查	车体底架各梁、牵引座、减振器安装座不许有开焊、裂损	√	√	√	√

续上表

序号	项　目	要　求	周期			
			月度	季度	半年	年度
9.2	顶盖					
9.2.1	漏雨检查	顶盖安装螺栓齐全、紧固。密封良好，不许有漏雨痕迹	√	√	√	√
9.2.2	风道检查	顶盖风道不许有开焊裂损	√	√	√	√
9.3	排障器					
9.3.1	外观检查	安装螺栓齐全、紧固。不许有裂损、严重变形	√	√	√	√
9.3.2	距轨面高度检查	距轨面高度须符合限度要求		√	√	√
9.4	脚踏、扶手					
	外观检查	不许有裂损、严重变形，安装牢固	√	√	√	√
9.5	开闭装置					
9.5.1	紧固检查	紧固件齐全、紧固	√	√	√	√
9.5.2	开关功能检查	开关功能正常	√	√	√	√
9.5.3	锁定功能检查	锁定装置工作正常	√	√	√	√
9.5.4	外观检查	开闭装置不许有裂纹、锈蚀、变形	√	√	√	√
9.6	风挡					
9.6.1	紧固检查	紧固件紧固状态良好	√	√	√	√
9.6.2	踏板检查	踏板贴不许有破损或失效	√	√	√	√
9.6.3	拉簧检查	拉簧不许有破损	√	√	√	√
9.6.4	棚布检查	棚布不许有破损、脱出	√	√	√	√
9.6.5	清洁	折棚内侧无污垢	√	√	√	√
9.7	外风挡					
9.7.1	紧固检查	安装螺栓齐全、紧固	√	√	√	√
9.7.2	橡胶囊检查	橡胶囊不许有破损	√	√	√	√
9.8	裙板					
9.8.1	紧固检查	安装螺钉齐全、紧固	√	√	√	√
9.8.2	门锁检查	检修门门锁锁舌为锁紧状态，门锁紧固件齐全、紧固	√	√	√	√
9.8.3	外观检查	裙板表面不许有裂纹	√	√	√	√
9.9	门(入口门、走廊门、后端门)					
9.9.1	紧固检查	安装螺钉齐全、紧固	√	√	√	√
9.9.2	密封条检查	密封条不许有破损	√	√	√	√
9.9.3	漏泄检查	后端门闭门器不许漏油	√	√	√	√
9.9.4	功能检查	门、门锁动作良好		√	√	√
9.10▲	前窗玻璃					
9.10.1	清洁检查	前窗玻璃清洁，不许有裂损	√	√	√	√

续上表

序号	项　目	要　求	周　期			
			月度	季度	半年	年度
9.10.2	加热功能检查	防寒期检查加热系统正常		√	√	√
9.11▲	侧窗					
9.11.1	漏雨检查	密封条不许有损坏，关闭后不许漏雨	√	√	√	√
9.11.2	锁闭功能检查	锁机构工作正常，锁闭正常	√	√	√	√
9.11.3	清洁检查	玻璃清洁，不许有裂损	√	√	√	√
9.12▲	司机室地板					
	清洁检查	地板布表面清洁、齐全、良好		√	√	√
9.13▲	司机室内装					
	清洁、附件检查	司机室内顶、侧墙、后墙装饰板清洁，不许有松动、变形，内装饰附件不许有缺损	√	√	√	√
9.14▲	头罩					
	外观检查	四周密封状态良好，外部胶缝不许有长度大于 10 mm 的表面龟裂现象	√	√	√	√
9.15▲	操纵台					
9.15.1	清洁、紧固检查	表面清洁，面板安装螺栓、柜门门锁等紧固件紧固齐全	√	√	√	√
9.15.2	外观检查	司机操纵台面板、柜体、仪表座不许有裂纹、变形				√
9.16▲	司机室座椅					
	清洁、功能检查	座椅清洁，部件齐全，安装良好，功能良好	√	√	√	√
9.17▲	刮雨器					
9.17.1	外观检查	部件齐全，安装可靠，功能良好	√	√	√	√
9.17.2	功能检查	启动马达不许有异音；刮臂、输水管、输出轴密封圈不许有损坏	√	√	√	√
9.17.3	外观检查	刮雨器刮片完好，有损坏须更新			√	√
9.17.4	气密性检查	检查控制板组成及喷淋系统的无漏泄			√	√
9.18▲	遮阳帘					
9.18.1	功能检查	功能良好	√	√	√	√
9.18.2	清洁	遮阳帘整体清洁			√	√
9.19▲	105A 钩缓装置					
9.19.1	探伤检查	钩舌、钩舌销、推铁、锁铁探伤检查				√
9.19.2	外观检查	缓冲器壳体、钩体、安装座、支架外观状态检查，表面无可见裂纹			√	√
9.19.3	紧固件检查	各紧固件无松动，垫圈和开口销状态良好			√	√
9.19.4	缓冲器拉杆检查	缓冲器拉杆松动或存在 8 mm 以上的不复位时，钩缓装置需下车检修或更换缓冲器芯子。 拉杆磨耗、拉伤痕迹深度超过 2 mm、长度超过 50 mm 时，更新磨耗套并修复或更新拉杆			√	√

续上表

序号	项　目	要　求	周　期			
			月度	季度	半年	年度
9.19.5	摆动检查	钩缓装置整机应左右摆动灵活，去除外力后可自动复位			√	√
9.19.6	润滑	运动面间给油润滑			√	√
9.19.7	补漆	油漆损坏处补漆处理			√	√
9.19.8	尺寸检查	钩舌内侧面磨耗剩余厚度(图 10-4 中 *C* 尺寸)≥76.5 mm；钩舌尾部和锁铁接触面磨耗≤2.5 mm；钩舌销孔衬套松动、裂损或磨耗≤3 mm。镶套后边缘允许有宽度≤2 mm 且深度≤5 mm 的间隙；钩舌销孔基体磨耗后可加修扩孔，直径＞54 mm 时报废；钩舌冲击台、牵引台磨耗超过 1 mm 时焊修并探伤检查；钩舌销磨耗＞2 mm、丝扣不良影响紧固时报废；钩舌销弯曲＞10 mm 时报废				√
9.19.9	装配及修竣检查	拉紧钩舌使钩舌尾部与钩锁铁压紧，测量 *A*、*B*、*C* 三个尺寸，当 *B* 尺寸＞86 mm 或 *C* 尺寸＜76.5 mm 时，焊修钩舌 S 形曲面。*A* 尺寸＞120 mm 时，焊修钩舌圆柱面部分；*A* 全开位尺寸应＜235 mm；在闭锁位时，向上托起钩锁铁，移动量≤15 mm；车钩组装后，三态及防跳作用须良好 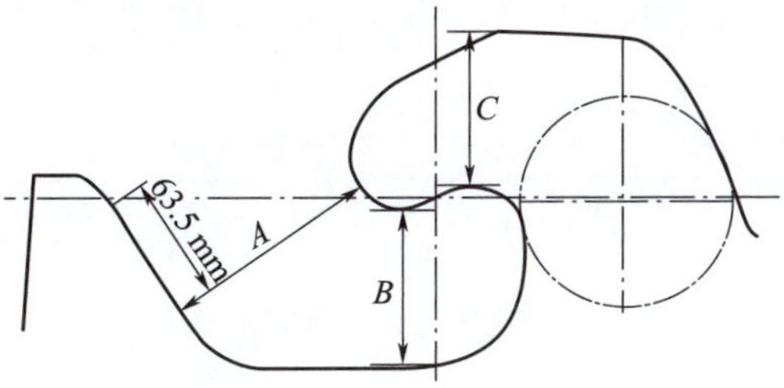 图 10-4				√
9.20	低压电器柜					
9.20.1	外观检查	柜体、柜门、门锁工作状态正常；接地线完整；柜内清洁			√	√
9.20.2	清洁	清洗风扇滤尘网			√	√
9.21	网侧柜					
9.21.1	外观检查	柜体、柜门、门锁工作状态正常；接地线完整；柜内清洁			√	√
9.21.2	功能检查	安全联锁装置功能正常	√	√	√	√
9.22	通信信号柜					
	外观检查	柜体、柜门、门锁工作状态正常；柜体接地线完整			√	√
9.23★	通信信号柜					
	外观检查	柜体工作状态正常；柜体接地线完整			√	√
9.24★	6A 及 CMD 柜					
	外观检查	柜体工作状态正常；接地线完整；柜内清洁			√	√
9.25	蓄电池柜					
	外观检查	柜体、柜门、门锁工作状态正常；接地线完整；柜内清洁			√	√
9.26	工具柜					
	外观检查	柜体、柜门、门锁工作状态正常；接地线完整；柜内清洁			√	√

续上表

序号	项目	要求	周期			
			月度	季度	半年	年度
9.27▲	喇叭					
	声响检查	喇叭声响正常	√	√	√	√
9.28	风道					
	外观检查	风道不许有损坏，密封完好，安装螺栓不许有松动	√	√	√	√
9.29	百叶窗					
9.29.1	清洗	清洗百叶窗内过滤棉		√	√	
9.29.2	更新	更新百叶窗内过滤棉				√
9.30	软风道					
	外观检查	软风道安装牢固，无破损	√	√	√	√
9.31	登顶梯					
	外观检查	登顶梯作用良好		√	√	√
9.32	接地杆					
	外观检查	接地杆安装螺栓紧固，部件完好，绝缘检测不许超期		√	√	√
9.33	复轨器					
	外观检查	复轨器清洁，不许有损坏。复轨器安装紧固		√	√	√

10. 转向架

序号	项目	要求	周期			
			月度	季度	半年	年度
10.1	构架					
10.1.1	目视检查	构架母材、焊缝、各安装座可见部分不许有裂损		√	√	√
10.1.2	目视检查	转向架各部件的紧固螺栓可见部分防缓标识清晰，不许有错位		√	√	√
10.2	轮对					
10.2.1	外观检查	轮对外观检查，无异常。 轮辋、踏面不允许存在裂纹。 滚动圆直径在 1 150～1 250 mm 之间；车轮踏面擦伤深度不超过 0.7 mm。 车轮踏面上的缺陷或剥离长度不超过 40 mm，深度不超过 1 mm；踏面磨耗深度不超过 7 mm。 轮缘的垂直磨耗高度不超过 18 mm	√	√	√	√
10.2.2	轮辋探伤	车轮轮辋进行超声波探伤检查		√	√	√
10.2.3	尺寸测量	制动盘的磨损极限，凹陷磨损≤1 mm，划痕深度≤1 mm。制动盘螺栓不得松动		√	√	√
10.3	轴箱装配					
10.3.1	6A 系统	6A 系统地面专家诊断分析中，轴承不许有异常	√	√	√	√
10.3.2	外观检查	外观检查轴箱接地线状态良好	√	√	√	√

续上表

序号	项　目	要　求	周　期			
			月度	季度	半年	年度
10.3.3	开盖检查（中车株洲电力机车有限公司）	轴箱接地装置不许有裂损，绝缘件、密封件状态良好；轴承密封罩状态良好；密封叠环（端盖）和轴承压盖结合处重新涂抹润滑脂				√
10.3.4	轴箱接地装置（中车大连机车车辆有限公司）	轴箱接地装置解体检查，状态良好				√
10.4	驱动装置					
10.4.1	空心轴、连杆盘（传动盘）	空心轴、连杆盘（传动盘）不许有裂纹，连杆关节橡胶不许有开裂、外蹿。 传动销和紧固螺栓不许松动	√	√	√	√
10.4.2	齿轮箱	不许有裂纹、漏油，油位显示正常，润滑油不许有异常。油标标识清晰，观察玻璃不许有裂损	√	√	√	√
10.4.3	6A 系统	6A 系统地面专家诊断分析中，温升、振动不许有异常	√	√	√	√
10.4.4	连杆关节	连杆关节橡胶无开裂和粘结破坏		√	√	√
10.4.5	补充或更新齿轮箱润滑油	按照维保手册要求补充或更新齿轮箱润滑油。更新齿轮箱油时，清洗磁性螺堵	√	√	√	√
10.4.6	电机悬挂横梁	不许有变形、开裂	√	√	√	√
10.5	悬挂装置					
10.5.1	电机支承座（悬挂座）	不许有裂纹，橡胶关节不许有老化和开裂	√	√	√	√
10.5.2	一、二系弹簧	不许有裂损、压死	√	√	√	√
10.5.3	橡胶件	一系绝缘垫不许有裂损，二系弹簧橡胶垫、二系垂向止挡橡胶件不许有老化和开裂	√	√	√	√
10.5.4	紧固件	不许松动	√	√	√	√
10.5.5	电机摆杆（吊杆）	不许有裂纹，橡胶关节不许有老化和开裂	√	√	√	√
10.5.6	油压减振器	不许有裂损、漏泄	√	√	√	√
10.5.7	轴箱拉杆或转臂	橡胶关节及橡胶件不许有老化和开裂	√	√	√	√
10.6	牵引装置					
10.6.1	牵引杆	不许有变形、裂纹	√	√	√	√
10.6.2	钢丝绳	断股率不超过 10%	√	√	√	√
10.6.3	紧固件	不许松动	√	√	√	√
10.7	基础制动装置					
10.7.1	盘片间隙检查	制动缓解时，制动单元闸片与制动盘间隙两侧之和为 3～6 mm	√	√	√	√

续上表

序号	项　目	要　求	周期			
			月度	季度	半年	年度
10.7.2	外观检查、闸片厚度检查	制动夹钳单元各部件不许有裂纹、变形、腐蚀及严重的污垢，制动闸片的最小厚度不小于 16 mm。 制动闸片更换时，同一制动夹钳单元闸片厚度差不大于 3 mm		√	√	√
10.7.3	裂纹检查	制动盘摩擦面不许有从内径贯穿到外径以及贯穿到散热筋片的穿透裂纹。整块摩擦片的任意位置允许出现散射状细微龟裂	√	√	√	√
10.7.4	磨损检查	制动盘摩擦面凹陷磨损不大于 1 mm，划痕深度不大于 1 mm，裂纹不允许超过相关规定	√	√	√	√
10.8	轮缘润滑装置					
10.8.1	外观检查	不许有变形、裂纹，不许有松动缺失部件		√	√	√
10.8.2	检查油脂量及补脂	检查油脂罐油脂储量，适量补充油脂	√	√	√	√
10.8.3	喷脂功能试验	喷脂功能试验，作用良好		√	√	√
10.9	撒砂装置					
	功能检查	撒砂装置功能良好	√	√	√	√
10.10	扫石器					
	外观检查	扫石器安装牢固，橡胶板完好，扫石器支架不允许有变形、裂纹。更新不良的扫石器橡胶板		√	√	√
10.11	车轮防护板装置(株机)					
	外观检查	车轮防护板装置不许有损坏、松动、丢失		√	√	√
10.12	空气管路					
	外观检查	空气管路各接头及软管不允许有松动、漏泄		√	√	√
10.13	防脱钢丝绳					
	外观检查	转向架上的防脱钢丝绳完好，不许有裂损		√	√	√
10.14	自动过分相安装					
	外观检查	过分相安装支架安装牢固，不许有变形、裂损		√	√	√
10.15	踏面清扫器					
	外观检查	波纹管无破损，呼吸口和安全阀无堵塞	√	√	√	√
10.16	限界检查					
	尺寸检查及调整	扫石器橡胶板、砂管距轨面高度、踏面距离须符合限度要求		√	√	√

11. 空气及制动系统

序号	项　目	要　求	周期			
			月度	季度	半年	年度
11.1	空压机					
11.1.1	外观检查	空气过滤器无变形，真空指示器工作正常；散热器表面不许有明显杂物；各安装螺栓和连接管路安装紧固；油位符合要求，不许有漏油、漏风；主压缩机工作正常	√	√	√	√

续上表

序号	项目	要求	周期			
			月度	季度	半年	年度
11.1.2	清洁	清洁冷却器				√
11.1.3	更新滤芯	更新滤油器滤芯筒、空气过滤器滤芯				√
11.1.4	检查润滑油	检查润滑油，乳化或者变质时，更新润滑油及油细分离器				√
11.2	干燥器					
	外观检查	各安装螺栓和连接管路安装紧固，不许有漏泄、工作正常	√	√	√	√
11.3	风缸与空气管路					
11.3.1	外观检查	制动柜内部和对外管路无漏泄；风缸安装牢固，接头无松动和漏泄现象；总风截门和排水塞门功能及管路连接正常，动作可靠灵活，无漏泄	√	√	√	√
11.3.2	风缸排水	总风缸及制动柜集成的停放风缸、升弓风缸和制动机总风缸进行排水、排污	√	√	√	√
11.4	制动柜					
11.4.1	外观检查	外观检查制动柜，各部件状态良好、标识清晰，紧固件齐全、防缓标识无错位，各阀和风管接头无漏泄，电气接口状态良好，塞门开闭状态正确。电空控制单元安装牢固		√	√	√
11.4.2	外观检查	外观检查制动控制器，部件齐全、安装牢固、位置准确，动作灵活，不许卡滞		√	√	√
11.4.3	外观检查	微油过滤器不许有破损、漏泄	√	√	√	√
11.4.4	外观检查	紧急制动阀安装紧固，工作正常，状态良好，不许有漏泄	√	√	√	√
11.4.5	外观检查	制动、停车制动指示器完好，不许有破损，动作灵活，指示正常，不许有漏泄		√	√	√
11.4.6	外观检查	后备制动阀手柄杆推拉灵活	√	√	√	√
11.4.7	外观检查	WSP 防滑装置的防滑器处理模块、防滑电磁阀、传感器等安装牢固，状态良好		√	√	√
11.4.8	总风滤清器（CAB）	总风滤清器排水		√	√	√
11.4.9	部件更新	CAB 制动机的总风管、列车管过滤器滤芯更新。 DK-2 制动机的 100、124、125、187、189 和 198 号滤尘器滤芯更新				√
11.5	辅助控制装置、踏面清扫控制单元、升弓钥匙开关					
	外观检查	各部件状态良好、标识清晰，塞门提示牌齐全、塞门开闭状态正确，无损坏、漏风等异常现象；各紧固件连接无松动现象，紧固件齐全、防缓标识无错位；电缆组件接线牢固无松动，电缆导线无破损；模块接地线状态良好	√	√	√	√
11.6	电气接口单元、接口箱模块					
11.6.1	外观检查	各紧固件连接无松动，紧固件齐全、防缓标识无错位，电缆组件接线牢固无松动，电缆导线无破损；接地线状态良好。电气接口单元指示灯显示正常	√	√	√	√
11.7	制动控制器					

续上表

序号	项　目	要　求	周　期			
			月度	季度	半年	年度
11.7.1	外观检查	制动控制器状态良好，无损坏等异常现象；各紧固件连接无松动现象，紧固件齐全、防缓标识无错位；电缆组件接线牢固无松动，电缆导线无破损；模块接地线状态良好	√	√	√	√
11.7.2	功能检查	单独制动手柄和自动制动手柄各位置准确动作灵活，无卡滞现象	√	√	√	√
11.8	显示屏制动模式					
	功能检查	显示正常，各按键功能正常；运行自检程序，作用良好	√	√	√	√
11.9	紧急放风阀					
11.9.1	外观检查	外观检查状态良好，无损坏等异常现象；各紧固件连接无松动现象，紧固件应齐全、防缓标识无错位；管路连接应正常，无漏泄现象	√	√	√	√
11.9.2	功能检查	自动制动手柄至紧急位，紧急放风阀能正常排风	√	√	√	√
11.10	辅助压缩机					
	外观检查	无损坏等异常现象；各紧固件连接无松动；紧固件应齐全、防缓标识无错位	√	√	√	√

12. 动力车试验

序号	项　目	要　求	周　期			
			月度	季度	半年	年度
12.1	制动试验					
	制动系统试验	基础制动装置、制动机自检、制动机模式设置、自动制动、单独制动、惩罚制动、紧急制动、停放制动、后备制动各试验结果符合技术条件中相关规定	√	√	√	√
12.2	高压试验					
	高压试验项目	辅助压缩机、受电弓升降、主断路器分合、蓄电池电压、变压器油泵、主变流器水泵、主压缩机、各通风机、取暖装置及空调机组起动和运转状态检查；网压下的主变流器试验、自动过分相功能检查、轮缘润滑功能检查、撒砂检查、辅助设施检查、列车供电及保护试验等，各试验结果符合技术条件中相关规定		√	√	√

说明：本文件表格中，“序号”后无任何标记的部件及项目，为动力车适用；“序号”后带“▲”标记的部件及项目，为动力车及控制车均适用；“序号”后带“★”标记的部件及项目，为控制车适用。

表 10-5　内燃动力车机务设备专项检修项目、周期及要求

1. 车体及转向架

序号	项　目	要　求	周　期			
			月度	季度	半年	年度
1.1	车体钢结构					
1.1.1	外观检查	检查车体、底架、侧墙外观，不许有变形、裂损，固定螺栓不许有松动	√	√	√	√
1.1.2	外观检查	油漆检查，无腻子开裂或掉漆		√	√	√

续上表

序号	项　　目	要　　求	周　　期			
			月度	季度	半年	年度
1.1.3	外观检查	检查顶盖不许有变形、裂损，密封件密封良好，固定螺栓不许有松动，清理顶盖污垢	√	√	√	√
1.1.4	外观检查	检查脚踏、扶手、脚踏板外观不许有变形、裂损，固定螺栓不许有松动	√	√	√	√
1.1.5	高度检查	检查排障器不许有变形、裂损，检查及调整排障器距轨面高度110～120 mm		√	√	√
1.2	开闭机构					
1.2.1	外观检查	检查开闭装置不许有裂纹、锈蚀、变形等情况	√	√	√	√
1.2.2	外观检查	紧固件齐全，防缓标识清晰无错位	√	√	√	√
1.2.3	功能检查	检查试验开关功能正常，开关灵活无卡滞	√	√	√	√
1.2.4	功能检查	锁定装置作用良好	√	√	√	√
1.2.5	外观检查	开闭机构密封胶条齐全、密封作用良好		√	√	√
1.3	105A钩缓装置					
1.3.1	外观检查	外观检查：缓冲器壳体、钩体、安装座、支架外观状态检查，表面无可见裂纹或缺陷	√	√	√	√
1.3.2	外观检查	钩耳孔、钩舌销检查：检查钩耳孔套无松动、变形。钩舌销丝扣不良者更新。钩舌销应转动灵活，车钩的开锁及闭锁无卡滞现象	√	√	√	√
1.3.3	外观检查	紧固件检查：各紧固件无松动，垫圈和开口销状态良好。检查车钩缓冲器钩尾销上的开口销无变形损坏，检查车钩缓冲器与车体连接处的安装螺栓无松动或遗失	√	√	√	√
1.3.4	尺寸检查	缓冲器拉杆检查：缓冲器拉杆松动或存在8 mm以上的不复位时，钩缓装置需下车检修或更换缓冲器芯子。拉杆磨耗、拉伤痕迹深度超过2 mm、长度超过50 mm时，更新磨耗套并修复或更新拉杆	√	√	√	√
1.3.5	润滑	润滑：对车钩内部的钩舌、钩腔内部相互运动部位以及缓冲器行程部位涂抹润滑脂		√	√	√
1.3.6	尺寸检查	检查并测量各部尺寸符合要求： (1)车钩中心线距离轨面高830～890 mm； (2)车钩三态作用良好，锁闭状态时为105～124 mm，全开状态时为205～245 mm； (3)车钩在锁闭位时，钩锁位向上的活动量为3～18 mm		√	√	√
1.3.7	外观检查	钩舌、钩舌销、推铁、锁铁探伤检查				√
1.4	内风挡					
1.4.1	外观检查	紧固件紧固状态良好	√	√	√	√
1.4.2	外观检查	踏板贴不许有破损或失效	√	√	√	√
1.4.3	外观检查	拉簧不许有破损	√	√	√	√
1.4.4	外观检查	铝框无破损，棚布不许有破损、脱出	√	√	√	√
1.5	外风挡					
1.5.1	外观检查	安装螺栓齐全、紧固	√	√	√	√

续上表

序号	项　目	要　求	周期			
			月度	季度	半年	年度
1.5.2	外观检查	橡胶囊不许有破损。清洁橡胶囊外侧的污垢	√	√	√	√
1.6	裙板(蓄电池)					
1.6.1	外观检查	检查裙板、检修门有无变形和裂纹,如有则返修或更换	√	√	√	√
1.6.2	外观检查	检查铰链、紧固件松动,松动则重新紧固	√	√	√	√
1.6.3	外观检查	检查门锁、转动门转动灵活,锁紧到位,门锁作用良好	√	√	√	√
1.6.4	外观检查	检查支撑杆夹片失效,检查完毕锁紧检修门	√	√	√	√
1.7	头罩					
	外观检查	四周密封状态良好,清洁无杂物。头罩外部胶缝不许有表面龟裂现象	√	√	√	√
1.8	司机室内装					
1.8.1	外观检查	(1)表面清洁、齐全,安装牢固。 (2)检查螺钉不得松动、塑料搭扣不得松脱。 (3)检查内装板不得脱落、翘起等。 (4)检查地板布不得脱胶或翘起,否则补胶处理。 (5)检查头灯、固定侧窗玻璃不得破损,否则更换。 (6)检查胶层不得损坏,否则更换		√	√	√
1.8.2	外观检查	检查扶手杆及防夹手装置螺栓不得松动				√
1.9	天窗及登顶梯					
	外观检查	各部件无变形破损。天窗密封胶条的密封良好,天窗锁状态正常,阻尼器良好,各紧固件良好。登顶梯各部件良好		√	√	√
1.10	后端墙、侧入口、机械间隔墙及司机室隔墙门					
	外观检查	(1)门锁开、关功能正常。 (2)门锁、折页、闭门器转动部位灵活顺畅,无卡滞、异响等异常。 (3)门锁、折页、门框、闭门器紧固螺钉无松动。 (4)检查门扇、门框密封胶条密封良好,无老化、破损。 (5)司机室隔墙门玻璃表面清洁;玻璃粘接处密封良好	√	√	√	√
1.11	联动、隔墙、紧急安全门锁					
	功能检查	检查联动门锁安装牢固无松动,手动试验动作灵活可靠	√	√	√	√
1.12	司机室座椅					
1.12.1	外观检查	座椅清洁,部件齐全,安装良好,各调节功能良好	√	√	√	√
1.12.2	外观检查	检查防缓标记清晰,无错位		√	√	√
1.13	司机室侧窗					
1.13.1	外观检查	密封条不许有损坏,关闭后不许漏雨	√	√	√	√
1.13.2	功能检查	锁闭机构工作正常	√	√	√	√
1.13.3	外观检查	玻璃清洁,不许有裂损	√	√	√	√
1.14	电笛、风笛					
	外观检查	外观检查、安装牢固无破损,声音明亮	√	√	√	√
1.15	刮雨器					

续上表

序号	项　目	要　求	周　期			
			月度	季度	半年	年度
1.15.1	外观检查	部件齐全，安装可靠，功能良好。启动马达不许有异音；刮臂、输水管、输出轴密封圈不许有损坏	√	√	√	√
1.15.2	外观检查	检查控制板组成及喷淋系统无漏泄	√	√	√	√
1.15.3	外观检查	刮雨器刮片完好，有损坏须更新		√	√	√
1.15.4	功能试验	检查试验各位置动作良好，补加清洗液，喷淋试验动作良好	√	√	√	√
1.16	侧百叶窗					
1.16.1	外观检查	(1)检查紧固件无松动。 (2)清理防护网	√	√	√	√
1.16.2	外观检查	(1)检查百叶窗风缸，驱动风缸动作灵活，无漏泄。 (2)检查叶片无损伤、变形	√	√	√	√
1.17	构架					
1.17.1	外观检查	目视检查构架母材、焊缝、各安装座可见部分不许有裂损		√	√	√
1.17.2	外观检查	构架油漆状态良好		√	√	√
1.18	轮对轴箱组装					
1.18.1	外观检查	轮对外观检查无异常。轮辋、踏面不允许存在裂纹	√	√	√	√
1.18.2	尺寸检查	轮对内侧距符合(1 353±3)mm要求，若≤1 350 mm或>1 356 mm则禁用	√	√	√	√
1.18.3	尺寸检查	车轮踏面不许存在裂纹，擦伤深度不超过0.7 mm，踏面上的缺陷或剥离长度不超过40 mm，深度不超过1 mm，踏面磨耗深度不超过7 mm	√	√	√	√
1.18.4	探伤	车轮轮辋、踏面进行超声波探伤检查		√	√	√
1.18.5	尺寸检查	滚动圆直径在1 150～1 250 mm之间，同轴轮径差应≤1 mm且>2 mm时禁用、同一转向架轮径差应≤5 mm且>10 mm时禁用、同一机车轮径差应≤10 mm且>20 mm时禁用；测量轮缘厚度应≥27 mm，轮缘厚度≥23 mm；测量踏面磨耗量，应≤5.5 mm；轮缘垂直磨耗高度不超过18 mm	√	√	√	√
1.18.6	数据分析	6A系统地面专家诊断分析轴承不许有异常	√	√	√	√
1.18.7	外观检查	检查轴箱体、轴箱盖无裂损。检查安装螺栓良好，防缓标识清晰无错位、缺失，检查轴端速度传感器接线及紧固状态良好，传感器和轴箱接地装置的管线无损坏，紧固性良好	√	√	√	√
1.18.8	尺寸检查	检查轴箱接地装置，外观检查状态良好，检查炭刷尺寸符合限度要求，内盖及外盖外观检查、刷握内部积碳清理，弹簧外观应无破损、变形和锈蚀现象，用手反复按压，弹簧应能顺畅恢复原形			√	√
1.19	驱动单元					
1.19.1	外观检查	清洁紧固件并检查紧固件、传动销有无松动，防缓标记有无错位，止动垫片须在正常位置	√	√	√	√
1.19.2	外观检查	齿轮箱无裂纹、漏油，油位显示正常，润滑油不许有异常	√	√	√	√
1.19.3	外观检查	油标标识清晰，观察玻璃不许有裂损	√	√	√	√

续上表

序号	项　目	要　求	周　期			
			月度	季度	半年	年度
1.19.4	外观检查	注油口螺堵密封性良好。磁性排油堵磁性和密封性良好	√	√	√	√
1.19.5	数据分析	6A系统地面专家诊断分析温升、振动不许有异常	√	√	√	√
1.19.6	油位检查	检齿轮箱油位正常，若缺少应及时补充	√	√	√	√
1.19.7	更新齿轮箱油	更新齿轮箱油时，清洗磁性螺堵。[具有下列情况之一时更换新齿轮油：新造出运行厂运行1个月15 000 km。常规更换齿轮油周期：1年或运行20万km(以先到为准)]	√	√	√	√
1.19.8	外观检查	空心轴、连杆盘(传动盘)目视检查不许有裂纹，橡胶关节按照以下要求进行检查，超过限度的须更换： (1)橡胶与金属粘接破坏，一处或多处累计长度大于橡胶面周长的1/4且深度大于5 mm； (2)橡胶关节表面裂纹长度大于1/4周长且深度大于5 mm； (3)关节出现“鼓凸”现象，凸起长度大于5 mm或凸起宽度大于1/4周长	√	√	√	√
1.19.9	理化分析	齿轮箱油化验			√	√
1.20	电机悬挂					
1.20.1	外观检查	检查螺栓不得有松动、丢失，防缓标记无错位	√	√	√	√
1.20.2	外观检查	电机支承座无裂纹，油漆无脱落，如有疑似裂纹需渗透探伤确认。如有裂纹需立即进行更换	√	√	√	√
1.20.3	外观检查	橡胶关节按照以下要求进行检查，超过限度的须更换： (1)橡胶与金属粘接破坏，一处或多处累计长度大于橡胶面周长的1/4且深度大于5 mm； (2)橡胶关节表面裂纹长度大于1/4周长且深度大于5 mm； (3)关节出现“鼓凸”现象，凸起长度大于10 mm或凸起宽度大于1/4周长	√	√	√	√
1.21	一系悬挂装置					
1.21.1	外观检查	检查一系弹簧无断裂、压死	√	√	√	√
1.21.2	外观检查	检查一系垂向减震器安装螺栓安装牢固，防缓线清晰无错位，减震器无漏泄	√	√	√	√
1.21.3	外观检查	橡胶垫不许有老化和裂损	√	√	√	√
1.21.4	外观检查	轴箱拉杆体不允许有裂纹	√	√	√	√
1.21.5	尺寸检查	橡胶关节按照以下要求进行检查，超过限度的须更换： (1)橡胶与金属粘接破坏，一处或多处累计长度大于橡胶面周长的1/4且深度大于5 mm； (2)橡胶关节表面裂纹长度大于1/4周长且深度大于5 mm； (3)关节出现“鼓凸”现象，凸起长度大于10 mm或凸起宽度大于1/4周长	√	√	√	√
1.22	二系悬挂装置					
1.22.1	外观检查	检查二系弹簧无断裂、压死，有疑似裂纹进行探伤	√	√	√	√
1.22.2	外观检查	检查二系减振器(垂向、横向、抗蛇行减振器)安装螺栓安装牢固，防缓线清晰无错位，减振器无漏泄	√	√	√	√

续上表

序号	项　目	要　求	周　期			
			月度	季度	半年	年度
1.22.3	外观检查	检查二系弹簧橡胶垫、二系止挡橡胶件不许有老化和开裂	√	√	√	√
1.23	牵引装置					
1.23.1	外观检查	状态良好，功能正常	√	√	√	√
1.23.2	外观检查	牵引装置橡胶关节出现以下现象时更新： (1)橡胶与金属粘结破坏，一处或多处累计长度大于橡胶面周长的 1/4 且深度大于 5 mm； (2)橡胶关节表面裂纹长度大于 1/4 周长且深度大于 5 mm； (3)关节出现“鼓凸”现象，凸起长度大于 10 mm 或凸起宽度大于 1/4 周长	√	√	√	√
1.24	基础制动装置					
1.24.1	外观检查	制动单元、制动夹钳单元各部件不许有划痕、裂纹、变形、异物、腐蚀及严重的污垢，各部件螺栓紧固，防缓标识清晰，不许有错位	√	√	√	√
1.24.2	尺寸检查	制动闸片的最小厚度不小于 16 mm(不含燕尾部分)。制动闸片更换时，同一制动夹钳单元闸片厚度差不大于 3 mm。同一台车不同厂家的闸片不许混装		√	√	√
1.24.3	尺寸检查	制动缓解时，用通规、止规检查制动单元闸片与制动盘间隙两侧之和 4～6 mm 范围内	√	√	√	√
1.24.4	外观检查	制动缸和夹钳各部位运转正常。闸片安装方向正确，闸片正常落槽，卡扣弹性锁闭到位，开口销齐全，安装规范。检查闸片托卡簧的防脱落铁丝状态良好	√	√	√	√
1.24.5	外观检查	制动盘摩擦面不许有从内径贯穿到外径以及贯穿到散热筋片的穿透裂纹。整块摩擦片的任意位置允许出现散射状细微龟裂	√	√	√	√
1.24.6	尺寸检查	制动盘凹陷磨损不大于 1 mm，划痕深度不大于 1 mm。裂纹不允许超过相关规定。制动盘螺栓无松动、裂纹，防缓标记无错位。清理制动盘杂物	√	√	√	√
1.25	轮缘润滑装置					
1.25.1	外观检查	轮喷罐安装支架焊接面无裂纹，不许有变形，安装牢固、无松动。喷头及安装支架牢固无松动，支架无裂纹破损；喷头安装位置正确无误。管路接头密闭良好无漏泄		√	√	√
1.25.2	外观检查	安装应牢固，各插件、接线状态良好，上电检查各指示灯正常，管路接头密闭良好，无漏泄，清理过滤器排水。设定风压为额定 700 kPa		√	√	√
1.25.3	外观检查	检查油脂罐油脂储量，适量补充油脂。油脂型号 JH-1 北方脂、JH-1 极寒脂、TKLG HD1060(B)环保极寒润滑脂(高原)	√	√	√	√
1.25.4	功能试验	喷脂功能试验，作用良好	√	√	√	√
1.26	附属装置					
1.26.1	外观检查	撒砂器部件齐全，橡胶软管、连接接头无松动，无破损，橡胶无老化、喉箍无松动		√	√	√
1.26.2	尺寸检查	砂口距轨面的高度 25～40 mm，距车轮踏面的距离 15～30 mm		√	√	√
1.26.3	功能试验	撒砂试验良好	√	√	√	√

续上表

序号	项　目	要　求	周　期			
			月度	季度	半年	年度
1.26.4	外观检查	外观检查扫石器安装牢固，橡胶板无裂纹、无老化。支架不允许有变形、开焊、裂纹。防缓标记无错位		√	√	√
1.26.5	尺寸检查	扫石器橡胶板距轨面高度25～30 mm		√	√	√
1.27	牵引电机通风道					
1.27.1	外观检查	通风道安装牢固可靠、外观无破损，硅胶布表面胶层无脱落、龟裂，织物层无外漏；法兰外观无变形损伤	√	√	√	√

2. 冷却塔

序号	项　目	要　求	周　期			
			月度	季度	半年	年度
2.1	冷却塔及水管、风机					
2.1.1	外观检查	检查冷却通风道，无裂纹、漏风，检查冷却塔水路，无漏泄	√	√	√	√
2.1.2	外观检查	检查指示刻度应在环境温度±10 ℃内。膨胀水箱内冷却液液位不能低于“−40 ℃”刻度，否则补液	√	√	√	√
2.1.3	外观检查	检查水泵运转平稳、无异音		√	√	√
2.1.4	外观检查	检查水冷却器表面清洁		√	√	√
2.1.5	外观检查	冷却塔通风机接线盒不许有变形，接线盒接线板与引接线不许有松动，盒内清洁				√
2.1.6	外观检查	检查风机运转平稳、无异音	√	√	√	√
2.1.7	外观检查	检查滤网清洁、安装良好、无破损；如过滤网变形严重，需更新	√	√	√	√
2.1.8	绝缘检查	用500 V兆欧表测量，冷却塔通风机电机对地绝缘电阻不小于10 MΩ				√
2.1.9	轴承注脂	对电机轴承进行注油(SKF-LGLT2)单个轴承补13 g		√	√	√

3. 柴油机

序号	项　目	要　求	周　期			
			月度	季度	半年	年度
3.1	动力组上层部件					
3.1.1	外观检查	打开摇臂箱盖，检查进油管、回油管不许有松动、漏油、龟裂，各油管卡子、高压油管、喷油器，回油管不许有松动、漏油现象	√	√	√	√
3.1.2	外观检查	检查进排气门、气门弹簧、进气挺杆、排气挺杆不许有弯曲，锁夹和气门旋转机构状态良好，气门导管安装良好	√	√	√	√
3.1.3	外观检查	检查摇臂装配及轴承状态良好，更换不良摇臂衬套		√	√	√
3.1.4	外观检查	检查气门横臂装配对中情况良好，气门横臂装配铜质球头不许有偏磨，横臂防转片不许有裂纹与异常磨损	√	√	√	√
3.1.5	盘车检查	盘车检查转动曲轴至0°、180°和360°各气缸气门间隙调整器不许有松动，其间隙为1.5～3.5 mm		√	√	√

续上表

序号	项　目	要　求	周　期			
			月度	季度	半年	年度
3.1.6	外观检查	检查喷油器和喷油泵安装状态良好，电喷线接线牢固，无松动，无接磨	√	√	√	√
3.1.7	外观检查	检查气缸盖示功阀堵安装无松动漏泄，气缸盖工艺堵无漏泄	√	√	√	√
3.1.8	外观检查	检查摇臂箱盖罩及橡胶圈状态良好，不许有老化、龟裂	√	√	√	√
3.1.9	外观检查	检查摇臂箱紧固螺栓安装牢固，无错位	√	√	√	√
3.1.10	外观检查	柴油机各缸气缸摇臂箱上的进回油软管接头螺母力矩校验（接头体 71 N·m、胶管连接螺母 47 N·m）		√	√	√
3.1.11	雾化试验	清除喷油器喷嘴处积碳，喷油器进行雾化试验，喷油器开启压力 36 MPa，状态良好，状态不良的进行更换			√	√
3.1.12	更新胶圈	更新燃油进回油管路扣压胶管及内部胶圈				√
3.2	动力组下层部件					
3.2.1	外观检查	盘车检查动力组下部气缸套和活塞裙状态，不许有拉伤或异常磨损		√	√	√
3.2.2	外观检查	检查连杆体、连杆盖状态良好，连杆螺母、连杆螺栓紧固状态良好，无错位，连杆瓦可见部分不许有碾片；主轴瓦可见部分无过热变色、碾片、飞刺现象		√	√	√
3.3	机体部件					
3.3.1	外观检查	检查凸轮轴箱盖紧固状态良好	√	√	√	√
3.3.2	外观检查	外观检查柴油机体不许有裂漏，各螺栓状态良好，无松动	√	√	√	√
3.3.3	外观检查	曲轴箱检查孔盖不许有漏油，安装螺栓紧固状态良好，不许有松缓；曲轴箱盖防爆阀各部良好	√	√	√	√
3.3.4	外观检查	检查柴油机横拉螺栓紧固状态良好，不许有松缓	√	√	√	√
3.3.5	外观检查	机体安装座螺栓紧固状态良好，不许有松缓，安装座支架良好	√	√	√	√
3.3.6	外观检查	检查柴油机与外接部件安装状态良好	√	√	√	√
3.3.7	清除杂质	放油后清除油底壳内杂质		√	√	√
3.3.8	外观检查	目测检查油底壳无明显损伤、开焊和漏泄	√	√	√	√
3.3.9	外观检查	排气总管外观完好，无破损，各连接处连接良好，卡子无松动，无漏烟	√	√	√	√
3.3.10	外观检查	排气支管连接良好，无破损；螺栓无松动	√	√	√	√
3.3.11	外观检查	出水支管卡子无松动，安装牢固，无漏泄	√	√	√	√
3.3.12	外观检查	排气支管法兰无裂纹，不许有燃气漏泄痕迹	√	√	√	√

4. 柴油机辅助系统

序号	项　目	要　求	周　期			
			月度	季度	半年	年度
4.1	增压器					
4.1.1	外观检查	检查增压器壳体及支座无裂纹，紧固螺栓状态良好	√	√	√	√

续上表

序号	项　目	要　求	周　期			
			月度	季度	半年	年度
4.1.2	外观检查	增压器进油管，回油管无漏油，油管管卡紧固状态良好	√	√	√	√
4.1.3	外观检查	防护罩安装牢固无松动，无破损	√	√	√	√
4.1.4	外观检查	检查增压器执行器固定螺栓无松动，水管路无漏泄，传感器良好	√	√	√	√
4.1.5	外观检查	检查增压器机油过滤器，无漏泄、破损	√	√	√	√
4.1.6	功能试验	动态检查增压器不许有气体漏泄		√	√	√
4.2	油气分离器及引射管装配					
4.2.1	外观检查	油气分离器引射管无破损，无松动，连结良好	√	√	√	√
4.2.2	外观检查	油气分离器上下法兰接口无漏泄，连接螺栓状态良好	√	√	√	√
4.2.3	外观检查	更换油气分离器垫片，清洁油气分离器滤网，清除引射管等曲轴箱排气系统的积垢				√
4.3	中冷器					
4.3.1	外观检查	中冷器进水管法兰螺栓紧固，无漏泄	√	√	√	√
4.3.2	外观检查	中冷器分水管完好，无裂漏	√	√	√	√
4.3.3	外观检查	中冷器端盖螺栓齐全，无松动	√	√	√	√
4.3.4	外观检查	检查中冷器外部安装螺栓和中冷器与增压器空气管路、软连接及卡子安装螺栓紧固状态良好，管路无漏泄	√	√	√	√
4.3.5	外观检查	检查中冷器与各管路安装螺栓及法兰接口不许有漏泄迹象，紧固状态良好	√	√	√	√
4.3.6	清洁检查	打开中冷器端盖，清洁空气腔			√	√
4.3.7	外观检查	打开中冷器下部排污堵，甩车检查			√	√
4.4	燃油系统					
4.4.1	功能检查	检查燃油泵安装状态良好，燃油泵与机油泵之间的连轴器安装良好，无松缓，燃油泵运转正常，不许有异音		√	√	√
4.4.2	外观检查	检查柴油机各缸摇臂箱上的进回油软管及接头不许有漏泄，软管状态良好，各防火罩或防火板安装状态良好	√	√	√	√
4.4.3	外观检查	检查燃油分配器安装螺栓紧固状态良好	√	√	√	√
4.4.4	外观检查	检查燃油总管端部及各缸进回油安装座焊接处不许有漏泄	√	√	√	√
4.4.5	外观检查	检查燃油分配器和柴油机两侧燃油总管分配器连接软管处不许有松动或漏泄	√	√	√	√
4.4.6	外观检查	燃油进、回油管无漏油，管体无破损	√	√	√	√
4.4.7	外观检查	摇臂箱内喷油泵线束无破损，护套良好，卡子紧固	√	√	√	√
4.4.8	外观检查	检查加油口盖密封良好、无松动。滤网孔无堵塞、外形无破损	√	√	√	√
4.5	消音器					
4.5.1	外观检查	增压器出口波纹管安装牢固无松动，无破损	√	√	√	√
4.5.2	外观检查	油气分离器与消音器连接软管无接磨、无破损，紧固状态良好无渗漏	√	√	√	√
4.5.3	外观检查	检查增压器消音器座安装螺栓状态良好，防护网各部良好		√	√	√

续上表

序号	项　目	要　求	周　期			
			月度	季度	半年	年度
4.6	冷却水系统					
4.6.1	外观检查	柴油机高温出水管外观完好，各法兰螺栓无松动，接口无漏泄	√	√	√	√
4.6.2	外观检查	检查泵支承箱不许有裂纹、漏泄，安装螺栓齐全、紧固	√	√	√	√
4.6.3	外观检查	检查高低温水泵安装螺丝齐全无松动，合口处无漏泄，水泵下部排水孔状态良好，水泵端盖安装螺栓紧固状态良好	√	√	√	√
4.6.4	外观检查	检查柴油机进出水总管支架不许有裂纹，进出水总管安装螺栓状态良好，不许有漏泄	√	√	√	√
4.6.5	外观检查	检查水泵分流管卡子、接头紧固状态良好无松缓，无漏泄	√	√	√	√
4.6.6	理化分析	对冷却水取样检测，符合相关技术要求，对不符合要求的冷却水进行更换	√	√	√	√
4.6.7	更新冷却水	更新冷却水				√
4.7	机油系统					
4.7.1	外观检查	机油加油口盖严密，外观良好	√	√	√	√
4.7.2	油位检查	机油油位尺无丢失，显示正常、刻度清晰，检查油位符合标准	√	√	√	√
4.7.3	功能检查	检查主机油泵、机油粗滤器各部安装螺栓紧固状态良好，机油泵运转正常，不许有异音		√	√	√
4.7.4	外观检查	检查主机油道进油管连接法兰及螺栓紧固状态良好	√	√	√	√
4.7.5	功能检查	机油减压阀、安全阀安装牢固无松动，启机试验密封良好		√	√	√
4.7.6	解体清洁	解体清洗机油粗滤器滤网，检查清洁粗滤壳体内腔		√	√	√
4.7.7	更新润滑油	更新整车润滑油		√	√	√
4.7.8	外观检查	机油粗滤器端盖完好，螺栓齐全无松动，密封处无漏油	√	√	√	√
4.7.9	外观检查	柴油机各机油管路，截止阀等部件外观良好，无漏泄	√	√	√	√
4.8	辅助系统管路、风道及阀类					
4.8.1	外观检查	管路、法兰、接头等安装良好，无裂损及漏泄；连接软管及喉箍状态良好；标识清晰	√	√	√	√
4.8.2	外观检查	外观检查截止阀、逆止阀、安全阀等无破损、漏泄；功能正常	√	√	√	√
4.8.3	外观检查	风道软管及喉箍状态良好	√	√	√	√
4.8.4	外观检查	检查惯性滤清器表面不许有损坏，外部安装良好，无松动		√	√	√
4.8.5	外观检查	增压器进气胶管及卡箍状态良好无漏泄	√	√	√	√
4.8.6	更新滤芯	更新增压器机油过滤器滤芯		√	√	√
4.8.7	更新滤芯	更新柴油机空气滤芯，清除滤清器壳体内砂尘和杂质		√	√	√
4.8.8	外观检查	墙壁上的燃油箱电子油位表控制盒外观良好，风管接头无松动，无漏风，接线无松脱		√	√	√
4.8.9	外观检查	机油热交换器不许有损伤、漏泄	√	√	√	√
4.8.10	更新滤芯	更新电气间通风滤芯（月度状态不良者更新）	√	√	√	√
4.8.11	更新滤芯	更新牵引电机和主发电机通风机组进气滤芯		√	√	√

续上表

序号	项目	要求	周期			
			月度	季度	半年	年度
4.9	机油滤清器					
4.9.1	外观检查	检查机油滤清器安装良好,无漏泄	√	√	√	√
4.9.2	功能检查	检查压差不大于80 kPa(0.8 bar)、运转指示器转动正常		√	√	√
4.10	膨胀水箱					
4.10.1	水位检查	水箱水表清晰,水位在标记内。启/停机均在下刻度线(Min)以上	√	√	√	√
4.10.2	外观检查	水箱注水口及管路外观完好,无破损		√	√	√
4.10.3	外观检查	水箱压力阀盖安装牢固,无松动		√	√	√
4.10.4	外观检查	水箱溢水管安装牢固,无破损		√	√	√
4.10.5	外观检查	水箱上水阀外观完好,作用良好		√	√	√
4.10.6	外观检查	加热器、传感器、液位开关状态良好,功能正常		√	√	√
4.11	离心精滤器					
4.11.1	外观检查	整体安装良好、无漏泄、无异音	√	√	√	√
4.11.2	外观检查	更换滤纸并清洁内腔		√	√	√
4.12	燃油滤清器					
4.12.1	外观检查	精滤器体安装牢固无松动,无漏泄	√	√	√	√
4.12.2	外观检查	进/出油管连接良好,无漏油,软管无老化、无破损	√	√	√	√
4.12.3	外观检查	排气阀开关灵活,排气作用良好,排气管接头无松漏		√	√	√
4.12.4	外观检查	接油盘安装正确、牢固,无破损		√	√	√
4.12.5	更新滤芯	精滤滤芯更新		√	√	√
4.12.6	更新滤芯	粗滤器检查滤芯、密封垫有无变形、漏泄、破损,清洁滤网不良进行更新		√	√	√
4.13	燃油预热装置					
4.13.1	外观检查	安装牢固,作用良好	√	√	√	√
4.13.2	外观检查	各管路接头无松动、漏泄	√	√	√	√
4.14	机油热交换器					
4.14.1	外观检查	安装牢固,安装螺栓齐全无松动	√	√	√	√
4.14.2	外观检查	热交换器体外观完好,表面清洁,各法兰螺栓齐全无松动,无漏泄	√	√	√	√
4.15	冷却单节					
4.15.1	外观检查	冷却单节安装紧固,各部无漏泄	√	√	√	√
4.15.2	清洁	散热器表面清洁			√	√
4.16	启动机油泵					
4.16.1	外观检查	安装座无开焊、无松动	√	√	√	√
4.16.2	外观检查	进/出油管连接状态良好,无漏油	√	√	√	√
4.16.3	外观检查	泵体各部无异状、联轴节安装良好		√	√	√
4.16.4	外观检查	电机与泵连接完好,无异状		√	√	√

续上表

序号	项　目	要　求	周期 月度	周期 季度	周期 半年	周期 年度
4.16.5	外观检查	电机外观完好，接线无松动、无脱落		√	√	√
4.16.6	外观检查	机油泵不允许有异音、漏泄。散热器不许有损伤	√	√	√	√

5. 制动系统

序号	项　目	要　求	周期 月度	周期 季度	周期 半年	周期 年度
5.1	供风管					
5.1.1	外观检查	风管外观无破损、龟裂、安装无松动，连接状态良好，防尘堵悬挂牢固	√	√	√	√
5.1.2	外观检查	风管检验标签清晰、无过期。防寒包扎状态良好		√	√	√
5.1.3	外观检查	供风管截止阀状态良好、无漏风、各管卡无松动、丢失	√	√	√	√
5.2	制动控制器					
5.2.1	外观检查	外观检查制动控制器安装状态、无损坏；各紧固件连接无松动现象，紧固件齐全、防缓标识无错位；电缆组件接线牢固无松动，电缆导线无破损；模块接地线状态良好	√	√	√	√
5.2.2	外观检查	单独制动手柄和自动制动手柄各位置准确动作灵活，无卡滞现象	√	√	√	√
5.3	停放制动					
5.3.1	外观检查	停放制动、缓解作用正常	√	√	√	√
5.3.2	外观检查	停车制动按钮外观良好、指示器显示状态良好	√	√	√	√
5.4	后备制动阀					
5.4.1	外观检查	后备制动阀手柄状态正常		√	√	√
5.4.2	功能试验	后备制动、缓解作用正常		√	√	√
5.5	紧急制动按钮(A节)					
	外观检查	按钮安装牢固，作用正常	√	√	√	√
5.6	空压机组					
5.6.1	外观检查	电机及空压机安装牢固、部件齐全	√	√	√	√
5.6.2	外观检查	冷却器外观完好，安装牢固，各管连接良好、无漏泄	√	√	√	√
5.6.3	外观检查	出风管法兰安装完好，无漏泄	√	√	√	√
5.6.4	外观检查	空气滤清器完好，管路无破损，连结良好，真空指示器显示正常	√	√	√	√
5.6.5	油位检查	油位表清晰，油位线在视油窗上下限之间	√	√	√	√
5.6.6	外观检查	加油口盖紧固，无丢失		√	√	√
5.6.7	清洁	清洁冷却器		√	√	√
5.6.8	清洁滤芯	检查空气滤清器不许有变形，吹扫空气过滤器滤芯		√	√	√
5.6.9	更新滤芯	更换空气滤清器滤芯			√	√
5.6.10	更新滤清器	更新油过滤器、润滑油、油细分离器				√
5.6.11	理化分析	空压机油理化分析				√

续上表

序号	项目	要求	周期			
			月度	季度	半年	年度
5.7	总风缸					
5.7.1	外观检查	风缸安装牢固,接头无松动和漏泄现象	√	√	√	√
5.7.2	外观检查	总风截门和排水塞门功能及管路连接正常,动作可靠灵活,无漏泄	√	√	√	√
5.7.3	排水	风缸手动排水	√	√	√	√
5.8	制动柜					
5.8.1	外观检查	检查制动柜内部和对外管路连接,应无松动和漏泄现象	√	√	√	√
5.8.2	外观检查	检查风缸及其接头状态,风缸应安装牢固,接头无松动和漏泄现象	√	√	√	√
5.9	电空控制单元					
5.9.1	外观检查	外观检查各模块状态,各部件状态良好、标识清晰,塞门提示牌齐全、塞门开闭状态正确,无损坏、漏风现象	√	√	√	√
5.9.2	外观检查	检查各紧固件连接无松动现象,紧固件应齐全、防缓标识无错位	√	√	√	√
5.9.3	外观检查	检查电缆组件各电气接口、插头状态,接线应牢固无松动,电缆导线应无破损	√	√	√	√
5.9.4	排水排污	对总风滤清器进行排水排污操作	√	√	√	√
5.9.5	外观检查	与制动显示器配合进行系统自检,应无故障提示	√	√	√	√
5.9.6	更新滤芯	更换制动机的总风、列车管和平均管滤清器滤芯及密封圈、弹簧				√
5.10	停放制动、空压机启停控制模块、电气接口单元、接线箱模块、6A 及 LKJ 传感器模块					
5.10.1	外观检查	外观检查压力开关、阀及塞门状态良好、标识清晰,塞门提示牌齐全、塞门开闭状态正确,无损坏、漏风	√	√	√	√
5.10.2	外观检查	检查各紧固件连接无松动现象,紧固件齐全、防缓标识无错位	√	√	√	√
5.10.3	外观检查	检查电缆组件各电气接口、插头状态,接线应牢固无松动,电缆导线应无破损	√	√	√	√
5.10.4	外观检查	检查模块接地线状态	√	√	√	√
5.11	空气后备制动模块					
5.11.1	外观检查	检查空气后备制动隔离塞门位置正确、插头无损坏或松动,各气路连接无松动或漏泄,标牌字迹清晰	√	√	√	√
5.11.2	功能检查	空气后备制动模块功能正常		√	√	√
5.12	车长阀(B 节一位置)					
5.12.1	外观检查	车长阀安装牢固,管路无漏泄,阀柄铅封状态良好	√	√	√	√
5.12.2	气密性检查	检查橡胶件气密性,不良应清理异物或更换橡胶件				√
5.13	空气干燥器					
5.13.1	外观检查	检查控制器显示状态良好	√	√	√	√
5.13.2	外观检查	安装状态良好,空气管路无松动、漏泄,胶管无老化	√	√	√	√
5.13.3	外观检查	干燥器湿度指示器显示正常	√	√	√	√
5.14	微油过滤器					

续上表

序号	项目	要求	周期			
			月度	季度	半年	年度
5.14.1	清洁	定期排污并清理滤芯上的污物		√	√	√
5.14.2	外观检查	检查垫片、O形密封圈、组合垫圈等橡胶件的密封状况，滤芯状态不良更换				√
5.15	风源过滤器组					
5.15.1	外观检查	检查除水除油过滤器组工作正常		√	√	√
5.15.2	清洁滤芯	清洁除水滤芯				√
5.15.3	更新滤芯	更新除油滤芯				√
5.15.4	更新滤芯	更新除尘滤芯				√

6. CMD、6A系统

序号	项目	要求	周期			
			月度	季度	半年	年度
6.1	CMD系统					
6.1.1	外观检查	外观检查中央处理平台各部状态良好、各插件插接良好，各板卡安装螺栓紧固		√	√	√
6.1.2	外观检查	上电检查，各板卡插件指示灯显示符合要求，数据通信正常		√	√	√
6.1.3	外观检查	检查电源箱、3G联通网卡、北斗板卡、合路器板卡等各部件完整、无异状，安装牢固；各连接插头、插座紧固，线缆无破损，绑扎整齐牢固。电源箱风扇盘中风扇工作状态良好。各天线安装牢固，无破损，功能正常		√	√	√
6.1.4	数据检查	登录CMD，检查实时信息与机车信息一致，如机车故障、基本信息、6A信息；机车3G通道、北斗通道可正常通信，无设备失效	√	√	√	√
6.2	6A系统					
6.2.1	外观检查	外观检查中央处理平台各部状态良好、各插件插接良好，各板卡安装螺栓紧固，指示灯显示状态正常，数据通信正常		√	√	√
6.2.2	外观检查	音视频显示终端：外观检查状态良好，显示、触摸、调整及与各部通信功能正常、数据显示正确，自动对时功能正常，日期时间显示正确（与LKJ比较时间差不超过15 s），语音正确清晰，各子系统显示版本正确	√	√	√	√
6.2.3	外观检查	电源箱：各部部件完整、无异状，安装牢固；各连接插头、插座、熔断器紧固，线缆无破损，绑扎整齐牢固；电源箱风扇盘中风扇工作状态良好		√	√	√
6.2.4	数据检查	视频监控子系统显示画面清晰稳定无闪烁，视频字幕（时间、车次、车号等）叠加正确，司机室摄像头视角中心应正对准司机座位、受电弓摄像头视角正确。拾音器安装状态良好，拾音功能正常	√	√	√	√
6.2.5	外观检查	检查清洁并擦拭防火探测器可见部位，检查防护板遮挡位置正确	√	√	√	√
6.2.6	外观检查	走行部监测子系统线缆、传感器安装正常，无脱落、断裂		√	√	√
6.2.7	功能检查	中央平台、视频等数据端口能正常下载		√	√	√

续上表

序号	项　目	要　求	周　期			
			月度	季度	半年	年度
6.2.8	功能试验	6A系统各功能试验良好： (1)停放监测模块模拟双针表速度试验； (2)防火监控子系统功能探头自检、报警、视频联动、报警复位功能试验； (3)绝缘检测子系统功能试验； (4)6A系统自检良好，无报警信息	√	√	√	√
6.2.9	数据分析	下载6A数据分析，各部件不许有异常	√	√	√	√
6.3	列车综合安全监测系统					
6.3.1	外观检查	外观检查列车安全检测显示屏安装牢固，各按键及触摸屏动作良好		√	√	√
6.3.2	数据检查	查阅列车安全检测显示屏6A系统、安全监测环路、风机监测系统各数据显示正常，检索故障记录，对存在的故障进行处理	√	√	√	√
6.3.3	数据检查	6A视频监控子系统显示画面清晰稳定无闪烁，视频字幕(时间、车次、车号等)叠加显示正确，司机室摄像头拍摄角度正确	√	√	√	√

7. 电器及电线路

序号	项　目	要　求	周　期			
			月度	季度	半年	年度
7.1	制氧机					
7.1.1	外观检查	(1)检查电控系统及开关，要求功能良好，工作正常。 (2)检查柜体，要求柜体安装牢固，无变形、破损，柜门开关灵活。 (3)检查压缩机，要求工作正常，定期更换压缩机保养包。 (4)检查制氧机内部安装状态，要求内部各紧固件紧固良好。 (5)检查进气过滤器，要求压缩机进风口过滤器无变形、破损，作用良好，过滤器芯无堵塞，堵塞时更换。 (6)检查制氧机连接线，要求连接线绝缘护套无破损。 (7)检查制氧机气体管路，要求功能良好，无漏泄。 (8)检查氧气传感器，要求输出信号正常，显示数值正常		√	√	√
7.1.2	功能检查	分布式供氧模式氧浓度不得低于90%。弥散供氧模式司机室氧浓度不低于23.6%	√	√	√	√
7.2	喇叭、电笛					
	外观检查	外观检查、安装牢固无破损，音色正常	√	√	√	√
7.3	电动遮阳帘					
7.3.1	外观检查	遮阳帘状态良好，整体清洁		√	√	√
7.3.2	功能试验	试验升降功能良好	√	√	√	√
7.4	司机室风扇					
7.4.1	外观检查	检查司机室风扇安装牢固，表面清洁，各部件齐全无破损		√	√	√
7.4.2	功能试验	试验风扇运转正常，无异音	√	√	√	√
7.5	前窗玻璃					
7.5.1	清洁	前窗玻璃清洁，不许有裂损		√	√	√

续上表

序号	项　目	要　求	周　期			
			月度	季度	半年	年度
7.5.2	功能检查	防寒期内试验电加热功能正常	√	√	√	√
7.6	司机控制器及钥匙开关					
	外观检查	司机控制器状态良好，牵引制动手柄、方向转换开关、钥匙开关等作用正常、操作灵活，不许有过紧、卡滞、异常晃动等现象，挡位显示正确	√	√	√	√
7.7	司机通信器					
7.7.1	外观检查	检查重联电话安装牢固，各插件、接线无松动、无破损		√	√	√
7.7.2	功能试验	功能试验正常	√	√	√	√
7.8	司机室空调					
7.8.1	外观检查	对机组盖板及箱体外观进行检查，查看外表无碰伤、裂纹、变形等缺陷，如存在缺陷应进行记录并修补		√	√	√
7.8.2	清洁	清理空调排水管				√
7.8.3	外观检查	电控箱表面清洁，配线不许有老化、破损，排列整齐，线号清晰、绝缘良好。电气连接器插头插座连接良好				√
7.8.4	外观检查	清除机组内灰尘；检查机组保温、管路（铜管、气管）、布线，应无破损、漏泄或者变形				√
7.8.5	清洁	清洁空调过滤网		√	√	√
7.8.6	功能检查	检查密封胶条无破损、老化；新风阀动作良好				√
7.8.7	清洁	电加热器表面清洁、状态良好				√
7.9	断路器、扳键开关、按钮开关、旋钮开关					
7.9.1	外观检查	检查壳体、面盖等各部件无损坏，不许有过热及烧损现象。铭牌清晰，标识正确，安装牢固。电气连接线缆应无过热、烧损，端子安装牢固、无松动		√	√	√
7.9.2	功能试验	操纵台各扳键开关、按钮开关、旋钮开关、脚踏开关安装状态良好，动作灵活无卡滞现象，通断作用可靠。自动换端、停放施加、释放左（右）门、关左（右）门、开左（右）门、列车供电断电按钮开关按钮灯正常	√	√	√	√
7.10	以太网模块					
7.10.1	外观检查	检查外观无异常		√	√	√
7.10.2	功能检查	检查司机室故障下载端口性能良好		√	√	√
7.11	语音箱					
	清洁	清扫外部灰尘，检查各紧固件松动		√	√	√
7.12	蜂鸣器					
7.12.1	外观检查	表面不得有破损、变形，安装良好		√	√	√
7.12.2	功能检查	自动过分相、防火报警试验时，声音正常	√	√	√	√
7.13	网络控制系统					
7.13.1	外观检查	壳体外观整洁，无污物。检查机箱不许有破损、变形，模块、机箱插头、插件不许有松动，接地线连接良好		√	√	√

续上表

序号	项　　目	要　　求	周　　期			
			月度	季度	半年	年度
7.13.2	功能检查	EGWM、EDRM、EVCM-N、ECNN 模块及 I/O 机箱自检启动正常	√	√	√	√
7.13.3	功能检查	司机室故障下载端口性能良好		√	√	√
7.14	显示屏					
	外观检查	显示屏外观整洁，不许有破损、变形。各紧固件不许松动。模块功能正常	√	√	√	√
7.15	自动过分相装置					
7.15.1	尺寸检查	过分相感应器安装支架安装牢固，不许有变形、裂损。感应器不许有破损，紧固件齐全牢固，电缆、转接头良好。车感器安装高度为110～120 mm		√	√	√
7.15.2	功能检查	过分相主机安装状态良好，各插件安装良好，状态无烧损、破损。上电后各指示灯正常	√	√	√	√
7.15.3	数据测量	车感器直流电阻测量：将信号处理器的连接插头 X2～X5 松开，用万用表分别测量其插孔 1 和 2 之间的直流电阻，测量其电阻值在420～650 Ω 内				√
7.15.4	功能试验	自动过分相装置试验性能良好	√	√	√	√
7.16	站台检测系统					
	功能检查	检查站台感应安装及接线状态良好，检查装置主机安装牢固，各插件、接线状态良好，上电检查各指示灯正常，功能良好	√	√	√	√
7.17	牵引变流柜					
7.17.1	外观检查	变流器柜体盖板不许有缺失，柜体两侧的插头、插座紧固状态良好，外观无破损、过热、烧损，接地线齐全，紧固良好		√	√	√
7.17.2	功能检查	高压指示灯显示正常		√	√	√
7.17.3	数据检查	通过微机显示屏(DDU)查看主要数据，查看主要数据，确认牵引变流器冷却水压、中间直流电压及变流器冷却水温、柜内空气温度、变压器油温和电机温度等参数正常		√	√	√
7.17.4	外观检查	充电电阻、固定放电电阻外观检查良好			√	√
7.17.5	外观检查	直流支撑电容不许有鼓胀、漏液；电容连接端子不许有松动；中间继电器过压吸收片不许有烧损			√	√
7.17.6	外观检查	充电接触器、中间继电器、短接接触器，状态良好，接线不允许松动			√	√
7.17.7	外观检查	冷却水管不许有渗漏，快速接头不许有松脱			√	√
7.17.8	清洁	门盖板密封条状态良好，柜体内部应清洁			√	√
7.17.9	外观检查	控制机箱及电子插件、电缆插头不许有松			√	√
7.17.10	外观检查	各接线端子、变流柜输入输出母排不许有烧损、松动			√	√
7.17.11	外观检查	整流、逆变、辅助逆变器模块接线牢固，输入/输出铜母排连接部位不许有烧损。门极驱动板、光纤、连接器不许有松动			√	√
7.17.12	功能检查	机箱冷却风扇工作正常不许有异音			√	√

续上表

序号	项　　目	要　　求	周　　期			
			月度	季度	半年	年度
7.17.13	外观检查	电压传感器、电流传感器、水压传感器、温度传感器安装及各接线不允许有松动，外观良好			√	√
7.17.14	功能检查	热交换风机运转正常不许有异音			√	√
7.18	低压柜柜体					
7.18.1	外观检查	柜体上各电器开关标识清晰，扳键功能良好		√	√	√
7.18.2	功能检查	柜门灵活性，柜体内部无腐蚀，紧固件状态良好		√	√	√
7.19	接地检测装置					
7.19.1	外观检查	清洁接地检测装置，状态良好		√	√	√
7.19.2	外观检查	检查各紧固件安装牢固无松动		√	√	√
7.20	直流接触器					
7.20.1	外观检查	标牌及符号应齐全、完整、清晰、正确；紧固件须齐全，紧固状态良好；接触器外观无破损，动作良好		√	√	√
7.20.2	外观检查	检查速动开关接触电阻无破损开裂等		√	√	√
7.21	交流接触器					
7.21.1	外观检查	安装及接线螺栓检查紧固良好		√	√	√
7.21.2	功能试验	试验功能正常	√	√	√	√
7.22	直流、交流液磁断路器					
7.22.1	外观检查	螺栓紧固		√	√	√
7.22.2	功能试验	试验功能正常	√	√	√	√
7.23	停放制动时间继电器					
7.23.1	外观检查	安装及接线状态检查		√	√	√
7.23.2	功能试验	随整车试验功能正常	√	√	√	√
7.24	其他继电器					
	外观检查	继电器外观及内部目测检查无异常，接线检查良好		√	√	√
7.25	辅助列车供电柜					
7.25.1	外观检查	检查辅助列车供电柜外观表面无脱漆、划伤等异常现象		√	√	√
7.25.2	外观检查	检查辅助列车供电柜柜门及门锁安装可靠，密封条状态良好；检查柜门接地螺栓齐全、防松标记正常		√	√	√
7.25.3	外观检查	检查辅助列车供电柜对外接口连接器安装正确，紧固可靠		√	√	√
7.25.4	外观检查	检查辅助列车供电柜水管蝶阀确认处于“打开”位；确认蝶阀无漏液现象		√	√	√
7.25.5	外观检查	检查辅助列车供电柜铭牌无损坏、信息完整(无缺失)、字迹清晰		√	√	√
7.25.6	外观检查	检查电磁继电器各部状态良好		√	√	√
7.25.7	外观检查	检查熔断器各部状态良好		√	√	√
7.26	辅助变压器(220 V)					
7.26.1	外观检查	各部件外观良好，无变形、破损		√	√	√

续上表

序号	项　目	要　　求	周　　期			
			月度	季度	半年	年度
7.26.2	外观检查	检查辅助变压器接线排、垫块安装紧固		√	√	√
7.26.3	外观检查	检查接线端子，各紧固件防松标记线无错位现象；检查下夹件，紧固可靠，绝缘电阻符合要求		√	√	√
7.26.4	外观检查	检查接线标识清晰，接线正确，密封良好		√	√	√
7.27	三方设备柜					
	外观检查	柜体、柜门、门锁工作状态正常；接地线完整；柜内清洁，无污物		√	√	√
7.28	5、10 芯列车信号连接器；五孔插座；电机连接器；温度、速度传感器连接器					
7.28.1	外观检查	插头、插座表面应清洁，外壳不应有锈蚀、破碎、裂纹、气泡、起层和其他机械损伤等缺陷		√	√	√
7.28.2	外观检查	各紧固件紧固良好，防松标记线无错位现象		√	√	√
7.28.3	外观检查	接线标识清晰，接线正确；密封良好。各部件无变形、破损			√	√
7.29	二极管模块					
	外观检查	外观检查无烧损，损坏		√	√	√
7.30	端子排					
	外观检查	检查端子排外观良好，接线紧固				√
7.31	蓄电池充电机(TGY41 控制电源柜)					
7.31.1	外观检查	检查电源柜的外观良好		√	√	√
7.31.2	外观检查	检查模块和过压保护器的指示灯显示正常，断路器的开关状态良好	√	√	√	√
7.31.3	外观检查	检查各连接线连接紧固畅通，无发热熔化、破裂剥落、烧痕割口等		√	√	√
7.31.4	外观检查	检查螺栓无松动		√	√	√
7.31.5	外观检查	检查电源柜干燥、通风，检查电源柜有无异物		√	√	√
7.31.6	外观检查	检查模块后部连接器插针无腐蚀、放电发黑等现象；断路器连接电缆无松动				√
7.31.7	功能检查	检查模块的散热风扇工作正常				√
7.32	膨胀水箱					
	外观检查	加热器、传感器、液位开关状态良好，功能正常	√	√	√	√
7.33	启动燃油泵电机组					
	功能试验	运转正常，无异音，接线端子不应有松动，紧固件不应有松动，启动燃油泵电机组外壳不应产生形变	√	√	√	√
7.34	膨胀水箱液位开关					
	外观检查	检查线路插接完好，螺纹连接处无松动、渗漏		√	√	√
7.35	电器间空气过滤器					
7.35.1	外观检查	检查状态良好		√	√	√
7.35.2	更新过滤器	更新过滤器			√	√
7.36	冰箱微波炉					
	功能检查	微波炉、冰箱安装牢固，内部清洁，接线状态良好，功能试验良好		√	√	√

续上表

序号	项　　目	要　　求	周　　期			
			月度	季度	半年	年度
7.37	灯具					
7.37.1	功能检查	各照明灯、标志灯、前照灯、阅读灯及附件完整，安装牢固，光照良好，显示正确，车体外部的灯具密封良好		√	√	√
7.37.2	外观检查	前照灯反射镜不许有污损，聚焦良好，照射方向正确，照明良好。头灯玻璃密封性良好		√	√	√
7.38	头灯玻璃					
	外观检查	检查头灯玻璃密封良好		√	√	√
7.39	蓄电池					
7.39.1	外观检查	表面清洁。蓄电池外观不许有破裂、鼓胀、漏液	√	√	√	√
7.39.2	外观检查	线缆不许有破损露铜	√	√	√	√
7.39.3	数据检查	校对蓄电池总电压与车上电压表数值一致，必要时校验电压表		√	√	√
7.39.4	外观检查	蓄电池箱内干燥，无异物	√	√	√	√
7.39.5	均衡充电	均衡充电。若更换蓄电池，型号、厂家须统一，严禁混装				√
7.40	插座					
7.40.1	外观检查	检查重联插座、列车供电插座、集控插座、网络插座、110 V 插座、库用插座状态，外壳应无变形和破损，检查连接电缆，应无损伤和松动		√	√	√
7.40.2	外观检查	检查插座盖密封性，打开连接器防护盖，其内部应无积水和污物。检查插座锁闭机构良好		√	√	√
7.41	燃油液位显示系统					
7.41.1	外观检查	目视检查控制器各部位紧固件不得有松动漏气现象，指示灯常亮，整体洁净。 检查显示器各部位紧固件不得有松动现象，显示器数值显示正常		√	√	√

8. 电机

序号	项　　目	要　　求	周　　期			
			月度	季度	半年	年度
8.1	辅助通风机组					
8.1.1	外观检查	通风机外观良好、无异物。安装螺栓不许有松动，运转无异音	√	√	√	√
8.1.2	注脂	各风机轴承按铭牌规定注油。油脂型号为 LGLT2，牵引电机主发电机通风机组单个轴承注油量为 40 g；牵引电机动力室通风机组单个轴承注油量为 25 g		√	√	√
8.1.3	清洁	电机接线盒接线板与引接线不许有松动、破损等异常，盒内清洁			√	√
8.1.4	阻值测量	电机绕组阻值测量				√
8.2	除尘风机					
8.2.1	外观检查	外观检查及紧固状态良好，运转无异音	√	√	√	√
8.2.2	功能检查	检查叶轮状态良好，转动灵活		√	√	√

续上表

序号	项　目	要　求	周　期			
			月度	季度	半年	年度
8.2.3	外观检查	检查惯性过滤器罩、网安装螺栓紧固状态良好无松缓，外观及安装支架无破损		√	√	√
8.3	主整流器					
8.3.1	清洁	清洁整流装置		√	√	√
8.3.2	外观检查	检查熔断器指示器未弹出	√	√	√	√
8.4	主发电机					
8.4.1	外观检查	主发电机安装牢固		√	√	√
8.4.2	外观检查	检查电机各接线端子、卡子、线束状态良好；输出大线不许有接磨、破损、老化或龟裂，安装牢固		√	√	√
8.4.3	尺寸测量	目视检查滑环和电刷状态良好；滑环内部元件安装牢固；滑环需光洁，不许有烧损、灼伤；刷握、刷辫安装牢固不许有烧损断裂；电刷到限需更换，不许有偏磨，电刷长边长度不得小于 38 mm，刷握上下活动自由不许有卡滞，电刷压指作用良好不许有断裂，电刷与滑环的接触不得小于电刷截面积的 80%。刷握距滑环表面间隙在 3～3.3 mm	√	√	√	√
8.4.4	注脂	补充润滑脂，油脂型号为 L-XEGEBZ，补充量 50 g			√	√
8.4.5	清洁	玻璃窗、滑环、整流装置等可见部分清洁		√	√	√
8.4.6	外观检查	检查进风道，密封良好，无异物堵塞进风口		√	√	√
8.5	冷却风扇装配					
8.5.1	外观检查	转动灵活，无卡滞、异音；电缆连接无松动、破损；紧固件无松动；叶片及连接处无变形、裂纹；无其他异常	√	√	√	√
8.5.2	注脂	按要求注脂(润滑脂型号为 LGLT2 前、后轴承各 80 g)		√	√	√
8.5.3	外观检查	检查各紧固件状态及其防松标记状态良好	√	√	√	√
8.5.4	外观检查	检查风机扇叶、进风口等外观状态良好，灰尘或异物清理		√	√	√
8.6	牵引电机					
8.6.1	外观检查	检查各紧固件状态及其防松标记状态良好		√	√	√
8.6.2	外观检查	机座、小吊挂座不得有裂纹。电机铭牌完好、清晰、安装牢固		√	√	√
8.6.3	外观检查	检查下部排水孔无堵塞		√	√	√
8.6.4	外观检查	检查轴承密封结构区域不许有积油或大片油渍		√	√	√
8.6.5	外观检查	牵引电机三相电缆引线及电缆紧固夹状态良好，无松动、损伤、裂纹		√	√	√
8.6.6	注脂	电机补脂 30 g，油脂型号：牵引电机脂 L-XEGEBZ		每运行 20 万 km		
8.6.7	外观检查	传感器电缆紧固夹齐全，安装牢固，电缆不许有破损，电缆护套不许有裂纹		√	√	√
8.6.8	数据分析	6A 系统地面专家诊断分析轴承不许有异常	√	√	√	√
8.7	动力间、冷却间、通风间车体过滤网					
	外观检查	两侧过滤网安装牢固，无破损。状态不良需更新	√	√	√	√

9. 试验

序号	项　目	要　求	周　期			
			月度	季度	半年	年度
9.1	制动系统试验					
	制动系统试验	基础制动装置、自动制动、单独制动、惩罚制动、紧急制动、停放制动各试验结果符合技术条件中相关规定。制动机自检、制动机模式设置、自动制动、单独制动、惩罚制动、紧急制动试验符合要求	√	√	√	√
9.2	自负荷试验					
	机能试验项目	自负荷试验符合技术条件中相关规定	√	√	√	√

第三节　动力集中动车组整修项目及标准

动力集中动车组每年须进行两次集中整修，春运后实施春季整修，暑运后实施秋季整修。整修时同时结合季节性特点，进行防暑、防寒等有针对性的重点整治。

1. 走行部整修

检查走行部各螺栓紧固状态，防缓标记良好；检查防脱落装置状态，作用良好；检查齿轮箱、关节穿销(套)状态，油润良好；检查车载安全检测装置质量状态，功能正常，开展温度、振动等数据发展趋势性分析，发现异常及时处置。

2. 空气制动装置和风源系统整修

对气路控制箱要开盖清扫、检查，并清理滤尘网；对集便装置、塞拉门等用风设施逐个进行动作试验，检查漏泄情况，消除故障；检查清洁风源系统、空气管路、阀件滤网或滤芯，开盖检查风源干燥装置质量状态，检查试验压缩机、干燥器等功能，检查空气管路漏泄情况，防止制动系统故障。

3. 电气绝缘及防火整修

(1)拖车及控制车方面

全数检查、紧固控制柜内Ⅰ、Ⅱ路电源主断路器、主接触器、空调各电机、空气预热器、客室电暖器、电热开水器、应急电源等关键电气部件的接线端子，测温贴片符合要求。春季整修须检测空调机组压缩机、通风机、冷凝风机的运行电流和热态绝缘；秋季整修检测空调机组车顶空气预热器、客室电暖器、强制通风电热取暖器热态绝缘。

(2)动力车及控制车机务设备方面

春秋季整修时，检查校验关键电器电线路保护开关等保护电器状态，确保作用良好；清洁电气系统部件尘土、地板下杂物、机械间油泥，还原部件本色；检查电气线路“布线、绑扎、防护”符合规范要求，整治电线路“松、虚、短、破”，恢复电线路绝缘值；整修燃油管路“松泄、渗漏、接磨、异常振动”，消除“跑、冒、滴、漏”。春季整修时，检查车顶、前窗、侧窗、前照灯、车门以及外电气插座密封状态，防止漏雨；秋季整修时，加强防污闪整治，清洁网侧高压设备，补强车顶绝缘子、绝缘材料、导电杆及车顶固定螺栓绝缘性能，防止高压设备脏污、绝缘性能下降导致网侧高压电器闪络放电故障发生。

4. 空调机组及通风系统整修

春季整修时，空调机组开盖清扫蒸发器、冷凝器及各滤网，检查蒸发器、冷凝器翅片状态，检查制冷管系有无制冷剂漏泄迹象；检查通风机、冷凝风机、压缩机接线及分线盒密封性能；检查航空插针、插孔是否牢固、良好，并实施高位悬挂，检查进线口密封情况，必要时采用胶泥封堵，杜绝进水隐患；检查机组各密封胶条、胶泥密封性能；检查车外压力检测口是否有脏堵，如有脏堵，用细铁丝（直径不大于 3 mm，长度不小于 300 mm）清理干净；风沙、杨柳飞絮严重地区要对动力车通风冷却系统及滤网装置进行一轮彻底清洁，检查风速、温度等监测装置质量状态，根据高温及风沙季节的情况，适时加密滤网、散热器清洁频次，防范油水超温故障。

秋季整修时，彻底清扫空调回风网，空调机组开盖清扫蒸发器及滤尘网、车顶空气预热器；对有关采暖控制的开关器件、保护器件、接线端子状态进行检查、除尘；检查车外压力检测口是否有脏堵，如有脏堵，用细铁丝（直径不大于 3 mm，长度不小于 300 mm）清理干净。

检查后，空调机组各盖板及软风道罩板须安装牢固。结合空调机组整修进行车内压力保护系统试验。

5. 加热系统整修

秋季整修时，电暖器、热风机、强制通风电热取暖器须开盖进行彻底清扫，检查接线端子无松动，加热板（管）状态良好、无热损，温度保护装置动作可靠；电暖器罩安装紧固、不得与加热板（管）接触。电暖器应通电检查超温保护器，确保其作用良好。

6. 防寒整修

车窗关闭后与窗框接触须严密，不得有间隙；玻璃须嵌入密封胶条槽内，接口处不得有间隙；塞拉门门板密封胶条无破损、龟裂、老化、严重变形；折棚风挡整体无破损、变形，风挡橡胶密封条完整无缺失。顶棚内或外露的水箱、污物箱、各油水管路、空气管路、折角塞门等易冻结部位的防寒材包扎良好，损坏时修复。

7. 电伴热及电热温水装置整修

秋季整修时，检查空气制动、油水、塞拉门、集便器等部件及管路的电伴热装置安装牢固，各部配件齐全；静态检查电伴热漏电保护装置各接线端子安装紧固、无松动烧损，压接良好，线号清晰，配线无短路、断路、烧损、老化现象，绝缘良好，接地保护可靠。通电试验温升正常，无异状。电热温水箱及控制装置配件齐全，绝缘良好，接地可靠无松动。通电后各工况作用良好，指示灯指示准确，排水温升适宜。

8. 备品及外观检查

春、秋季整修验收时，应对随车行车备品、消防备品、工具、材料、台账、技术资料配备情况及状态一并验收。各备品应账物相符、状态良好，符合定置管理要求；需检定的工具、备品及配件不得过期使用；各司机室、机械间、走行部、装饰完整，客服设施设备齐全完整，油漆美观，标识清晰。

第四节　动力集中动车组制动系统试验及标准

制动系统是动力集中动车组安全运行的关键组成部分，通过制动试验可以及时发现并解决潜在的制动安全隐患，提高列车的运行安全性。本节详细介绍动力集中动车组各项制动试验及其标准。

一、列车试验

动车组供电后，制动系统上电，应无故障报警。操纵端制动系统为本务投入模式，非操纵端制动系统为补机模式；施加停放制动，操纵端自动制动手柄（以下简称为大闸）和单独制动手柄（以下简称为小闸）均置于运转位，确认操纵端列车管、均衡风缸充至600 kPa定压，制动缸缓解至0。

1. 全部试验

D1修时实施，须在动力集中动车组两端分别进行试验。

1.1　手动试验方式

根据操纵端为动力车或控制车，选择试验项点。操纵端为动力车时，1.1中的各项点均实施试验；操纵端为控制车时，1.1.1.2项点、1.1.3.3项点、1.1.5项点不实施试验。

1.1.1　紧急制动及动力车单独缓解试验

1.1.1.1　紧急制动试验

在操纵端投入车列电空，通过司机室显示屏确认尾部一位动力车（控制车）列车管充风至定压后，操纵端大闸置紧急位，动力集中动车组须发生紧急制动作用，列车管压力为0，操纵端动力车制动缸压力为(450±20)kPa。

1.1.1.2　动力车单独缓解试验

操纵动力车小闸在运转位实施单缓，动力车制动缸缓解至0；复位小闸后，制动缸压力恢复为(450±20)kPa。

1.1.2　漏泄试验

操纵端大闸置运转位，动力集中动车组缓解，通过司机室显示屏确认尾部一位动力车（控制车）列车管充风至定压。

在操纵端司机室显示屏上设置制动系统为单机模式，大闸置初制动位，均衡风缸减压50 kPa后，保压1 min，列车管漏泄不大于20 kPa。

试验完成后，操纵端大闸置运转位，通过操纵端司机室显示屏设置制动系统为本务投入模式。

1.1.3　空气制动试验及动力车单独缓解试验

1.1.3.1　感度（制动）试验

在操纵端切除车列电空，通过操纵端司机室显示屏确认尾部一位动力车（控制车）列车管充风至定压，大闸置初制动位（减压50 kPa），动力集中动车组须发生制动作用。

1.1.3.2　持续保压试验

感度(制动)试验完成后,持续保压 3～5 min,前 2 min 内,拖车(控制车)不得发生自然缓解;在持续保压时间段内,列车管每分钟漏泄量不得大于 20 kPa。

1.1.3.3　动力车单独缓解试验

持续保压试验完成后,操纵动力车小闸在运转位实施单缓,动力车制动缸压力下降至 0;复位小闸,动力车制动缸压力维持 0。

1.1.3.4　感度(缓解)试验

操纵端大闸置运转位,动力集中动车组须在 1 min 内缓解完毕。

1.1.4　电空制动试验

1.1.4.1　安定试验

在操纵端投入车列电空,通过操纵端司机室显示屏确认尾部一位动力车(控制车)列车管充风至定压后,大闸置全制动位(减压 170 kPa),确认操纵端司机室显示屏的车列电空状态为"制动",动力集中动车组不得发生紧急制动;制动系统自动保压后,确认操纵端司机室显示屏的车列电空状态为"保压"。

1.1.4.2　阶段缓解试验(动力集中动车组不具备阶段缓解功能时仅进行一次缓解操作,下同)

安定试验完成后,操纵端大闸自全制动位阶段移动至运转位,使均衡风缸阶段增压,每次增压量不小于 20 kPa,移动次数不少于 3 次(含运转位),操纵端司机室显示屏的电空状态交替显示为"缓解"和"保压",列车管压力阶段上升、制动缸压力阶段下降。

大闸置运转位后,缓解过程中确认司机室显示屏的电空制动状态为"缓解",该"缓解"显示在均衡风缸充风至定压时消失;通过司机室显示屏确认尾部一位动力车(控制车)列车管充风至定压。

1.1.5　动力车单独制动缓解试验

动力车小闸置全制动位,动力车须发生制动作用,制动缸压力升至(300±15)kPa;实施小闸阶段缓解,制动缸压力阶段下降;小闸置运转位,动力车制动缸缓解至 0。

1.2　自动试验方式

确认拖车网络完整,拖车无离线,动力车、拖车(控制车)的车序号排列正确。

1.2.1　全部试验

系统根据操纵端为动力车或控制车,自动对应手动试验方式实施的试验项点 进行试验。

在操纵端司机室显示屏点选"电空制动"→"维护菜单"→"列车试验"→"全部试验",试验默认为自动试验方式,项目列表中"漏泄"和"制动保压"默认为 D1 修,制动控制器自动隔离;点击"开始"后,制动控制系统直接发出制动(缓解)指令进行自动试验。

自动试验项点及判据与手动试验项点及判据一致,试验结果自动提示。自动试验项点与手动试验项点一一对应,对应关系见表 10-6。

1.2.2　制动控制器试验

在操纵端司机室显示屏点选"电空制动"→"维护菜单"→"列车试验"→"控制器试验",点击"开始"后,根据提示信息(目标位置)将制动控制器手柄手动置于相应位置(实际位置)，然后点击“确认”。

表 10-6　D1 修自动试验项点与手动试验项点对应关系

自动试验项点(显示屏列表)	手动试验项点(手动试验方式所列项点)
紧急	1.1.1.1　紧急制动试验
紧急制动单缓	1.1.1.2　动力车单独缓解试验
漏泄(D1 修)	1.1.2　漏泄试验
空气制动感度	1.1.3.1　感度(制动)试验
制动保压(自缓)	1.1.3.2　持续保压试验
制动保压(D1 修)	1.1.3.2　持续保压试验
常用制动单缓	1.1.3.3　动力车单独缓解试验
制动缓解	1.1.3.4　感度(缓解)试验
电空制动安定	1.1.4.1　安定试验
电空缓解	1.1.4.2　阶段缓解试验
小闸制动	1.1.5　动力车单独制动缓解试验
小闸缓解	1.1.5　动力车单独制动缓解试验

1.2.2.1　大闸试验

(1)紧急位试验。操纵大闸置紧急位，在显示屏上点击“确认”。

(2)运转位试验。操纵大闸置运转位，在显示屏上点击“确认”。

(3)全制动位试验。操纵大闸置全制动位，在显示屏上点击“确认”。

1.2.2.2　小闸试验

(1)单缓试验。操纵小闸单缓，保持侧压，在显示屏上点击“确认”。操纵小闸单缓复位，在显示屏上点击“确认”。

单缓试验完成后，操纵大闸置运转位，在显示屏上点击“确认”。系统自动判断大闸处于运转位后，开始小闸全制动位试验。

(2)全制动位试验。操纵小闸置全制动位，在显示屏上点击“确认”。

(3)运转位试验。操纵小闸置运转位，在显示屏上点击“确认”。

2. 简略试验

在操纵端投入车列电空。尾部一位动力车(控制车)列车管充风至定压后，操纵端大闸减压 100 kPa，通过司机室显示屏确认尾部一位动力车(控制车)制动作用正常，保压 1 min，列车管漏泄不大于 20 kPa(具备列车管自动补风功能的不进行保压试验)。

操纵端大闸置运转位，通过司机室显示屏确认尾部一位动力车(控制车)缓解作用正常，列车管充风至定压。

3. 重联解编试验

3.1　手动试验方式

3.1.1　空气制动试验

在操纵端切除车列电空，尾部一位动力车(控制车)列车管充风至定压后，操纵端大闸置初制动位(减压 50 kPa),通过司机室显示屏确认尾部一位动力车(控制车)制动作用正常,保压 1 min,列车管漏泄量不大于 20 kPa,动力集中动车组不得发生自然缓解。

操纵端大闸置运转位充风,通过司机室显示屏确认尾部一位动力车(控制车)缓解作用正常,动力集中动车组在 1min 内缓解完毕。

3.1.2　车列电空制动试验

在操纵端投入车列电空,尾部一位动力车(控制车)列车管充风至定压后,操纵端大闸置全制动位(减压 170 kPa),通过司机室显示屏确认尾部一位动力车(控制车)制动作用正常,动力集中动车组不得发生紧急制动。

操纵端大闸置运转位,通过司机室显示屏确认尾部一位动力车(控制车)缓解作用正常,列车管充风至定压。

3.2　自动试验方式

在操纵端司机室显示屏点选"维护菜单"→"列车试验"→"重联解编试验",自动隔离制动控制器;点击"开始"后,制动控制系统直接发出制动(缓解)指令进行自动试验。

自动试验项点及判据执行"3.1.1 空气制动试验"(对应司机室显示屏上的空气制动贯通、制动保压、制动缓解试验项点)、"3.1.2 车列电空制动试验"(对应司机室显示屏上的电空制动安定、制动缓解试验项点)要求,试验结果自动提示。

4. 专项全部试验

D2 修时实施,须在动力集中动车组两端分别进行试验。

4.1　手动试验方式

在"1.1 手动试验方式"基础上,将"1.1.2 漏泄试验"加强为"4.1.1 专项漏泄试验",将"1.1.3.2 持续保压试验"加强为"4.1.2 专项持续保压试验";其余试验项点按"1.1 手动试验方式"执行。

4.1.1　专项漏泄试验

尾部一位动力车(控制车)总风管压力达到 850 kPa 以上后,断开操纵端空压机控制开关,2 min 后在操纵端司机室显示屏上设置制动系统为单机模式,大闸置初制动位,均衡风缸减压 50 kPa 后,保压 1 min,总风管漏泄量不大于 10 kPa,列车管漏泄量不大于 20 kPa。

试验完成后,操纵端大闸置运转位,在操纵端司机室显示屏上设置制动系统为本务投入模式。

4.1.2　专项持续保压试验

感度(制动)试验完成后,持续保压 5 min,前 2 min 内,拖车(控制车)不得发生自然缓解;5 min 内,列车管及拖车(控制车)副风缸每分钟漏泄量均不得大于 20 kPa。

4.2　自动试验方式

自动试验按"1.2 自动试验方式"执行;在试验项目列表中将"漏泄"和"制动保压"点选为 D2 修;点击"开始"后,制动控制系统直接发出制动(缓解)指令进行自动试验。

自动试验项点及判据与手动试验项点及判据一致,试验结果自动提示。自动试验项点与手动试验项点一一对应,对应关系见表 10-7。

表 10-7　D2 修自动试验项点与手动试验项点对应关系

自动试验项点(显示屏列表)	手动试验项点(手动试验方式所列项点)
紧急	1.1.1.1　紧急制动试验
紧急制动单缓	1.1.1.2　动力车单独缓解试验
漏泄(D2 修)	4.1.1　专项漏泄试验
空气制动感度	1.1.3.1　感度(制动)试验
制动保压(自缓)	1.1.3.2　持续保压试验
制动保压(D2 修)	4.1.2　专项持续保压试验
常用制动单缓	1.1.3.3　动力车单独缓解试验
制动缓解	1.1.3.4　感度(缓解)试验
电空制动安定	1.1.4.1　安定试验
电空缓解	1.1.4.2　阶段缓解试验
小闸制动	1.1.5　动力车单独制动缓解试验
小闸缓解	1.1.5　动力车单独制动缓解试验

5. 停放制动试验

实施停放制动缓解、施加试验和停放制动安全环路试验时，须在两端分别进行试验。

5.1　停放制动缓解、施加试验

确认停放制动处于施加状态，列车管充至定压，总风压力不低于 700 kPa。

动力车为操纵端时，大闸置初制动位(减压 50 kPa)，小闸在运转位实施单缓后，缓解停放制动，通过司机室显示屏、停放缓解指示灯、停放制动指示器确认全列停放制动的缓解状态一致(直车体动力集中动车组只确认动力车)；施加停放制动，通过司机室显示屏、停放制动指示灯、停放制动指示器确认全列停放制动的制动状态一致(直车体动力集中动车组只确认动力车)。

控制车为操纵端时，大闸置初制动位(减压 50 kPa)，缓解停放制动，通过司机室显示屏、停放缓解指示灯确认全列停放制动的缓解状态一致(直车体动力集中动车组只确认动力车)；施加停放制动，通过司机室显示屏、停放制动指示灯确认全列停放制动的制动状态一致(直车体动力集中动车组只确认动力车)。

5.2　专项停放制动试验

确认停放制动处于施加状态，列车管充至定压，总风压力不低于 700 kPa。

5.2.1　停放制动安全环路试验(鼓形车体动力集中动车组)

在操纵端将大闸置初制动位(减压 50 kPa)，缓解停放制动，在编组中任一车通过双脉冲电磁阀施加停放制动，确认停放制动安全环路报警。将报警车停放制动安全环路旁路开关置隔离位，确认停放制动安全环路报警消除。

试验完成后，恢复报警车停放制动安全环路旁路开关置运行位，动力集中动车组施加停放制动。

5.2.2　停放制动手动缓解试验

仅在动力车端实施。

5.2.2.1　动力车试验。大闸置初制动位(减压50 kPa),小闸在运转位实施单缓后缓解停放制动,将动力车停放制动隔离塞门置隔离位(断位),动力车停放制动指示器应显示为施加状态;拉动动力车各停放制动装置缓解拉杆,确认各停放制动夹钳单元正常缓解。将动力车停放制动隔离塞门置正常位(通位),现车确认各停放制动夹钳单元处于缓解状态。

5.2.2.2　拖车(控制车)试验。小闸置全制动位,大闸置运转位,缓解停放制动,将拖车(控制车)各车停放制动隔离塞门置隔离位(断位),各车停放制动指示器应显示为施加状态;取下各车任一侧停放制动手动缓解装置拉杆处的弹性插销,拉动手动缓解拉杆,确认停放制动夹钳单元正常缓解。将拖车(控制车)停放制动隔离塞门置正常位(通位),现车确认停放制动夹钳单元处于缓解状态。操作结束后,将弹性插销复位。

动力车试验、拖车(控制车)试验全部完成后,在操纵端施加停放制动。

二、单机(单车)试验

1. 动力车单机试验

1.1　气密性和风源系统试验

1.1.1　总风缸气密性试验

总风缸充至额定压力后,关闭总风缸出口塞门,停止主空压机工作,待压力稳定后,测试5 min内的压力下降值,下降值不应超过20 kPa。

1.1.2　列车管气密性试验

设置制动系统为单机模式,大闸置初制动位,列车管压力维持在定压,保压5 min,列车管漏泄不大于10 kPa。

1.1.3　整车气密性试验

在各种压缩空气设备压力达到规定值但不工作的情况下,主空压机在总风压力调节器控制下停止工作,测试总风缸在20 min内的压力值,不应低于750 kPa。

1.1.4　主空压机供风能力试验

关闭主空压机,排尽动力车总风缸内压缩空气后,关闭总风缸出口塞门,启动主空压机,记录总风缸压力从0升至主空压机自动停机的时间。总风缸在压力差范围内的升压时间应小于计算的理论升压时间。

1.1.5　辅助空压机供风能力试验

试验时降下受电弓,排尽动力车总风缸和升弓风缸的压缩空气,启动辅助空压机,记录升弓风缸压力从0升至额定值(或辅助空压机自动停机)的时间,应小于计算的理论升压时间。

1.1.6　总风压力调节器试验

主空压机处于正常运转状态,利用总风管连接塞门的开关使总风漏泄,记录主空压机启动和停止的总风压力。

压力调节器的闭合压力为(750±20)kPa,断开压力为(900±20)kPa。

1.1.7　总风安全阀工作特性试验

主空压机处于“强泵”状态，记录总风安全阀动作时总风压力变化。总风安全阀的动作压力为(950±20)kPa，总风压力应下降并能连续排风，安全阀关闭压力不应低于850 kPa。

1.2　制动系统静态性能试验

制动系统上电，确认总风缸压力不低于750 kPa，制动机状态正常；设置制动系统为本务投入模式，均衡风缸压力设为定压600 kPa，投入车列电空制动；小闸保持在制动区；按规定做好防溜。

大闸置运转位充风至定压。

1.2.1　自检功能试验

通过司机室制动显示屏运行“单机自检”功能，不应报出模块异常或其他故障。

1.2.2　性能试验

大闸和小闸置运转位，各手柄按照下述试验要求进行操纵。

(1)自动制动试验(表10-8)

表10-8　自动制动试验

序号	试验项目	试验方法	评定标准
1	大闸运转位	大闸置运转位，记录ER、BP和BC的压力变化	ER压力＝(600±5)kPa； BP压力＝(600±10)kPa，BP压力＝ER实测压力±10 kPa； BC压力＝0
2	大闸初制动	大闸置初制动位，待压力稳定后大闸置运转位，记录ER、BP和BC的压力变化	1. 大闸置初制动位时，压力稳定后：BP压力减压(50±5)kPa，并保持在ER实测压力±10 kPa内；BC压力＝(100±15)kPa。 2. 大闸置运转位，ER和BP压力恢复至定压、BC压力缓解到0
3	大闸减压100 kPa	大闸置制动区，使均衡风缸减压约100 kPa，待压力稳定后大闸置运转位，记录ER、BP和BC的压力变化	1. 大闸减压100 kPa时，压力稳定后：记录ER、BP、BC压力。 2. 大闸回运转位，ER和BP压力恢复至定压、BC压力缓解到0
4	大闸减压140 kPa	大闸置制动区，使均衡风缸减压约140 kPa，待压力稳定后大闸置运转位，记录ER、BP和BC的压力变化	1. 大闸减压140 kPa时，压力稳定后：记录ER、BP、BC压力。 2. 大闸置运转位，ER和BP压力恢复至定压、BC压力缓解到0
5	大闸全制动	大闸置全制动位，待压力稳定后大闸置运转位，记录ER、BP和BC的压力变化	1. 大闸置全制动位时：ER压力在6～8 s内减压170 kPa，最终减压170～190 kPa；BP减压量不低于170 kPa，BP压力＝ER实测压力±10 kPa；BC压力上升至400 kPa的时间为7～9.5 s，最终增至(420±15)kPa。 2. 大闸置运转位，ER和BP压力恢复至定压，BC压力由最高压力下降到40 kPa的时间小于8.5 s，并缓解到0

续上表

序号	试验项目	试验方法	评定标准
6	阶段制动和阶段缓解(若有)	在运转位和全制动位间，使用大闸实施阶段制动 和阶段缓解，记录 ER、BP 和 BC 的压力变化	阶段制动和阶段缓解时每一个状态下的 ER、BP 和 BC 压力均应稳定；最终大闸置运转位，ER 和 BP 压力恢复至定压，BC 压力缓解到 0
7	大闸置抑制位	大闸置抑制动位，待压力稳定后大闸置运转位，记录 ER、BP 和 BC 的压力变化	1. 大闸置抑制位时：ER 最终减压 170～190 kPa；BP 减压量不低于 170 kPa，BP 压力＝ER 实测压力±10 kPa；BC 压力为(420±15)kPa。 2. 大闸回运转位，ER 和 BP 压力恢复至定压，BC 压力缓解到 0
8	大闸置重联位	大闸置重联位，待压力稳定后大闸置运转位，记录 ER、BP 和 BC 的压力变化	1. 大闸置重联位时：ER 压力以常用速度降低到 0(没有紧急制动发生)；BP 压力小于 100 kPa；BC 压力＝(450±20)kPa。 2. 大闸置运转位，ER 和 BP 压力恢复至定压，BC 压力缓解到 0
9	大闸紧急制动	大闸置紧急位，待压力稳定后大闸置运转位，记录 ER、BP 和 BC 的压力变化	1. 大闸置紧急制动位时，动力车实施紧急制动；ER 压力减压至 0；BP 压力在 3 s 内降至 0；BC 压力在 3～7 s 内达到 400 kPa，最终达到(450±20)kPa。 2. 60 s 后大闸置运转位，ER 和 BP 压力恢复至定压，BP 压力由 0 升至 580 kPa 的时间小于 11 s，BC 压力缓解到 0

注：表中 ER 代表均衡风缸，BP 代表制动管，BC 代表制动缸，下同。

(2)单独制动试验(表 10-9)

表 10-9　单独制动试验

序号	试验项目	试验方法	评定标准
1	小闸全制动	小闸置全制动位、待压力稳定后将小闸置运转位，记录 BC 的压力变化	1. 小闸置全制动位时：BC 压力在 2～4 s 内升至 285 kPa，并最终达到(300±15)kPa。 2. 小闸置运转位：BC 压力在 3～5 s 内由 300 kPa 下降到 40 kPa，并最终缓解到 0
2	小闸阶段制动和阶段缓解	小闸实施阶段制动和阶段缓解，小闸置运转位，记录 BC 的压力变化	1. 阶段制动和阶段缓解时每一个状态下的 BC 压力均应稳定。 2. 闸置运转位时：BC 压力缓解到 0

1.2.3　大闸与小闸的匹配试验

(1)大闸常用制动与小闸匹配试验

大闸与小闸均置运转位，然后小闸置全制动位、大闸置常用全制动位，小闸在全制动位上侧推进行单独缓解，再松开小闸使其复位，最后将大闸与小闸均回到运转位；大闸施加常用全制动，小闸在运转位上侧推进行单独缓解，再松开小闸使其复位。记录试验过程中均衡风缸、列车管、制动缸的压力变化。

侧推小闸应能单独缓解大闸实施的常用制动至小闸位置所对应的压力，松开小闸后制动缸压力不恢复。

(2)大闸紧急制动与小闸匹配试验

小闸置运转位，大闸施加紧急制动，然后小闸在运转位上侧推进行单独缓解，再松开小闸复位，最后大闸回到运转位。记录试验过程中均衡缸、制动管、制动缸的压力变化。

侧推小闸应能单独缓解大闸实施的紧急制动，松开小闸后动力车制动缸压力应恢复为紧急制动时压力值。

1.2.4　各种工况紧急制动和惩罚制动试验(表 10-10)

表 10-10　各种工况紧急制动和惩罚制动试验

序号	试验项目	试验方法	评定标准
1	紧急制动按钮	按下紧急制动按钮，记录 BP 和 BC 的压力变化	实施紧急制动；BP 压力迅速减至 0；BC 压力＝(450±20)kPa；BC 压力由 0 升至 400 kPa 的时间在 3～7 s 间
2	紧急制动阀	启动紧急制动阀，记录 BP 和 BC 的压力变化	实施紧急制动；BP 压力迅速减至 0；BC 压力＝(450±20)kPa
3	监控装置常用惩罚制动	监控装置发出常用惩罚 制动指令，记录 ER、BP 和 BC 的压力变化	实施常用惩罚制动。 减压 80 kPa 模式：BP 减压(80±10)kPa。 减压 130 kPa 模式：BP 减压(130±10)kPa。 减压 170 kPa 模式：BP 减压不低于 170 kPa；BC 压力＝(420±20)kPa
4	监控装置紧急惩罚制动	监控装置发出紧急惩罚 制动指令，记录 BP 和 BC 的压力变化	实施紧急制动、动力切除；BP 压力迅速减至 0；BC 压力＝(450±20)kPa
5	制动机失电惩罚制动	制动机电源失电，记录 ER、BP 和 BC 的压力变化	实施惩罚制动；ER 压力以常用速度降低到 0(没有紧急制动发生)；BP 压力小于 100 kPa；BC 压力＝(450±20)kPa
6	无人警惕惩罚制动	使警惕时间超时，记录 ER、BP 和 BC 的压力变化	实施惩罚制动；ER 减压 170～190 kPa；BP 减压量不低于 170 kPa；BC 压力＝(420±20)kPa

1.2.5　电空性能试验

控制继电器(电空装置)在各位置时工作状态见表 10-11。

表 10-11　控制继电器在各位置时的工作状态

继 电 器	工　况				
	运 转 位	常用制动	保　压	充气缓解	紧急制动
制动继电器	失电	得电	失电	失电	得电
缓解继电器	失电	失电	失电	得电	失电
保压继电器	失电	失电	得电	失电	失电
紧急继电器	失电	失电	失电	失电	得电

1.2.6　列车管补风试验(一次缓解时不进行补风试验)

将大闸手柄置于初制动位，待压力稳定后，小心使列车管漏泄，观察 1 min，记录制动管压力的变化。

在补风模式时，列车管的补风能力应满足要求。

1.2.7 制动重联试验

本项试验在定压 600 kPa 时进行，动力车仅作为被试车。

被试动力车(设置为补机模式)与陪试车连挂好后，连接车间管路，并打开车间管路折角塞门，通过操作陪试车大闸，可进行被试动力车的制动与缓解操作，其制动与缓解作用与被试动力车保持一致。

1.2.8 无动力回送试验

设置陪试机车/动力车为本务机车，被试动力车设置为“无动力回送”状态。

在陪试机车/动力车上，实施紧急制动和常用全制动，此时处于无动力回送状态的被试动力车制动缸最高压力 200～250 kPa，缓解功能正常。

1.2.9 断钩保护试验

制动系统充风至定压后，迅速打开车端列车管折角塞门排空列车管压力，此时被试车应：

(1)切断列车管补风，紧急放风阀打开；

(2)列车管压力迅速下降到 0；

(3)制动缸压力上升至(450±20)kPa；

(4)制动屏上出现动力切除提示；

(5)制动屏上显示紧急制动信息。

1.2.10 空气备用制动试验

切换到空气后备制动状态，操纵后备制动阀控制列车管的减压与充风，被试车制动缸的制动与缓解正常。

后备制动阀手柄置制动位时，后备均衡风缸 600 kPa 降至 430 kPa 的时间应为 6～8 s。

1.2.11 防滑器性能试验

大闸置紧急制动位，按下防滑主机上“诊断”按钮，开始执行自检。防滑器自检功能应正常，防滑阀充排风及各单元制动器动作正常。

1.2.12 停放制动功能检查

通过停放制动按钮对停放制动进行施加和缓解，检查停放制动功能是否正常。

1.2.13 撒砂功能检查

通过司机脚踏板进行撒砂，检查撒砂功能及方向是否正常。

1.2.14 制动缸切除功能检查

通过制动缸切除截门 1、切除截门 2 分别切除 2 个转向架的制动力，检查该功能是否正常。

2. 控制车单机试验

2.1 气密性和风源系统试验

2.1.1 总风缸气密性试验

总风缸充至额定压力后，关闭总风缸出口塞门，关闭外接风源，待压力稳定后，测试

5 min 内的压力下降值，下降值不应超过 20 kPa。

2.1.2　列车管气密性试验

设置制动系统为单机模式，大闸置初制动位，列车管压力维持在定压，保压 5 min，列车管漏泄不大于 10 kPa/min，均衡风缸漏泄量不大于 10 kPa。

2.1.3　整车气密性试验

开放制动系统、卫生间等所有用风装置，总风缸压力充至最大工作压力，待压力稳定后记录 5 min 内总风压力下降值。整车压缩空气系统总风压力下降值应小于 30 kPa/5 min。

2.2　制动系统静态性能试验

制动系统上电，确认总风缸压力不低于 750 kPa，制动机状态正常；设置制动系统为本务投入模式，均衡风缸压力设为定压 600 kPa，投入车列电空制动；按规定做好防溜。

大闸置运转位充风至定压。

2.2.1　自检功能试验

通过制动司机室显示屏运行“自检”功能，不应报出模块异常或其他故障。

2.2.2　性能试验

大闸置运转位，各手柄按照下述试验要求进行自动制动试验操作。

自动制动试验详见表 10-12。

表 10-12　自动制动试验

序号	试验项目	试验方法	评定标准
1	大闸运转位	大闸置运转位，记录 ER、BP 和 BC 的压力变化	ER 压力＝（600±5）kPa；BP 压力＝（600±10）kPa，BP 压力＝ER 实测压力±10 kPa；BC 压力＝0
2	大闸初制动	大闸置初制动位，待压力稳定后大闸置回运转位，记录 ER 和 BP 的压力变化	1. 大闸置初制动时：BP 压力减压（50±5）kPa，并保持在 ER 实测压力±10 kPa 内。 2. 大闸回运转位时，ER 和 BP 压力恢复至定压，BC 压力缓解到 0
3	大闸减压 100 kPa	大闸置制动区，使均衡风缸减压约 100 kPa，待压力稳定后大闸置回运转位，记录 ER 和 BP 的压力变化	1. 大闸减压 100 kPa 时：压力稳定后记录 ER、BP 压力。 2. 大闸回运转位后缓解，ER 和 BP 压力恢复至定压，BC 压力缓解到 0
4	大闸减压 140 kPa	大闸置制动区，使均衡风缸减压约 140 kPa，待压力稳定后大闸置回运转位，记录 ER 和 BP 的压力变化	1. 大闸减压 140 kPa 时：压力稳定后记录 ER、BP 压力。 2. 大闸回运转位后缓解，ER 和 BP 压力恢复至定压、BC 压力缓解到 0
5	大闸全制动	大闸置全制动位，待压力稳定后大闸置回运转位，记录 ER 和 BP 的压力变化	1. 大闸置全制动时：ER 压力在 6～8 s 内减压 170 kPa，最终减压 170～190 kPa；BP 减压量不低于 170 kPa，BP 压力＝ER 实测压力±10 kPa。 2. 大闸回运转位时缓解，ER 和 BP 压力恢复至定压，BC 压力缓解到 0
6	阶段制动和阶段缓解（若有）	在运转位和全制动位间，使用大闸实施阶段制动和阶段缓解，记录 ER 和 BP 的压力变化	阶段制动和阶段缓解时每一个状态下的 ER 和 BP 压力均应稳定

续上表

序号	试验项目	试验方法	评定标准
7	大闸置抑制位	大闸置抑制动位，待压力稳定后大闸置回运转位，记录 ER 和 BP 的压力变化	1. 大闸置抑制位时：ER 最终减压 170～190 kPa；BP 减压量不低于 170 kPa，BP 压力＝ER 实测压力±10 kPa。 2. 大闸回运转位时 ER 和 BP 压力恢复至定压，BC 压力缓解到 0
8	大闸置重联位	大闸置重联位，待压力稳定后大闸置回运转位，记录 ER 和 BP 的压力变化	1. 大闸置重联位时：ER 压力以常用速度降低到 0（没有紧急制动发生）；BP 压力小于 100 kPa。 2. 大闸回运转位时，ER 和 BP 压力恢复至定压，BC 压力缓解到 0
9	大闸紧急制动	大闸置紧急位，待压力稳定后大闸置回运转位，记录 ER 和 BP 的压力变化	1. 大闸置紧急制动位时，控制车实施紧急制动：ER 压力减压至 0；BP 压力在 3 s 内降至 0。 2. 60 s 后大闸回运转位，ER 和 BP 压力恢复至定压，BP 压力由 0 升至 580 kPa 的时间小于 11 s，BC 压力缓解到 0

注：表中 ER 代表均衡风缸，BP 代表列车管，BC 代表制动缸，下同。

2.2.3 各种工况紧急制动和惩罚制动试验（表 10-13）

表 10-13 各种工况紧急制动和惩罚制动试验

序号	试验项目	试验方法	评定标准
1	紧急制动按钮	按下紧急制动按钮，记录 BP 的压力变化	实施紧急制动、动力切除；BP 压力迅速减至 0
2	紧急制动阀	下拉紧急制动阀，记录 BP 的压力变化	实施紧急制动、动力切除；BP 压力迅速减至 0
3	监控装置常用惩罚制动	监控装置发出常用惩罚制动指令，记录 ER 和 BP 的压力变化	实施常用惩罚制动。 减压 80 kPa 模式：BP 减压（80±10）kPa。 减压 130 kPa 模式：BP 减压（130±10）kPa。 减压 170 kPa 模式：BP 减压不低于 170 kPa
4	监控装置紧急惩罚制动	监控装置发出紧急惩罚制动指令，记录 BP 的压力变化	实施紧急制动、动力切除；BP 压力迅速减至 0
5	制动机失电惩罚制动	制动机电源失电，记录 ER 和 BP 的压力变化	实施惩罚制动；ER 压力以常用速度降低到 0（没有紧急制动发生）；BP 压力小于 100 kPa
6	无人警惕惩罚制动	使警惕时间超时，记录 ER 和 BP 的压力变化	实施惩罚制动；ER 减压 170～190 kPa；BP 减压量不低于 170 kPa

2.2.4 电空性能试验

控制继电器（电空装置）在各位置时工作状态见表 10-14。

表 10-14 控制继电器（电空装置）在各位置时工作状态

继电器	工况				
	运转位	常用制动	保压	充气缓解	紧急制动
制动继电器	失电	得电	失电	失电	得电
缓解继电器	失电	失电	失电	得电	失电

续上表

继电器	工况				
	运转位	常用制动	保压	充气缓解	紧急制动
保压继电器	失电	失电	得电	失电	失电
紧急继电器	失电	失电	失电	失电	得电

2.2.5　列车管补风试验(一次缓解时不进行补风试验)

列车管仅有“补风”模式,将大闸手柄置于初制动位,待压力稳定后,小心使列车管漏泄,观察 1 min,记录列车管压力的变化。

在补风模式时,列车管的补风能力应满足要求。

2.2.6　断钩保护试验

制动系统充风至定压后,迅速打开与拖车连挂端的列车管折角塞门,排空列车管压力,此时被试车应:

(1)切断列车管补风,紧急放风阀打开;

(2)列车管压力应降低到 0;

(3)出现动力切除指示;

(4)制动屏上显示紧急制动信息。

2.2.7　空气备用制动试验

切换到空气后备制动状态,操纵后备制动阀控制列车管的减压与充风,被试车制动缸的制动与缓解正常。

后备制动阀手柄置制动位时,后备均衡风缸 600 kPa 降至 430 kPa 的时间应为 6～8 s。

3. 拖车及控制车单车试验

在《铁路客车运用维修规程》中单车试验要求的基础上,取消电空阶段缓解试验,增加鼓形车体拖车(控制车)停放制动试验,方法如下:

保证总风管压力为(600±10)kPa,副风缸压力(580±10)kPa,按规定做好防溜,并确认停放制动装置的电器接线无异常或短路,常用制动和停放制动均处于缓解状态。

3.1　车上操作,按下停放制动控制模块双脉冲电磁阀制动按钮,停放制动控制装置排风,车上、车下停放制动缓解显示器均应显示为施加状态;车下确认停放制动夹钳单元处于施加状态。

3.2　车上操作,按下停放制动控制模块双脉冲电磁阀缓解按钮,停放制动控制装置充风,车上、车下停放制动缓解显示器均应显示为缓解状态;车下确认停放制动夹钳单元处于缓解状态。

第五节　动力集中动车组重联解编原理及流程

动力集中动车组重联与解编作为动力集中动车组运行中的关键环节,对于确保动力集中动车组的正常运行和乘客的安全具有重要意义。

本节详细介绍了动力集中动车组重联与解编的要求和操作流程，规范动力集中动车组现场作业标准。

一、动力集中动车组重联解编要求

1. 长编动力集中动车组不得重联运行。同为直车体或鼓形车体的两组短编电力动力集中动车组可重联运行，须采用控制车与控制车的连挂方式。用于跨境运输的动力集中动车组根据实际情况确定。内电分置式双源短编动力集中动车组可重联运行，但需确认重联技术条件。

2. 短编重联或重联解编时，由地勤机械师（在站时，由随车机械师）负责开闭机构的手动操作，对带电气装置的 105 型车钩（10 号电钩）摘挂前后的状态进行检查，并通知司机摘解、连挂，配合司机进行相关试验；司机负责操纵动力集中动车组，以及开闭机构开启和闭合等车内操作。解编操作时，主控动力集中动车组须一次移动 5 m 以上方可停车。重联操作须在重联端进行。

二、动力集中动车组重联

1. 开启导流罩

司机操作打开连挂端导流罩，机械师确认被控车连挂端导流罩状态。

如导流罩电控无法打开，需手动打开。机械师开启一位侧检修门，将控制系统上的三通阀由主供风转至外部排风，将解锁扳手套在前端活动舱门下方运动锁定机构的六角柱上，旋转六角柱，开闭装置舱门从关闭位置解锁，手推舱门，听到“咔嗒”声锁闭到位。

2. 机械师检查确认主控车、被控车连挂端导流罩状态时检查导流罩活动机构曲臂与支杆处于垂直位置，上下红线应对齐。

3. 机械师分别安装控制车电钩导引杆，将电钩导引杆朝向调整至外侧。

4. 连挂前状态准备确认，机械师检查确认主控车、被控车连挂端导流罩状态良好，机械钩、10 号电钩良好且处于收回状态，联控司机开始连挂。

5. 动力集中动车组连挂引导

负责引导人员在动力集中动车组重联和解编时根据《铁路技术管理规程（普速铁路部分）》有关手信号显示规定，向司机显示信号。

(1)机械师在连挂端头车前进方向的右侧监视连挂的整个动作过程，确认车钩正常连挂。如连挂过程中出现异常情况，立即使用对讲机通知主控车司机紧急停车。如一次连挂不成功，主控车应退行 10 m，经机械师检查车钩状态良好后再做连挂。

(2)机械钩连挂到位后，电钩罩子打开自动连挂；如电钩罩子无法打开，关闭导流罩内总风管塞门，人工使用六角棘轮扳手旋转传动杆的六角头，从而推动电气连接器前进，电气连接器护盖打开，继续旋转使电气连接器推送机构锁定到位，完成电气连接器连挂。

6. 连挂后试拉

动力集中动车组司机操纵动力集中动车组进行试拉，机械师车下确认两重联自动车钩状态。

7. 连挂后静态试验，各系统试验良好，满足重联运行条件。

8. 重联作业结束。

三、动力集中动车组解编

1. 解编作业

（1）动力集中动车组司机操纵主控车解编作业，机械师依次查看电钩分离、机械钩分离，并通知司机分离到位。如机械钩无法自动解锁，手动解构步骤：关闭主车导流罩内总风管与列车管塞门，关闭从车导流罩内总风管与列车管塞门，同时分别拉主车、从车带钢丝绳的红色解钩把手，直到指示标记向内转动 90°，指针不回弹，解钩完成。

（2）机械师检查指示器标记，确认机械钩已分离后，通知主控车司机驾驶动力集中动车组驶离，在距离被控车不小于 5 m 处停车。

2. 检查车钩及 10 号电钩状态

（1）车钩分离后机械师检查 10 号电钩风管接口、胶圈及接线端口状态，无变形、缺损、堵塞等异常状况。

（2）检查确认 10 号电钩风管接口及接线端口状态良好后，导引杆拔出反向插入，使导引杆头部朝向钩尾部，联控司机关闭主控车、被控车 10 号电钩护罩。

（3）关闭 10 号电钩护罩后，联控司机关闭主控车、被控车连挂端导流罩。

如果导流罩无法自动关闭，机械师开启动力集中动车组一位侧检修门；将控制系统上的三通阀由主供风转至外部排风；将解锁扳手套在前端活动舱门下方运动锁定机构的六角柱上，旋转六角柱，舱门从开启位置解锁；手推舱门，听到“咔嗒”声锁闭到位。

3. 解编作业完毕。

第六节　动力集中动车组运用作业管理

为了规范动力集中动车组运用管理，对于动力集中动车组日常调车、停放、防火防冻、无动力回送等专项作业，有着严格的管控措施。《规则》中有关规定见下述内容。

一、调车作业及停放

1. 动力集中动车组调车作业时原则上采用自走行方式。因动力车发生故障导致动力集中动车组无法自走行或对动力车、拖车（控制车）进行非整列调车时，执行机车、客车调车作业规定。

2. 采用自走行方式调车作业时，司机应在运行方向的前端操作，前方进路的确认由司机负责；不得已情况下必须在后端操作时，应指派胜任人员站在动力集中动车组运行方向的前端指挥，发现危及行车或人身安全时，应立即使用紧急停车按钮（紧急制动装置）或通知司机停车。

3. 库内采用机车调车作业时，机车与动力集中动车组动力车可直接连挂，机车与控制车连挂时需在带电气装置的 105 型车钩（10 号电钩）上安装过渡车钩。过渡车钩拆装由动力集中动车组检修人员负责。

4. 动力集中动车组库内、站内、存车场无动力停放时，司机须施加停放制动，停放制动失效时的防溜办法由各铁路局集团公司制定。

二、回送作业

1. 动力集中动车组成组回送时，须安排司机及随车机械师值乘。

2. 动力集中动车组成组回送，采用有动力方式运行时，按普速旅客列车交路安排；采用无动力方式运行时，按客运机车交路接运，不得附挂货物列车回送。

3. 短编重联或长编动力集中动车组采用有动力方式回送前，由回送申请单位校核工作受电弓间距与回送交路上接触网分相布置匹配情况。

4. 动力集中动车组无动力方式成组回送时，机车可直接与动力集中动车组动力车连挂，机车与控制车连挂时需在带电气装置的 105 型车钩（10 号电钩）上安装过渡车钩。过渡车钩拆装由回送申请单位负责。

5. 动力车采用有动力方式回送时，可采用动力车加动力车、动力车加控制车、动力车加机车的编组方式。动力车采用无动力方式回送时，比照机车回送办理。拖车、控制车回送时，比照客车回送办理。

6. 动力车加机车回送时，需将动力车密接式车钩更换为托梁式车钩。控制车单独回送或拖车（控制车）成组回送时，在带电气装置的 105 型车钩（10 号电钩）上安装过渡车钩，密接式车钩更换为托梁式车钩。上述车钩更换安装作业由回送申请单位负责。

7. 动力集中动车组成组回送或动力车、控制车、拖车回送时，回送申请单位应提出限速、回送方式（有动力、无动力）、比照客车或机车回送、可否折角运行等注意事项。

8. 无动力回送或机车救援动力集中动车组，在站进行简略试验时，由司机通知随车机械师，随车机械师应通过制动/缓解指示器，确认尾部动力车或控制车制动缓解作用正常；列车出发前、停车站进站前和出站后，随车机械师应与司机核对列车尾部风压。

三、试运行

1. 遇有下列情况时，铁路局集团公司须组织动力集中动车组进行试运行：

（1）动力集中动车组新造出厂或 D3 修及以上修程修竣后正式上线运营前。

（2）动力集中动车组临修更换动力车轮对、主变压器、牵引电机或封存启用正式上线运营前。

2. 试运行原则上安排在铁路局集团公司管内进行，由铁路局集团公司负责组织。涉及跨局试运行时，由铁路局集团公司调度所根据机务、车辆部门的申请向国铁集团调度请令。动力集中动车组试运行须安排司机及随车机械师值乘。

（1）动力集中动车组新造出厂或 D3 修及以上修程修竣后试运行，由配属机辆站段负责请令，调度所负责安排，相关单位、主机厂（或承修单位）等人员参加。

（2）动力集中动车组临修或封存启用试运行，由机辆站段负责请令，维修单位、机辆站段相关部门人员参加。

3. 试运行前，动力集中动车组须达到“动力集中动车组出库质量标准”，进行列车制动系统全部试验。出库前由司机在操纵端负责实施列车制动系统简略试验。

4. 动力集中动车组按标记速度（160 km/h）试运行里程规定：

（1）动力集中动车组新造出厂和D5修、D6修修竣后试运行里程不少于500 km。

（2）动力集中动车组D3修、D4修修竣后试运行里程不少于300 km。

（3）动力集中动车组临修更换动力车轮对、主变压器、牵引电机或封存启用，试运行里程由铁路局集团公司确定。

5. 铁路局集团公司须明确试运行内容和检查项目，试运行后须下载分析相关数据。

四、防火和防寒

1. *动力集中动车组消防设施配备要求*

（1）动力集中动车组车厢内须按规定配置灭火器。灭火器配置标准：拖车及控制车客室应配备2具2L水型灭火器和2具2 kg ABC干粉灭火器。电动力车及控制车司机室内配备2具2L水型灭火器和2具2 kg ABC干粉灭火器，FXD1电动力车机械间配备1具3 L水型灭火器和1具4 kg ABC干粉灭火器，FXD3电动力车机械间配备1具2 L水型灭火器和1具2 kg ABC干粉灭火器。内燃动力车司机室配备1具2 L水型灭火器和3具2 kg ABC干粉灭火器，内燃动力车机械间按A、B节配备，A节配备5具2 L水型灭火器和3具2 kg ABC干粉灭火器，B节配备6具2 L水型灭火器和6具2 kg ABC干粉灭火器。

（2）动力集中动车组拖车及控制车客室内应配置消防锤，并标注“消防专用”标识。消防锤配置规定：乘务员室（机械师室）设1个，座车客室设4个，卧车大走廊设2个。

（3）烟火报警系统应保持状态良好，按规定进行定期检测。

2. *动力集中动车组电气防火要求*

（1）铁路局集团公司应定期组织有关部门检查动力集中动车组防火工作，消除火灾隐患，确保动力集中动车组消防安全。机辆站段要加强电气设施设备的检修，落实动力集中动车组消防安全措施。

（2）动力集中动车组上使用的电气产品需要认证的应配备认证标识。电气产品额定功率不得超过允许范围。需增配、调整用电器时，须经铁路局集团公司主管部门批准。熔断器、断路器容量须符合规定，严禁使用其他替代品或短接。动力集中动车组运行途中，凡发生断路器自动分闸、熔断器熔断时，应首先确认该支路无短路后，方可复位或更换。

（3）动力集中动车组配电柜门应锁闭。严禁在配电间（室）内，配电盘、控制箱、电采暖装置等电气装置上部及附近堆放或搭挂物品。

（4）动力集中动车组运行途中，工作人员要加强用电器具使用监管，确保用电安全。餐饮工作人员应正确使用微波炉等电器，使用中严禁离开操作区域，用后须清洁，餐车离人断电。

（5）动力集中动车组车内严禁吸烟或动用明火取暖、照明。

（6）动力集中动车组车体接地线、设备接地保护线须可靠连接。严禁临时配线，确需时须经铁路局集团公司主管部门批准。

3. 动力集中动车组防冻要求

（1）铁路局集团公司应制定动力集中动车组冬季防冻管理办法，并组织实施。

（2）当环境温度低于0 ℃时，应供电防冻。不具备防寒防冻条件时，动力集中动车组应进行排水、卸污等排空作业。动力集中动车组供电防冻时，须指派专人巡视。供电间隔时间，由各单位根据实际自行确定。

（3）D3修及以上修程的动力集中动车组要认真办理交接，防止冻车。施修前、修竣后须进行排水、卸污等排空作业。施修期间的动力集中动车组防冻由施修单位负责。

（4）机车、列车试验器、单车试验器与动力集中动车组连结风管前，应先开放机车折角塞门或风管路塞门排水。在动力集中动车组风管安装压力表前，应先开放动力集中动车组折角塞门排水。

第十一章

车体、转向架及附属装置检修

本章主要叙述车体、转向架及附属装置检修相关检修内容，并按照内容的不同，分成两节分别介绍动力车车体、转向架及附属装置检修，以及拖车车体、转向架及附属装置检修；着重对车体、车端连接各部件，车内设施、司机室、转向架系统各部件的检查、维护保养方法及常见故障处理进行介绍，提高对动力集中动车组车体、转向架及附属装置的检修水平。

第一节　动力车车体、转向架及附属装置检修

本节主要包括动力车车体、转向架及附属装置的日常检查方法及常见故障处理，重点对车门、裙板的安装，转向架主要部件的状态检查及技术参数的测量，以及常见故障处理进行介绍。

一、车体主要部件的保养及常见故障的判断、处理

(一)车体主要部件日常保养

车体的日常检查包括车体外表面的清洁，日常清洁时，可采用中性清洁剂清洗，严禁采用强酸或强碱性清洁剂清洗，易造成油漆开裂、钢板腐蚀。定期打开底架钢结构地板的排水阀，及时排空底架冷凝水，防止锈蚀车体。规定的走行公里数或间隔期内(以先到为准)，应实施相应的维修工作。以 D1 修和 D2 修为例，维修等级的具体要求以及对应维修计划的检查范围、标准，详见表 11-1～表 11-3。

表 11-1　D1、D2 修维修等级具体要求

修程	与机车、客车修程对应关系	走行公里及时间周期
D1 修	机车基础整备，客车日常检修	每运行不超过(4 000+400)km
D2 修	机车全面整备、C1 修、C2 修、C3 修(统称为动力车、控制车机务设备专项检修)，客车专项检修和 A1 修	动力车、控制车机务设备检修周期为 1 年的专项检修项目及拖车、控制车(不含机务设备)按客车 A1 修项目：运行(30±3)万 km 或距上次 D2 修以上修程 1 年；动力车、控制车机务设备其他专项检修项目和拖车、控制车(不含机务设备)专项检修项目按《规则》规定的时间周期

表 11-2　D1、D2 修车体检查范围

序号	部件	维修工作项目	维修等级					维修所需人工工时（人数×小时）	维修所需物料及数量
			D1 修	D2 修					
				月度	季度	半年	年度		
1	车体	外观检查及清洁	√					3×1	
		底架冷凝水排放	√					1×0.1	
2	车体焊缝检查	目视检查	√	√	√	√	√	1×1	
		关键焊缝探伤检查						1×9	
3	油漆	修补破损油漆						1×0.5	
4	车下吊挂	检查螺栓是否松动				√		1×0.25	
5	登顶门	安装螺栓是否松动				√		1×0.2	
6	活顶盖	更换密封胶皮						2×2	密封胶皮约 8 m 开口销螺栓螺母
7	排障器	螺栓是否松动				√		1×0.25	
		检查排障器高度并调节				√		2×1	松开小排障器的安装螺栓，调节小排障器高度

注：在相应的维修等级中用“√”标记。

表 11-3　D1、D2 修车体检查范围对应标准

序号	部　件	检查内容及要求	检修设备
1	车体	车体侧墙、车顶清洁	
2	车体	(1)检查车体是否有污垢，如果必要则进行清洁。 (2)目视检查车体底架各设备吊座焊缝有无裂纹，枕梁与侧梁、枕梁与牵引梁的连接焊缝有无裂纹	手电筒、列检锤
3	登顶门	检查安装紧固件是否松动，如有松动按扭力重新紧固	扭力扳手
4	排障器	(1)检查安装螺栓是否紧固，如有松动则紧固。 (2)检查排障器是否有裂纹或损坏，如有则焊补或更换。 (3)检查排障器距轨面的距离是否小于 110 mm	扭力扳手、卷尺

续上表

序号	部　　件	检查内容及要求	检修设备
5	地板冷凝水	打开排水槽的阀门排放冷凝水	
6	车下设备	检查螺栓是否松动，有则用扭力扳手拧紧	扭力扳手
7	车体焊接结构	(1)目视检查车体组焊中的各梁、各安装座、蒙皮等及其相互连接处焊缝有无裂纹，如有则进行焊补。对影响承载及行车安全的焊缝及母材裂缝如补焊不能达到要求，则应进行局部结构加强或挖补更换。 (2)清理车体表面油污	手电筒、列检锤
8	活顶盖	检查安装紧固件是否松动，如有松动按扭矩重新紧固	扭力扳手

(二)车体裙板、车内各门的安装

1. 车体裙板和检修门的安装

安装前的准备工作：断电操作，准备 10 mm、13 mm、17 mm 开口扳手各两把，7 mm 方孔锁、橡胶锤。

裙板和检修门安装步骤详见表 11-4。

表 11-4　裙板和检修门安装步骤

部件名称	安装步骤	注意事项
裙板	 将 T 形螺栓挂在裙板的 C 形槽上，两人抬裙板对齐底架边梁下端，并将 T 形螺栓穿进安装板的腰孔，转动 T 形螺栓，直到 T 形螺栓无法转动。最后用扭力扳手将螺母初步紧固，然后安装支架处的安装螺栓螺母，紧固螺栓螺母，最后用规定紧固扭矩紧固螺栓螺母	M10 的紧固扭矩为 40 N·m

续上表

部件名称	安装步骤	注意事项
检修门	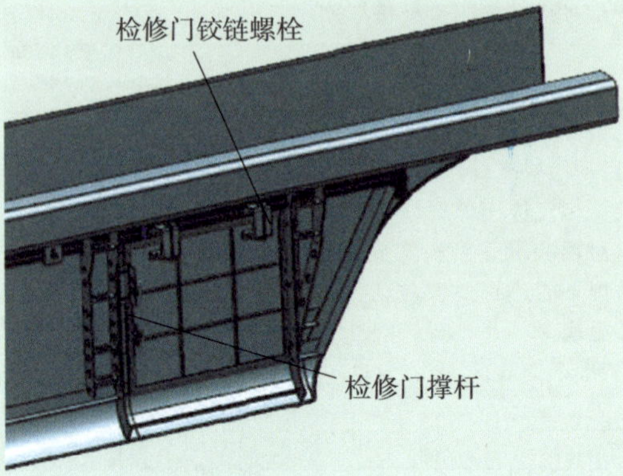 用扭力扳手安装裙板检修门铰链，安装完毕用门锁锁紧检修门	M8 的紧固扭矩为 25 N·m

2. 安装后调试

目测检查裙板安装缝隙是否均匀，与车体是否平直，螺栓是否紧固到位。按压检查检修门是否有空隙，如有则调整锁间距螺母。打开检修门检查打开是否顺畅，撑杆角度是否适宜。

拆卸前的准备工作：断电操作，准备 M6、M8、M10 扳手各两把，橡胶锤，拆卸步骤见表 11-5。

表 11-5　裙板和检修门拆卸步骤

序号	部件名称	拆卸步骤	注意事项
1	裙板	用 17 mm 扳手拆除裙板顶部及裙板内表面 M10 螺栓及螺母，注意拆除螺栓时，留下顶部两个 T 形螺栓最后拆下，防止裙板掉下砸伤	三人操作裙板拆卸，拆卸过程中两人抬裙板，一人松螺栓，防止砸伤
2	检修门	打开门锁，用 M8 开口扳手拆除裙板检修门铰链	操作裙板拆卸，拆卸过程中防止检修门掉落砸伤

3. 日常保养说明

与车体一起进行定期清洗。清洗使用无纺布，禁用丙酮、稀料、硫酸等化学品；严禁用钢丝球或钢丝毛刷除污。裙板及检修门有无明显变形及裂纹，如零件有明显变形或裂纹应修复或更换。检查安装螺栓及连接螺母是否松动。检查检修门锁是否锁紧。

二、转向架主要部件的保养及常见故障的判断、处理

1. 螺栓防松检查

重点检查电机悬挂螺栓、轴箱拉杆连接螺栓、牵引装置连接螺栓、制动盘连接螺栓、轴箱端盖连接螺栓、各种减振器连接螺栓、扫石器连接螺栓、制动器安装螺栓、踏面清扫器安装螺栓、轮缘润滑装置安装螺栓、车轮防护板安装螺栓、止挡连接螺栓是否存

在松脱。通过紧固件迟缓线是否错位判断螺栓是否松动，或者在 80％紧固扭矩下紧固件无松动。

2. 走行部故障监测子系统的检查

走行部故障监测子系统主要检查线缆、传感器是否存在松脱。

3. 油位检查

由于齿轮箱油不仅仅润滑齿轮，也润滑齿轮箱轴承，因此齿轮箱油位检查非常重要，必须经常检查齿轮箱油位。油位检查必须在动力车停在平直道上 1 h 后进行，油位需位于中间刻度或偏下一点，但不得低于最低刻度线。

4. 限界检查

需经常检查排石器橡胶板、喷砂管等离轨面的距离。检查基础制动连接软管是破损、各接头是否松动。动车前检查速度传感器、防滑速度传感器、接地装置等电气装置连接是否完好，不允许破损。检查空气管路各接头连接状态，不允许松脱。

5. 蓄能制动手动缓解

动车前必须检查制动闸片是否缓解（缓解的标志是闸片松动），如未缓解，严禁动车。可拉动缓解手柄来缓解停车制动。

转向架主要部件常见故障的判断处理详见表 11-6。

表 11-6　转向架主要部件常见故障的判断处理

序号	故障信息	可能的原因	处理方法
1	动力车噪声大	车轮踏面剥离、擦伤或多边形磨耗	车轮踏面恢复性旋修
2	动力车晃动大	抗蛇行减振器失效或横向减振器失效	更换抗蛇行减振器或横向减振器
3	轴箱轴承报警	轴承损坏	顶轮检测/开盖检查/更换轴箱轴承
4	转向架焊缝裂纹	撞击等造成的损伤	首先对裂纹处焊肉进行打磨，消除裂纹，用打磨工具将焊缝周围的铁锈、油漆等打磨掉。对于 Q345E 板材焊缝裂纹，采用焊条电弧焊方法进行焊修，焊条牌号为 E5016，焊接规格为电流 110～120 A
5	牵引电机无电流	牵引电机与车上部分的电气连接断开	查阅“牵引电机检修手册”“转向架总装检修手册”
6	齿轮空心轴传动装置安装螺栓松动	将电机座与电机悬挂座之间的 4 个 M30×80 松开，电机悬挂横梁及齿轮箱的悬挂臂与电机摆杆通过 4 个 M24×2×140 松开，电机悬挂横梁的减振器座与耦合减振器通过 2 个 M12×60 的六角螺栓松开	查阅“电机悬挂装置检修手册”“转向架总装检修手册”
7	轮对驱动装置有异音	将车轴轴颈与轴箱轴承、轴箱与一系悬挂弹簧之间的刚性连接断开	查阅“一系悬挂装置检修手册”“转向架总装检修手册”

续上表

序号	故障信息	可能的原因	处理方法
8	螺栓连接失效	螺栓丢失或螺栓松动	重新装配螺栓并按照正确的扭矩进行紧固
9	橡胶件表面裂纹	环境的影响(如紫外线、臭氧等)	裂纹外观是从中心向外呈放射状,其深度通常不超过 1.5 mm,不影响橡胶的功能。如果出现更大更深的裂纹,则应更换橡胶件
10	橡胶件出现老化、裂缝、金属与橡胶剥离现象	橡胶功能失效,与金属件的黏结失效	更换橡胶件
11	减振器渗油或漏油	微量漏油表现为一层很薄的干燥油膜,加油后留下的残油会在减振器的表面形成一层很薄的油膜,会在减振器表面形成污渍	微量漏油一般不必更换减振器,如果仍有怀疑,可以在减振器上做一个清晰的标记以便下次重点检查。如果再次发现明显的漏油,则更换减振器
		大量漏油表现为湿的、发亮的表面,而且会扩展到储油管的整个表面	更换减振器
12	安全钢丝绳失效	安全钢丝绳是否有断股、松脱	安全钢丝绳不允许断股、松脱,发现断股、松脱应立即更换
13	更换闸片后闸片间隙小或没有间隙	丝杠没有完全复位	旋转丝杠(36 mm 棘轮扳手)将丝杠完全复位
14	空气管路漏泄(嘶嘶响)	接头松动、软管破损	用扳手重新紧固

第二节　拖车车体、转向架及附属装置检修

本节主要叙述拖车车体、转向架及附属装置相关检修内容,涵盖车体裙板、门、窗的拆装方法,以及车体侧门及附属装置等部件的检查与功能测试,拖车转向架的检查、故障诊断及处理。通过有效的检修工作,保障拖车车体、转向架及附属装置的可靠性,提高列车的整体运行质量,为动力集中动车组的安全、稳定运行奠定坚实基础。

一、拆装车体裙板、门窗

(一)拆卸及安装车体裙板

1. 拆卸车体裙板

(1)将活动裙板两侧下方的安全链取下。

(2)用内六角扳手开启两侧螺纹锁。

(3)打开活动裙板,拆下气弹簧与固定裙板连接的紧固件,旋下安装座和斜撑固定螺栓,取下固定裙板。

2. 安装车体裙板

(1)将固定裙板与底架安装座连接,安装斜撑、气弹簧。

(2)调整到合理位置,将端固定裙板与活动裙板进行调整,使裙板之间搭接缝符合要求,将螺栓进行紧固,并涂打防松标记。

(3)关闭活动裙板,拧紧两侧螺纹锁,扣上两侧安全链。

(二)拆装车内移门及其部件

1. 拆装手动移门

(1)松开承载小车上滚轮的压紧螺母。

(2)防跳轮调至最低点,承载轮调至最高点,取下门扇。

(3)卸下承载小车。

(4)确认新门扇无缺陷后,重新安装调试门系统。

2. 更换移门承载轮、防跳轮

(1)先拆下门扇。

(2)旋下承载轮、防跳轮的压紧螺母,卸下承载轮、防跳轮。

(3)确认新承载轮、防跳轮转动灵活,将其安装在承载小车上。

3. 更换移门缓冲头组件

(1)松开缓冲头紧固螺母。

(2)从支架上旋下缓冲头。

(3)确认新的缓冲头无撕裂、破损现象,将其旋入支架。

(4)通过旋转缓冲头调节门系统开度,调节完成后紧固螺母。

(三)拆卸及安装车窗及其部件

1. 安装固定车窗

(1)将窗户从外向里装到车体上,注意四周的间隙应均匀一致。

(2)将固定拉紧块按一定间距用内六角紧固螺钉将车窗固定在车体上,圆角处的拉紧块尽可能靠近圆角。

2. 更换固定车窗玻璃

(1)取下所有的安装件,清洗框架里面,将原先框内残留的密封胶及其他杂物清除。

(2)沿框架周圈打密封胶,然后将胶垫按位置分布在框架的四个圆弧拐角处。

(3)将窗玻璃轻放入框架内,并注意保持玻璃与框架的四周配合间隙均匀。

(4)将内部玻璃胶条,用木锤安装到框架上,其接头用胶粘牢,位于车窗上部中间位置。

(5)将车窗反转过来,装入外部玻璃胶条。

(6)将车窗重新反转过来,用木锤将装饰胶条安装到框架的相应位置,接头同样位于上部中间位置。

3. 安装活动窗

(1)上部活动窗拆卸时,将辅梁上螺钉取下,然后取下辅梁和弹簧钢丝,转动活扇至水平位置即可拿下上活扇。

(2)上部活动窗安装时用螺钉将辅梁安装到位,留够安放弹簧钢丝的间隙,将弹簧钢丝放入并平均分布,最后上紧螺钉完成更换。

二、车体侧门及附属装置的故障处置

(一)塞拉门故障排查处置

塞拉门主要故障有无法完全关门到位、不能紧急打开、气路系统漏气、不能电动开门和不能自动关门等,具体故障处理方法详见表 11-7。

表 11-7 塞拉门故障处理方法

序号	故障现象	故障原因	处理方法
1	塞拉门无法完全关门到位	门关到位时,到位开关不触发	更换门到位开关
2	塞拉门不能紧急打开	外部紧急解锁装置上牵拉钢丝绳的夹头松动钢丝端头脱落	(1)调整钢丝绳松紧。 (2)重新紧固钢丝绳的夹头
		内部紧急解锁装置上牵拉钢丝绳的夹头松动	(1)调整钢丝绳松紧。 (2)重新紧固钢丝绳的夹头
		电磁铁失效	更换电磁铁
		紧急解锁开关失效	更换紧急解锁开关
		内、外紧急解锁装置钢丝绳断裂	更换内、外紧急解锁装置钢丝绳
3	塞拉门气路系统漏气	气缸密封圈破损	更换气缸
		气路接头松动	重新紧固接头
		气管破损	更换气管
		电磁阀失效	更换电磁阀
		过滤减压阀失效	更换过滤减压阀
4	塞拉门不能电动开门	门控器无电源	检查供电输入端是否正常
		电源开关故障	更换电源开关
		门控器故障	更换门控器
		门控器没有接到开门信号	(1)检查输入信号是否正常。 (2)更换门控器
		主锁解锁气缸故障	更换解锁气缸
5	塞拉门不能自动关门	门控器无电源	检查供电输入端是否正常
		门控器故障	更换门控器
		门控器没有接到关门信号	(1)检查输入信号是否正常。 (2)更换门控器
		门到位开关位置松动或损坏	调试到位开关位置,并紧固
		门关到位和锁到位开关均触发	(1)检查门到位和锁到位开关是否有效触发,若未触发,重新调试。 (2)若开关损坏,更改开关

(二)塞拉门系统调试

塞拉门系统在检修完毕后,需满足表 11-8～表 11-10 的调试要求。

表 11-8　塞拉门系统整体调试要求

序号	检测项目	要　求
1	手动开门力	≤150 N
2	开关门时间	门 2.5～5 s，加补偿器 4～6.5 s
3	障碍物检测功能试验	(1)最大挤压力 150 N，能检测的最小障碍物 30 mm×60 mm，防挤压功能在任何状态下，只要门未关闭到 98%位置都起作用(隔离锁动作时失效)。 (2)关门碰到障碍物时门重新打开，10 s 后自动关门；期间蜂鸣器间隔响 4 下，门状态灯连续闪烁；把 ϕ24 mm 圆棒放置在门高度中间靠近门框位置，此时车门应能正常关闭
4	内紧急操作	(1)有电有气状态下：在车辆速度不大于 5 km/h 时，操作内紧急解锁装置后，车门可以手动打开。操作紧急装置复位后，车门自动关闭。 (2)有电无气状态下：在车辆速度不大于 5 km/h 时，操作内紧急解锁装置后，车门可以手动打开。 (3)无电无气状态：操作紧急解锁装置后，车门可以手动打开。 (4)内紧急解锁装置开启不自动复位
5	内操作	(1)有电有气状态下：门使能信号＋零速信号＋内操作开关信号激活后，若上一次车门动作是开门，则执行关门；若上一次车门动作是关门，则执行开门。 (2)有电无气状态下：操作内操作后，车门不动作。 (3)无电无气状态下：操作内操作后，车门不动作。 (4)内操作装置可自动复位
6	外紧急操作	(1)有电有气状态下：在车辆速度不大于 5 km/h 时，操作外紧急解锁装置后，车门可以手动打开。 (2)有电无气状态下：在车辆速度不大于 5 km/h 时，操作外紧急解锁装置后，车门可以手动打开。 (3)无电无气状态：操作紧急解锁装置后，车门可以手动打开。 (4)外紧急解锁装置开启后自动复位。在车辆速度不大于 5 km/h 时，复位后车门在任何状态下不自动关闭
7	外操作	(1)有电有气状态下：门使能信号＋零速信号＋外操作开关信号激活后，若上一次车门动作是开门，则执行关门；若上一次车门动作是关门，则执行开门。 (2)有电无气状态下：操作外操作后，车门不动作。 (3)无电无气状态下：操作外操作后，车门不动作。 (4)外操作装置可自动复位
8	隔离锁	启用后，门的所有电气操作功能禁用，门状态灯红色常亮，隔离锁解除后继续保持关门状态，门状态灯灭

表 11-9　车门本地状态指示灯逻辑

序号	车门状态	指示灯状态	蜂鸣器状态
1	未关锁到位	灭	—
2	开门延时	绿色闪烁	2 Hz 鸣响
3	开门动作	绿色闪烁	2 Hz 鸣响
4	关门延时	绿色闪烁	4 Hz 鸣响
5	关门动作	绿色闪烁	4 Hz 鸣响
6	关锁到位且未隔离	绿色亮	—
7	关锁到位且隔离	红色亮	—
8	内、外紧急解锁打开	灭	有电状态下，5 Hz 常响至操作内、外操作自动关门

表 11-10　踏板本地状态指示灯逻辑

序号	车门状态	指示灯状态	蜂鸣器状态
1	踏板水平锁闭到位	绿色亮	—
2	踏板非水平锁闭到位	灭	—
3	车门隔离	红色亮	—
4	踏板隔离	红色亮	—

三、转向架部件常见故障处理

转向架是动车组的关键部件，其状态良好与否直接影响列车在高速运行中的稳定性和可靠性。通过日常检修及定期检修可以及时发现并处理转向架存在的隐患。转向架部件常见故障处理详见表 11-11。

表 11-11　转向架部件常见故障处理

序号	故障现象	故障原因	处理方法
1	运行噪声大	轴承损伤(滚子、保持架或内外圈)	开盖检查，更换故障轴承
		人力制动夹钳处于制动状态	缓解人力制动机
		车轮擦伤、剥离	旋轮修复，并检查防滑装置
2	车体垂向振动大	车轮失圆	检查失圆的车轮，必要时旋轮修复
		空气弹簧系统故障	排查处理空气弹簧系统故障
3	车体横向振动大	定位转臂橡胶节点损坏	更换橡胶节点
		定位转臂组装不良	重新组装或更换定位转臂组成
		牵引拉杆变形或裂损	更换牵引拉杆
		中心牵引销组装不良	重新组装中心牵引销
		中心牵引销变形或裂损	更换中心牵引销
		构架变形量过大	更换转向架
4	车体侧滚振动大	扭杆的连杆与车体、扭臂连接不良	更换紧固件重新连接
		连杆关节轴承损坏或连杆弯曲	更换连杆组成
		扭杆轴承座与构架连接不良	重新紧固轴承座
		扭杆或扭臂损坏	更换扭杆组成(扭杆＋扭臂)
		横向减振器阻尼参数不合格	更换减振器，重新进行减振器的检修
		横向减振器漏泄	更换减振器
		横向减振器活塞损坏	更换减振器
		横向减振器断开连接	重新连接固定减振器
		空气弹簧系统故障	按下述“11 空气弹簧常见故障”处理
		高度阀故障	更换高度阀
		紧固板紧固不良	重新紧固紧固板
		垂向减振器阻尼参数不合格	更换减振器，重新进行减振器的检修
		垂向减振器漏泄	更换减振器
		垂向减振器活塞损坏	更换减振器
		垂向减振器连接不良	重新连接紧固减振器

续上表

序号	故障现象		故障原因	处理方法
5	热轴		轴箱润滑失效	开盖检查，更换故障轴承
			轴承损伤(滚子、保持架或内外圈)	开盖检查，更换故障轴承
			轴承产生电蚀	开盖检查，更换故障轴承；检查接地装置
6	减振系统故障导致的制动冲击		减振器漏泄	更换减振器
			减振器活塞损坏	更换减振器
			减振器断开	更换紧固件和/或减振器
			轴箱弹簧折损	更换轴箱弹簧
			空气弹簧系统故障	排查处理空气弹簧系统故障
7	车体摇头运动大		抗蛇行减振器阻尼参数不合格	更换减振器，重新进行抗蛇行减振器的检修
			抗蛇行减振器漏泄	更换减振器
			抗蛇行减振器连接不良	重新连接固定减振器
			抗蛇行减振器节点裂损	更换减振器
			空气弹簧系统故障	排查处理空气弹簧系统故障
			牵引橡胶节点或牵引拉杆橡胶节点变形、破裂	更换故障橡胶节点
			车轮踏面异常磨损	重新旋修踏面
8	曲线上车体超限		横向减振器阻尼参数不合格	更换减振器，重新进行横向减振器的检修
			横向减振器漏泄	更换减振器
			横向减振器连接不良	重新连接固定减振器
			横向减振器节点裂损	更换减振器
			横向止挡丢失	更换横向止挡
			牵引系统(牵引拉杆、牵引体、中心销)连接故障	重新紧固牵引拉杆或中心销
			高度阀故障	更换高度阀
			空气弹簧系统故障	排查处理空气弹簧系统故障
9	车体距轨面距离不当		空气弹簧组装错误	重新组装空气弹簧
			空气弹簧系统故障	排查处理空气弹簧系统故障
10	车体不水平		高度阀故障	更换高度阀
			高度阀水平杆松动	重新紧固水平杆
			高度阀调节杆松动	重新紧固调节杆(不得改变长度)
			供风压力不足	检查车体空气弹簧供风系统
			空气弹簧胶囊漏泄	更换空气弹簧组成(同一辆车应装用同一型号)
11	空气弹簧常见故障	经常性排气	软管、管系或接头漏泄	管系查漏，并修复漏泄
			空气弹簧胶囊漏泄	更换空气弹簧组成(同一辆车应装用同一型号)
			高度阀卡滞在排风位	更换高度阀
			高度阀进气、出气口密封不良	更换高度阀
			高度阀阀座O形密封圈损坏	更换高度阀

续上表

序号	故障现象		故障原因	处理方法
11	空气弹簧常见故障	压力不稳定	高度阀上的出气口密封不良	更换高度阀
			差压阀故障	更换差压阀
		胶囊鼓包	表层胶硫化缺陷导致。直径 20 mm 以下超过 2 处,直径 30 mm 以下超过 1 处	鼓包较软,限度范围内可用针状物横向挑破,超限的回程后更换
		胶囊失气	空气弹簧供风截断关闭	打开供风截断
			胶囊破损、开裂	更换空气弹簧
			高度阀故障	更换高度阀
			差压阀故障	更换差压阀
12	制动不良或不制动		制动缸接头故障或制动缸变形	更换接头或制动缸
			硬管破损或软管漏风	更换故障配件
			构架制动吊座变形	更换转向架
			制动供风管系漏泄	管系查漏,修复漏泄
			金属软管松脱	检查原因,更换金属软管
			闸片丢失	检查闸片托和锁铁状态,更换闸片
			制动盘变形	更换分体制动盘或更换轮对
			盘面状态(不良)	更换制动盘
			制动缸漏泄	更换制动缸
			制动缸阻塞	更换制动缸
			风压不足	检查车体制动供风系统
			夹钳组成零件故障	更换故障零件
13	制动后不缓解		人力制动未缓解	缓解人力制动
			制动缸堵塞	更换制动缸
			夹钳零件变形	更换故障零件
			制动吊座变形	更换或修理转向架
14	轴承电蚀		炭刷失效或磨损到限	更换炭刷
			摩擦盘表面擦伤或损坏	更换摩擦盘
			绝缘不良	更换接地装置
			由于渗水导致各配件的氧化	轴箱检修,更换接地装置

第十二章

供风及制动系统检修

按动力集中动车组机械师培训规范能力分解表要求，本章主要介绍供风及制动系统各部件的检查及维护保养方法，制动机试验流程及常见故障处理等内容。本章共分为五节，对主空压机的安装、调试、运行和维护及故障处理重点阐述，同时对制动机试验流程，制动装置的检查、维护保养及主要部件故障处理也进行了介绍。

第一节　供风及制动系统各部件检查及维护保养

本节主要介绍供风及制动系统的日常检查范围及维护保养知识，重点对主空压机组装、调试及运行中出现的故障处理进行讲解，以提高现场人员对供风及制动系统日常检查的规范性和故障处理的有效性。

一、主空压机的组装及调试

供风系统主要包括主空压机、空气滤清器、进气阀、油气室、油细分离器、最小压力阀、后冷却器、安全阀和压力开关等。主空压机作为供风系统中压缩空气产生装置，主要用途是为制动系统和转向架系统提供压缩空气。因此，其组装质量的好坏以及日常维护保养是否到位，直接关系整个供风系统的稳定。

空压机安装到动力车上时，应尽可能保持水平，即安装时必须校平空压机的安装台，其倾斜角应小于 14°，以免出现永久性的倾斜。空压机的安装空间必须足够大，且通风状况好，一方面可以保证空压机得到充分的冷却，同时又能将进气温度控制在规定的范围内。为了检修方便，空压机的四周需留有 120 mm 左右的空间。空压机的吸气口应尽可能朝向清凉少尘的地方，并尽可能降低吸入空气的湿度。接入空压机的供电线必须与配用的电机功率相匹配，线路上安装空气开关、熔断器等安全装置，空压机接地正确、牢固。开机前应查看油位，并保证所有连接件、接头均已紧固。空压机不允许在高于铭牌规定的排气压力下工作，否则会引起电机过载，空压机停机。运行时，不得松动紧固件和拆卸附件，机体内充满高压气体，高温油液能引发严重的人身伤害事故。安全阀设置在机头壳体上，一旦机体内超过额定压力，高压气体会通过该阀释放。此时，必须停机，待查出超压原因，并排除后方可再开机。不能用易燃溶液和四氯化碳等有害溶剂清洗空压机零部件。

1. 调试前的检查

(1)空压机主机。检查油位，如果必要补充润滑油。油位应在最高油位与最低油位之间。

(2)电机连线。检查电线连接是否松动，必要时重新紧固。拧紧扭矩为(8±2)N·m。

(3)接线盒。检查接入接线盒内的三根线是否正确或松脱，必要时重新连接。拧紧扭矩为3 N·m。

2. 调试作业

(1)电机。点动检查电机旋转方向(通电时间在1 s内)。旋向符合电机尾端箭头方向。

(2)空压机。空载运行2 min，无异音、无故障。检查油位(布油后应适当补充油)，油位正常。启机逐步加压至额定压力，无异音、无故障。检查渗漏及运行情况，油气管无渗漏，机组无异音。测试开停，750 kPa运行，900 kPa停机。启停压力符合要求。

3. 退出调试

空压机在调试结束后，应切断电源，切断与总风缸连接，放净系统内的压力空气，退出调试作业。

二、各部件检查及维护保养

1. 预先加油

如果空压机已经超出六个月没有使用，则必须预先加油。将空气滤清器与进气阀之间的软管拆下。用一根刚性的干净塑料管插入到敞开的进气口中，在管子末端触及进气止回阀板后，用漏斗和塑料管将约0.3 L的润滑油倒入空压机中。

2. 检查油位及油品

关停空压机，确定系统压力完全释放。拧开加油螺塞，检视油位高度，如果油位低于最低油位则必须加满油。将螺塞放回，并将其拧紧，如果密封圈处于完全良好的状态，将其放回，否则更换新的密封圈。

3. 电路连接检查

必须按照电路图进行电路连接，检查供电系统的电流、电压、频率类型和总开关，电源电缆。检查温度开关、压力开关等控制回路与动力车控制线路的连接情况，必须符合电气原理图。

4. 检查电机旋转方向

将空压机接通电源并运行约5 min后，检查所有的油管接头处和法兰处是否有漏泄。用喷涂检漏剂的方法检查空气管路连接处是否有漏泄。在管接头和壳体的任何部分不应出现油渍。

5. 检查漏泄

将空压机接通电源并运行约 5 min 后，检查所有的油管接头处和法兰处是否有漏泄。用喷涂检漏剂的方法检查空气管路连接处是否有漏泄。在管接头和壳体的任何部分不应出现油渍。

6. 试运行

启动空压机，空载运行 2 min 后停机，检查油位，加油至正常油位。补充油后，再次启动空压机，稳定运行约 30 min。检查空压机充满总风缸的时间、机组振动和噪声等是否满足要求。

7. 检查空气滤清器清洁指示器

在进气阀上部装有一个空气滤清器清洁指示器，如果空气滤清器清洁指示器中出现红色区域，说明空滤芯有故障。按下指示器顶部的按钮开关可恢复原位。

8. 检查安全阀

设定值为(1 250±50)kPa，安全阀的灵敏度检查，能及时排出气体(要防护热气流喷出)即可认为其性能稳定。

9. 检查温度开关

该开关为常闭开关，设定值为(115±5)℃。检查时，需确认开关闭合状态。当空压机排气温度超过设定值时会断开电路迫使空压机停止运行。

10. 检查可视回油单向阀

其工作状况用肉眼观察监控，空压机运行时，通过透明外壳可看到小股的油气流动，停机时消失。

11. 检查压力开关

空压机停机后，必须等待 14 s 之后方能再次启动。因为空压机上设置有一个压力开关，串接在控制回路中，只有待系统压力放空到设定压力后，才闭合接通空压机电路。

12. 检查进气阀

空压机刚启动就可感觉到或听到进气阀开启的声音，而且系统很快建立起压力，说明进气阀的进气止回阀部分工作良好。停机时很快就可听到空压机泄压的声音，且该声音在 14 s 后即微弱得难以听到，说明进气阀的泄压阀工作正常。

以 BT-1.6/10AD 型空压机为例，其供风系统的检查范围及标准见表 12-1。

表 12-1　BT-1.6/10AD 型空压机供风系统检查范围及标准

序号	检修内容	日常检查	D1 级修	D2 级修	D3 级修	D4 级修	D5 级修	D6 级修	所需的人工工时(人数 × 小时)	备　注
1	检查外观	√	√	√	√	√	√	√	1×0.01	
2	检查空气滤清器清洁指示器	√	√	√	√	√	√	√	1×0.01	按所示颜色决定是否更换滤芯

续上表

序号	检修内容	日常检查	D1级修	D2级修	D3级修	D4级修	D5级修	D6级修	所需的人工工时（人数×小时）	备　注
3	检查油位	√	√	√	√	√	√	√	1×0.01	缺油加油
4	清除表面灰尘	√	√	√	√	√	√	√	1×0.2	
5	更换空气滤清器滤芯		√	√	√	√	√	√	1×0.5	1年或500 h更换
6	更换油过滤器		√	√	√	√	√	√	1×0.5	500 h更换
7	检查安全阀		√	√	√	√	√	√	1×0.2	满载时，轻旋滚花螺帽，立刻排气为正常
8	检查管接头有无松动漏泄		√	√	√	√	√	√	1×0.5	
9	更换油细分离器				√	√	√	√	1×0.5	3年或一个机车C4修期更换（先到为准）
10	更换润滑油				√	√	√	√	1×0.5	3年或一个机车C4修期更换（先到为准）新机组首次运行500 h更换
11	检查最小压力阀				√	√	√	√	1×0.2	0.4～0.6 MPa开启为正常
12	检查压力开关				√	√	√	√	1×0.2	大于0.3 MPa断开，小于0.3 MPa闭合，断开至闭合时间不大于14 s
13	检查温度开关				√	√	√	√	1×0.2	排气温度（115±5）℃断开，（90±5）℃闭合
14	检查进气阀				√	√	√	√	1×0.2	停机后14 s将系统压力卸至0.3 MPa以下
15	检查温控阀				√	√	√	√	1×0.5	油温≤70 ℃时直通路开启，>70 ℃时通向冷却器通道开启，87 ℃时全开
16	清洗冷却器侧表面				√	√	√	√	1×1.0	
17	检查梅花弹性体					√	√	√	1×1.0	表面无裂纹

续上表

序号	检修内容	日常检查	D1级修	D2级修	D3级修	D4级修	D5级修	D6级修	所需的人工工时（人数×小时）	备　注
18	检查减振垫					√	√	√	1×1.0	表面不脱胶，无裂纹
19	更换电机轴承					√	√	√	4×1.0	
20	更换温控阀						√	√	1×1.0	
21	清洗冷却器两侧通道						√	√	3×1.0	

三、制动系统日常检查

制动系统在日常检查中主要对空气管路、停放制动控制装置、防滑器、指示器、电空制动装置等部件进行检查。

(一)空气管路

空气管路系统的管路质量直接影响列车及制动机的性能，甚至危及行车的安全。空气管路系统主要由不锈钢管、软管、管接头、管夹、塞门等部件组成，通过连接空气管路系统中其他部件，形成压缩空气通路。

按照空气管路系统的用途，空气管路可主要分为列车管路、总风管路、闸缸管路、停放管路和控制管路等。

1. 主要技术参数

空气压力：内部工作压力≤1 100 kPa，外部常压。

2. 结构(图 12-1)

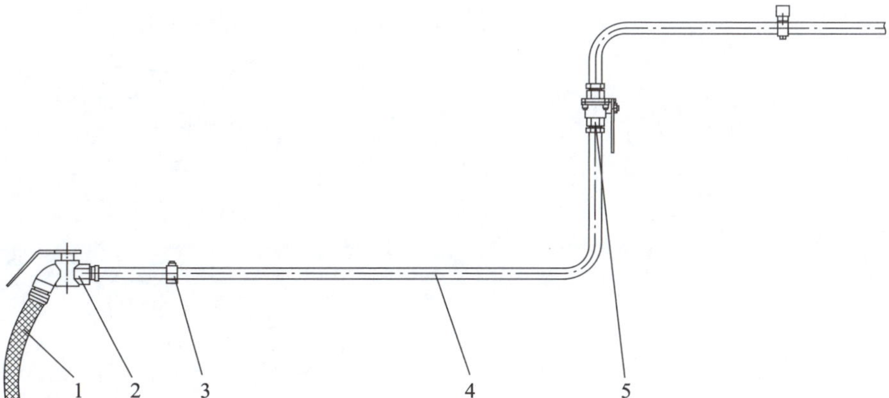

1—软管组成；2—塞门；3—管夹；4—不锈钢管；5—管接头。

图 12-1　空气管路结构示意

3. 安装和调试

(1)安装(表 12-2)

表 12-2　卡套式管接头的安装步骤

序号	安装步骤	注意事项
1	锯下合适长度的无缝钢管,去除端口处毛刺,管子端面要与轴线垂直,角度公差不大于 0.5°。如果管子需要折弯,则从管子端面至弯曲部位的直线段长度不能少于三倍螺母长度	
2	把螺母和卡套套在无缝钢管上	注意螺母和卡套的方向,不要装反
3	在预装配接头体螺纹和卡套上涂上润滑油,把管子插入接头体,用手旋紧螺母	管子需插到位
4	拧紧螺母直至卡套抱紧钢管,这时将明显感觉到拧紧扭矩的增加,然后用扳手继续将螺母拧紧 1¼～1½圈	管子不应有转动
5	将预装配接头体拆下,检查卡套刃口边的嵌入情况;可见的突起带必须填满卡套端面的空间。经过预装的卡套允许在钢管上稍微转动,但不能前后移动	
6	为了避免在卡套收紧时,钢管收缩变形,钢管壁厚不能太薄,如须选用薄壁管,则在钢管内塞衬套,以增加连接处壁厚	
7	装配可以采用机械预装和手工预装,但均符合以上装配方法	
8	最终装配,将实际安装中的接头体的螺纹涂上润滑油,把经过预装的管子插入到该接头体内,拧紧螺母,从力矩激增点(明显感觉力矩突变的一点)起再拧紧 1/4～1/2 圈安装完毕	
9	固定管卡,在管接头及管卡上画上相应的紧固标记及防松标记	(1)管接头标识线:应做到清晰、粗细均匀、平直。线宽度为 2～3 mm。钢管上纵向紧固标识划线 10～15 mm,横向紧固标识划线不少于钢管(可视范围)圆周长的 1/4。 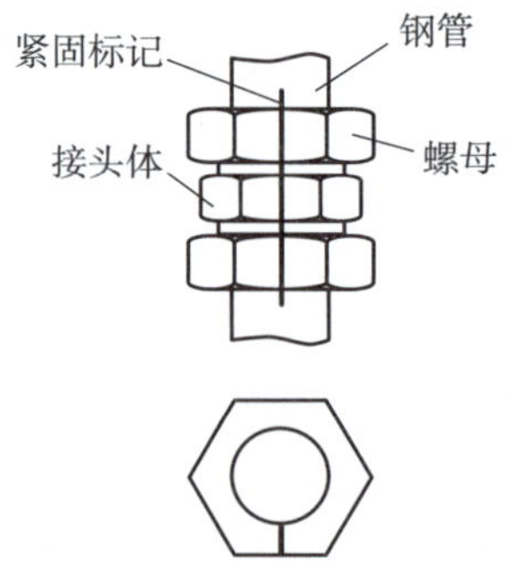 (2)管卡标识线:螺栓的防松标识应选择视觉最直观的部位进行防松标识。防松标识应从工件表面划到螺栓的头部,且标识线必须连续。标识线应做到清晰、粗细均匀、平直。线宽度为 2～3 mm。管卡两边应设有防串动标识,其钢管横向紧固标识划线不少于钢管(可视范围)圆周长的 1/4。

续上表

序号	安装步骤	注意事项
9	固定管卡，在管接头及管卡上画上相应的紧固标记及防松标记	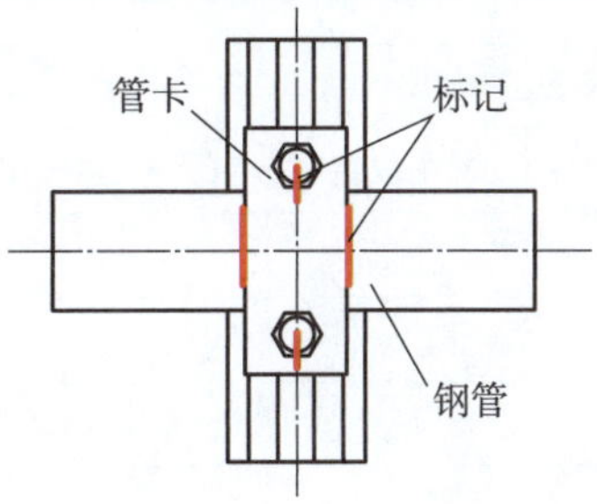

（2）调试（表 12-3）

表 12-3　调试前的检查步骤

序号	部件名称	检查步骤	注意事项
1	卡套式接头预装后检查	将卡套式管接头进行预装后，目视检查卡套的预装效果	（1）管子是否插到位。 （2）卡套与钢管接触是否均匀和紧凑。 （3）管子外表是否刮伤或管子不圆
2	管路安装后检查	目视布管系统的各连接处	（1）管路安装是否稳固。 （2）紧固件处是否有划线标识。 （3）塞门手把安装方向是否正确
3	管路安装后的使用	管路安装完毕后，进行气密性试验	密封性能应符合试验大纲要求

检查各连接钢管是否固定良好，接头是否松动漏泄，各截断塞门动作是否灵活。只要发现相应接头或管卡的防松标识线发生错位的情况，就需要对相应的接头及管卡进行检查，并进行重新安装，同时需进行相应的管路气密性试验。待相应的试验完成后，需清除接头及管卡上原有的紧固标记。

（二）停放制动控制装置

动力集中动车组配置的 PBM-1 型停放制动控制装置，是接受车辆的停放制动施加或缓解电信号指令，控制车辆停放制动施加或缓解的装置，并具有防止空气制动力或停放制动力叠加、停放制动状态检测功能。

动力集中动车组每辆车各配置一台 PBM-1 型停放制动控制装置，安装在每辆车内部一端的电气柜内，控制本辆车的停放制动施加及缓解。

1. 主要技术参数

PBM-1 型停放制动控制装置主要技术参数详见表 12-4。

表 12-4　PBM-1 型停放制动控制装置主要技术参数

参数名称	技术参数
最大工作压力/MPa	1
额定供电电压	DC 110×(1±30%) V

续上表

参数名称	技术参数
海拔高度/m	≤5 100
车辆运行环境温度/℃	−40～+70
振动冲击等级	GB/T 21563—2018《轨道交通　机车车辆设备　冲击和振动试验》1 类 B 级
防护等级	IP55,电连接器 IP65
质量/kg	约 12.8
功率/kW	≤2×7.5(停放制动电磁阀额定功率)
绝缘性能/MΩ	50
耐压性能	AC 1 700 V,1 min
电气接口	端子排连接,线径规格为 0.15～1.5 mm^2
气路接口	GB/T 7307《55°非密封管螺纹》G1/4
预留气路接口	GB/T 7306.2《55°密封管螺纹　第 2 部分:圆锥内螺纹与圆锥外螺纹》Rc1/2
机械接口	ϕ 9 mm 通孔

2. 停放制动控制装置预防性维修(表 12-5)

表 12-5　停放制动控制装置预防性维修

序号	维修等级	检查内容及要求
1	D1 修、D2 修(半年)、D2 修(年度)	(1)安装螺栓无松动或缺失,装置外观无机械损伤,变形、腐蚀或明显的脏污。 (2)装置电线无破损。 (3)阀类、塞门、压力开关、测试插座等外观及安装状态良好无漏气声音
2	D3 修、D4 修	(1)停放制动控制装置功能测试: ①气密性试验; ②停放制动缓解压力测试; ③停放制动防叠加功能测试; ④停放制动手动操作测试; ⑤电触点塞门功能测试; ⑥停放压力开关测试。 (2)性能及功能正常。 (3)其余同 D1 修、D2 修(半年)、D2 修(年度)
3	D5 修、D6 修	返厂分解修

(三)防滑器

防滑器系统中的主机是整个控制中心,主机接收安装在四个轴端的速度传感器传来的脉冲信号,通过对速度传感器脉冲信号的处理、计算、比较之后做出决策,给四个轴的排风阀输出相应的信号,使制动缸保压或排风。

传感器感应安装于车轴上的轴箱端盖上,当车轮转动一圈,测速齿轮同步转动一圈,传感器则会产生 90 个脉冲信号,并将脉冲信号传递给主机,根据脉冲产生的频率,主机会计算出车轮的速度。

目前现有的防滑器在判断滑行时，采用了多种判据，主要有速度差、减速度、滑移率和减速度微分等，每个判据独立采用时，都存在一定的问题，归结起来有以下三种：

(1)当独立使用滑移率时，容易在高粘着轨面出现过度减压或在低粘着轨面上发生车轮擦伤或抱死现象。

(2)当独立使用加减速度和变化率时，对黏着系数急变的轨面适应性差，特别是从高粘着轨面向低黏着轨面跃变时车轮特别容易抱死。

(3)当独立使用速度差时，列车低速行驶时施加制动力，车轮容易抱死。

根据目前所使用的防滑器的型号不同，分别梳理一些常见的故障处理方法，提供参考。

SWKP AS 20T 防滑器每次启动装置时，自动测试即启动。一旦自测完成，代码“99”将出现在显示器上。若由于某种理由，显示出不同代码，参考本章常见故障部分，并按其指南操作。如果自测显示代码“99”，可长按“测试”按钮几秒钟，以开始试运行。试验开始后，显示器将显示代码“89”。单轴或多轴出现故障时，主机显示不同的代码，“72”表示单轴出现故障，“73”表示多轴出现故障。出现故障时，按下“显示”按键，进一步的故障代码将显示故障代码、故障原因及处理措施等内容。

TFX1 M 型防滑器主机供电系统故障、速度传感器及其回路故障、防滑阀及控制回路故障、其他故障现象及处理详见本章第三节中相关表的故障处理措施。

(四)指示器

(1)检查外观：检查指示器外观，检查安装松动则紧固。外形是否变形、破损、腐蚀，如有明显的污物，则擦拭干净。

(2)检查动作性能：检查指示器在制动机动作时，是否指示正常。

(3)换修停放制动指示器：更换橡胶件和弹簧。

指示器在下列情况下应该及时更换，以免动力车发生故障：

①色板移动不灵活、卡滞或指示失灵。

②指示器密封性能不良，经维护后仍不能解决问题的。

③阀体有破裂，经检查不能继续使用的。

④其他原因致使指示器不能正常工作的。

(五)电空制动装置(F8 型)

电空制动装置由空气制动部分、电空制动部分和集成化气路板三部分组成。空气制动部分是由 F8 主阀、F8 辅助阀组成。F8 主阀由主控部、充气阀、限压阀、副风缸充气止回阀、局减阀、转换盖板等组成。

F8 型电空制动装置检修周期及检修状态详见表 12-6。

表 12-6　F8 型电控装置检修周期及检修状态

序号	部件名称	检修周期						备　注
		D1	D2	D3	D4	D5	D6	
1	F8 主阀	○	○	√	√	√	×	—
2	F8 辅助阀	○	○	√	√	√	×	—
3	F8 电空紧急阀	○	○	√	√	√	×	—

续上表

序号	部件名称	检修周期						备　注
		D1	D2	D3	D4	D5	D6	
4	电磁阀安装座	○	○	√	√	×	×	—
5	电磁阀	○	○	○	○	×	×	状态修时，有问题的电磁阀整体更新
6	集成气路板组成	○	○	○	○	○	×	—
7	局减室、辅助室、管座	○	○	○	○	○	×	—
8	箱盖组成	○	○	○	○	○	×	—
9	吊架	○	○	○	○	×	×	—
10	紧固件	○	○	○	×	×	×	—
11	接线排、导线	○	○	○	×	×	×	—
12	铭牌、标识牌等	○	○	○	×	×	×	—

注："○"表示状态修；"√"表示换件修；"×"表示更新。

F8 型电空制动装置具体维修范围详见表 12-7。

表 12-7　F8 型电空制动装置具体维修范围

序号	部件名称	检查内容及要求	检修设备	润滑剂、清洗剂或其他
维修等级：D1 修				
1	F8 型电空制动装置外观	检查 F8 型电空制动装置的外观是否有破损、损伤，防松标识有无错位	—	记号笔
2	F8 型电空制动装置性能试验	按列车试验方法进行试验。各零部件有问题时，更换为新件	—	—
3	其余同日常检查			—
维修等级：D2 修(季度)、D2 修(半年)、D2 修(年度)				
1	F8 型电空制动装置性能试验	按列车试验方法进行试验。各零部件有问题时，更换为新件	—	记号笔
2	其余同日常检查			
维修等级：D3 修				
1	F8 主阀	拆解、更换橡胶件	清洗设备、单阀试验台	GP-9
2	F8 辅助阀	拆解、更换橡胶件	清洗设备、单阀试验台	GP-9
3	F8 电空紧急阀	拆解、更换橡胶件	清洗设备、单阀试验台	7057
4	电磁阀安装座	拆解、更换橡胶件	清洗设备、单阀试验台	7057
维修等级：D4 修				
1	F8 主阀	拆解、更换橡胶件	清洗设备、单阀试验台	GP-9
2	F8 辅助阀	拆解、更换橡胶件	清洗设备、单阀试验台	GP-9
3	F8 电空紧急阀	拆解、更换橡胶件	清洗设备、单阀试验台	7057

续上表

序号	部件名称	检查内容及要求	检修设备	润滑剂、清洗剂或其他
4	电磁阀安装座	拆解、更换橡胶件	清洗设备、单阀试验台	7057
5	接线排、导线	更换新件	—	—
6	铭牌、标识牌等	更换新件	—	—
维修等级:D5 修				
1	F8 主阀	拆解、更换橡胶件	清洗设备、单阀试验台	GP-9
2	F8 辅助阀	拆解、更换橡胶件	清洗设备、单阀试验台	GP-9
3	F8 电空紧急阀	拆解、更换橡胶件	清洗设备、单阀试验台	7057
4	电磁阀安装座	拆解、更换橡胶件	清洗设备、单阀试验台	7057
5	电磁阀	更换新件	—	—
6	吊架	更换新件	—	—
7	接线排、导线	更换新件	—	—
8	铭牌、标识牌等	更换新件	—	—
维修等级:D6 修				
1	F8 主阀	拆解、更换橡胶件	—	—
2	F8 辅助阀	拆解、更换橡胶件	清洗设备、单阀试验台	GP-9
3	F8 电空紧急阀	拆解、更换橡胶件	清洗设备、单阀试验台	7057
4	电磁阀安装座	拆解、更换橡胶件	清洗设备、单阀试验台	7057
5	电磁阀	更换新件	—	—
6	集成气路板组成	更换新件	—	—
7	局减室、辅助室、管座	更换新件	—	—
8	箱盖组成	更换新件	—	—
9	吊架	更换新件	—	—
10	接线排、导线	更换新件	—	—
11	铭牌、标识牌等	更换新件	—	—

第二节　制动机试验流程

制动机试验是制动系统检修过程中的重要环节,规范的制动机试验能够有效判断制动系统故障问题为后期故障处理提供保障。本节主要叙述制动机的列车试验和单机(单车)试验流程,并对两种试验类型当中分别对应相关试验流程标准进行说明。

一、列车试验

动车组供电后,制动系统上电,应无故障报警。操纵端制动系统为本务投入模式,非操纵端制动系统为补机模式;施加停放制动,操纵端自动制动手柄和单独制动手柄均置于运转位,确认操纵端列车管、均衡风缸充至 600 kPa 定压,制动缸缓解至 0。

(一)全部试验

D1 修时实施,须在动力集中动车组两端分别进行试验。

1. 手动试验方式

根据操纵端为动力车或控制车,选择试验项点。操纵端为动力车时,手动试验方式中的各项点均实施试验;操纵端为控制车时,动力车单独缓解试验项点、动力车单独制动缓解试验项点不实施试验。

(1)紧急制动及动力车单独缓解试验

①紧急制动试验

在操纵端投入车列电空,通过司机室显示屏确认尾部一位动力车(控制车)列车管充风至定压后,操纵端大闸置紧急位,动力集中动车组须发生紧急制动作用,列车管压力为0,操纵端动力车制动缸压力为(450±20)kPa。

②动力车单独缓解试验

操纵动力车小闸在运转位实施单缓,动力车制动缸缓解至0;复位小闸后,制动缸压力恢复为(450±20)kPa。

(2)漏泄试验

操纵端大闸置运转位,动力集中动车组缓解,通过司机室显示屏确认尾部一位动力车(控制车)列车管充风至定压。

在操纵端司机室显示屏上设置制动系统为单机模式,大闸置初制动位,均衡风缸减压 50 kPa 后,保压 1 min,列车管漏泄量不大于 20 kPa。

试验完成后,操纵端大闸置运转位,通过操纵端司机室显示屏设置制动系统为本务投入模式。

(3)空气制动试验及动力车单独缓解试验

①感度(制动)试验

在操纵端切除车列电空,通过操纵端司机室显示屏确认尾部一位动力车(控制车)列车管充风至定压,大闸置初制动位(减压 50 kPa),动力集中动车组须发生制动作用。

②持续保压试验

感度(制动)试验完成后,持续保压 3~5 min,前 2 min 内,拖车(控制车)不得发生自然缓解;在持续保压时间段内,列车管每分钟漏泄量不得大于 20 kPa。

③动力车单独缓解试验

持续保压试验完成后,操纵动力车小闸在运转位实施单缓,动力车制动缸压力下降至 0;复位小闸,动力车制动缸压力维持 0。

④感度(缓解)试验

操纵端大闸置运转位,动力集中动车组须在 1 min 内缓解完毕。

(4)电空制动试验

①安定试验

在操纵端投入车列电空,通过操纵端司机室显示屏确认尾部一位动力车(控制车)列车管充风至定压后,大闸置全制动位(减压 170 kPa),确认操纵端司机室显示屏的车列电空状态为"制动"，动力集中动车组不得发生紧急制动；制动系统自动保压后，确认操纵端司机室显示屏的车列电空状态为"保压"。

②阶段缓解试验（动力集中动车组不具备阶段缓解功能时仅进行一次缓解操作，下同）

安定试验完成后，操纵端大闸自全制动位阶段移动至运转位，使均衡风缸阶段增压，每次增压量不小于 20 kPa，移动次数不少于 3 次（含运转位），操纵端司机室显示屏的电空状态交替显示为"缓解"和"保压"，列车管压力阶段上升、制动缸压力阶段下降。

大闸置运转位后，缓解过程中确认司机室显示屏的电空制动状态为"缓解"。该"缓解"显示在均衡风缸充风至定压时消失；通过司机室显示屏确认尾部一位动力车（控制车）列车管充风至定压。

(5)动力车单独制动缓解试验

动力车小闸置全制动位，动力车须发生制动作用，制动缸压力升至(300±15)kPa；实施小闸阶段缓解，制动缸压力阶段下降；小闸置运转位，动力车制动缸缓解至 0。

2. 自动试验方式

确认拖车网络完整，拖车无离线，动力车、拖车（控制车）的车序号排列正确。

(1)全部试验

系统根据操纵端为动力车或控制车，自动对应手动试验方式实施的试验项点进行试验。

在操纵端司机室显示屏点选"电空制动"→"维护菜单"→"列车试验"→"全部试验"，试验默认为自动试验方式，项目列表中"漏泄"和"制动保压"默认为 D1 修，制动控制器自动隔离；点击"开始"后，制动控制系统直接发出制动（缓解）指令进行自动试验。

自动试验项点及判据与手动试验项点及判据一致，试验结果自动提示。自动试验项点与手动试验项点一一对应。

(2)制动控制器试验

在操纵端司机室显示屏点选"电空制动"→"维护菜单"→"列车试验"→"控制器试验"，点击"开始"后，根据提示信息（目标位置）将制动控制器手柄手动置于相应位置（实际位置），然后点击"确认"。

①大闸试验

a. 紧急位试验。操纵大闸置紧急位，在显示屏上点击"确认"。

b. 运转位试验。操纵大闸置运转位，在显示屏上点击"确认"。

c. 全制动位试验。操纵大闸置全制动位，在显示屏上点击"确认"。

②小闸试验

a. 单缓试验。操纵小闸单缓，保持侧压，在显示屏上点击"确认"。操纵小闸单缓复位，在显示屏上点击"确认"。单缓试验完成后，操纵大闸置运转位，在显示屏上点击"确认"。系统自动判断大闸处于运转位后，开始小闸全制动位试验。

b. 全制动位试验。操纵小闸置全制动位，在显示屏上点击"确认"。

c. 运转位试验。操纵小闸置运转位，在显示屏上点击“确认”。

(二)简略试验

在操纵端投入车列电空。尾部一位动力车(控制车)列车管充风至定压后，操纵端大闸减压 100 kPa，通过司机室显示屏确认尾部一位动力车(控制车)制动作用正常，保压 1 min，列车管漏泄量不大于 20 kPa(具备列车管自动补风功能的不进行保压试验)。

操纵端大闸置运转位，通过司机室显示屏确认尾部一位动力车(控制车)缓解作用正常，列车管充风至定压。

(三)重联解编试验

1. 手动试验方式

(1)空气制动试验

在操纵端切除车列电空，尾部一位动力车(控制车)列车管充风至定压后，操纵端大闸置初制动位(减压 50 kPa)，通过司机室显示屏确认尾部一位动力车(控制车)制动作用正常，保压 1 min，列车管漏泄量不大于 20 kPa，动力集中动车组不得发生自然缓解。

操纵端大闸置运转位充风，通过司机室显示屏确认尾部一位动力车(控制车)缓解作用正常，动力集中动车组在 1 min 内缓解完毕。

(2)车列电空制动试验

在操纵端投入车列电空，尾部一位动力车(控制车)列车管充风至定压后，操纵端大闸置全制动位(减压 170 kPa)，通过司机室显示屏确认尾部一位动力车(控制车)制动作用正常，动力集中动车组不得发生紧急制动。

操纵端大闸置运转位，通过司机室显示屏确认尾部一位动力车(控制车)缓解作用正常，列车管充风至定压。

2. 自动试验方式

在操纵端司机室显示屏点选“维护菜单”→“列车试验”→“重联解编试验”，自动隔离制动控制器；点击“开始”后，制动控制系统直接发出制动(缓解)指令进行自动试验。

自动试验项点及判据执行“空气制动试验”(对应司机室显示屏上的空气制动贯通、制动保压、制动缓解试验项点)、“车列电空制动试验”(对应司机室显示屏上的电空制动安定、制动缓解试验项点)要求，试验结果自动提示。

(四)专项全部试验

D2 修时实施，须在动力集中动车组两端分别进行试验。

1. 手动试验方式

在“手动试验方式”基础上，将“漏泄试验”加强为“专项漏泄试验”，将“持续保压试验”加强为“专项持续保压试验”；其余试验项点按“手动试验方式”执行。

(1)专项漏泄试验

尾部一位动力车(控制车)总风管压力达到 850 kPa 以上后，断开操纵端空压机控制开关，2 min 后在操纵端司机室显示屏上设置制动系统为单机模式，大闸置初制动位，均衡风缸减压 50 kPa 后，保压 1 min，总风管漏泄量不大于 10 kPa，列车管漏泄量不大于 20 kPa。

试验完成后，操纵端大闸置运转位，在操纵端司机室显示屏上设置制动系统为本务投入模式。

(2)专项持续保压试验

感度(制动)试验完成后，持续保压 5 min，前 2 min 内，拖车(控制车)不得发生自然缓解；5 min 内，列车管及拖车(控制车)副风缸每分钟漏泄量均不得大于 20 kPa。

2. 自动试验方式

自动试验按“自动试验方式”执行；在试验项目列表中将“漏泄”和“制动保压”点选为 D2 修；点击“开始”后，制动控制系统直接发出制动(缓解)指令进行自动试验。

自动试验项点及判据与手动试验项点及判据一致，试验结果自动提示。自动试验项点与手动试验项点一一对应。

(五)停放制动试验

实施停放制动缓解、施加试验和停放制动安全环路试验时，须在两端分别进行试验。

1. 停放制动缓解、施加试验

确认停放制动处于施加状态，列车管充至定压，总风压力不低于 700 kPa。

动力车为操纵端时，大闸置初制动位(减压 50 kPa)，小闸在运转位实施单缓后，缓解停放制动，通过司机室显示屏、停放缓解指示灯、停放制动指示器确认全列停放制动的缓解状态一致(直车体动力集中动车组只确认动力车)；施加停放制动，通过司机室显示屏、停放制动指示灯、停放制动指示器确认全列停放制动的制动状态一致(直车体动力集中动车组只确认动力车)。

控制车为操纵端时，大闸置初制动位(减压 50 kPa)，缓解停放制动，通过司机室显示屏、停放缓解指示灯确认全列停放制动的缓解状态一致(直车体动力集中动车组只确认动力车)；施加停放制动，通过司机室显示屏、停放制动指示灯确认全列停放制动的制动状态一致(直车体动力集中动车组只确认动力车)。

2. 专项停放制动试验

确认停放制动处于施加状态，列车管充至定压，总风压力不低于 700 kPa。

(1)停放制动安全环路试验(鼓形车体动力集中动车组)

在操纵端将大闸置初制动位(减压 50 kPa)，缓解停放制动，在编组中任一车通过双脉冲电磁阀施加停放制动，确认停放制动安全环路报警。将报警车停放制动安全环路旁路开关置隔离位，确认停放制动安全环路报警消除。

试验完成后，恢复报警车停放制动安全环路旁路开关置运行位，动力集中动车组施加停放制动。

(2)停放制动手动缓解试验

仅在动力车端实施。

①动力车试验。大闸置初制动位(减压 50 kPa)，小闸在运转位实施单缓后缓解停放制动，将动力车停放制动隔离塞门置隔离位(断位)，动力车停放制动指示器应显示为施加状态；拉动动力车各停放制动装置缓解拉杆，确认各停放制动夹钳单元正常缓解。将

动力车停放制动隔离塞门置正常位(通位),现车确认各停放制动夹钳单元处于缓解状态。

②拖车(控制车)试验。小闸置全制动位,大闸置运转位,缓解停放制动,将拖车(控制车)各车停放制动隔离塞门置隔离位(断位),各车停放制动指示器应显示为施加状态;取下各车任一侧停放制动手动缓解装置拉杆处的弹性插销,拉动手动缓解拉杆,确认停放制动夹钳单元正常缓解。将拖车(控制车)停放制动隔离塞门置正常位(通位),现车确认停放制动夹钳单元处于缓解状态。操作结束后,将弹性插销复位。

动力车试验、拖车(控制车)试验全部完成后,在操纵端施加停放制动。

二、单机(单车)试验

(一)动力车单机试验

1. 气密性和风源系统试验

(1)总风缸气密性试验

总风缸充至额定压力后,关闭总风缸出口塞门,停止主空压机工作,待压力稳定后,测试 5 min 内的压力下降值,下降值不应超过 20 kPa。

(2)列车管气密性试验

设置制动系统为单机模式,大闸置初制动位,列车管压力维持在定压,保压 5 min,列车管漏泄量不大于 10 kPa。

(3)整车气密性试验

在各种压缩空气设备压力达到规定值但不工作的情况下,主空压机在总风压力调节器控制下停止工作,测试总风缸在 20 min 内的压力值,不应低于 750 kPa。

(4)主空压机供风能力试验

关闭主空压机,排尽动力车总风缸内压缩空气后,关闭总风缸出口塞门,启动主空压机,记录总风缸压力从 0 升至主空压机自动停机的时间。总风缸在压力差范围内的升压时间应小于计算的理论升压时间。

(5)辅助空压机供风能力试验

试验时降下受电弓,排尽动力车总风缸和升弓风缸的压缩空气,启动辅助空压机,记录升弓风缸压力从 0 升至额定值(或辅助空压机自动停机)的时间,应小于计算的理论升压时间。

(6)总风压力调节器试验

主空压机处于正常运转状态,利用总风管连接塞门的开关使总风漏泄,记录主空压机启动和停止的总风压力。

压力调节器的闭合压力为(750±20)kPa,断开压力为(900±20)kPa。

(7)总风安全阀工作特性试验

主空压机处于"强泵"状态,记录总风安全阀动作时总风压力变化。总风安全阀的动作压力为(950±20)kPa,总风压力应下降并能连续排风,安全阀关闭压力不应低于 850 kPa。

2. 制动系统静态性能试验

制动系统上电，确认总风缸压力不低于 750 kPa，制动机状态正常；设置制动系统为本务投入模式，均衡风缸压力设为定压 600 kPa，投入车列电空制动；小闸保持在制动区；按规定做好防溜。

大闸置运转位充风至定压。

(1)自检功能试验

通过司机室制动显示屏运行“单机自检”功能，不应报出模块异常或其他故障。

(2)性能试验

大闸和小闸置运转位，各手柄按照相关试验要求进行操纵。

第三节　动力集中动车组制动故障判断及排查

司机室显示屏“故障信息”显示区以文本形式循环显示故障信息，最多同时显示 7 条故障。按照故障的等级划分，一级故障信息的背景色为红色，字符为黑色；二级故障信息的背景色为黄色，字符为黑色；三级故障信息的背景色为黑色，字符为白色；无故障发生时，此区域为空，显示背景色。下面以 FXD3-J 型动力车为例进行说明。

一、微机故障信息查询

(1)点击“故障查询”，如图 12-2 所示。

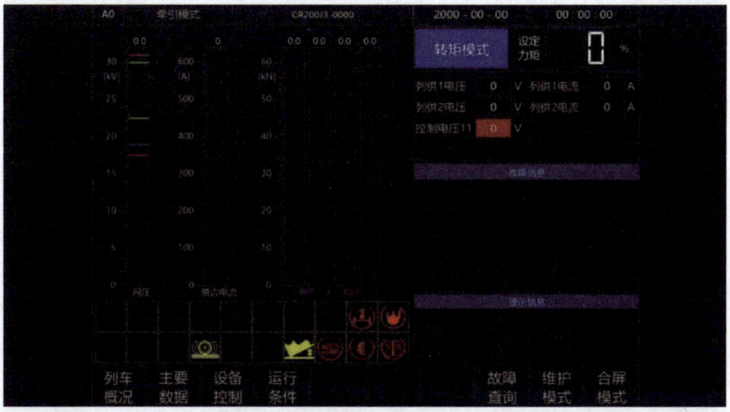

图 12-2　故障查询界面

(2)点击“历史故障”查看历史故障记录，如图 12-3 所示。

(3)点击“当前故障”查看当前故障信息，如图 12-4 所示。

根据故障信息提示进行处置。

二、制动故障信息查询

(1)按压 3 键，如图 12-5 所示。

图 12-3 历史故障界面

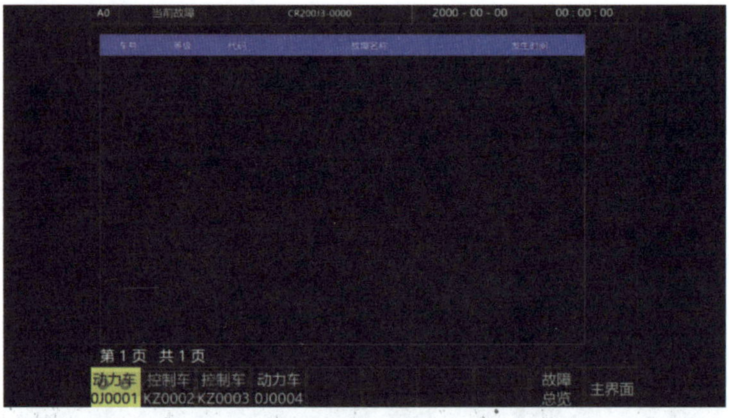

图 12-4 当前故障界面

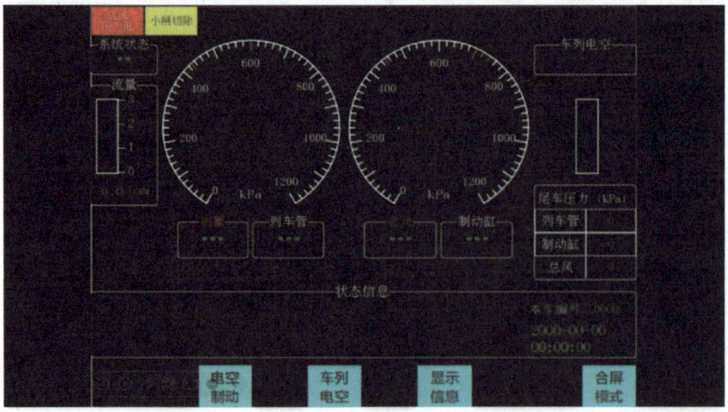

图 12-5 制动故障信息（按压 3 键）界面

（2）按压 7 键，如图 12-6 所示。

（3）按压 2 键，显示“事件记录”界面。根据事件记录，进行相应处理，如图 12-7 所示。

（4）按压 7 键返回，按压 8 键显示主界面，如图 12-8 所示。

图 12-6　制动故障信息(按压 7 键)界面

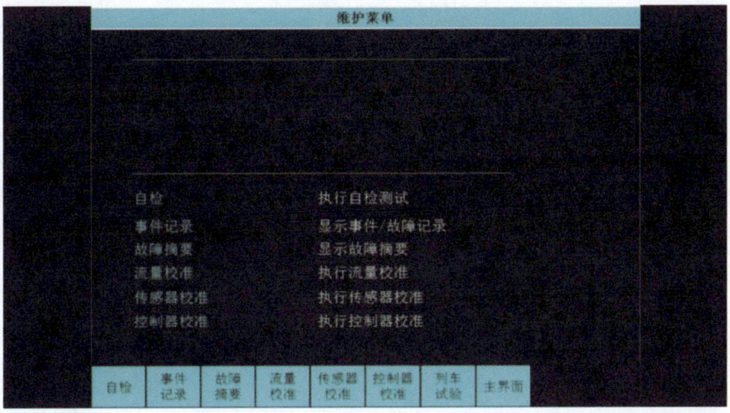

图 12-7　事件记录(按压 2 键)界面

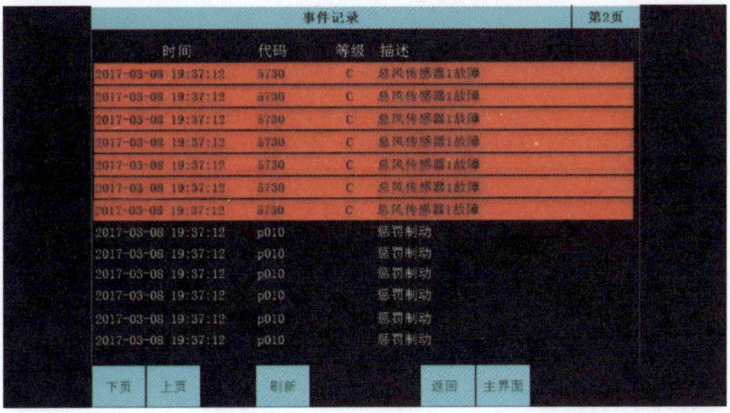

图 12-8　主界面(按压 7 键返回,按压 8 键显示)

三、制动系统常见故障及处理

制动系统常见故障及处理见表12-8。

表12-8　制动系统常见故障及处理

序号	故障信息	直接原因	处理方法
1	电机旋向错误	电机供电线路或接线错误	正确连接供电线路。检查电机旋转方向
2	空压机不能启动	电源故障	检查电源
			查阅电路图
		电缆连接松脱	检查电缆连接。必要时上紧夹紧螺钉
		电机断路器跳闸	打开电机断路器
		压力开关(常闭式)未接或接线松脱	检查接线,必要时上紧夹紧螺钉
		压力开关设定错误或本身故障	重新设定或更换压力开关
		温度开关(常闭式)未接或电缆折断	检查电缆连接。必要时上紧夹紧螺钉
3	环境温度低于时,空气压缩机无法起动	油加热器(可选附件)故障或者加热温度不够	检查加热元件以及其连接件。参阅电路图。更换加热元件
4	空压机不能建立压力	压力维持阀有漏泄	检查压力维持阀,必要时更换
		进气阀黏滞或阀门板卡住	检查或更换进气阀
		加于电机的电压太低	检查空压机和动力车上的电源
5	在未达到工作压力之前,空压机停机	主风缸压力开关故障或设定错误	检查压力开关,重新设定或更换
		电机断路器跳闸	检查电机供电电源是否有线路故障
		温度开关断开	检查或更换温度开关
6	安全阀喷油	压力维持阀黏滞	拆下压力维持阀检查,必要时予以更换
		空气管路不畅	检查管路是否畅通
		安全阀调整错误或有故障	更换安全阀,不允许修理
		主风缸压力开关设置过高或开关本身有故障	检查压力开关,改正调节值或更换开关
7	部分或全部不能供风,运行时间极度延长	空气过滤器的过滤元件太脏	更换过滤元件
		进气止回阀黏结	调整并恢复其功能或者更换
		压缩空气系统漏气	用肥皂水检查漏气的地方并排除
		空气压缩机螺杆组由于间隙过大而引起回流损失	更换或检修压缩机螺杆组
8	温度开关断开	冷空气不足,冷空气在散热效果上被分流,环境温度过高	闭合温度开关,确保空气压缩机机室通风
		冷却器太脏	清洁冷却器

续上表

序号	故障信息	直接原因	处理方法
8	温度开关断开	冷却风扇损坏	更换叶轮组成
		油气筒油位太低	加满油
		温控阀失效	检查或更换
		油过滤器滤芯筒太脏或堵塞	更换滤芯。换油。找出油变脏的原因。采取恰当的更正措施
9	压缩空气中有油	油细分离器损坏	更换油细分离器
		油面太高	放出多余油
10	异常的高耗油量	空压机螺杆组内轴密封件损坏或磨损	更换轴密封件
		设备管路出现油漏	检查并拧紧螺栓安装件
		油过滤器损坏	更换油过滤器
		油面太高	放出多余的油
		油温太高	见故障8“温度开关断开”
11	空气过滤器中有油	进气止回阀漏泄或黏结	测试进气止回阀。如有必要，拆开阀门，更换破损部分
		油通过减压管进入进气区	油分离器系统损坏。见故障9“压缩空气中有油”

停放制动装置故障与处理详见表12-9。

表12-9　停放制动装置故障与处理

故障现象	原　　因	处理方法
无停放缓解压力输出	停放供风塞门(.01)被关闭	检查停放供风塞门(.01)手柄状态
	停放隔离电触点塞门(.07)被关闭	检查停放隔离电触点塞门(.07)手柄状态
	双脉冲电磁阀异常	检查双脉冲电磁阀状态
	停放制动缓解指令异常	检查线缆电路状态
停放缓解压力超出阈值	减压阀故障	检查减压阀锁紧螺钉有无松动； 测试减压阀调整值是否漂移
	双脉冲电磁阀处于停放制动施加位	通过使双脉冲电磁阀缓解侧电磁线圈得电，或按压缓解侧手动操作柱塞(绿色)，以使双向阀选择输出停放制动缓解压力

SWKP AS 20T型防滑器装置故障与处理详见表12-10。

表12-10　SWKP AS 20T型防滑器装置故障与处理

显示码	故障码	故障原因	处理方法
72或73	10	轴1电磁阀监控系统启动	更换主机
72或73	11	轴1速度传感器短路或断路	检查线路
72或73	13	轴1电磁阀(排风阀)短路	检查排风阀线路及电磁线圈，确认故障
72或73	14	轴1电磁阀(排风阀)断路	检查排风阀线路及电磁线圈，确认故障
72或73	20	轴2电磁阀监控系统启动	更换主机
72或73	21	轴2速度传感器短路或断路	检查线路

续上表

显示码	故障码	故障原因	处理方法
72 或 73	23	轴 2 电磁阀(排风阀)短路	检查排风阀线路及电磁线圈,确认故障
72 或 73	24	轴 2 电磁阀(排风阀)断路	检查排风阀线路及电磁线圈,确认故障
72 或 73	30	轴 3 电磁阀监控系统启动	更换主机
72 或 73	31	轴 3 速度传感器短路或断路	检查线路
72 或 73	33	轴 3 电磁阀(排风阀)短路	检查排风阀线路及电磁线圈,确认故障
72 或 73	34	轴 3 电磁阀(排风阀)断路	检查排风阀线路及电磁线圈,确认故障
72 或 73	40	轴 4 电磁阀监控系统启动	更换主机
72 或 73	41	轴 4 速度传感器短路或断路	检查线路
72 或 73	43	轴 4 电磁阀(排风阀)短路	检查排风阀线路及电磁线圈,确认故障
72 或 73	44	轴 4 电磁阀(排风阀)断路	检查排风阀线路及电磁线圈,确认故障
—	HF	防滑器硬件故障	更换主机

TFX1 M 型防滑器主机供电系统故障及检修详见表 12-11。

表 12-11　TFX1 M 型防滑器主机供电系统故障及检修

故障现象	故障原因与检修步骤
列车管风压大于 200 kPa,主机不能自动上电;手动按黄色的"诊断"或红色的"显示" 按钮也不能上电。电源电压表头指示大于 77 V	(1)检查主机小面板上的 2.5 A 保险管是否完好。 (2)检查供电电压直流值是否在 DC 77~143 V 范围内。 (3)检查供电电压交流有效值是否小于 2 V。 (4)检查 DC 110 V 供电端 L+、L－与车体间是否因车上供电线路问题有漏电现象。 (5)检查压力继电器接线端 FK、FD 与车体有无短路现象。 (6)上述 (1)~(5)项若正常,则更换主机内 PWG 卡;检查或更换主机内 PDG/PDK 卡上 3.15 A 保险管。 (7)上述(1)~(5)项任一项有问题,应先进行检修或更换应急电源后再按第(6)项处理
列车管风压大于 200 kPa,主机不能自动上电	(1)检查主机小面板上的 2.5 A 保险管是否完好。当保险管出现问题时进行更换。 (2)供电电压是否低于 DC 77 V。充电处理或切除负载,待供电电压高于 DC 77 V 后,再闭合上电。 (3)压力继电器的 FK、FD 与主机插头线对应错。调整插头线。 (4)压力继电器内的微动开关触头与顶杆没有对准。调整微动开关触头和顶杆
列车管风压大于 200 kPa,主机不能自动上电;但手动按黄色的"诊断"或红色的"显示"按钮能上电	(1)压力继电器的 FK、FD 与主机插头线对应错。调整插头线。 (2)压力继电器内的微动开关触头与顶杆没有对准。调整微动开关触头和顶杆

TFX1 M 型防滑器速度传感器及其回路故障和检修详见表 12-12。

表 12-12　TFX1 M 型防滑器速度传感器及其回路故障和检修

故障现象	故障原因与检修步骤
出现"7. X. "故障码(X 为 0、1、2、3、4)	(1)速度传感器转接盒内,速度传感器屏蔽线 TE 与车上连接电缆屏蔽线没有对接。 (2)接线盒内有脱线、碰线、虚接。 (3)接线盒内"＋""－""TE"之间有无短路现象。 (4)速度传感器"＋""－"之间电阻值是否在 1~2 kΩ 范围内。若不正常,更换速度传感器。 (5)检查间隙是否在 0.8~1.2 mm 范围内。 (6)上述(1)~(4)项均正常,更换主机内 SDG 卡

续上表

故障现象	故障原因与检修步骤
运行时显示“7. X.”；停车时变为“88.”	（1）按“显示”按钮，显示曾经发生过的故障码以确定故障位置。 （2）速度传感器＋、－之间是否短路。 （3）检查间隙是否在（1.0 ±0.2）mm 范围内
运行时显示“88.”；停车时变为“7. X.”	（1）运行中按“显示”按钮，显示曾经发生过的故障码，作好记录后，并清除该故障码。经常观察运行过程中该故障码出现的频繁程度。 （2）停车时变为“7. X.”后，检查各连接器内速度传感器屏蔽线 B 是否与车上连接电缆线的屏蔽线对接，或屏蔽线已折断、脱落

TFX1 M 型防滑器防滑阀及控制回路故障和检修详见表 12-13。

表 12-13　TFX1 M 型防滑器防滑阀及控制回路故障和检修

故障现象	故障原因与检修步骤
一只阀的充风电磁铁、排风电磁铁同时出现故障（“X.0.”和“X.1.”同时出现）	（1）检查 C 与 G、P 与 G 间电阻值是否为 180～350 Ω。 （2）阀的公共端 G、充风端 C、排风端 P 是否与车体短路。 （3）排除上述故障后，更换主机内 V1G 卡
一只阀的充风电磁铁或排风电磁铁仅出一个故障码（如有“1.0.”，但没有“1.1.”；或只有“1.1.”，但没有“1.0.”）	（1）充风端 C 与公共端 G、排风端 P 与公共端 G 间的电阻值是否为 180～350 Ω。 （2）充风端 C、排风端 P 与车体有无短路。 （3）上述（1）和（2）无故障，则更换主机内 V2G 卡
停车系统诊断试验时，阀没有保压动作（不停顿排风或不停顿充风）	阀连线错误：充风端 C 与排风端 P 颠倒，应将 C 与 P 调换接线位置
停车系统诊断试验时，制动机缓解不良	（1）阀内气路故障，更换防滑阀。 （2）制动管路内有异物堵塞，为增大气阻所致。应排除异物。 （3）制动机作用不良

TFX1 M 型防滑器其他故障和检修详见表 12-14。

表 12-14　TFX1 M 型防滑器其他故障和检修

故障现象	故障原因与检修步骤
非法码“8.8.”按“显示”按钮，显示“0.3.”	“8.8.”故障码不影响正常防滑保护功能，但有可能影响故障码存储显示功能。更换主机内 CPG 卡
防滑器失效故障码“. .”，且电源指示灯亮，按“显示”按钮显示全部防滑阀与速度传感器故障码	主机未接任何外部部件而上电操作，应禁止此类操作
电源指示灯与数码管时亮时灭	（1）供电电压值不在 DC 77～143 V 的正常范围之内。 （2）更换状态良好的蓄电池，更换应急电源，排除可能的负载过流现象

F8 型电空制动装置常见故障及处理详见表 12-15。

表 12-15　F8 型电空制动装置常见故障及处理

序号	故障现象/信息	可能的原因	处理方法/测量/测试
1	缓解位，F8 主阀缓解口漏泄	平衡阀动作不灵活或有异物	（1）更换主阀。 （2）更换下的主阀：修理平衡阀，清除异物，磨平平衡阀胶垫或更换

续上表

序号	故障现象/信息	可能的原因	处理方法/测量/测试
2	F8辅助阀紧急放风阀漏泄	F8辅助阀放风阀动作不灵活或有异物，放风阀弹簧变形等	(1)更换辅助阀。 (2)更换下的辅助阀：修理放风阀，清除异物，磨平胶垫或更换放风阀弹簧
3	常用制动感度差或不起制动作用	副风缸充气止回阀漏泄	(1)更换主阀。 (2)更换下的主阀：检查副风缸充气止回阀是否灵活，检查是否有异物；磨平胶垫或更换
4	常用制动时起意外紧急制动	辅助阀常用排风堵堵塞或不畅；放风阀弹簧变形	(1)更换辅助阀。 (2)更换下的辅助阀：清理常用排风堵里的污物，使之畅通；更换放风阀弹簧
5	制动后发生自然缓解（一次缓解位）	副风缸充气止回阀漏泄；工作风缸管路漏泄；限压阀下部的大缩堵不畅	(1)更换主阀。 (2)更换下的主阀： ①检查副风缸充气止回阀有无异物，胶垫是否平整。 ②检查工作风缸管路、风缸排水塞门有无漏泄，如有漏泄，则进行处理使之不漏。 ③检查清理限压阀下部的大缩堵，使之通畅
6	阶段缓解后制动缸压力偏低（阶段缓解位）	工作风缸管系漏泄；缓解电磁阀阀口被异物垫住或内部卡住，造成漏泄	(1)检查工作风缸管路、风缸排水塞门有无漏泄。如有漏泄，则进行处理使之不漏。 (2)上推电磁阀安装座处缓解电磁阀位置截断拉杆，再次试验，如试验正常，则更换电磁阀；如故障还是出现，则可排除电磁阀的原因
7	制动保压时F8主阀缓解阀口漏泄	缓解阀漏泄	(1)更换主阀。 (2)更换下的主阀：检查缓解阀动作需灵活；清除异物并磨平或更换保压弹簧
8	制动保压后，列车管压力继续下降	副风缸气路有堵塞；充气阀处有故障；电空紧急阀放大阀杆不复位	(1) 检查主阀充气阀排风口是否漏风，如漏风为充气阀故障，更换F8主阀；如主阀充气阀排风口不漏风，检查制动时，副风缸的压力值是否小于列车管，小于列车管压力为副风缸管路有堵塞；如副风缸的压力值大于列车管压力，检查常用附加排风口和紧急附加排风口是否有漏风，如常用附加排风口漏风，则为常用电磁阀密封不严，更换之，如紧急附加排风口有漏风，则为电空紧急阀放大阀杆不复位，更换电空紧急阀。 (2)更换下的主阀：检查充气阀有无异物，模板是否安装到位。 (3)更换下的电磁阀：返厂维修。 (4)更换下的电空紧急阀：检查放大阀杆和放大阀套有无异物，O形密封圈是否有损伤
9	制动保压后，列车管压力继续下降，降到一定值停止下降	主阀充气阀处有故障	(1)检查主阀充气阀排风口是否漏风，如漏风为充气阀故障，更换F8主阀。 (2)更换下的主阀：检查充气阀有无异物，模板是否安装到位

续上表

序号	故障现象/信息	可能的原因	处理方法/测量/测试
10	电磁阀不动作	电缆和连接线回路不正常,或电磁阀内部卡住	检查各电缆和连接线是否有断路,如电路回路正常,则用手按动几下电磁阀的手动杆即能恢复,否则更换电磁阀
11	施行电空常用制动时,列车管减压过快或过慢	电磁阀安装座上的常用制动限制堵过大或过小	检查电磁阀安装座上的常用制动限制堵,正常孔径为 ϕ1.7 mm
12	施行电空阶段缓解时,阶段缓解次数过少或效果不明显	安装座上的缓解限制堵是否过大或过小	检查电磁阀安装座上的缓解限制堵,正常孔径为 ϕ0.8 mm
13	电空箱后面常用制动排风口漏泄	常用/紧急制动电磁阀阀口被异物垫住或内部卡住,造成漏泄	上推电磁阀安装座处常用电磁阀位置截断拉杆,再次试验,如试验正常,则更换电磁阀
14	电空箱后面紧急附加排风口漏泄	F8 电空紧急阀的放大阀杆 O 形密封圈被异物卡住或破损	(1)上推电磁阀安装座处紧急电磁阀位置截断拉杆,再次试验,如试验正常,则更换紧急电磁阀;如试验不正常,更换电空紧急阀。 (2)更换下的电空紧急阀:更换放大阀杆 O 形密封圈,否则更换电空紧急阀
15	电空制动保压时自然缓解	—	先切断缓解电磁阀空气通路(使用电磁阀安装座上的电空切断装置),若自然缓解消除,则是缓解电磁阀阀口被异物垫住或内部卡住,造成漏泄,更换电磁阀;若自然缓解没有消除,则需要对电空连接线及插座检查,有无进水、接触不良、短路等
16	缓解位时 F8 主阀缓解口漏泄	F8 电空紧急阀放大阀下部的止回阀阀口漏泄和 F8 主阀平衡阀漏泄都能引起 F8 分配阀缓解口漏泄	(1)先拆下 F8 电空紧急阀放大阀下部的止回阀,检查止回阀是否被异物垫住或止回阀阀口是否被异物伤坏。如有异物则清理干净;如止回阀阀口被异物伤坏,则更换 F8 电空紧急阀。 (2) 若处理 F8 电空紧急阀后,仍存在 F8 主阀缓解口漏泄,则是 F8 主阀平衡阀阀口被异物垫住。更换主阀。 (3)更换下的主阀:修理平衡阀,清除异物,磨平平衡阀胶垫或更换
17	电空紧急制动时制动缸压力过高或过低	F8 主阀或 F8 电空紧急阀的紧急限压阀内部卡住或限压阀弹簧预压缩力过大	(1)切断紧急制动电磁阀空气通路,施行电空紧急制动,若制动缸压力正常,则是电空紧急阀限压阀动作不良,限压阀内部卡住或限压阀弹簧预压缩力过大,动作几次使限压阀动作正常或重新调整限压阀压力,否则更换电空紧急阀。 (2)切断紧急电磁阀空气通路,施行电空紧急制动,若制动缸压力还是过高,则是 F8 主阀限压阀动作不良,限压阀内部卡住或限压阀弹簧预压缩力过大,动作几次使限压阀动作正常或重新调整限压阀压力,否则更换 F8 分配阀主阀

第四节　拖车制动系统故障排查及处置

本节主要介绍拖车制动系统重要部件的拆装、制动系统常见故障诊断及处理方法等方面内容。

一、分配阀拆装

(一)更换104分配阀

1. 拆卸104分配阀

(1)先关闭列车支管塞门,然后将工作风缸和副风缸的空气从排水塞门排尽。

(2)拆卸104分配阀固定螺丝,取出的滤尘器(网),擦拭干净,放于干净处;滤尘器(网)或杯须无锈蚀、堵塞、破损。

(3)选择“快充位”,用压力空气吹5 s以上。

(4)卸下阀的安装面上应装防尘罩,作用部与均衡部排风孔加装丝堵。

(5)对分配阀中间体进行外观检查,裂纹者更换;对各空气室及气路进行吹尘,中间体内的滤尘器须分解检查、清扫。

2. 安装104分配阀

(1)密封垫更换新品(旧品破坏处理),新品须无破裂、老化、不过期,安装须正位。

(2)104分配阀更换为合格品,安装牢固、标记清晰、不过期。

(3)紧固安装螺栓,安装阀体,最后对角紧固螺母,要求螺栓无松动、胶垫密封线不挤出安装面外,并涂打防松标记。

(二)更换F8阀

(1)先关闭列车支管塞门,然后将工作风缸和副风缸的空气从排水塞门排尽。

(2)F8型电空制动装置有两个L形或T形吊架,用4个安装螺栓吊装在车下或制动模块架上,其管路安装如图12-9所示。

集成板后面有4个管座,连接不同的管路。列车管管座Rc1,列车管使用1英寸管;工作风缸管座Rc1/2,工作风缸管使用1/2英寸管;副风缸管座Rc3/4,副风缸管使用3/4英寸管;制动缸管座Rc3/4,制动缸管使用3/4英寸管。

F8阀电空制动采用五线制,集成板后面有一个电连接接头,可卡紧电缆波纹管。更换F8阀时注意事项如下:

(1)各管路螺纹连接处须管螺纹密封剂,禁止使用聚四氟乙烯胶带及铅油、麻。

(2)工作风缸管路不允许漏泄,否则易引起自动缓解。

(3)按要求将F8主阀转换盖板放在“一次缓解位”或“阶段缓解位”。

(4)F8主阀、F8辅助阀、F8电空紧急阀被安装到集成化气路板上时,紧固后涂防松标志。

(5)各紧固件安装扭矩须符合要求。

(6)接线后或调试后,需及时将箱盖扣紧,且扣住搭扣,以保护箱内设备防止受潮。

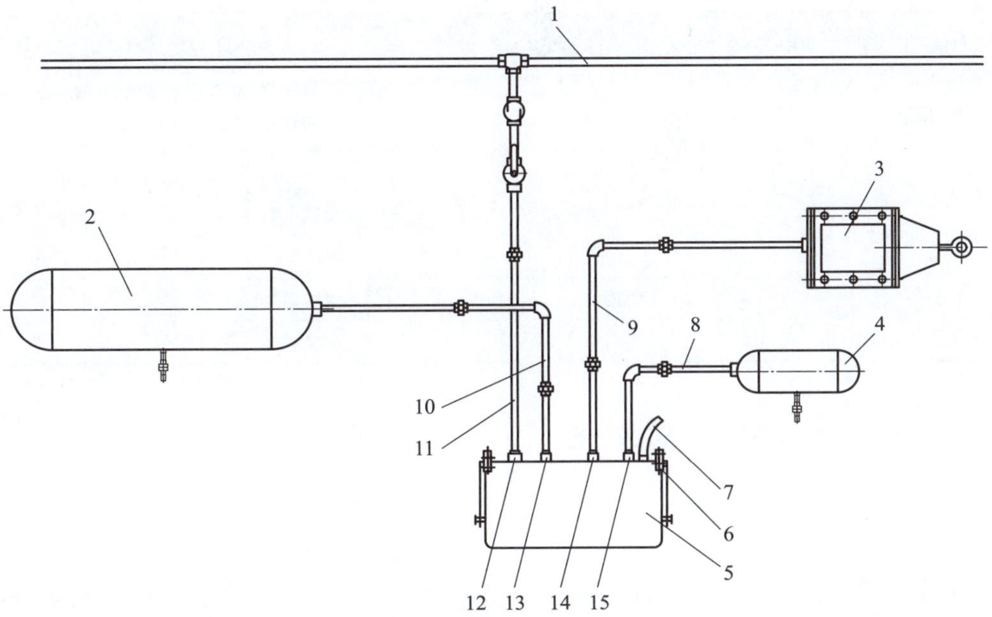

1—列车管；2—副风缸；3—制动缸；4—工作风缸；5—F8 型电空制动装置；6—吊架；7—电缆线；8—工作风缸管；9—制动缸管；10—副风缸管；11—制动支管；12—列车管管座 Rc1；13—副风缸管座 Rc3/4；14—制动缸管座 Rc3/4；15—工作风缸管座 Rc1/2。

图 12-9　F8 型电空制动装置车下管路安装示意

二、制动故障的检查和处理

(一)停放制动控制装置故障及处理

停放制动装置运用中故障主要包括无停放缓解压力输出、停放缓解压力超出阈值等，具体故障及处理见表 12-16。

表 12-16　停放制动装置故障及处理

故障现象	故障原因	处理方法
无停放缓解压力输出	停放供风塞门被关闭	检查停放供风塞门手柄状态
	停放隔离电触点塞门被关闭	检查停放隔离电触点塞门手柄状态
	双脉冲电磁阀异常	检查双脉冲电磁阀状态
	停放制动缓解指令异常	检查线缆电路状态
停放缓解压力超出阈值	减压阀故障	检查减压阀锁紧螺钉有无松动，测试减压阀调整值是否漂移
	双脉冲电磁阀处于停放制动施加位	通过使双脉冲电磁阀缓解侧电磁线圈得电或按压缓解侧手动操作柱塞(绿色)，以使双向阀选择输出停放制动缓解压力

(二)停放制动指示器常见故障及处理

停放制动指示器常见故障及处理见表 12-17。

表 12-17　停放制动指示器常见故障及处理

故障现象	故障原因	处理方法
在设备的压缩空气接口处不断有气体漏泄	压缩空气接口不密封	拧紧接口螺栓，并检查气密性，遵守规定的紧固扭矩
指示器指示不正常	金属过滤网堵塞	切断压缩空气供给并排气，将连接管路从指示器上拧下，拆下金属过滤网进行清洁或更换
	设备损坏	更换设备
指示器上不断有空气漏泄	设备损坏	更换设备

三、制动系统的防寒和防冻作业

为防范制动系统故障风险，需按要求对总风缸、复合式集尘器、副风缸、生活风缸、工作风缸、缓解风缸、辅助风缸等进行排水，用三角钥匙打开排水塞门，使冷凝水排出；待风缸排水完成后，用三角钥匙关闭排水塞门，如图 12-10 所示。检查吊挂风缸的紧固件是否紧固完好。

图 12-10　排水塞门

四、基础制动装置典型故障诊断及处理

（一）减压后不起制动作用

1. 判断是否为拖车故障

对列车充风至定压，关闭与动力车连挂端列车管折角塞门。

由动力车对列车管进行减压，如果减压后能正常制动，说明是拖车制动故障，进行下一步。

2. 查找故障拖车

将列车充风至定压，由动力车对列车管减压制动。逐车查看所有拖车制动缓解指示器，制动缓解指示器显示为绿色，则为故障拖车。确定故障拖车后，进行下一步。

3. 列车管故障处理

(1)检查故障拖车前端列车管折角塞门是否打开，如果关闭，打开折角塞门；如果折角塞门原来是打开的，进行下一步。

(2)检查故障拖车组合式集尘器是否打开，如果关闭，打开组合式集尘器；如果组合式集尘器原来是打开的，进行下一步。

4. 副风缸、工作风缸管路故障处理

检查副风缸、工作风缸管路是否发生漏泄：

(1)如果是管路接头松动引起的漏泄，用扳手或管钳拧紧接头。

(2)如果是管路破损，更换破损管路。

(3)如果不是副风缸、工作风缸管路漏泄，进行下一步。

5. 制动管故障处理

检查制动管路是否发生漏泄：

(1)如果是管路接头松动引起的漏泄，用扳手或管钳拧紧接头。

(2)如果是管路破损，更换破损管路。

(3)如果不是制动管路漏泄，进行下一步。

6. 检查缓解阀状态

检查缓解阀是否处于开放位。如果缓解阀处于排气位，恢复缓解阀手把。

7. 104 型/F8 型电空制动机故障处理

如果无上述几种情况，说明是 104 型/F8 型电空制动机出现故障，更换电空制动机。

(二)常用制动起紧急制动

1. 判断是否为拖车故障

对列车充风至定压，关闭与动力车连挂端列车管折角塞门，由动力车减压 170 kPa，如果动力车不起紧急制动，说明是拖车制动故障，进行下一步。

2. 查找故障拖车

打开机次位车辆折角塞门，按分段法进行查找故障车辆。

到达列车 1/2 处关闭车辆折角塞门，通充风至定压后减压 170 kPa 确认列车前部车辆是否起紧急制动。

若发生紧急制动，打开折角塞门后至列车前部 1/2 处再次关闭折角塞门，充风至定压后减压 170 kPa，确认列车前部车辆是否起紧急制动，按分段法 1/2、1/4、1/8 以此类推直至锁定故障车辆。

若未发生紧急制动，打开折角塞门后至列车后部 1/2 处再次关闭折角塞门，充风至定压后减压 170 kPa，确认列车前部车辆是否起紧急制动，按分段法 1/2、1/4、1/8 以此类推直至锁定故障车辆。

3. 列车管故障处理

检查列车管是否发生漏泄：

(1)如果是管路接头松动引起的漏泄,用扳手或管钳拧紧接头。

(2)如果是管路破损,更换破损管路。

(3)如果是制动软管连接松动引起漏泄,重新进行连接。

(4)如果是制动软管破损引起漏泄,更换制动软管。

(5)如果不是列车管管路漏泄,进行下一步。

4. 104型/F8型电空制动机故障处理

检查104型/F8型电空制动机紧急阀排气口是否漏气,如果无漏气,说明是主阀或控制阀故障,更换处理。

(三)制动机自然缓解

1. 副风缸、工作风缸管路故障处理

检查副风缸、工作风缸管路是否发生漏泄:

(1)如果是管路接头松动引起的漏泄,用扳手或管钳拧紧接头。

(2)如果是管路破损,更换破损管路。

2. 制动管故障处理

检查制动管路是否发生漏泄:

(1)如果是管路接头松动引起的漏泄,用扳手或管钳拧紧接头。

(2)如果是管路破损,更换破损管路。

(3)如果不是制动管路漏泄,进行下一步。

3. 制动机故障处理

如果无上述几种情况,说明是制动机出现故障,处理制动机故障。

(四)制动机缓解不良

1. 制动管故障处理

拉缓解阀拉把,如果拖车不能完全缓解,说明是制动管故障。检查制动管滤尘器,滤网是否堵塞:

(1)如果是滤尘器出现堵塞,更换滤尘器。

(2)如果不是制动管故障,进行下一步。

2. 制动机故障处理

如果不是制动管故障,说明是制动机出现故障,处置制动机故障。

(五)列车充风时尾部制动压力达不到定压

1. 查找故障拖车

(1)沿着列车管走向逐车检查,注意听是否有压力空气漏泄时产生的声音。

(2)对有声音的拖车要确定是哪个部位产生的。

(3)确定故障拖车后,进行下一步。

2. 列车管故障处理

检查列车管是否发生漏泄:

(1)如果是管路接头松动引起的漏泄,用扳手或管钳拧紧接头。

(2)如果是管路破损或堵塞,更换破损管路或清除异物。

(3)如果是制动软管连接松动引起漏泄,重新进行连接。

(4)如果是制动软管破损引起漏泄,更换制动软管。

(5)如果不是列车管管路漏泄,进行下一步。

3. 副风缸管路故障处理

检查副风缸管路是否发生漏泄:

(1)如果是管路接头松动引起的漏泄,用扳手或管钳拧紧接头。

(2)如果是管路破损,更换破损管路。

五、电空制动装置典型故障诊断及处理

F8 型集成化电空制动装置在运用过程中,若故障现象表现在 F8 分配阀上,则判断是空气部分(即 F8 分配阀)的故障;若故障现象表现在电空阀或集成化板后面的常用及紧急排风口上,则判断是电空部分的故障。

(一)F8 型集成化电空制动装置空气和电空部分的切断

F8 型集成化电空制动装置集成化板上安装有电磁阀安装座组成,在电磁阀安装座组成上安装有 3 个电磁阀(分别为常用制动、缓解、紧急电磁阀),并在该安装座中设有 3 个切断装置,用以分别切断 3 个电磁阀的空气通路,也即切断空气与电空部分的通路,实现 F8 型集成化电空制动装置空气和电空部分的切断。

(二)F8 型集成化电空制动装置空气部分故障判断与处理

1. 充气缓解时的故障

(1)缓解口漏泄

原因:平衡阀动作不灵活或有异物。

处理:修理平衡阀,清除异物,磨平平衡阀胶垫或更换。

(2)紧急放风阀漏泄

原因:动作不灵活或有异物,弹簧变形等。

处理:修理放风阀,清除异物,磨平胶垫或更换弹簧。

2. 常用制动时故障

(1)常用制动感度差或不起制动作用

原因:副风缸充气止回阀漏泄。

处理:检查副风缸充气止回阀是否灵活,检查是否有异物;磨平胶垫或更换。

(2)常用制动时起意外紧急制动

原因:辅助阀常用排风堵堵塞或不畅;放风阀弹簧变形。

处理:清理常用排风堵上的污物,使之畅通;更换放风阀弹簧。

3. 制动保压时故障

(1)制动后发生自然缓解

原因:副风缸止回阀漏泄;工作风缸漏泄;限压阀下部的限制孔不畅。

处理：检查副风缸充气止回阀有无异物，胶垫是否平整。检查工作风缸管路、风缸排水塞门有无漏泄。检查清理限压阀下部限制孔。

(2)保压时缓解阀口漏泄

原因：缓解阀漏泄。

处理：检查缓解阀动作需灵活；清除异物并磨平或更换保压弹簧。

(3)制动保压后，列车管压力继续下降

原因：副风缸气路有堵塞。

处理：清除异物。

(三) F8 型集成化电空制动装置电空部分故障判断与处理

1. 电磁阀不动作

检查各电缆和连接线是否有断路，如电路回路正常，则电磁阀内部卡住，轻敲击或振动电磁阀即能恢复，否则更换电磁阀。

2. 施行电空常用制动时，列车管减压过快或过慢

检查电磁阀安装座上的常用制动限制堵是否过大或过小。

3. 施行电空阶段缓解时，电空阶段缓解次数过少或效果不明显

检查电磁阀安装座上的缓解限制堵是否过大或过小。

4. 电空箱后面常用排风口漏泄

电空箱后面常用排风口漏泄由以下两个电磁阀漏泄引起：

(1)常用制动电磁阀漏泄，原因可能是电磁阀阀口被异物垫住或内部卡住，动作几次将异物吹掉或使电磁阀动作正常，否则更换电磁阀。

(2)紧急制动电磁阀漏泄，原因可能是电磁阀阀口被异物垫住或内部卡住，动作几次将异物吹掉或使电磁阀动作正常，否则更换电磁阀。

5. 电空箱后面紧急排风口漏泄

由电空紧急阀漏泄引起，原因可能是紧急电空阀内部卡住或放大阀杆 O 形密封圈破损，动作几次或更换放大阀杆 O 形密封圈，否则更换电空紧急阀。

6. 电空制动保压时自缓

切断缓解电磁阀空气通路，若自缓消除，则是缓解电磁阀漏泄，原因可能是电磁阀阀口被异物垫住或内部卡住，动作几次将异物吹掉或使电磁阀动作正常，否则更换电磁阀。

7. 缓解位时 F8 分配阀缓解口漏泄

缓解位时，电空紧急阀漏泄和 F8 分配阀主阀平衡阀漏泄都能引起 F8 分配阀缓解口漏泄。

若电空紧急阀漏泄，原因可能是放大阀下部止回阀阀口被异物垫住或内部卡住，可拆下止回阀检查，或动作几次将异物吹掉并使电空紧急阀动作正常，否则更换电空紧急阀。

若 F8 分配阀漏泄，原因是 F8 分配阀主阀上部平衡阀阀口被异物垫住或内部卡住，动作几次将异物吹掉或使平衡阀动作正常，否则更换 F8 分配阀主阀(实际操作时可先检查电空紧急阀，因为拆卸放大阀下部止回阀比较简单)。

8. 电空紧急制动时制动缸压力过高

切断紧急电磁阀空气通路，施行电空紧急制动，若制动缸压力正常，则是电空紧急阀

限压阀动作不良，原因可能是限压阀内部卡住或限压阀弹簧预压缩力过大，动作几次使限压阀动作正常或重新调整限压阀压力，否则更换电空紧急阀。（切断紧急电磁阀空气通路，施行电空紧急制动，若制动缸压力还是过高，则是 F8 分配阀主阀限压阀动作不良，原因可能是限压阀内部卡住或限压阀弹簧预压缩力过大，动作几次使限压阀动作正常或重新调整限压阀压力，否则更换 F8 分配阀主阀。）

六、制动控制单元典型故障诊断及处理

(一)TFX1 型防滑器故障诊断及处理

(1)首先必须通过故障码或故障现象，找到故障位置。然后按照表 12-18～表 12-21 中所提示的检修步骤逐项按顺序检查，便能发现故障。

(2)更换故障部件前，一定要先关断主机电源，禁止带电操作，以免损坏部件。

(3)故障排除后，应启动主机电源，清除原来故障码，并通过系统诊断试验确认不再有故障为止。

表 12-18 TFX1 型防滑器主机供电系统故障及处理

故障现象	故障原因与处理方法
列车管风压大于 200 kPa，主机不能自动上电；手动按黄色的“诊断”或红色的“显示”按钮也不能上电。电源电压表头指示大于 77 V	(1)检查主机小面板上的保险管是否完好。 (2)检查供电电压直流值是否在正常。 (3)检查供电电压交流有效值是否小正常。 (4)检查 DC 110 V 供电端 L＋、L－与车体间是否因车上供电线路问题有漏电现象。 (5)检查压力继电器接线端 FK、FD 与车体有无短路现象。 (6)上述(1)～(5)项若正常，则更换主机内 PWG 卡；检查或更换主机内 PDG/PDK 卡上的保险管。 (7)上述(1)～(5)项任一项有问题，应先进行检修或更换应急电源后再按第(6)项处理
列车管风压大于 200 kPa，主机不能自动上电	(1)检查主机小面板上的 2.5 A 保险管是否完好。 (2)供电电压是否低于 DC 77 V。 (3)压力继电器的 FK、FD 与主机插头线对应错。 (4)压力继电器内的微动开关触头与顶杆没有对准
列车管风压大于 200 kPa，主机不能自动上电；但手动按黄色的“诊断”或红色的“显示”按钮能上电	(1)压力继电器的 FK、FD 与主机插头线对应错。 (2)压力继电器内的微动开关触头与顶杆没有对准
主机已经上电，但只有电源指示灯点亮；显示器不显示	(1)检查供电电压是否正常。 (2)检查供电电压交流有效值是否正常。 (3)上述(1)、(2)项若不正常，则应检修或更换应急电源。 (4)上述(1)、(2)项若正常，则更换主机内 PWG 卡
主机已上电，但电源指示灯不点亮，显示器显示“. .”	(1)检查供电电压是否正常。 (2)检查供电电压交流有效值是否正常。 (3)上述(1)、(2)项若不正常，则应检修或更换应急电源。 (4)上述(1)、(2)项若正常，则更换主机内 PWG 卡

表 12-19　TFX1 型防滑器速度传感器及其回路故障和处理

故障现象	故障原因与处理方法
出现"7. X. "故障码(X 为 0、1、2、3、4)	(1)速度传感器转接盒内,速度传感器屏蔽线 TE 与车上连接电缆屏蔽线没有对接。 (2)接线盒内有脱线、碰线、虚接。 (3)接线盒内"+""—""TE"之间有无短路现象。 (4)速度传感器"+""—"之间电阻值是否正常。若不正常,更换速度传感器。 (5)检查间隙是否符合要求。 (6)上述(1)～(4)项均正常,更换主机内 SDG 卡
运行时显示"7. X. ";停车时变为"88. "	(1)按"显示"按钮,显示曾经发生过的故障码以确定故障位置。 (2)速度传感器+、—之间是否短路。 (3)检查间隙是否符合要求
运行时显示"88. ";停车时变为"7. X. "	(1)运行中按"显示"按钮,显示曾经发生过的故障码,作好记录后,并清除该故障码。经常观察运行过程中该故障码出现的频繁程度。 (2)停车变为"7. X. "后,检查各连接器内速度传感器屏蔽线 B 是否与车上连接电缆线的屏蔽线对接,或屏蔽线已折断、脱落

表 12-20　TFX1 型防滑器防滑阀及控制回路故障和处理

故 障 现 象	故障原因与处理方法
一只阀的充风电磁铁、排风电磁铁同时出现故障("X. 0. "和"X. 1. "同时出现)	(1)检查 C 与 G、P 与 G 间电阻值是否正常。 (2)阀的公共端 G、充风端 C、排风端 P 是否与车体短路。 (3)排除上述故障后,更换主机内 V1G 卡
一只阀的充风电磁铁或排风电磁铁仅出一个故障码(如有"1. 0. ",但没有"1. 1. ";或只有"1. 1. ",但没有"1. 0. ")	(1)充风端 C 与公共端 G、排风端 P 与公共端 G 间的电阻值是否正常。 (2)充风端 C、排风端 P 与车体有无短路。 (3)上述(1)、(2)无故障,则更换主机内 V2G 卡
停车系统诊断试验时,阀没有保压动作(不停顿排风或不停顿充风)	阀连线错误:充风端 C 与排风端 P 颠倒,应将 C 与 P 调换接线位置
停车系统诊断试验时,制动机缓解不良	(1)阀内气路故障,更换防滑阀。 (2)制动管路内有异物堵塞,为增大气阻所致。应排除异物。 (3)制动机作用不良

表 12-21　TFX1 型防滑器其他故障现象和处理

故障现象	故障原因与处理方法
非法码"8. 8. "按"显示"按钮,显示"0. 3. "	"8. 8. "故障码不影响正常防滑保护功能,但有可能影响故障码存储显示功能。更换主机内 CPG 卡
防滑器失效故障码". . ",且电源指示灯亮,按"显示"按钮显示全部防滑阀与速度传感器故障码	主机未接任何外部部件而上电操作,应禁止此类操作
电源指示灯与数码管时亮时灭	(1)供电电压值不在要求的电压范围之内。 (2)更换状态良好的蓄电池,更换应急电源,排除可能的负载过流现象

(二)SWKP 型防滑器故障诊断及处理

SWKP 型防滑器通过其上的四个数码显示管显示故障代码,正常运行时显示"99",

当有故障出现时，主机显示“99”以外代码。进行系统测试时显示代码为“89”。单轴或多轴出现故障时，主机显示不同的代码，“72”表示单轴出现故障，“73”表示多轴出现故障。出现故障时，按下“显示”按键，进一步的故障代码将显示，故障代码、故障原因及处理方法见表 12-22。

故障分为两种：永久性故障和偶然性故障，其代码将存储在防滑器主机内。

表 12-22　SWKP 型防滑器故障及处理

显示码	故障码	故障原因	处理方法
72 或 73	10	轴 1 电磁阀监控系统启动	更换主机
72 或 73	11	轴 1 速度传感器短路或断路	检查线路
72 或 73	13	轴 1 电磁阀(排风阀)短路	检查排风阀线路及电磁线圈，确认故障
72 或 73	14	轴 1 电磁阀(排风阀)断路	检查排风阀线路及电磁线圈，确认故障
72 或 73	20	轴 2 电磁阀监控系统启动	更换主机
72 或 73	21	轴 2 速度传感器短路或断路	检查线路
72 或 73	23	轴 2 电磁阀(排风阀)短路	检查排风阀线路及电磁线圈，确认故障
72 或 73	24	轴 2 电磁阀(排风阀)断路	检查排风阀线路及电磁线圈，确认故障
72 或 73	30	轴 3 电磁阀监控系统启动	更换主机
72 或 73	31	轴 3 速度传感器短路或断路	检查线路
72 或 73	33	轴 3 电磁阀(排风阀)短路	检查排风阀线路及电磁线圈，确认故障
72 或 73	34	轴 3 电磁阀(排风阀)断路	检查排风阀线路及电磁线圈，确认故障
72 或 73	40	轴 4 电磁阀监控系统启动	更换主机
72 或 73	41	轴 4 速度传感器短路或断路	检查线路
72 或 73	43	轴 4 电磁阀(排风阀)短路	检查排风阀线路及电磁线圈，确认故障
72 或 73	44	轴 4 电磁阀(排风阀)断路	检查排风阀线路及电磁线圈，确认故障
—	HF	防滑器硬件故障	更换主机

第五节　总风系统装置检查及故障处置

本节主要介绍总风系统装置的日常检修、维护及常见故障处理方法，确保各装置稳定运行，提升旅客乘车环境的舒适性。

一、集便器日常检修维护

(一)定期检修项点

(1)气水控制盘要求清洗并检测以下部件：

①真空发生器组件。清洗真空发生器阀芯和摆门止回阀内部摆门，如异物较多，可用食用醋和毛刷刷洗，不良者更换。

②集成块组件。清洗集成块上下体、真空开关、防反喷止回阀、真空表等零件，如集成块内部异物较多，可用食用醋和毛刷刷洗，不良者更换。

(2)便器清洁按以下步骤进行：

①将冲水喷嘴拆下清洁，可用 4%柠檬酸清洁无机物沉淀。如果无机物过多，可浸泡一夜。或者可用薄的金属刀片清除喷嘴开口的无机沉淀物。使用无静电的刷子蘸醋清除无机沉淀物。

②拆下、拆开并清洗冲便阀组成的零件，冲洗组件及更换 O 形密封圈。

(3)检查冲洗阀工作是否正常，有无损坏或漏水漏气。

(4)拆解水增压器，检查橡胶隔膜是否有无明显损坏或渗漏。

(5)检查电磁阀、压力开关、真空开关、真空表和调压阀等零部件，检查是否工作正常。

(6)拆解集成块组成和真空发生器组成，检查集成块、真空开关、真空表、摆门止回阀和防反喷止回阀内部异物堆积情况并进行清洗。

(7)检查夹管阀密封圈、喷嘴密封圈和电磁阀密封圈等密封橡胶件，更改老化配件。

(8)检查电线及连接情况。

(二)常见故障及处理

集便器常见故障及处理见表 12-23。

表 12-23　集便器常见故障及处理

序号	故障现象	故障原因	处理方法
1	系统停止工作/系统报警	系统未通电	显示面板电源指示灯未亮。处理方法：系统通电
2		气压不足	总风缸气压不足。处理方法：检查动力车总风装置
3			过滤减压阀气压不足。处理方法：调节过滤减压阀压力值至正常值
4		污物箱已满	显示面板污物箱 100%报警灯亮。处理方法：排空污物箱污物
5		100%液位指示灯损坏	实际污物箱满液位。处理方法：更换指示灯，污物箱排空
6		低真空超时	污物箱球阀没有关闭严实。处理方法：手动关闭球阀
7			排污阀没有关闭严实。处理方法：清除排污阀异物
8			真空发生器堵塞。处理方法：拆卸真空发生器，清除异物
9			管路漏气。处理方法：检查各管接头，卡箍是否良好
10		便器控制器故障	处理方法：更换控制器
11		按钮没有弹出	处理方法：恢复按钮复位
12	冲洗时，排污阀动作，便器不出水	供水管路球阀关闭	处理方法：打开球阀
13		车上供水设备缺水	打开洗手台水龙头，查看车上供水设备是否缺水。处理方法：为车上供水设备供水
14		冲洗阀换向失效	处理方法：拆开冲洗阀，更换密封盖或弹簧
15		电磁水阀不动作	按下冲洗按钮，电磁阀没有响声，电磁阀失效。处理方法：更换电磁阀
16		喷嘴堵塞	处理方法：清洗喷嘴
17		水增压器隔膜破损	处理方法：更换隔膜
18	冲洗时，有冲洗水，便器不排污	夹管阀损坏	处理方法：更换夹管阀
19			处理方法：清理夹管阀
20		排污电磁阀故障	处理方法：更换排污电磁阀

续上表

序号	故障现象	故障原因	处理方法
21	系统真空值高于设定值	电磁阀有异物卡住	处理方法：更换电磁阀
22		电磁阀损坏	处理方法：更换电磁阀
23		真空开关损坏或人为更改设置值	处理方法：更换真空开关，或恢复真空开关设置值
24		控制器故障	处理方法：更换控制器
25	喷嘴出水有压缩空气	水增压器隔膜破裂	处理方法：拆开水增压器，更换橡胶隔膜

第十三章

牵引系统及高压设备检修

动力车牵引系统及高压设备包括受电弓、高压装置、主变压器、牵引变流器和牵引电机等。本章主要介绍牵引系统及高压设备各部件的检查及故障处置。

第一节　高压设备检查及故障处置

本节主要介绍受电弓、真空断路器、高压电压互感器、高压接地开关、避雷器、高压电流互感器和高压电缆的日常检查、常见故障查找与处理。

一、受电弓

(一)日常检查

作业区空间应无电才能进行。

保持受电弓各部位清洁。

受电弓支持绝缘子必须进行维护保养,清洁并擦净绝缘子。

受电弓各铰接部分应转动灵活。

受电弓气囊和空气管道部分应无漏泄现象。

检查所有紧固件应紧固到位,各软编织线、软绞线不应有断裂破损现象。

碳滑板不得有严重缺损,安装牢固,弓角组焊无裂损、变形。

检查碳滑板的磨耗极限,过限后应及时更换,以免损伤碳滑板和造成弓头刮伤。

应经常检测碳滑板与接触导线间的压力,修理、调整和更换碳滑板后应重新测定接触压力符合要求。

受电弓升降特性、时间等均应符合受电弓的技术条件和试验大纲的要求。

保持活动框架、转轴、铰链部分清洁。

(二)常见故障查找与处理

受电弓常见故障查找与处理见表 13-1。

表 13-1　受电弓常见故障查找与处理

序号	故障信息	可能的原因	处理方法
1	碳滑板过度磨损（连续磨损）	均匀磨损显示运行正常	检查碳滑板并更换
2	碳滑板过度磨损（不规则的磨损）	碳滑板裂纹或破损 接触网破损	更换碳滑板并检查接触网
3	碳接触电网的弓头放电	可能为碳滑板或电网故障	更换碳滑板
		低气压，接触力太低	检查更换有故障的气动部件
		弓头被阻挡或变形	检查弓头是否自由动作，如果需要则进行修理或更换
		新的电网	按照其磨损进行解决
4	无法升弓	控制电路故障	检查线路，如果需要则进行修理
		空气管路故障	检查管路是否漏气或检查插头，如果需要则进行修理
			检查管路压力和风源压力，更换有故障的气动部件

1. 修复或更换

修复或更换步骤见表 13-2。

表 13-2　修复或更换步骤

序号	部　件	方　法
1	更换碳滑板	安装碳滑板，装入垫圈和螺母，紧固连接螺母
2	更换弓头	安装部件，紧固部件的连接螺母和螺栓，调节平衡杆长度使碳滑板下的导杆托架在 1.5 m 处保持水平
3	更换气囊和升弓钢丝绳	安装部件，紧固部件的连接螺母和螺栓
4	更换导流线及其固定螺栓	安装部件，紧固部件的连接螺母和螺栓
5	更换轴承和密封圈	装入轴承，装入密封圈和衬套，紧固连接螺母和螺栓
6	更换绝缘子	安装部件，紧固部件的连接螺母和螺栓
7	气路	检查气路，如有漏泄，更换损坏的气动元件

2. 组装

组装步骤见表 13-3。

表 13-3　组装步骤

序号	部　件	方　法
1	底架	安装橡胶止挡，高度在安装弓头后经过试验确定；安装弓头支撑弹簧，在调试后紧固螺母；铭牌通过铆钉安装牢固

续上表

序号	部　件	方　法
2	下臂杆	使用工装压入两端轴承，并安装密封圈；安装导流线，肘接处导流线两端位置应错位安装，避免在升弓时出现干涉
3	上框架	安装对角线杆，在安装至受电弓后，调整对角线杆的长度，使上框架中心对称并保持一定的横向刚度
4	拉杆	轴承压入端环内部，润滑后安装防尘盖组装，在安装至受电弓后，结合试验情况调整拉杆长度
5	弓头组装	在安装至受电弓后检查弓头高度，在不施加作用力下保持在(103±5)mm
6	平衡杆	平衡杆两端分别安装至下臂杆、弓头上，调整长度

3. 参数设置

参数设置见表13-4。

表13-4　参数设置

序号	部　件	方　法	设置参数
1	阀板	设置精密调压阀R：380～400 kPa(3.8～4.0 bar)	接触压力：(70±10)N
2	阀板	调整节流阀DRH	秒表显示：6～10 s
3	阀板	调整节流阀DRS	秒表显示：≤6 s

4. 功能试验

功能试验见表13-5。

表13-5　功能试验

序号	部　件	方　法	注　意
1	受电弓	设置精密调压阀R：380～400 kPa(3.8～4.0 bar)	接触压力：(70±10)N
2	受电弓	调整节流阀DRH	秒表显示：6～10 s
3	受电弓	调整节流阀DRS	秒表显示：≤6 s
4	阀板	调节压力开关	升压动作气压：(250±10)kPa
5	阀板	调节安全阀	动作气压：(450±10)kPa

二、真空断路器

(一)日常检查

硅橡胶绝缘子表面光洁，安装牢固，有裂纹者更新，表面缺损须进行绝缘处理，累计缺损面积大于3 cm^2 时，须通过45 kV工频耐电压试验；累计缺损面积大于30 cm^2 时须更新。

金属法兰盘不许有裂纹、锈蚀，螺纹完好，与绝缘体浇铸牢固，不许有裂缝、掉块现象。内孔光洁，与金属件结合牢固，密封良好。

活塞往复运动时不许有阻滞现象。气路畅通，阀及阀口密封性能良好。

插座及辅助联锁触头系统各部件表面清洁，不许有裂损、变形；110 V 控制单元板逻辑控制顺序正确，不允许有误动作，联锁触头接触良好，通断正确。

紧固件拧紧力矩检查。

(二)常见故障查找与处理

真空断路器常见故障查找与处理见表 13-6。

表 13-6　真空断路器常见故障查找与处理

序号	故障信息	可能的原因	处理方法
1	不能保持合闸	如图 13-1 所示	如图 13-1 所示
2	不能合闸	如图 13-2 所示	如图 13-2 所示

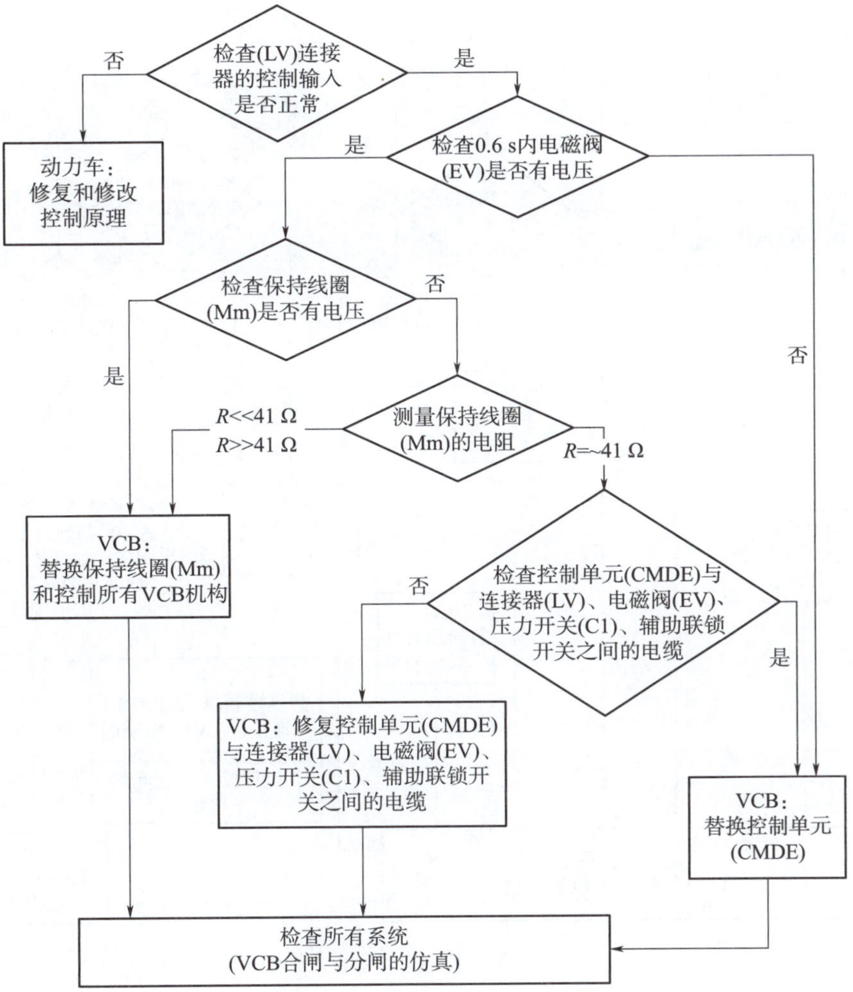

图 13-1　真空断路器不能保持合闸的故障检测流程

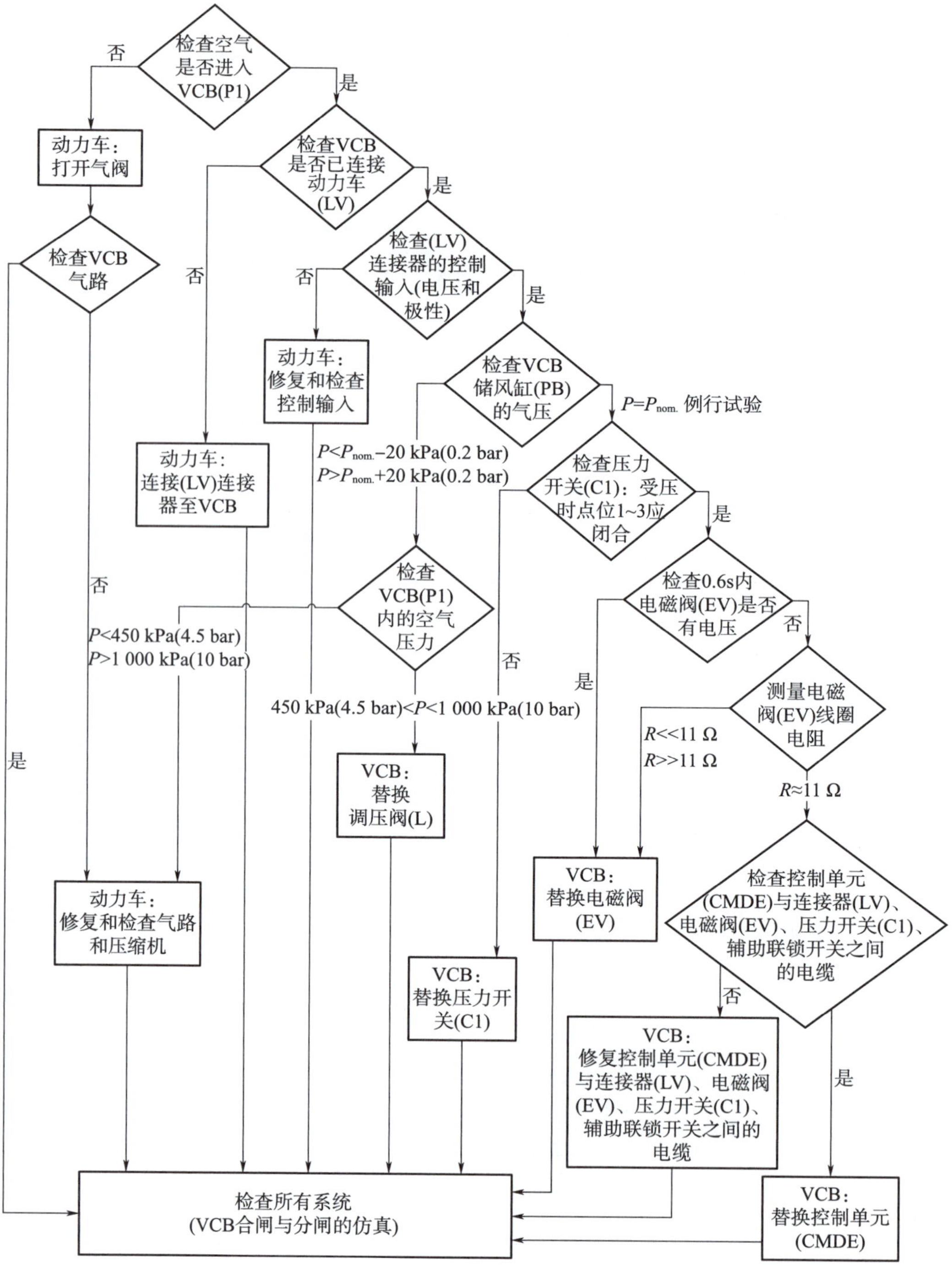

P—工作气压；$P_{nom.}$—压力开关气压。

图 13-2　真空断路器不能合闸的故障检测流程

三、高压电压互感器

(一)日常检查

检查伞裙是否有裂纹,罩或罩之间是否出现损坏。树脂体出现任何损坏,罩子出现任何严重损坏,都有必要更换电压互感器。原边端和次边端处于良好的状态下,确保一次、二次接线适当。检查电压互感器法兰和动力车车顶表面之间的橡胶密封是否处于良好状态,是否紧密配合。

(二)常见故障查找与处理

高压电压互感器常见故障查找与处理见表 13-7。

表 13-7 高压电压互感器常见故障查找与处理

序号	故障信息	可能的原因	处理方法
1	二次绕组无电压输出	二次绕组熔断器断路	更换熔断的熔断器
2	二次绕组无电压输出	一次、二次绕组短路或断路	检查一次、二次绕组直流电阻;检查一次、二次绕组间及对地绝缘电阻
3	二次绕组无电压输出	二次绕组断路	检查二次绕组电阻,若直流电阻很大则说明二次绕组断路,更换故障电压互感器
4	电压互感器失效	二次绕组间或对地短路	二次绕组间或二次绕组对地绝缘电阻为零,更换故障电压互感器
5	电压互感器失效	硅橡胶表面破损	更换故障电压互感器
6	二次绕组有电压输出但电压比不正确	一次绕组或二次绕组存在短路	更换故障电压互感器

四、高压接地开关

(一)日常检查

检查软连线不得有严重断股,清理并保持表面清洁。

检查簧片表面磨损情况,不能有变形或破损,清理并保持清洁。

检查簧片接触部位美孚润滑脂,视污秽、损耗与凝结情况,清理并加润滑脂。

锁组装联锁关系需良好,不得有卡滞。

所有紧固件应紧固到位。

(二)常见故障查找与处理

为确保登顶及检修高压设备时人身安全,动力车设置高压互锁功能。管路柜上升弓钥匙阀设置一把蓝色钥匙,用来控制受电弓的气路。受电弓气路在开通位,蓝色钥匙无法拔出,要取出蓝色钥匙,首先保证受电弓在降弓位、主断路器在断开位。升弓钥匙阀设置有两对辅助触点,当其中一节车旋转蓝色钥匙至横位,受电弓气路被切断,同时升弓钥匙阀一对触点信号送至另一节动力车的 TCMS 微机系统,保证人为操作升弓指令时,另一节动力车也无法升起受电弓。拔下蓝色钥匙插入高压柜下部的高压接地开关,旋转蓝色钥匙并将接地开关转换到接地位,此时蓝色钥匙无法拔出,可将黄色钥匙取出,插入钥匙箱后绿色钥匙可被取出。此时,绿色钥匙可以打开车顶门、高压柜门、变流柜门等。需要特别注意的是:严禁在接触网通电状态下打开车顶门。蓝色钥匙、黄色钥匙分别如图13-3和图13-4所示,高压接地开关常见故障查找与处理见表13-8。

图13-3　蓝色钥匙

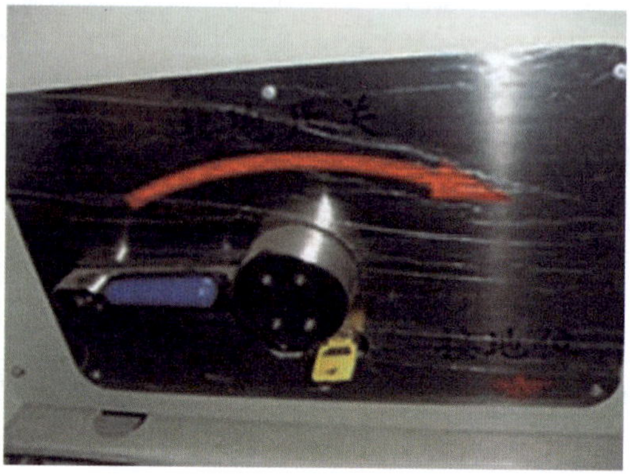

图13-4　黄色钥匙

表13-8　高压接地开关常见故障查找与处理

故障信息	可能的原因	处理方法
转杆不能在“工作”位和“接地”位之间灵活转动	转杆上的簧片受损、变形或断裂	更换新的簧片

五、避雷器

(一)日常检查

避雷器在投入运行后应定期用2 500 V兆欧表测试绝缘电阻,其阻值应大于35 000 MΩ;每年对避雷器应作预防性试验,具体项目为:

(1)外观检查:检查避雷器外套有无裂纹、伤痕、缺陷,表面缺陷面积(如缺胶、杂质、凸起等)不应超过25 mm^2,深度不大于1 mm,凸起表面与合缝应清理平整,凸起高度不得超过0.8 mm,粘接缝凸起高度不应超过1.2 mm,总缺陷面积不应超过复合外套总表面的0.2%。

(2)直流参考电压测试U_{1mA}:避雷器两端施加直流电压(直流电压的脉动不大于±1.5%),待流过避雷器的电流等于1 mA时读取电压值,其值应大于或等于58 kV。

(3)直流0.75 U_{1mA}下的漏泄电流测量:对避雷器施加0.75倍U_{1mA}直流电压,读取漏电流值,其值应小于30 μA。

(二)常见故障查找与处理

避雷器常见故障查找与处理见表13-9。

表13-9　避雷器常见故障查找与处理

序号	故障信息	可能的原因	处理方法
1	冰闪、污闪	避雷器伞群表面积污或覆冰	清理、擦洗擦干后,用摇表测量伞裙绝缘

续上表

序号	故障信息	可能的原因	处理方法
2	主断跳开或网压突然下降	避雷器击穿	对避雷器进行电气性能的测试
3	击穿	雷电或操作不当等使过电压过高	更换新避雷器
4	影响其他设备	机械损坏	更换新避雷器

六、高压电流互感器

(一)日常检查

目测高压电流互感器浇注体和接线盒有无破损。

检查接线盒,螺栓连接情况良好。

检查二次绕组是否断路,二次绕组间及对地绝缘电阻是否符合要求。

(二)常见故障查找与处理

高压电流互感器除接线盒盒盖外不允许拆解,当高压电流互感器表面出现裂痕、失效或达到使用寿命时更换,常见故障查找与处理见表 13-10。

表 13-10　高压电流互感器常见故障查找与处理

序号	故障信息	可能的原因	处理方法
1	二次绕组无电流输出	接线端子接触不良或断路	检查二次绕组是否断路,若未断路则说明接线端子接触不良。重新连接
2	电流互感器失效	二次绕组断路	检查二次绕组是否断路,若二次绕组断路,更换故障电流互感器
3	电流互感器失效	二次绕组间或二次绕组对地短路	二次绕组间或二次绕组对地绝缘电阻小于 100 MΩ,更换故障电流互感器

七、高压电缆

(一)日常检查

检查导体连接杆上的防松标记,确认螺栓固定状态;保持伞裙、密封件、法兰、T 型头和高压电缆表面清洁。

(二)常见故障查找与处理

高压电缆常见故障查找与处理见表 13-11。

表 13-11　高压电缆常见故障查找与处理

序号	故障信息	可能的原因	处理方法
1	刚性终端 52TTGI/E 终端螺栓松动导致接触不良放电	车辆振动	按计划维护
2	刚性终端 52TTGI/E 法兰螺栓松动导致接触不良放电	车辆振动	按计划维护
3	刚性终端 52TTGI/E 伞裙损坏导致表面爬电	风沙高速撞击	按计划维护
4	电缆绝缘层缺陷而产生绝缘拉弧	生产中杂质	做局放、耐压出厂试验
5	电缆绝缘层缺陷而产生绝缘拉弧	外力造成	按计划维护

续上表

序号	故障信息	可能的原因	处理方法
6	T 型插拔头 P440TB/G 内部连接松动而产生接触不良放电	车辆振动	按计划维护
7	T 型插拔头 P440TB/G 接地端子松动导致接地不良放电	车辆振动	按计划维护
8	户内终端 AFN36 终端螺栓松动导致接触不良放电	车辆振动	按计划维护
9	户内终端 AFN36 伞裙损坏导致表面爬电	外力损坏	按计划维护

电缆总成如果判定为更换，则需要整根更换，更换的整根电缆总成需进行功能试验，见表 13-12。

表 13-12　功能试验

序号	部　　件	方　　法	注意事项	备　　注
1	刚性终端 52TTGI/E	交流耐压试验：91 kV，5 min。 局部放电试验：45 kV，≤5 pC	M16 连接螺杆紧固力矩：50 N·m	力矩扳手
2	T 型插拔头 P440TB/G	交流耐压试验：91 kV，5 min。 局部放电试验：45 kV，≤5 pC	400BIPA 堵头 M16 螺栓紧固力矩：50 N·m。 400TCS 螺栓(M16)紧固力矩：50 N·m	工具组件 A：长六角套筒(22 mm)＋加长杆(≥130 mm)＋力矩扳手。 工具组件 B：六角套筒(24 mm)＋力矩扳手
3	户内终端 AFN36	交流耐压试验：91 kV，5 min。 局部放电试验：45 kV，≤5 pC	前端连接端子配 M12 螺栓紧固力矩以现场而定	力矩扳手

第二节　主变压器检查及故障处置

本节主要介绍主变压器的日常检查、常见故障查找与处理。

一、主变压器日常检查

1. 主变压器及外部组件日常检查

铭牌标识应清晰，安装紧固件无松动，变压器表面防腐涂层无剥落，发现主变压器外表有涂料剥落或金属表面生锈的现象时，应除去锈痕、污物和剥落涂料，补刷防锈漆。

2. 接线装置日常检查

目视检查高压 A 端子、X 接地端子、低压绕组出线端子有无漏油、破损、污损、端子拧紧部位松动及过热变色现象。若漏油、破损现象严重时应进行更换；在出现松动、过热变色现象时应进行拧紧调整;污损时应进行清扫。

3. 冷却系统日常检查

新造主变压器运用的第一个月内,应取油样进行击穿电压试验,并符合要求(不得少于2次)。每半年取油样化验,如发现油中水分、杂质超标,则应过滤处理,并做耐压试验。

主变压器使用中应经常监视吸湿器,当干燥剂变色的比例占 2/3 以上时,应更换。

应经常检查油位表,油面低时应检查是否有漏油部位,如有则应进行修理。如无漏油部位,应仔细观察片刻,如无变化则应将油加到规定位置为止。

油泵运行时声音应平稳、轻快,无卡滞,声音均匀和谐而无有害杂音;油泵接线盒内连接线应无烧损迹象;检查密封圈、接线盒内部和外壳等处是否有漏泄及异常现象。

定期清扫油冷却器,在堵塞严重时应进行水洗或用水蒸气进行清洗。

4. 保护装置日常检查

压力释放阀应无油流痕迹,电信号显示应正常。若压力释放阀动作,应彻底查清故障原因,故障排除后手工复位压力释放阀信号杆。

油流继电器指针指示方向与油流方向一致,无油流时应指示零刻度,电信号显示应正常。

二、主变压器常见故障查找与处理

主变压器常见故障查找与处理见表 13-13。

表 13-13　主变压器常见故障查找与处理

序号	故障信息	可能的原因	处理方法
1	温度计无指示或指示错误,机械故障等	电阻温度计故障	更换有故障的电阻温度计
2	油泵不规则运行、运行噪声、轴承故障、绕组故障、阻塞、漏油等	油泵故障	更换有故障的油泵
3	压力释放阀无信号或信号错误,机械故障、不动作	压力释放阀故障	更换压力释放阀
4	油流继电器无信号或信号错误,机械故障、不动作	油流继电器故障	更换油流继电器
5	变压器烧损	短路、过压等	更换有故障的变压器

第三节　牵引变流器检查及故障处置

本节主要介绍牵引变流器的日常检查、常见故障查找与处理。

一、牵引变流器日常检查

(1)了解动力集中动车组运行情况:要求与司机沟通或通过动力集中动车组运用情况记录本及时了解动力集中动车组运行情况。

(2)设备外观表面检查:要求主变柜系统各设备装置表面清洁;并无脱漆、划伤等异常现象。发现有异常处,应及时对脱漆、划伤等异常处进行补漆处理,防止柜体表面氧化。目视范围内各固定螺栓及对外连接器紧固可靠,铭牌完整清晰。

(3)设备柜门检查:要求柜门固定门锁及接地螺栓齐全,并要求各部件安装牢固。若发现某部件缺少或损坏情况,应及时补齐或更换处理。

(4)查看 DDU 中故障记录:要求通过查看 DDU 历史故障记录,确定牵引变流器无故障隐患。

(5)DDU 网络拓扑图:要求通过 DDU 网络拓扑图确定各牵引变流器工作状态。

(6)查看 DDU 主要数据(温度界面):要求通过 DDU 查看主要数据,确定 TCU 冷却水水压差、主变流器中间直流电压及其他参数(主变冷却水温、柜内温度等)符合要求。

(7)牵引变流器各项功能:要求完成牵引变流器各项高压试验,确定动力集中动车组各项功能正常。

二、牵引变流器常见故障查找与处理

牵引变流器常见故障查找与处理见表 13-14。

表 13-14 牵引变流器常见故障查找与处理

序号	故障信息	可能的原因	处理方法
1	原边过流故障	原边电流互感器故障	更换互感器
		原边电流检测板中采样电阻故障	更换电流检测板
		模拟输入插件、网侧信号插件故障	更换相应插件
		主变压器原边绕组匝级短路	化验主变压器油中的介质。 使用电桥测量主变压器原边内阻
2	原边接地故障	原边及回流互感器故障	更换相应互感器
		原边及回流检测板中采样电阻故障	更换电流测板
		模拟输入插件、网侧信号插件故障	更换相应插件
		主变压器原边绕组接地	油样化验 使用耐压机检测主变压器接地绝缘
3	四象限整流器输入过流保护	受电弓在动力集中动车组运行过程中跳弓引起网压剧烈波动	检查、调整受电弓
		四象限输入电流检测环节,如传感器、模拟输入插件、网侧信号插件故障	更换电流传感器及相应插件
		同步信号接反	调整正确
4	元件故障	偶发性故障	按压微机复位
		变流器门极驱动板故障	更换门极驱动板
		脉冲分配板故障	更换脉冲分配板
		脉冲转换板故障	更换脉冲转换板
		IGBT 故障	更换变流器模块
		变流器模块至 TCU 控制箱之间连接线异常	拧紧插头,若有退针,则重新压针

续上表

序号	故障信息	可能的原因	处理方法
5	充电故障	中间直流电压检测电路，如电压传感器、模拟输入插件、网侧信号插件故障	更换电压传感器及相应插件
		充电电阻故障	更换电阻
		充电接触器故障	更换接触器
		斩波管击穿(短路)	更换变流器模块
6	充电接触器卡分故障	充电接触器故障	更换充电接触器
		相应短接接触器闭常点辅助联锁故障(开路)	更换短接接触器辅助联锁
		数字入出插件故障	更换数字入出插件
7	充电接触器卡合故障	充电接触器故障	更换充电接触器
		数字入出插件故障	更换数字入出插件
8	短接接触器卡分故障	短接接触器故障	更换短接接触器
		数字入出插件故障	更换数字入出插件
9	短接接触器卡合故障	短接接触器故障	更换短接接触器
		数字入出插件故障	更换数字入出插件
10	中间直流电压异常(过压或欠压)	同步变压器故障	更换同步变压器
		中间直流电压检测电路，如电压传感器 VH2/VH3、模拟输入 A 插件、网侧信号插件故障	更换电压传感器及相应插件
		二次谐振电路故障，如二次谐振电容鼓包、漏液、放电等异常现象	更换电容
11	主回路接地	接地检测电阻故障	更换电阻
		中间直流全电压/半电压检测电路，如电压传感器、模拟输入插件、网侧信号插件故障	更换电压传感器及相应插件
		主电路接地，如主变压器次边绕组、中间直流回路(变流器模块、二次谐振电路等)、电机等	更换相应部件
		原边电流互感器接地线虚接或烧损	紧固原边电流互感器接地线或更换互感器
12	逆变输出过流	逆变输出电流传感器故障	更换电流传感器
		电机速度传感器故障	更换速度传感器
		电机速度信号连接线接反或屏蔽线多点接地等异常现象	恢复速度信号连接线
		电机电流检测环节故障，如模拟输入插件、电机信号插件	更换相应插件
		逆变器模块故障	更换上变流器
		电机故障	更换电机

续上表

序号	故障信息	可能的原因	处理方法
13	斩波过流	斩波电流传感故障	更换电流传感器
		斩波电流检测环节故障，如模拟输入插件、电机信号插件故障	更换相应插件
		斩波电阻短路、开路，或电阻阻值小于规定要求	更换电阻
14	斩波超温	中间直流电压传感器故障	更换电压传感器 VH2
		中间直流电压检测环节，如模拟输入插件、网侧信号插件故障	更换相应插件
15	水压差故障	变流器进水口蝶阀未打开	将蝶阀打开
		变流器入口过滤网堵塞	清洗过滤网
		水压传感器故障	更换传感器
		模拟输入插件故障	更换插件
		外部冷却水塔缺水或压力不足或偏高	给冷却水塔加水或充气/排气
		外部水泵工作异常，如水泵三相交流工作电源线反接或水泵电机故障不工作	恢复水泵接线或更换水泵电机
16	冷却水温故障	温度传感器故障	更换温度传感器
		温度传输信号线路接触不良(虚接)	紧固
		模拟输入插件故障	更换插件
		外部冷却水塔内部风机故障，如冷却塔水风机不工作，或风机三相交流工作电源线反接引起风机反转	更换风机或调整风机电源连接线
		外部冷却水塔内部过滤网堵塞(脏)	清洁过滤网尘土
17	电机高温故障	温度传感器故障	更换温度传感器
		温度传输信号线路接触不良(虚接)	紧固
		模拟输入插件故障	更换插件
		牵引风机故障，如牵引风机不工作，或风机三相交流工作电源线反接引起风机反转	更换风机或调整风机电源连接线
18	通信故障	LCC、MCC、SMC 通信接口、开关电源插件故障	更换相应插件
		开关电源负载故障，如电流、电压、速度传感器故障	更换相应负载
19	变流器模块过热故障	变流器模块内部温度继电器开路	更换变流器模块
		数字入出插件故障	更换插件
20	电机缺相或不工作故障	逆变输出电流传感器故障	更换传感器
		电机连接线开路或电机缺相	更换电机
21	保护性减功率	电机温度超过范围	参考电机高温故障
		牵引变流器水温超过范围	参考冷却水温故障

第四节　牵引电机检查及故障处置

本节主要介绍牵引电机的日常检查、常见故障查找与处理、性能试验。

一、牵引电机日常检查

检查电机外观，对电机部件完好性进行确认，长期备用的保养说明见表 13-15。

表 13-15　长期备用的保养说明

序号	部件名称	备用状态	保养说明
1	电机	装在动力车上，动力车长期备用	注意防腐
2		装在动力车上，动力车长期备用后即将投入使用	上线前检查电机外观，确认转速传感器与温度传感器是否完好
3	滚柱轴承	备品	包装好置于干燥环境中
4	温度传感器	备品	包装好置于干燥环境中
5	转速传感器	备品	包装好置于干燥环境中

二、牵引电机常见故障查找与处理

牵引电机常见故障查找与处理见表 13-16。

表 13-16　牵引电机常见故障查找与处理

序号	故障信息	可能的原因	处理方法	备　注
1	无接地	与机座无接触，等电位连接不够	接地座、接触面腐蚀，紧固件松动，清洁，拧紧螺栓	
2	接地故障信号	连接导线及接地接触损坏	检查连接导线和电缆密封套（防护罩），更换连接导线	检查导线布线是否有锋利边缘和擦破现象
		绕组绝缘破损	检查绝缘电阻	检查电机内是否有异物
		机座的“接线区”有水	退出转子及轴承防护板（N端），干燥机座	检查排水孔
3	冒烟及烧焦气味	绕组绝缘破损	检查绕组及绝缘电阻	检查电机内是否有异物
		轴承损坏	轴承盖变色、轴承变色或变形，轴承只有拆卸后才能确定是否损坏	确定卡滞、润滑失效、过载、润滑不够的原因
		连接导线破损或中断	检查连接导线，更换连接导线	检查导线布线是否有锋利边缘和擦破现象
4	咔嗒声	轴承损坏	拆卸轴承盖，测量振动	确定损坏原因：电机中存在碎片或转子铁芯接触到定子铁芯
		驱动联轴节松动或破裂	检查螺纹连接，目视检查，螺栓拧紧到规定力矩	

续上表

序号	故障信息	可能的原因	处理方法	备　注
5	径向振动	轴承损坏	拆卸轴承盖，测量振动	确定损坏原因：电机中存在碎片或转子铁芯接触到定子铁芯
		重量平衡块松动或丢失		确定间接损坏原因：小零件跌落到电机中（螺钉、重量块等）
		转子不平衡	目测检查平衡性，清洁转子，重新调节平衡	
6	无电机扭矩输出	连接导线损坏	检查连接导线，更换连接导线	检查导线布线是否有锋利边缘和擦破现象
		绕组与线鼻连接松动	拆下接线盒盖板，检查连接情况	
7	变化的速度信号	转速传感器的连接导线中断	检查连接导线，检查插头连接，更换连接导线，修复插头连接	
		转速传感器松动	检查紧固情况，固定转速传感器	检查紧固情况
		转速传感器故障	更换转速传感器	
8	油脂漏泄	轴承过润滑	拆下使用的轴承盖，清除多余油脂，清洁所用油管，固定所用油脂盖板	
9	油脂污染或过早老化	轴承内有电流	只能拆卸后目测检查	确定电流产生的原因并采取适当的措施
10	油漏泄	过量填充，破损，螺栓松动	检查油位，检查是否破损，检查螺栓是否紧固，纠正油位，如果破损应更换，拧紧螺栓	

三、性能试验

1. 绝缘测试

电机冷态下测试定子线圈的绝缘电阻，依次在每个接线端子 U/V/W 和定子机座之间施加 DC 2 500 V 电压，测量绝缘电阻。

2. 耐压试验

在绕组和机座之间逐步施加一个工频试验电压。

(1)新绕组

绝缘电阻试验：用 DC 2 500 V 电源进行电阻测量；绝缘电阻＞100 MΩ。

高压试验：工频试验电压频率 50/60 Hz；试验电压/持续时间为 8 200 V/1 min。

(2)旧绕组

绝缘电阻试验：用 DC 2 500 V 电源进行电阻测量；绝缘电阻＞3.6 MΩ。

耐压试验：工频试验电压频率 50/60 Hz；试验电压/持续时间为 6 150 V/1 min。

电机各零部件尺寸和配合间隙超表 13-17 限度时，不经修理或更换不准继续使用。

表 13-17　牵引电机限度

序号	项　　目	原　　形	禁用限度
1	定子绕组对地绝缘电阻	冷态 100 MΩ 以上，热态 3.6 MΩ 以上	冷态 100 MΩ 以下，热态 3.6 MΩ 以下
2	轴承温升	55 K	55 K 以上

注："原形"指设计的原始尺寸、制造允许公差或组装时的允许间隙。"禁用限度"指动力车或部件检修限度中最低要求的限度。

第十四章

电气装置及控制系统检修

电气装置及控制系统包括旅客信息系统、拖车电气控制系统、拖车空调系统、动力车辅助电气系统、控制系统。本章主要介绍电气装置及控制系统的检查及故障处置。

第一节　旅客信息系统检查及故障处置

旅客信息系统的稳定与高效运行对于提升旅客体验至关重要。本节以直车体为例，介绍旅客信息系统的全面检查流程，包括人工广播、自动与手动报站、语音及文字广播、FM广播、温度信息显示及数据维护等关键环节的操作与配置。同时，针对可能出现的系统故障，提供具体的排查步骤与解决方案，确保系统迅速恢复运行，保障旅客信息服务的连续性与准确性。

一、旅客信息系统检查

1. 人工广播

人工广播为最高优先级，当人工广播进行时，其他低级别的广播只进行语音中断，当人工广播结束后，返回之前的广播状态，操作广播控制盒上的按键，通过CPU上的GPIO口将信号送入CPU，由CPU进行处理，此时PIS系统操作屏上跳出界面提示“人工广播”。

2. 报站

报站分为自动报站和手动报站，可手动进行选择，自动报站由GPS信号触发、CPU处理进行，报站广播通过语音与文字同步进行，报站信息在存储器内要有单独的存储路径。

(1)路线选择

通过选择路线，进入“选择交路”界面，选择需要的交路。

(2)手动报站

通过选择“手动”进行手动报站操作。

(3)自动报站

如图 14-1、图 14-2 所示,通过“手动”/“自动”选择“自动”,系统将进入自动报站模式,系统将根据 GPS 信息进行自动报站。

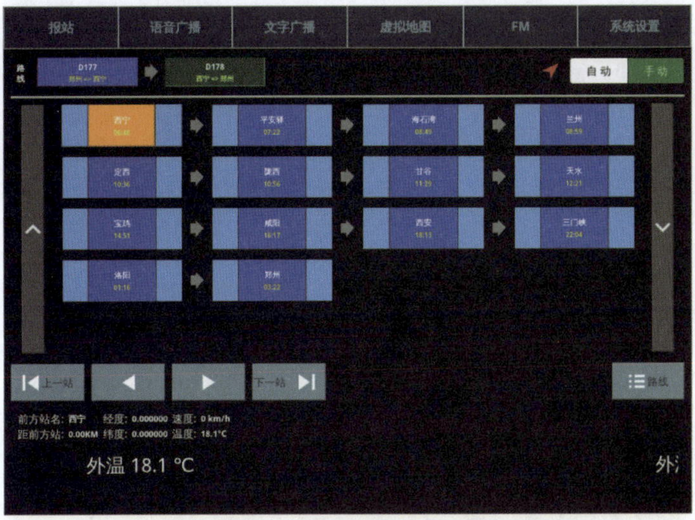

图 14-1　“手动”/“自动”选择“自动”界面

图 14-2　自动报站模式界面

3. 语音广播

语音广播是对预录的语音进行广播,分为自动和手动,预录语音信息进行广播时,要有与之配合的文字信息同时进行,两种信息数据放在存储器内单独的同一路径。

(1)广播

如图 14-3 所示,主界面上按“语音广播”进入“语音广播”界面,通过点击“开始播放”,播放广播列表内信息,此时广播音频和 LED 信息显示屏同步进行播放,按“停止”键进行停止广播操作。

(2)语音广播列表添加

如图 14-3 所示,在“语音广播”界面,选择“广播条目”内的信息,按“≫”,可将广播信息添加至“广播列表”,在“广播列表”选择信息条目,按“≪”,可进行移除。

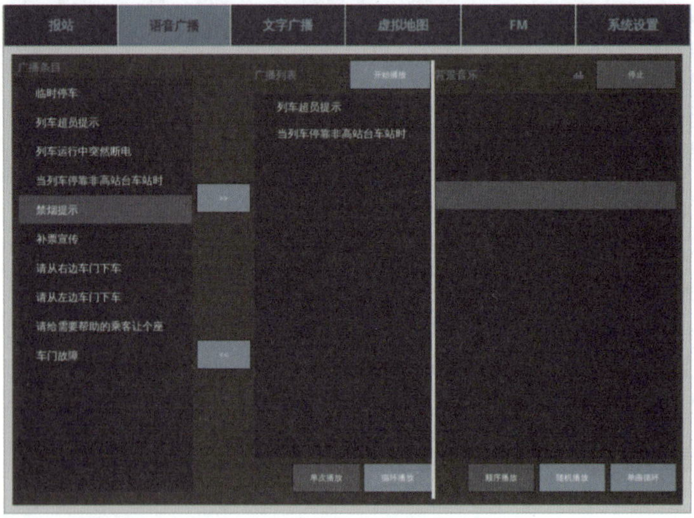

图 14-3 “语音广播”界面

(3)背景音乐播放

如图 14-3 所示,在“语音广播”界面,选择“背景音乐”内的条目,按“开始”开始播放背景音乐,按“停止”执行停止操作。

如果高优先级的广播正在进行时,操作低优先级的广播,会出现“提示”,界面如图 14-4 所示。

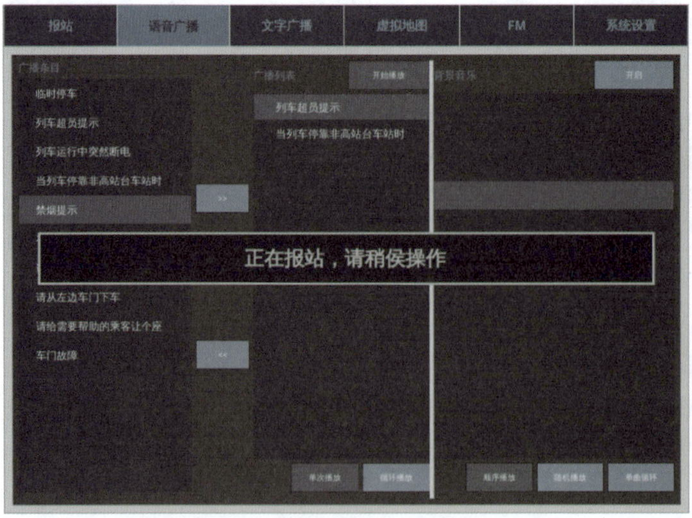

图 14-4 “自动报站”界面

4. 文字广播

文字广播是对预存的文字信息进行 LED 信息显示广播，分为自动和手动，数据信息在存储器内有单独的存储路径。

如图 14-5 所示，点击“文字广播”，进入“文字广播”界面，可选择要广播的文字信息，进行文字广播操作。

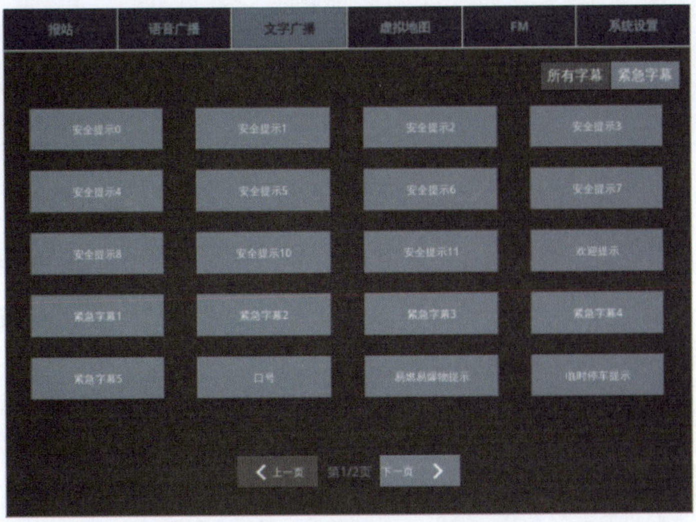

图 14-5　“文字广播”界面

5. FM 广播

FM 广播需手动进行触发，文字广播与 FM 广播同等优先级，为最低，可同时进行。

按“FM”键，进入“FM 广播”界面，按“开启”键，打开 FM 功能，按“停止”键则关闭。按“搜索”键，系统进入自动搜台，搜索完毕，电台清单将自动保存，在“电台清单”界面选择电台，点击可进行播放。

6. 温度信息显示

GPS 天线内温度传感器采集的温度信息经 CPU 处理，在人工广播、文字广播或 FM 广播进行时，每 10 min 在车内显示屏上进行滚动显示温度数值，显示次数 2 次。

7. 数据维护

通过 CPU 面板上的 USB 口进行数据导入和软件升级。

8. 运行完毕后日常维护

入库时，各类所有开关都应当处于关闭状态，所有指示灯都要处于熄灭状态。

出库使用时，检查设备与电源连接的正负极是否正确，以免接错引起短路。入库后，对设备表面进行常规的灰尘清理，以免积尘过多引发设备故障。

二、旅客信息系统故障处置

1. 无法正常开机

确保电源连接线连接牢靠。

2. GPS 故障

无法接收 GPS 信息。检查 GPS 板 X12 接口有连线接触不良现象，GPS 板烧坏。将连线牢固连接，更换主板。

3. FM 广播故障

检查 FM 板的 PWR 指示灯是否亮，如不亮基本是 FM 板烧坏。如不是，则检查连接线是否牢固将连接线牢固连接，如无效则更换主板。

4. 广播故障

(1)检查广播控制盒 PWR 指示灯是否亮；按下广播按键，检查 RUN 指示灯是否亮；以上均正常，则检查通信线缆是否松动。

(2)检查 FM 广播是否正常；如 FM 广播正常，扬声器控制板、集中功放单元和扬声器工作正常，则可能原因在广播音频控制板。

解决方法：将连接线缆牢固连接，如无效则更换主板。

(3)如 FM 广播也不正常，可能是 PIS 主机扬声器控制板和集中功放单元故障。可以逐一排查。观察 PIS 主机扬声器控制板处的线缆牢固连接，观察指示灯 PWR、RUN 是否亮；以上均正常，则检查集中功放单元的 PWR 指示灯是否亮、集中功放单元与扬声器的连接器是否松动。

解决方法：将连接线缆牢固连接，如 PIS 扬声器控制板 PWR 指示灯和集中功放单元 PWR 指示灯均正常，则更换主板。更换主板仍无效，则更换扬声器控制板。

5. 显示屏故障

显示屏开机几秒后黑屏。显示屏电源正常，通信异常。检查连接线是否牢固，如无效则更换车厢控制器；如整列车显示屏开机后均黑屏，则更换主板。

第二节　拖车电气控制系统检查及故障处置

本节介绍拖车电气控制系统的检查及故障处置，从电气综合控制柜的 PLC 单元、触摸屏维护到蓄电池状态监测，再到照明系统、火灾报警系统及其他关键电气设备的检查与故障应对措施，全方位确保拖车电气控制系统的稳定可靠运行。通过定期的专业检查与维护，及时发现并排除潜在故障，保障行车安全与设备性能。

一、拖车电气控制系统检查

(一)电气综合控制柜

1. PLC 单元

PLC 是一种工业用控制器，为使 PLC 工作在最佳状态，务必实行日常或定期检查。PLC 的主要系统部件都是半导体，它含有少数有限寿命的部件，不良的环境条件可导致电气部件损坏，所以必须进行定期维护。维护检验的标准周期是 6 个月～1 年。但在恶劣的环境下，必须增加检查频率。

(1)检查电源电压是否在 20.4～26.4 V 范围内。

(2)检查环境温度是否在 0～55 ℃范围内。

(3)检查环境湿度是否在相对湿度 10%～90%范围内且无凝露。

(4)检查 PLC 周围无污物堆积,无水、油污等集聚,且未受到阳光直射。

(5)检查所有单元安装是否可靠,接线是否牢固,接线螺栓是否松动,连接电缆是否磨损。

2. 触摸屏

触摸屏为液晶显示屏,使用过程中需防止表面与硬、尖锐的物体接触,以免造成损伤。

如果触摸屏脏得难以看清,用一柔软干布擦拭触摸屏。如果特别脏,用干布擦除脏物可能损伤面板表面。在这种情况下,用含中性洗涤液的湿抹布绞干后擦拭触摸屏。为确保触摸屏始终能在最佳状态下使用,要进行定期维护工作。正常环境下,维护检验的标准周期是 8 个月～1 年。

(1)检查电源电压是否在 20.4～26.4 V 范围内。

(2)检查环境温度是否在 0～50 ℃范围内。

(3)检查环境湿度是否在相对湿度 35%～85%范围内且无凝露。

(4)检查所有单元安装是否可靠,接线是否牢固,接线螺栓是否松动,连接电缆是否磨损。

(二)蓄电池

(1)确认电气柜触摸显示屏所示充电机输出电压为 DC 106～123 V,充电电流≤24 A,车下电源指示灯显示绿色。当充电机输出电压、输出电流超出正常范围,或蓄电池故障灯为红色时,应切断充电机控制电源的控制开关,并闭合应急供电空气开关,作好记录,待列车入库后交库检车间组织处理。

(2)对蓄电池外壳进行检查并清洁,确保蓄电池无裂损、漏液,消除极柱氧化物。检查各接线柱及接线端子,无松动、反极、氧化、电蚀,安装牢固。

(3)测量蓄电池组总电压及每节蓄电池的单体电压(蓄电池组总电压应不低于 92 V,同组蓄电池单体电压差应小于 0.5 V)并记录,异常时应查明原因,并采取补充电或更换措施。

(4)用强光手电照射电池侧壁,检查电解液液面高度,液面高度应在最低液面线以上,若低于最低液面线,则进行补液操作。检查所有液压连接器是否清洁以防止对电解液造成污染。

(5)使用蒸馏水进行补充加注。

(三)照明系统

(1)表面清洁:清除灯具表面的灰尘和脏物,尤其注意清除进出线间的脏物及透明灯罩表面的灰尘

(2)通电试验:进行通电测试,确保功能正常。

(3)紧固件检查:检查紧固件是否存在松动现象。

(4)连接器检查:检查连接器接线是否牢固可靠。

(5)线缆检查:检查线缆是否存在表面破损。

(四)火灾报警系统

(1)自检功能:通过面板上的自检按键操作,检查系统是否存在故障。

(2)复位功能:通过面板上的复位按键操作,系统能整个复位。

(3)故障报警功能:断开火灾报警控制器外盖板端子端口任意一探测器连接器,100 s 内主机应报该位置探测器故障。

(4)火警报警功能:定期使用加烟器对探测器进行加烟,当达到报警阈值时,探测器会发出报警信号,控制器界面显示出相应位置的探测器火警信息。

(5)查询功能:通过查询按键定期查看历史记录。

(五)其他电气设备

1. 轴温报警器

(1)外观检查:观察报警器外观是否完好,是否有明显损伤。

(2)状态检查:报警器通电工作。观察报警器的运行指示灯是否正常闪烁,显示屏是否显示正常。

(3)按键检查:用键盘锁钥匙打开报警器键盘锁,检查 3 个按键是否正常。

(4)软件版本检查:使用按键切换报警器显示界面,检查软件版本号是否正确。

(5)检查结束,将键盘锁钥匙旋转至键盘锁定位置并取下。

2. 视频监控装置

(1)硬盘

①视频监控服务器的硬盘运行状态检测:将视频监控服务器的开关打到“开”状态,系统上电运行。观察指示灯板的硬盘指示灯状态。

②检查结果:若硬盘指示灯为绿色,则硬盘工作正常;若为红色,则说明硬盘出现故障,需进行更换。

③检修及再检验流程:

a. 将视频监控服务器开关打到“关”状态。用螺丝刀将存储模块的固定螺栓旋开,并用螺丝刀将舱门的开关拨到“ON”位置。

b. 打开舱门,用硬盘盒钥匙打开硬盘盒,对故障硬盘进行更换。

c. 对新的硬盘进行格式化。此具体操作需咨询相关技术人员,以免造成不必要的数据丢失。

④格式化完成后,指示灯板的硬盘指示灯应为绿色,则硬盘工作正常。

(2)视频监控服务器的 RTC 时间检测

将视频监控服务器的开关打到“开”状态,系统上电运行。使用授权设备的授权终端软件,在维护更新的系统配置界面中,查看当前时间。若系统显示的当前时间与北京时间不一致,则需要更换 RTC 电池。

①将视频监控服务器开关打到“关”状态。用螺丝刀将服务器主控模块的固定螺栓旋开。取出主控模块板,更换上新的纽扣电池,将主控模块板插回,并用螺丝刀固定好。

②将视频监控服务器开关打到“开”状态。1 min 后，使用授权设备的授权终端软件，在维护更新的系统配置界面中，点击“校时”按钮。

③将视频监控服务器重新上下电后，使用授权设备的授权终端软件，在维护更新的系统配置界面中，系统显示的当前时间应当与授权终端时间一致。

视频监控服务器的 RTC 时间检测如图 14-6 所示。

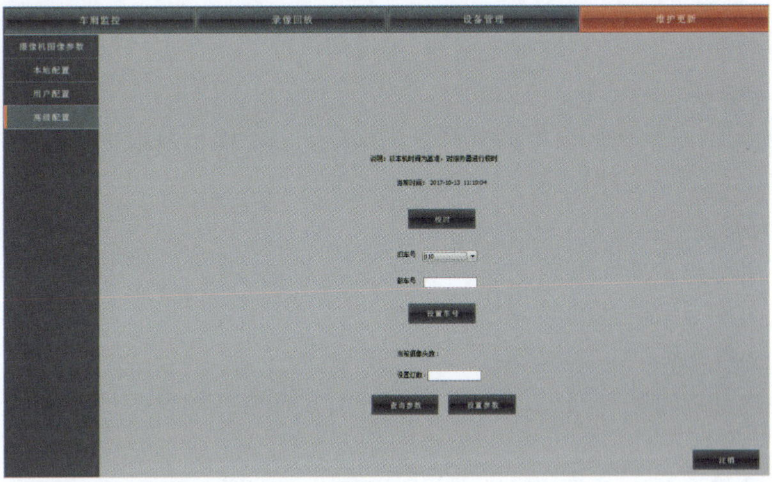

图 14-6　视频监控服务器的 RTC 时间检测

(3)摄像机的图像显示检测

将视频监控服务器的开关打到“开”状态，系统上电运行。使用授权设备的授权终端软件，在车厢监控界面中，观察摄像机显示的实时图像。若图像显示正常，则摄像机工作正常。如图像出现模糊不清或不显示的情况，则需对摄像机进行检测。

①观察摄像机的外罩是否有积尘、污渍、手痕等。如有，则用无尘布进行擦拭。擦拭完，再进行图像观察。

②如外罩干净，则为摄像机内部故障。

摄像机的图像显示检测如图 14-7 所示。

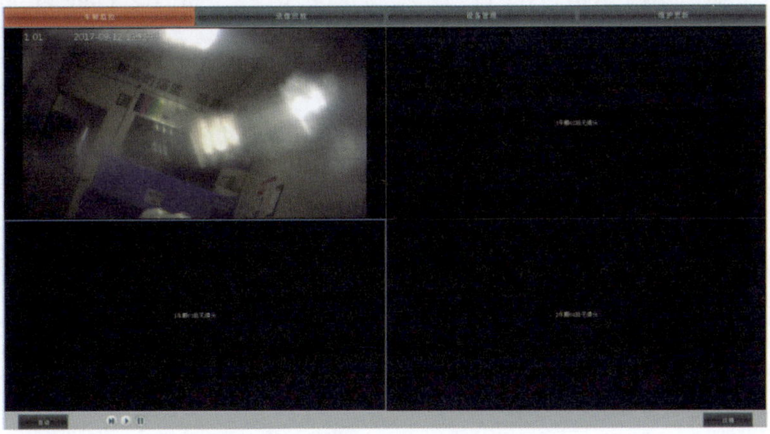

图 14-7　摄像机的图像显示检测

二、拖车电气控制系统故障处置

(一)蓄电池

1. 电池不能提供所需能源或动力

(1)列车停放期间某一负载长时间连接或电池已放电或未重新充电,则车辆离开前对电池进行充分充电。

(2)因电池受潮或不洁造成接地漏泄,则清洁电池,对电池进行充分充电。

2. 水消耗过多

(1)充电电压过高,按照充电器维修方法校正充电器输出参数。

(2)蓄电池局部或全部短路,则更换新蓄电池。

3. 接地故障检测

(1)某一电池组合单元有微小漏泄,则更换漏泄蓄电池。

(2)充液过度导致电池潮湿,则清洁电池。

4. 电池过热迹象

(1)电池内部或电池与列车之间的连接松动,按额定扭矩紧固所有刚性连接件,更换损坏连接件。

(2)有电池组合单元正负极接线柱有烧灼痕迹,则更换新蓄电池,更换损坏连接件。

5. 电池性能不稳

(1)连接电池正负极错误,检查并改变连接极性。

(2)检查蓄电池充电器参数,充电电压过高或过低,按照充电器维修方法校正充电器输出参数。

(二)照明系统

1. 客室灯带

通电时,发现部分灯板不亮或者照度下降,一般属于灯板故障;整灯不亮,则可能存在接线不良、电源故障。

(1)更换灯板组件:当灯板组件损坏或照度下降时需要更换 LED 灯板组件,打开灯罩组成,拆掉 4 颗固定灯板组件的 M3 螺钉,拔掉灯板组件两端连接线缆,将故障灯板组件拆下,然后更换新的同型号灯板组件,按要求进行接线。更换后通电,正常点亮则故障消除。

(2)更换电源模块:当电源模块损坏时需要更换新的电源模块,打开灯罩组成,拆掉 2 颗固定电源模块的 M4 螺钉,拆掉电源模块两端连接线缆,将故障电源模块拆下,然后更换新的电源模块,按要求进行接线。更换后通电,正常点亮则故障消除。

(3)接线不良:采用小一字螺丝刀对松脱的线缆进行重新插接。

(4)紧固件松动:确认弹垫是否失效,若无失效,重新拧紧;若弹垫失效,更换新弹垫后重新拧紧。

2. 筒灯

通电试验发现筒灯故障时,因筒灯为单一整体,无法对单个零件进行维护,更换整灯。

3. 平面光源

通电时，发现部分灯板不亮或照度下降时，一般属于灯板故障；整灯不亮，则可能存在接线不良、电源故障。

(1)更换电源模块：打开顶板，取出平面光源，拆掉电源模块保护壳上的 M3 螺母，将电源模块上的导线与连接器拆开，再拆除固定旧电源模块的 M4 螺母，即可将电源模块取下。将新电源模块放到原位置，用紧固件锁紧；并将新电源模块上的导线与连接器连接，安装电源模块保护壳。更换后通电，正常点亮则故障消除。

(2)灯板故障时进行整灯更换。

(3)接线不良：采用小一字螺丝刀对松脱的线缆进行重新插接。

(4)紧固件松动：确认弹垫是否失效，若无失效，重新拧紧；若弹垫失效，更换新弹垫后重新拧紧。

(三)火灾报警系统

(1)探测器开路故障：检测探测器与主机后盖 WAGO 端子之间的连接线是否有松动的地方；探测器底座连接线是否有松动。排除这两种情况则建议更换探测器。

(2)感温电缆探测器通信故障：检查 RS-485A/RS-485B 两根通信线是否接反；检测探测器与主机后盖 WAGO 端子之间的连接线是否有松动的地方；通过 USB 转串口(PL2303)用电脑监测探测器或者主机有没有数据发出。排除这三种情况则建议更换探测器。

(3)主机 SPI 通信故障：更换主机内部控制芯片。

(四)其他电气设备

1. 轴温报警器

(1)按键故障：按键无效，或者按键卡死。根据情况更换按键、修理按键电路或更换键盘锁。

(2)电源故障：通电后记录仪不工作。可能是输入电压超范围，电路有开路、短路或过载现象，线束松动或损坏，电源电路分立元件损坏，电源模块故障。首先应排除输入电压超范围的情况，用万用表测量当前输入电压，确认电压在正常范围内，再进行进一步排查。其次应排查通电后有无开路、短路或过载现象，用万用表测量电源模块的输入电压，如果电压为 0 或者明显过低，则确认为存在开路、短路或过载现象，这时应按照逐步缩小排查范围的原则进行排查：拔掉电源板和主板之间的线束，确定故障点在主板、电源板还是线束，并根据实际情况更换故障件。

如果电源模块的输入电压正常，但无输出电压，或者输出电压明显过低，则说明有可能在负载电路有短路或过载现象，或者电源模块故障，仍然按照逐步缩小排查范围的原则进行排查：拔掉电源板和主板之间的线束，确定故障点在主板、电源板还是线束，并根据实际情况更换故障件。

(3)屏幕显示故障：报警器工作(运行指示灯正常闪烁)但是屏幕不显示，或者屏幕显示乱码。液晶显示模块接口电路焊接有问题或液晶显示模块故障。重新焊接液晶显示模块，或重新焊接主单片机，或更换液晶显示模块，或更换主单片机。

(4)通信故障：报警器已接入FSK网络并且网络中的报警器至少有两台已组网通信，但报警器无法显示这些报警器的数据。可能是车次号设置问题，或者通信线路连接错误或短路，或者通信模块故障。

如果已排除车次号设置问题，但通信故障未排除，则有可能是通信线路连接问题，需要检查报警器线束以及线束的连接；此外也可能是通信模块故障导致的，如果确认是通信模块故障，需要更换通信模块。

2. 视频监控装置

(1)摄像机无图像显示，指示灯板对应指示灯不亮。则为摄像机网络端口损坏，摄像机连接器接触不良，服务器端连接器接触不良，服务器端网络端口损坏，

(2)摄像机显示图像模糊。摄像机外罩有积尘、污渍、手痕等，使用无尘布对摄像机进行擦拭。

(3)指示灯板的硬盘指示灯为红色。则为硬盘故障或硬盘丢失，对服务器存储模块进行加锁或更换硬盘处理。

第三节　拖车空调系统检查及故障处置

在动力集中动车组的运行中，拖车空调系统是至关重要的一部分，它为乘客提供舒适的环境，确保旅途的愉悦。然而，空调系统可能会出现各种故障，影响其正常运行。本节介绍拖车空调系统的检查及故障处置。

一、空调系统检查

1. 空调系统工作前的检查

(1)检查配线用的电气连接器是否接好。

(2)检查电气回路是否正常。

(3)检查主回路及控制回路的绝缘电阻是否均正常。

(4)检查通风机的叶轮是否碰风筒的内壁。

2. 空调系统工作时的检查

(1)低温运转

当环境温度低于18 ℃时，应避免制冷运转，以防蒸发器表面结霜并损坏压缩机。如果在试运转时或迫不得已需要启动压缩机时，利用电加热器提高环境温度，再行运转。

(2)再次启动

由于启动电流将加快电机的绝缘老化和电磁接触器等配电盘电器元件的接点消耗，所以在短时间内，不要使室外风机或压缩机反复启动、停止。

(3)空气预热器检查

①检查空气预热器回路中各处接线是否完好。检查温度继电器、温度熔断器以及其他保护装置是否正常。检查通风机的接触器、热继电器是否良好。将电热管上及其周围

的附着物及其他杂物清理干净。

②先开通风机，确认通风机工作后，方可开空气预热器运转。

③检查通风机工作是否正常，同时注意观察空气预热器的工作情况及工作电流。

3. 客室电取暖器检查

清理电取暖器罩板散热孔处积灰；冬季供暖电取暖器投入使用时，禁止将任何物件遮挡在电取暖器罩板处，以免影响散热。电取暖器投入使用前，应打开电取暖器罩板，清理电取暖器内、发热元件表面、罩板表面的积灰及杂物；拆开接线盒盖，检查接线是否完好，检查绝缘性能。

二、空调系统常见故障处理

空调系统故障主要为出风口不出风、风量小、制冷效果差和客室电取暖器故障等，相关故障和处理方法见表 14-1、表 14-2。

表 14-1　空调装置常见故障处理

序号	故障信息	故障原因	处理方法
1	空调不出风	通风机电机烧损或断线	查看电路接通情况，测线圈电阻是否平衡，更换风机
2	空调风量小	通风机电机反转	检查风机转向，调换相线
		蒸发器结霜或冰	目视，送风运转化冰、霜
		蒸发器散热片脏堵	目视，清洗
		回风板滤尘网脏堵	检查，清洗
3	空调不冷	(1)压缩机电机不转	
		电机断线、烧损	测量线圈电阻，更换压缩机
		高压压力开关动作	见第 6 项
		低压压力开关动作	见第 7 项
		温度传感器故障	检查修理温度传感器
		配线端子安装螺栓松动	查看接通情况，修理
		压缩机故障	检查压缩机，修理
		室外风机电机的热继电器动作	检查电机电流，修理
		(2)压缩机运转	
		制冷剂漏泄	检查修理制冷循环系统
4	空调冷量不足	换热器散热片脏	清扫
		蒸发器结冰	送风化冰
		少量制冷剂漏泄	修理制冷剂循环系统
		制冷剂充注过多	将制冷剂少量放出
		风量小	见第 2 项
5	机组振动噪声大	风机电机轴承异常	修理或更换风机
		风机不平衡	检查风机的平衡性
		紧固部位松弛	检查各紧固部位，拧紧

续上表

序号	故障信息	故障原因	处理方法
6	空调高压压力开关动作	冷凝器散热片脏	清扫
		制冷剂充注过多	将制冷剂回收,重新充注制冷剂
		冷凝风机反转	将相序调整正确
		冷凝风机不转	测量线圈电阻是否平衡,更换风机
7	空调低压压力开关动作	制冷剂漏泄	压缩机电流小,修理制冷剂循环系统
		蒸发器通风风量不足	见第 2 项
		低压管路堵塞	检查,更换
8	空调漏水	(1)回风口漏水	
		排水口堵塞	检查清扫
		(2)出风口漏水	
		蒸发器脏堵	检查蒸发器是否脏堵,清洗蒸发器
		安装不良密封垫处渗水	检查,进行正确安装
		(3)车上风口内凝露形成水珠,从出风口吹出	风量小,见第 2 项

表 14-2　客室电取暖器常见故障处理

序号	故障信息	故障原因	处理方法
1	电取暖器不工作	(1)接线端子接线断开。 (2)加热元件组成烧损	(1)重新连接接线。 (2)更换加热元件组成
2	电取暖器外壳温度高	外壳通风散热孔堵塞	清理外壳异物
3	温度保护元件烧损	(1)温度保护元件失效。 (2)遇突发情况	(1)更换元件。 (2)排除原因,保证电取暖器在正常使用条件下工作
4	电取暖器发热量低	外部环境超出使用条件	排除原因,保证电取暖器在正常使用条件下工作
5	接线端子烧毁	(1)线头没有处理好或空管没有压紧。 (2)线头接到端子上时没有压好。 (3)插拔式端子插接不牢	更换接线端子,并重新处理好线头

第四节　动力车辅助电气系统检查及故障处置

动力车辅助电气系统包括动力车低压电器柜、蓄电池、列车供电柜等设备,本节主要介绍动力车辅助电气系统主要设备的日常检查、常用故障查找与处理。

一、动力车低压电器柜

(一)日常检查

低压电器柜主要装有网络系统、电磁接触器、继电器和开关等电气设备。

1. 电磁接触器日常检查

(1)检查接触器外部,应无尘垢油污。

(2)检查接触器外观,应无破损或异常。

(3)检查接触器的主触头、辅助触头状态,状态应良好,符合规定要求。

(4)检查各接线端子,应无松脱。

(5)检查接触器安装,应无松动现象。

2. 继电器日常检查

(1)检查继电器外部,应无尘垢油污。

(2)检查继电器外观,应无破损或异常。

(3)检查继电器安装,应无松动现象。

3. 开关日常检查

(1) 转换开关:各转换开关绝缘件无破损、烧损,安装牢固,外壳完好,接线及弹簧状态良好。动作灵活,位置正确,自复、定位及联锁机构作用良好,通断作用可靠。

(2)断路器(自动开关):检查断路器外部,应无尘垢油污;检查断路器外观,应无破损或异常;检查断路器安装及接线,应无松动现象。

4. 电线路日常检查

绝缘导线清洁,不得有过热烧损和绝缘老化;线芯或编织线断股不得超过原形的10%,单股线芯不得有裂损,端部搪锡良好;线鼻、接线端子齐全、完好,与插头、插座连线不得缩头、脱离或裂损。

线盒内清洁、干燥。线束、铜排及导线的固定点连接牢固,线卡、瓷件等完好,布线整齐、美观、牢固、连接良好。线束穿过隔板、地板、护板等处的防护装置完好。

各线号及动力车部件代号齐全、清晰、排列整齐、便于查看。

各种插头、插座及端子排清洁、完整、无烧伤;导线压接良好,接线紧固。

插接牢靠,簧片的夹紧力(或张力)正常,定位及锁扣机构作用可靠。

插头、插座外壳无裂损,绝缘良好。

(二)常见故障查找与处理

动力车低压电器柜常见故障查找与处理见表 14-3。

表 14-3　动力车低压电气柜常见故障查找与处理

序号	故障信息	可能的原因	处理方法
1	门锁锁不上	门锁损坏	更换锁
2	门晃动,噪声大	密封条损坏	更换密封条
3	柜内电气部件	详见电气原理图和电气部件使用维护说明书	

二、蓄电池

(一)日常检查

(1)蓄电池外观良好。柜内接线状态良好,螺栓紧固。

(2)检查蓄电池箱是否干燥、通风，蓄电池箱无异物。

(3)检查单节蓄电池电压正常。蓄电池容量检测，额定容量高于80%可以装车使用，低于的必须更换。

(二)常见故障查找与处理

蓄电池常见故障查找与处理见表14-4。

表14-4　蓄电池常见故障查找与处理

序号	故障信息	可能的原因	处理方法
1	电池内部电解水使得内压增高，排气频繁，水耗大，温度升高，壳体变形，寿命缩短	浮充运行电压过高	调整浮充电压值，校整仪表，或更换充当器电压控制元件
2	电池内部电解水使得内压增高，排气频繁，水耗大，温度升高，壳体变形，寿命缩短	充电电流过大	降低充电电流
3	充电不足，硫酸盐化，容量降低	浮充运行电压过低	均衡充电15 h，调整浮充电压值，转入浮充运行
4	运行温度提高10 ℃，腐蚀速率将增大一倍，寿命缩短	环境温度过高	增加通风设备，或装空调降低电池环境温度
5	硫酸盐化，容量降低	深放电(反极)	进行2～4次均衡充电、放电
6	使用寿命缩短	深放电频繁	绝对避免，配备容量更大的电池

蓄电池参数设置见表14-5。

表14-5　蓄电池参数设置

序号	部　件	方　法	设置参数	引用代号
1	均衡充电	设置均衡充电电压与电流，其步骤须参考直流控制屏设置方法	25 ℃下恒压限流充电电压(2.35±0.003)～(2.4±0.003)V/单体。 最大充电电流(22.5±0.1)A。充电时间24 h以上	
2	浮充充电	设置浮充电压，其步骤须参考直流控制屏设置方法	25 ℃下浮充电电压(2.25±0.003)V/单体	
3	放电	设置放电电流，其步骤须参考直流控制屏设置方法	最大放电电流(510±0.5)A。时间允许3 min±1 s。10 h率放电电流(17±0.1)A，终止电压(1.8±0.002)V/单体。1 h率放电电流(102±0.1)A，终止电压(1.7±0.002)V/单体	

三、列车供电柜

(一)日常检查

(1)动力车出库前、入库后目视检查列车供电柜外观无异常，对外连接件紧固良好。

(2)控制箱风扇工作正常,无异音。

(3)列车供电柜工作正常,无异音。

(4)从显示屏上查看列车供电数据界面,确认系统的工作状态良好。

(5)从显示屏上检索历史故障记录,查看有无列车供电故障记录。

(二)常见故障查找与处理

列车供电柜常见故障查找与处理见表 14-6,常见故障及应急措施见表 14-7。

表 14-6 列车供电柜常见故障查找与处理

序号	故障信息	可能的原因	处理方法
1	无直流输出	控制箱液晶显示屏	查询列车供电是否报出故障
		集控器信号	检查有无集控信号,检查外部接线或者将集控隔离开关置于“隔离”位
		供电钥匙信号	检查外部接线
		DC 110 V 电源	检查电源接线
		控制箱	打开电源开关,查看电源板显示是否正常
			检查控制插件
		驱动板	检查有无器件损坏
		同步电压	检查接线及电压值是否正常
2	输出电压波动	负载	检查投切是否正常或过流
		电流、电压传感器	检查电源与信号
		控制箱插件板	换插件检查
		电容器	测量参数、调换
		真空接触器	检查是否弹跳
3	快熔	快熔指示件与快熔	换快熔、检查元件
		并联 R、C	检查元件的保护参数
		滤波电路	检查滤波电容器参数
4	接地	负载	拆外接线,用兆欧表检查
		主电路	拆外接线,用兆欧表检查
		电容器	检查正负线对地
		电流、电压传感器	检查内绝缘与屏蔽线
5	过压	空载电阻	检查空载电阻是否接入或损坏
		电压传感器	检查接线、调换
		负载	检查负载谐波、尖峰
6	过流	负载短路	测量检查
		元件击穿	检查,短接调换
		电流传感器	检查接线,损坏调换
		电容器	检查参数,阻值小调换
7	过热	水冷系统	检查水流量
8	插件	两组互换试验	检查是否为外部或内部故障,更换新插件

续上表

序号	故障信息	可能的原因	处理方法
9	网络通信不正常	通信线连接	检查是否存在断线或者反接

表 14-7　列车供电柜常见故障及应急措施

序号	故障信息	结　果	应急措施
1	列车供电短接接触器 1KM1/2KM1 无法闭合	正常运行	故障自动恢复，无需应急处理，车辆回库后检查处理
		单路运行	故障锁死： (1)复位列车供电柜(到站后)。 (2)列车供电显示屏上手动切换 A/B 组供电控制板板卡(到站后)。 (3)司机室强制单路运行(到站后)
2	列车供电四象限输出过压(瞬时)	正常运行	故障自动恢复，无需应急处理，车辆回库后检查处理
		单路运行	故障锁死： (1)复位列车供电柜(到站后)。 (2)列车供电显示屏上手动切换 A/B 组供电控制板板卡(到站后)。 (3)司机室强制单路运行(到站后)
3	列车供电输出接触器 1KM4/KM4/2KM4 无法闭合	正常运行	故障自动恢复，无需应急处理，车辆回库后检查处理
		单路运行	故障锁死： (1)复位列车供电柜(到站后)。 (2)列车供电显示屏上手动切换 A/B 组供电控制板板卡(到站后)。 (3)司机室强制单路运行(到站后)
4	正线接地(长编/短编)	整柜停机(长编) 单路运行(短编)	(1)故障原因： DC 600 V 正线接地/列车供电柜半电压传感器故障(半电压小于 130 V)。 (2)应急措施： ①若只有列车供电柜报故障，而 6A 未报接地故障，可将列车供电柜接地开关打到隔离位，保持运行。故障原因可能为列车供电柜半电压传感器故障：1SV3(长编时)；1SV3/2SV3(短编时)。 ②若列车供电柜和 6A 均报出接地故障，则实际发生了正线接地。如果为保持运行，可接地开关打到隔离位；为安全起见，应尽早调查接地位置
5	负线接地(长编/短编)	整柜停机(长编) 单路运行(短编)	(1)故障原因： DC 600 V 负线接地/列车供电柜半电压传感器接线错误(初次调试时)(半电压大于 470 V)。 (2)应急措施： ①若只有列车供电柜报故障，而 6A 未报接地故障，可将列车供电柜接地开关打到隔离位，保持运行。故障原因可能为列车供电柜半电压传感器接线问题，回库后调查处理。 ②若列车供电柜和 6A 均报出接地故障，则实际发生了负线接地。如果为保持运行，可接地开关打到隔离位；为安全起见，应尽早调查接地位置

续上表

序号	故障信息	结　果	应急措施
6	6A 报列车供电快熔断开、风机联锁故障等	正常运行	故障原因：6A 误报；快熔故障为列车供电柜自身进行检测并上报，若列车供电柜未报快熔故障，则可判定为 6A 误报，维持正常运行。动力集中动车组列车供电柜内无散热风机、无风机联锁信号
7	整流模块散热器过温故障	单路运行 整柜停机	(1)故障原因： ①整流模块 AMP 连接器插接不良，导致温度采集异常(散热器温度通过列车供电显示屏主界面查看)。 ②机车水冷回路水压低、快速接头松脱等(水压通过列车供电显示屏主界面查看)。 (2)故障锁死： ①若单路运行正常，司机室强制单路运行(到站后)。 ②若整柜停机且查看水压过低，需快速检查冷却水塔处快速接头(连接列车供电柜)、列车供电进出水口快速接头是否松脱或漏水

第五节　动力集中动车组控制系统检查及故障处置

本节主要介绍动力集中动车组控制系统、状态显示屏、自动过分相系统、站台检测装置的日常检查、常见故障查找与处理。

一、控制系统

(一)日常检查

列车控制和诊断系统的日常维护是确保其良好的状态和安全运行所必须完成的日常性工作，主要内容是出库前、入库后检视系统模块的安装螺栓及各部件连接的紧固情况，从显示器上检查模块的工作状态。

主要检查以下项目：

(1)检查模块安装螺栓的紧固情况。

(2)检查显示器上各模块有无报通信故障。

(3)检查连接器插头和插座的接触状态。

(4)检查连接电缆有无损伤、裂纹和腐蚀情况。

(5)检查连接器插头和插座的接触状态。

(6)检查连接电缆插头的安装状态、压接状态、有无断线、是否锈蚀。

(7)检查接地线缆的固定状态，是否有脱落锈蚀。

(二)常见故障查找与处理

控制系统自身具备完善的故障诊断功能，当故障发生时，可以通过显示器或者模块面板指示灯对故障做出相应指示，为动力集中动车组的安全和可靠运行提供有力的保证。

在正常情况下，可以在显示器网络拓扑界面查看到系统模块的运行/故障状态。更详细的状态信号则需从模块面板的指示灯观察。控制系统常见故障查找与处理见表 14-8。

表 14-8 控制系统常见故障查找与处理

序号	故障信息	可能的原因	处理方法
1	EGWM 故障	显示器报“显示屏网络通信中断”，网络拓扑图上所有节点图标呈灰色；EGWM1/2 的 BE 黄灯常亮	确认所有 MVB 连接器锁紧
			断 EGWM 电源开关
			用终端电阻分段排除法查找故障线路
		软件配置错误，SE 红灯常亮	重新下载 EGWM 模块软件
		某 EGWM 所有指示灯均不亮	确认 EGWM 模块 X7 插头的 1、2 脚之间接收到 110V 电源
			更换 EGWM 模块
2	EDRM 通信故障	显示屏网络拓扑图上 EDRM 呈红色，EDRM 的 SE 灯亮红灯	复位低压柜上的 EDRM 控制电源开关
			确认 EDRM 模块配置程序正确
			更换 EDRM 模块
		EDRM 模块 BE 黄灯常亮，网络拓扑图上 GWM1/2 呈灰色	确认 EDRM 模块配置程序正确
			复位低压柜上的 EDRM 控制电源开关
			重刷程序
			更换 EDRM 模块
		EDRM 电源故障，所有指示灯不亮	确认 EDRM 模块 X7 插头的 1、2 脚之间接收到 110V 电源
			更换 EDRM 模块
3	DDU1 通信故障（DDU2 通信故障时处理方法相同）	DDU2 网络拓扑图上 DDU1 图标呈红色，动力集中动车组仍有动力	DDU1 显示屏黑屏，确认 DDU1 的 110 V 输入电源插头 X1 的 1、2 点之间 110 V 工作电压正常
			复位显示屏控制电源开关，确认故障是否消除
			如果显示屏能正常显示，则更新显示屏程序，确认故障是否消除
			更换显示屏
		DDU2 报显示屏通信中断，动力集中动车组无动力	分别进入 DDU1、DDU2 的维护界面，确认其操作端设置正确
4	TCU1 通信故障（TCU2 通信故障处理方法相同）	显示屏网络拓扑图上 TCU1 图标呈红色	确认低压柜上的 TCU1 控制电源开关正常
			开关电源故障
			开关电源负载短路，可采取逐一甩开其负载的方法来排除
			通信接口插件故障
		显示屏网络拓扑图上 TCU1 图标为咖啡色	TCU1 控制箱内部通信故障
			通信接口插件故障
5	BCU 通信故障	显示屏网络拓扑图上 BCU 图标呈红色	BCU 模块本身故障
			总线故障

二、状态显示屏

(一)日常检查

(1)清洁显示屏表面,无脱漆、划伤等异常现象。发现有异常处,应及时对脱漆、划伤等异常处进行补漆处理,防止表面氧化。

(2)各固定螺栓及对外连接器紧固可靠,要求各紧固螺栓螺帽上要打有紧固标记,紧固标记不能错位。铭牌状态良好。

(二)参数设置

状态显示屏参数设置见表14-9。

表14-9 状态显示屏参数设置

序号	部件	方法	设置参数
1	轮径设置	通过身份验证进入维护界面,按“2”键,进入此界面	通过动力车状态显示屏面板的按键输入轮径值
2	时间设置	通过身份验证进入维护界面,按“8”键,进入此界面	通过操作下方的数字键盘输入年、月、日等信息

(三)功能试验

(1)接网络系统控制电源。

(2)在显示器上观察是否与网络通信正常。如果通信不正常,请确认新换显示器的软件是否下载。

(3)在显示器上重新设置轮径、时间参数。

三、自动过分相系统

(一)日常检查

(1)检查车载感应器有无丢失、损坏,连接电缆、护套有无断裂破损。

(2)检查各车载感应器及安装支架的紧固状况,各紧固件安装螺栓无松动、断裂现象。

(3)检查航空插头应外观良好、紧固良好,接触体应无折损、熔损等不良现象,接触体安装牢固,无缩针现象。

(4)检查转换插座连接紧固,无丢失、损坏现象,插座接触良好、紧固牢靠。

(5)检查信号处理器紧固状况,各紧固件安装螺栓不得松动、断裂。航空插头、插座的连接状况良好、接触良好。

(二)常见故障查找与处理

自动过分相系统常见故障查找与处理见表14-10。

表 14-10　自动过分相系统常见故障查找与处理

序号	故障信息	可能的原因	处理方法
1	车载感应器故障	车载感应器连接不牢靠或阻值不符合要求	(1)确保故障车载感应器的连接头、插头、插座连接正确，安装牢固，无松动现象。 (2)将信号处理器的连接插头 X2、X3、X4、X5 松开，万用表测量 X2，X3，X4，X5 的 1 和 2 之间电阻，阻值符合要求
2	信号处理器故障	连接线连接不正确，安装不牢固	确保信号处理器的连接线、插头、插座完好且连接正确，安装牢固，无松动现象

四、站台检测装置

(一)日常检查

(1)检查连接接口是否良好、无松动，装置各部件外部安装有无松脱现象，根据动力集中动车组情况给予紧固。

(2)检查主机电源指示灯的显示，判断装置电源是否正常。

(3)通电检查动力集中动车组：将装置主机通电的情况下，检查主机按钮功能是否正常，使装置处于正常工作状态，然后检查各项功能是否正常。

(二)常见故障查找与处理

站台检测装置常见故障查找与处理见表 14-11。

表 14-11　站台检测装置常见故障查找与处理

序号	故障信息	可能的原因	处理方法
1	通电后拨动“电源”开关至“开”位，主机电源指示灯不亮	列车 DC 110 V 电源没有进入装置	(1)检查动力车 DC 110 V 电源是否打开。 (2)检查主机内 DC 24 V、DC 5 V 电源模块
2	通电后拨动“电源”开关至“开”位，主机电源指示灯正常，“左输出”“右输出”灯不亮	(1)指示灯损坏。 (2)电阻损坏。 (3)电路板芯片损坏	更换主机
3	通电后主机正常启动，“左低”“左中”“左高”“右低”“右中”“右高”指示灯显示异常	(1)航空插头松动。 (2)传感器损坏。 (3)指示灯损坏	(1)拧紧航空插头。 (2)检查修复左 1 通道、左 2 通道、左 3 通道、右 1 通道、右 2 通道、右 3 通道电源供电。 (3)更换故障传感器
4	干节点不吸合	继电器损坏	更换控制板
5	重联线无电压输出	航空插头线端故障	重新压接线缆

第十五章
随车机械师乘务一次往返作业

随车机械师乘务一次往返作业主要包括出乘准备及出库作业，始发、途中及折返作业，换乘、终到及退乘作业等内容。本章主要介绍随车机械师乘务一次往返作业标准以及值乘途中工作要求。

第一节　随车机械师出乘准备及出库作业

随车机械师出乘准备及出库作业过程中重点掌握动力集中动车组检修、故障处理情况，检查动力集中动车组状态，确保无故障出库。

一、出乘准备工作

随车机械师出乘时，应按规定着装，佩戴胸牌并携带相应证件，到动集所值班室接受酒精测试，按规定领取“动力集中动车组技术状态交接簿”、随车钥匙、GSM-R 手持终端、无线列调对讲设备等，听取命令、任务、要求及注意事项，了解动力集中动车组检修、故障处理及前次运行情况。

二、出库检查作业

(1)随车机械师作业前，设置安全防护措施。检查确认动力集中动车组头罩锁闭到位、重联端车钩连接状态良好，两侧裙板、检修盖板、车下各箱门锁闭到位、空气弹簧无漏风、车端连接管线无脱落。作业完毕后，撤除安全防护措施。

(2)动力集中动车组供电后，随车机械师确认拖车、控制车供电状态，检查空调、电热开水器、照明等设备工作状态良好。检查确认供电状态完毕后，检查随车工具、材料及行车备品。巡视动力集中动车组运转情况，确认非操纵端司机室门窗锁闭状态，发现异常及时处置。最后确认重点故障处置情况。

第二节　随车机械师始发、途中及折返作业

动力集中动车组运行途中，随车机械师应每 2 h 左右对动力集中动车组进行一次巡视。巡视间隔期间在机械师室值乘。始发、途中及折返作业按照流程做好乘务作业。

一、始发作业要求

(1)动力集中动车组到达车站后,随车机械师在站台侧检查确认侧门、车外显示器、受电弓状态良好。

(2)随车机械师至机械师室,通过电气监控屏和行车安全系统显示屏(列车综合安全监测系统显示屏),监视设备设施运行状态。

(3)始发时,随车机械师在司机室监控动力集中动车组运行情况。

二、途中作业要求

(1)动力集中动车组发车后,随车机械师巡视检查车内主要服务设施技术状态,监视列车运行状态。

(2)动力集中动车组运行途中,随车机械师对动力集中动车组(不含操纵端动力车)进行巡视,巡视间隔期间在机械师室值乘,通过电气监控屏和行车安全系统显示屏(列车综合安全监测系统显示屏)监控动力集中动车组各设备工作状态,发现故障及报警时按规定进行处置。巡检时使用的通向司机室、机械间的门须及时锁闭。

(3)动力集中动车组司机继乘前,动力集中动车组随车机械师应向动力集中动车组司机了解运行情况。

(4)动力集中动车组列车发生紧急制动停车后,随车机械师须联系动力集中动车组司机,了解停车原因,必要时下车对车轮踏面、车钩连接等技术状态进行检查。符合安全运行条件后,通知动力集中动车组司机开车,开车后加强运行状态监控。

三、折返站作业要求

(1)动力集中动车组到站前,随车机械师到司机室了解运行情况并做好记录。

(2)动力集中动车组到站后,随车机械师在站台侧检查确认侧门、车外显示器、受电弓状态良好。

第三节　随车机械师换乘、终到及退乘作业

随车机械师终到及退乘作业过程中重点做好动力集中动车组运行情况的整理,及时对接动集所,做好运行状态的交接。

一、换乘作业要求

(1)担当继乘动力集中动车组的随车机械师提前 15 min 到换乘站接车。

(2)列车到达换乘站前,退乘动力集中动车组随车机械师填写“动力集中动车组随车机械师乘务日志”(图 15-1)和“故障交接记录单”(图 15-2),整理交接物品。

(3)折返站换乘时,继乘动力集中动车组随车机械师立岗接车,监听列车运行声音,检查受电弓等可见部位状态,列车停稳后与退乘动力集中动车组随车机械师办理出勤时领取的物品及列车运行状态交接。

	＿＿＿＿＿段＿＿＿＿＿所 乘务日志	版本号：V1.0

＿＿＿年＿＿月＿＿日至＿＿＿年＿＿月＿＿日

出乘指示						
学习内容或领导添乘指示						
时间	车次	运行区段	运行记事	随车机械师	列车长	司机

随车工具料及备品交接		累计走行公里	
		出所随车机械师	
		入所随车机械师	
值班员签字： ＿＿＿年＿＿月＿＿日		乘务指导审阅： ＿＿＿年＿＿月＿＿日	

图 15-1 动力集中动车组随车机械师乘务日志

(4)通过站换乘时，继乘动力集中动车组随车机械师立岗接车，继、退乘动力集中动车组随车机械师办理出勤时领取的物品及列车运行状态交接。

(5)交接后退乘动力集中动车组随车机械师在站台侧立岗送车。

(6)折返站换乘作业过程中遇有动力集中动车组故障需要应急处理时，退、继乘动力集中动车组随车机械师要协同配合，共同处理。

二、终到作业要求

(1)动力集中动车组到站前，随车机械师向动力集中动车组司机了解运行情况，有异常情况及时做好记录。

	______段______所	版本号：V1.0
	故障交接记录单	

车组号：CR200J______ 出/入所车次：_____/_____ 出所时间：_____年__月__日__时__分

驾驶设施状态交接	车号	故障情况	退乘司机	处理情况	接班司机确认	接车机械师确认
随车机械师入所交接故障	车号	故障情况	退乘机械师确认	处理情况	处理人	接车机械师确认
地面检修重点故障	车号	重点故障情况		处理情况	处理人	接车机械师确认
随车机械师接车发现故障	车号	故障情况		处理情况	处理人	接车机械师确认

检修工长：

图 15-2 故障交接记录单

(2)动力集中动车组到站后，随车机械师会同列车长巡视车厢，办理车内固定服务设施状态交接，填写“动力集中动车组随车机械师乘务日志”，整理交接物品。

(3)随车机械师可将重点故障提前预报动集所。

三、退乘要求

入本属动集所后，随车机械师按规定接受酒精测试，交接随车钥匙及相应台账。不入本属动集所时，按有关要求执行。

第十六章

随车机械师出库技术检查试验

随车机械师出库技术检查试验作业过程中主要是与库列检做好重点事项交接，对全列动力集中动车组做详细检查。本章主要介绍出库下部、上部检查重点内容和相关试验、操作要求。

第一节　随车机械师出库下部检查流程及重点

根据下部检查作业流程，随车机械师出库作业中逐项做好检查，重点针对下部悬挂件、车端连接部、箱门裙板等部件做好检查确认。

一、下部检查流程

列车出库前随车机械师与库列检进行重点事项交接（重点做好安全环路联网情况进行交接），并对客车下部重点检查，检查顺序为自主控端开始检查至尾部从控端，下部检查绕动力集中动车组一周，最后从主控端上车，对“故障交接记录单”故障处理情况进行确认，需重点跟踪的车辆和故障情况进行确认。

二、下部检查重点

1. 首尾车检查重点

检查确认开闭机构锁闭到位，如图 16-1 所示。

2. 拖车转向架检查重点（图 16-2）

（1）空气弹簧无漏风。橡胶囊外观无破损、变形、磨耗、外伤。

（2）高度调整阀及调整杆安装牢固、无裂损、变形，调整杆护套完好。

（3）各油压减振器配件无缺失、安装牢固，无漏油、折损。

（4）轴端接地线无丢失。

（5）轴箱弹簧无裂损。

(6)车体及转向架加速度传感器、速度传感器、轴温传感器、防滑器排风阀安装牢固，配线无破损，各引线套管连接良好、无抗磨；轴端接地装置固定螺栓无缺失，防松标记清晰无错位。

图 16-1　确认开闭机构锁闭到位

图 16-2　拖车转向架检查重点

3. 车下各箱门、裙板检查重点

(1)检查各裙板安装状态良好；裙板锁锁闭到位，无损坏。

(2)各箱门无脱开。

(3)侧窗无裂纹、破损。

4. 集便器车下检查重点

集便箱(图 16-3)上无遗留工具或配件，各类阀门、手柄位置正确，排水导桶安装紧固。

5. 车体两侧检查重点

(1)目视检查车体外墙无变形、破损，外墙表面油漆无大面积脱落；车组号等标识清晰、无脱落。

(2)登乘门外观无破损、变形。

6. 塞拉门及车外显示器检查重点

(1)车外显示器外观良好、车号车次显示正常(图 16-4)。

图 16-3　集便器车下检查重点

图 16-4　车外显示器外观检查

(2)车窗玻璃无裂损。

(3)车门外操作锁外观状态良好。

(4)塞拉门外观良好,门窗玻璃无裂损(图16-5)。

(5)胶条无脱落、破损。

7. 车辆间连接状态检查重点

(1)DC 600 V电力连接线、DC 110 V母线、通信、重联连接线连接良好。

(2)密接式车钩(重联车钩)连接良好,解构手柄圆销、开口销安装到位。

(3)风管连接良好、无漏风,折角塞门处在开位。

(4)风挡外观无破损。

(5)风挡阻尼器作用良好。

(6)外风挡状态良好,无裂纹。

(7)防尘堵链无开焊、固定牢靠,悬挂后最低点距轨面高度不低于50 mm。

图16-5　塞拉门及门窗检查

第二节　随车机械师出库上部检查重点及试验要求

随车机械师出库上部检查试验作业中主要针对车上行车备品、车内设备、车内电气装置等满足运行要求,并做好制动机、车门试验,确认列车电气监控系统、行车安全监控系统状态正常。

一、检查重点

1. 行车备品和随车工具、材料

(1)行车备品和随车工具、材料数量齐全,状态良好,按规定定置管理。动力集中动车组拖车(控制车)行车备品清单见表16-1。

表16-1　动力集中动车组拖车(控制车)行车备品清单

序号	名　称	数　量	单　位	备　注
1	防溜铁鞋	4	只	仅短编动力集中动车组
2	防溜铁鞋	8	只	仅长编动力集中动车组
3	火炬	3	支	
4	响墩	6	个	
5	轨道短接铜线	1	根	
6	信号旗	1	套	
7	信号灯	1	套	
8	跨接软管和鸳鸯接头	1	套	
9	DC 600 V动力连接器插头	2	根	

续上表

序号	名　称	数　量	单　位	备　注
10	DC 600 V/AC 380 V 移动式电源	1	台	
11	DC 600 V/DC 110 V 便携式电源	1	台	
12	安全带	1	根	
13	开闭机构扳手及套筒	1	套	
14	应急梯	2	把	仅鼓形车体动力集中动车组
15	过渡钩	1	套	10 号钩头、13 号钩头及相关配件
16	逃生软梯	1	套	控制车司机室

图 16-6　车内检查

(2)检查备品及计量器具作用良好,定检日期不过期。

(3)检查随车基础台账数量齐全,按规定定置管理。

2. 车内设备

随车机械师重点检查以下车内设备,确保设备处于正常使用状态。车内检查如图 16-6 所示。

(1)灭火器正常。墙板、地板、顶板完整,通过台、卫生间、洗面间、小走廊地板及墙板各压条齐全、间隙孔洞封堵良好。

(2)各折页门、拉门、翻板等配件齐全,作用良好;塞拉门作用良好,各锁开关正常,集控开关门功能良好,站台补偿器作用良好。电动内/外端门手动、电动控制位转换功能良好,作用灵活,防挤压功能良好。

(3)活动车窗配件齐全,开启、锁闭作用良好;门窗玻璃安装牢固、无破损。逃生窗标记清晰等。

(4)座席、卧铺、扶手等车内设备配置齐全,功能良好。

(5)给排水管系及阀不漏水、不堵塞,作用良好;洗面盆、洗手盆、便器安装牢固,裂损时不得影响使用;液位仪显示准确。

(6)卫生间集便装置作用良好,便器冲水均匀、无外喷。婴儿护理台配件齐全,作用良好。

3. 车内电气装置

随车机械师重点检查以下车内电气设备,确保状态、功能正常。

(1)电气综合控制柜(图 16-7)、照明配电箱、播音配电箱等电器控制柜柜门、门锁状态良好;触摸屏、指示灯、开关、按钮正常;各传感器、热继电器、PLC、触摸屏、在线绝缘检测装置的设定值符合规定;各电气开关、接触器、继电器、交换机等电气元件安装牢固、作用良好;接线端子无松动、脱焊、烧损,感温贴齐全、无变色;各配线无外露;各熔断器容量符合规定。

(2)充电器、逆变器、应急电源输出电压、频率正常,与电气综合控制柜通信正常,触摸屏上显示正常信息代码,车下电源指示灯显示为绿色。

(a)　　　　　　　　　　(b)

图 16-7　电气综合控制柜

（3）通电后控制柜电源转换、空调控制电气动作及指示正常，各项功能符合要求。

（4）空调装置各部配件齐全、作用良好、安装牢固。

（5）电取暖器安装牢固、作用良好；电热温水箱、伴热装置工作正常；电热开水器出水阀无松动，加热及保护功能正常。

（6）照明灯具配件齐全，型式统一，照明正常。厕显开关配件齐全，安装牢固，作用良好。废排装置、插座、呼唤系统等装置作用良好。旅客信息系统作用良好。视频监控系统、Wi-Fi 系统作用良好。

（7）除微波炉等移动备品之外的厨房设备（冷冻、冷藏柜等）配件齐全、工作正常。电子价目表外观无破损，数据源符合公共传媒安全要求。展示柜无破损，功能良好。

（8）电子防滑器主机（图 16-8）与电气综合控制柜的 PLC、行车安全监测装置的车厢

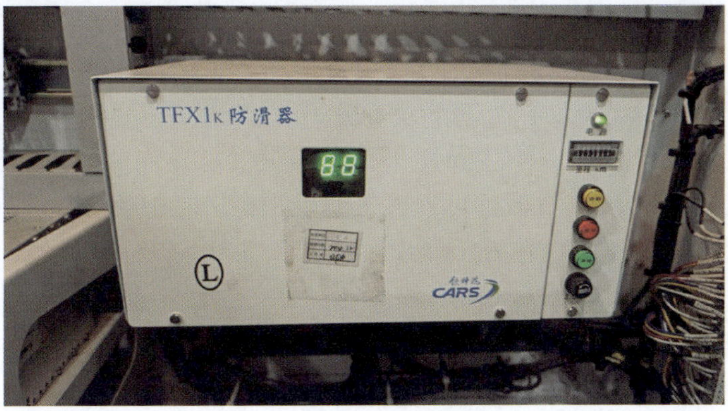

图 16-8　电子防滑器主机

级主机通信正确、可靠。电气综合控制柜触摸屏上防滑器的信息显示应为正常信息代码。电子防滑器与塞拉门联锁信号(<5 km/h)作用良好。

(9)轴温报警器、记录仪轴位显示准确，轴温及外温显示功能正常，声光报警可靠，作用良好。

(10)火灾报警系统主机声光报警功能良好，与电气综合控制柜中的 PLC 通信正常。

(11)行车安全监测装置功能良好，指示灯状态正常，防滑器、制动、转向架、塞拉门等的“报警/故障”报告内容不得出现黄色标志。

(12)安全环路无报警，通信状态良好。

二、出库制动机和车门试验要求

1. 制动机简略试验

出所前动力集中动车组司机须在出所端动力车(控制车)实施列车制动系统简略试验。随车机械师协助做好确认工作。

由司机负责操作充风，随车机械师在机械师室配合司机共同确认尾部一位动力车(控制车)列车管充风至定压。通知司机减压 100 kPa，在确认尾部一位动力车(控制车)制动作用正常，保压 1 min，列车管漏泄不大于 20 kPa(具备列车管自动补风功能的不进行保压试验)。

由司机负责操作充风缓解，随车机械师在机械师室配合司机共同确认尾部一位动力车(控制车)缓解作用正常，列车管充风至定压。

2. 车门试验

出所前随车机械师配合司机共同完成塞拉门集控试验，由司机在出所端动力车(控制车)进行操作，随车机械师在机械师室核对确认全列车塞拉门集控开启、关闭情况。

三、机械师室内各监控显示屏的操作确认

1. 列车电气监控系统(直车体)显示屏操作

列车电气监控系统(直车体)主要用于进行全列车电信息监视和控制，显示屏位于机械师室配电箱上柜中间部位。随车机械师可通过屏幕首页(图 16-9)任一蜂窝图标可进入对应子系统信息，实时查看各车所有子系统状态，主要包括动力集中动车组车辆信息、列车级绝缘信息、供电信息、空调信息、车下电源信息、轴报信息、车门信息、烟火信息等。

2. 行车安全监控系统(直车体)显示屏操作

行车安全监控系统(直车体)主要用于行车安全信息查询和监视，显示屏位于机械师室配电箱上柜下方。随车机械师可通过屏幕首页(图 16-10)查看列车速度表及速度变化曲线、列车管压力表及头尾车列车管压力变化曲线、车厢监测各子系统的状况等信息。

3. 列车综合安全监测系统(鼓形车体)显示屏操作

列车综合安全监测系统(鼓形车体)整合直车体电气监控和行车安全监控作用，主要用于列车动力车信息监测、拖车安全和车电信息监测，显示屏位于机械师室配电箱上柜

图 16-9　列车电气监控系统(直车体)显示屏

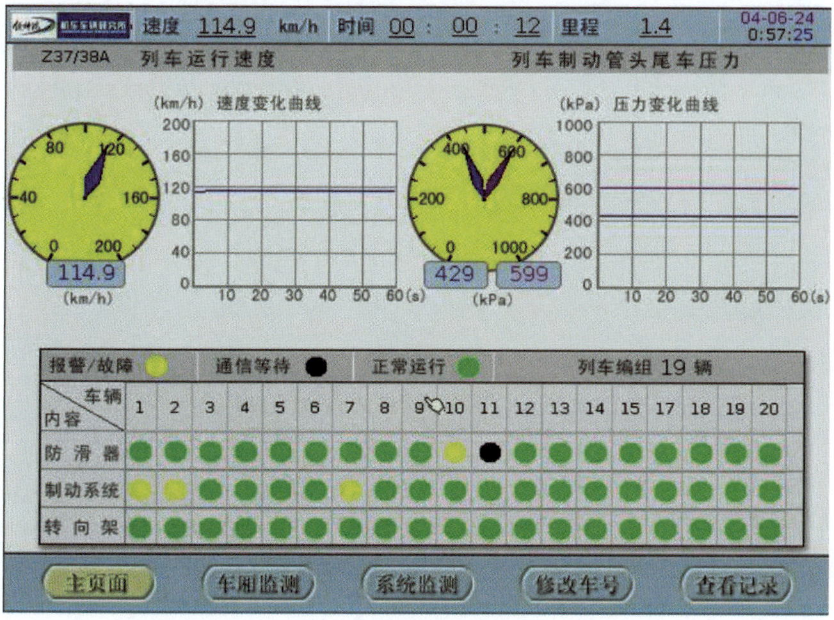

图 16-10　行车安全监控系统(直车体)显示屏

门板。随车机械师可通过点击主界面(图 16-11)相关模块,可查询列车安全监测类状态、列车车列电控类状态、列车健康诊断类状态、视频监控状态、安全环路状态、牵引制动状态、报警信息以及系统设置。

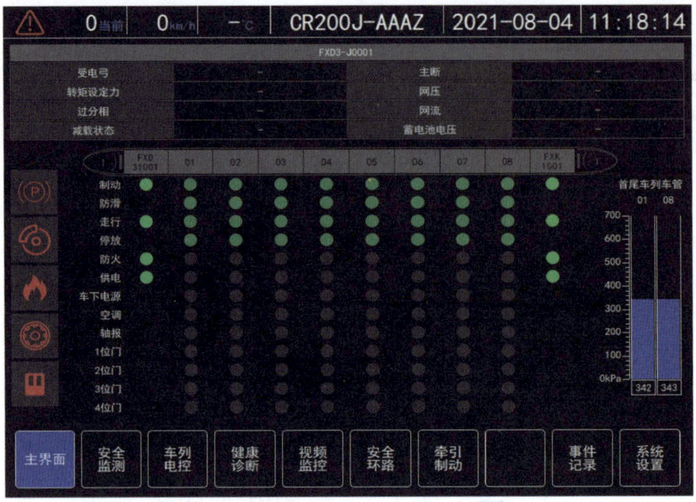

图16-11　列车综合安全监测系统(鼓形车体)显示屏

第十七章

动力集中动车组故障应急处置

动力集中动车组故障及非正常行车应急处置要始终坚持安全第一，坚决服从调度集中统一指挥的原则，处置过程严格遵守相关规章制度，做到科学严谨、有序可控，杜绝发生次生事故。动力集中动车组运行中，随车机械师发现或接到通知动力集中动车组故障时，应及时处置；经处置无法继续运行或有运行限制条件时，应及时通知司机，司机应按车载信息监控装置的提示和随车机械师的要求，选择维持运行或停车等方式。本章主要介绍途中故障应急处置规定及注意事项、常见故障应急处置方式等内容。

第一节　途中故障应急处置规定及注意事项

动力集中动车组因故障非正常运行或停车时，司机立即向车站值班员（列车调度员）报告，并通知随车机械师；随车机械师立即向故障发生地所在铁路局集团公司动车调度员报告。发生地所在铁路局集团公司动车调度员立即向国铁集团动车调度员报告。

动力集中动车组随车机械师下车作业前须按照相关规定办理作业申请，根据实际需要提出限速要求，作业可能侵入邻线限界时提出封锁要求。

动力车及控制车机务设备故障处置由司机负责。拖车、控制车（不含机务设备）故障处置由随车机械师负责。司机登顶处理受电弓故障时，由随车机械师负责协助。

第二节　车体、转向架及附属装置故障的应急处置

本节主要介绍车体、转向架及附属装置的故障应急处置，如轴温发生报警、轴箱弹簧断裂、空气弹簧失效等情况下的应急处置流程。

一、拖车（控制车）轴温发生报警

1. 故障现象

拖车（控制车）轴温报警器报警或者 TCDS 监控报警，但未引发轴温安全环路动作。

2. 故障原因

轴承故障、系统误报警等。

3. 应急处理方法

随车机械师发现故障信息后，及时通过列车电气监控显示屏、列车综合安全监控屏，查看发生轴温报警的车厢号和报警车轴号。或由任一车轴温报警器提示找到报警车辆。

迅速携带备用轴温报警器及工具赶到报警车厢，进行消音处理，并点击电气触摸屏底部“本车网络”→“轴报信息”图标，查看对比报警轴位的模拟传感器和数字传感器数值，若二者温度差异超过 10 ℃时，可判断为误报。若传感器温度接近，采取更换轴温报警器的方式确认轴报器是否存在误报。若为误报，做好记录，加强监控和车厢巡视，待动力集中动车组入库时做进一步检查。

若确认为报警，通知司机列车限速 60 km/h 运行至就近前方站停车，停车后对报警车辆全部轴箱进行点温确认。按要求监控运行或者通知司机申请救援。

二、拖车(控制车)轴箱弹簧断裂

1. 故障现象

车辆异常振动。

2. 故障原因

轴箱弹簧材质不良、运行线路环境异常。

3. 应急处理方法

随车机械师途中发现或接到通知，拖车(控制车)轴箱弹簧断裂的故障后，须第一时间确认故障情况。持续跟踪故障车辆的运行状态，重点加强对轴温和车下异音的监控。在具备条件的运行终点站或本属入库更换弹簧。

三、拖车(控制车)空气弹簧失效

1. 故障现象

空气弹簧无气或者胶囊破裂。

2. 故障原因

空气弹簧途中供风故障或者遭到异物击打。

3. 应急处理方法

随车机械师确认故障信息后关闭该转向架两个高度阀进气管路的截断塞门(或切断故障车空气弹簧风源)，然后通知司机限速 120 km/h 运行，在条件具备的终点站入库处理故障。

四、拖车(控制车)发生轮对裂损、擦伤、剥离

1. 故障现象

车辆振动幅度大。

2. 故障原因

列车使用紧急制动、车辆不缓解造成轮对滑行，车轮裂损。

3. 应急处理方法

随车机械师巡视检查发现车辆轮对有异常振动、轴温高或列车紧急制动再开后接到通知 TPDS 一级报警时，或其他人员通知车辆轮对有异响、异振，必要时停车检查。

随车机械师得到司机同意后下车对车辆轮对踏面及基础制动装置进行全面检查。

检查发现轮对踏面擦伤、剥离时，应立即测量擦伤深度、剥离长度及踏面缺损等尺寸，符合运用限度要求时，监控运行。发现轮对裂损时，请求摘车处理或更换动力集中动车组处理。不符合运用限度要求时，通知司机，请求摘车处理或更换动力集中动车组处理。并做好摘车或更换动力集中动车组相关工作。

五、拖车(控制车)发生弹簧压死、走行零部件与车体抗磨

1. 故障现象

弹簧压死、走行零部件与车体抗磨。

2. 故障原因

超员、超载、偏载。

3. 应急处理方法

随车机械师在进行技术检查作业时，发现弹簧压死(弹簧间隙小于 0.5 mm 时判断为弹簧压死)、走行部零部件与车体发生顶抗、磨碰等危及行车安全情况时，立即通知列车长，由列车长会同车站及时采取疏散旅客。发现有配件断裂、变形的，通过捆扎等应急处置确保安全。

经检查已经消除弹簧压死、走行零部件与车体发生顶抗、磨碰等情况后，通知司机开车。

六、拖车(控制车)运行途中车窗玻璃破损

1. 故障现象

车窗玻璃破损。

2. 故障原因

异物击打等。

3. 应急处理方法

(1)列车运行途中发生客车车窗玻璃破损后，随车机械师要立即赶往现场，对车窗破损情况进行仔细判断并进行如下处置。

(2)玻璃破损判断

①直车体

(a)车窗两层玻璃同时破损：立即通知司机，须在前方站停车处理，同时通知客运人员疏散该窗处旅客。

(b)仅车窗外层玻璃破损：有脱落风险立即通知司机，须在前方站停车处理。暂无脱

落风险维持运行，通知客运人员做好监控，有异常时立即通知随车机械师确认。

(c)仅车窗内层玻璃破损：通知客运人员疏散该窗处旅客，及时清理破损车窗玻璃碎片，后续注意观察破损变化情况，有异常时及时处置。

②鼓形车体

(a)车窗三层玻璃破裂：立即通知司机，须在前方站停车处理，同时通知客运人员疏散该窗处旅客。

(b)车窗仅外侧夹胶玻璃内、外层玻璃破裂或者仅外侧夹胶玻璃外层玻璃破裂：有脱落风险立即通知司机，须在前方站停车处理。暂无脱落风险维持运行，通知客运人员做好监控，有异常时立即通知随车机械师确认。

(c)车窗仅外侧夹胶玻璃内层玻璃破裂：途中不需要处置。监控运行入库更换。

(d)车窗仅内侧单层钢化玻璃破裂：通知客运人员疏散该窗处旅客，及时清理破损车窗玻璃碎片，后续注意观察破损变化情况，有异常时及时处置。

[注：固定窗、活动窗、逃生窗、车门窗玻璃(中空玻璃)破损处置方式相同。车门窗玻璃(夹胶玻璃)比照鼓形车体车窗玻璃处置方案执行。]

(3)停车后处理步骤：列车在车站内停妥后，随车机械师主动联系本次列车司机，告知"××次列车随车机械师在处理破损玻璃，请勿动车。"在取得明确答复后再进行作业。

随车机械师按照相关规定，按照破损状态不同可采取应急封堵防风板、防爆膜等措施进行应急处置。

(4)加强巡检及风险处置：随车机械师对破损车窗处置后，应注意观察破损车窗情况，加强与列车员的沟通和联系，每次巡检时须对破损玻璃进行重点监控，站折时须对破损玻璃及应急封堵防风板进行重点检查。

七、拖车(控制车)发生配件脱落、折断、侵限

1. 故障现象

运行途中发生配件脱落、折断、侵限。

2. 故障原因

悬吊件松动、开裂故障等。

3. 应急处理方法

随车机械师途中发现配件脱落、侵限或其他人员通知车辆有异响、异振，随车机械师及时检查确认，必要时停车检查。

停车后按规定通知司机申请下车检查，对配件脱落车辆进行检查。

(1)对车体、车下不影响列车运行安全的悬吊件松动、开裂故障，能拆除的拆除后带回，不能拆除的使用铁丝等材料捆绑固定，途中进行重点盯控。

(2)基础制动配件脱落故障处理。如因圆销、开口销丢失引起的配件脱落，则可配齐圆销、开口销并组装复位；如发现配件损坏、丢失，无法立即修复时，应做应急处理。将损坏或处于不正常位置的配件拆下，无法立即拆下的应采取捆绑加固措施；如果故障车为

尾部控制车，必要时将与该车最近一辆车的相同配件与故障车的配件进行倒装，并将相邻拆卸配件车辆进行关门处理。

(3)裙板配件脱落。气弹簧断裂。在行车过程中发现裙板气弹簧断裂时，应立即下车检查裙板锁是否处于锁紧状态，裙板锁状态良好的情况下，可将断裂的气弹簧拆除处理，待车辆入库及时更换全新的相同规格型号的气弹簧。

裙板锁断裂脱落。在行车过程中发现裙板锁断裂，无法及时更换新锁的情况下，可采用铁丝捆扎处理，防止裙板在列车运行中打开。

(4)车辆设施侵限。客车裙板、蓄电池箱盖、车下电源箱盖等异常打开时，应立即排除故障关上客车裙板、蓄电池箱盖、车下电源箱盖，无法正常关闭时，须采取捆扎、拆卸等方法关闭或确保不发生二次事故。

(5)其他配件松脱时，如由于紧固件丢失、折损或松动引起的，则及时补充、更换紧固件并予以紧固；其他原因的，及时排除故障或采取捆扎等应急方式固定配件。

确认车辆侵限故障处理完毕后，清理现场(含车辆下部)遗留工具材料。

故障无法处置、危及行车安全时，申请摘车或更换动力集中动车组处理。

为防止配件脱落故障对其他部位和车辆造成损伤，应对故障车辆其他部位和其他车辆进行检查，检查至无击打痕迹的车辆，发现故障时进行应急处置。确认无异常上车后，通知司机开车。

开车后进行车内巡视检查，重点检查供风、供电状态，下部有无异音、异常振动等情况，发现危及行车安全的异常情况立即通知司机停车检查。

八、塞拉门无法打开

1. 故障现象

动力集中动车组站停时，塞拉门无法打开。

2. 故障原因

机械卡滞、异物卡滞、供气压力不足、开门电磁阀故障、无杆气缸故障、开关传感器硬件故障等。

3. 应急处理方法

站停时随车机械师发现或者接司机、列车工作人员通知车门打开故障，随车机械师要立即赶到故障车门。检查车门机械状态：未打开、未完全打开、已经完全打开到位。

若车门机械状态未打开，用钥匙操作内紧急解锁开门，下客后，复位紧急解锁自动关门，并隔离车门回库处理。若用钥匙操作内紧急解锁仍无法开门，直接隔离车门回库处理。

若车门机械状态未完全打开到位，经检查不存在机械卡滞，用钥匙操作内紧急解锁开门，下客后，复位紧急解锁自动关门，并隔离车门回库处理。若检查发现存在机械卡滞，解锁站台补偿器水平锁闭装置，使站台补偿器立起，检查车门下部的下支架与下滑道之间是否有异物，并排除异物，关门后隔离车门回库处理；若车门下支架与门框有干涉，用人力关上车门后隔离车门回库处理。检查上滑道、携门架与导柱之间是否有异物，并排除异物,关门后隔离车门回库处理。

若车门机械状态已打开到位,下客后用钥匙操作内操作进行本地关门;或操作紧急解锁后,复位解锁自动关门,关门后隔离车门回库处理。

随车机械师确认隔离状态有效,通知司机、列车长,该门为隔离状态,不再开启。

九、塞拉门关闭不良

1. 故障现象

动力集中动车组站停时,塞拉门关闭不良。

2. 故障原因

锁到位开关调整不到位、异物卡滞或机械卡滞、关门电磁阀故障、供气压力不足、紧急解锁钢丝绳过紧导致锁到位开关无法触发、无杆气缸故障。

3. 应急处理方法

列车启动前,随车机械师发现或者接司机、列车工作人员塞拉门关闭不良,随车机械师要立即赶往故障车门,检查车门机械状态是否已关闭到位还是未关到位状态(半开或全开)。

若车门机械状态已经关闭到位,但是列车电气监控屏未显示正确状态,可能为网络故障,检查综合控制柜内相关列车网络设备参数状态。

若车门机械状态已经关闭到位,但是触发安全环路故障,用钥匙隔离车门回库处理。

若车门机械状态未关到位,半开或全开状态,用钥匙操作内紧急解锁开门后,复位紧急解锁自动关门,关门后隔离车门回库处理。

若车门机械状态仍无法关到位,检查不存在机械卡滞,操作内紧急不松手,将车门推至关闭位置后松开内紧急,并隔离车门回库处理;若检查发现存在机械卡滞,解锁站台补偿器水平锁闭装置,使站台补偿器立起,检查车门下部的下支架与下滑道之间是否有异物,并排除异物,关门后隔离车门回库处理;车门下支架与门框有干涉,用人力关上车门,关门后隔离车门回库处理;检查上滑道、携门架与导柱之间是否有异物,并排除异物,关门后隔离车门回库处理。

随车机械师确认隔离状态有效,通知司机、列车长该门为隔离状态,不再开启。

第三节　受电弓故障的应急处置

本节主要介绍受电弓故障应急处置,如受电弓无法升起及降下、网压异常等情况下的应急处置流程。

一、受电弓无法升起

1. 故障现象

操纵升弓后,受电弓无法升起。

2. 故障原因

受电弓风压不足、受电弓气路漏泄、对应主断路器故障。

3. 应急处理方法

(1)途中发生受电弓无法升起时，如司机显示屏上出现故障提示时，优先按照故障提示进行处置。若无故障提示时，通过司机显示单元进入升弓条件，对照项点逐一检查确认，符合条件后重新升弓操作。

(2)检查升弓风缸压力表(图 17-1)，如风压低于 480 kPa 时，合上升弓扳键开关，辅助压缩机会自动打风，打风停止后，再次操纵升弓扳键进行升弓。

(3)确认操纵台上的“紧急制动”按钮未按下，若被按下，则按顺时针旋起。

(4)相关操作均无效且动力集中动车组无法继续运行，则在适宜地点和时机停车后，分主断、降弓，进行大复位操作。

二、受电弓无法降下

1. 故障现象

操纵降弓后，受电弓处于升弓状态。

2. 故障原因

受电弓管路问题。

3. 应急处理方法

途中发生受电弓无法降下时，在确认主断路器断开后，将制动柜上升弓蓝钥匙(图 17-2)置于水平位，并确认受电弓降下。

图 17-1　升弓风缸压力表

图 17-2　升弓蓝钥匙

确认故障受电弓降下后，将受电弓隔离塞门打至“水平位”。

FXD1-J 动力车：受电弓 1 对应 K44，位于二位牵引风机旁机械间侧墙上，受电弓 1 气阀板下方；受电弓 2 对应 K45，位于总风缸旁机械间后端墙上，受电弓 2 气阀板下方。受电弓 1 号、2 号塞门如图 17-3 所示。

FXD3-J 动力车：受电弓 1 对应在列车供电管理柜内，受电弓 2 对应在空气箱内。

降下受电弓后，在显示屏上进入受电弓选择界面，选择另外一受电弓支路。受电弓气阀板如图 17-4 所示。

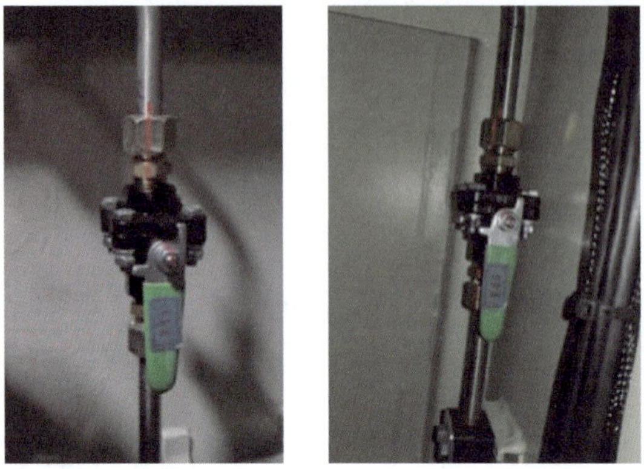

(a) 1号　　(b) 2号

图 17-3　受电弓塞门

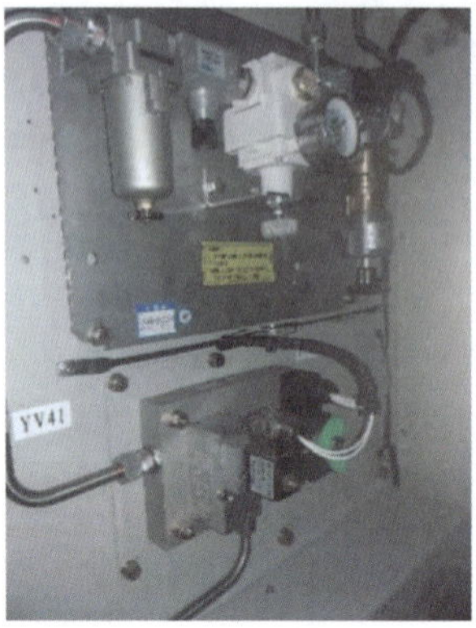

图 17-4　受电弓气阀板

降下受电弓后，在显示屏上进入受电弓选择界面，选择另外一受电弓支路。

三、网压异常

1. 故障现象

网压过高或过低，动力车降功率运行或者分主断等。

2. 故障原因

网压信号异常、电压互感器故障等。

3. 应急处理方法

(1)途中发现网压异常时若动力车处于降功率模式，则继续维持运行。

(2)若由于网压异常导致分主断，待网压恢复到正常范围后，重新闭合主断。

(3)如无网压显示，检查网侧柜下部电压互感器的保护断路器是否断开，如断开重新闭合(图 17-5)。

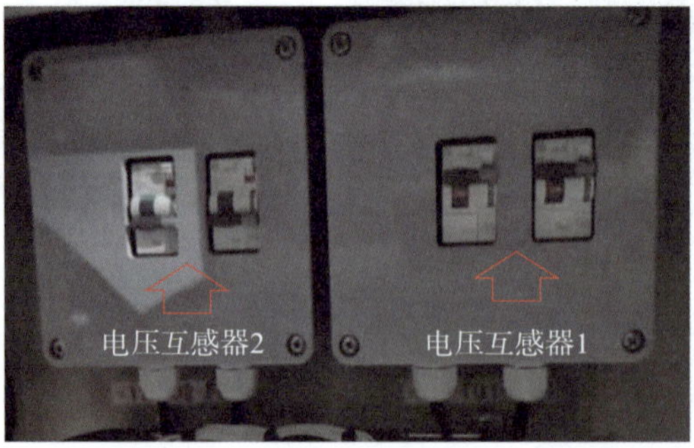

图 17-5　电压互感器的保护断路器

(4)如网压正常且故障无法消除，则按压微机屏“设备控制”→“受电弓模式”键进入受电弓选择界面，选择另外一个受电弓换弓运行。故障消除，正常运行；故障未消除，则在适宜地点停车、分主断、降弓后，进行“控制电源”复位，等待 10 s 后再闭合。

四、动力车车顶门安全联锁操作

1. 故障现象

途中因受电弓故障等原因，须打开车顶门进行检查确认。

2. 应急处理方法

(1)确认断开主断路器、降下受电弓后，将制动柜上的蓝色钥匙逆时针转 90°后水平拔出(图 17-6)，插入网侧柜下部外置的高压接地开关连锁控制座中至水平位，将手柄把外拉后旋转至接地位，将黄色钥匙旋转至水平位取下(图 17-7)。

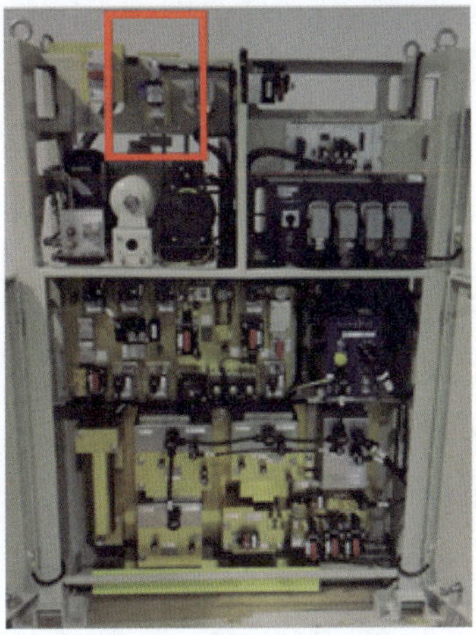

图 17-6　蓝色钥匙

图 17-7　黄色钥匙

(2)将黄色钥匙水平插入钥匙箱，黄色锁眼后至垂直位，将任一绿色钥匙旋转至水平后拔出(图 17-8)，绿色钥匙可以打开车顶门、变流柜、网侧柜、列车供电柜、库用开关。

(3)将绿色钥匙插入登顶门打开，同时将梯子从登顶门钩环处取下。

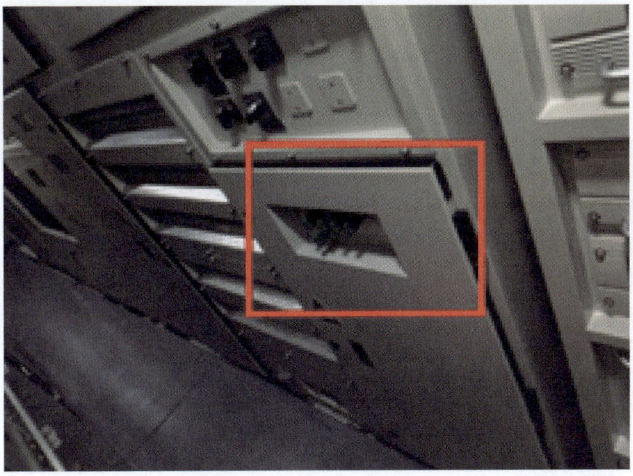

图 17-8　绿色钥匙

第四节 制动系统故障的应急处置

本节主要介绍制动系统的故障应急处置，如列车管充风时压力达不到定压、常用制动起紧急、列车管充风后制动缸不缓解、制动自然缓解总风压力不足、停放制动无法缓解、停放制动意外施加等情况下的应急处置流程。

一、列车管充风时压力达不到定压

1. 故障现象

动力集中动车组充风过程中，随车机械师检查发现较长时间达不到定压或司机提出有漏泄。

2. 故障原因

制动主管堵塞、管系漏泄、动力车供风故障等。

3. 应急处理方法

(1)主控车供风不足或主控车列车管堵塞

随车机械师通过机械师室行车安全监控显示屏(列车综合安全监测显示屏)从主控车开始依次观察各车列车管是否同步变化。如发现所有车列车管压力同步变化，说明主控车供风不足或主控车列车管堵塞，通知司机同步处理。

(2)拖车及控制车制动主管堵塞查找

在上述过程中如发现某辆车列车管压力与尾车列车管压力接近或与前一辆车压力相差较大时，则说明该车或前一辆车制动主管堵塞。检查两车间折角塞门是否在全开位，如位置不正则调正位；检查故障是否消除，消除继续运行；否则关闭该车两端与前一辆车后端三个折角塞门，解开制动软管，分别打开两辆车的折角塞门，检查是否有风排出或排出风量不足，判断具体哪辆车堵塞。

(3)制动主管堵塞处理

堵塞车辆确定后，卸下故障车辆故障端折角塞门及车端软管，检查是否有异物，有则取出后装好继续试验；没有则装回故障端车进风端折角塞门及车端软管，通风后对故障车制动主管进行快速、多次开关该车前端折角塞门进行排风吹物(注意是否有异物吹出)，同时敲击制动主管，直至排风畅通。故障处理后，对车辆进行制动试验，良好后继续运行。

(4)制动主管漏泄处理处理

检查过程中发现管系存在漏泄时，对相关活接头进行紧固处置，遇管系破损时可先进行捆扎处理，维持运行。无法维持运行时，可采用鸳鸯连接器或者跨接软管进行处置。

二、常用制动起紧急

1. 故障现象

动力集中动车组实施常用制动时，发生紧急制动作用。

2. 故障原因

车辆制动管系大量漏风、分配阀故障、动力车故障、司机操纵不当等。

3. 应急处理方法

列车在进行常用制动过程中，发生紧急制动，随车机械师（在客列检作业的车站制动故障可通知客列检作业人员处置）通知司机充风，待后部车辆风表压力达到定压，并稳定1 min以上时，通知司机减压170 kPa，如仍起紧急，则通知司机切除车列电空制动，按照列车空气制动故障排查方式进行分段排查。

分段查找过程中，随车机械师可通过机械师室行车安全监控显示屏（列车综合安全监测系统显示屏）同步观察各车压力状态。

查找到故障车辆后处置要求：当动力集中动车组在区间内，对故障车辆进行关门排风（不具备关门条件时更换制动配件），需限速列车运行至前方站后进一步处置。当动力集中动车组在站内，可对故障车辆进行关门排风，不具备关门条件时更换制动配件或采取紧急阀加装盲垫方式进行处置。

如发现列车管破损，可先进行捆扎处理，维持运行。无法维持运行时，采用鸳鸯连接器或者跨接软管进行处置，如以上操作无法实现，停车等待救援。

故障处理后，随车机械师通知司机进行制动机试验，良好后通知司机开车。

三、列车管充风后制动缸不缓解

1. 故障现象

动力集中动车组充风后制动不缓解。

2. 故障原因

分配阀故障、制动缸卡死等。

3. 应急处理方法

随车机械师接到司机车辆不缓解的通知后，及时通过工程师车的制动监测系统确认故障车辆和故障提示。及时和司机联控，通知司机再次充风至定压，减压170 kPa，然后再充风至定压，并下车检查。

对发生故障的车辆按照相关规定进行关门处置。若制动夹钳仍未缓解，则进行下一步。

制动缸发生机械性卡死，通过手动复位螺母进行手动缓解（图17-9）。若制动缸堵塞，复位螺母失效，摘除制动缸并按照相关规定进行关门处置。

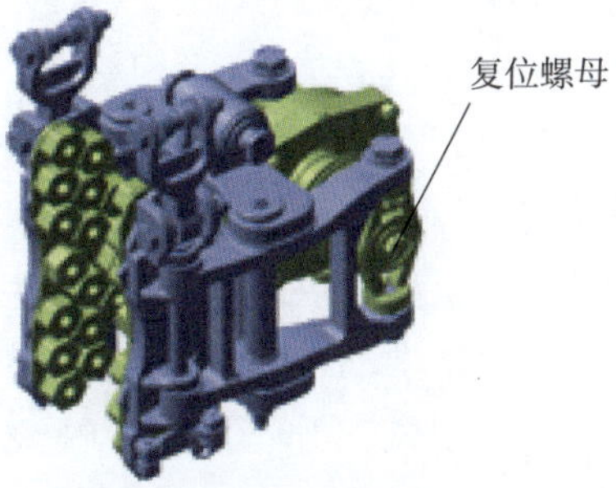

图17-9　制动缸手动复位螺母

故障处置完毕后通知司机进行制动机试验，确认良好后撤除安全防护。动力集中动车组开车后，随车机械师须对制动安全环路隔离车辆进行重点监控。

四、制动自然缓解

1. 故障现象

制动保压时个别车辆制动机自然缓解。

2. 故障原因

分配阀故障、管系漏风、制动缸漏风等。

3. 应急处理方法

随车机械师发现自然缓解的故障后，及时和司机联控，司机充风至定压，减压170 kPa，进行制动保压，随车机械师通过机械师室行车安全监控显示屏（列车综合安全监测系统显示屏）观察各车列车管、制动缸、副风缸压力，如故障消除，则确认为分配阀偶发性故障，记录故障，监控运行。

如仍有拖车发生自然缓解，按下述方案处理：

(1)单个车自然缓解，记录故障，监控运行。

(2)多个车自然缓解，随车机械师下车检查故障车辆制动缸管系是否完好。

如果完好，则是分配阀故障，对该拖车按照相关规定进行关门处置。如果不完好则继续检查管系，如果是管路接头松动引起的漏泄，用扳手或管钳拧紧接头。如果是管路破损，更换破损管路；如果管路无法更换，对该拖车按照相关规定进行关门处置。

五、总风压力不足

1. 故障现象

动力集中动车组运行过程中，总风压力低于680 kPa。

2. 故障原因

空压机故障或是总风管系漏泄。

3. 应急处理方法

由司机通过操作强泵手柄给总风系统打风，当总风压力达到900 kPa时停止打风。当总风压力下降到800 kPa时，持续观察总风压力；当总风压力低于700 kPa时，判断为主空压机故障；若总风压力一直无法达到800 kPa以上，确认故障为总风管系漏泄。

主空压机故障时，由司机负责处置。

总风管系漏泄时，动力集中动车组处于运行状态时，随车机械师重点在车上对卫生间及塞拉门进行巡查，发现漏泄点后做好记录，切除漏风卫生间、塞拉门供风，必要时可关闭部分卫生间供风，关闭后如总风压力恢复正常，可继续运行。

动力集中动车组站停时，随车机械师重点逐车检查总风系统漏泄情况，检查总风管、空气弹簧用风、塞拉门用风点是否存在漏泄。如空气弹簧用风、卫生间用风、塞拉门用风点漏泄，可进行修复或切除后继续运行。（空气弹簧用风切除后须限速120 km/h运行。）

如总风管漏泄或堵塞，编组为长编组、重联编组或短编组动力车主控时，关闭故障车辆总风折角塞门，故障车及后方拖车进方行“双改单”操作，继续运行。短编控制车为主控端时（含途中运行换端后），先进行捆扎处理，维持运行；无法运行时，采用跨接软管进行应急处理。如上述操作无法实现，则关闭故障车辆总风折角塞门，停车救援或换端运行至下一站。

4. 双管供风改单管供风操作方法

(1)直车体：当需要将车辆由双管供风改为单管供风时，通过操作气路控制箱进行“双改单”操作。

①阀 1、阀 2 由打开状态操作为关闭状态。

②阀 3、阀 4 由关闭状态操作为打开状态。

③阀 5、阀 6 保持关闭状态。

当车辆为单管供风且为关门车时，阀 1、阀 2、阀 3、阀 4 均需操作至关闭状态，阀 5、阀 6 为打开状态(图 17-10)。

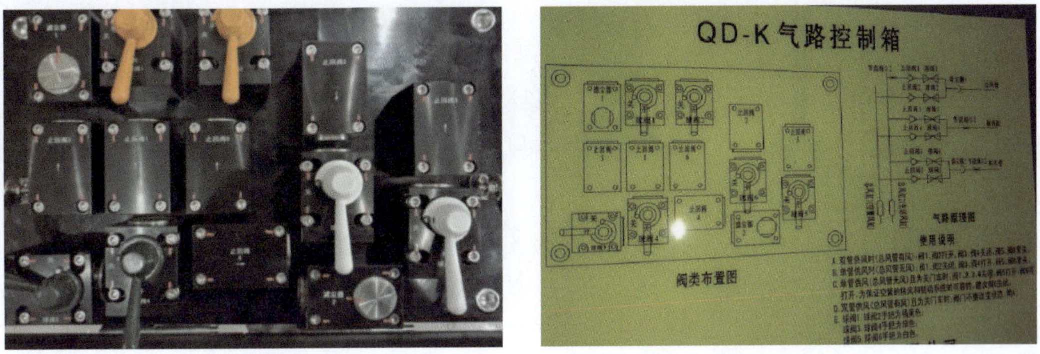

(a) 外观图　　(b) 布置图

图 17-10　气路控制箱

阀 1～阀 6 功能说明：阀 1，总风管给生活风缸供风支路截断塞门；阀 2，总风管给空气弹簧风缸供风支路截断塞门；阀 3，副风缸给生活风缸供风支路截断塞门；阀 4，副风缸给空气弹簧风缸供风支路截断塞门；阀 5，列车管给空气弹簧风缸供风支路截断塞门；阀 6，列车管给生活风缸供风支路截断塞门。

(2)鼓形车体：直接操作总风塞门至关闭位(与管路垂直)，双改单塞门至打开位(与管路水平)，如图 17-11 所示。

当拖车/控制车为关门车，双管单操作无法为生活、空气弹簧管路供风，按照相应限速要求进行运行。

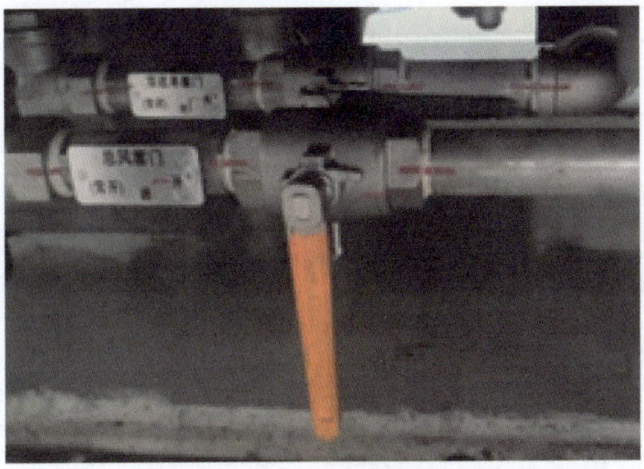

图 17-11　总风塞门

六、拖车(控制车)停放制动无法缓解(鼓形车体)

1. 故障现象

动力车发出缓解指令停放制动不缓解。

2. 故障原因

停放制动电磁阀故障或未得电、停放管路漏泄等。

3. 应急处理方法

司机发出停放制动缓解指令，观察司机显示屏中某辆拖车不缓解。随车机械师观察该车的配电箱内熔断器 FU36 的状态，若 FU36 熔断，需按“拖车/控制车停放制动隔离方法”对停放制动进行隔离处理。

随车机械师观察该车的停放控制模块中的停放制动缓解指示器是否为红色。如果不是红色，下车确认停放制动缸是否缓解，缓解则说明是压力开关故障，更换消除故障或按“拖车/控制车停放制动隔离方法”对停放制动进行隔离处理。如果是红色，说明停放制动管路无风，进行下一步。

检查停放管是否发生漏泄；如果是管路接头松动引起的漏泄，用扳手或管钳拧紧接头；如果是管路破损，更换破损管路；如果是停放软管连接松动引起漏泄，重新进行连接；如果是停放软管破损引起漏泄，更换停放软管；如果漏泄无法修复，需按拖车/控制车停放制动隔离方法进行隔离处理。

4. 拖车/控制车停放制动隔离方法

第一步：操作停放制动模块上的停放制动隔离塞门至隔离位(OFF)，同时可以在列车综合安全监测系统显示屏显示该车停放缸压力为“0”；停放状态为“施加”；停放隔离状态为“是”。

第二步：通知司机进行充风缓解；司机不同操作时，则关闭“缓解阀塞门”(手柄与管路垂直)；同时观察停放制动指示器显示“红色”，空气制动指示器显示“绿色”。

第三步：用力摇晃确认停放制动夹钳无活动量，处于制动状态；然后手拉转向架上的缓解拉环(拉出后保持 3s 以上，停放制动器发出“砰”的一声)，缓解停放制动器的停放制动，确认其处于缓解状态。

第四步：若第二步关闭“缓解阀塞门”，此时打开“缓解阀塞门”(手柄与管路平行)

第五步：将电气综合控制柜中的“停放制动隔离开关”(SA11)置“隔离位”；在列车综合安全监测系统显示屏上显示该车停放环是“隔离”状态。

注意：操作过程中，停放制动隔离塞门被打开，需从第一步重新操作。

七、拖车(控制车)停放制动意外施加(鼓形车体)

1. 故障现象

动力集中动车组运行过程中停放制动意外施加。

2. 故障原因

停放管路漏泄。

3. 应急处理方法

动力集中动车组运行过程中，查看司机显示屏中发现某辆拖车施加停放制动，同时动力集中动车组减速直至停车。随车机械师观察该车的停放控制模块中检查双脉冲电磁阀是否为缓解位。如果不是缓解位(绿色柱塞外漏),压动绿色柱塞观察停放制动是否缓解,缓解则双脉冲电磁阀意外动作,做好故障记录、继续运行。

如果不缓解,且停放制动管路无风,进行下一步处置。

检查停放管是否发生漏泄。如果是管路接头松动引起的漏泄,用扳手或管钳拧紧接头;如果是管路破损,更换破损管路;如果是停放软管连接松动引起漏泄,重新进行连接;如果是停放软管破损引起漏泄,更换停放软管;如果漏泄无法修复,按照"停放制动安全环路报警"处置对停放制动进行隔离。

第五节　电气装置及控制系统故障的应急处置

本节主要介绍电气装置及控制系统故障应急处置,如单车 DC 110 V 绝缘不良、干线 DC 110 V 绝缘不良、单车 DC 600 V 绝缘不良、干线 DC 600 V 绝缘不良、供电系统单车 LonWorks 网络离线、供电系统单车以太网离线、供电系统列车级以太网离线故障、客室空调控制故障等情况下的应急处置流程。

一、单车 DC 110 V 绝缘不良

1. 故障现象

(1)本车触摸屏报 DC 110 V 漏电流超标故障(正漏时漏电流值前显示"+",负漏时漏电流值前显示"—")。

(2)调理模块漏电指示灯亮(正漏时 L+指示灯亮,负漏时 L—指示灯亮)。

(3)本车绝缘故障指示灯 HL5 亮红灯。

(4)列车电气监控显示屏工程师界面单车供电单元显示红色警示。

2. 故障原因

(1)触摸屏 DC 110 V 漏电流保护值设置不正确。

(2)DC 110 V 负载故障。

3. 应急处理方法

(1)在机械师室通过列车电气监控显示屏(列车综合安全监测显示屏)查看存在供电故障的车厢号。点击供电故障车厢,查看该车厢供电系统信息。在供电系统界面点击供电状态,在弹出的供电故障界面中查看故障状态,显示 DC 110 V 漏电流超标。

(2)前往故障车厢,查看综合控制柜状态。点击本车触摸屏"管理界面",输入登录密码"837",查看本车触摸屏参数设定值,DC 110 V 漏电流值应为 30 mA,否则更正,点击确认按键重新设定。

(3)电源控制开关 SA1 打至停止位后,再恢复至自动位,故障指示灯消除。保持 Q20、Q30 闭合。确认安全环路电钥匙 SA10 处于接通位。

(4)正线漏电时,依次断开综合控制柜内其他 DC 110 V 电气设备控制开关,每断开一个设备开关间隔 3 s 并观察触摸屏主界面的 DC 110 V 漏电流值,若断开某电气设备控

制开关时，DC 110 V漏电流值恢复到小于预警值15 mA，则判断为该设备漏电，停用该设备、其他负载开关恢复。将转换开关SA1打到“停止”位后重新打“自动”位，消除故障信息。

(5)负线漏电时，维持运行，必要时逐个负载甩线排查。

二、干线DC 110 V绝缘不良

1. 故障现象

DC 110 V漏电报警器“正极报警”指示灯或“负极报警”指示灯亮、蜂鸣器响。

2. 故障原因

(1)触摸屏DC 110 V漏电流保护值设置不正确。

(2)DC 110 V负载或者干线故障。

3. 应急处理方法

(1)对DC 110 V漏电报警器通过点击“消音”按键进行消音处置。

(2)直车体：点击列车电气监控显示屏，右上角“600 V绝缘检测”按键进入列车级600 V绝缘检测界面，点击本界面右上角“全列漏电流详情”查看全列DC 110 V漏电流信息，确认DC 110 V漏电流最大的车辆。

前往该车DC 110 V漏电流最大的车辆，并按单车DC 110 V绝缘不良进行处置。

(3)鼓形车体：点击列车综合安全监测显示屏“安全监测→供电监测”界面，查看全列DC 110 V漏电流信息。

①确认动力车是否投入DC 110 V母线供电。

②若动力车已经投入DC 110 V母线供电，由司机操作断开母线。

③司机室断开母线后，若故障消除，可确认在动力车发生接地故障。

④若断开母线依然没有消除故障，则确认DC 110 V漏电流最大的车辆。前往该车，并按单车DC 110 V绝缘不良进行处置。

⑤如果确认各车单车DC 110 V系统没有漏电情况发生，可以判断为DC 110 V干线绝缘不良或DC 110 V漏电报警器故障，通过点击“消音”按键对DC 110 V漏电报警器进行消音处置，做好记录，加强监控和车厢巡视，待动力集中动车组入库时做进一步检查。

三、单车DC 600 V绝缘不良

1. 故障现象

(1)电源控制SA1置于“自动”位，主电路电源被切断。

(2)本车触摸屏报DC 600 V漏电流超标故障。

(3)本车绝缘故障指示灯HL5亮红灯。

(4)列车电气监控显示屏工程师界面单车供电单元显示红色警示。

2. 故障原因

(1)触摸屏 DC 600 V 漏电流保护值设置不正确。

(2)DC 600 V 漏电绝缘检测装置设定值不正确。

(3)DC 600 V 漏电绝缘检测装置故障。

(4)DC 600 V 负载故障。

3. 应急处理方法

在机械师室通过列车电气监控显示屏(列车综合安全监测显示屏),查看存在供电故障的车厢号。点击供电故障车厢,查看该车厢供电系统信息。在供电系统界面点击供电状态,查看故障状态,显示 DC 600 V 漏电流超标。前往故障车厢,查看综合控制柜状态。

点击本车触摸屏"管理界面",输入登录密码"837",查看本车触摸屏的参数设定值,DC 600 V 漏电流值应为 80 mA,若不符修改为 80 mA 点击确认按键重新设定,电源控制开关 SA1 打至停止位后,再恢复至自动位,故障指示灯消除。若故障指示灯未消除,断开 Q20、Q30 重新闭合。

检查本车 DC 600 V 在线绝缘检测装置旋钮设定值为 100 mA,若不符重新调整为 100 mA。电源控制开关 SA1 打至停止位后,再恢复至自动位,故障指示灯消除。

断开 Q3、Q15、Q16、Q25、Q26,SA1 重新打"自动"位,KM1、KM2 仍跳闸,可判断为漏电绝缘检测装置本身存在故障,甩漏电绝缘检测装置端 A20,恢复本车供电。若故障不消除,转下一步处置。

SA1 置于"停止"位,断开车下电源开关 Q3 和电热控制开关 Q15、Q16、Q25、Q26,充电机控制开关 Q36、逆变器控制开关 Q35。

闭合 Q3,SA1 重新打"自动"位,若接触器(KM1 或 KM2)跳闸,则停用该车充电机和逆变器;若 KM1 或 KM2 不跳闸,闭合 Q36,待充电机工作后再闭合 Q35 等待逆变器工作,出现某一个跳闸时,则停用该设备。

充电机、逆变器工作后,再依次闭合 Q15、Q16、Q25、Q26,出现某一个跳闸时,则停用该设备(仅冬季)。

四、干线 DC 600 V 绝缘不良

1. 故障现象

(1)本车触摸屏报干线对地电压偏低、绝缘电阻低等故障。

(2)列车电气监控显示屏工程师界面 DC 600 V 绝缘单元显示红色警示。

2. 故障原因

单车绝缘不良或干线绝缘不良。

3. 应急处理方法

(1)直车体:在机械师室通过列车电气监控显示屏主界面点击"工程师模式",查看存在供电故障的车厢号。前往故障车厢,查看综合控制柜状态,并按单车 DC 600 V 绝缘不良进行处置。

若显示干线 DC 600 V 绝缘故障,但"工程师模式"无故障车厢号显示,点击列车电气

监控显示屏右上角“600 V 绝缘检测”按键进入列车级 600 V 绝缘检测界面，点击本界面右上角“全列漏电流详情”查看全列 DC 600 V 漏电流信息，确认 DC 600 V 漏电流最大的车辆。前往该车，并按单车 DC 600 V 绝缘不良进行处置。

(2)鼓形车体：随车机械师确认所有拖车 SA1 在“自动位”，并打开列车综合安全监测显示屏“安全监测→供电监测”界面。随车机械师通知司机重新提供 DC 600 V 电源，查看全列 DC 600 V 漏电流信息，确认是否有拖车存在 DC 600 V 漏电流高的情况。如果有部分拖车出现 DC 600 V 漏电流高，在过列车综合安全监控屏“安全监测→供电控制”界面控制这部分拖车断开供电。后续前往该车，并按单车 DC 600 V 绝缘不良进行处置。

(3)若单车处置后故障仍不能排除，单路 DC 600 V 绝缘故障时，车辆保持减载运行，必要时请求救援。能继续维持运行时，做好记录，加强监控和车厢巡视，待动力集中动车组入库时做进一步检查。

(4)两路 DC 600 V 绝缘故障时，联控司机停止集控供电后重新再次供电。

①供电正常，可判断为拖车负载故障，逐辆复位 SA1，查出故障车辆，将故障车 SA1 置停止位并记录，待全列恢复供电后再对故障车辆按上述“单车 DC 600 V 绝缘不良”进行处置。

②无法供电，可判断为干线绝缘不良。将动力车与拖车动力线分开（在动力车端摘除动力连接器插头对），使用兆欧表测量干线绝缘，拖车干线绝缘良好，配合司机处置；拖车干线绝缘不良，进一步分段查找至故障车（对拖车进行逐步对半分段进行测量绝缘状态，排除正常车辆，直至查到故障车辆），进行处置。必要时请求救援。

五、供电系统单车 LonWorks 网络离线（直车体）

1. 故障现象

(1)列车电气监控屏显示车辆有设备离线。

(2)列车电气监控屏显示个别车辆设备信息时有时无。

2. 故障原因

(1)VCU-NCN 模块与车辆级 LonWorks 网络通信异常。

(2)综合控制柜 VCU-CT(A、B、C)模块通信异常。

3. 应急处理方法

在机械师室通过列车电气监控显示屏主界面点击“工程师模式”，查看存在供电故障的车厢号。前往故障车厢，查看综合控制柜状态。

(1)若车厢触摸屏显示本车设备全部离线，判断为综合控制柜 VCU-NCN 模块与车辆级 LonWorks 网络通信异常。复位 NCN 模块的 X1 连接器，使其重启。查看 NCN 电源指示灯 DC24V、3V3 是否常亮，如指示灯灭为模块故障，待回库后处理。查看 NCN 模块的信号指示灯 L3 是否闪烁，若不闪烁，紧固 NCN 模块 X2 连接器，若故障未消除，待回库后处理。

(2)若触摸屏部分设备离线，判断为 CT(A、B、C)模块通信异常。

①PLC 或轴报离线，其他设备正常查看 CT-A 模块的 L1 是否闪烁，闪烁则与车辆级

LonWorks 网络通信正常，否则复位 CT-A 模块的 X1，仍不闪烁待回库处理。查看 CT-A 的 L2 是否闪烁，闪烁则与 PLC 通信正常 ，否则确认 CT-A 模块的 X2 连接，仍不闪烁待回库处理。查看 CT-A 的 L3 是否闪烁，闪烁则与轴报通信正常，否则确认 CT-A 模块的 X3 连接，仍不闪烁待回库处理。

②防滑器或烟火离线，其他设备正常查看 CT-B 模块的 L1 是否闪烁，闪烁则与车辆级 LonWorks 网络通信正常，否则复位 CT-B 模块的 X1，仍不闪烁待回库处理。查看 CT-B 的 L2 是否闪烁，闪烁则与铁科院防滑器通信正常，否则确认 CT-B 模块的 X2 连接，仍不闪烁待回库处理。

查看 CT-B 的 L3 是否闪烁，闪烁则与烟火通信正常，否则确认 CT-B 模块的 X3 连接，仍不闪烁待回库处理。查看 CT-B 的 L4 是否闪烁，闪烁则与 SAB 防滑器通信正常，否则确认 CT-B 模块的 X4 连接，仍不闪烁待回库处理。

③车门离线，其他设备正常，查看 CT-C 模块的 L1 是否闪烁，闪烁则与车辆级 LonWorks 网络通信正常，否则复位 CT-C 模块的 X1，仍不闪烁待回库处理。查看 CT-C 的 L3 是否闪烁，闪烁则与 1、2 位门通信正常，否则确认 CT-C 模块的 X3 连接，仍不闪烁待回库处理。查看 CT-C 的 L4 是否闪烁，闪烁则与 3、4 位门通信正常，否则确认 CT-C 模块的 X4 连接，仍不闪烁待回库处理。

六、供电系统列车级 LonWorks 网络离线（直车体）

1. 故障现象

(1)列车电气监控屏显示全列所有车辆设备信息丢失。

(2)列车电气监控屏显示个别车辆设备信息丢失。

(3)列车电气监控屏显示个别车辆设备信息时有时无。

2. 故障原因

(1)故障车厢控制柜 VCU-NCN 工作异常。

(2)机械师室配电箱主控站工作异常。

(3)首尾车 VCU-NCN 工作异常

3. 应急处理方法

机械师于列车电气监控屏观察到有个别车辆不能监视，判断为故障车 VCU-NCN 工作异常。前往故障车厢，查看综合控制柜状态。复位 NCN 模块的 X1 连接器，使其重启。查看 NCN 电源指示灯 DC 24 V、3V3 是否常亮，如指示灯灭为模块故障，待回库后处理。

若列车电气监控屏监控所有车辆均离线，或多个车辆离线。判断为主控站工作异常或首尾车 NCN 工作异常。

(1)查看机械师室配电箱，MT-A、MT-B 指示灯状态，其 L1/L2 闪烁代表与列车级 LonWorks 网络通信正常，若不闪烁，重启 PWR 模块的 X1，并确认 MT-A、MT-B 的 X2、X3 连接器连接正常，若故障未消除，待回库处理。

(2)前往首尾车（长编 1 车、16 车；短编 1 车、8 车）控制柜，复位 NCN 模块的 X1 连接器，并确认 NCN 模块的 X2 连接器正常，若故障未消除，待回库处理。

七、供电系统单车以太网离线故障(鼓形车体)

1. 故障现象

(1)列车综合安全监控屏显示车辆有设备离线。

(2)列车综合安全监测显示屏显示车辆设备信息时有时无。

2. 故障原因

(1)综合控制柜 VEMU-CT(1、2、3、4)模块通信异常。

(2)综合控制柜 VEMU-CPU 模块通信故障。

3. 应急处理方法

在机械师室通过列车综合安全监控屏主界面，查看存在离线故障的车厢号。

若车厢控制柜触摸屏显示烟火、轴报、防滑、逆变器、车门等部分设备离线。判断为设备与 VEMU 相应通信板卡(CT)，VEMU 的通信板卡与 CPU 通信故障。

查看 VEMU 机箱所有板卡供电指示灯是否常亮；查看 VEMU 的通信板卡的指示灯，L1 应闪烁(表示与 CPU 通信正常)，可接收到来自通信板卡的数据。离线设备相应板卡通信指示灯应闪烁。确认相关连接器正常连接，若故障未消除，待回库后处理。

八、供电系统列车级以太网离线故障(鼓形车体)

1. 故障现象

(1)列车综合安全监测显示屏显示全列所有车辆设备信息丢失。

(2)列车综合安全监测显示屏显示个别车辆设备信息丢失。

(3)列车综合安全监测显示屏显示个别车辆设备信息时有时无。

2. 故障原因

(1)机械师室 VECU 与以太网交换机通信异常。

(2)故障车厢控制柜 VEMU 与以太网通信异常。

3. 应急处理方法

机械师根据列车综合安全监测显示屏显示个别车辆设备信息丢失，可判断为故障车 VEMU 与以太网通信异常。

前往故障车厢，查看 VEMU 供电指示灯是否常亮，以太网交换机 P1、P2 是否常亮。查看交换机以太网接口对应接入设备通信指示灯是否正常闪烁。确认相关连接器正常连接，若故障未消除，待回库后处理。

若列车综合安全监测显示屏监控所有车辆均离线。判断为 VECU 与以太网交换机通信异常。查看餐吧车以太网交换机 P1、P2 是否常亮。查看 VECU 供电指示灯是否常亮，查看 VECU 的 L1、L2 是否正常闪烁。查看交换机以太网接口对应接入设备通信指示灯是否正常闪烁。确认相关连接器正常连接，若故障未消除，待回库后处理。

九、客室空调控制故障

1. 故障现象

(1)综合控制柜触摸屏报弱风机故障、强风机故障、冷凝风机故障、压缩机内保护等。

(2)本车综合控制柜空调故障指示灯亮。

(3)自动位不工作。

2. 故障原因

(1)综合控制柜触摸屏空调参数设置错误。

(2)空调机组热保护动作等。

3. 应急处理方法

(1)本车触摸屏当前故障界面显示空调机组过载、过流故障。点击关闭图标关闭当前故障界面,点击本车触摸屏“管理界面”,输入登录密码“837”,查看本车触摸屏参数设定值,点击“恢复默认”并按“确认”图标,重启机组。若故障未消除,做好记录,加强监控和车厢巡视,待动力集中动车组入库时做进一步检查。

(2)本车触摸屏当前故障界面显示风机故障(强/弱风)或冷凝风机故障,检查综合控制柜回转架背面 FR11、FR12、FR21、FR22、FR14、FR24、FR15 热继电器是否动作和整定值是否正确。若动作,检查电源是否缺相和电机对地绝缘和绕组间电阻值,正常后方可手动复位相应热继电器。若整定值错误,重新设置(整定值见附表)。重启机组。若故障未消除,做好记录,加强监控和车厢巡视,待动力集中动车组入库时做进一步检查。

(3)当空调自动位不工作,根据运用需要,可把转换开关 SA2 转换至试验冷,根据情况合上工况开关 Q41、Q42。

十、逆变器故障

1. 故障现象

车辆逆变器无 AC 380 V 电源。

2. 故障原因

本车逆变器故障无法工作。

3. 应急处理方法

当逆变器无 AC 380 V 电源输出时,查看 PLC 屏信息,根据故障信息进行处理。

(1)信息码显示 00(正常):先关断逆变器主电源 Q3 开关,待 3 min 后关闭逆变器控制开关;在 3 min 后先闭合逆变器控制开关使逆变器自检,自检无故障后,闭合 Q3 对车下逆变器重新上电。

(2)信息码显示 02(输入欠压):依次检查电气控制柜内 DC 600 V 电源是否正常、逆变器电源开关是否闭合;闭合后再次启动逆变器。

(3)信息码显示 03(输出过压):断开本车交流负载开关,重新启动逆变器。若逆变器启动后立即发生输出过压故障,则为逆变器模块故障;若逆变器启动后正常,则为交流负载故障,可以通过逐一启动交流负载进行查找并处理。

故障处理后，随车机械师应做好监控，发生问题立即切断电源。

以上均为单台逆变模块故障情况，如故障仍未排除，逆变器将自动进行热备转换，由正常的逆变器对车辆负载进行供电，不影响正常使用。

逆变器完全故障时，按照“DC 600 V/AC 380 V 移动电源应急供电操作方法”处置，随车机械师途中加强盯控。

4. DC 600 V/AC 380 V 移动电源应急供电操作方法

(1)前期准备：随车机械师将移动电源搬运至故障车备用。

(2)接线前电气综合柜操作：断开电气综合柜内直流电源主空开 Q1、Q2、Q3。断开逆变器及充电机控制空开 Q35、Q36，断开空调工况开关 Q41、Q42，关闭电茶炉、温水箱、废排风机、伴热空开。合上应急供电开关 Q44，保证照明用电。空调选择开关 SA2 打到停止位。做好验电工作：确认主接触器 KM1(或 KM2)DC 600 V 接线端，逆变器 AC 380 V 输出端无电。将控制柜内接线排处进线端车下逆变器至综合柜 AC 380 V 电源输入线拆除并用绝缘胶带包好，接好线后使用尼龙扎带对电缆进行临时固定。

(3)接线方法：移动电源工作主空开断开，移动电源接地线(PE)与控制柜内(PE)可靠连接。移动电源 AC 380 V 输出接线。将移动电源 AC 380 V 三相输出线按相序接入控制柜接线排处车下逆变器 AC 380 V 进线端。移动电源 DC 600 V 电源输入线的接线。移动电源 DC 600 V 电源输入线接入Ⅰ路(或Ⅱ路)供电主接触器 KM1(或 KM2)的上端，其中正线接＋610(或＋620)，负线接－610(或－620)。

(4)启机供电：合上电气综合柜 Q1、Q2(Q3 不合)。将移动电源 DC 600 V 输入主断路器合上使设备得电，按下 AC 380 V 启动按钮，进入正常运行。SA1 打到自动供电位，利用 SA2 试验通风机正反转。移动电源供电相序确认正常后，开启压缩机控制空开 Q41、Q42。

第六节 安全环路报警的应急处置

本节主要介绍安全环路报警的应急处置，如安全环路同时报警、门控安全环路报警、轴报安全环路报警、制动安全环路报警、火灾安全环路报警、停放制动安全环路报警等情况下的应急处置流程。

一、安全环路同时报警

1. 故障现象

司机显示屏弹屏报警，提示安全环路同时报警、动力集中动车组停车。

2. 故障原因

安全环路故障。

3. 应急处理方法

发生报警后，随车机械师在列车综合安全监测系统显示屏检查确认安全环路是否同时报警。随车机械师在列车综合安全监测系统显示屏确认拖车门控、轴报、制动、火灾、停放制动信息正常时，确认为安全环路本身部件或线路故障。

(1)若为2022年之前生产制造的拖车、控制车：

确认二等座车/餐车(餐吧式)综合控制柜上柜电钥匙SA10处接位，熔断器FU52、FU53状态正常，若状态异常时可采取检查SA10处相关接线并紧固，更换熔断器等进行恢复，故障消除。

(2)若为2022年及之后生产制造的拖车、控制车：

确认二等座车/餐车(餐吧式)综合控制柜Q112空开处于闭合状态，若状态异常时，对Q112空开进行恢复并检查接线情况，故障消除。

若门控、轴报、制动、火灾、停放制动仍报警，随车机械师通知司机对安全环路进行隔离，司机继续开车。并将故障信息按规定上报。开车后随车机械师加强巡视，对车门、轴报、火警、制动及停放制动信息重点监控。

二、门控安全环路报警

1. 故障现象

司机显示屏弹屏报警，提示门控安全环路报警；操纵台门关到位指示灯熄灭。

2. 故障原因

(1)门位置开关误报或安全环路故障。

(2)拖车有塞拉门未关到位。

3. 应急处理方法

司机查看司机显示屏的车门状态界面检查列车车门状态，并将报警车厢号、门位置通知随车机械师。

随车机械师立即赶至报警车厢进行处置。确认塞拉门存在关闭不良故障，按前文要求进行处置后，随车机械师通知司机确认门控安全环路报警是否消除。若门控安全环路报警消除，按规定开车。

若门控安全环路报警未消除，随车机械师通知司机隔离列车门控安全环路后继续开车。开车后随车机械师加强巡视，对拖车车门状态重点监控。司机在司机显示屏“牵引主界面”→“设备控制”→“环路设置”中隔离门控环路。

开车后，随车机械师对全列车塞拉门进行逐个检查，确认塞拉门状态。

三、轴报安全环路报警

1. 故障现象

司机显示屏和列车综合安全监测系统显示屏提示轴报安全环路报警。

2. 故障原因

(1)轴温报警器误报或安全环路故障。

(2)轴温超温报警。

3. 应急处理方法

司机查看司机显示屏的拖车信息界面，检查轴温报警系统状态，并将报警车厢号通知随车机械师。

随车机械师按照“拖车轴温发生报警”进行应急处置，实测轴温未达到报警温度，可判断为误报。将轴温报警器断电重启，若报警消除，通知司机开车。

若重启后报警未消除，将发生轴温报警车厢综合控制柜内轴报安全环路隔离开关SA7(图17-12)置隔离位，通知司机开车。开车后随车机械师加强巡视，对报警车辆重点监控。

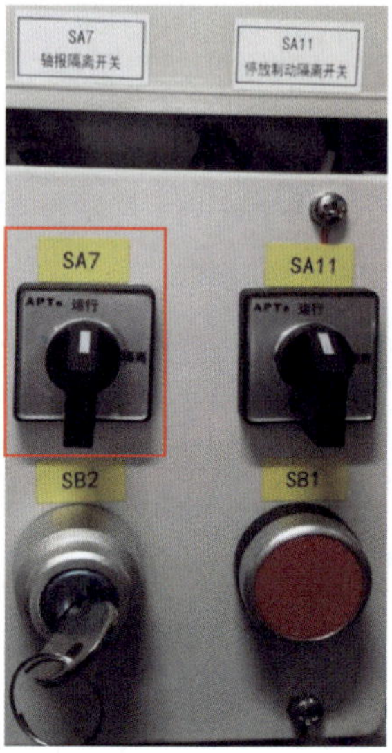

图17-12　轴报安全环路隔离开关SA7

四、制动安全环路报警

1. 故障现象

司机显示屏和列车综合安全监测系统显示屏提示制动安全环路报警。

2. 故障原因

(1)行车安全列车级主机误报或安全环路故障。

(2)拖车发生“严重缓解不良”“严重异常制动”或“严重自然制动”报警。

3. 应急处理方法

司机查看司机显示屏的拖车信息界面，检查制动安全状态。

随车机械师接司机通知后，应立即赶往故障车厢(随车机械师可在机械师室行车安全监控显示屏/列车综合安全监测显示屏看到报警车厢、制动报警类型)。随车机械师接到车辆不缓解的通知后，使用通信设备与司机联控，下车通知司机充风至定压，减压170 kPa，然后充风至定压，报警消除时，上车后通知司机开车；报警仍然未消除时，按照客车抱闸确认方式进行检查，确定为抱闸的，按规定关门排风处理，确定为缓解慢或误报时，上车后将机械师室配电箱处隔离开关SA8置于OFF位，对报警车辆实施旁路隔离，通知司机开车。

制动安全环路隔离后，随车机械师对动力集中动车组制动系统加强监控，发现异响、异振等异常情况时，通知司机立即采用常用制动停车，由随车机械师下车处理。

五、火灾安全环路报警

1. 故障现象

司机显示屏和列车综合安全监测系统显示屏提示火灾安全环路报警。操纵台火灾报警指示灯闪烁，蜂鸣器鸣响。

2. 故障原因

(1)火灾报警器误报或安全环路电路故障。

(2)拖车发生火情。

3. 应急处理方法

司机查看司机显示屏的拖车信息界面，检查火灾系统状态，并将报警车厢号通知随车机械师。

当有车显示火灾报警时，随车机械师在机械师室列车屏或就近车辆的火灾报警器查看火灾报警车厢号和报警探头位置。随车机械师赶到报警车厢，确认是否有火情。若有火情，按照规定处置火灾问题。故障处理完毕后，及时向上级应急指挥中心反馈处置信息。

若没有火情，按下对应车火灾报警器的复位按键。复位后，若火灾报警器若不再误报火警，火灾报警器恢复正常。复位后，若火灾报警器一直误报火警。在火灾报警器的探测器参数设定界面，将反复误报的火灾探头的状态设置为未用，屏蔽该火灾探头。若屏蔽探头后火灾报警器仍然报警，关闭火灾报警器电源。若安全环路报警没有消除，按以下步骤执行。

当没有车显示火灾报警时，随车机械师在机械师室列车屏和拖车火灾报警器确认火灾报器系统未报警，通知司机全列隔离火灾安全环路。

司机通知随车机械师已进行隔离操作，随车机械师做好记录，加强监控和车厢巡视，待动力集中动车组入库时做进一步检查。

六、停放制动安全环路报警

1. 故障现象

司机显示屏和列车综合安全监测系统显示屏提示停放制动安全环路报警。

2. 故障原因

(1)停放制动模块误报或安全环路电路故障。

(2)拖车有停放制动施加。

3. 应急处理方法

随车机械师在列车综合安全监测系统显示屏“安全监测→制动监测”界面检查施加了停放制动的车厢。

随车机械师通知司机进行列车停放制动缓解操作。若所有拖车停放制动均缓解，安全环路报警消失，司机正常开车；若拖车停放制动未能缓解，需要通知司机，对相应车厢的停放制动进行隔离，并将车厢综合控制柜停放制动安全环路隔离开关 SA11 打至隔离位，通知司机开车。

当没有车显示停放制动施加，但是安全环路报警仍未消失时，进行以下操作：

(1)随车机械师在列车综合安全监测系统显示屏和拖车停放制动模块确认停放制动均未施加，随车机械师将整列车停放制动隔离，通知司机全列隔离停放制动安全环路。

(2)司机在司机显示屏隔离停放制动环路。司机通知随车机械师已进行隔离操作，随车机械师做好记录，加强监控和车厢巡视，待动力集中动车组入库时做进一步检查。

第十八章

动力集中动车组重联、救援及解编

本章主要讲述动力集中动车组运行途中发生异常状况，随车机械师参与无动力回送、应急救援、应急解编等相关操作和规定。

第一节 无动力回送

无动力回送涉及动力集中动车组的取送、途中应急救援等非正常作业流程。动力集中动车组须进行无动力回送时，随车机械师主要负责完成非操作端部分作业。根据动力集中动车组车型以及开行方向，可分为非操纵端为动力车时和非操纵端为控制车时两种操作步骤。

一、非操纵端为动力车

（1）随车机械师根据动力集中动车组司机的通知前往非操纵端动力车内做好无动力回送相关操作。操作前与司机无线电进行联控，确认已断电后开始操作。

（2）确认非操纵端动力车大闸保持在重联位并用插销锁闭，小闸置运转位。

（3）断开非操纵端动力车的蓄电池开关（＝32-Q82，FXD1 -J 型动力车控制电源柜）/（QA86，FXD3-J 型动力车蓄电池充电器），断开非操纵端动力车的 DC 600 V 输入电源开关（＝32-Q07，FXD1-J 型动力车控制电源柜）/（QF600，FXD3-J 型动力车蓄电池充电器）。断开控制电源柜内拖车给动力车控制电源供电的蓄电池开关（＝32-Q83）。非操纵端动力车完全断电。注：部分开关未装的车，此步省略。

（4）排出制动缸压力空气，动力车空气制动缓解。将非操纵端动力车制动柜右下角辅助功能模块上的“Ⅰ架制动缸隔离塞门”和“Ⅱ架制动缸隔离塞门”置水平“隔离位”（图 18-1）。切断停放制动缸充风通路，停放制动施加。将非操纵端动力车制动柜内中部左侧的“停放隔离塞门”置水平“隔离位”（图 18-2）。（置隔离位后，禁止再次转换该塞门。如发生转换，须自此步骤开始往后，重新进行无动力回送操作。）

（5） 车下查看非操纵端动力车的停放制动指示器显示“红色”（图 18-3）。停放制动指示器位于动力车两侧，共两个。首先用力摇晃停放制动夹钳无活动量，处于制动状态，然后手动拉环（拉出后保持 3 s 以上），缓解停放制动器的停放制动，确认其处于缓解状态。确认缓解状态参考方法：用力摇晃制动夹钳有活动量，盘、片之间有间隙，用 1～2 mm 塞尺塞入能通过盘、片之间的间隙。动力车共 4 个停放制动器，需要逐一拉环缓解，如图 18-4 所示。

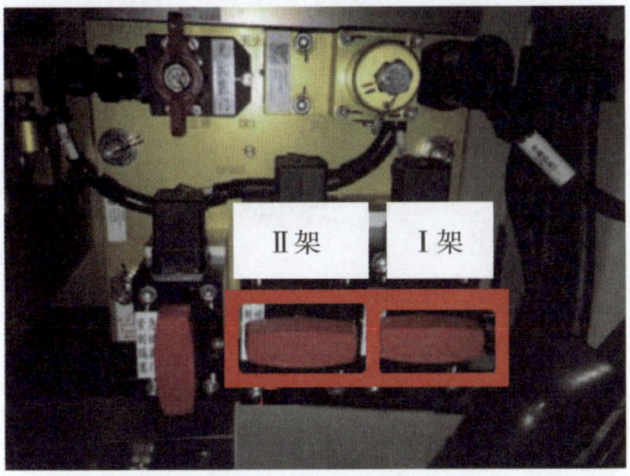

图 18-1　制动缸隔离塞门

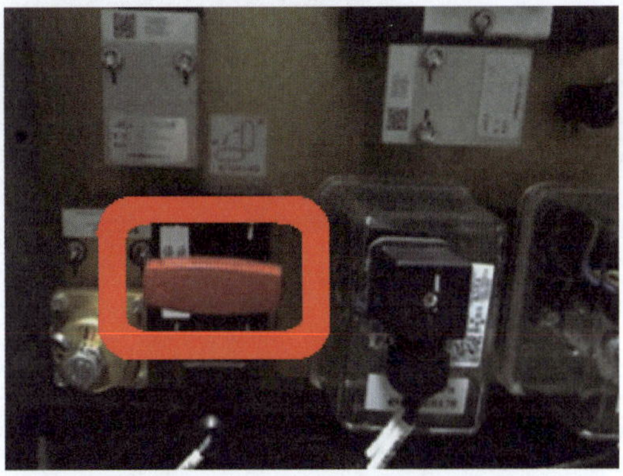
图 18-2　停放隔离塞门

图 18-3　停放制动指示器显示“红色”

图 18-4　拉环缓解

（6）上车将非操纵端动力车制动柜右下角辅助功能模块上的“无火塞门”置水平“无火位”（图 18-5）。将非操纵端动力车制动柜右下角辅助功能模块上的“Ⅰ架制动缸隔离塞门”“Ⅱ架制动缸隔离塞门”置垂直“开通位”恢复制动缸制动缓解功能（图 18-6）。

（7）制动机试验。司机在操纵端动力车进行制动、缓解试验前通知随车机械师，随车机械师到位后，告知司机开始试验。司机在操纵端动力车进行制动、缓解试验，按压停放制动缓解按钮。

随车机械师在车上观察非操纵端动力车司机室左边柜的制动缸和列车管机械风压表，确认压力变化正常。去车下确认非操纵端动力车制动、缓解作用良好。

（8）开车后，司机申请前方第一个站停车，随车机械师检查确认控制车无异常抱闸现象。

图 18-5　无动力塞门

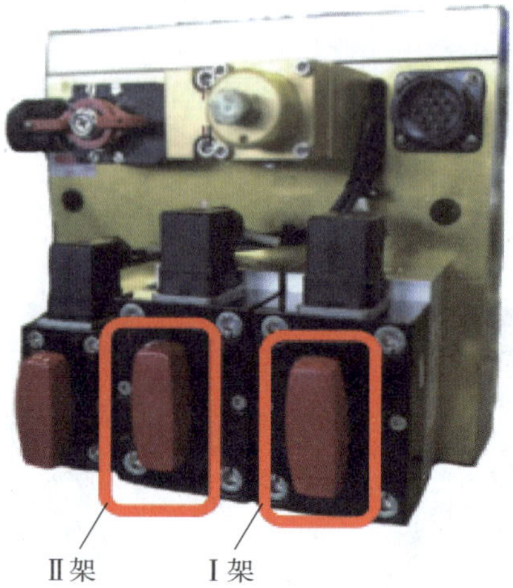

图 18-6　制动缸隔离塞门

二、非操纵端为控制车

(1)随车机械师根据动力集中动车组司机的通知前往非操纵端控制车内做好无动力回送相关操作。操作前与司机无线电进行联控,确认已断电后开始操作。

(2)确认非操纵端控制车大闸保持在重联位并用插销锁闭,小闸置运转位。

(3)断开控制车控制电源柜的蓄电池开关(=32-Q82)。断开控制车控制电源柜内的DC 600 V 输入电源开关(=32-Q01 和 32-Q02)。断开控制电源柜内拖车给控制车控制电源供电的蓄电池开关(=32-Q83)。非操纵端控制车完全断电。注:部分开关未装的车,此步省略。

(4)司机在操纵端进行制动、缓解试验前通知随车机械师,随车机械师到位后,告知司机开始试验,随车机械师在车上观察控制车司机室左边柜的制动缸和列车管机械风压表,确认压力变化正常。第二次试验时确认车下制动、缓解作用良好。

(5)开车后,司机申请前方第一个站停车,随车机械师检查确认控制车无异常抱闸现象。

三、鼓形车体动力集中动车组增加作业步骤

(1)随车机械师仍须要将拖车/控制车停放制动模块中的“停放隔离塞门”置水平“隔离位”,切断拖车/控制车停放制动缸充风通路,停放制动施加(图 18-7)。

(2)将拖车/控制车“缓解阀塞门”置垂直“关闭位”。排出制动缸压力空气,空气制动缓解(图 18-8)。

(3)下车查看拖车/控制车停放制动指示器显示“红色”,空气制动指示器显示“绿色”(图 18-9)。首先用力摇晃拖车/控制车的停放制动夹钳无活动量,处于制动

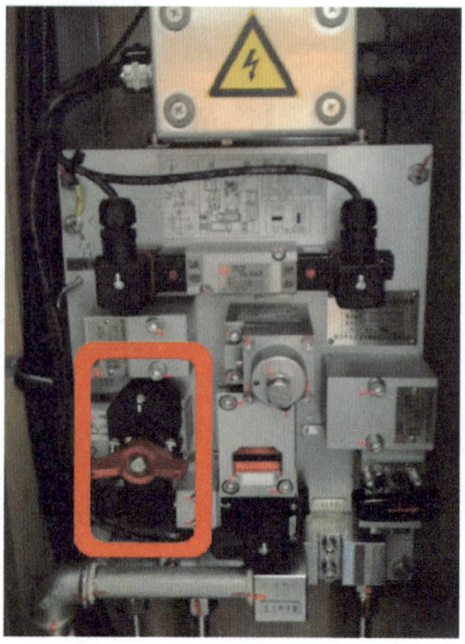

图 18-7　停放制动施加

状态，然后手拉转向架上的缓解拉环(拉出后保持 3 s 以上，停放制动器发出“砰”的一声)，缓解停放制动器的停放制动，确认其处于缓解状态(图 18-10)。后续将拖车/控制车“缓解阀塞门”置水平“打开位”(图 18-11)，恢复制动缸制动/缓解功能。

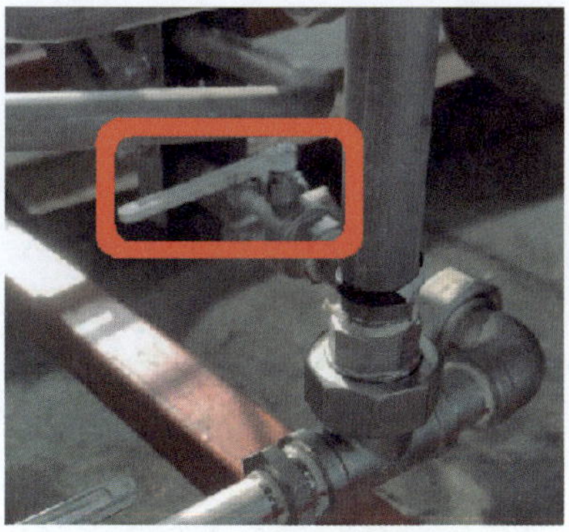

图 18-8　空气制动缓解

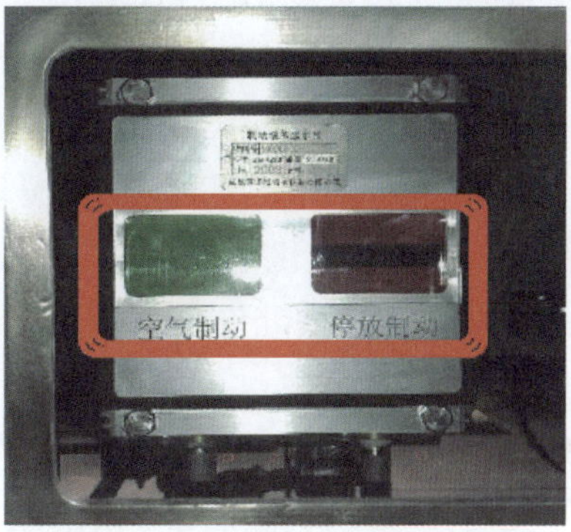

图 18-9　空气制动指示器显示“绿色”

图 18-10　停放制动缓解

图 18-11　缓解阀塞门“水平位”

(4)须进行双改单作业时，将拖车/控制车的车下制动模块中“总风塞门”置垂直“关闭位”，“双改单塞门”置水平“打开位”。

(5)配合司机进行列车制动、缓解试验。

第二节　动力集中动车组途中救援

动力集中动车组因故障停车超过 10 min，无法判明故障原因或虽判明故障原因但无法处置时，司机、随车机械师要相互提醒，由司机报告车站值班员(列车调度员)请求救援。请求救援后，又取消救援时，由司机向车站值班员(列车调度员)申请。

请求救援后，随车机械师须立即向发生地所在铁路局集团公司动车调度员报告，发生地所在铁路局集团公司动车调度员立即启动应急指挥系统，并接入动力集中动车组担当铁路局集团公司动车调度员，国铁集团动车调度员根据需要接入。司机、随车机械师应严格服从发生地所在铁路局集团公司调度员的指挥，按要求做好救援准备。

动力集中动车组优先采用机车救援方式，特殊情况下可使用动力集中动车组担当救援。救援机车担当后续牵引任务时，应优先安排速度 160 km/h 直供电电力机车担当；现场条件不具备时，也可安排其他机车。

采用动力集中动车组救援时，原则上不得安排短编动力集中动车组救援长编动力集中动车组或短编重联动力集中动车组。

采用动力集中动车组救援时，被救援动力集中动车组不得升弓。采用机车救援，救援机车具备 DC 600 V 直供电条件时，被救援动力集中动车组不得升弓；救援机车不具备 DC 600 V 直供电条件时，准许被救援动力集中动车组升弓供电，具体办法由铁路局集团公司规定。

救援时，司机负责自动开闭机构的车内操作，需要车下操作时，由随车机械师负责。随车机械师负责被救动力集中动车组的软管摘结和过渡车钩装卸，被救动力集中动车组需要供电时，还须负责 DC 600 V 动力连接器摘结，连结时须实施可靠捆绑。救援机车的摘挂（含引导）由救援司机负责。

随车机械师进行过渡车钩、DC 600 V 动力连接器插头对装卸时，在设有客列检的车站，由客列检人员协助，在无客列检的车站由车站人员（调度集中区段车站除外）协助，在区间及调度集中区段车站由被救援动力集中动车组司机协助。

动力集中动车组途中发生双管供风故障需改为单管供风运行时，双管改单管作业应在站内进行。在区间发生故障需双管改单管供风时，由随车机械师通知司机向列车调度员（车站值班员）提出在前方站停车处理的请示，并通知司机以不超过 120 km/h 的速度运行至前方站。控制车为操纵端时不得双管改单管运行。

采用机车救援动力集中动车组或动力集中动车组相互救援时，开车前应进行简略试验。动力集中动车组在区间被迫停车后须返回后方站时，在动力集中动车组运行方向前端操作。

一、自动开闭装置手动打开操作

当动力集中动车组列车重联或救援，无法自动打开控制车开闭机构时，须在车下手动操作打开。

(1)用适用于内六角圆柱头或内六角平圆头的 M12 的工具拆下开闭机构一位侧（主司机侧）检修门（图 18-12），并将检修门及紧固件妥善存放。

(2)操作开闭罩截断塞门置于关闭位（与管路垂直）（图 18-13），由主供风转至外部排风位，排空系统内压缩空气。

(3)将开闭机构扳手及套筒套在前端活动舱门下方左侧六角柱上（图 18-14），按照舱门打开方向标识（不同厂家方向不同）旋转六角柱，开闭装置左侧舱门从关闭位置解锁，六角柱及舱门操作方向标识位置如图所示。手动推动左侧舱门到开启位置。

(4)利用开闭机构扳手及套筒旋转六角柱，完成左侧舱门在开启位置的锁定，在锁定到位时有明显“咔嗒”声，确认活动机构标识线对齐（图 18-15），手腕处能感觉到力值明显变化，在锁定完成后用手推动左侧舱门，若无法推动则表示舱门在开启位置锁定到位。

图 18-12　检修门（主司机侧）

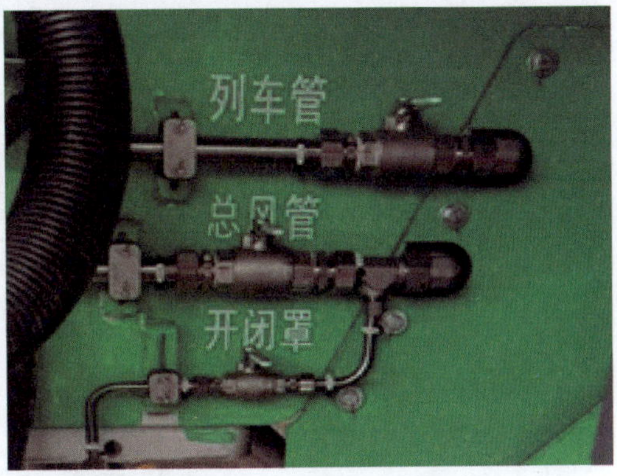

图 18-13　开闭罩截断塞门置于关闭位

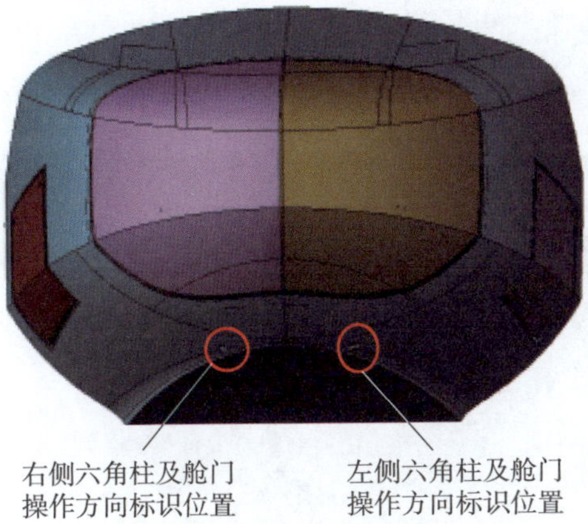

图 18-14　六角柱及舱门操作方向标识

图 18-15　标识线位置

（5）参照步骤（3）和（4），完成右侧舱门的开启与锁定（图 18-16）。开闭装置手动开启操作完成。

（6）以下步骤在救援操作所有步骤完成后执行：

检查开闭罩截断塞门应置于关闭位（与管路垂直），重新使用适用于内六角圆柱头或内六角平圆头的 M12 的工具，锁闭开闭机构一位侧检修门（救援时，将检修门及紧固件在车内妥善安置，不安装检修门）。

二、过渡车钩的安装

救援来车与控制车连挂且两者车钩不一致时，须在控制车端车钩安装救援过渡车钩。

（1）从车上依次取下过渡车钩模块，并运至连挂端（图 18-17）。

（2）检查 105 型车钩是否处于准备连挂位置（连挂到位指针与指示线垂直）。取下风管连接器前端的保护套（图 18-18）。

图 18-16　舱门的开启与锁定

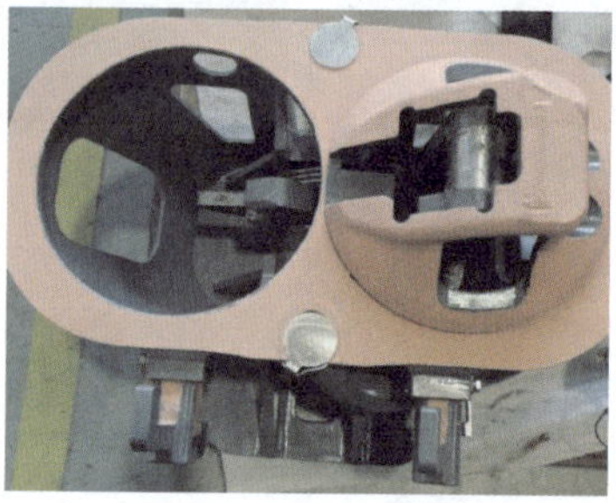

图 18-17　过渡车钩模块

(a)

(b)

图 18-18　车钩及连接器检查

(3)清洁过渡车钩和前端车钩的接触区。拆下过渡车钩防护卡及防尘罩(图 18-19)。

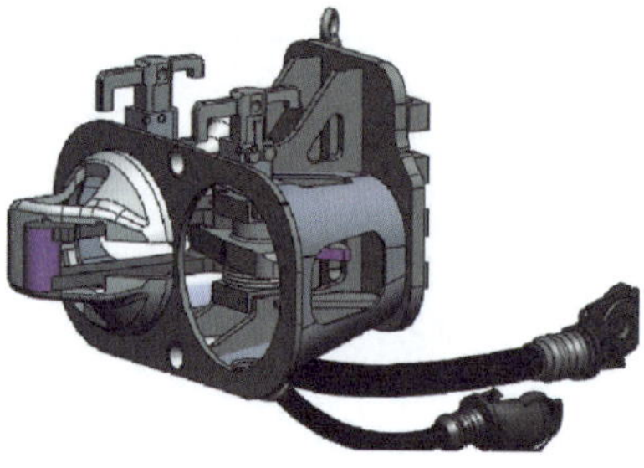

(a)

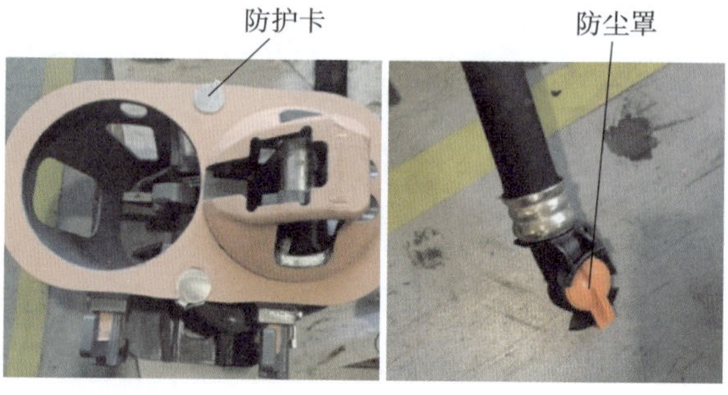

(b)

图 18-19　过渡车钩和前端车钩

检查过渡车钩模块 1，保证连挂杆和钩舌运动自如；检查过渡车钩模块 1 上的制动、总风软管及其连接器、胶圈，确认外观良好，无鼓泡、裂纹等不良状态。

(4)通过辅助挂钩把模块 1 搭在动力集中动车组前端车钩的连挂面上，确认无干涉情况。辅助挂钩应将矮的一端朝前挂于前端车钩连挂面上(图 18-20)。

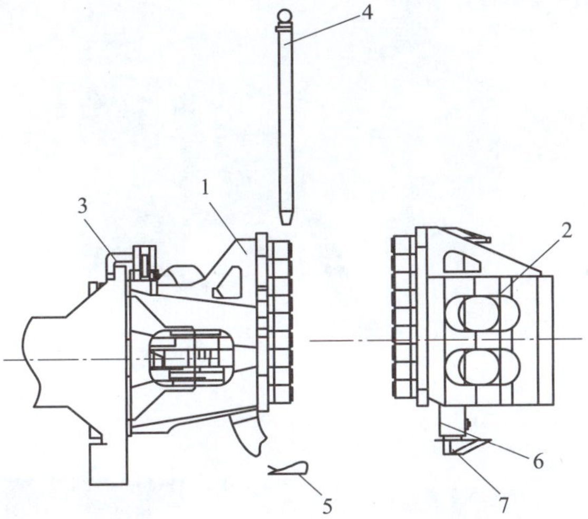

1—模块 1(10 型车钩连接模块)；2—模块 4(13 型车钩连接模块)；3—辅助挂钩；
4—连接销；5—R 形销；6—自锁销；7—防跳架。

图 18-20 模块说明

(5)将模块 4 的插隼结构插入到模块 1 中，插入时注意两侧模块 1 和模块 4 侧面钩高指示线应对齐。使用连接销 4 把模块 4 和模块 1 进行组合，钩高指示线对齐，插入 R 型销 5 锁定(图 18-21)。

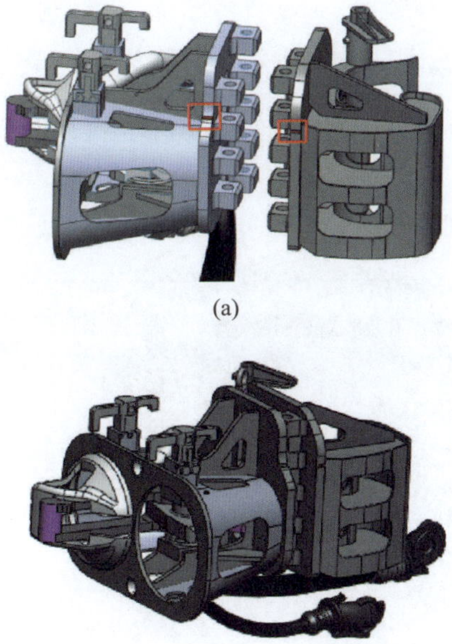

(a)

(b)

图 18-21 操作示意

（6）将两模块轻微抬高，按示意图方向用力下压过渡车钩，触发前端车钩完成连挂操作（图 18-22）。确认 105 型车钩连挂到位，指针与指示线重合。确认过渡车钩模块 1 钩舌与连挂杆指示线对齐（图 18-23）。

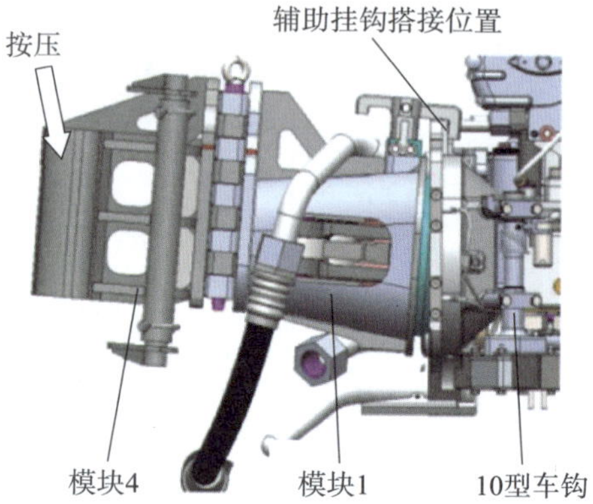

图 18-22　车钩连挂完成

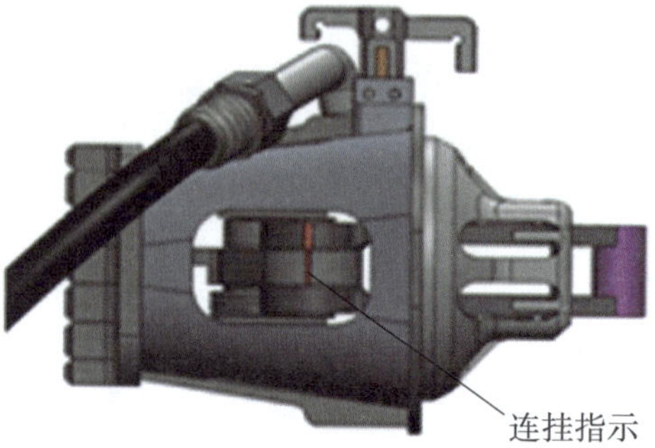

(a) 示意

(b) 实物

图 18-23　连接指示

（7）确认各部件连挂到位，在与机车连挂前，拔出自锁销，应取下上下防跳架使之不影响连挂（图 18-24）。

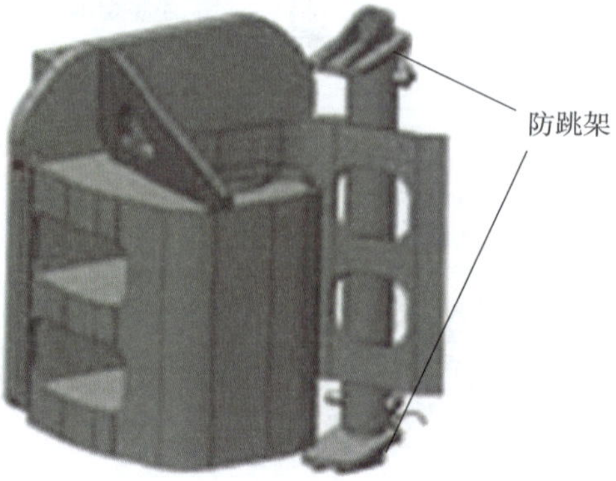

图 18-24　防跳架

(8)连挂前须将机车车钩操作到全开位,使救援机车车钩和过渡车钩撞击完成连挂。

(9)试拉后确保车辆稳妥连挂。

(10)确认连挂后,应重新插入上下防跳架使挡板朝向车钩内侧,调节上下防跳架由位置 A 至位置 B(工作状态)(图 18-25),并穿入自锁销进行锁定。注:上防跳架为两孔(短),下防跳架为三孔(长);原则上定位销插入第 2 个眼孔。

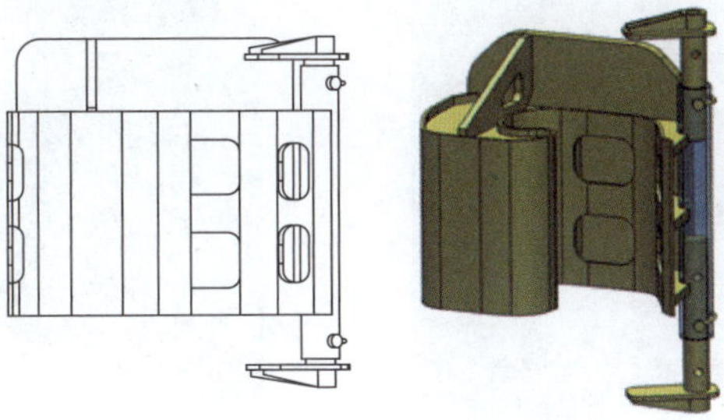

(a)　　(b)

图 18-25　防跳架调整示意

(11)连接救援、被救援两端车的制动、总风软管,并打开两端的制动管塞门。

三、救援时 DC 600 V 动力连接器连挂

救援时须通过救援机车进行 DC 600 V 供电时,由随车机械师做好 DC 600 V 动力连接器的连挂。

(1)确认救援机车断电。连接前确认动力车已降弓断电,与司机进行供电钥匙交接。

(2)动力连接器插头一端放入开闭机构上架,将线从开闭罩内侧移动到外侧。注:可适当调整开闭罩打开角度,便于操作(图 18-26)。

(a)　　(b)

图 18-26　动力连接器位置调整

(3)调整动力连接器插头位置,将其与插头座进行连接(图 18-27)。注:如有必要时,打开另一侧检修门,动力连接器插头安装同步骤(1)(2)。

(4)按直供电列车连挂作业要求,连接救援机车端 DC 600 V 动力连接器插头。

注:连接前确认救援机车已降弓断电,与救援机车司机进行供电钥匙交接。

确认 DC 600 V 动力连接器插头线是否低于动力集中动车组车头裙板下沿,若低于下沿进行捆扎调整,使用 8 mm 扎带(不少于 5 根)或铁丝捆绑(图 18-28)。完毕后与救援司机进行供电钥匙交接,并将动力集中动车组升弓钥匙交还被救援司机。

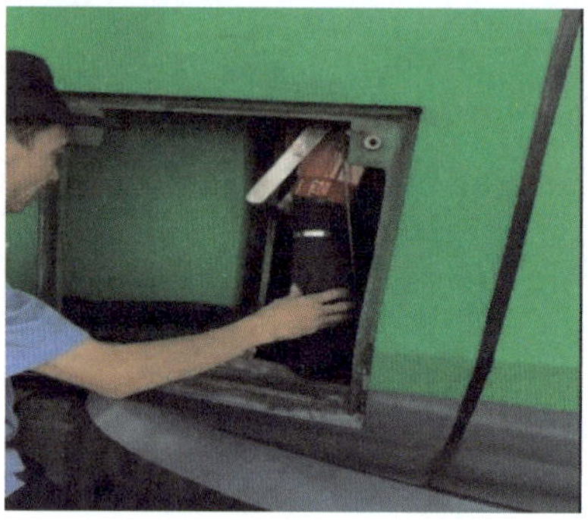

图 18-27　动力连接器与插头座连接

图 18-28　动力连接器捆扎固定

四、自动开闭装置手动关闭操作

当列车完成救援或重联后,无法自动关闭开闭机构时,须在车下手动操作关闭。

(1)用适用于内六角圆柱头或内六角平圆头的 M12 的工具拆下开闭机构一位侧(主司机侧)检修门,并将检修门及紧固件妥善存放。

(2)确认开闭罩截断塞门置于关闭位(与管路垂直),如图 18-29 所示。

(3)将开闭机构扳手及套筒套在前端活动舱门下方左侧六角柱上,按照舱门关闭方向标识旋转六角柱,开闭装置左侧舱门从开启位置解锁,六角柱及舱门操作方向标识位置,手动推动左侧舱门到关闭位置,如图 18-30 所示。

图 18-29　开闭罩截断塞门关闭位置

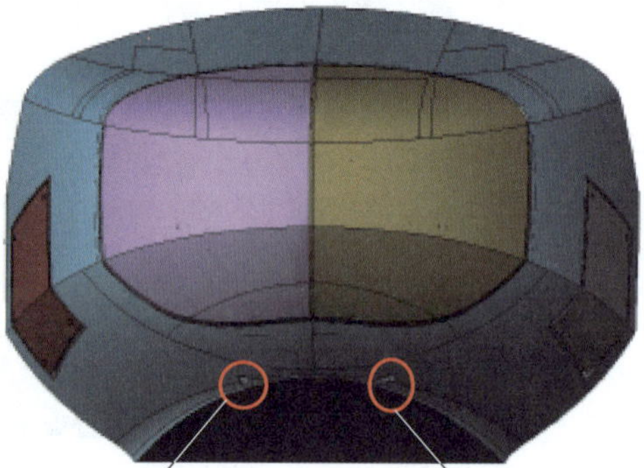

图 18-30　开闭罩关闭状态

(4)利用开闭机构扳手及套筒旋转六角柱,完成左侧舱门在关闭位置的锁定,在锁定到位时有明显“咔嗒”声,手腕处能感觉到力值明显变化,在锁定完成后用手推动左侧舱门，若无法推动则表示舱门在关闭位置锁定到位。

(5)参照步骤(3)和(4)，完成右侧舱门的关闭与锁定。开闭装置手动关闭操作完成。

(6)将开闭罩截断塞门缓慢打开，置于打开位(与管路平行)。注：当开闭机构系统需要恢复供风时，应确保舱门旋转范围内未停留任何人员，与开闭罩前端保留至少 1 m 的安全距离。

(7)重新使用适用于内六角圆柱头或内六角平圆头的 M12 的工具锁闭开闭机构一位侧检修门。

第三节　拖车、控制车途中应急解编

动力集中动车组运行途中发生异常状况，须对编组内的拖车、控制车进行应急解编时，须按照以下步骤操作。

一、前置条件

途中按规定设置防溜设施，随车机械师与司机办理动力集中动车组钥匙交接，确认无 DC 600 V 供电输出。

二、确认 DC 110 V 负载断电

1. 直车体

打开各拖车电气综合控制柜，断开供电空开 Q20、Q30 以及二等座车/餐车 SA10、SB2，断开 DC 110 V 负载。

2. 鼓形车体

(1)操作司机室左边柜控制电源旋钮，断开动力车 DC 110 V 电源。

(2)无集控供断 DC 110 V 控制电功能的拖车、控制车：打开各拖车电气综合控制柜，断开供电空开 Q20、Q30 以及二等座车/餐车 SA10、SB2，断开 DC 110 V 负载。

(3)有集控供断 DC 110 V 控制电功能的拖、控制车：打开二等座车/餐车电气综合控制柜，确定单车供电模式旋钮开关 SA12 在单车位，将 DC 110 V 供电集控钥匙开关 SA22 旋到断电位持续 3 s，在机械师室列车综合安全监控屏处，确认除二等座车/餐车外，其他拖车、控制车 DC 110 V 供电状态，若其他拖车、控制车有未断电的，需前往该车将电气综合控制柜内供电空开 Q20、Q30 断开。当确认其他拖车、控制车均已断电后，断开二等座车/餐车电气综合控制柜内空开 Q20、Q30、Q111、Q112，断开 DC 110 V 负载。

三、解开车端风挡

使用四角钥匙打开风挡锁盒面板，将锁把往上提后解锁风挡，用相同方法解锁另一侧风挡，两侧均解锁后风挡可分离。(必要时使用撬棍辅助风挡分离。)

四、拆除车端连接器插头对

1. 直车体

(1)DC 600 V 动力连接器:按住 DC 600 V 动力连接器插座右侧上的保险钩,向上推摇臂组件,将插头对从插座左右拉钩上拿下,使插头对与插座分离,然后扣合保护盖,下拉摇臂组件使保险钩钩住摇臂组件,完成插座防护盖的关闭。

(2)控制/重联连接器:按住控制/重联连接器插座左侧上的保险钩组件,向上推摇臂组件,将插头对从插座左右拉钩上拿下,使插头对与插座分离,然后扣合保护盖,下拉摇臂组件使保险钩钩住摇臂组件,完成插座防护盖的关闭。

(3)DC 110 V 动力连接器:按住 DC 110 V 动力连接器插座左侧上的保险钩组件,向上推摇臂组件,将插头对从插座左右拉钩上拿下,使插头对与插座分离,然后扣合保护盖,下拉摇臂组件使保险钩钩住摇臂,完成插座防护盖的关闭。

2. 鼓形车体

使用电动扳手、10 mm 套筒、10 mm 扳手拆除车端连接器插头对。网络连接器插头对(每角 1 套)、控制连接器插头对(每角 1 套)、重联连接器插头对(每角 1 套),如图 18-31 所示。

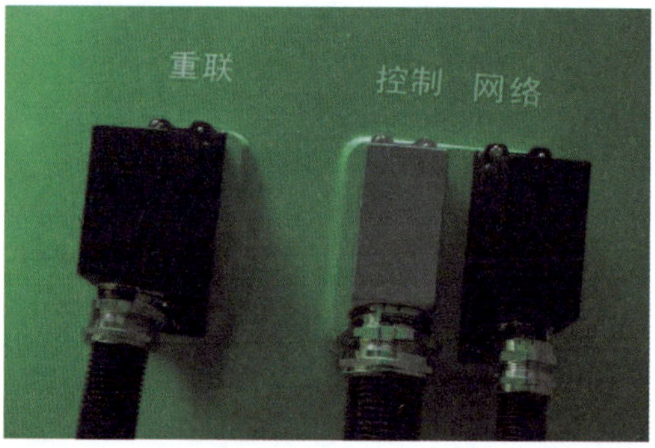

图 18-31　车端连接器

使用 10 mm 开口/棘轮梅花扳手拆除车下 DC 110 V 连接器插头对吊卡(图 18-32),每角 1 个。使用电动扳手、10 mm 套筒、10 mm 扳手拆除车下连接器端箱上 DC 110 V

图 18-32　插头对吊卡

连接器插头对(每角 1 套)。DC 110 V 正、负线分别穿管的插头对,也可以用手动剪线钳切割两侧底部 DC 110 V 插头对过桥线(每角 2 根)。

根据现场实际情况,在车下拆除 DC 600 V 过桥线(图 18-33)插头或用手动剪线钳切割两侧底部 DC 600 V 过桥线(每角 4 根)。

图 18-33　过桥线

拆除后采用防护盖将连接器座防护(图 18-34)。

图 18-34　防护连接器座

五、解开车端路管

使用尖嘴钳将总风管两端折角塞门开口销拆下,将截断塞门旋转至与管路垂直位置,断开相邻列车总风管,并将总风软管连接器固定到位(图 18-35)。

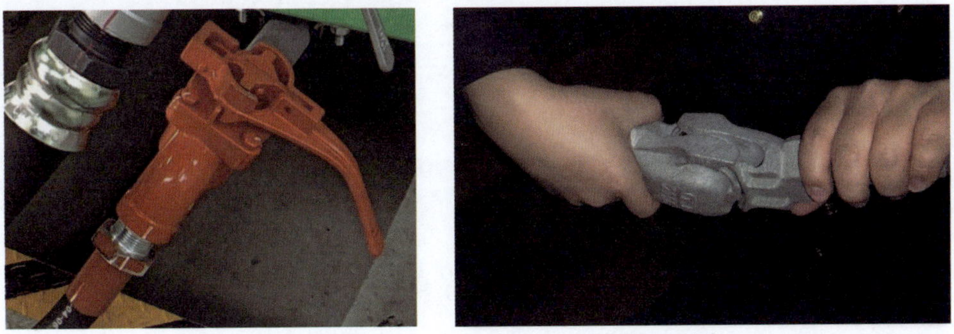

(a)　　　　(b)

图 18-35　A 截断塞门及风管连接器拆解

使用尖嘴钳将列车管两端折角塞门开口销拆下,将截断塞门旋转至与管路垂直位置,断开相邻列车管,并将制动软管连接器固定到位(图 18-36)。

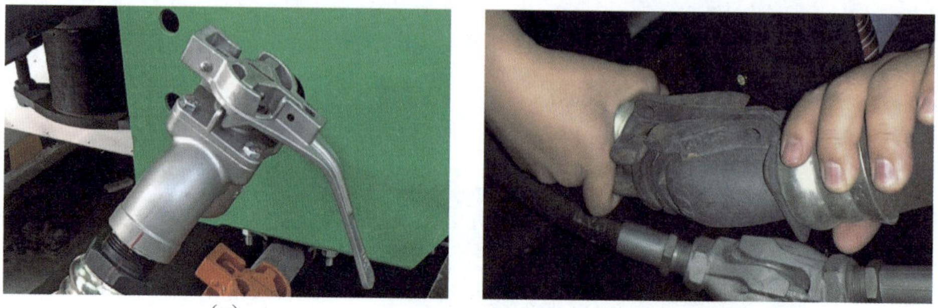

（a）　　　　　　（b）

图 18-36　B截断塞门及风管连接器拆解

六、办理交接

与司机办理动力集中动车组钥匙交接，将钥匙归还司机。

七、解编车钩

扳动解钩手柄至解钩位，即向外侧拉动解钩手柄至极限位。如拉柄费力，可通过机车或动力车使两车处受压状态或另有一人拉另一侧的车钩解钩手柄。

八、固定分离处车端风挡、锁紧端门

使用收紧绳固定风挡，操作三角锁，关闭端门（图 18-37）。注：遗留车辆按要求设置防溜措施。

图 18-37　固定分离处车端风挡、锁紧端门

参考文献

[1] 中国国家铁路集团有限公司. 动力集中动车组运用维修规则：TG/CL 2361—2023[S]. 北京：中国铁道出版社有限公司，2023.

[2] 中国国家铁路集团有限公司. 铁路特有工种培训规范：动车组机械师[M]. 北京：中国铁道出版社有限公司，2023.

[3] 中国国家铁路集团有限公司. 动车组机械师岗位职业标准[S].

[4] 铁路职工岗位培训教材编审委员会. 客车检车员[M]. 北京. 中国铁道出版社，2012.

[5] 中国国家铁路集团有限公司机辆部. 铁路车辆概论[M]. 北京：中国铁道出版社有限公司，2022.

[6] 中国国家铁路集团有限公司机辆部. 铁路客车运用维修[M]. 北京：中国铁道出版社有限公司，2022.

[7] 中国国家铁路集团有限公司机辆部. 铁路客车检修[M]. 北京：中国铁道出版社有限公司，2022.

[8] 《时速 160 公里动力集中型电力动车组（CR200J3 型）原理与操作》编委会. 时速 160 公里动力集中型电力动车组（CR200J3 型）原理与操作[M]. 北京：中国铁道出版社有限公司，2020.